Heinsohn · Illig :

Wann lebten die Pharaonen ?

Gunnar Heinsohn - Heribert Illig

Wann lebten die Pharaonen?

Archäologische und technologische Grundlagen
für eine Neuschreibung der Geschichte Ägyptens
und der übrigen Welt

Mantis Verlag

2. Umschlagseite: Ägypten vom Delta bis Chartum, südlich vom 6. Katarakt; dies entspricht der Reichsausdehnung unter Taharqa, 690-664 [Ions 1968, 137]. Die über 1.000 km bis zum Euphratknie waren ebenfalls zeitweilig Reichgebiet.
3. Umschlagseite: Ägypten und der Vordere Orient. Wiederholt reichte das Pharaonenreich über Palästina und Syrien bis zum Euphratknie (auf der Karte durch das 'Tell' von Tell al-Rimah gekennzeichnet). An den aufgeführten Orten fanden sich Ziegelbögen und -gewölbe [Van Beek 1987].

Die Deutsche Bibliothek - CIP-Einheitsaufnahme

Heinsohn, Gunnar:
Wann lebten die Pharaonen? : archäologische und technologische Grundlagen für eine Neuschreibung der Geschichte Ägyptens und der übrigen Welt /
Gunnar Heinsohn ; Heribert Illig. - 4. Aufl. -
Gräfelfing : Mantis-Verl., 2001

ISBN 3-928852-20-5

Der Buchtext ist urheberrechtlich geschützt. Jede Verwertung ohne Zustimmung des Verlages ist unzulässig. Das gilt insbesondere für Vervielfältigungen, Übersetzungen, Mikroverfilmungen und die Einspeicherung in und Verarbeitung durch elektronische Systeme.

1. Auflage November 1990 in Frankfurt/M.
2. überarbeitete und erweiterte Auflage September 1997
3. korrigierte Auflage August 1999
4. Auflage Mai 2001

© Mantis Verlag Dr. Heribert Illig, Gräfelfing, 1997
Umschlagentwurf Hanjo Schmidt 70188 Stuttgart, Am Hohengeren 17
Druck: Difo-Druck 96052 Bamberg, Laubanger 15
Verlagsauskünfte: Mantis Verlag, D-82166 Gräfelfing, Lenbachstr. 2a
Fax: 089 / 87 139 139

Inhalt

11	A	**Vorspiel auf dem Kultplatz** (Illig)
14	B	**Ägyptische Chronologie - auf Luft gebaut** (Illig)
15		Von Manetho und anderen Schreibern - Der Irrglaube an
20		Sothis - Die unbekannte Astronomie - Neuansätze
43	C	**Herkömmliche Dynastienübersicht** (Illig)
48	D	**Die Erfindung der 1. Dynastie** (Illig)
		Petries uraltes Ägypten - Verfrühtes Eisen und Kupfer
59	E	**Gewölbe - sprunghaft und doppelgleisig** (Illig)
		1) Stimmige Gewölbeevolution in Europa
72		2) Ägyptische Gewölbe in rätselhaftem Wechsel
93		3) Vorderasien - zweigleisig durch die Jahrtausende?
116	F	**Drei Jahrtausende Pyramidenbau?** (Illig)
		Altes, Mittleres, Neues Reich - Dritte Zwischen- und Spätzeit
136		Nilferne Pyramiden - Pyramiden und Gewölbe -
142		Mauerklammern - Neue Abhängigkeiten
146	G	**Granulation - kein Glasperlenspiel** (Illig)
		Entwicklung - Technische und formale Kriterien -
159		Der wahre Ursprung
161	H	**Goldene Tote** (Illig)
		Mykene - Illyrien - Phönizien - Ägypten - Gipsmasken
165	I	**Djosers Ahnen und Enkel** (Illig)
168		Weltpremieren in Saqqara - Ferne und fernste Verwandte -
176		Agrigent und Uruk - Djoser und Hatschepsut
185	J	**Hörnerkronen, harte Steine** (Illig)
		Snofru und Tuthmosis III. - Antike 'Wikinger' - Granit und
194		Kupfermeißel - Pyramiden und Eisen - 'Zweite Besetzung'
203	K	**Ägyptische Erzstatuen - Vorläufer oder Epigonen?** (Illig)
204		Griechische Erzkunst - Spätstart der Olympischen Spiele -
209		Augenblicke - Pepi I. und sein Sphyrelaton - Erzguß aus dem
214		Mittleren Reich - Inkrustationen - Kunst der Dritten
220		Zwischenzeit - Ein erstes Resümee

227	L	**Elfenbein und Saitenklang** (Illig/Heinsohn)
		Das Elfenbeinland Punt - Ägyptische und vorderasiatische
232		Elfenbeintradition - Der Skandal von Enkomi - Löwen in
244		Mykene und auf griechischen Inseln - Der Ariadnefaden
248		durchs mykenische Labyrinth - Altwarenhandel - Mit Harfe
252		und Laute - Chronologie der Leier
259	M	**Glas - dreimal erfunden und zweimal vergessen** (Heinsohn)
263		1) Ägypten: Ging die Fähigkeit zur Glasherstellung nach dem Neuen Reich 800 Jahre lang verloren?
290		2) Phönizien: Vom Erfinder des Glases zu seinem bloßen Bewahrer in dunklen Jahrhunderten?
295		3) Israel: Hat es ebenfalls die Erinnerung ans Glas verloren?
301		4) Mesopotamien: Mußte das Glas dreimal erfunden werden, weil man es zweimal wieder vergessen hatte?
330		5) Europa: Ein ernsthafter Bewerber um die Krone der Glaserfindung?
354		6) Evidenzgebundene Chronologie der Alten Welt und die Lösung der Rätsel in der Geschichte des Glases
384	N	**Eisen - vorhanden in der Steinzeit, aber verschwunden in der Eisenzeit, und wie überlebten die Ägypter von -1100 bis -300 ohne Landwirtschaft?** (Heinsohn)
404	O	**Schiffahrt ohne Schiffe** (Heinsohn)
405		1) Mußten Ägyptens Nachbarn den Rammsporn dreimal erfinden, weil man ihn zweimal wieder vergessen hatte?
417		2). Bewegten sich die Ägypter von -1100 bis -300 wieder mit Händen und Füßen über das Wasser?
434	P	**Jahrtausendlücken in der Stratigraphie** (Heinsohn)
		1) Tell el-Daba
439		2) Tell el-Fara'in-Buto
446		3) Ergebnis
448	Q	**Resümee zur Chronologie des Alten Ägyptens**
460		**Bibliographie**
489		**Stichwortverzeichnis**

Editorische Notiz zur überarbeiteten und erweiterten zweiten Auflage

Dieses Buch ist erstmals im November 1990 erschienen. Die öffentlichen Reaktionen darauf lassen sich leicht resümieren. Von den mit jeweils einem Exemplar bedachten ägyptologischen Instituten des deutschen Sprachraums reagierte nur ein einziges. Es war gerne bereit, das erhaltene Exemplar zurückzugeben, weil es ohnehin weder in der Bibliothek aufgestellt noch in der Kartei registriert würde [Illig 1991]. Dementsprechend zurückhaltend waren die Zeitungen, in denen nur eine einzige Rezension erschien. Gleichwohl war das Buch in einer Preis und Inhalt angemessenen Frist vergriffen. Leider hatte zwischenzeitlich der damalige Verlag das Interesse an einer Fortführung seiner kritischen Geschichtsreihe *(Scarabäus bei Eichborn)* verloren, so daß sich eine Neuauflage immer weiter hinausschob, bis schließlich die Rechte an die Autoren zurückfielen.

Mittlerweile ist neues Interesse aufgeflammt. Zum einen bricht sich das katastrophistische Paradigma rasant Bahn in Astronomie, Geologie und Biologie [vgl. Illig 1992; jüngst Hoyle 1997] und bewirkt verstärktes Interesse an Katastrophen in historischen Zeiten. Damit eng verknüpft wird die Debatte um das Entstehen der Hochreligionen geführt, das ohne Kenntnisnahme der kosmischen Katastrophen unverstanden bleiben mußte [Heinsohn 1997]. Die lebhafte Diskussion um die Fiktionalität frühmittelalterlicher Jahrhunderte [Illig 1997] hat auch der Chronologie antiker Zeiten neues Interesse gebracht.

Da all diese Debatten zur kritischen Geschichtsrevision gehören, wird unser Pharaonenbuch neu aufgelegt. Sein Charakter als 'Werkstattbericht' begründet sich nicht in Kritiken der Fachwelt, die hier bislang weder Entgegnungen vorbrachte, noch bei der Lösung aller angesprochener Probleme weitergekommen wäre. Vielmehr hat G. Heinsohn [ab 1992; insbesondere 1996; 1997a] einen Vorschlag gemacht, wie die neo- und spätassyrischen Könige des -8./7. Jhs. als Perserherrscher des -5./4. Jhs. in ihrer mesopotamischen Kernsatrapie zu identifizieren seien. H. Illig hat wenig später [1994; 1995; 1996] die Verbindung des Pharaonenreichs durch den Hellenismus hin zu den Römern kritisch beleuchtet. In beiden, sich verschränkenden Fällen stehen die endgültigen Ergebnisse noch aus. Da jedoch das Interesse an diesem so lange vergriffenen Buch unübersehbar ist, wird es nun mit einigen grundsätzlichen Veränderungen neu aufgelegt. Dies geschieht in der Hoffnung, daß bald ein umfassender Vorschlag für die antike Chronologie der Alten Welt vorgelegt werden kann.

Unser Dank gebührt vor allem Günter Lelarge, Andernach, der in mühseliger Arbeit den Text wieder auf den Computer brachte; Dank gebührt ebenso Frau Ariane Rouff, Bremen, für Korrekturhilfen.

Als technischer Hinweis: Im Text wird für die vorchristlichen Datierungen eine Kurzbezeichnung benutzt (z.B. -7. Jh. für 7. Jh. v. Chr.). Die von den Autoren vorgeschlagenen neuen Jahreszahlen sind kursiv gesetzt und mit einem Pfeil hervorgehoben (z.B. →*7. Jh.*), damit die LeserInnen leichter Daten herrschender Lehre und die neuen Ansätze auseinanderhalten können. Kursivgesetzte Jahreszahlen ohne Pfeil signalisieren, daß es sich um eine herkömmliche Datierung handelt, die aber nunmehr auch für angeblich viel ältere Kulturen gilt.

August 1997

Editorische Notiz zur Erstausgabe

Das vorliegende Buch entstand getrennten Orts, aber in gemeinsamer Arbeit. Die beiden Autoren haben sich gegenseitig informiert, beraten und kritisiert, ihre Anteile jedoch getrennt formuliert.

Die Arbeit wurde durch die im Februar 1988 von Gunnar Heinsohn [1988f] veröffentlichte Konsequenzen seiner mesopotamischen Chronologie-Revision für die ägyptische Geschichte angestoßen. Diesen Neuansatz hat er erstmals am Glas technologiegeschichtlich umgesetzt und so zugleich einer Überprüfung unterzogen. Diese umfassende Studie wurde am 20. August 1988 vor der *Canadian Society of Interdisciplinary Studies* in Montreal durch Clark Whelton (New York) erstmals öffentlich zugänglich gemacht. Heribert Illig, der bereits im April 1988 damit begonnen hatte, die ägyptische Technologiegeschichte an Bronzeguß und Gewölbebau in Zweifel zu ziehen [1988a], hat daraufhin die Initiative für ein gemeinsames Buch ergriffen. Bei einem geselligen Ideenaustausch hat Benny Peiser aus Frankfurt am Main den Titel *Wann lebten die Pharaonen?* als beste Alternative vorgeschlagen.

Geringfügige und insgesamt kaum auffallende Überschneidungen zwischen einigen Kapiteln haben die Autoren bewußt in Kauf genommen, um die Geschichte einzelner Technologien auch ohne Springen zwischen verschiedenen Teilen des Buches lesbar zu halten.

September 1990

1 Vier Kultläufer [Zeichnungen H.I.]: a) Djoser, -27. Jh., Saqqara [nach Lange 1961, Abb. 15] b) Hatschepsut, -15. Jh., Karnak [nach Decker 1987, 33] c) Sesostris I., -20. Jh., Lischt [nach Michalowski 1971, 363, hier seitenverkehrt] d) Ramses II., -13. Jh., Beit el Wali [nach Freed 1987, 48]. Ihr relativer zeitlicher Abstand wird sich auf maximal 300 Jahre verringern, ihre Datierung um viele Jahrhunderte verschieben (→7./4. Jh.).

A) Vorspiel auf dem Kultplatz

"Indem die Ägypter im Alter sich selbst plagiierten und als die Wachsfiguren ihrer eigenen Vergangenheit umherwandelten, erstarrte ihre Kultur zur grandiosen Kulisse, als die sie noch heute vor uns steht: unglaubwürdig und doch voll theatralischem Reiz. Damals entstand die Legende vom einförmigen, gefrorenen Ägypten, das durch die Jahrtausende seiner Geschichte gleichsam eingeschneit war, wenn diese Bemerkung bei einem subtropischen Lande gestattet ist. Gestehen wir es uns ein: Ägypten ist ein Gespenst" [Friedell 1982, 343; [1] 1936].

Goldene Pharaos, verewigt und vergottet, sind aller Welt seit Tutanchamuns Auffindung vertraut. Ebendieses 'große Haus' (so die übliche Übersetzung des Titels Pharao) zelebrierte alte Kulte nicht nur in vollem Ornat, sondern auch im Lendenschurz. Im Großen Hof von Djosers Areal zu Saqqara haben sich zwei Wendemarken erhalten, die der Pharao zum Regierungsjubiläum nach längst vergessenem Reglement umrundete.

Unter seiner Pyramide und im sogenannten Südgrab zeigen drei Reliefs König Djoser bei diesem kultischen Lauf. Hier eilt er, die hohe Krone auf dem Kopf, mit Wedel und Mekes-Zeichen in den Händen, mit Königsschurz und Stierschwanz von Laufmal zu Laufmal (Abb. 1a). Nach Djoser, der im -27. Jh. regiert haben soll, haben alle länger regierenden Pharaonen ihr Sedfest gefeiert, aber der königliche Kultläufer und -tänzer wurde in dieser langen Zeit überraschend selten abgebildet.

Merkwürdigerweise läßt sich 1.200 Jahre nach Djoser die Pharaonin Hatschepsut absolut identisch ins Relief meißeln: Mit Lendenschurz und Tierschwanz, mit Krone, Wedel und Mekes-Symbol (Abb. 1b). Und noch einmal 800 Jahre später kopieren saïtische Künstler minutiös die Djoser-Reliefs [Abb. Kaiser 1987, Tafel 44]. 2.000 Jahre zwischen fast identischen Darstellungen - dieselbe Zeitspanne trennt uns heute von Kleopatra, fiktionsverdächtige Zeiten im Mittelalter einmal unbeachtet.

Ein zweites unzeitiges Paar, diesmal aus Mittlerem und Neuem Reich: Sesostris I. tanzt in Lischt vor dem Gotte Min (Abb. 1c). Der Künstler wählt hierfür dieselbe Laufhaltung, nur die seitlichen Wendemarken fehlen. Nun trägt der Pharao ein Ruder in der Rechten und einen rätselhaften Winkel in der Linken. Mit denselben raren Attributen zeigt sich auch Ramses II. in Karnak (Abb. 1d). Die Pose ist samt Schurz, Schwanz und Halskragen identisch, nur die beiden Landeskronen sind vertauscht - aber zwischen beiden Tanzbildern sollen rund 700 Jahre liegen! Also wirklich eine erstarrte, gefrorene Kultur?

Dieses Buch führt den Nachweis, daß derart identische Darstellungen keineswegs durch 2 Jahrtausende oder durch 700 Jahre, sondern allenfalls durch wenige Jahrhunderte voneinander getrennt entstanden sind. Das Gespenst Ägypten wird 'aufgetaut', um bei Egon Friedells Bild zu bleiben, sein geschichtlicher Ablauf wird drastisch gestrafft, und plötzlich kann das Bild eines wachen Volkes entstehen, das binnen weniger Jahrhunderte eine große Kultur hervorgebracht und eine äußerst wechselhafte Geschichte durchlebt hat.

Die Beweisführung stützt sich aber nicht auf stilistische Kriterien wie bei dem Beispiel des Kultlaufes, sondern auf archäologische und technologische Fakten. Die Verfasser gehen von der Prämisse aus, daß menschliches Wissen und Können nichts Gottgegebenes ist, sondern auf dem menschlichen Weg des Probierens und Überlegens gewonnen wird. Erfolge wie Mißerfolge führen zu neuen Ansätzen, die im allgemeinen verbesserte Resultate bringen. Umwege, Abkürzungen und Ausnahmen sind auf diesem Weg natürlich möglich. Sie können sich ergeben durch Gewinn oder Verlust von Rohstoffquellen, durch Änderungen der Umwelt, durch Aussterben oder Ausrottung von Wissensträgern, durch radikale Änderung der Sitten und Gebräuche (z.B. aus religiösen Gründen), durch Adaption fremden Know-hows. Insgesamt gesehen ist diese Prämisse nichts anderes als das Akzeptieren des technischen Fortschritts vom Faustkeil zum Computer.

Gleichwohl ist sie für die Ägyptologie nicht trivial. Denn hier dominiert eine ganz andere Ansicht, die etwa Jacques de Morgan so formulierte:
"Wahrscheinlich haben die Asiaten gleichzeitig Metall, Keramik, Gewebe Getreide, Ackerbau, Lehmziegel, Architektur, Vermessung, künstlerische Geschmacksrichtungen und Prinzipien nach

Ägypten gebracht; denn all diese Kenntnisse erscheinen plötzlich [subitement] im Niltal" [Morgan 1926, II 329].
Alles, was Kultur ausmacht, ist schlagartig da, und eine Weiterentwicklung ist nur noch in Teilbereichen auszumachen. Daß die Kulturträger Ägyptens aus dem Osten stammen, mag durchaus seine Richtigkeit haben; warum aber die ägyptische Kultur mit einem Höhepunkt beginnt, während sich in ihrer jüngsten Zeit, von -1100 bis -330, Kulturhöhe und Funddichte gleichermaßen dürftig darbieten, ist bislang nicht ausreichend hinterfragt worden.

B) Ägyptische Chronologie - auf Luft gebaut

Der gesamte Text ist ein durchgehendes Plädoyer mit technologischen Argumenten gegen die generationenlang stetig nachgebesserte ägyptische Chronologie. Gleichwohl soll explizit gezeigt werden, wie schwach die Fundamente sind, auf denen immer gewagtere Hilfskonstruktionen gezimmert werden müssen [Hierbei wird auf Heinsohn 1988, 13-20/33-42, und Illig 1988, 52-57, zurückgegriffen].

Grundsätzlich gilt, daß die Ägypter nach *keiner* Ära rechneten. Ereignisse, die im Strom der Zeit festgehalten werden sollten, erhielten durchwegs eine Benennung nach dem Muster "im 6. Jahr des Pharao Neuserre" oder "im Jahr des 3. Males der Zählung unter König Djedkar" [vgl. Beckerath 1980, 297]. Gleichwohl berichtet Herodot im -5. Jh. davon, daß es durchlaufende Überlieferungen gegeben habe:

> "Auf ihn [Min, den ersten König Ägyptens] folgten dreihundertdreißig Könige, deren Namen mir die Priester aus einem Buch vorlasen [...] Soweit der Bericht der ägyptischen Priester über die alte ägyptische Zeit. Sie haben mir nachgewiesen, daß zwischen dem ersten König von Ägypten und jenem letztgenannten Priester des Hephaistos dreihunderteinundvierzig Menschenalter liegen. Denn so viele Oberpriester und Könige hat es im Laufe dieser Zeit gegeben. Nun machen aber dreihundert Generationen einen Zeitraum von zehntausend Jahren aus. Denn drei Menschenalter sind gleich hundert Jahre. Zu den dreihundert kommen noch die einundvierzig Menschenalter, das macht eintausenddreihundertvierzig Jahre. Das heißt also: in einem Zeitraum von elftausenddreihundertvierzig Jahren haben nur menschliche Könige, nicht Götter in Menschengestalt, in Ägypten geherrscht" [Herodot II, 142].

Von Manetho und anderen Schreibern

Demnach ließen die Ägypter selbst ihr Land seit -11900 blühen. Von dieser Überlieferung einmal abgesehen, hat es tatsächlich mindestens eine derartige Liste gegeben, die in die berühmte 'Aigyptiaka' des Manetho von Sebennytos einging. Dieser Priester und Tempelschreiber hat um -280 alle Pharaonen ab dem Reichsgründer Menes zu 30 Dynastien und drei Reichen zusammengefaßt und kommentiert. Sein Werk ist in fragmentarischen und widersprüchlichen Abschriften erhalten.

Früheste Hinweise finden sich in dem Buch *Gegen Apion* des jüdischen Autors Josephus Flavius (+37 bis +100), der aber nur auf die 15. bis 19. Dynastie eingeht. Aber bereits Josephus verwendete einen Manethotext,
"der von pro- und antijüdischen Bearbeitern verändert worden war. Besonders ging es dabei um Josephs Aufenthalt in Ägypten und um den Auszug; ferner veränderten schon früh jüdische Gelehrte (wohl in Alexandria?) besonders die frühen Dynastien, um Menes mit Adam gleichsetzen zu können" [Helck 1975, 972; nur Einfügungen in eckigen Klammern stammen von den Autoren].

Auf Manetho zurückgegriffen haben auch die christlichen Geschichtsschreiber, als erster Julius Africanus (221), dann Eusebius, der seit 313 als Bischof im palästinischen Caesarea wirkte und seine *'Chronik'* kurz nach 325 abschloß [Mosshammer 1979, 29]. Er benutzte offenbar die neuerliche Manetho-Überarbeitung eines hellenistischen Juden. Der Originaltext des Julius Africanus ging ebenso verloren wie der griechische des Eusebius. So kennen wir den Eusebius-Text erst aus einer lateinischen Übersetzung durch Hieronymus (345-419) und durch die armenische Version aus dem 5. Jh. Eusebius-Fragmente finden sich auch bei dem byzantinischen Mönch Georgios Synkellos, der im 9. Jh. eine uns erhaltene Weltchronik verfaßt hat. In ihr finden sich außerdem die einzig erhaltenen Passagen des Africanus-Textes.

So ist uns der einstige Manetho-Text nur aus dritter, in wesentlichen Teilen lediglich aus fünfter Hand bekannt, und es braucht nicht zu verwundern, daß er für uns widersprüchlich und interpretationsbedürftig ist. Die zusammenaddierten Regierungsjahre der 30 Dynastien etwa ergeben bei Julius Africanus (über Synkellos) 5.437 Jahre, in der armenischen Fassung 5.205 Jahre, beim 'Eusebius' des Synkellos 4.728 Jahre. Manetho kennt die berühmten "Ketzerkönige" der 18. Dynastie, wie Hatschepsut, Echnaton und Tutanchamun, nicht und gibt Regierungszeiten an, die häufig doppelt so hoch liegen wie die spätesten Angaben auf königlichen Monumenten. W. Helck hat überdies herausgefunden, daß die Angaben Manethos oder seiner Kompilatoren vor allem bei den Pharaonen des Alten Reiches und bei den Hyksos-Herrschern häufig um glatte 10, 20, ja 30 Jahre zu hoch liegen. Ganz offensichtlich bestand hier das dringende Bedürfnis, möglichst hohe Jahresangaben auszuweisen, um Menes mit Adam zeitgleich setzen zu können [Helck 1956, 81f]. A.H.L. Heeren bemerkte bereits anfangs des letzten Jahrhunderts,

"daß Manetho selber mehrere gleichzeitige Staaten in Ägypten annahm; und seine Dynastien also synchronistisch geordnet werden müssen; welches man häufig hat bezweifeln wollen" [Heeren 1815, II, 2, 550].

G. Rawlinson prüfte vor 100 Jahren die Glaubwürdigkeit der Manetho-Überreste:

"Das ganze Ergebnis ist: (1) daß uns Manethos grundsätzliches Schema, das uns so unterschiedlich berichtet wird, tatsächlich unbekannt ist; (2) daß seine Detailangaben, denen häufig von den Monumenten widersprochen wird, unzuverlässig sind; und (3) daß die Methodik des Schemas, seine allgemeinen Konstruktionsprinzipien so falsch sind, daß wir aus ihm, selbst wenn wir es zur Gänze vor uns hätten, keine exakte oder befriedigende Chronologie ableiten könnten" [Rawlinson 1881, II, 6].

Rawlinson ging damals noch davon aus, daß sich Altes und Mittleres Reich überlappen, weil eine Vielzahl von Dynastien gleichzeitig existierte: Kurz vor -2100 etwa die 2., 5., 6., 9. und 11. Dynastie, kurz nach -2100 dann die 5., 9., 12., 14., 15. und 16. Dynastie [Rawlinson 1900, 51; vgl. Illig 1986].

Gleichwohl hat die Ägyptologie bis heute grundsätzlich an einem nur maßvoll überarbeiteten manethonischen Schema festgehalten: Die letzte Perserzeit wurde als 31. Dynastie angefügt, eine Dynastie eliminiert (die 7.), zwei gleichgesetzt (9.-10.) und etliche parallelisiert: 10. und 11., 13. und 14., 15. bis 17., 22. bis 24. Dynastie. Damit sind zwar gravierende Schwächen dieser trüben Quelle ausgemerzt; ist damit aber ihr Wert wesentlich gestiegen?

Ist denn nun beispielsweise verständlich, daß Herodot, der gegen -460 in Ägypten gewesen sein dürfte, die großen Pyramidenbauer der 4. Dynastie im -1. Jtsd. und innerhalb der Eisenzeit ansetzt, während sie 'gemäß Manetho' ins -26./25. Jh. gehören sollen? Die Fachwelt entschied sich gegen Herodots 2. Buch, nicht zuletzt deshalb, weil Manethos "Geschichtswerk bei den Griechen unbeachtet geblieben [ist]" [Meyer 1952, I 272]. Gegen diesen Vorwurf ist der 200 Jahre vor Manetho lebende Herodot nur schwer zu verteidigen...

Statt dessen kompilierte die Wissenschaft weitere ägyptische Überlieferungen. Die umfangreichsten sind:
- Die *Königsliste von Abydos,* die von Menes (1. Dyn.) bis Sethos I. (19. Dyn.), unter dem sie zusammengestellt worden ist, 76 Könige aufzählt.
- Die *Königsliste von Karnak,* die 62 Könige vor Tuthmosis III. (18. Dyn.) anführt, aber "kaum chronologische Ordnung zeigt" [Beckerath 1975a, 967; konträr Weissgerber 1997] und die großen Pyramidenbauer von Giseh einfach ignoriert [Wildung 1969, 63].
- Die *Königsliste* aus dem Grab des Schreibers Tener in *Saqqara,* die von der 1. Dyn. bis Ramses II., dessen 19. Dynastie sie entstammt, 47 Könige kennt. Wie die Abydos-Liste springt sie direkt vom letzten Pharao der 12. zum ersten der 18. Dynastie, ignoriert also 5 Dynastien respektive 225 Jahre.
- Die aus der Zeit von Ramses II. stammenden Fragmente des *Turiner Papyrus.* Dieser setzt schon vor der 1. Dynastie ein, denn er zählt vor Menes noch Götter und Horusverehrer auf. Für die Zweite Zwischenzeit, die von anderen Listen übergangen wird, hat er vermutlich 175, zerstörte Namen aufgeführt.
- Die Bruchstücke des *Annalenstein,* der aus der 26. Dynastie stammt, aber die getreuliche Kopie eines Originals aus der 5. Dynastie sein soll [Helck 1982]. Sein größtes Fragment, der Palermostein, bringt schon vor der 1. Dynastie eine ganze Pharaonenreihe, die Manetho nicht kennt. Hier haben die "prädynastischen Pharaonen" eines bereits geeinten Ober- und Unterägyptens ihren Ursprung, die heute als "nullte Dynastie" geführt werden (vgl. Übersicht S. 43).

Einen Hinweis auf die Benutzung derartiger Annalen erhalten wir etwa aus der 18. Dynastie:

"Der Schatzmeister Sn-m-i'h unter Hatschepsut bezeichnet die Erfolge der Punt-Expedition als Wunder, die in den Annalen der Vorfahren seit der Zeit des Gottes nicht gesehen worden seien" [Helck 1956, 3].

Hinzu tritt eine Fülle von anderen Überlieferungen auf Monumenten und Papyri, die zwar oft nur ganz knappe Hinweise auf historische Persönlichkeiten oder Ereignisse geben, aber doch geeignet erscheinen, die Königs- und Priesterabfolgen zu ergänzen und abzusichern. Daraus hat sich ein eigener Wissenschaftszweig entwickelt, der *Königslisten,* also Gruppierungen von Königsnamen, *Annalen, "Day-books"* und *Inschriften* aller Art untersucht und 'auf Vordermann' bringen will [etwa Redford 1986]. Dies stellt ein mühsames Unterfangen dar, denn hier müssen eine Unzahl von Widersprüchen und Ungereimtheiten ausgeräumt werden; so zum Beispiel haben sich die "Genealogien - da offenbar meist fiktiv - bisher als wenig zuverlässig erwiesen" [Beckerath 1975a].

Manetho überliefert für unbedeutende Dynastien erstaunlich viele Namen: Über 60 für die 13. Dynastie, 70 für die 7. Dynastie, 74 für die 14. Dynastie, während er umgekehrt auch 'Mikrodynastien' kennt, die mit zwei Königen (24. Dyn.) oder gar nur einem einzigen (28. Dyn.) der Definition einer Dynastie nicht genügen. Außerdem nennt Manetho zahlreiche Königsnamen, die auf Inschriften nicht zu finden sind, und vice versa. Trotzdem wurden die Bemühungen so weit vorangetrieben, daß allmählich das manethonische Skelett der heute akzeptierten Pharaonenliste unsichtbar wird. Erik Hornung [in Åström 1989, 34f] glaubt etwa, daß sie für das Neue Reich ausschließlich auf zeitgenössischem Material und auf Synchronismen mit dem alten Vorderen Orient beruht, nicht mehr auf Manetho oder dem Turiner Papyrus. Damit wird verschleiert, wie wichtig diese Listen bei der Einordnung des zeitgenössischen Materials gewesen sind. Genau dieses Vorgehen hat U. Eco dargestellt und parodiert, indem er Adson von Melk berichten läßt, William von Baskerville zitiere einen alten deutschen Mystiker, der jedoch in Wahrheit Ludwig Wittgenstein heißt und in seinem *Tractatus logico-philosophicus* festellt: "Er muoz gelîchesame die Leiter abwerfen, sô er an ir ufgestigen" [Eco 1982, 625].

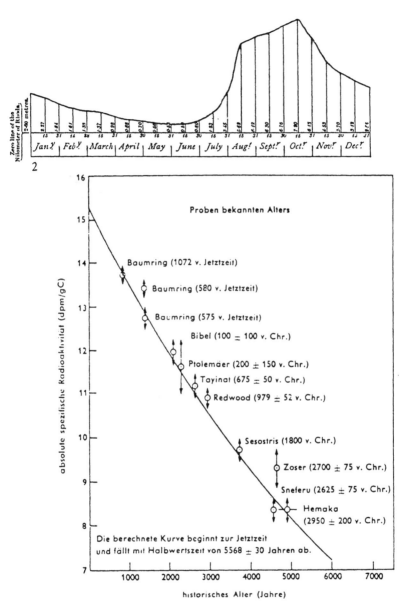

2 Die jährliche Nilschwemme ist kein abrupter Vorgang; Pegelmessungen von 1846 [Lockyer 1897, 228]

3 "Vorausgesagte und beobachtete Radioaktivitäten von Proben *bekannten Alters*", so die Bildunterschrift von W. Libby [1969, 20; Hvhg. H.I.]

Der Irrglaube an Sothis

Die Ägyptologie hat aber noch eine zweite, naturwissenschaftliche Datierungsmöglichkeit gefunden. Nicht gemeint ist damit die umstrittene, 1947 erstmals vorgestellte C^{14}-Methode, denn diese wird von den meisten Ägyptologen sehr reserviert betrachtet, wie das *Lexikon der Ägyptologie* erahnen läßt:
"Altersbestimmungen mittels Radiocarbon C14 müssen, an anderweitig gesicherten Daten geprüft, als derzeit nicht genügend zuverlässig angesehen werden; lediglich für die Vorgeschichte geben sie einen ungefähren zeitlichen Anhalt" [Beckerath 1975a, 967].
Seitdem hat sich weder an dieser Unzuverlässigkeit noch an ihrer Einschätzung etwas geändert [vgl. I. Olsson in Åström 1989, 25; C.v. Pilgrim in Bürgin 1997, 222].

W.F. Libby mußte seine C^{14}-Methode, die 'im Rohzustand' nur Meßwerte einer langsam abklingenden Strahlungsintensität liefert, an Materialien bekannten Alters eichen, um das Knacken des Geigerzählers in Zeitangaben umformen zu können. Dazu wollte er naheliegenderweise auf ägyptische Funde zurückgreifen (Abb. 3). Doch es zeigte sich, daß vor allem aus dem Neuen Reich, das die reichsten Funde bescherte, keine sinnvollen Altersangaben abzuleiten waren. Libby gibt deshalb in seiner ersten Eichkurve von 1952 keinen einzigen Wert aus dem Neuen Reich, nur einen aus dem Mittleren und zwei aus dem Alten Reich an, und bis 1969 sind keine weiteren hinzugekommen [Libby 1969, 20/89ff; zur C^{14}-Problematik s. Illig 1988, 24-29]. Nicht zuletzt wegen dieser Fehlschläge für das Neue Reich ist die Zurückhaltung geblieben. Nicht nur die ägyptische Problematik, sondern die immanenten, unauflösbaren Widersprüche dieser Methode werden in der Abhandlung von Christian Blöss und Hans-Ulrich Niemitz [1997] aufgedeckt. Sie behandelt gleichermaßen die Dendrochronologie, die jedoch im Falle des Alten Ägyptens ohnehin nichts leisten kann.

Die Ägyptologie bevorzugt *astronomische Datierungen*. Der Römer Censorinus schrieb +238 in seinem Buch *De Die Natali, XVIII:*
"Die Ägypter berücksichtigen bei der Gestaltung ihres Großen Jahres den Mond nicht; die Griechen nennen es *kynisch*, die Römer *canicularis*, weil es mit dem Aufgang des Hundsterns am ersten

Tag des Monats beginnt, welcher von den Ägyptern Thot genannt wird [...] Auch ist die Länge von vier ihrer Jahre um, ungefähr, einen Tag kürzer als die Länge von vier natürlichen Jahren; dies führt wieder zur Übereinstimmung im 1461. Jahr."
Censorinus berichtet also, daß die Ägypter seiner Zeit keine Schaltregel und keinen Schalttag benutzten. Deshalb verschiebt sich ihr Jahresbeginn binnen vier Jahren um einen Tag, eine Abweichung, die erst nach 365 x 4 = 1460 julianischen Jahren (oder 1461 ägyptischen Jahren) den Beginn beider Jahre wieder auf denselben Tag fallen läßt. Oder mit anderen Worten: Alljährlich zu Beginn der Nilschwelle geht der Sirius unmittelbar vor der Sonne, also *heliakisch* auf, nachdem er gut zwei Monate von der Sonne überstrahlt worden ist (dieser Zeitraum hat sich zwischen -4000 und der Zeitenwende von 73 auf 63 Tage verringert; Krauss 1985, 61). Dieses Ereignis findet aber, übertrieben exakt genommen, nur in einem einzigen Jahr zu diesem Zeitpunkt statt. Denn ohne Schalttag liegt der kalendarische Jahresbeginn im 4. Jahr bereits einen ganzen Tag früher - und allmählich entfernt er sich immer weiter von 'seinem' heliakischen Siriusaufgang, der unverändert beim 19. Juli bleibt. Erst nach 1.460 Jahren findet der Siriusaufgang wieder zusammen mit der Sonne am 1. Tag des Monats Thot, also am ägyptischen Neujahrstag statt.

(Auch dieser 19. Juli ist nicht unveränderlich fix, sondern wandert wegen der *Präzession,* dem Kreiseln der Erdachse, in ca. 25.800 Jahren einmal durch das Sonnenjahr. Aber dieses Vorrücken um einen Tag in 70 Jahren - ca. siebzehnmal langsamer als die Veränderung durch den fehlenden Schalttag - ließ Censorinus unbeachtet, obwohl es der Grieche Hipparch aus Nikaia bereits 400 Jahre vor ihm entdeckt hatte.)

Der römische Grammatiker fügte in seiner Studie über Zeit und Zeiteinteilung hinzu, daß im einhundertsten Jahr vor seinem Buch, also +139 ein Großes Jahr oder eine *Sothisperiode* begonnen hat. Damals ist Sothis, der Hundsstern, am ägyptischen Neujahrstag heliakisch aufgegangen. Dieses *Apokatastasis* benannte Ereignis wird uns für die gesamte Weltgeschichte nur für das Jahr +139 berichtet. Damals lebte der berühmteste Astronom des Altertums, Claudius Ptolemaios (ca. 100-160), in Alexandria, von dem aber merkwürdigerweise überhaupt kein Hinweis darauf bekannt ist. Weil er dieses Millennarereignis nicht kommentiert hat, ist gegen 1900 sogar berechnet und behauptet worden, dieser heliakische Sothisaufgang habe +139 gar nicht stattgefunden [P. Davis; vgl. Velikovsky 1978, 249; ausführl. Heinsohn 1993c].

Gleichwohl zog die Wissenschaft einen kühnen Doppelschluß: Die Ägypter hätten immer in Sothisperioden gerechnet, und diese Periodenrechnung müsse genau am Beginn einer neuen Periode eingeführt worden sein. Daraus ließ sich sofort die Einführung der Sothisrechnung für eines der folgenden Jahre postulieren: -1321, -2781, -4241 oder -5701! Weil nichts in der ägyptologischen Chronologie eindeutig ist, nennt L. Borchardt -1317, -2772 und -4225 [Borchardt 1935, 33], W. Barta aber -1317/14, -2774/71 und -4232/29 [Barta 1989/90]. Diese Nachbesserungen ergeben sich daraus, daß auch der Fixstern Sirius relativ zur Erde eine ganz langsame Bewegung absolviert, die ihn etwas schneller als die theoretischen 1.460 Jahre zu seiner Apokatastasis bringt.

Der große Gelehrte Eduard Meyer entschied sich für drei Sothisperioden vor Censorinus und damit für den 15. Juni (des gregorianischen bzw. 19. Juli des julianischen Kalenders) des Jahres -4241 als Einführungstag des 365tägigen Kalenders in Unterägypten. Das *"älteste sichere Datum der Weltgeschichte"* war gefunden [Meyer erstmals 1904, 45; dann 1952, I 370, jüngster Nachdruck 1985; Hvhg. durch E. Meyer]. Aber schon 1920 errechnete L. Borchardt dieses Einführungsjahr mit -4236 [Borchardt 1920, 1], um dann mit dem 16. Juli -4225 noch einmal nachzukorrigieren [Borchardt 1935, 116].

E. Meyer behauptete in diesem Zusammenhang auch:
"Das erste Anschwellen des Nils [...] ist neun Jahrtausende lang zusammengefallen mit dem ersten Wiedererscheinen des Siriussterns, aegyptisch Soptet Sothis, in der Morgendämmerung, dem sogenannten Frühaufgang des Sirius" [Meyer 1952, I 367].

Dieser unbekümmerten Hochrechnung durch die Jahrtausende steht dann doch die Präzession und das Große Platonische Jahr entgegen: In diesen 9.000 Jahren wäre der Siriusaufgang gut vier Monate weitergerückt [vgl. Krauss 1985, 54]. Außerdem hat der Sirius einen kleinen, fast unsichtbaren Begleiter, der seine Bahnbewegung beeinflußt. Deshalb irrte der 'große' Sirius seit dem -4. Jtsd. um bis zu vier Vollmondbreiten von seiner 'korrekten' Bahn ab [Krauss 1985, 48]. Vier Vollmondbreiten, das verschiebt sein heliakisches Erscheinen um ca. 30 Minuten und den Beginn einer Sothisperiode um bis zu 30 Jahre. Nicht zuletzt ist die Verbindung zwischen Nilflut und Sothis keineswegs seit dem -9. Jtsd. bekannt, sondern erst seit der Zeit von Ramses II. also seit dem späten -2. Jtsd. [Krauss 1985, 37].

Ungeachtet all dessen: War das Kalendereinführungsdatum gesichert, galt es nur noch, die manethonischen Pharaonen zur richtigen Zeit unterzubringen. E. Meyer siedelte Menes 800 Jahre nach seinem "sicheren Datum" an. Für die übrigen Forscher machte es jedoch überaus große Schwierigkeiten, gibt es doch fast keine Nennungen ägyptischer Sothisdatierungen, vor allem aber keine eindeutigen.

Als wichtigste wird der Vermerk in einem Papyrusfragment aus dem Tempel von *Illahun*, einem Verwaltungstext, angesehen, demzufolge Sothis am ersten Tag des Monats Pharmouti im siebten Jahr eines ungenannten Königs aufging. Dies konnte nur 905 Jahre nach Beginn einer Sothisperiode gewesen sein, also, bei Ansatz von nur zwei Sothisperioden vor Censorinus, das Jahr -1872. Dieser Datierung wurde ein Pharao - Sesostris III. - zugeordnet; über mehrere 'mitgelieferte' Monddaten ließ sich dann die Kerndynastie des *Mittleren Reiches,* die Zwölfte, auf -1991 bis -1785 datieren. W. Barta errechnete 1983 ihr Startdatum mit -1994:

"Und mit diesem Jahr haben wir auch das älteste Fixdatum der ägyptischen Geschichte vor uns - zumindest solange, wie uns keine besseren Einsichten zwingen, es zu korrigieren" [Barta 1983, 1989/90].

Auch dieses "älteste Fixdatum" hat - dank der hier vertretenen Ansichten - ausgedient. Die Kritik setzt bereits bei der Tatsache ein, daß noch immer der Beobachtungsort des Sothis-Aufganges strittig ist. Die Alternative Memphis oder Elephantine bedeutet aber bereits eine Differenz von 25 Jahren [K. A. Kitchen in Aström 1989, 152].

F. Petrie hatte dieselben Ausgangsdaten, errechnete aber daraus, mit einer Unsicherheit von lediglich 60 Jahren, für die 12. Dynastie eine Zeitspanne von -3579 bis -3368 [Petrie 1924, viii und 150]. Er folgte am engsten den manethonischen Zahlen, die ja bis ins -6. Jtsd. zurückweisen.

Viel unangenehmer als Petries Wunsch nach einem besonders alten Ägypten ist für die Wissenschaftler eine Beobachtung, die W. Helck auf dem Vierten Internationalen Ägyptologen-Kongreß 1985 in München angesprochen hat. Die Regierungszeit von Sesostris III. ist 1972 durch K. Simpson von bis zu 39 auf 19 Jahre gekürzt worden, weil weder Briefe noch sonstige Funde für seine letzten zwanzig Jahre aufzufinden sind. Dies hat aber zur schwerwiegenden Folge, daß sämtliche Neumondberechnungen für die 12. Dynastie ihre Basis verlieren, die Daten des Turiner Papyrus in Mißkredit geraten und so die Chronologie der 12., der Kerndynastie des Mittleren Reiches, ungültig geworden ist. Nachdem auch noch die Säulen für die absolute Chronologie der 18. Dynastie ins Wanken gekommen sind, sprach W. Helck damals drastisch und vielbeklatscht davon, daß die Chronologie des Mittleren Reiches in einem chaotischen Zustand und die des Neuen Reiches kaum besser sei, doch die Jahre später publizierte Rede bringt das Wort "Chaos" nicht mehr [Helck 1991; die Fakten liegen dank Helck 1983 vor].

Für das *Neue Reich* gibt es nur fadenscheinige Indizien: Ein *Manuskript des Theon* nennt +26 als Ende einer 'Menophres' benannten Periode, und eine in "barbarischem Griechisch" geschriebene Anmerkung besagt, "seit Menophres und dem Ende der Ära Augustus (+284) oder Beginn der Ära Diokletian waren es 1605 Jahre". Für die daraus errechenbare Jahreszahl -1321 war jetzt noch ein König zu suchen, den man mit dem unbekannten Menophres gleichsetzen konnte. Gewählt wurden abwechselnd Ramses I., Sethos I. oder Eje. Deshalb ist "Theon" chronologisch nicht sinnvoll verwertbar und bleibt meist unerwähnt [etwa bei Olsson 1969].

Aus einer *Opferliste von Elephantine* ist ein Hinweis bekannt, der von Epiphi, dem 28. Tag, dem Tag des Festes des Sopdet-Aufganges, also vom 3. Monat und der Erntezeit spricht; eine Jahresangabe fehlt. Trotzdem koppelte man diesen vagen Vermerk mit Tuthmosis III. und dem Jahr -1464, um ihn in Einklang mit der Sothisperiode zu bringen. Er kann also schlecht als *Beweis* für die Sothisperiode herhalten.

Ein Vermerk im *Papyrus Ebers,* der nur von einem 360tägigen Jahr spricht, das nicht am 1. Thot beginnt, nennt das Datum 9. Tag, 3. Monat im Jahr 9. Hieraus hat man auf Amenophis I. und das Jahr -1540 geschlossen. Dezent übergangen wird dabei, daß bei der genannten Jahreslänge die Sothisperiode eine ganz andere Länge gehabt hätte. Der Papyrus Ebers ist im übrigen der einzige ägyptische Kalender, dem eine Sothis-Datierung zu entnehmen ist [Krauss 1985, 13]. Allerdings wird mittlerweile bezweifelt, daß Datum und Sothis-Aufgang fest zusammengehören:

"Aus diesen Gründen sind alle Berechnungen zum Sothisaufgang aufgrund des Ebersdatums wenig beweiskräftig" [Luft 1986, bestätigt durch Bietak 1989].

Damit entfällt zwar die unangenehme Frage, ob der Sothis-Aufgang des Ebers-Papyrus wenigstens in Nubien zu beobachten war, nachdem er nördlich von Assuan mit Sicherheit damals nicht zu sehen war, aber

die absolute Chronologie der 18. Dynastie hängt jetzt nur noch an einem seidenen Faden: Sie
"beruht auf der Angabe des Logbuchs eines Nilkahns Pap. Leiden I 350 vso III 6, daß am 27. des 2. prt im 52. Jahr Ramses' II. ein Neumond war" [Helck 1983].
L. Borchardt nennt 1935 noch das Datum von *Medinet Habu*. Gemäß dieser *Opfertafel* ging der Hundsstern zwischen dem 4. und 9. Regierungsjahr von Ramses III. heliakisch auf; doch wird dieser Hinweis gleichfalls nicht mehr verwendet [Borchardt 1935, 16; Olsson 1969; eine Ausnahme ist Posener 1960, 309].

Im *Alten Reich* ließ sich nicht einmal ein schwaches Indiz für einen Sothisinduzierten Kalender finden, weswegen O. Neugebauer die Sothis-Periode schon 1939 als bedeutungslos für die älteste ägyptische Zeit ablehnte [Neugebauer 1939]. Dies konterte R. Krauss mit einer ebenso korrekten wie sinnlosen Beobachtung:
"Angesichts einer mittleren Distanz von 400 Jahren zwischen den überlieferten Sothisdaten ist das Fehlen eines Beleges aus dem AR [Alten Reich] statistisch nicht auffällig" [Krauss 1985, 37].
Rein statistisch ist der Befund tatsächlich nicht auffällig, aber die Schlußfolgerung daraus ist bewußt irreführend. Denn aus dem so weitgehenden Fehlen von Sothisdatierungen kommt sie zu der völlig unbewiesenen Unterstellung, bereits im Alten Reich seien Sothisberechnungen gemacht worden. Hinter der wahrscheinlichkeitstheoretischen Formulierung versteckt sich reines Wunschdenken.

Im Klartext gibt es für das gesamte dreitausendjährige Ägypten vor Censorinus bei wohlwollender Betrachtung nur fünf, bei kritischer Würdigung nur ein einziges diskutables Sothis-Datum! Neben 'Illahun' und seinem zweifelhaften Beobachtungsort bleibt allein die Kunde eines Schiffers von einem Neumond...

Trotzdem wurden und werden Manetho wie Sothis herangezogen, um den absoluten Beginn der ägyptischen Dynastienfolge festzusetzen. Fast alle Ägyptologen scheinen sich der reizvollen Rechenaufgabe gewidmet zu haben, den Regierungsantritt von Menes zu fixieren, so daß die nachfolgende Liste nur unvollständig sein kann.

Absolutbeginn des Alten Reiches, der 1. Dynastie (Menes)

-6400	Henne, 1845		
-5867	Champollion-Figeac	-3360	Sethe, 1905
-5773	Lesueur	-3315	E. Meyer, 1904
-5702	Böckh, 1845	-3315	Breasted, 1906
-5619	Moulin [1991]	-3200	Steindorff, 1900
-5613	Unger, 1867	-3114	Hayes
-5546	Petrie, 1911	-3059	Bunsen (alternativ)
vor -5000	Maspero, 1910	-3000	Erman, 1904
-5004	Mariette/Lenormant	-3000	Newberry/Garstang, 1904
-4455	Brugsch, 1877	-3000	heute gebräuchlicher
-4455	Budge, 1902		Circa-Wert
-4186	Borchardt, 1917	-2785	Gumpach
-4157	Lauth, 1865	-2781	Seyffarth, 1850
vor -4000	v. Bissing, 1904	-2700	G. Rawlinson
-4000	Chabas	-2717	Poole
-3893	Lieblein, 1863	-2691	Wilkinson
-3892	Lepsius, 1857	-2320	Wilkinson (alternativ)
-3623	Bunsen, 1845	-2224	Palmer
-3500	Hall	-1700	Sharpe
-3400	Breasted		[Quelle insbes. Borchardt 1917, 48f].

Auffällig erscheint, daß fast gleichzeitig, also bei gleichem Wissensstand, völlig unterschiedliche Daten kalkuliert wurden: 1850 datierte Gustav Seyffahrt 850 Jahre kürzer als Christian Bunsen und fast 3.000 Jahre kürzer als August Böckh, 1911 lagen James Breasted und Flinders Petrie immer noch 2.200 Jahre auseinander. -6400 bis -1700: Ein monumentales Unsicherheitsintervall von 4.700 Jahren (!) und ein überwältigendes Mißtrauensvotum gegen Manetho und Sothis!

Das heute akzeptierte Circa-Datum bei -3000/2900 ist nur in einer relativen Chronologie verankert [Barta 1983]. Offen bleibt deshalb auch die Frage, wer nun den Kalender am Beginn einer Sothisperiode eingeführt hat: Irgendein Pharao der 3. Dynastie [Hoffman 1980, 15] oder exakt Djoser [Hamann 1944, 103], Snofru oder Cheops [Muck 1958, 54]. Die Antwort darauf fällt ägyptologisch-astronomisch kompliziert aus:

"Da im Jahr der Einführung dieses Kalenders der Neujahrstag wohl noch, wie vorher üblich, auf dem Neumond nach Sothisaufgang lag, fand diese wahrscheinlich im 29. Jh. v. Chr. statt und nicht erst dann, als der Neujahrstag selbst mit dem Sothisaufgang zusammenfiel (um 2770)" [Beckerath 1980, 297].
Im -29. Jh. gibt es allerdings keinen namhaften Kandidaten für diese einmalige und unvergleichliche Kalendereinführung zu einem vorausbestimmten Stichtag.

Die sonstigen Kalender des Altertums wurden stets 'rückwirkend' eingeführt, indem sie auf ein jahrhundertealtes Ereignis als Ausgangspunkt ihrer Jahreszählung zurückgriffen: Die Römer rechneten ab -43 mit der Formel "ab urbe condita", also mit Jahren nach der Gründung Roms von -753; die Griechen benutzten seit dem -4. Jh. (s.u.) oder gar erst seit Eratosthenes (-3. Jh.) die ersten Olympischen Spiele von -776 als Startpunkt; Christen orientierten sich frühestens seit 525 an "Christi Geburt", während die Päpste erst 1431 mit dieser Jahresbenennung nachzogen [Ekrutt 1972, 47/54; Krause 1978, 79].

Ein prinzipielles Argument für eine Sothisperiodenrechnung könnte immerhin sein, daß ja - als Grundlage aller Interpretationsschwierigkeiten - doch ein paar Sothisdaten bekannt seien, und schon ein einziges genüge, um eine Kalenderrechnung zu dokumentieren. Jedoch kennt die Wissenschaft einige weitere ägyptische Ära-Daten, ohne aus ihnen gleich einen jahrtausendelang gültigen Kalender zu postulieren.
So enthält die Vierhundertjahrstele aus Auaris eine Zeile mit dem Datum des
"400. Jahres, 4. Monats, Tag 4 der Überschwemmungsjahreszeit des Königs von O.Äg. und U.Äg. Seth-groß-an-Stärke, Sohn des Re, sein Geliebter, Nubti, geliebt von Re-Harachte, er existiere ewig und immerdar" [Stadelmann 1986].
Eine Zeitlang wurde zwar versucht, aus dem Jahr 400 des Gottes Seth den Beginn der Hyksos-Herrschaft rückzurechnen, doch kamen die Ägyptologen laut R. Stadelmann davon wieder ab. Aus diesem Seth-Datum hätte nun gleichfalls eine millennienlange Kalenderrechnung postuliert werden können, was aber - anders als bei den wenigen Sothis-Daten - nicht versucht worden ist.
Eine Zusatzschwierigkeit entstand zeitweilig noch dadurch, daß die Ägypter die Jahreslänge mit 360 Tagen + 5 *Epagomenen* angaben, jenen Tagen, "welche später", so das Kanopusdekret, "noch hinzuzufü-

gen gebräuchlich wurde" (vgl. das dieser Problematik gewidmete Kapitel bei Blöss 1990). Weil auch der Papyrus Ebers die Epagomenen nicht explizit erwähnt, wurde immer wieder geschlossen, daß dem 365tägigen ein 360tägiges Jahr mit 10-Tages-Wochen vorausgegangen sei, obwohl E. Meyer den Bannstrahl gegen diesen Glauben geschleudert hatte [Meyer 1904, 10]. Ein Jahr mit weniger Tagen, vor allem aber ohne Schaltregel, ist mit der Sothisperiode völlig unverträglich, resultiert sie doch einzig und allein aus dem fehlenden Schalttag bei einer tatsächlichen Jahreslänge von 365¼ Tagen. Seitdem dieser Zusammenhang verstanden ist, wird zwangsweise von Menes an ein 360+5tägiges ägyptisches Jahr ohne Schaltregel unterstellt, Chr. Leitz [1989 56; eine der jüngsten Buchveröffentlichungen zu diesem Thema] erwartet es spätestens um -3323.

Wie aber kommt man mit solch schwachen Argumenten dennoch zu einer anerkannten Chronologie? In solchen Fällen hilft nur ein veritabler Zirkelschluß [vgl. Illig 1992, 79ff]. Auf S. 37 und 359 erfahren wir, wie mittels eines Kreisschlusses ein fiktiv gewordener Abraham dennoch das frühe -2. Jtsd. zwischen Euphrat und Nil festlegt. Da aber für spätere Zeiten mesopotamische Absolutdaten fehlten, wurden sie für das -14. Jh. vom Nil importiert. Der große deutsche Gelehrte Eduard Meyer schildert den Vorgang in seiner *Geschichte des Altertums*:
"Den wichtigsten und völlig entscheidenden Anhalt bietet aber, daß König Burnaburias von Babel und sein Zeitgenosse Assuruballit II. von Assur [...], wie die Amarnatafeln lehren, zur Zeit des Amenophis IV. von Ägypten regierten und Burnaburias gegen Ende der Regierung Amenophis' III. auf den Thron gekommen ist" [E. Meyer II, 36].
Amenophis IV. korrespondierte also mit Königen von Babylon und Assyrien, die in den dortigen Königslisten verzeichnet sind. Aus dem Sterbedatum von Amenophis IV. (Echnaton), das zu Zeiten Meyers bei -1380 (heute -1333) gesehen wurde, ließ sich für die Thronbesteigung des Burnaburias das Jahr -1382/81 errechnen.
Die Regierungszeit von Echnaton war aber nicht 'von Haus aus' ein Absolutdatum, sondern wurde im letzten Jahrhundert - wie alle Daten des Neuen Reiches - aus dem Sothisdatum des Papyrus Ebers errechnet. Auf diese Weise wurden allen Pharaonen der 18. Dyn. Absolutdaten zugeteilt. Diese Absolutdaten wurden auf die assyrische Chronologie ab -1400 übertragen, womit auch sie 'absolutiert' war.

Mittlerweile mußten die beiden Neues-Reich-Sothisdaten ohne übermäßiges Aufsehen aus dem Verkehr gezogen werden. Damit brach die astronomische Stütze zusammen. Denn die wenigen verbliebenen Monddaten müssen erst dem richtigen 24-Jahres-Zyklus zugeordnet werden, eine Aufgabe, die astronomisch nicht zu bewältigen ist. In dieser prekären Situation erinnerten sich die Ägyptologen an die assyrische Chronologie. Sie kennt ja ab -1400 absolute Daten. Und nachdem sie dank der Amarna-Briefe mit der ägyptischen Geschichte verbunden ist, erhält das Neue Reich Ägyptens heute durch Assyrien seine Absolutdaten! [Barta 1989/90]

Damit ist der Kreisschluß perfekt. Der fallende Sothisschleier enthüllt: Erst wurde die ägyptische Chronologie mit Hilfe eines ominösen Sothisdatum verabsolutiert. Hierauf wurde die assyrische Chronologie an die ägyptische gekettet und erhielt so für den Zeitraum von -1400 bis -1100 gleichfalls Absolutdaten. Anschließend wurde das Sothisdatum ausrangiert, worauf die ägyptische Chronologie für das Neue Reich ihre Absolutdaten verloren hätte. Sie stürzte aber keineswegs, sondern stützt sich nunmehr auf die absoluten Zahlen von Assyrien. So bestätigen sich Bibel und Assyrer, Assyrer und Neureichsägypter wechselseitig in schönster Synchronizität. Und der Laie staunt: Präzise Chronologien können, wenn man sie nur innig verklammert, frei in der Luft schweben. Ein Schuft, der schlechtes dabei denkt.

Die unbekannte Astronomie

Die Astronomie erlebte noch eine zweite Schlappe. Ganz egal, wann nun der Sothiskalender zum Einsatz kam, ob -1321 oder -2770 oder im -29. Jh., seine Einführung muß - und das ist völlig unstrittig - bereits die Kenntnis der Sothisperiode und damit eine lange, systematische Himmelsbeobachtung voraussetzen. Der mit Sirius identifizierte Sothis -
"eine der seltenen Gewißheiten in der ägyptischen Astronomie"
[Krauss 1985, 36; trotzdem angezweifelt von Velikovsky 1978, 256),
ist zwar der hellste Fixstern unseres Himmels, gleichwohl will sein sehr langsames Wandern erkannt und verstanden sein.

Waren aber die Ägypter schon in ihrer Frühzeit derart herausragende Astronomen? Dieselbe Wissenschaft, die ihnen das 365tägige

Jahr und die jahrtausendelange Sothisperiode ohne Skrupel seit -3000 oder seit -4241 bekannt sein läßt, äußert hier plötzlich massive Zweifel: "Die astronomischen Kenntnisse der Ägypter erhoben sich bis in die 2. Hälfte des 1. Jt. v. Chr. nicht wesentlich über die der Naturvölker und erreichten nie die Höhe, die sich Sumerer und Babylonier aufgrund langjähriger Aufzeichnung von Beobachtungen erwarben. Ein Wandel trat erst ein durch babyl. Einflüsse z. Zt. der Perserherrschaft (525-332) und hellenistische in der griech.-röm. Epoche (seit 332)" [Beckerath 1975, 511].

"Selbst in jener Zeit [der Ptolemäerzeit!] gab es keine systematischen und umfassenden Beobachtungen von Sonne, Mond, Planeten oder Sternen. Zumindest sind keine Spuren davon erhalten. Es findet sich in Ägypten auch keine klare Fachsprache für astronomische Erscheinungen" [Krupp 1980, 205].

"Im Ganzen gesehen ist die ägyptische Astronomie enttäuschend, vielleicht gerade deshalb, weil wir soviel davon erwarten" [Cornell 1983, 103].

Bis ca. -500 treiben die Ägypter eine Astronomie, die sich nicht wesentlich von der eines "Naturvolkes" unterscheidet! Erst ab -525 finden die Ägypter östliche Lehrmeister, die ihnen den Himmel erschließen! Es ist für sie bereits eine Leistung, daß sie -610 eine Sonnenfinsternis beobachten, keineswegs berechnen, denn "trotz ihrer zentralen Stellung in der Religion blieb sie [die Sonne] außerhalb astronom. Beobachtung" [ebd]. "Ähnlich war es mit den Mondfinsternissen" [ebd], die ebenso selten in den Annalen vermerkt wurden. Aber haben sie wenigstens den Mond beobachtet, auf den sich ihr ältester, prädynastischer Kalender vor der Sothisperiode und vor dem 365tägigen Jahr bezogen hatte [ebd]? Tatsächlich schenkte man ihm eine gewisse Aufmerksamkeit:

"Es handelt sich um Mondphasen (meist Neumonde), die aus religiösen Gründen beobachtet (erst seit dem 4. Jh. auch zyklisch berechnet) wurden" [Beckerath 1975, 969; von ihm auch die ergänzenden Klammern!].

Die astronomischen Großmeister, die in grauer Vorzeit eine fast unmerkliche Sternenperiode jahrhundertelang beobachten und dann stichtagsgenau als 1.460 Jahre dauernde Zählperiode einführen, scheitern noch fast 3.800 Jahre später an dem Problem, die Mondphasen vorauszuberechnen!? Haben sie denn nicht schon im -3. Jtsd. alle möglichen und unmöglichen astronomischen Beobachtungen berücksichtigt und in der Cheops-Pyramide verewigt? Haben ihre Priester nicht ungeheures Wissen und Weisheit angehäuft und die Griechen verspottet, "daß sie immer Kinder blieben", denen "durch die Zeit ergrautes Wissen" fehlt [Platon, *Timaios* 22b]? (Nicht zuletzt deswegen brach C. Leitz [1989] eine Lanze für die altägyptischen Astronomen.)

Bei den jungen Griechen, die angeblich fast alles von den alten Ägyptern gelernt haben, soll Thales von Milet schon -585 eine kriegsentscheidende Sonnenfinsternis vorausgesagt haben. Diese Datierung ist wohl nicht haltbar (s.S. 40), aber dennoch hatten die Griechen offenbar den Ägyptern himmelsmechanisches Wissen voraus.

Wenn die Ägypter dem auffälligen Mond, der eine Jahresberechnung viel leichter ermöglicht als die Sonnenbewegung, so spät ihre Aufmerksamkeit zuwenden, ist es völlig ausgeschlossen, daß sie Jahrtausende früher die 1.460jährige Periode eines vergleichsweise unauffälligen Fixsterns erfaßt hätten!

Jäh wird verständlich, warum die Ägypter eine Korrektur wie den *Schalttag* weder selbst erfanden noch übernahmen. Im Kanopus-Dekret von -238, das keine Sothis-Periode erwähnt, wurde ein sechster Epagomenentag als Schalttag gefordert, der aber in der Praxis nicht durchgesetzt werden konnte. Als Julius Caesar den römischen Kalender weitgehend vom Mondeinfluß befreite und mittels einer Schaltregel (für immerhin 1.600 Jahre!) mit dem wahren Sonnenjahr abstimmte, wurde dies am Nil schlichtweg ignoriert. Als sein Neffe Augustus diesen Kalender -29 oder -26 auch für die Ägypter als bindend erklärte, mußte zwar die Hauptstadt Alexandria gehorchen. Im Landesinnern aber blieb die Priesterschaft beim ägyptischen Jahr, der große Ptolemäus kannte es noch im +2. Jh., Censorinus im +3. Jh.

Die gelehrte Priesterschaft des Landes war keineswegs so beschlagen, wie es uns ein Plato und viele seiner Epigonen glauben machen wollten. Sie war mit Sicherheit im -5. und -4. Jtsd. nicht in der Lage, den Sternenhimmel systematisch zu beobachten, die Aufzeichnungen jahrhundertelang festzuhalten und die so entdeckte Sothisperiode zum genauen Stichtag des Periodenbeginns als Kalender im frühen -3. Jtsd. einzuführen. Das letzte dieser ägyptologischen Axiome, die Kalendereinführung am ersten Tag der Periode, ist mittlerweile durch E.J. Bickerman vom Tisch gefegt worden [Bickerman 1980, 41f]. Damit ist der Horizont frei:

Die Sothisperiode kann keine Grundlage für die ägyptische Chronologie sein. Und es gilt zu akzeptieren, daß die Ägypter ausgerechnet Fertigkeiten, für die sie berühmt sind, vergleichsweise sehr spät und durchaus unvollkommen übernommen haben! Dieses Phänomen wird in diesem Buch noch mehrmals auftauchen.

Offenbar konnten die Ägypter gut damit leben, daß der heliakische Sothis-Aufgang und ihre Feste im Lauf der Jahrhunderte durch das Jahr wanderten. Lag dies daran, daß sie als versierte Astronomen mühelos verschiedene parallele Kalender ineinander umrechnen konnten, sollen sie doch zu allem Überfluß noch zwei verschiedene Mondkalender verwendet haben [Krauss 1985, 203]? Oder lag es nicht vielmehr daran, daß sie - ketzerischer Gedanke - am wenigsten auf einen genauen Kalender angewiesen waren? Die vielbeschworene astronomische Vorausberechnung der Nilschwelle - ist sie nicht lediglich ein Relikt der Ägyptomanie vergangener Jahrhunderte?

Ägyptens Landwirtschaft kennt keinen Frost, der die Aussaat vor gewissen Terminen riskant macht. Gesät wird dann, wenn die ablaufende Nilüberschwemmung das Land freigibt, ein ohne astronomische Mittel erkennbarer Zeitpunkt. Die alljährliche Nilschwelle tritt durchaus nicht tagesgenau ein, sondern zwischen 335 und 400 Tagen nach der letzten Flut [Krauss 1985, 179]. Ein minutiös beobachteter Sothisaufgang könnte dieser 'Schlamperei' des Nils gar nicht Rechnung tragen, braucht es aber auch gar nicht, weil keine Flutwelle anrollt, sondern der Nil langsam zu steigen beginnt (Abb. 2). Dies aber konnte an den zahlreichen Nilometern - allein drei nahe dem Ersten Katarakt (Philae, Elephantine, Assuan; vgl. Borchardt 1906) entlang dem Flußlauf präzise abgelesen werden.

Mit einer simplen Liste - pro Tag ein Strich - weiß auch ein überängstlicher Bauer bereits nach wenigen Jahren, daß es sich nach ca. 350 Tagen empfiehlt, die Flußniederung zu verlassen, weil die Flut bevorsteht. Nach fünfzig Jahren dürfte der Mittelwert der jährlichen Additionen bereits bis auf Bruchteile die wahre Jahreslänge von 365 Tagen, 5 Stunden 48 Minuten wiedergeben. An ihr waren aber die Ägypter gar nicht interessiert. Ihr praktischer Sinn führte ein ebenso rationales wie rationelles Schema ein: Drei gleichlange Jahreszeiten - Überschwemmung, Aussaat und Ernte, jede Jahreszeit zu vier Monaten à 30 Tagen bzw. drei Dekaden, dazu 5 Ergänzungstage - basta così.

"Diese Unstimmigkeit seines Jahres ist dem Ägypter natürlich zum Bewußtsein gekommen und er hätte sie durch eine einfache Schaltung beseitigen können. Es gehört zu den für uns schwer verständlichen Tatsachen, daß er es nicht getan hat" [Otto 1979, 38].

Gerade weil die Ägypter die Jahreslänge auch ohne astronomische Hilfsmittel viel leichter bestimmen konnten als andere Völker in anderen Breiten, konnten sie gut mit einem künstlichen Kalender leben, dessen Neujahrstag und Feste durch die Jahreszeiten wanderten. So wird diese schwer verständliche Tatsache verstehbar.

Es mag nun trotzdem sein, daß die Sothisperiode wenigstens in der spätesten Zeit für Ägypten Relevanz gehabt hätte; es erscheint aber nicht übertrieben vorsichtig, sondern hinreichend begründet zu sein, sie ganz außer Acht zu lassen, wenn man Irrsal und Wirrsal ägyptischer Chronologie durchdringen will. Denn soviel ist sicher:

Nicht nur das "älteste sichere Datum" der Weltgeschichte ist falsch, sondern auch alle anderen peniblen Nachberechnungen ägyptischer Astronomie. Denn eine solche hat vor -550 nicht existiert! Damit muß sich auch der Glaube oder die Hoffnung verabschieden, daß das von Hipparch entdeckte Große Platonische Jahr

"schon einige Tausend Jahre früher bekannt war, und daß darauf das archaische Zeitalter seine weitreichenden Zeitberechnungen stützte" [Santillana 1969, 66; mit besseren Argumenten auch Papke 1989, 276].

Die Präzession ist nicht vor dem -2. Jh. entdeckt worden.

Neuansätze

Außerhalb der ägyptologischen Lehrmeinung sind mittlerweile eine Reihe von Vorschlägen gemacht worden, die tradierten Zirkelschlüsse und ihre Konsequenzen zu überwinden. Ihnen ist gemeinsam, daß sie von den Fachgelehrten entweder abgelehnt oder gar nicht diskutiert werden.

Immanuel Velikovsky (1895-1979) arbeitete bereits während des 2. Weltkrieges an einer Rekonstruktion alter Geschichte, deren Ergebnisse zu sensationell waren, als daß sie emotionslos hätten geprüft werden

können. In vier Bänden (zwei weitere blieben unvollendet) legte er u.a. seine Sicht ägyptischer Geschichte dar:
- Altes und Mittleres Reich bleiben, unverändert orthodox ägyptologisch datiert, im -3. und -2. Jtsd.
- Die Zweite Zwischenzeit und damit die Hyksos-Herrschaft wird gemäß Manetho in der Josephus-Überlieferung mit 511 Jahren angesetzt und reicht bis →*1020*.
- Das nunmehr 531 Jahre später beginnende Neue Reich dauert mit seiner 18. Dyn. bis →*830*, gefolgt von den libyschen Dynastien (22. + 23. Dyn.) und der äthiopischen 25. Dyn.
- Die 19. Dynastie, identisch mit der 26., regiert ab -663 und wird von den Persern (27. + 31. Dyn.) abgelöst. Mit dieser und der voranstehenden Umstellung erhalten fundarme, dunkle Jahrhunderte Ägyptens ihren geschichtlichen Hintergrund.
- Im -4. Jh. erlangt Ägypten wieder eine gewisse Unabhängigkeit von den persischen Königen; nunmehr regiert die 20. = 29. + 30. Dynastie der Ramessiden.
- Die 21. Dynastie war eine von den Persern eingesetzte Priesterherrschaft, die parallel zur 20. Dyn. und noch bis ins →*3. Jh.* hinein bestand.

Gravierendste Auswirkung für die Chronologien der mediterranen und vorderasiatischen Völker ist die Erkenntnis, daß die bei ihnen eingeschobenen Dunklen Jahrhunderte (um -1000) Einfügungen mit der unausgesprochenen Absicht sind, dem ein halbes Millennium zu früh einsetzenden ägyptischen Neuen Reich Rechnung zu tragen. 'Dark ages' sind ersatzlos zu streichen.

Diese *Dunklen Jahrhunderte*, die bei Hethitern, Phrygern, Indern und allen anderen Völkern auftreten, deren Chronologien über Querverbindungen mit der ägyptischen aufgestellt worden sind, belasten insbesondere die griechische Geschichte. Mykenische und minoische Zeiten mußten ins -2. Jtsd. verlegt werden, um den Parallelen zum 'verfrühten' Neuen Reich Rechnung zu tragen (s.S. 236 *'Der Skandal von Enkomi'*).

Daraus entstand jedoch eine Schwierigkeit, die seitdem viele Forscher beschäftigt. Auf der einen Seite fehlten die Funde für diese Jahrhunderte, ergo mußten die Dunklen Jahrhunderte Umwälzungen gebracht haben, die den größeren Teil der Bevölkerung ausrotteten, keinen Steinbau mehr zuließen und zur völligen Verarmung führten. "Aus der Zeit vom 12.-8. Jh. fehlen Funde" selbst für schlichte Dachziegel [Müller-Wiener 1988, 48]. Auf der anderen Seite war klar zu erkennen, daß sehr viele Traditionen und Fertigkeiten die Dunklen Jahrhunderte unbeschadet überstanden haben müßten. Seitdem werden mit viel Akribie fundhaltige Schichten wie die submykenischen und protogeometrischen den Dunklen Jahrhunderten zugeschanzt, um die nicht unterschlagbare historische Kontinuität auch archäologisch zu belegen.

Homer wurde das prominenteste Opfer dieser Dunkelzeiten. Nach heutiger Lehrmeinung soll er um -730 den Fall Troias von ca. -1200 besungen haben; seine Epen wurden unter Peisistratos (ca. -550) erstmals aufgezeichnet. Er hätte demnach als Mann der Eisenzeit über völlig vergessene mykenische Bronzewaffen und Herrschaftsformen Bescheid gewußt, also fast 500 Jahre zurückliegende Erinnerungen angezapft. Was würde der geschätzte Leser von der nicht einmal so lange zurückliegenden Lutherzeit erzählen, wenn er keine Bücher und Abbildungen zu Rate ziehen könnte, sondern auf mündliche Überlieferung angewiesen wäre? Und warum weiß der so gut informierte Homer wie alle anderen Griechen nichts von den ihm viel naheliegenderen Dunklen Jahrhunderten? Da Homer schwerlich gegen -1200 am Troianischen Krieg teilgenommen und nach -800 darüber zu dichten begonnen hat, komplizieren sich die Erklärungen für einfache Sachverhalte:
"So wird es unwahrscheinlich, daß der Dichter Homer fünf Jahrhunderte später Namen und Gestalt des Hektor frei erfunden habe, wie einige Forscher annahmen. Der Stoff des Troja-Epos mit den Haupthelden *scheint* schon in spätmykenischer Zeit *irgendwie* gestaltet worden zu sein" [Hampe 1979, 551; Hervorhebungen durch H.I.].
Die Mykener trugen eigentümliche Eberzahnhelme (Abb. 99):
"Sie kamen am Ende der Bronzezeit außer Gebrauch [...]. Auch ist es ausgeschlossen, daß derartige Rüstungsstücke (Lederkappe mit innerem Riemengeflecht, die Eberzähne aufgenäht) sich durch Jahrhunderte bis in die Lebenszeit Homers erhalten haben sollten [...] So müßte die Eberzahnhelm-Episode spätestens 1200 in Versform gestaltet worden sein; denn in ungebundener Form läßt sich die Erinnerung an ein so spezielles Rüstungsstück in so präziser Weise nicht festhalten" [Hampe 1979, 535].
So umständlich muß im 20. Jh. ein ausgewiesener Kenner argumentieren, weil er an die Dunklen Jahrhunderte zu glauben hat. Und ein Schilderer Troias ist ratlos angesichts der Tatsache, daß lokrische Jungfrauen zwar vom -7. bis +1. Jh. für eine troianische Schuld Buße

taten, aber ausgerechnet von -1200 bis -700 nicht [Wood 1985, 27]. Seine zu erwartende Umdatierung in die erste Hälfte des →6. *Jhs.* wird auf den S. 207 und 414 bestätigt.

Der Archäologe und Geologe *John Dayton* versuchte sich 1978 an einer Revision ägyptischer Geschichte, nachdem seine Studie über Glasuren für den mediterranen-mesopotamischen Raum Anachronismen zuhauf ans Licht brachte. Weil die 1. Dynastie allzuviele Ähnlichkeiten mit der Zweiten Zwischenzeit und der frühen 18. Dynastie aufweist, wählte er eine ganz andere Lösung als Velikovsky [Dayton 1978, Kap. 26 und 27], wobei er allerdings keine konsistenten Datierungen vorschlug:
- Die 1. Dynastie beginnt gegen →*2000* (ebd. 406; nach mündlicher Mitteilung an G. Heinsohn vom März 1989 geht J. Dayton mittlerweile von -1650 aus).
- Die Hyksos-Periode dauert gemäß dem Turiner Papyrus nur 108 Jahre und überlappt sich außerdem mit der 18. Dynastie. Die Großen Hyksos sind wahrscheinlich in den mykenischen Schachtgräbern bestattet.
- Herodot erhält insofern Recht, als Sesostris I. von der 12. in die 2. Dyn. und damit vor Cheops, Chephren und Mykerinos rücken könnte.
- Das Mittlere Reich folgt unmittelbar der 6. Dynastie, das Neue Reich unmittelbar der 12. Dynastie.
- Die gut 300 Jahre zwischen dem Ende der Bronzezeit und dem Beginn der Dritten Zwischenzeit dürften nicht existiert haben.

10 Jahre später legte *Gunnar Heinsohn* nicht nur eine neue Chronologie für Mesopotamien vor [1988, 1989d], sondern gab auch gute Begründungen für die bisherigen Fehleinschätzungen (s.a. Kapitel M6).
- Im Altertum und bis herauf zum Jahre 1868 kannte man vor Alexander nur vier vorderasiatische Epochen mit fünf Großreichen: Frühe Chaldäer, Assyrer, späte Chaldäer, Meder und Perser.
- Diese vier Epochen sind glatt zu zwölf Epochen mit fünfzehn Großreichen verdreifacht worden. Im -3./2. Jtsd. soll es Frühsumerer, Akkader, Ur III-Sumerer/Elamer und Altbabylonier gegeben haben. Im -2. Jtsd. finden sich 'Prä-Akkader', Altassyrer/Hyksos, Kassiten/Mitanni und Mittelassyrer. Im -1. Jtsd. schließlich sollen die wohlbekannten Chaldäer, Assyrer, Spätchaldäer/Meder und Perser gefolgt sein (vgl. S. 38).

- Der stratigraphische Befund liefert jedoch nur vier Epochen (fünf Reiche): Frühe Chaldäer, Assyrer, späte Chaldäer, Meder, Perser, und widerspricht so eindeutig dieser Verdreifachung. Aber er wurde bislang ignoriert.
- Der Grund dafür liegt an der über die Bibel erzeugten Abrahamdatierung, die bereits die Zeit von -2000 für Abraham vorgibt und gleichzeitig eine Hochzivilisation am Euphrat fordern muß, denn Abraham und seine Verwandten "wanderten aus dem Ur der Chaldäer aus" [Gen 11,31]. Der bibelfundamentalistischen Abrahamdatierung ist die Kreierung von Sumerern geschuldet, die nichts anderes sind als Chaldäer, für die heute fehlende Funde beklagt werden, da man diese den Sumerern zugeschlagen hat.
- Die Erkenntnis von J. Wellhausen, daß die Abrahamgeschichten Verhältnisse aus der Zeit zwischen -850 und -750 schildern und inzwischen bis ins -6. Jh. heruntergedatiert werden, ist nur zur Hälfte aufgenommen worden: Abraham gilt zwar heute als fiktiver Stammvater ohne historischen Rückhalt, gleichwohl beruhen die Chronologien fürs -3. und -2. Jtsd. weiterhin auf dem Abrahamdatum, das gewöhnlich aber nicht mehr, wie noch bis etwa 1900, kenntlich gemacht wird.
- Diese Abrahamorientierung steckt bereits in so frühen chronologischen Versuchen wie dem des Josephus Flavius oder dem des babylonischen Berossos (-3. Jh.), der uns gleichfalls nur in Auszügen aus jüdischen und christlichen Chronographen vorliegt, die sie als Bestätigung biblischer Zeitvorstellungen eifrig benutzt und umgeformt haben.
- In absolute Datierungen umgesetzt, beginnt die mesopotamische Hochkultur erst nach →*1150*.

Für Ägypten und Griechenland hat G. Heinsohn im Rahmen seiner Chronologierevision Mesopotamiens folgende chronologischen Neuordnungen vorgenommen [1988, 175-185; 1988c]:
- Die drei ägyptischen Reiche können nicht blockweise hintereinandergeschaltet werden, und sie gehören alle ins →*1. Jtsd.*
- Die Schichtabfolge der Tells mußte und muß gestreckt werden, um sie der herrschenden Chronologie anzupassen (der umgekehrte Vorgang wurde nicht beobachtet).
- Die Giseh-Pyramiden gehören in die ägyptische Eisenzeit, also nach →*700*.

Verdreifachung der vier durch die Griechen überlieferten Hochkulturperioden Mesopotamiens (1) bis (4) auf (5) bis (12) durch die moderne Assyriologie und Ägyptologie. Idealtypische stratigraphische Darstellung, in der die nebeneinanderstehenden Epochen (1-5-9, 2-6-10, 3-7-11, 4-8-12) im gleichen stratigraphischen Horizont liegen.

-3. u. frühes -2. Jtsd. (bibelfundamentalistisch über Hammurabi-datierte Königs- und Eponymenlisten)	-2. Jahrtausend (pseudoastronomische Sothisdaten)	-1. Jahrtausend (Herodotdaten mit Israel- und Judakombinationen) **[momentan ohne Schichten]**
Dunkles Zeitalter	Dunkles Zeitalter	Hellenismus **ab ca. -300**
(9) Altbabylonische Mart(d)u/Amoriter sowie späte Mittel- bis Neobabylonier	(5) Mittelassyrische Amoriter bis Spätassyrer	(1) Perser bzw. Marder/Amarder Kyrus des Gr. **ab ca. -540**
(10) Neo-Sumerer und Elamer	(6) Kassiten und Mitanni *Korrespondenz der Amarna-Zeit*	(2) Chaldäer und Meder **ab ca. -600**
(11) Altakkader mit Naramsin, dem biblischen Nimrod (Chabur-Keramik)	(7) Altassyrer mit Naramsin (in Ägypten und Levante Hyksos; Chabur-Keramik)	(3) Ninos-Assyrer **ab ca. -800**
(12) Frühsumerer (Early Dyn. I-III)	(8) Ninevite-5-Keramik	(4) Urbane Frühchaldäer und -assyrer **ab ca. -1150**
Chalkolithikum		

- Die Hyksos des -2. Jtsds. sind die altakkadischen Könige aus dem -3. Jtsd. und die vormedischen Großkönige Assyriens aus dem →*1. Jtsd.* [Heinsohn 1993b].
- Echnaton gehört weder ins -14. Jh. noch in Velikovskys -9. *Jh.*, sondern kann frühestens um die Wende vom →*7. zum* →*6. Jh.* angesetzt werden.
- Aziru der Martu vom Ende der Amarnazeit wurde als keilschriftliches Gegenstück für Kyrus den Marder identifiziert, der in den griechischen Texten zum Begründer des Achämenidenreiches wird [Heinsohn 1996, 108ff].
- Damit rückt auch das Ende der keramisch mit Amarna verknüpften mykenischen Zivilisation und somit der Beginn der Polis bzw. der großgriechischen Geschichte in dieselbe Zeit herunter. Ihre Nahtstelle liegt deshalb erst gegen →*600,* während die Dunklen Jahrhunderte nach herrschender Lehre bereits im frühen -8. Jh. endigten.

Heinsohns Rekonstruktion läßt sich stark vereinfacht in dem Schema (auf S. 38) zusammenfassen. Linke und mittlere Kolumne gehen bei ihr in der rechten auf, drei Jahrtausende fallen in eines zusammen.

Zur selben Zeit erarbeitete *Heribert Illig* eine neue Chronologie der europäischen Vorzeit [1988]:
- Die älter machenden Auswirkungen der Dunklen Jahrhunderte werden auch im übrigen Europa eliminiert.
- Die durch Radiokarbonmethode und dendrochronologische Kalibrierungen weit überhöhten Datierungen werden zurückgenommen. Damit fallen -7. bis -4. Jtsd. in Alteuropa wieder mit der minoischen Zeit zusammen, aber nicht mehr im -2., sondern nunmehr im →*1. Jtsd.*
- Mangels stratigraphischer Befunde wird über stilistische Kriterien nachgewiesen, daß auch die Megalithkulturen zum guten und besten Teil ins →*1. Jtsd.* fallen.
- Damit werden die längst gesehenen Parallelen, etwa zwischen Malta, Mykene, irischen Cairns und bretonischen Dolmen wieder in ihr Recht gesetzt; sie treten zeitgleich im →*8./7. Jh.*, nicht mehr separiert im -14., -23. und -45. Jh. auf.
- Die Metallzeiten werden drastisch reduziert: Das Vorherrschen von Kupfer datiert nach →*1200,* das von Bronze nach →*1000,* das von Eisen nach →*700.*
- Das Ende der Altsteinzeit rückt vom -10. ins beginnende →*2. Jtsd.*

- Die sogenannte Mittlere Steinzeit erweist sich als Fiktion zur Komplettierung einer der beliebten Dreiteilungen, wie sie etwa durch Kupfer - Bronze - Eisen vorgegeben waren.
- Die Jungsteinzeit setzt im →2. *Jtsd.* ein.
Damit ist der Weg frei, um das in Ägypten anzutreffende Megalithikum samt seinen Kraggewölben neu zu datieren.

Für Ägypten insgesamt ist noch der Neudatierungsversuch von *Emmet Sweeney* [1989] zu erwähnen. Für die Dritte Zwischenzeit Ägyptens sind nacheinander zwei Neuansätze in Buchform erschienen. Die ziemlich genau 400 Jahre zwischen dem Ende des Neuen Reichs und der Saïtenzeit, also zwischen 20. und 26. Dynastie, wurde von zwei einst zusammenarbeitenden Kollegen in konkurrierenden Ansätzen gekürzt. *Peter James* legte in Zusammenarbeit mit vier Mitstreitern [1991] ein Buch vor, in dem er diese 400 Jahre um 230 auf 170 Jahre verkürzte. *David Rohl,* der ebenfalls bei Velikovsky 'gelernt' hatte, läßt die 19. Dynastie 340 Jahre später beginnen, als es bei seinen ägyptologischen Kollegen gelehrt wird [Rohl 1996]. Da er - wie einst Velikovsky - eine bibelfundamentalistische Chronologie bevorzugt, befriedigt sein Teilentwurf noch nicht.

Auch bei den alten Griechen standen Verjüngungen an. *Specht K. Heidrich* versuchte [1987] zu zeigen, wie das Datum der ersten Olympischen Spiele von tatsächlich →*720* oder →*724* durch die Griechen selbst um 13 bzw. 14 Olympiaden auf -776 älter gemacht worden ist.

Benny Peiser schlug [1989, ausführlich 1993] eine wesentlich drastischere Verjüngung vor. In seiner Studie über den Beginn der Olympischen Spiele stellte er aus den antiken, griechischen Überlieferungen heraus klar,
- daß die Olympiadenrechnung vor -400 nicht bekannt gewesen ist und auch andere astronomische Berechnungen zur Verbindung von Sonnen- und Mondjahr erst nach ca. -530 erwartet werden dürfen. Die Sonnenfinsternis des Thales hat sicher nicht am 28.5. -585 stattgefunden [hierzu Peiser 1990a].
- In Kombination mit archäologischen Funden aus Olympia läßt sich schließen, daß die Olympischen Spiele nicht 200 Jahre älter sind als die übrigen griechischen Spiele, sondern in derselben Zeit wie diese begründet worden sind: Pythische Spiele -582, Isthmische Spiele

-580, Nemäische Spiele -573, Panathenäische Spiele -566.
- Die bronze- und spätmykenischen Strata liegen in Olympia direkt unter den Schichten von ca. -600.

Daraus hat Peiser schließlich [1996] den Schluß gezogen, daß volle sechs Jahrhunderte "Dunkler Jahrhunderte" zu streichen sind. Er bestätigte damit Velikovskys Thesen [1945], den Vorschlag von Illig [1988, 69] und vor allem Heinsohns Herabdatierung Amarnas samt seiner spätmykenischen Keramik [Heinsohn 1988, 172; später 1996, 108ff]. Damit war auch allein mit griechischem Material bewiesen, daß sich der Umbruch von der mykenisch-minoischen zur archaischen Zeit in maximal zwei Generationen vollzogen hat. (Heinsohn hatte für ein spätes Amarna über die Gleichsetzung von Mitanni = Medern argumentiert, Illig über die Verbindungen zwischen griechischen, etrurischen und illyrischen Megalithbauten.)

In vorliegendem Buch wird diese Umbruchszeit, die den Fall Troias wie den Untergang von Mykene und Tiryns und das Aufkommen des Eisens umfaßt, tentativ auf →*600* datiert. Diesen Ansatz stützt der archäologische Befund im alten Rom. Der Ausgräber *E. Gjerstad* hat klargestellt, daß die Stadtgründung von -753 "niemals auf realer Evidenz basierte, sondern nur Spekulation ist" [Gjerstad 1973, VI 85]. Die Griechen sahen die Gründung nach dem Fall Troias im -12. Jh., mußten dann aber zwei Gründungen der Stadt postulieren [ebd. 86]. Laut Gjerstadt gründete König Numa die eigentliche Stadt Rom, also nicht die Vorläuferdörfer, um *-575* [ebd. 89], und die Republik begann nicht -507, sondern gegen *-450* [ebd. 201]. Nachdem zur Stadtgründung auch die Anlage des späteren Circus Maximus und die Gründung von Spielen gehörte, formte er für Rom dasselbe Bild wie dann Peiser für Griechenland [1993].

Dieser Ansatz bei →*600* ist aber davon abhängig, daß wenigstens ab dem -6. Jh. die herkömmlichen Datierungen annähernd korrekt sind, nicht zuletzt der Zeitansatz für Herodots Werk (vor -440) und die späteisenzeitliche biblische Chronologie. Aber auch diese Prämissen sind keineswegs selbstverständlich. *Hans Heiner Maier* hatte [1989] für Rom einen Erdrutsch von Datierungen postuliert, weil Titus Livius kurz vor der Zeitenwende die Erinnerungen an die römische Vergangenheit etappenweise verdoppelt und verdreifacht habe. Dieselbe Ursache mit denselben Wirkungen beobachtete B. Peiser innerhalb der griechischen Geschichtsschreibung.

Nicht zuletzt für das späte Ägypten sind seit der Erstauflage weitere Ansätze hinzugekommen. Der kühnste stammt von dem russischen Mathematiker *Anatolij Fomenko* [1994], der jedoch am Ziel vorbeischießt. Dichter an der Wahrheit liegt sicher *Manfred Zeller*, der seinen ersten Ansatz vertieft [1989; ab 1993] und - motiviert durch H. Illigs Zweifel an Teilen der hellenistischen Geschichte [Illig 1994-1995a] - bis in ptolemäische Zeit hinein Verdoppelungen auf vorderasiatischer wie auf ägyptischer Seite aufspürt. Weiter arbeiten *Ralf Radke* [ab 1993], *Thomas Völker* [1997] und *Klaus Weissgerber* [ab 1996] an neuen, pharaonenbezogenen Chronologien, während *Peter Winzeler* [ab 1990] die Verknüpfung ägyptischer und israelitischer Geschichte besonders am Herzen liegt.

Insofern wissen sich die Autoren in einer ganzen Gruppe chronologiekritischer Forscher. Sie selbst haben ihre eigenen Studien aufgeteilt: Der vorliegende Band demonstriert an ausgewählten Beispielen vorwiegend aus der bislang kaum erkennbaren technologischen Evolution die abenteuerliche Verwirrung der herrschenden Chronologie und gibt konkrete Hinweise auf verdoppelte Dynastien, notwendige Umgruppierungen und drastische Verjüngungen. Die neuen, kursiv gesetzten und mit einem kleinen Pfeil hervorgehobenen Datierungen tragen gleichwohl noch vorläufigen Charakter. Erst wenn auch die hellenistische Zeit bis hin zu Caesar und Augustus kritisch durchleuchtet [Illig 1994; 1995] und der saubere Übergang vom -4. zum -1. Jh. hergestellt ist, können jahrzehnt- und jahrgenaue Datierungen vor der Zeitenwende gegeben werden. Parallele und nachfolgende Arbeiten zielen auf eine konsistente Pharaonenliste ohne Doppelgänger und chronologische Irrläufer.

Nachdem die ägyptologische Terminologie alles andere als eindeutig ist, die Verfasser aber nicht unnötig originell sein wollen, hält sich dieser Band bei den ägyptischen Personen- und Ortsnamen an die Diktion im Standardwerk von *Baines/Málek* [1980]. Übersetzungen der Zitate sind von den Verfassern zu verantworten, erläuternde Einschübe haben sie in eckige Klammern gesetzt. Anschließend folgt eine Pharaonenliste mit den Datierungen herkömmlicher Chronologie, um dem Leser eine rasche Orientierung zu ermöglichen.

C) Herkömmliche Dynastien-Übersicht

Diese Aufstellung orthodoxer Chronologie dient ausschließlich der Information des Lesers; sie erledigt sich durch vorliegendes Buch. Entstanden ist sie aus einer Kombination der zeitlichen Ansätze von Jürgen von Beckerath [1984] und Erik Hornung [1988], da es für die Regierungsdaten wie für die Koregentschaften keine allgemein anerkannte Version gibt. Beispielsweise wird Snofru von Hornung noch mit 24 Regierungsjahren geführt, obwohl heute 40 und selbst 48 Jahre für ihn veranschlagt werden [Stadelmann 1987], und Sesostris III. werden noch ca. 38 Regierungsjahren zugeschrieben, obwohl 19 sehr viel wahrscheinlicher sind (s.S. 23). Die vordynastischen Zeiten wurden grob nach Kaiser [1985] rubrifiziert, wobei OÄ für oberägyptische, UÄ für unterägyptische Kultur steht.

Da in dieser Liste nur die für den Text relevanten Herrscher genannt werden, wird bei jeder Dynastie in Klammern die Gesamtzahl ihrer Pharaonen vermerkt (nicht gezählt die ungesicherten Herrscher).

	5100 - 4000	Merimde (UÄ) Tasin (OÄ)
	4000 - 3700	Naqada I = Amratian (OÄ) Badarian (OÄ) Buto (UÄ)
	3700 - 3100	Naqada II = Gerzean OÄ Buto (UÄ)
0. Dynastie (15) 'Skorpion' Narmer	3100 - 2950	**Prädynastisch** (Naqada III)
1. Dynastie (8) Menes (Aha) Djer	2950 - 2770	**Frühdynastisch**

2. Dynastie (9) 2770 - 2640
Hetepsechemui
Chasechemui

3. Dynastie (6) 2640 - 2575   **Altes Reich**
Nebka
Djoser   2624 - 2605
Djoser-Teti
Sechemchet
Huni   2600 - 2575

4. Dynastie (8) 2575 - 2465
Snofru   2575 - 2551
Cheops   2551 - 2528
Radjedef   2528 - 2520
Chephren   2520 - 2494
Mykerinos   2490 - 2471
Schepseskaf   2471 - 2467

5. Dynastie (9) 2465 - 2325
Userkaf   2465 - 2458
Sahure   2458 - 2446
Niuserre   2420 - 2396
Djedkare   2388 - 2355
Unas   2355 - 2325

6. Dynastie (7) 2325 - 2155
Teti   2325 - 2300
Pepi I.   2300 - 2268
Merenre I.   2268 - 2254
Pepi II.   2254 - 2160
Merenre II.   2160 - 2155
Nitokris

7. Dynastie (Manethos 70 Herrscher werden nicht mehr geführt)

8. Dynastie (6) 2155 - 2134   **Erste Zwischenzeit**

9. Dynastie (9) 2134 - 2040

10. Dynastie (identisch mit 9. Dynastie)

11. Dynastie (8)   2134 - 1991
   Intef II.   2123 - 2073
   Mentuhotep II.   2061 - 2010 **Mittl. Reich ab -2037**
   Mentuhotep III.   2010 - 1998

12. Dynastie (8)   1991 - 1785
   Amenemhet I.   1991 - 1962
   Sesostris I.   1971 - 1926
   Amenemhet II.   1929 - 1892
   Sesostris II.   1897 - 1878
   Sesostris III.   1878 - 1841
   Amenemhet III.   1844 - 1797
   Amenemhet IV.   1798 - 1789
   Nefrusobek   1789 - 1785

13. Dynastie (47)   1785 - 1650   **Zweite Zwischenzeit**
   Chendjer

14. Dynastie (74)   1715 - 1650

15. Dynastie (6)   1650 - 1540   **Hyksos**
   Salitis   1650 - 1633
   Scheschi   1633 - 1620
   Yakobher   1620 - 1612
   Chian   1612 - 1595
   Apophis   1595 - 1550
   Chamudi   1550 - 1540

16. Dynastie (18)   1650 - 1540
   Imeni Aamu

17. Dynastie (15)   1650 - 1550
   Kamose   1555 - 1551

18. Dynastie (14)   1550 - 1291   **Neues Reich ab -1540**
   Ahmose   1550 - 1525
   Amenophis I.   1525 - 1504
   Tuthmosis I.   1504 - 1492
   Tuthmosis II.   1492 - 1479
   Hatschepsut   1479 - 1458
   Tuthmosis III.   1479 - 1425

Amenophis II	1428 - 1397
Tuthmosis IV.	1397 - 1387
Amenophis III.	1387 - 1350
Echnaton	1350 - 1333
Semenchkare	1333
Tutanchamun	1333 - 1323
Eje	1323 - 1319
Haremheb	1319 - 1291

19. Dynastie (8)   1291 - 1185
Ramses I.	1291 - 1289
Sethos I.	1289 - 1278
Ramses II. d. Gr.	1279 - 1212
Merenptah	1212 - 1202
Sethos II.	1199 - 1193

20. Dynastie (10)   1185 - 1075
Ramses III.	1184 - 1153
Ramses XI.	1104 - 1075

21. Dynastie (7)   1075 - 945   **Dritte Zwischenzeit**
Psusennes I.	1045 - 994
Amenemop	997 - 985
Psusennes II.	960 - 945

22. Dynastie (10)   945 - 718
Osorkon I.	924 - 899
Scheschonk II. (Mitregent)	
Scheschonk III.	827 - 775
Osorkon IV.	729 - 718

23. Dynastie (7)   820 - 718
Pedubaste I.	820 - 795
Jupet II.	752 - 718

24. Dynastie (2)   730 - 712
Tefnachte	730 - 718
Bokchoris	718 - 712

24 A. Dynastie (4)   750 - 710   **(Lokalkönige)**
Pefaabast

25. Dynastie (7) 712 - 664 (**Äthiopier, Nubier**)
Pije 745 - 712
Schabaqo 712 - 698
Schebitqo 698 - 690
Taharqa 690 - 664
Tanwetamani 664 - 653

Assyrereinfälle und -herrschaft zwischen -720 und -655 bzw. -612

26. Dynastie (6) 664 - 525 **Spätzeit (Saïten)**
Psammetich I. 664 - 610
Necho II. 610 - 595
Psammetich II. 595 - 589
Apries 589 - 570
Amasis 570 - 526
Psammetich III. 526 - 528

27. Dynastie (7) 525 - 404 (**Perser**)
Kambyses 525 - 522
Darius I. d. Gr. 521 - 486
Xerxes I. 486 - 465

28. Dynastie (1) 404 - 399

29. Dynastie (4) 399 - 380
Hakoris 393 - 380

30. Dynastie (3) 380 - 342
Nektanebos I. 380 - 362
Nektanebos II. 359 - 341

31. Dynastie (3) 342 - 332 (**Perser**)

Makedonen (3) 332 - 305

Ptolemäer (13) 305 - 30
Ptolemaios I. 305 - 282
Ptolemaios II. 283 - 246
Ptolemaios III. 246 - 222
Kleopatra VII. 51 - 30

D) Die Erfindung der 1. Dynastie

Mit Sir William Matthew Flinders Petrie (1853-1942), geadelt für seine archäologischen Leistungen, wandelte sich die ägyptologische Feldforschung von der Schatzsuche zur modernen Grabungstechnik. In seinen über vierzig Grabungsjahren in Ägypten vernachlässigte er nie die Dokumentation: Die vollständige Erfassung des Fundzusammenhanges war seine Grundbedingung für alle Grabungstätigkeit, die rasche Veröffentlichung seiner Ergebnisse eine sonst seltene Konsequenz. Dank ihm wurden auch die unauffälligen Gebrauchsgegenstände katalogisiert, aus denen er ein relatives Datierungsschema für das prädynastische Ägypten gewann.

Wie bemerkenswert dieses damalige Verhalten war, wird klar, wenn man hört, daß Petries Vorgänger in Abydos, E. Amélineau, von 1894 bis 1898 wie ein Elefant im Porzellanladen wütete: Tontöpfe zerschlug, Steinvasen zerschmetterte, tagelang brennbares Fundmaterial verheizte, Elfenbeintäfelchen zum Abfall warf und unersetzliche Funde verschlampte [Hoffman 1980, 268].

Petries uraltes Ägypten

Während seines langen Lebens setzte sich F. Petrie immer für eine extrem lange Chronologie des Alten Ägyptens ein. Denn er fand hier Feuersteinartefakte und Harpunen, die offensichtlich identisch waren mit solchen des europäischen Magdalénien.

"Nun liegt das späteste Datum für das Magdalénien bei 8000 oder 10000 v. Chr., und deshalb ist es viel wahrscheinlicher, daß die ägyptische Vorgeschichte bei 6000-10000 v. Chr. als bei 3000-4000 v. Chr. lag. So wird die Akzeptanz der ägyptischen Annahmen durch die generelle Datierungsskala anderer Länder untermauert" [Petrie 1924, X].

Ausgerechnet die europäische Hochkultur, die so viel später als die ägyptische aus den Startlöchern kam, sollte so viel früher schon in ihnen gesessen haben. Um diese Irritation aus der Welt zu schaffen, war Petrie stets bereit, eine besonders lange ägyptische Chronologie zu unterstützen. Deshalb kämpfte er unter Einsatz seiner ganzen Autorität für ein möglichst frühes Einsetzen der dynastischen Zeit. Argument war ihm die Einführung der Sothis-Rechnung. Nach vielfach vertretener Meinung konnte der Zyklus ausschließlich an seinem rechnerischen Beginn, einem heliakischen Sirius-Aufgang zum Neujahrstag, eingeführt worden sein. Petrie brachte einen kompletten zusätzlichen Zyklus von 1.460 Jahren in Ansatz, der die 1. Dynastie bei -5546 beginnen ließ. Die dem Magdalénien ähnlichen Artefakte taxierte er weitere 3.000 Jahre älter - und so glaubte er die zeitliche Kluft zu Europa einigermaßen überbrückt.

Dieser frühe Auftakt einer Hochkultur kollidierte jedoch mit den Ansätzen für das Zweistromland, das als Herkunftsland vieler ägyptischer Errungenschaften galt und gilt. So strich man nach Petries Tod fast zwei Sothiszyklen aus seinen Zahlen heraus und einigte sich auf einen Beginn der dynastischen Zeit kurz nach -3000. Die damit erneut aufgerissene Riesenlücke zum europäischen Magdalénien mußte offen bleiben, denn die Möglichkeit, das Ende der Eiszeit in Europa um etliche Jahrtausende zu verjüngen, wurde von den Ägyptologen nicht ergriffen. Für diese Alternative hat der Verfasser bereits an anderer Stelle plädiert [Illig 1988, 154]; der dort vorgeschlagene Zeitansatz, Anfang des -2. Jtsds., wird durch die Ergebnisse des vorliegenden Buches noch plausibler.

Petrie hat sich auch dafür eingesetzt, seiner ohnehin 'uralten' 1. Dynastie eine noch viel weiter zurückreichende Entwicklungszeit zu verschaffen. Dies erreichte er, indem er die in Abydos von ihm ausgegrabenen Königsgräber samt ihren hochentwickelten Funden der allerersten Dynastie zuschlug. J. Dayton ist diesem Problem als Geologe, Mineraloge und Archäologe nachgegangen und kam zu dem Schluß, daß Petrie den tradierten Königsnamen der 1. Dynastie Artefakte zugeordnet hat, die nie und nimmer am Beginn der (ägyptischen) Hochkultur stehen können.

So stellt John *Dayton* schon in der Einleitung seines ebenso wertvollen wie ignorierten Buches heraus [Dayton 1978, 11], daß Abydos durch Petries Keramikvergleiche in eine viel spätere Zeit hätte eingeordnet werden müssen als jene, die Petrie dann tatsächlich gewählt hat:

"Letztes Jahr kamen im Grab des Mersekha viele und im Grab des Den einige Keramikstücke ans Licht, die sehr an ägäische Ware erinnern. Die Keramiksubstanz ist identisch mit der von später ägäischer oder mykenischer Keramik; die Muster sind von mykenischer Keramik vertraut; und tatsächlich ist keine gemusterte ägyptische Keramik bis zur 18. Dynastie bekannt [...] Diese Keramik, die in Herstellung und Form europäischen Charakter hat und Ägypten gänzlich fremd ist, wird nunmehr absolut wie der zweite König der 1. Dynastie datiert, auf etwa 4700 v. Chr." [Petrie 1901, 46; Dayton 11].

Nachdem Dayton noch erwähnt, daß diese Keramik aus Abydos tatsächlich typisch für Späthelladisch I respektive für Mittlere Bronzezeit II sei und zu Fundstücken aus den mykenischen Schachtgräbern wie von Thera parallelläuft [ebd. 176], nennt er den Grund dafür, daß Petrie seiner eigenen Beobachtung keinen Glauben geschenkt hat: Im Raum M69 zu Abydos, der einem Tempel der 4./5. Dynastie benachbart ist, fand er die Kartusche Ahas auf einem Fayence-Fragment [ebd. 197]. Aha wurde auf einer Königsliste in der 1. Dynastie geführt, und dieses Grab wirkte für einen König durchaus urtümlich - die ziegelgemauerte Grube war innen mit Holz ausgekleidet [Petrie 1924, 13].

"Ohne zu zögern datierte Petrie das gesamte Depot in diese Zeit und kreierte so gute achtzig Jahre der Konfusion, denn Fayencegefäße sind zu diesem frühen Datum völlig unbekannt" [Dayton 197]. Aus diesen 80 Jahren der Konfusion sind mittlerweile fast 100 geworden, ohne daß sie aufgeklärt worden wäre. Darüberhinaus erfand Petrie seine ganz spezielle erste ägyptische Dynastie, verband er doch schlecht tradierte schriftliche Überlieferung mit echten Funden, die er zum Teil wider besseres Wissen datierte.

Für Petrie und für die Ägyptologie gehören bis heute die Grabfunde aus Abydos zur 1. Dynastie. Man stellt sogar fest, daß das Grab des Djer (1. Dyn.) von Opfergaben in Form von Töpfen aus der 18. Dynastie und aus noch späteren Zeiten umgeben war [Baines 1980, 116], ohne sich über die dazwischenliegenden 1.400 Jahre zu wundern. Damit rückt eine erstaunliche Vielzahl handwerklicher Fähigkeiten und importierter Stoffe für Petrie ins -6. Jtsd., für die heutige Ägyptologie immerhin ins -3. Jtsd. So erwähnt W. Emery [1961, 229], daß aus dem Abydos-Grab Z Juwelen stammen, die mit Gold, Türkis, Lapislazuli und Amethyst besetzt sind. Dayton bemerkt auch, daß Fayence, Achat (sehr schwer zu bearbeiten) und Bergkristall, Onyx, Karneol, Chalzedon (ebenfalls sehr hart), grüner Feldspat, Granat, Jaspis und Hämatit von Handwerkern der 1. Dynastie bearbeitet worden sind [Dayton 118]. Nun stammen aber Bergkristall und Amethyst aus den Alpen [Dayton 117], und F. Petrie verheddert sich noch posthum in einem Zirkelschluß: Im Bemühen, Ägypten so alt zu machen, daß es Anschluß erhält an das europäische Magdalénien, machte er die 1. Dynastie so alt, daß keine Handelspartner mehr vorstellbar sind, die für die Pharaonen im europäischen Hochgebirge als Kristallsucher tätig gewesen sein könnten.

Für Dayton hätte es nun ein leichtes sein können, die Indizien zu einem neuen Bild zusammenzufügen, doch er bekennt freimütig, daß

"schon sehr viel seines Buches geschrieben war, als dem Autor der revolutionäre Schluß kam, daß die 1. Dynastie viel später ist als bislang gedacht (wahrscheinlich nahezu tausend Jahre)" [Dayton 1978, 197].

Nun aber ging es rasch: Je mehr er sich mit den Objekten der 1. Dynastie beschäftigte, desto klarer wurde ihm, daß es sich um Objekte der Zweiten Zwischenzeit oder der 18. Dynastie handeln müsse [ebd. 199/211]: Gefäßformen aus Ton, Kupfergefäße mit Henkel und Schnabel, Steatitscheiben, kleine Tiere, Niello. Violette Fayence, die erst in der 18. Dynastie wieder auftaucht, ist besonders interessant, kopiert sie doch möglicherweise Amethyst, der gemäß A. Lucas in der 1. und 12. Dynastie verwendet wurde, aber nicht mehr in der 18. Dynastie, obwohl er in den zeitgleichen mykenischen Schachtgräbern anzutreffen ist; hier wird wiederum eine Verbindung von einheimischen ägyptischen Regenten und nordischen Einflüssen erkennbar [Lucas 1962, 386; Dayton 1978, 117/213].

"Der Autor glaubt nun an die Lösung, daß die 1. Dynastie mit der mittleren Bronzezeit irgendwann im frühen Zweiten Jahrtausend begann, daß Menes vermutlich Minos war, und die Fayence der 1. Dynastie nicht anachronistisch ist, sondern ein gutes mittelminoisches Datum trägt. Die Fesseln von Manetho sind so schließlich zerbrochen" [ebd. 198].

Dayton konnte trotz seines kühnen Ansatzes die ägyptische Chronologie noch nicht entwirren; dazu war ihm sein Glaube an orthodoxe Chronologie noch allzusehr im Wege. Aber auch wenn er die Relikte der sogenannten 1. Dynastie wohl immer noch 1.000 Jahre zu früh ansetzte, wie die Verfasser hier darlegen, so hat er gleichwohl nachgewiesen, wie Petries Fehler ganz nach Schiller - "Das ist der Fluch der bösen Tat: daß sie fortzeugend Böses muß gebären" - die mediterranen und mesopotamischen Chronologien verdarb.

Er demonstriert, wie ähnlich Keramik von Alalach, Arad, Byblos, Chagar Bazar, Gaza, Gezer, Jericho, Qatna, Ras el-Ain, Tarsus, Tepe Gawra und Troia VI der "1. Dynastie-Keramik" ist, jedoch unbestritten der Mittleren Bronzezeit, präziser noch, der Zeit von Späthelladikum I bzw. der "Zweiten Semitischen Schicht" von Gezer angehört, also dem -16. Jh. herkömmlicher Rechnung [Dayton 1978, 214].

"In Mesopotamien, wo ebenfalls Verbindungen oder Ähnlichkeiten mit dem Ägypten der 1. Dynastie bemerkt wurden, von denen aus sogar auf Seehandel zwischen Ur und Ägypten geschlossen wurde, ist die Chronologie wiederum auf Petries Töpfen aus Abydos aufgebaut" [ebd. 216].

Schon in den Königsgräbern der 1. Dynastie hatten sich kanaanitische Gefäße gefunden [ebd. 211]; nun wurde sauber von Grabung zu Grabung verglichen, bis über Syrien hinweg Mesopotamien mit Ägypten verknüpft war [ebd. 399]. Dayton behauptet sogar,

"daß die ganze Chronologie des Nahen Ostens auf der von Ägypten aufbaute (was in der archäologischen Literatur zumeist unklar bleibt), und daß diejenige von Ägypten auf verschiedenen Königslisten und Petries Datierung der königlichen Gräber von Abydos in die 1. Dynastie aufbaut" [Dayton 1978, 398].

Und Petrie hat es in klarer Sicht seines stratigraphischen Befundes vorgezogen, ihn zu mißdeuten, um sein Bedürfnis nach einem uralten Ägypten zu befriedigen. So bemerkte er zu Abydos:

"Wir haben bereits die Schwierigkeit registriert, daß diese Dinge auf einem so hohen Niveau gefunden worden sind. Aber bei welcher Datierung auch immer sie hier plaziert werden, so ist doch klar, daß die Objekte alle von der 1. Dynastie sind, und einige vielleicht früher" [Petrie 1903, 27].

Petrie konnte seinen gewählten Weg nicht mehr verlassen. Das brachte üble Konsequenzen für einen der wichtigsten Funde in ganz Ägypten. Auf dem Tempelgebiet des oberägyptischen Hierakonpolis wurden von J. Quibell Schätze geborgen, die als Einzelstücke ebenso bedeutend wie als Ensemble rätselhaft sind [B. Adams 1977]. Denn allein im Hauptdepot fanden sich: Die Narmerpalette (0. oder 1. Dyn.; Abb. 4), die Kupferstatue von Pepi I. (6. Dyn.; Abb. 103), die Sitzstatue von Intef (11.

4 Narmer-Palette (-30. Jh.; →*8./7. Jh.*) Man beachte insbesondere Pharaos Pferdeschwänze und die Festungsdarstellungen [Kemp 1989, Fig. 12; s.u. Abb. 160]
5 Goldener Falkenkopf von Hierakonpolis, ca. -2400 [Singer 1957, 641] Er rückt wie die Kastenleier (Abb. 126) und minoische Plastik ins →*7. Jh.*

Dyn.), eine Gründungsplakette von Tuthmosis III. (18. Dyn.) und eine Vase mit der Kartusche von Necho I. (26. Dyn.). Berühmt sind darüberhinaus der Streitkolben des prädynastischen Königs 'Skorpion' und ein goldgetriebener Falkenkopf mit Obsidian-Augen (Abb. 5). Der große Engländer versuchte, den gesamten Fund der prädynastischen oder der archaischen Zeit zuzuschlagen, während J. Quibell die Meinung vertrat, das Depot könnte erst bei der Zerstörung des 6.-Dyn.-Tempels begraben worden sein, also in der 12. oder 17. Dynastie; E. Baumgartel schließlich glaubte, das Depot sei erst unter Tuthmosis III. endgültig unzugänglich geworden. In jedem Fall war der Schluß mehr als fahrlässig, Gegenstände daraus ohne weiteres den ältesten Dynastien zuzurechnen [vgl. insgesamt Dayton 196]. Bedauerlicherweise sind die Fundumstände nicht hinreichend gesichert: Niemand weiß z.B. zuverlässig, ob die Narmer-Palette tatsächlich im Hauptdepot oder nahebei in ganz anderem Kontext aufgefunden worden ist [Hoffman 1980, 129].

Wegen Petries dominierender Ansicht mußten ein Skarabäus der 18. Dynastie weggeredet, Elfenbein des Mittleren Reichs in solches der Prähistorie umgewandelt und Fayencen 'künstlich' patiniert werden, während der Elfenbein-Zylinder von Narmer natürlich seinen allzufrühen Zeitpunkt behielt. Dayton weist auch darauf hin, daß eine Fayence-Halskette von der 18. Dynastie in die vordynastische Zeit 'verlegt' worden ist [Dayton 196f].

Nach Abfassung dieses Kapitels erschien ein Werk von Michael Rice [1990], das aufs schönste Petries Erfindertalent bestätigt und die Bedeutung dieser Fehleinschätzung noch einmal herausstellt. "Petrie [...] war überzeugt, daß tatsächlich das ganze Hierakonpolis-Material prädynastisch war, und er stützte viele seiner Gedanken zur Chronologie der frühesten Perioden, besonders der späten Prädynastik, auf diese Vermutung. Trotzdem handelt es sich dabei nur um eine Vermutung, obwohl de facto die gesamte Chronologie Ägyptens bis 2000 v. Chr. davon abhängt. Ebenso hängt die Chronologie der ganzen Alten Welt, die an der ägyptischen Chronologie verankert ist, mindestens für das dritte Jahrtausend an dieser grundsätzlichen Vermutung Petries, für die jedoch die Evidenz dürftig [tenuous] ist, um nur das Mindeste zu sagen. Die Objekte des Hauptdepots werden zunehmend jünger eingeschätzt als jene späte Prädynastik, in der Petrie sie angesiedelt hat" [Rice 1990, 95].

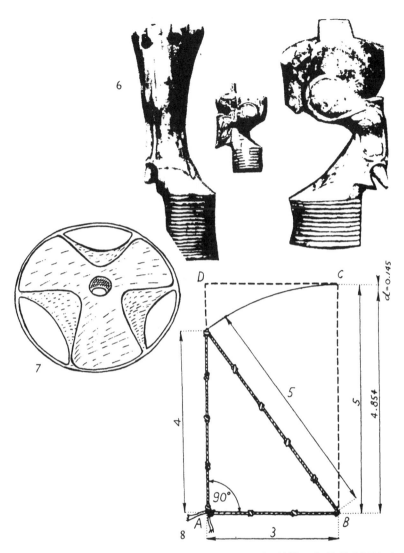

6 Elfenbeinerne Möbelfüße aus Abydos, 1. Dyn. (nach -3000; →8./7. Jh.) [Aldred 1965, 56]

7 "Diese bemerkenswerte Scheibe ist aus Schiefer herausgeschlagen worden, einem Gestein, das in dünne unregelmäßige Platten zerspringt. Möglicherweise imitiert sie eine Form, die ursprünglich in Metall hergestellt worden ist. Sie wurde im Grab des Sabu in Saqqara gefunden und datiert von ca. 3100 v. Chr"; →9./6. Jh. [Bild und Legende von C. Aldred, 1965, 57].

8 Das Landvermesser- oder pythagoräische rechtwinklige Dreieck mit den Seiten 3:4:5 in Relation zum goldenen Rechteck mit den Seiten 3:5 [Doczi 1985, 59]

So ist der geadelte Ausgräber nicht nur für die mittelbronzezeitliche
1. Dynastie verantwortlich, sondern auch für eine fundreiche vordynastische Zeit, die zu einem immer neuen Verwundern darüber führt, daß doch spätestens seit der 1. Dynastie in Ägypten alles erfunden gewesen sei. Es geht hier nicht darum, echte prädynastische Objekte aus ihrem Fundkontext zu reißen, sondern dann Vorsicht zu empfehlen, wenn hervorragende Arbeiten unreflektiert der Frühzeit zugerechnet werden. Drei Beispiele:
- Aus den Abydos-Gräbern stammen elfenbeinerne Möbelfüße, die sehr naturalistisch Stierbeine nachbilden (Abb. 6; Aldred 1965, 56).
- Im Grab des Sabu zu Saqqara fand sich ein Objekt, das am ehesten mit einer Schiffsschraube verglichen werden könnte, deren drei Schraubenblätter von einem schmalen Ring umfaßt werden (Abb. 7). Dieser Gegenstand kopiert offensichtlich eine komplizierte Metallarbeit in Schiefer, einem sehr schwer zu bearbeitenden Stein, soll aber von -3100 stammen [Aldred 1965, 57].
- Aus einem weiteren Grab schließlich stammen zwei silberne Messerklingen [Dayton 198], aus jenem Edelmetall also, das in Ägypten auch zu späterer Zeit viel seltener war als Gold und nur bei den Taniten der Dritten Zwischenzeit häufiger auftritt; sie werden der prädynastischen Gerzean-Epoche zugeordnet.

Es gibt aber doch eine Möglichkeit, F. Petrie zumindest teilweise Gerechtigkeit widerfahren zu lassen, die er selbst aber rigoros abgelehnt hätte. Seine Fundzuordnungen zur 1. Dynastie können zum großen Teil stimmen, wenn diese älteste Dynastie Manethos identisch ist mit der Herrschaft der großen Hyksos (15. Dyn.) und/oder mit einer Dynastie des Neuen Reiches [vgl. Illig 1989].

Verfrühtes Eisen und Kupfer

Nicht zuletzt sorgte F. Petrie auch für eine heillose Verwirrung der metallurgischen Evolution. Die Eisenfunde im protodynastischen Ägypten interpretierte er als "sporadische Eisenzeit" [van der Merwe in Wertime 1980, 465f]. Dabei kann doch sinnstiftenderweise erst dann von Eisenzeit gesprochen werden, wenn Eisen als Metall dominiert. Was soll dann das Adjektiv "sporadisch"? Haben etwa die eine Art Kaste bildenden

Schmiede vereinbart, daß nur in jeder fünften Generation Eisen erzeugt und bearbeitet wird? Da wäre es denn doch einfacher, von viel mehr Eisen auszugehen und die Existenz von ganzen 28 Eisenfunden aus der Zeit von -5000 bis -3000 [Waldbaum in Wertime 1980, 69f] der verheerenden Selektion des Rostes zuzuschreiben, wenn man diese Uraltdatierungen nicht aufgeben will (weiteres in Kap. N).

Dank Petrie erscheint ausgerechnet die frühdynastische Zeit als die kupferreichste von Ägypten: Vor der mittleren prädynastischen Zeit sind alle Objekte "selten, klein und dürftig" [Lucas 1962, 200].

"Mit dem Beginn der dynastischen Zeit nehmen die Kupfererzeugnisse im Lande stark zu" [Radwan 1983, 6]. Trotz unterstellter Beraubungen fanden sich allein im Grabe des Königs Djer zu Abydos
"121 Messer, 7 Sägen, 68 Gefäße, 32 Haarnadeln, 262 Nadeln, 15 Ahlen, 79 Meißel, 75 rechteckige Platten, 102 Krummäxte und 75 Hacken", allesamt aus Kupfer [Lucas 1962, 200].

Als Amélineau das Grab des Chasechemui öffnet, schwelgt er:
"Die Metallobjekte, die ich im ersten Teil des Monuments gefunden habe, sind zahlreich: Für diese ferne Zeit gibt es Bronzevasen in bedeutender Anzahl, Instrumente für Frieden wie für Krieg in beträchtlicher Anzahl, und an einem einzigen Tag habe ich 1220 kleine Votivgaben aus Kupfer gefunden" [Radwan 1983, 28].

Der Palermostein schreibt diesem Pharao die erste große Kupferstatue zu (s.S. 203); demzufolge wäre er kurz vor Pepi I. aus der 6. Dyn. zu erwarten, von dem eine lebensgroße Kupferstatue erhalten ist.

Nach diesem 'Frühstart' können in den nachfolgenden Dynastien keine sinnvollen Evolutionslinien mehr gefunden werden. Dies liegt nicht zuletzt an der geringen Zahl der aufgefundenen Metallgefäße, die bis ins -7. Jh. nicht mehr zunehmen will (Kursivsetzungen durch H.I.):

- "Kupfergefäße spielen im *Alten Reich* als Grabbeigaben eine besondere Rolle. Daß uns trotzdem nur ein kleiner Teil davon erhalten ist, läßt sich mit Grabraub und Metallsuche in alter Zeit erklären" [Radwan 1983, 35].
- "Die wenig bekannt gewordenen Kupfergefäße des *Mittleren Reiches*, zu denen auch einige Stücke aus Bronze zählen, vermitteln nur ein bescheidenes Bild" [ebd. 84].
- "Von Kupfer- oder Bronzegefäßen der *Zweiten Zwischenzeit* ist nirgendwo die Rede" [ebd. 93]. Allenfalls drei Stücke sind ihr vielleicht zuzurechnen.

- "Unsere Sammlung aus dem *Neuen Reich* (etwa 300 Funde) besteht größtenteils aus Bronzegefäßen, Kupferexemplare sind selten (etwa 10 Stücke)" [ebd. 95].
- "Entsprechend der unruhigen Lage des Landes sind Funde (gerade an Bronzegefäßen) aus dieser Übergangszeit *[Dritte Zwischenzeit]* spärlich" [ebd. 172].

Nur wenn man die sogenannte 1. Dynastie in die Zeit der Zweiten Zwischenzeit und der frühen 18. Dynastie verbringt, läßt sich die schon fast peinliche Situation beheben, daß ein einziges frühdynastisches Grab Gefäße in einer Anzahl freigab, die - trotz Amarna und Tutanchamuns Grab - einen Großteil aller ägyptischen Gefäßfunde ausmacht.

E) Gewölbe - sprunghaft und doppelgleisig

Das Bedürfnis Räumlichkeiten einzudecken, hat zu einer unentwegten Suche nach geeigneten Materialien und Techniken geführt. Die im Bereich der Geometrie unmögliche Quadratur des Kreises ist in diesem Bereich der Technik und Statik durchaus gelungen: Immer größere Spannweiten ließen sich mit immer leichteren Materialien immer sicherer überdecken, echte Gewölbe lösten 'falsche' ab, feingliedrige Kreuzrippengewölbe ersetzten massive Klostergewölbe, leichte barocke Gewölbeschalen wurden durch moderne Eisen- und Spannbetonformen ins Überdimensionale gesteigert.

1) Stimmige Gewölbeevolution in Europa

Merkwürdigerweise formiert sich eine derartige Evolutionslinie erst ab dem -6. Jh., zuvor ergeben die erhaltenen Überreste in der Alten Welt kein zusammenhängendes Bild. Detailliert nachvollziehbar ist die Evolution erst ab -120, ab dem Zeitpunkt, als römische Ingenieure Gewölbe in großem Stil einsetzten und in der Kaiserzeit Spannweiten meisterten, die ohne Stahl und Spannbeton nicht mehr überboten worden sind. Die Höhepunkte römischer Wölbkunst sind hinreichend bekannt. In Rom selbst stehen gewaltige Ziegelbauten: Die 43,50 m-Kuppel des Pantheons (Abb. 9a), die 35 m-Kuppel der Caracalla-Thermen und das 25 m spannende Tonnengewölbe der Konstantinsbasilika. Sie wurden wie mit Beton gegossen, folgen einer eigenen Statik und werden deshalb hier nicht betrachtet. Die größten Steinbögen finden sich außerhalb Italiens: Am Pont du Gard bei Nîmes (25 m; Abb. 9b) und am Jupitertempel in Baalbek (22,50 m). Etliche dieser Gewölbe haben erstaunlich gut die Zeiten überdauert, Beweis für die Stabilität echter Gewölbe.

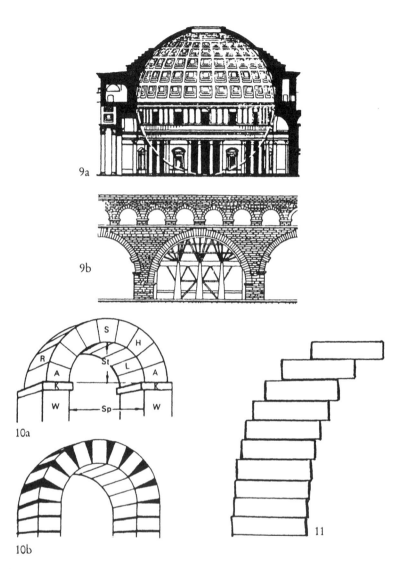

9 Römisches Gewölbe: a) Pantheon in Rom, -27 begonnen b) Pont-du-Gard bei Nîmes, +1. Jh., aus mörtellos versetzten Steinen, mit rekonstruiertem Lehrgerüst [Koch 1988, 31, 34]
10 Grundform des echten Gewölbes/Bogens: a) aus Keilsteinen, b) aus rechteckigen Steinen mit keilförmigen Mörtelfugen gemauert [Koch 1988, 400]
11 Falsches Gewölbe (Kraggewölbe): Maximale Spannweite wird durch parabelförmige Vorkragung erreicht [Otto 1985, 50]

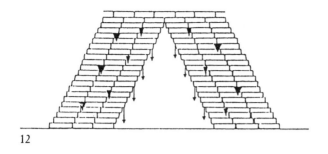

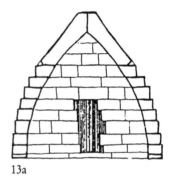

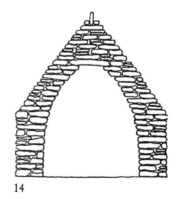

12 Grundform des falschen Gewölbes (= Kraggewölbes): Waagrecht liegende Steine leiten den Druck senkrecht nach unten ab [Besenval 1984, 41]
13 Kraggewölbe mit aufgesetztem, "gestemmtem" Gewölbe: a) bei den Etruskern -7./6. Jh. b) bei den Mayas [Hart 1965, 22]
14 Kraggewölbe eines einschaligen Trullos, Kalabrien [Hart 1965, 22]

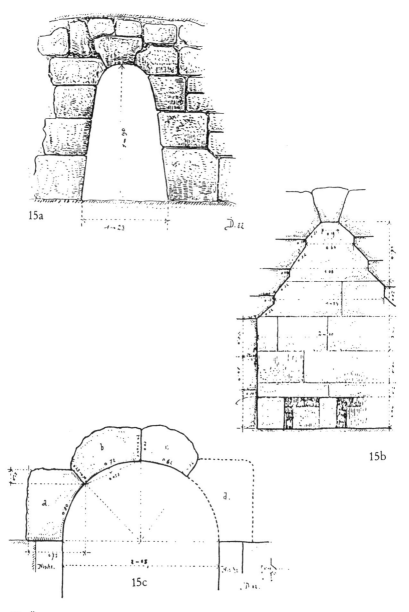

15 Übergangsformen zwischen falschem und echtem Gewölbe bei den Etruskern (-6./4. Jh.): a) Sogen. Campagnagrab in Veji b) Grab bei Orvieto c) sogen. Grab des Pythagoras bei Cortona [Durm 1885, 28f]

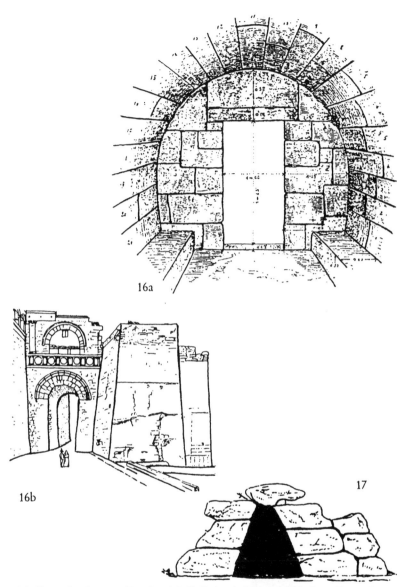

16 Echte Gewölbe der Etrusker (-4./3. Jh.): a) Grab bei Chiusi aus Travertinquadern b) Stadttor in Perugia, die Porta Marzia mit römischer Loggia [Durm 1885, 30; Keller 1970, 370]
17 Kraggewölbte Galerie in Mykene (-14./13. Jh.; →*8./. Jh.)* [Schliemann 1878, 35], ähnlich in Latium noch im -4. Jh.

Ein *echtes Gewölbe* (Abb. 10) wird definiert als
"raumüberdeckender, bogenförmiger und sich selbst tragender Mauerkörper aus Keilsteinen, der zwischen Widerlager gespannt ist und entweder eine massive Gewölbeschale oder tragende Rippen mit zwischengespannten Gewölbefachen besitzt" [Glossarium 1988, 9].
Bei Ziegelsteinen ist die Keilform nicht notwendig, wenn die Form mit Mörtel nachgebessert wird (Abb. 10b). Von oben wirkende Druckkräfte werden seitlich auf die Widerlager abgeleitet und erhöhen sogar die Festigkeit des Gewölbes, solange nicht das Material vom Druck überfordert wird oder die Widerlager nachgeben.

Römer, Parther und Sassaniden warfen etwa gleichzeitig grandiose Wölbungen in den Himmel, die gerade bei Repräsentationsräumen und Sakralbauten beeindruckten. Aber sie haben das echte Gewölbe nicht erfunden, sondern ihre Altvorderen beerbt. So griff römische Technik auf etruskische Ingenieurkunst zurück. Sie war es, die sich nicht mit dem falschen Gewölbe zufriedengab, sondern über ephemere Zwischenlösungen zum echten Gewölbe gefunden hat.

Als *falsche Gewölbe* werden *Kraggewölbe* mit ihren waagrechten Steinschichten bezeichnet (Abb. 12).
"Da die Aufstandsflächen horizontal sind, entsteht kein Seitenschub. Teilweise werden die Steine verzahnt oder erhalten einen Aufguß von Zement. Der Gewölbescheitel wird durch Auflage eines Kragsturzes abgesichert" [Glossarium 1988, 67].
Der drohenden Gefahr eines Einsturzes in der Mitte wird dadurch begegnet, daß die Seitenwände durch zusätzliche Lagen belastet werden. Mangelndes Verständnis der Schub- und Druckkräfte kann durch erhöhten Materialeinsatz ausgeglichen werden. Werden größere, aber dennoch stabile Spannweiten angestrebt, ergibt sich 'fast automatisch' nach Glättung der Steine ein parabelförmiger Querschnitt (Abb. 11), kein halbkreisförmiger [Otto 1985, 50]. Obwohl das falsche Gewölbe weder (komplizierte) Keilschnitte bei seinen Steinen noch Wölbgerüst noch eine durchdachte Schubableitung benötigt, ist es fast immer vom echten Gewölbe abgelöst worden, denn dieses ist stabiler, sparsamer und wesentlich variabler. Bekannte anachronistische Ausnahmen bilden die kraggewölbten Maya-Bauten präkolumbianischer Zeit (Abb. 13b) und die apulischen Trulli, die aus steuerlichen Gründen (falsche Gewölbe werden nicht wie feste Eindeckungen taxiert) bis heute genutzt werden (Abb. 14).

Die *Italiker* und vor allem die *Etrusker* vertrauten im -6./5. Jh. noch dem Kraggewölbe; dies dokumentiert aufs anschaulichste das sogenannte Sarazenentor von Segni [Maso/Vighi 1984, XII], eine Befestigung der Volsker. Die Etrusker haben ihre Grabbauten des -8./7. Jhs. (diese herkömmliche Datierung wird im Buch überprüft und auf →6./5. *Jh.* reduziert; s.S. 208, 331) und jene des vermutlich tatsächlichen -6. Jhs. entweder samt Flachdecken direkt aus dem Felsen herausgeschlagen oder aber Kraggewölbe eingezogen. Es zeigen sich aber auch jene Übergangsformen, die auf dem Weg vom falschen zum echten Gewölbe zu erwarten sind. So findet sich im Campagna-Grab von Veji ein Kraggewölbe, das mit einem keilförmig geschnittenen Schlußstein gedeckt worden ist (Abb. 15a). F. Hart bildet ein Grab ab, bei dem einem Kraggewölbe ein *gestemmtes Gewölbe* aufgesetzt ist: Der heikle Abschluß wird hier mit zwei schräg gegeneinander gelehnten Steinplatten, also mit einer Art Satteldach erzielt (Abb. 13a). Bis zu dieser Variante haben sich auch die Mayas vorgetastet (Abb. 13b), doch im Gegensatz zu ihnen drangen die Etrusker bis zum echten Gewölbe vor.

Den evolutiven Übergang schlechthin demonstriert ein Grab bei Orvieto, bei dem drei Keilsteine ein Kragsteingewölbe abschließen (Abb. 15b). Im -4. Jh., genauer nach -330 gingen die Etrusker dazu über, ihre Stadttore mit Bögen und ihre Gräber mit echten Tonnengewölben auszustatten (Abb. 16); die heute noch sichtbaren Beispiele stammen meist aus dem -3. oder gar erst -2.Jh. [Major 1957, I 266], etwa das sogenannte Grab des Pythagoras bei Cortona (Abb. 15c) oder der Deposito del Granduca bei Chiusi (Abb. 16a). Für diese tonnengewölbte Grabarchitektur zeichnet sich eine Übernahme aus Makedonien (dort ab -350) mit unteritalischer Vermittlung ab [Steingräber 1989, 6f]. Tempel und andere Sakralbauten haben die Etrusker niemals eingewölbt.

Die Spannweiten blieben jedoch - ob 'falsch' oder 'echt' - unter 5 m und wuchsen auch bei späten etruskischen Bauten auf wenig mehr als 7 m an (eine Ausnahme die Brücke in Blera).

Bei den archaischen und klassischen *Griechen* lassen sich nur selten falsche Gewölbe und Übergangsformen finden (vgl. etwa den Keller eines Wohnhauses in Milet; Müller-Wiener 1988, 97). Aber wie bei den Etruskern treten die ersten Beispiele für echte Gewölbe um -350 auf, wobei die Datierung bei den Griechen exakter ist als bei den Etruskern, die mangels eigener Schriftzeugnisse und geschichtlicher Überlieferungen über griechische Keramik datiert werden müssen.

Zeittafel der griechischen Kultur

ab -146 Römisch
330 - 146 Hellenistisch
479 - 330 Klassisch (nach Perserkriegen)
776 - 490 Archaisch
900 - 776 Geometrisch
1100 - 900 Protogeometrisch
1400 - 1100 Späthelladisch III = Mykenisch
1500 - 1400 Späthelladisch II
1600 - 1500 Späthelladisch I
2000 - 1600 Mittelhelladisch
3000 - 2000 Frühhelladisch
[Nach Finley 1982, 13; 1983, 20 und Demakopoulou 1988, 27]

"Erst seit der Mitte des 4. Jhs. läßt sich ein Interesse für Gewölbekonstruktionen beobachten, wobei man ohne primitive Zwischenlösungen (unter vielleicht östlichem Einfluß?) sofort die technisch richtige Form des halbrunden Keilsteinbogens anwendete" [Müller-Wiener 1988, 96].
Diese Feststellung deckt sich mit der antiken Meinung, Demokrit (ca. 460-370) habe nicht nur den Begriff des Atoms definiert, sondern sei auch der Erfinder des echten Gewölbes [Rupp 1964, 17]. Aus diesem Jahrhundert stammen die Stadttore von Kassope, Priene, Korinth, Dura-Europos oder Herakleia am Latmos, aber auch der Stadioneingang von Nemea.
Ab hellenistischer Zeit wird dann die Bogenform im Sakral- wie im großformatigen Profanbau 'zulässig': So finden wir gewölbte Tunnelgänge im apollinischen Riesentempel von Didyma; diese Gewölbetonnen laufen geneigt und verlangen deshalb eine sehr anspruchsvolle Steinmetzarbeit. Auch der Stadioneingang von Olympia wurde eingewölbt; die erhaltenen Überreste stammen allerdings nicht aus sportlichen Urzeiten [Durm 1885, 26], sondern aus nachchristlicher Zeit [Yalouris 1973, 20]. Generell blieben die Ausmaße im griechischen Raum bescheiden, bescheidener noch als bei den Etruskern: Makedonische Kammergräber vom Ende des -4. Jh. werden von Keilsteingewölben

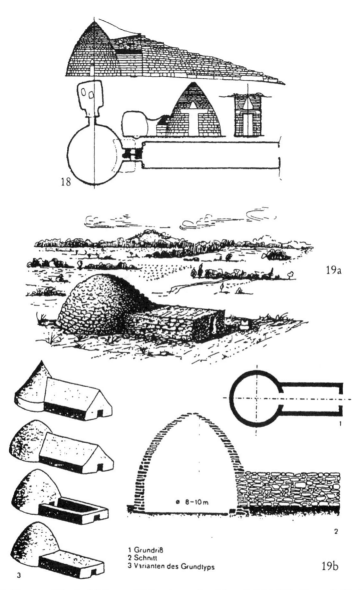

18 Kraggewölbe in Mykene: "Schatzhaus des Atreus" (-14./13. Jh.; →8./7. Jh.) [Amiet 1988, 346] analog zu etruskischen Gegenstücken des -7./6. Jhs.
19 Bienenkorbstrukturen: a) Kretisches Tholosgrab in der Mesara-Ebene, ca. -2000 b) Bienenkorbhäuser von Tell Arpachijah bei Mossul am Tigris, frühes -4. Jtsd. [Kehnscherper 1980, 45; Müller 1974, 94]; nunmehr *spätes* →2./1. Jtsd.

überdeckt, deren Spannweiten von 4,80 bis 6,50 m, dem damaligen Maximum, reichen [Müller-Wiener 1988, 96].

Völlig isoliert davon schienen lange Zeit die Kraggewölbebauten *mykenischer und minoischer Zeit* zu stehen. Am grandiosesten präsentieren sich die Tholosgräber zu Mykene (Abb. 18): "Eine ins Monumentale gesteigerte Höhle, in den Hügel hineingebaut, so daß der Druck der Erdschüttung die Kragkonstruktion sichert; aus sorgfältig behauenen mächtigen Quadern gefügt" [Hart 1965, 22]. Sie scheinen im -16. Jh. aufgekommen zu sein und erreichen im -13. Jh. in ihrem gewaltigsten Bau, dem sogenannten "Schatzhaus des Atreus", eine Höhe von 13,50 m bei einem Innendurchmesser von fast 15 m [Reden 1981, 170]. Ihre Entwicklungslinie war lange umstritten, weil der Ausgräber von Knossos, A. Evans, darauf beharrt hatte, daß Mykene im -16. Jh. diese Bauform zu ihrer Blütezeit vom minoischen Kreta übernommen hätte und deshalb den großen mykenischen Tholoi nur noch degenerierte Bauten gefolgt wären [Wace 1949, 121].

Heute gilt, daß die mykenische Tholos-Entwicklung mit 'Atreus' und 'Klytämnestra' im -13. Jh. kulminiert und dann mehr oder weniger jäh abbricht. Kraggewölbe wurden hier nicht nur bei sakralen Bauwerken eingesetzt, sondern gleichermaßen für profane Zwecke: Für Kasematten in Tiryns, für Zisterneneingänge (Abb. 17) und Torüberbauten in der mykenischen Burg, für eine Straßenbrücke bei Mykene [vgl. Illig 1988, 65, 71].

Auf Kreta finden sich bei Knossos ein kraggewölbtes Viadukt, vor allem aber ganz ähnliche Tholoi mit vergleichbaren Durchmessern (bis 14 m), von denen zumindest einige kraggewölbt waren (Abb. 19a). Diese zahlreichen Bauten - allein in der Mesara-Ebene sind es über 80 - werden älter als die mykenischen Bauten eingeschätzt und folglich als deren Vorläufer bezeichnet [Reden 1981, 197].

Der Ursprungsort des mediterranen Kraggewölbes wird noch gesucht, und die Auswahl ist groß. Mykenische Bauten dürften auf minoische zurückgehen, aber auch für diese fehlen auf Kreta die allerersten Anfänge. Frühformen mit gestampften Kuppeln werden in der Ägäis, auf Zypern, selbst am Tigris beim sehr viel älteren Tell Arpachijah (Abb. 19b) gemutmaßt, doch wären diese Vorläufer bis zu 3.000 Jahre älter als ihre 'Nachkommen' [Reden 1981, 197]. Auch auf Sardinien vermutet man den Ursprung, seitdem man holzgedeckte Vorläuferbau-

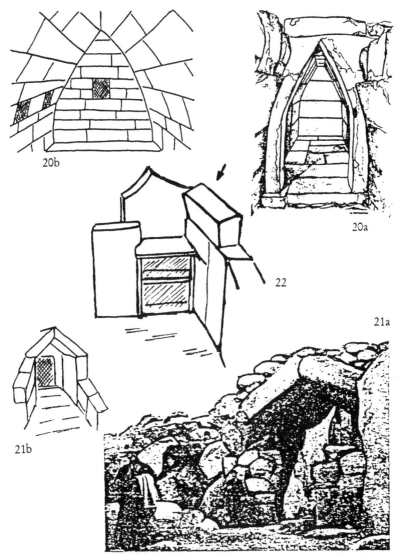

20 Kammergräber aus der Zeit vor den Dunklen Jahrhunderten: a) Mykene b) Ugarit [nach Dayton 1978, 255]; vom -14./13. Jh. ins →7./6. Jh.
21 Gestemmte Gewölbe: a) Auf Delos am Kynthos (-2. Jtsd.; →1. Jtsd.) [Dussaud 1914, 96] b) Poterne von Tharros, Sardinien, ca. -6. Jh. [nach Moscati 1988, 278]
22 Keilförmig geschnittener Gewölbestein im Mittleren Tempel von Tarxien, Malta (ca. -2500; →1. Jtsd.). Die Zeichnung von H.I. zeigt nur den einzigen an Ort und Stelle gefundenen Gewölbestein.

ten kennt, und eine C^{14}-datierte Nuraghe älter zu sein scheint als alle mykenischen Kraggewölbebauten [Thimme 1980, 48, 176]. Megalithzeitliche Einflüsse aus dem europäischen Westen werden meist abgelehnt, weil diese Bauten dank sukzessiver Umdatierungen vom -2. und -3. ins -4., ja -5. Jtsd. abgedriftet sind [Reden 1981, 170] und die Verbindung zu Mykene verloren haben [konträr Illig 1988].

Neben den Kuppelbauten gibt es auch eine kleine Gruppe von kraggewölbten Kammergräbern, die sich auf Mykene (Abb. 20a), Knossos, Ostkreta, Zypern und Ugarit (Abb. 20b) verteilen [Davaras 1984, 300]; aber auch bei ihnen wird nicht deutlich, wo der Prototyp erfunden worden ist. Die so ähnlichen Kraggewölbe ägyptischer Pyramiden des Alten Reiches werden zwar ins Spiel gebracht [Schachermeyr 1967, 37f], aber disqualifiziert, weil eine 'Vorlaufzeit' von 1.000 Jahren für so ähnliche Gewölbe unverständlich bleiben muß.

Für die Gewölbeevolution wichtig ist die wenig beachtete Tatsache, daß kraggewölbte Tholoi auf Kreta ebenso wie auf der Peloponnes bis in protogeometrische Zeit weitergebaut worden sind [Blegen 1973, 237f], also auch in den Dunklen Jahrhunderten, obwohl es "wohl 400 Jahre lang keine Monumentalbauten mehr gab" [Finley 1983, 16]. C. Blegen hat in einem Tholos auch ein eisernes Messer ausgegraben, das für die hier vorgetragene Datierung bedeutsam sein wird. Die von Davaras erforschten kretischen Gräber von Krya reichen gleichfalls bis in protogeometrische Zeit [Davaras 1984, 298]. Tholoi sind außerdem bis in hellenistische Zeit weiterbenutzt worden [Müller-Wiener 1988, 182]. Unübersehbar ist auch, daß die Etrusker noch im -6./5. Jh. kraggewölbte Brücken genauso wie die 700 Jahre früheren Mykener errichteten (vgl. Abb. 17; Illig 1988, 71).

An der Peripherie griechischer Kultur hat sich Kraggewölbebau bis in die Zeit nach Alexander gehalten, so in Thrakien, Karien und Süd-Rußland [Müller-Wiener 1988, 95]. Damit wird klar, daß nach den mykenischen Großgräbern kein evolutiver Bruch stattgefunden hat:

Tholosform wie Kraggewölbe haben die Dunklen Jahrhunderte überdauert und reichen bis in die Zeit nach -300; somit gibt es in Griechenland wie bei den Etruskern eine Übergangszeit vom falschen zum echten Gewölbe.

Auch das gestemmte Gewölbe der Etrusker tritt in Griechenland auf, allerdings nur in der einfachsten Version: Zwei Felsplatten werden schräg gegeneinander gelehnt und stützen sich gegenseitig ab. Auf Delos (Abb. 21a) hat sich ein derartiges, megalithisches Gewölbe erhalten: Eine Höhlung im Berg Kynthos wird am Eingang von zwei grob behauenen Felsen überdeckt, die vielleicht auch astronomischen Beobachtungen dienten, wie R. Dussaud [1914, 96] vermutete. Da Delos nur sehr späte Spuren aus mykenischer Zeit freigegeben hat, wird dieses Gewölbe entweder einer neolithischen Kykladensiedlung des -3. Jtsds. oder spätmykenischer Zeit zugeschrieben. Aus dem -6. Jh. ist eine elegantere, parabolische Form des gestemmten Gewölbes bekannt: Auf Samos untertunnelte Eupalinos gegen -530 einen kilometerbreiten Berg; die Form des Tunnelgewölbes wird uns bei Mykerinos wieder begegnen.

Das gestemmte Gewölbe wählten auch die *Karthager* des -7. Jh. für die Befestigungen einer neuen Stadtgründung (Abb. 21b): Die Wälle von Tharros werden von derart überdeckten Laufgängen, sogenannten Poternen, durchzogen [Moscati 1988, 278].

Großsteinbau hat durchwegs das Kraggewölbe eingesetzt, wenn flachgelegte Steinplatten als Abdeckung nicht ausreichen. Unter allen europäischen *Megalithgebieten* zwischen Portugal und Irland, Bretagne und Sardinien hält *Malta* einen Spezialfall bereit. Die dortigen Tempel waren zum Teil durch (ansatzweise erhaltene) Kraggewölbe, zum Teil durch Megalithe oder Balken überdeckt, wie ausgegrabene Miniaturmodelle und zeitgleiche Abbildungen illustrieren. Nun liegt aber im mittleren Tempel von Tarxien in der hintersten, nordwestlichen Apsis noch ein Stein an seinem ursprünglichen Platz, der mit seiner schräggestellten Auflagefläche den Ansatz eines echten Gewölbes darstellen könnte (Abb. 22).

Der Ausgräber Th. Zammit hat diese Steinreihe komplettiert, um die Existenz eines echten Gewölbes zu untermauern. Zu seinen Zeiten wäre es um ein Gewölbe zeitgleich mit den mykenischen Tholoi gegangen, bei denen sich - etwa bei 'Atreus' - bereits schrägliegende Steinschichten finden [vgl. Glossarium 1988, 67].

Doch mittlerweile steht die Datierung für Tarxiens Tempel bei -2500, da nunmehr ein kalibriertes C^{14}-Datum 'sticht' [vgl. Neubert 1988, 152,159], während die typologischen und stilistischen Ähnlichkeiten verdrängt wurden [vgl. Illig 1988, 82]. Wäre an dieser Stelle Europas erste echte Wölbung gewagt worden, wäre sie 2.000 Jahre ohne Nachfolger geblieben! Setzt man aber die kunsthistorischen Ähnlichkeiten wieder in ihr Recht und streicht die dunklen Jahrhunderte aus der

Geschichte, dann rückt Tarxiens jüngster Tempel ins →*7. Jh.* und könnte in jedem Fall für das Herantasten ans echte Gewölbe bürgen.
Unabhängig davon, ob nun die Megalithbauten ihre kalibrierten C^{14}-Mißweisungen ins -3., -4., ja -5. Jtsd. behalten oder ob die vorgeschlagene späte Datierung ins →*1.Jtsd.* akzeptiert wird [s. Illig 1988, insbes. 89-97], ist die europäische Entwicklung nachvollziehbar, klar und eindeutig:

Dem Kraggewölbe folgen nach einer Übergangszeit vom -6. bis -4. Jh., in der beide Techniken konkurrieren und Mischformen hervorbringen, die echte Gewölbe. Einmal erreicht, wird auf diesen Fortschritt nur noch in Ausnahmefällen verzichtet.

2) Ägyptische Gewölbe in rätselhaftem Wechsel

Ganz anders stellt sich die Entwicklung im alten Ägypten dar. Der Tourist mag zwar vom Nil zurückkehren, ohne überhaupt ein Gewölbe bemerkt zu haben, trotzdem besteht das Paradoxon, daß den Ägyptern zu allen Zeiten der Bogen bekannt war, wie Mariette schon 1880 bemerkte, ohne daß sie je den Wert des echten Gewölbes erkannt hätten [Enciclo 1959, 583]. Dies wird ihnen schon deshalb unterstellt, weil sich bislang die verschiedensten Gewölbeformen abwechseln, ohne irgendeine Entwicklungslinie erkennen zu lassen.

1. Dynastie (2950 - 2770)

Als ältestes Beispiel eines halbkreisförmigen Bogens hat F. Petrie ein Exemplar in Dendera benannt, das mit -3500 weit im prädynastischen Bereich läge, aber längst angezweifelt wird [Enciclo 1959, 583]. Unstrittig ist das echte Gewölbe ab der 1. Dynastie (Abb. 25), und bereits hier tritt es in den beiden Varianten auf, die in Ägypten überhaupt zum Einsatz gekommen sind: als Radialgewölbe und als Wölbung in (geneigten) Ringschichten. Ihre ältesten Vertreter (um -3000) finden sich gemäß G. Van Beek zusammen in einem Grab in Heluan [Van Beek 1987, 78, 82]. Beim *Radialgewölbe,* auch Wölbung auf Kuf genannt (Abb. 23b), werden die Ziegel radial zu einem Halbkreis angeordnet, die

Ziegelschichten laufen parallel zu den Widerlagern. Im Unterschied dazu laufen beim *Ringschichtengewölbe* die Ziegelschichten senkrecht zu den Widerlagern, aber parallel zum Stirnbogen (Abb. 23a). Die Schrägstellung der einzelnen Schichten (Abb. 24) erlaubt es, die jeweils nächste auf die vorhergehende zu stützen, womit das Handikap einer Vollschalung entfällt.

Die Ägypter wären somit um -3000 bereits weiter gewesen, als die durchaus findigen Baumeister Etruriens je kommen sollten. Und damit hat sich auch für die Ägyptologen das Problem erledigt, eine Entwicklungslinie des Gewölbes am Nil nachzuvollziehen. Es ginge in der bisherigen Chronologie auch nicht, wie sich sofort zeigen wird!

3. Dynastie (Altes Reich; 2640 - 2575)

Die berühmte Stufenpyramide Djosers in Saqqara ist nur der prominenteste Teil eines Areals, das an Ausdehnung und Vielfalt jeden Vergleich mit anderen ägyptischen Grabungsbezirken bestehen kann. Singulär ist die Verwendung von Bogenelementen für altägyptische Sakralbauten: Die Kapellen für das Sed-Fest rings um den Haupthof wiesen durchwegs Fassaden mit bogenförmigem Abschluß auf (Abb. 26), wobei diese Stirnbögen jedoch aus waagrecht liegenden Steinreihen gebildet sind [Lauer 1988, 109; Firth 1935, Abb. 76]. Dazu paßt, daß auf den Fayenceflächen der unterirdischen Kammern Segmentbögen als dekoratives Element dienten und einer der Ausgräber mehrmals unter- und oberirdische Gewölbe erwähnt, ohne allerdings klarzustellen, ob es sich um echte oder falsche handelt [Lauer 1988, 98]. Auf alle Fälle wurden falsche wie echte Gewölbe aus behauenem Kalkstein am Nordhaus und in benachbarten Bauwerken freigelegt, und es fand sich sogar eine Scherbe (Abb. 27b), auf der ein Bogen samt Koordinaten eingetragen ist [Lauer 1936, 173f]. Trotz der an Ort und Stelle gefundenen Keilsteine eines 4 m spannenden Gewölbes (Abb. 27a) spricht aber der Ausgräber einmal von einer "Gewölbenachahmung", einmal von einer "mit weißem Kalkstein verblendeten Konstruktion, die in ihrem oberen Teil wie ein Gewölbe geformt war" [Lauer 1936, 173f]. Deshalb werden diese echten Steingewölbe beim Evolutionsgang ignoriert.

Ein gestemmtes Gewölbe spezifischer Art tritt innerhalb der Djoser-Pyramide, in der Passage zur "Grabkammer", auf: Zeltförmig gegeneinander gestellte Monolithe werden an den Unterseiten rund

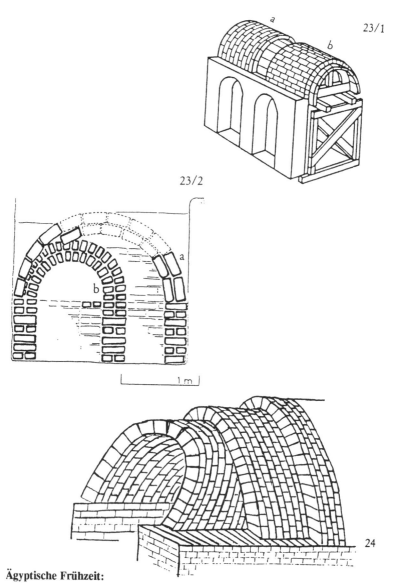

Ägyptische Frühzeit:
23 Die beiden ab der 1. Dyn. (ab -3000; →*8./7. Jh.*) ausgeführten echten Gewölbearten: Jeweils a) aus Ringschichten, b) als Radialgewölbe [Glossarium 1988, 121; Brinks 1977, 593].
24 Dreischaliges Gewölbe aus schrägliegenden Ringschichten (-3. Jtsd.; →*1. Jtsd.*) [Jéquier 1924, 305]

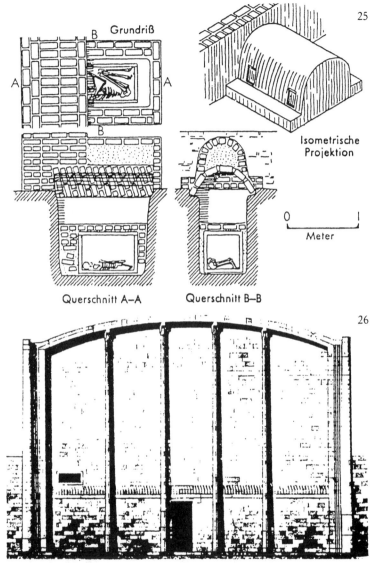

25 Ägyptische Frühzeit: Echtes Schrägbogengewölbe bei einem Dienergrab, das an die Umfassungsmauer des Grabes Nr. 3500 angebaut ist; Saqqara, 1. Dyn. (-29. Jh.; →8. Jh. oder später) [Leclant 1979, 304].
Altes Reich:
26 Altes Reich: Bogenformen im Djoser-Bezirk, Saqqara (-27. Jh.; →7./6. Jh.): Kapellenfassade, Krümmung mit waagrechten Steinlagen erzielt [Schüssler 1987, 90]

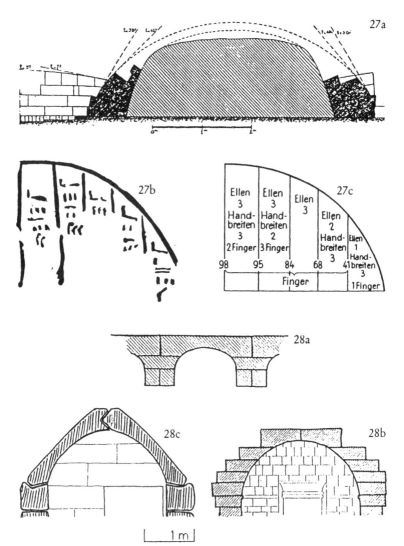

27 Bogenformen im Djoser-Bezirk, Saqqara (-27. Jh.; →7./6. Jh.): a) Rekonstruktion eines echten Gewölbes b) Koordinaten-Darstellung eines Bogens durch eine Architekturzeichnung, die auf eine Kalksteinplatte zum Handgebrauch für den Maurer übertragen worden ist. Bei der 'Übersetzung' c) wurden die Angaben zusätzlich in Fingereinheiten beziffert [Lauer 1936, 174; Vogel 1958, 63]

28 Ägyptische Scheingewölbe, realisiert mittels a) Deckstein; Abydos, -13. Jh. b) Kraggewölbe, Deir-el-Bahari, -15. Jh. c) gestemmte Giebelplatten; Dahschur, Mittl. Reich, frühes -2. Jtsd. [Jéquier 1924, 312; Brink 1977, 593]; alle →8./6. Jh.

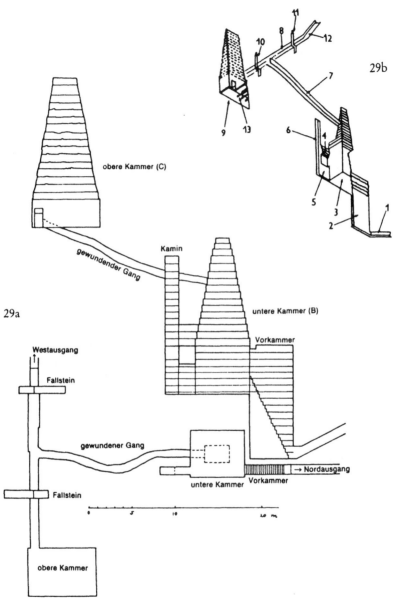

29 Kraggewölbte Kammern in der Knickpyramide des Snofru, Dahschur-Süd (-26. Jh.; →7. Jh.): a) Schnitt, Grundriß und b) Isometrie [Stadelmann 1985, 91; Mendelssohn 1976, 50]

behauen, damit sie wie Holzstämme wirken [Firth 1935, 18]. An anderer Stelle wurde die Giebelunterseite als konkave, halbrunde Tonne zugerichtet; so wird aus dem gestemmten Gewölbe ein *Scheingewölbe*. Es kann nicht nur in dieser gestemmten Variante (Abb. 28c) auftreten, sondern auch als unten rundbehauene Kragsteine (Abb. 28b) oder als unten ausgehöhlte Deckplatte (Abb. 28a). In den letzten beiden Fällen erhalten die Seitenwände wie beim Kraggewölbe nur Druck senkrecht von oben, während bei der gestemmten Variante wie beim echten Gewölbe ein Schub schräg nach außen auf die Widerlager wirkt. Unter dem Aspekt der Druckableitung gehört demnach *das Scheingewölbe in einer Deckplatte* zu den einfachen Abdeckungen, *das kraggewölbte Scheingewölbe* zu den falschen und *das gestemmte Scheingewölbe* zu den echten Gewölben. Optisch sind Scheingewölbe kaum von echten zu unterscheiden, wie viele Grabungsberichte ungewollt deutlich machen, kann doch die Literatur diese Gewölbetypen nicht hinreichend trennen.

4. bis 6. Dynastie (Altes Reich; 2575 - 2155)

Aus 'europäischer' Sicht erfolgt ein jäher Rückfall: Ägypten holt Kraggewölbe und Megalithbau nach, und beides sofort auf höchstem Niveau. Der Begründer der 4. Dynastie, *Snofru,* läßt mehr Pyramidenvolumen errichten als jeder andere Pharao (3,6 Millionen Kubikmeter gegenüber 2,6 Mio. durch Cheops; [Stadelmann 1985, 105]). In seinen drei großen Pyramiden finden sich ausschließlich meisterhafte Kraggewölbe (Abb. 29). Sie weiten die Kammern zu gewaltigen Räumlichkeiten: 9 m Höhe in Meidum, 14,70 m in Dahschur-Nord, 16,50 und 17,20 m in Dahschur-Süd; vier weitere Nebenräume, dazu Kammern in den Nebenpyramiden werden gleichermaßen eingewölbt [Stadelmann 1985, 84,91,96]. Die Ähnlichkeiten mit mykenischen 'Schatzhäusern' sind verblüffend, ebenso deutlich zeigen sich Differenzen: Bei Snofru sind die Grundrisse nicht rund, sondern rechteckig, die Gewölbeunterseiten zeigen sich nicht glatt und parabelförmig, sondern in gerader Linie gestuft; außerdem sind die Steine fast fugenlos versetzt und meist makellos geglättet.

Sein Sohn *Cheops* versucht diese Maße nicht mehr zu übertreffen, sondern wählt zwei andere Eindeckungsarten. Die sogenannte Königinnenkammer erhält wie bei Djoser eine dachförmige Abdeckung aus sparrenartig abgestützten Steinbalken, die möglicherweise sogar in zwei oder drei Schichten übereinanderliegen. Dieses Stemmgewölbe, das von unten wie ein Zeltdach wirkt, wurde auch für Gänge angewandt und liegt heute am Eingang der Pyramide frei (Abb. 30).

Die Hauptkammer ist dagegen mit waagrechten Granitmonolithen abgedeckt - ohne Ehrgeiz nach übersteigerter Höhe (5,80 m). Über ihr sollen fünf flach gedeckte Kammern Druckentlastung bringen, die wiederum von einem gewaltigen Satteldach aus 40 t schweren Monolithen geschützt werden; der Druck wird dabei nicht auf die Stützbalken und Wandblöcke, sondern in die seitlichen Steinmassen gelenkt [Goyon 1987, 182]. Ob damit wirklich Druckentlastung erreicht werden sollte, bleibe dahingestellt: Zwar hat das weit nach oben gerückte Satteldach weniger Last über sich, dafür werden die Wände der Königskammer ungleich stärker belastet [Illig/Löhner 1993, 129ff].

Ein letztes, faszinierendes Mal tritt das geglättete, aber gestufte Kraggewölbe in der Großen Galerie der Cheopspyramide in Erscheinung (Abb. 30): Fast 47 m lang steigt die 8,70 m hohe Galerie zur Hauptkammer hinauf, in sieben Kragstufen verjüngt sie sich von 2,09 m Breite auf etwa die Hälfte, um schließlich flach geschlossen zu werden. Die mit ungeheurer Präzision zusammengefügten Kalkblöcke der Wände stehen merkwürdigerweise nicht senkrecht, sondern schräg, im Winkel der Galerieneigung. Die ansteigende Bodenfläche ist ohne Holzeinbauten kaum begehbar.

Chephren, der Sohn von Cheops, beschränkt sich auf die einfachen giebelförmigen Überdachungen (Abb. 32), während in der Pyramide des *Mykerinos* das gestemmte Scheingewölbe als Imitat des echten Gewölbes auftaucht (Abb. 31). Erst 2.000 Jahre später sollen es die Griechen auf Samos für sich entdeckt haben. Diese Art von 'falsch-echtem' Gewölbe behalten die Ägypter im Alten Reich für den bevorzugtesten Raum, den Totenopfersaal im pyramidennahen Totentempel bei. Es kann - in größeren Dimensionen - auch im Vestibül und außerhalb des Tempels auftreten: Tal und Totentempel des Unas verband ein 666 m langer Aufweg, der von einem mit Sternen bemalten Gewölbe überdeckt wurde [Michalowski 1971, 458]. So wird die Konkurrenz verschiedener Steingewölbe bei den Pyramidenanlagen des Alten Reiches zugunsten des gestemmten Scheingewölbes entschieden.

Binnen vier Generationen - Snofru, Cheops, Chephren, Mykerinos - ist bei den Steingewölben eine rapide Entwicklung abgelaufen, die

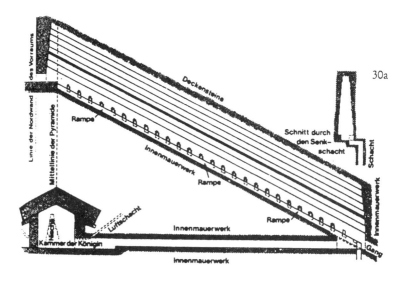

30 Cheops-Pyramide (-26. Jh.; →7./6. Jh.): a) 'Königinnenkammer' mit gestemmtem Gewölbe, Große Galerie mit Kraggewölbe, die hier nicht gezeigte 'Königskammer' ist flach eingedeckt b) Gestemmtes Gewölbe der Gangöffnung an der Nordseite [Wehrle 1989, 77; Schüssler 1987, 199]

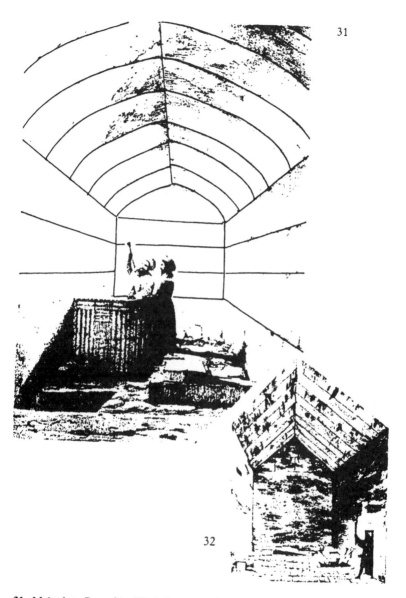

31 Mykerinos-Pyramide: Königskammer mit gestemmtem Scheingewölbe (-25. Jh.; →6. Jh.) [Schüssler 1987, 244]
32 Chephren-Pyramide: Königskammer mit gestemmtem Gewölbe (-26. Jh.; →6. Jh.) [Schüssler 1987, 215]

niemand dem 'statuarischen' Ägypten zutrauen sollte: Erstmals perfektes, stufiges Kraggewölbe, dann glattes Giebeldach, schließlich gestemmtes Scheingewölbe! Aber Beginn wie Ziel dieser Entwicklung sind vollkommen unverständlich. Es gibt zum einen keine tastenden Anfänge des Kraggewölbebaus in Ägypten, sondern er beginnt auf höchstem Niveau, gerät aber nach zwei Bauherren bereits aus der Mode. Statt dessen zielt die Evolution auf eine Gewölbeform hin, die bereits seit der 1. Dynastie bekannt gewesen sein soll und in der 3. Dynastie auch in Haustein ausgeführt worden ist, aber offenbar vergessen wurde und jetzt nur optisch imitiert, aber nicht reproduziert werden kann - ein Mysterium angesichts der gewaltigen und unvergleichlich präzise errichteten Bauwerke.

Mit Mykerinos ist im Grunde die Gewölbeevolution am Nil bereits abgeschlossen. Weitere Gewölbeformen werden bis zu den Römern nicht mehr entwickelt, allenfalls Varianten (wie unter Ramses III., s.u.).

Bei den Grabbauten tritt das echte Ziegelgewölbe parallel zu den falschen Steingewölben der 4. Dynastie auf, wobei merkwürdigerweise - nach dem hochentwickelten, differenzierten Erscheinen in der 1. Dynastie - noch mit Ziegelgrößen und Wölbvarianten experimentiert wird [Van Beek 1987, 82]. Bis zum Ende des Alten Reiches scheinen falsche und echte Gewölbe miteinander zu konkurrieren. So finden sich in der 6. Dynastie Kraggewölbe [Leclant 1979, 403], aber auch Gräber, die von echten, zwei- und dreifachen Abfanggewölben aus Ziegeln geschützt werden [Lauer 1988, 152].

Ein anderes Nebeneinander tritt in der *Ersten Zwischenzeit* auf: In Edfu existieren aus dieser Zeit gegrabene "Katakomben", unbeholfene "Gewölbegräber" mit schlechten echten Gewölben und "Columbaria" mit präzisen echten Bögen (Michalowski 1971, 536; hier Abb. 33). Apropos: "Die Stadt [Edfu] aus dem Neuen Reich, die unter einer ptolemäischen und römischen Schicht liegt, ist bis jetzt noch nicht ausgegraben" [Michalowski 1971, 535], sonst könnte über die fehlenden Schichten von fast 800 Jahren (3. Zwischenzeit und Spätzeit) räsoniert werden (vgl. Kapitel P).

Eine derartige Übergangszone zwischen falschem und echtem Gewölbe ist bei einem 'normalen' Entwicklungsgang zu erwarten, ja zu fordern; allerdings sollte sie sich nicht über allzuviele Jahrhunderte erstrecken.

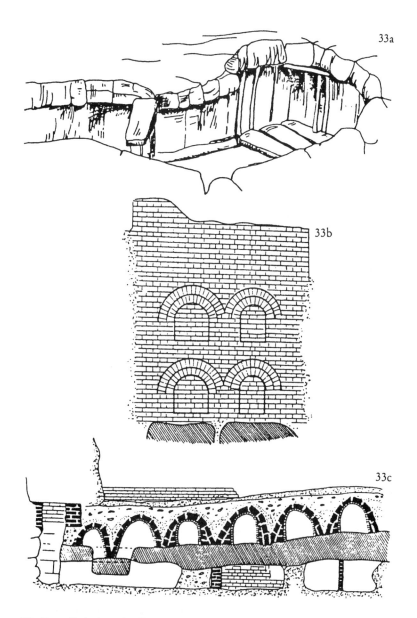

33 Erste Zwischenzeit (Ende des -3. Jtsds.; →*1. Jtsd.*): Grabtypen in Edfu: a) Ausgehöhlte Katakomben b) "Columbaria" mit perfekten echten Ziegelgewölben c) Gräber mit echten Gewölben aus stehenden Ringschichten [Michalowski 1971, 536]

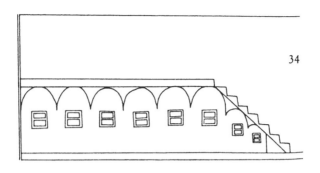

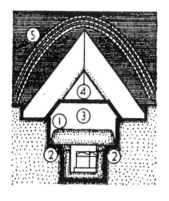

Mittleres Reich
34 Speicher zur Zeit von Sesostris I. (-20. Jh.; →7. Jh.), Grabmalerei Theben-West [Amiet 1988, 240]
35 Grabkammer und Schutzvorrichtungen der 2. Pyramide von Amenemhet III., Hawara (-19. Jh.; →6./4. Jh.): 1) Drei Quarzitdeckblöcke 2) Grabkammer aus einem Quarzitmonolith, darüber Steine zur Kammererhöhung 3) Untere, flachgedeckte Entlastungskammer 4) Entlastungskammer unterm gestemmten Gewölbe aus Kalksteinmonolithen 5) Fünfschaliges Ziegelgewölbe zur Druckableitung [Edwards 1987, 220]
36 Grab eines unbekannten Pharaos der 13. Dyn. in Saqqara-Süd (-18./17. Jh.; →6./4. Jh.): Die Sicherungen dieser Pyramide sind die raffiniertesten und aufwendigsten in Ägypten, der Grabkammermonolith mit - unausgehöhlt 185 t - der schwerste je in eine 12 m tiefe Grube abgesenkte. Der 45 t schwere Deckblock funktionierte im -18. Jh. bereits 'hydraulisch': Läßt man Sand von c) nach e) abfließen, senken sich die Quarzit'kolben' von b) nach c) und der mitsinkende Deckenblock verschließt die Kammer! [Lauer 1988, 162]

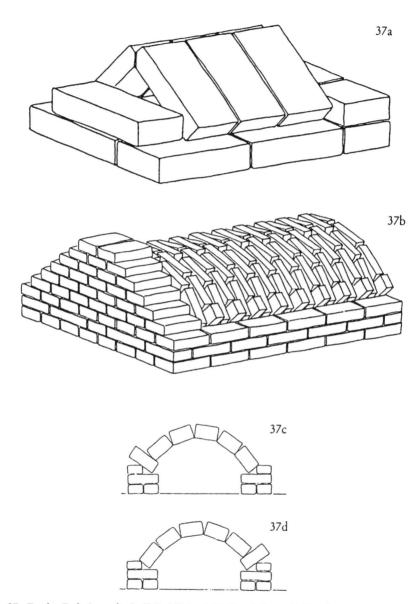

37 Zweite Zwischenzeit: In Tell el-Daba (-17. Jh.; *frühes →7. Jh.*) finden sich a) gestemmte Ziegeldecken b) echte Gewölbe eines mesopotamischen Typs: Die Ringschichten beginnen abwechselnd c) und d) rechts mit einem schräggestellten Ziegel, damit die Fugen versetzt liegen [Brink 1982]

11./12. Dynastie (Mittleres Reich; 2037 - 1785)

Der Gründer dieses Reichs, *Mentuhotep II.*, läßt einen Stollen 150 m vorantreiben, um sein Grab tief ins thebanische Gebirge einzubetten. Gang und Grabkammer werden mit den Scheingewölben der 4. Dyn. ausgestattet [Wildung 1984, 46]. Eine spektakuläre Neuerung wird unter *Amenemhet III.* in der 12. Dynastie eingeführt. Er errichtet unmittelbar neben Snofrus Knickpyramide in Dahschur eine ebensolche. Ihre labyrinthischen Gänge und die Sargkammer sind tonnenförmig gewölbt, wobei es sich nach wie vor um unten gerundete Satteldächer, also um gestemmte Scheingewölbe handelt [Stadelmann 1985, 241]. Doch beim Bau seiner Zweitpyramide in Hawara erinnert sich Amenemhet III. an das echte Ziegelgewölbe und beschließt, es nunmehr in Perfektion bauen zu lassen - erstmals in einer Pyramide.

So entsteht die behütetste Grabkammer der Pyramidenzeit (abgesehen von jenen, die selbst Grabräuber und Archäologen nicht entdecken konnten): Ein monolithischer Quarzitblock wird zu einer kompletten Kammer von innen 7 x 2,50 m ausgehöhlt, in einen Schacht gehievt und mit drei Quarzitmonolithen abgedeckt (Abb. 35). Dieser Einbau bleibt dank eines darübergestellten Satteldachs aus riesigen Kalksteinsparren frei von Druck. Dieses Satteldach wird - gemäß dem Sicherheitsprinzip Gürtel plus Hosenträger - von einem mächtigen Ziegelgewölbe überspannt: parabolisch gewölbt, 1 m stark, ca. 12,50 m weit, so weit wie das Kreuzrippengewölbe von Notre Dame de Paris! (Stadelmann 1985, 245; die Spannweite konnte von H.I. nur aus maßstabslosen Abbildungen kalkuliert werden). Wohlverborgen steht hier das wohl beste echte Gewölbe vor der Römerzeit; Vorläufer oder 'Zwischengrößen' sind nicht bekannt. Die Parabolform braucht kein Zeichen für die Weiterentwicklung des Rundbogens sein, sondern kann vom Kraggewölbebau herrühren.

Eine verdoppelte Sicherung mit gestemmten Gewölben und Ziegelgewölben haben auch die Kammersysteme von *Userkaf Chendjer* [Stadelmann 1985, 251] und eines unbekannten Königs (Abb. 36), die als Pharaonen der 13. Dyn. in Saqqara-Süd bauten. Diese Dynastie wird häufig nicht mehr dem Mittleren Reich zugerechnet. "Chendjer soll als General asiatischer Hilfstruppen auf den Thron gekommen sein" [Stadelmann 1985, 249] - gehörte er bereits zu den Hyksos? Auf alle Fälle hat das echte Gewölbe gerade noch Einzug in die Pyramiden gehalten, bevor diese Bauform als Ausdruck pharaonischer Größe aufgegeben wurde.

Echtes Ziegelgewölbe gehörte zu den Speichern (Abb. 34), aber auch zu den Privatgräbern des Mittleren Reiches, wie etwa H. Schäfer in Abusir beobachtet hat. Bogenstellungen aus nur drei großen Ziegelplatten, also recht primitive Gewölbe, fanden sich neben dem Totentempel von Neuserre (5. Dyn.), wobei der Ausgräber anmerkt: "Die Gewölbetechnik [aus der Zeit des Mittleren Reiches] ist im Ganzen dieselbe wie bei den Gräbern der VI. Dynastie". Reichere Grablegen, die flach mit Kalksteinbalken abgedeckt sind, erhalten zusätzlich Entlastungsgewölbe und Ziegeltonnen [Schäfer 1908, 95,15,4].

13. bis 17. Dynastie (Zweite Zwischenzeit; 1785 - 1540)

Damals drangen von Osten Völkerschaften unter den sogenannten Hyksos-Herrschern in Ägypten ein, die erst von Pharaonen der 18. Dynastie vertrieben wurden. Über diese unruhigen Zeiten kann uns der Tell el-Daba unterrichten, der - eine Seltenheit für Ägypten - präzis erforschte Schichtenfolgen bietet. Prüft man seine Schichten (s. Kapitel P), begegnet man einer Kurzfassung der Gewölbeentwicklung:

Die frühen, einfach in den Boden gegrabenen Gräber waren zum Teil mit kleinen, irregulären echten Gewölben aus Schlammziegeln geschützt (Schicht G). Es folgten Grabkammern, die das glatte Satteldach der 4. Dyn. mit Schlammziegeln nachbildeten (Abb. 37a). Weiter finden sich gemauerte Grabkammern mit echten Gewölben, die sowohl ein- wie zweischalig ausgeführt wurden [Brink 1982, 19-26]. Unter ihnen findet sich in der mittelbronzezeitlichen Schicht E1 eine Spezialität: Die Bögen eines Gewölbes stehen abwechselnd auf schräggestellten Basissteinen, damit die Fugen versetzt liegen (Abb. 37).

"Obwohl der eigentliche Ursprung noch nicht gefunden ist, scheint die Erfindung auf Mesopotamien zu verweisen wo eine Tradition ähnlicher Grabkonstruktion gefunden worden ist" [Brink 1982, 93,95]. Die angesprochene Tradition ist im heutigen Irak, in Tell Asmar heimisch, allerdings - und das ist sehr auffällig - bereits am Übergang von Frühdynastik zum Altakkadischen, also im -25./24. Jh. (ein Hinweis von G. Heinsohn).

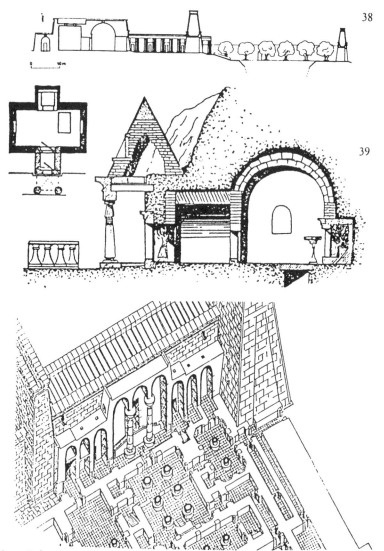

Neues Reich:
38 Totentempel des Amenophis, Sohn des Hapu, Architekt von Amenophis III. (-14. Jh.; →5. Jh.) in Theben-West mit echtem Gewölbe [Amiet 1988, 267]
39 Privatgrab in Theben-West: Pyramide mit falschem, Grabkammer mit echtem Gewölbe [Badawy 1948, 229]
40a Ramses III. (-12. Jh.; →4. Jh.) läßt seinen Palast in Medinet Habu bereits in Bauphase a) mit parallelen Tonnengewölben ausstatten [Hölscher 1941].

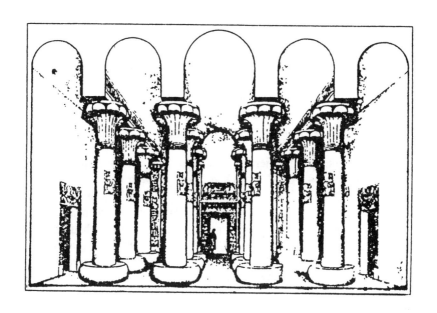

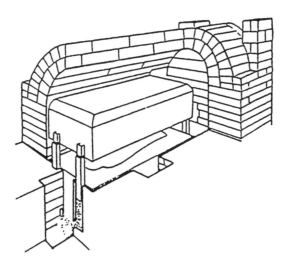

40b Ramses III. (-12. Jh.; →*4. Jh.*) läßt in Bauphase b seinen Palast in Medinet Habu durchgehend wölben [Hölscher 1941].
41 Spätzeit: Grab des Neferibre-Sa-Neith, Saqqara, 26. Dyn., echtes Radialgewölbe (ca. -600; →*6./5. Jh.*)

18. bis 20. Dynastie (Neues Reich; 1550 - 1075)

Wer denkt, daß nach der Zweiten Zwischenzeit das Kraggewölbe endgültig ausgedient hätte und dafür eleganteste echte Bögen und Gewölbe entstünden, sieht sich getäuscht. Noch Hatschepsut greift für den Totenopferraum ihres Tempels in Deir el-Bahari auf das gekragte Scheingewölbe aus Kalkstein zurück [Vandersleyen 1975, Abb.72, 188], das ganze 5 m überspannt. Erst der Architekt von *Amenophis III.*, der als Sohn des Hapu apostrophierte Amenophis, baut für seine eigene Grablege "den Prototyp des klassischen Tempels" [Michalowski 1971, 571], aber mit einer echten Quertonne (Abb. 38). Ebensolche echten Tonnengewölbe können in privaten Pyramidengräbern bei Theben auftreten, überraschenderweise in Verbindung mit falschen Gewölben in den zugehörigen Pyramiden (Abb. 39). Bei den größeren Amarna-Bauten, die sich so auffällig der Sonne öffnen, sind keine Gewölbe verwendet worden; bei den zeitgleichen Privathäusern finden sich echte Ziegelgewölbe.

Die *19. Dynastie* fährt an ihrem Beginn dreigleisig: Das Scheingrab von *Sethos I.* in Abydos wird von einem Giebeldach à la Cheops gedeckt, sein dortiger Tempel bietet Scheingewölbe à la Djoser, die aus einem Deckstein herausgehauen sind: So in den Sälen für Ptah und Seti, so vor allem im Treppenhaus des Südflügels. Als Subkonstruktionen läßt Sethos I. aber auch echte Gewölbe, mit acht Ringschichten übereinander, bauen [Vandier 1955, 733]. Daß auf der Stele im Amonsaal seines Tempels ein Bogenfeld dargestellt ist, das einem von Djoser stark ähnelt, macht die erratische Entwicklungslinie keineswegs plausibler (Jéquier 1922, Tafel 20; vgl. Abb. 91a,b). Sein unmittelbarer Nachfolger, *Ramses II. der Große,* läßt für ganz profane Getreidespeicher in seinem thebanischen Ramesseum parallele, vierschalige Ziegelgewölbe aufführen, die sich gegenseitig stützen - meist die einzigen echten ägyptischen Gewölbe, die der Tourist zu Gesicht bekommt. Außerdem erhielten die pyramidengekrönten Privatgräber in Theben echte Ziegelgewölbe: als Auskleidung der Grabkammern im Fels.

In der *20. Dynastie* wird erstmals seit Djoser echtes Gewölbe nicht nur profan, als unsichtbare Subkonstruktion oder im Grabesinneren genutzt, sondern gewissermaßen 'öffentlich' und 'halbsakral'. In der Pharaonenwohnung von *Ramses III.* zu Medinet Habu "sind nebeneinander verschiedene korrekte Ringschichten- und Kufverbände in Haustein ausgeführt" [Hart 1965, 25]. Vor allem aber in seinem Palast wird das Gewölbe in bislang unbekannter Weise bevorzugt (Abb. 40a). Schon der erste Bau (der Ausgräber U. Hölscher hat auch einen zweiten rekonstruiert) kannte bislang nicht gewagte Tonnengewölbe: Die zentrale Halle wurde von fünf parallelen Längstonnen überdeckt, die nicht mehr auf Mauern, sondern auf säulengestützten Architraven ruhten [Hölscher 1941, 50]; einen anderen Saal deckten drei säulengestützte Paralleltonnen [Vandier 1955, 765]. Eine dermaßen kühne Statik wäre einzigartig für das -2. Jtsd., wenn sie ihm wirklich zugehörte. Beim zweiten, größeren Palast wird das echte Gewölbe alltäglich (Abb. 40b): "Die Empfangshalle des Harems ist 4,60 m breit und scheint tonnengewölbt gewesen zu sein, wie vermutlich alle Räume des Palastes" [Hölscher 1941, 55]. Ebenso fanden sich echte Gewölbe in den Verwaltungs- und Lagergebäuden [Hölscher 1941, 63,65].

25. Dynastie bis Ptolemäerzeit (Spätzeit; 775 - 332)

Nach Jahrhunderten der Dritten Zwischenzeit sollen die nubischen Eroberer Äygptens, die die 25. Dynastie bilden, an den uralten Pyramiden solchen Gefallen gefunden haben, daß sie diese für Pharaonen seit mindestens 800 Jahren ausgestorbene Sitte wiederbeleben. Pije, der diese Tradition in Napata einführt, läßt erstaunlicherweise seine Grabkammer mit einem Kraggewölbe ausstatten und greift damit nicht bloß bis zur 18. oder 12. Dynastie, sondern bis zu Snofru in die 4. Dynastie zurück - also volle 2.000 Jahre [Stadelmann 1985, 259]. Doch dieselbe 25. Dynastie findet (wieder) zum echten Steingewölbe!

Zum Ursprung der *Hausteingewölbe* gibt es mindestens vier widersprüchliche Lehrmeinungen. H.v. Zeissl und Uvo Hölscher eruierten die frühesten Exemplare Ägyptens im Theben der Nubierzeit (25. Dyn.): in Grüften unter Kapellen und Tempelchen der Gottesgemahlinnen. Seton Lloyd und H.W. Müller schlossen sich dieser Meinung an [Zeissl 1944, 79; Hölscher 1954, 30; Lloyd/Müller 1987, 161]: **Dagegen war F. Hart bereits im Palast von Ramses III., also in der 20. Dynastie fündig geworden** (s.o.), während C. Vandersleyen in der Entlastungskammer eines Grabes aus der 6. Dynastie 'sein' erstes echtes Steingewölbe entdeckt zu haben glaubt [Vandersleyen 1975, 188]. Die echten Gewölbe aus Djosers Grabbezirk sind zwar aus Kalkstein (s.S. 73), werden aber

- obwohl oder weil 3. Dynastie - bei der Suche nach den Anfängen völlig ignoriert. Zeigt sich schon bei den Ziegelgewölben nichts, was einer Entwicklungslinie ähnlich sähe, so scheitert ein ähnlicher Versuch für Hausteingewölbe bereits an den Fundbeurteilungen.

Die 26., saïtische Dynastie bleibt auf diesem Niveau: In Medinet Habus Tempelkomplex von Ramses III. besitzen die beiden eingebauten Kapellen genauso wie zahlreiche Privatgräber (Abb. 41) korrekte echte Gewölbe [Jéquier 1922, Tafel 78].

Die sehr gut erhaltenen Tempel, die bis zur Zeitenwende errichtet werden, kennen ebensowenig wie die Tempel des Neuen Reichs irgendwelche Gewölbe [vgl. Sauneron 1986]. Aber zur Ptolemäerzeit finden sich echte Ziegelgewölbe in den Wohnhäusern [Michalowski 1971, 307]. Ist erst mit ihnen der Zeitpunkt erreicht, ab dem kein falsches Gewölbe mehr gebaut wird oder liegt dieser schon bei -700?

Gewölbe im Überblick

Überblickt man die 3.000 Jahre ägyptischer Baukunst so zeitraffend, ist in keiner Weise verständlich, nach welchen Kriterien die Baumeister und Handwerker Bautraditionen begannen, fortsetzten, einstellten oder wiederbelebten:
- *Echtes Ziegelgewölbe* wird ohne bekannte Vorläufer oder Übergangsformen mindestens ab -3000 in zwei Varianten gebaut; ob bis zur Ptolemäerzeit durchgehend, muß auf Grund der Fundbeschreibungen offen bleiben. Erst im Mittleren Reich hält es Einzug in die Pyramiden (-19. Jh.), jedoch nur an verborgener Stelle und ohne deshalb automatisch fürs Neue Reich (1540-1070) qualifiziert zu sein.
- *Echtes Hausteingewölbe* tritt sporadisch im -27., -23. und -12. Jh. auf, allgemein anerkannterweise überhaupt erst im -8./7. Jh.
- Echtes Hausteingewölbe wird sehr lang (2620-1250) als *gestemmtes Scheingewölbe* imitiert, aber trotz der langen Erfahrungen im Ziegelbau nicht tatsächlich realisiert. Noch im -15. Jh. werden Scheingewölbe aus Kragsteinen errichtet.
- Vorläuferlose *Kragsteingewölbe* werden in die größten Pyramiden eingebaut (-26. Jh.), nach zwei Generationen bereits abgelehnt und im -8. Jh. wiederbelebt. Damals sollen die kühnen echten Parallelgewölbe von Ramses III. bereits 400 Jahre alt gewesen sein.

- Falsches und echtes Gewölbe treten gleichzeitig auf. Derartige *Übergangszeiten* sind 3. bis 6., 12., 18., 19. und 25. Dynastie, also zwischen -2640 und -664 respektive während 2.000 Jahren. Daß diese Übergangszone nicht nur beim echten Gewölbe endigt, sondern auch bei ihm beginnt, also im Kreise läuft, erinnert befremdlich an die ewige Wiederkehr des immer Gleichen.

Überspitzt gesprochen: Die Ägypter beherrschten echtes Ziegelgewölbe immer, steinernes Scheingewölbe häufig, echtes Steingewölbe manchmal, steinernes Kraggewölbe selten, Kraggewölbe aus Ziegel wohl nie.

Im orthodoxen Dynastienschema könnten nur verquälte Interpretationen diesen Kreis motivieren: archaisierende Tendenzen, zwanghafte Pflege des Alten, die Einschränkung bestimmter Techniken auf spezifische Zwecke, zunftgebundenes Vergessen oder generationenlange Anwendungsverbote für vorhandenes Wissen. Offenbar wurden aber überhaupt keine entsprechenden Versuche unternommen, diesen Kreis aufzubrechen und eine Entwicklungslinie zu formen, denn die jüngste Bibliographie verzeichnet kein einziges Werk, das sich speziell ägyptischen Gewölben widmet [Glossarium 1988].

Also muß die bisherige Dynastienreihung gravierende Mängel aufweisen. Um Ägypten richtig beurteilen zu können, empfiehlt sich ein Blick ins benachbarte Vorderasien. Ist hier eine Evolution im Gewölbebau zu konstatieren?

3) Vorderasien - zweigleisig durch die Jahrtausende

Die westliche Hälfte der heutigen Türkei erbringt keine Aufschlüsse, da hier weder in Lehmziegeln noch in Stein auch nur ein einziger Bogenansatz gefunden worden ist, nicht einmal in Troia mit seinen immer noch hochragenden Mauern [Naumann 1971, 121].

Das *Hethiterreich* in Anatolien kennt wie die mykenische Zeit ausschließlich grobe, aber gewaltige Kraggewölbe. Die ältesten in Alisar sind mit großen Platten gedeckt, während in der Hauptstadt Bogazköy bereits einzelne Keilsteine den Abschluß bilden. Durch ihre

Vorderasien:
42 Kraggewölbe bei den Hethitern: a) Westtor von Bogazköy, rekonstruiert, um -1400   b) Poternengang in Bogazköy (um -1400; →7./6. *Jh.*) [Yadin 1963, 93; Naumann 1971, 125]
43a Perserzeit: a) Grab Kyros' d.Gr. in Pasargadai; nach -530 [Hawkes 1984, 145]

43b Perserzeit: Säulensaal in Persepolis, um -500 [Tümpelmann 1988, 75]
44 Partherzeit: Echter Bogen in Qal'Eh Zohak; nach -250 [Besenval 1984, Pl. 185]

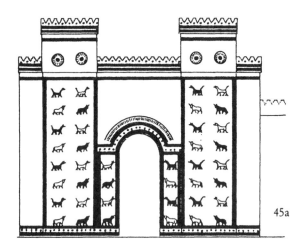
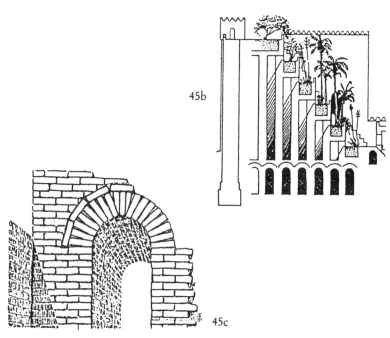

45 Echte Gewölbe in Babylon (-6. Jh.; →5. Jh.): a) Ischtar-Tor, erbaut unter Nebukadnezar II. b) Vielleicht Gewölbesubkonstruktionen der "Hängenden Gärten" c) Kufgewölbe in Babylon [Amiet 1988, 94; Hart 1965, 24; Besenval 1984, Pl. 156]

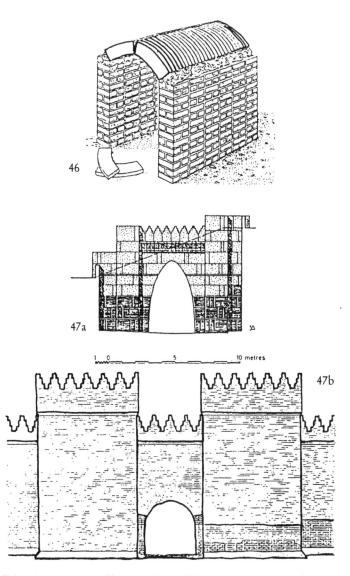

46 Dritte Art des echten Ziegelgewölbes: "Ribbed vaults", eine Art gestemmtes, zweiteiliges Gewölbe der Meder (-7./6. Jh.), in Ägypten unbekannt [Van Beek 1987]
47 Falsches und echtes Gewölbe zeitgleich in Assyrien: a) Kraggewölbte Verbindungsbrücke zwischen Sargons Palast und Nabu-Tempel in Khorsabad b) Fort Salmanassar in Nimrud mit echtem Gewölbe [Besenval 1984, Pl. 149f]; beide -8. Jh.; →*5./4. Jh.*

Stadtmauern ziehen noch heute neun Poternengänge, die alle in Kraggewölbebauweise ausgeführt und bis zu 70 m lang sind (Abb. 42b). Sie dienten wohl für überraschende Ausfälle bei Belagerungen. Bei den schönsten Stadttoren hatte das Kraggewölbe Parabelform und erreichte 5 m Höhe bei gut 3 m Basisbreite (Abb. 42a). Gleichzeitig aber sind in Bogazköy wie in Alaça Hüyük Tore mit waagrechtem Sturz errichtet worden. Auch Kragkuppeln scheint man gekannt zu haben [Naumann 1971, 124-131].

Die hethitischen Anfänge werden nach -1800 datiert, die letzten Poternen ins -15./14. Jh. Diese Bauweise strahlte bis an die Mittelmeerküste aus, wo in Ugarit (Ras Schamra) im -14./13. Jh. die einzigen Steingewölbe und -bögen Nordsyriens aufgeführt wurden [Naumann 1971, 128; Dayton 1978, 255]. Somit stammen minoisch-mykenische und hethitische Kraggewölbe aus derselben Zeit. Naheliegende wechselseitige Beeinflussungen dürften übers Meer erfolgt sein, nachdem die westliche Türkei nicht als Brücke gedient haben kann. Für das Hethiterreich wie für Mykene hat Velikovsky bereits 1945 eine drastische Verjüngung vorgeschlagen, bei der nicht nur fünf dunkle Jahrhunderte einfach eliminiert werden, sondern auch ein eigenständiges 'Hethiterreich' als Konstrukt des 19. Jahrhunderts erkennbar wird. Er identifizierte die hethitische Kunst des -14./13. Jh. als chaldäische bzw. neobabylonische Kunst des →*7./6. Jh.* [Velikovsky 1978, 9].

Während mykenische und hethitische Kultur auf den ersten Blick nachfolgerlos abbrechen, findet sich im Zweistromland eine Fülle kontinuierlicher Schichten. Bei den jüngeren Völkerschaften ist klar, daß sie den Bau echter Gewölbe beherrscht haben. Solche werden von Parthern (ca. -200 bis +212; Abb. 44) und Seleukiden (312-64) gebaut, im -4. Jh. entstehen sie auch in Kasachstan, Usbekistan und Afghanistan. Da Roland Besenval [1984] das umfangreiche Faktenmaterial vorbildlich komprimiert hat, wird hier seinem Werk gefolgt.

Waren es die persischen Achämeniden, die sich endgültig zugunsten des echten Gewölbes entschieden haben? Die *Perser* sind, wie die zeitgleichen Griechen, nicht oft als Gewölbebauer hervorgetreten. Kyros II., der Gründer ihres Weltreiches, wurde -530 in Pasargadai in einem Grabmal bestattet, das mit einem Giebeldach aus Steinplatten gedeckt wurde (Abb. 43a). Anstelle großer Gewölbe haben sie in Persepolis riesige Flachdächer aus gewaltigen Libanonzedern bevorzugt

(Abb. 43b). Am gleichen Ort existieren jedoch im Xerxespalast auch die Reste echter, allerdings keineswegs perfekter Gewölbe [ebd. 126].

Mit der *neobabylonischen Zeit* (625-539) wird ein Zeitabschnitt erreicht, in dem neben echten Gewölben (Abb. 45c) noch falsche errichtet werden. In Babylon selbst wurde das sogenannte "Vorwerk im Fluß" kraggewölbt, ansonsten nutzte man das echte Gewölbe als Grabdeckung wie als Torbogen, wobei das berühmte Ischtartor mit seinen 4,60 m die maximal erreichbare Spannweite signalisiert (Abb. 45a). Denn auch großdimensionierte Baukomplexe basierten auf überraschend kleinen Gewölben (Abb. 45b):

"Tonnengewölbe aus radialen Ziegelschichten tragen den als Weltwunder der Antike geltenden Terrassengarten am Palast Nebukadnezars ca. 600 v. Chr. in Babylon. Sie bleiben mit einer Spannweite von nur 3 m weit unter den Dimensionen der Kraggewölbe, die längst in monumentaler Größe erbaut werden" [Müller 1987, 45].

Offenbar konnte man dort weder in der einen noch in der anderen Technik große Gewölbe errichten. Gegenüber diesem Befund verblaßt die Frage zur Nebensächlichkeit, ob diese Subkonstruktionen nun wirklich zum Bau der Semiramis gehört haben oder nicht. Ganz sicher waren es nicht, wie der Ausgräber Robert Koldewey 1903 meinte, die ersten "freistehenden" Gewölbe überhaupt [Hart 1965, 24]. Damals wie heute herrscht die Ansicht, daß vom Erdreich gestützte Gruftgewölbe Jahrhunderte früher entstanden seien als Gewölbe auf freistehenden Mauern. Dabei sollte doch spätestens der zweite 'Pfusch am Bau' die Erbauer dazu bringen, gewölbetragende Mauern ausreichend zu dimensionieren.

Die sporadischen Kraggewölbe der Babylonier erlauben den Schluß, daß sich im Vorderen Orient ab dem -5. Jh. echte Gewölbe ohne zeitlich parallele falsche Gewölbe finden. Damit scheint sich das echte Gewölbe hier ungefähr ein Jahrhundert früher durchgesetzt zu haben als bei Griechen und Etruskern - vorausgesetzt, die Datierungen der babylonischen Zeit bzw. der biblischen Chronologie nach -722 stimmen (zu den Zweifeln daran etwa Heinsohn [1996]).

Nachbarn, Vorläufer und Besieger der Babylonier waren die *Meder,* die seit dem -8. Jh. erstarkten. Sie haben im iranischen Tepe Nush-I Jan, abseits des Zweistromlandes, vom -8. bis -6. Jh. falsch und echt gewölbt, wobei sie auch eine Art gestemmtes, zweiteiliges Ziegelgewölbe verwendeten [Besenval 121]. Diese Art (Abb. 46), die kein direktes Gegenstück in Ägypten besitzt, wird von G. Van Beek als dritte Art des echten Gewölbes bezeichnet [Van Beek 1987, 85]. Sie entspricht in Ziegelbauweise jenen gestemmten Scheingewölben, die von den Ägyptern in Hausteinen aufgeführt worden sind. Anklänge an die viel älter eingestuften Hyksosgewölbe von Tell el-Daba sind gegeben.

In *Assyrien*, genauer im neoassyrischen Reich (bis -612/609) ist eine derartige Übergangszone zwischen beiden Techniken ebenfalls leicht auszumachen. Im -8. Jh. finden sich in Khorsabad drei gewölbte Stadttore, zugleich aber ein kraggewölbter Durchgang zwischen Nabu-Tempel und Sargons Palast (Abb. 47a). Zu Nimrud finden sich im "Fort Shalmaneser" ebenso echte (Abb. 47b) wie falsche Gewolbe [Besenval 119]. Um -700 läßt Sennacherib bei Ninive einen Aquädukt mit Kraggewölben aufführen, während in Khorsabad um -720 Kanäle verschiedenen Profils aus geneigten Ringschichten gemauert werden (Abb. 48), jener Technik, die die Ägypter ab -3000 beherrscht haben sollen. Erfahrungsgemäß können für besonders simple oder ganz spezielle Zwecke auch anachronistische Lösungen gewählt werden, ohne daß daraus weiterreichende Schlüsse gezogen werden dürften. Wenn aber wie hier für sehr ähnliche Funktionen unterschiedliche Techniken eingesetzt werden, dann ist offensichtlich die Bautechnik gerade dabei, neue Wege zu suchen.

Es muß natürlich überraschen, wenn bereits auf den berühmten Bronzebeschlägen von Salmaneser III. (858-824), die in Balawat gefunden worden sind [Frankfort 1970, 165f], eine ganze Reihe echt gewölbter Stadttore abgebildet werden. Diese Irritation verschwände allerdings in dem Moment, in dem sich die von Heinsohn gefolgerte Identität von Salmaneser III. mit Nebukadnezar (605-562) bestätigte [Heinsohn 1989c; Heinsohn 1996, 34] und Gewölbe wie Bronzegüsse ins konventionelle -6. *Jh.*, aber stratigraphisch ins perserzeitliche →5. *Jh.* brächte.

Da sich in *Assur* ganze Gräberfelder finden, sollte der Fortschritt im Gewölbebau dieses Reiches hier am einfachsten ablesbar sein. Aus der neoassyrischen Epoche sind 21 Gräber bekannt, bei denen die Gewölbeziegel radial angeordnet sind, und acht, bei denen Ringschichten verwendet wurden. In beiden Techniken wurden halbkreis- wie parabelförmige Querschnitte gewölbt [Besenval 114f]. Auffällig ist, daß

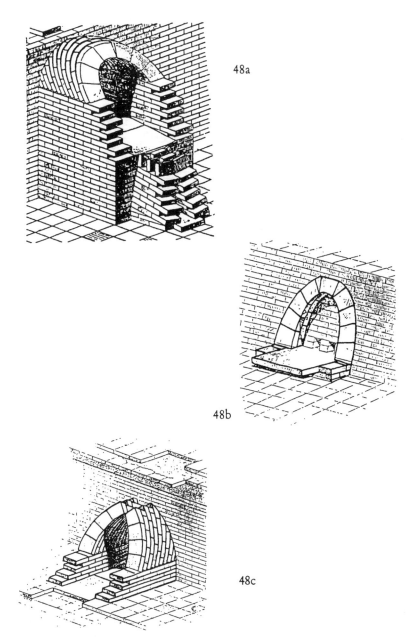

48 Gleichzeitige echte Gewölbe des -8./7. Jhs. (→6./4. Jh.) in Khorsabad (Assyrien: a) rund b) elliptisch c) als Spitzbogen [Perrot 1982, 238; Singer 1957, 472]

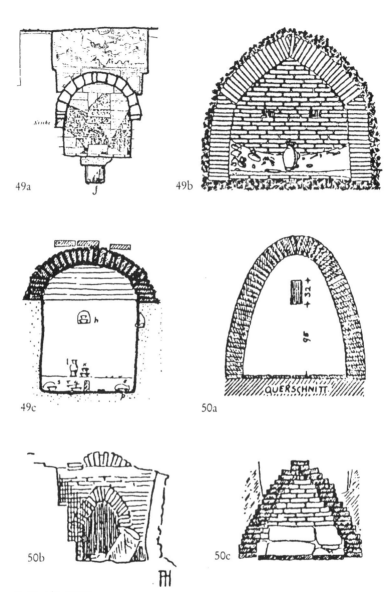

Gräber in Assur:
49 Neoassyrisch (900-612; →5./4. Jh.): a) echtes Gewölbe, Grab 64 b) schräggestellte 'Ziegelsäulen', Grab 30 c) Mischform von gekragtem und echtem Gewölbe, Grab 29 [Besenval 1984 Pl. 141, 143]
50 Mittelassyrisch (ab -1700; →6./5. Jh.): a) echter Parabolbogen, Grab 42 b) Übergangsform, Grab 24 c) Kraggewölbe, Grab 16 [Besenval 1984, Pl. 126f]

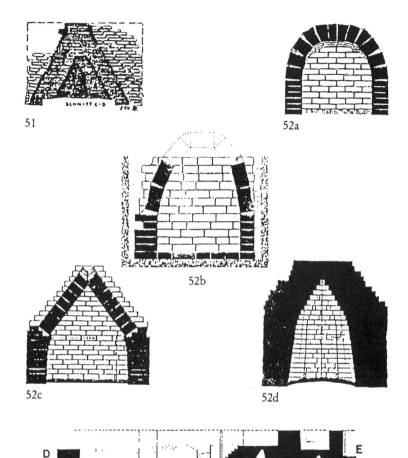

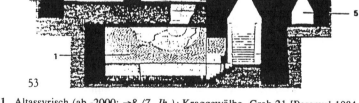

51 Altassyrisch (ab -2000; →8./7. Jh.): Kraggewölbe, Grab 21 [Besenval 1984, Pl. 123]
Gräber in Ur:
52 Altbabylonisch (2000-1770; →6. Jh.): a) echtes Tonnengewölbe b) echtes Parabolgewölbe c) gekippte Ziegelsäulen, also eine Art gestemmtes Gewölbe d) Kraggewölbe [Besenval 1984, Pl. 116f]
53 Ur-III-Dyn. (2112-2004; →7./6. Jh.): Kraggewölbe im Mausoleum von Dungi (= Schulgi) und von Bur-Sin [Besenval 1984, Pl. 113]

der echte Bogen noch keineswegs souverän gestaltet wird - Gräber Nr. 64 (Abb. 49a), 69, 448 -, sondern interessante Zwischenformen auftauchen: Bögen auf Kragansatz - Grab 29 (Abb. 49c) - sowie Schrägstellung von geraden Ziegelsäulen als Ganzes oder zumindest für den oberen Teil einer 'Wölbung' - Gräber Nr. 30 (Abb. 49b), 70 -; [Besenval 114f, Abb. 141-146]). Neben diesen meist rasch verbesserten Übergangsformen tauchen in dieser Epoche, genauer ab Sargon II., auch die, wie ihr Ausgräber glaubte [Andrae 1977, 247], ersten Ringschichtengewölbe auf. Wir werden ihnen aber bereits 1.000 Jahre früher in Tell al-Rimah begegnen.

Wenn im -8./7. Jh. der Übergang bereits in vollem Gange ist, sollten 'logischerweise' in früheren Jahrhunderten noch keine echten Gewölbe erwartet werden, sondern ausschließlich falsche, allenfalls solche mit Tendenzen zu echten. An gleicher Stelle, jedoch ca. 700 Jahre früher datiert, zu mittelassyrischer Zeit, finden sich in Assur weitere 23 Gräber: 7 von ihnen sind falsch, 14 aber echt gewölbt! Und wieder stehen unbeholfene Formen - Gräber 16, 24 (Abb. 50b) - neben völlig regelmäßigen Parabolbögen - Gräber 25, 42 (Abb. 50a).

Wiederum in Assur hat aber der Ausgräber Haller auch 12 Gräber als altassyrisch, gegen -1800, bestimmt. Von ihnen sind nun tatsächlich fast alle falsch gewölbt und dies zum Teil sehr primitiv (Abb. 51), aber mindestens eines hat ein parabolförmiges echtes Gewölbe (Grab 35 [Besenval 100]. Demnach hätten sich die Einwohner Assurs über 1.000 Jahre lang an einem Ort und zu einem einzigen Zweck im Übergangsfeld zwischen echtem und falschem Gewölbe bewegt, um nicht zu sagen gequält!

Da diese assyrische Übergangszeit nahtlos der schon behandelten babylonischen vorhergeht, scheinen also in Mesopotamien zwischen -1800 und -450 nebeneinander und einträchtig falsche wie echte Gewölbe und Mischformen zwischen beiden gebaut worden zu sein. Wo aber liegen nun die Anfänge dieser Übergangszeit? Wann gab es ausschließlich falsche Gewölbe? Nicht bei Persern, Babyloniern, Medern oder Assyrern, aber vielleicht in Ur, einer Wiege der Menschheit?

In *Ur* stammen die jüngsten Gewölbefunde aus der Kassitenzeit. Bei zwei Tempeln aus dem -14. Jh. (E-Dub-Lal-Mah und Nin-Gal) sind echte Gewölbe sehr wahrscheinlich [Besenval 111]. Für die altbabylonische oder Isin-Larsa-Zeit (2000-1770) hat L. Woolley ein reiches

Gräberfeld nachgewiesen, und es zeigt - allen Erwartungen zum Trotz - wieder einen Übergangsbefund: Mehr als 30 Gräber sind kraggewölbt, ungefähr 6 bestehen aus größeren Ziegelplatten, aber fast 10 sind richtig gewölbt. Und erneut wie gehabt: Es gibt eindeutig 'falsche', ebenso eindeutig 'richtige' Gewölbe in halbrunder oder parabolischer Form, und es gibt primitive Übergangsformen, bei denen Ziegelsäulen einfach schräg gestellt wurden (Abb. 52).

Doch Ur ist noch älter. Von -2112 bis -2004 regierte dort die III. Dynastie. Für ihre Gräber ergibt sich erstmals ein eindeutiges Bild: 7 Kammern und ihre Zugänge in 3 Mausoleen sind von 18 Kraggewölben bedeckt (Abb. 53). Dankenswerterweise hat J. Dayton den Mut gehabt, gewisse Ähnlichkeiten nicht nur zu bemerken, sondern auch anzusprechen:

"Das Hypogäum [von Schulgi in Ur III] war auf flachem Land ein Nachbau in gebrannten Ziegeln des mykenischen Kammergrabes mit Dromos. In Griechenland trieb man einen waagrechten Eingang, einen Dromos in die Flanke eines Kalksteinhügels, während man in Ur hinabgrub, um unter die Erdoberfläche zu kommen" [Dayton 1978, 467; hier Abb. 57].

Daß J. Dayton hier sehr klare Verbindungen zu den Induszivilisationen erkennt und über Silber, Fayence, Kyanos (ägyptisch Blau) und Zinnbronze materialgerechte, aber anachronistische Brücken zur mykenischen Welt schlagen kann, wird bald zum Tragen kommen. Gehen die Kraggewölbe der III. Dynastie tatsächlich einer Übergangszeit im Gewölbebau voraus?.

Es geht noch tiefer in Ur. Die berühmten Königs- oder Gefolgschaftsgräber von Ur mit ihren überreichen Beigaben sollen aus der Schicht Frühdynastisch 3 und damit aus der Mitte des -3. Jtsds. stammen. Heinsohn identifiziert sie als Gräber der rätselhaften Quthen. Diese identifiziert er mit den Skythen, die gemäß Herodot zusammen mit den Medern (= Mitanni gemäß Heinsohn) im -7. Jh. die Ninos-Assyrer angreifen, während sie nach den Keilschriftquellen die Altakkader (Heinsohns Ninos-Assyrer) bedrängen.

Auch bei den Gefolgschaftsgräbern dominiert das Kraggewölbe (Abb. 54a), aber rätselhafterweise nicht so eindeutig wie in den jüngeren Gräbern von Ur III. Woolley spricht verschiedentlich davon, daß die Erbauer Radialgewölbe gekannt haben müssen, und er rekonstruiert für das Grab 800 (Abb. 54b) ein richtiges, echtes Gewölbe [Besenval 1984, 82ff]. Und im Grab RT789 formten gebrannte Ziegel das Ring-

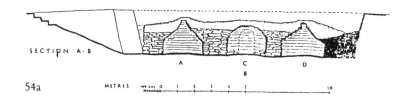

54a

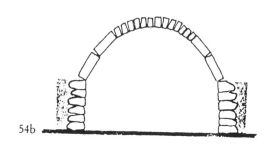

54b

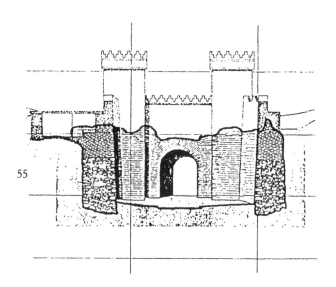

55

54 Ur: Frühdynastisch III (2334-2154; →8./7. Jh.): a) Kraggewölbe, Grab 779 b) Echtes Gewölbe, Grab 800 [Besenval 1984, Pl. 107, 84]
55 Stadttor von Tell Mumbaqat, Nordsyrien (-1500; →7./6. Jh.) [Besenval 1984, 51, Pl. 125]

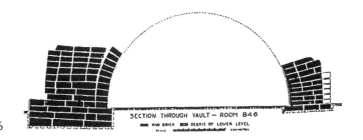

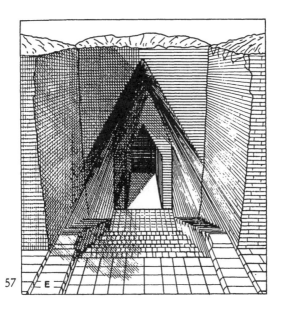

56 Ältestes mesopotamisches Gewölbe in Tepe Gawra, Raum 846 von Schicht VIIIa (-4. Jtsd.; →*1. Jtsd.*) [Besenval 1984, Pl. 105]
57 Ur-III-Dyn. (2112-2004; →*8./7. Jh.*): Kraggewölbe im Hypogäum [Dayton 1978, 466]
58 Doppelte Flachbögen von Dur Kuri Galzu, Zentral-Irak (-1400; →*7./6. Jh.*) [Besenval 1984, Pl. 139]

gewölbe einer steinernen Kammer [Woolley 1982, 63]. Die gebrannten Ziegel, die auch bei Ur III dominierten, fordern zusätzliche Aufmerksamkeit: Diese Art der Ziegelherstellung soll hier am Beginn der Hochkultur aufgetreten sein ("2. Hälfte des 4. Jtsds." [Müller-Wiener 1988, 46]), während sie in Griechenland gegen -400 [Müller-Wiener 46], in Ägypten erst zur Römerzeit eingeführt wurde. Einzige, unverstandene Ausnahme bilden im Niltal Brandziegel aus der Zeit von Ramses II., die Petrie entdeckte und Velikovsky wieder in die Diskussion einbrachte [Petrie et al. 1888, 19; Velikovsky 1979, 207]. Letzterer hat auch auf die griechischen Buchstaben hingewiesen, die auf Kacheln von Ramses III. zu finden sind [Velikovsky 1978, 22]. Sprechen sie wie die Brandziegel für eine ägyptische Parallelerscheinung zur griechischen Entwicklung?

Aus Ur stammen aufschlußreiche Gräberfelder, aber nicht die ältesten Gewölbe Mesopotamiens überhaupt. G. Van Beek berichtet etwa von einer "transitorischen evolutiven Form" aus Tell Razuk im Irak, bei der die Schichten eines echten Gewölbes sowohl überkragen wie nach innen gekippt sind; sie wird um -2900 datiert. Am ältesten aber sind keine falschen oder transitorischen Gewölbe, sondern jene radialen Gewölbe, die in Tepe Gawra (Abb. 56) eine Halle schmückten und durch einen Brand konserviert wurden, denn er verwandelte die luftgetrockneten Ziegel fast vollständig in gebrannte [Speiser 1935, 23]. Heute lautet ihre Datierung "spätes viertes Jahrtausend" [Van Beek 1987, 79f].

Während diese Entwicklung etwa gleichzeitig mit der ägyptischen eingesetzt zu haben scheint, ist das älteste vorderasiatische Ringschichtengewölbe wesentlich jünger als sein ägyptischer Konterpart: 1.000 Jahre später als Heluan datieren die ersten Gewölbe von Tell al-Rimah, weitere 200 Jahre danach erst jene von Tell Taya [Van Beek 1987, 84].

Es war nicht anzunehmen, daß eine scharfe zeitliche Trennungslinie zwischen falschen und echten Gewölben verläuft. Daß sich aber die Übergangszone zwischen diesen beiden technischen Entwicklungsschritten so weit ausdehnt, über 2.400 Jahre hinweg von -2900 bis -450, ist durchaus verblüffend. Aus gewölbetechnischer Sicht vollkommen unverständlich ist das Faktum, daß das älteste echte Gewölbe vor falschem Gewölbe und vor Übergangsformen zwischen beiden aufzutreten scheint (s. Übersicht S. 112).

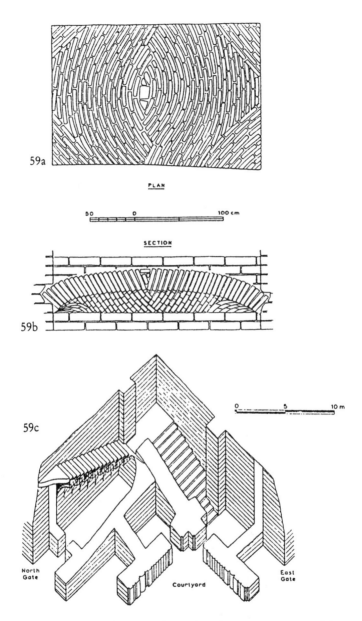

59 'Zu frühe' echte Gewölbe in Tell al-Rimah, Nord-Irak: a) und b) kompliziertes Flachgewölbe von -2100 mit schrägen Ringschichten und Ecktrompen c) Treppe auf Querbögen (-1800; *frühestens* →7. *Jh.*) [D. Oates in Besenval 1984, 50, Pl. 115, 121]

Nachdem die Forschung zwischen erdgestützten und freistehenden Gewölben unterscheiden will, sollen neben den ältesten echten Grabgewölben auch die ersten freistehenden echten Gewölbe in Vorderasien lokalisiert werden. D. Oates, der Ausgräber von Tell al-Rimah im Nordirak, nennt zwei in Frage kommende Funde.

In Tell Brak existieren Bogenreste, die der Naram-Sin-Zeit zugeordnet werden, also bei -2300 liegen [D. Oates 1989]. Und in Tell al-Rimah besteht ein Gewölbe aus geneigten Ziegelreihen wie die ägyptischen Gewölbe der 1. Dynastie; hier aber laufen sie - gegeneinander geneigt - von zwei Seiten aufeinander zu; der verbleibende Zwickel in der Mitte ist kunstgerecht geschlossen und die vier Ecken sind mit zusätzlichen Kleingewölben (Trompen) versehen (Abb. 59). Für dieses hochentwickelte Flachgewölbe von -2100 fordert D. Oates rechtens eine Entwicklungszeit von mehreren hundert Jahren, für die aber keine Belege existieren [Oates/Oates 1989]. Befremdlicherweise ist dieses allererste freistehende Gewölbe bereits so ausgereift, daß es bis zur Zeitenwende keinen vergleichbaren Nachfolger gefunden hat.

Tell al-Rimah hält für -1800 weitere Gewölbekonstruktionen erster Qualität bereit: Eine Treppe, die von aufsteigenden Querbögen gestützt wird (Abb. 59c), und waagrecht gemauerte (scheitrechte) Türstürze, entlastet durch darübergespannte Radialbögen. Im Tell Mumbaqat, Nordsyrien, kam ein Stadttor ans Licht, das mit seinem echten Bogen auch in Babylon stehen könnte, jedoch von -1500 stammt (Abb. 55). Dur Kuri Galzu im zentralen Irak weist eine Reihe von klassischen Flachbögen auf, nach denen niemand mehr ein falsches Gewölbe bauen sollte - doch sie sollen bereits von -1400 stammen (Abb. 58). Hundert Jahre jünger sind ausgereifte Dreifachbögen aus Elam. Das Reich in den westiranischen Bergen erbaute zu dieser seiner Blütezeit in Dur-Untash (Ischogha Sambil) ebenfalls einen Stufenturm, dem drei kreisrunde Bauten mit besagten Nischenbögen beigesellt waren [Hinz 1964, 141]. Wenn aber selbst an der Peripherie Mesopotamiens so 'modern' gebaut wird, wieso quälen sich dann Assyrer und Babylonier, die Herrscher der Welt und Könige der Könige, noch im -6. Jh. mit der 'endgültigen Einführung' des echten Gewölbes?

Brechen wir ab. Wie Ägypten kennt Mesopotamien offenbar eine mehr als 2.000-jährige Übergangszeit, in der nach unerfindlichen Regeln falsche und echte Gewölbe einmal alternierend, dann wieder simultan errichtet werden. In beiden Ländern scheint, gegen jede 'europäische' Erfahrung, das echte Gewölbe am Anfang gestanden zu haben, wenn archäologiefremden Datierungen evidenter Befunde geglaubt wird.

Aus diesem Befund können zwei Folgerungen gezogen werden: Entweder ist die bislang aufrechterhaltene These falsch, daß die 'echten' Gewölbe jünger seien als die 'falschen' und sich relativ rasch gegen diese durchsetzten, oder die Chronologien für den fruchtbaren Halbmond sind falsch. Zugunsten der These handwerklicher Evolution spricht die Erfahrung, daß einmal als vorteilhaft erkannte Erfindungen nicht leichthin preisgegeben, sondern beibehalten und verbessert werden. Zugunsten der Chronologien Mesopotamiens und Ägyptens sprächen die Wissenschaftler, die sie in mühevoller Detailarbeit aufgestellt haben.

Nun wurde bereits J. Dayton zitiert, der auffällig viele Ähnlichkeiten zwischen Ur III und Mykene gesehen hat. Er ließ diesen Befund nicht auf sich beruhen, sondern postulierte, daß Ur III zeitgleich mit Mykene bei -1400 anzusetzen sei [Dayton 1978, 467]. Konnte er noch keine umfassende, schlüssige Chronologie für den gesamten mediterranen Raum vorlegen, so hat inzwischen G. Heinsohn für Mesopotamien eine neue Chronologie präsentiert, die zu noch drastischeren Verjüngungen führt, als sie J. Dayton zu fordern wagte [Heinsohn 1988, 1996]. In seinem Ansatz reduzieren sich 2.700 auf 700 Jahre, weil mehrfach - bis zu vier Mal - gezählte Epochen auf eine einzige reduziert werden.

Diese neue Chronologie argumentiert nirgends mit Hilfe ägyptischer Daten und entstand ohne jeden Rückgriff auf die Fundsituation bei Gewölben. Deshalb ist nun eine wechselseitige Prüfung möglich: Die neue Chronologie könnte die Funde dergestalt einreihen, daß der postulierte Entwicklungsgang vom falschen zum echten Gewölbe tatsächlich erkennbar wird. Und umgekehrt wäre ein 'sinnvolle' Gewölbeentwicklung eine starke Unterstützung der neuen Chronologie. Und natürlich könnte die neue Theorie an der Gewölbeevolution auch scheitern, genauso, wie es der bisherigen de facto passiert ist, ohne daß sie es bemerkt hätte.

Die bereits genannten Gewölbe und einige weitere von R. Besenval besprochene Funde werden nun einmal in der herkömmlichen und einmal in der Heinsohnschen Chronologie aufgelistet, wobei der Einfachheit halber nur die drei Klassifikationen "falsch(e Gewölbe)", "trans(itorische Übergangsformen)" und "echt(e Gewölbe)" benutzt werden.

Gewölbe gemäß herkömmlicher Chronologie [laut Besenval 1984]:

-3100	Tepe Gawra	echt
-2900	Tell Razuk	trans
2800-2700	Mari Protodynastisch I	falsch
2600-2500	Ur Gefolgsch.gräber (Proto-dyn. 3 A)	falsch, echt
2500-2400	Tell Asmar, Eschnunna	echt
2150-2000	Ur III-Gräber (III. Dyn.)	falsch
-2100	Tell al-Rimah (Schräggewölbe)	echt
2000-1750	Ur (Isin-Larsa)	falsch, echt
1750-1150	Dur Kuri Galzu (Kassitisch)	echt
1750-1150	Ur (Kassitisch)	echt
1600-1400	Bogazköy	falsch
1900-1600	Assur (Altassyrisch)	falsch, trans
-1800	Tell al-Rimah (Treppe)	echt
-1500	Mumbaqat	echt
1500-1300	Nuzi	echt
-1250	Assur (Mittelassyrisch)	trans, 2/3 echt
900- 750	Tell Halaf (Neohethitisch)	trans, echt
850- 800	Balawat-Stadttore	echt
800- 500	Nush-I Jan	falsch, trans
700- 612	Nimrud (Neuassyrisch)	falsch, echt
	Ninive Reliefs	falsch, echt
700- 612	Ninive, Khorsabad	falsch, 2/3 echt
700- 612	Assur (Neuassyrisch)	trans, echt
700- 539	Babylon	falsch, 4/5 echt
520- 470	Persepolis	echt

Gewölbeevolution gemäß Heinsohns Chronologie:

1050 - 705 Frühe Chaldäerdynastie:
        Mari (Protodynastisch I)   falsch
        Bogazköy   falsch

705 - 625 Assyrerherrschaft (Altakkadisch):
        Nush-I Jan   falsch, trans
        Assur (Altassyrisch)   falsch, trans
        Ur - Gefolgschaftsgräber   falsch, echt

625 - 540 Späte Chaldäerdynastie der Mederzeit:
        Ur III-Gräber   falsch
        Ur (Isin-Larsa)   falsch, echt

540 - 330 Perserzeit (Mittel- bis Spätassyrer [Satrapie Athura], Alt- bis Spätbabylonier [Satrapie Babylonia]):
        Ur (Isin-Larsa)   falsch, echt
        Assur (ab mittelassyrisch)   trans, 2/3 echt
        Nimrud (Neuassyr. + ev. Fortbesiedl.)   falsch, echt
        Ninive Reliefs   falsch, echt
        Ninive, Khorsabad   falsch, 2/3 echt
        Tell Halaf (Neohethitisch)   trans, echt
        Assur (Neuassyrisch)   trans, echt
        Tell Asmar, Eschnunna   echt
        Nuzi   echt
        Tell al-Rimah (Treppe)   echt
        Ur (kassitisch)   echt
        Babylon   echt, 1/5 falsch
        Dur Kuri Galzu (Kassitisch)   echt
        Tell al-Rimah (Schräggewölbe)   echt
        Mumbaqat   echt
        Balawat-Stadttore   echt
        Persepolis   echt

Die neue Chronologie sorgt tatsächlich dafür, daß die eklatanten Widersprüche innerhalb der herkömmlichen Gewölbeevolution verschwinden: Ab →700 tauchen die ersten Übergangsformen und die ersten echten Gewölbe auf, bis zum Ende der Babylonierherrschaft laufen alte und neue Gewölbe parallel. 200 Jahre lang stehen verschiedene Gewölbe in Konkurrenz, werden ephemere Spielarten entwickelt und Favoriten gewechselt. Nach →500 stirbt das falsche Gewölbe aus, und das echte behauptet seinen Platz neben weitspannenden Holzkonstruktionen. Auffälligerweise hinken die Gräber von Ur vergleichsweise hinterher - sicheres Indiz dafür, daß deren extrem schwierige Stratigraphie noch nicht restlos verstanden wird.

Blicken wir zurück zur europäischen Mittelmeerküste. Bei den Griechen setzen echte Gewölbe ab -350 ein, bei den schlechter greifbaren Etruskern wohl ebenfalls im -4. Jh. Nach nur kurzer Übergangszeit neigt sich die Waage zugunsten des echten Gewölbes. Von diesem Befund her war zu erwarten, daß auch in anderen Regionen der Übergang ähnlich rasch vollzogen worden ist, denn ein jahrtausendelanges Nebeneinander wäre für den Techniker unverständlich. In Mesopotamien, das weder über einheimisches Bauholz noch Großsteine verfügte, entstand das Bedürfnis nach einem rationellen Gewölbe offenbar früher, im →8. Jh.

Mit diesen Neudatierungen mesopotamischer Gewölbe wird der Blick frei für die ägyptischen; Fragen und Thesen können formuliert werden:
- Wenn die ersten echten Gewölbe in Mesopotamien erst nach →700 auftreten, werden ägyptische echte Gewölbe des endenden -4. Jtsds. unhaltbar. Sie sind offenbar wie ihre nahöstlichen Pendants um mehrere Jahrtausende zurückdatiert worden.
- Erklärungsbedürftig bleibt, daß die 3. Dynastie bereits über echtes Steingewölbe verfügt, beim Übergang zur 4. Dynastie aber ein abrupter technischer Rückfall passiert. Ist die 3. Dynastie an der richtigen Stelle ins Schema eingeordnet? Oder stellen die 3. und/oder 4. Dynastie fremdländische Einsprengsel in der Pharaonenreihung dar?
- Die Kraggewölbe der 4. Dynastie treten ohne irgendwelche Entwicklungsstufen in reifster Form auf. Hier ist bislang nicht beachtet worden, daß mykenisch-minoische Tholoi und Snofrus Pyramiden mit sehr ähnlichen falschen Gewölben errichtet worden sind (laut J.

Dayton dicht gefolgt von Ur III). Ein Unterschied ist nur darin zu erkennen, daß die perfekter bearbeitete ägyptische Variante gestuft bleibt, während die mykenische keine vorstehenden Kanten beläßt, sondern sie zur glatten Fläche abschleift. Nachdem im ägäischen Raum sehr wohl Entwicklungsformen des Kraggewölbes zu erkennen sind, gilt es, die These zu prüfen, Snofru habe minoisch-mykenisches Wissen angefordert oder gar als Potentat aus dem Norden in Ägypten die Macht übernommen.

- Die echten Entlastungsgewölbe in den Pyramiden der 12. Dynastie kommen nach den neuen mesopotamischen Vorgaben ein rundes Jahrtausend zu früh. Es ist also zu prüfen, ob sie gleichfalls 'künstlich patiniert' wurden, und es ist zu fragen, ob nicht der Gründer des Mittleren Reichs - aus dem Blickwinkel des Gewölbebaus - zugleich der Gründer des Neuen Reichs ist.
- Die Gewölbe der Zweiten Zwischenzeit schienen bislang 700 Jahre zu früh kommende Vorläufer im Zweistromland zu haben. Nunmehr liegen die 'Nachfolger' fast 1.000 Jahre vor ihren 'Vorläufern', ohne daß jedoch die technische Abhängigkeit 'umgepolt' werden darf.
- Die echten Gewölbe im Neuen Reich kommen immer noch 600 Jahre zu früh. Viel zu früh kommen vor allem die auf Säulen und Architraven ruhenden Parallelgewölbe, die unter Ramses III. in Medinet Habu verwirklicht worden sind. Um wieviele Jahrhunderte sind sie älter gemacht worden?
- Ausgerechnet dann, wenn man sich jener Zeit nähert, in der erste echte Gewölbe mit Recht erwartet werden könnten, hat die 25. Dynastie wieder aufs Kraggewölbe zurückgegriffen. Steht die 25., äthiopische Dynastie in engem Zusammenhang mit der 4. Dynastie, obwohl sie mit den Assyrern so untrennbar 'verzahnt' zu sein scheint?

Nachdem Gewölbe- und Pyramidenbau eng zusammengehören, werden zunächst alle ägyptischen Pyramiden begutachtet, bevor weiterreichende Schlüsse gezogen werden. Die Betonung liegt dabei durchaus auf "alle", denn Pyramiden sind nun einmal nicht ausschließlich in Giseh respektive im 'Alten Reich' gebaut worden.

F) Drei Jahrtausende Pyramidenbau

Unendlich viel Fleiß und Sitzfleisch ist darauf verwendet worden, den Pyramiden geheimes Wissen zu entreißen. Dabei übersahen vor allem die esoterischen Pyramidologen geflissentlich, daß die Cheopspyramide keineswegs allein steht und daß außerhalb von Giseh weitere 200 derartige Bauten in Ägypten (Abb. 32) und Nubien existieren. Aber auch die Standardwerke von Edwards, Schüssler oder Stadelmann verlieren bereits nach den Bauten des Alten Reiches sichtlich an Interesse, streifen das Mittlere Reich eher kursorisch und reservieren schließlich für Neues Reich und ganz Nubien nur noch ein paar Seiten. So berücksichtigen sie den Umstand, daß gegenüber Cheops alle seine Nachfolger in einer 3.000 Jahre langen Pyramidenbauzeit verblassen, und sie verschleiern den Umstand, daß nach Cheops keine Weiterentwicklung mehr stattfindet.

Dieses Problem einer abstrus 'inversen' Evolution im Sakralbau soll hier ins Licht gerückt werden, indem der gesamte Baubestand ins Bewußtsein gehoben und an Hand einiger prosaischer Kriterien wie Bauweise, Volumina und Böschungswinkel möglichst durchgehend geprüft wird. (Die verwendeten Maßangaben stammen durchwegs aus der einschlägigen Literatur, die sich jedoch des öfteren widerspricht.)

Altes Reich (2640 - 2155)

Nach ägyptischer Überlieferung läßt Djoser die ersten Steingebäude errichten, seine Pyramide gilt als die älteste des Landes (Abb. 61). Für sie wurde trotz diverser Erweiterungen kein quadratischer Grundriß entworfen; ihn führte sein Nachfolger Sechemchet ein. Ob damals tatsächlich Stufen- und nicht bereits glatte Pyramiden entstanden, wird von manchen Forschern angezweifelt [Michalowski 1971, 455]. Andere rühmen den Anachronismus, daß "die Bauten rund um die Stufenpyramide die Zartheit und Feinheit griechischer Arbeiten haben" und sämt-

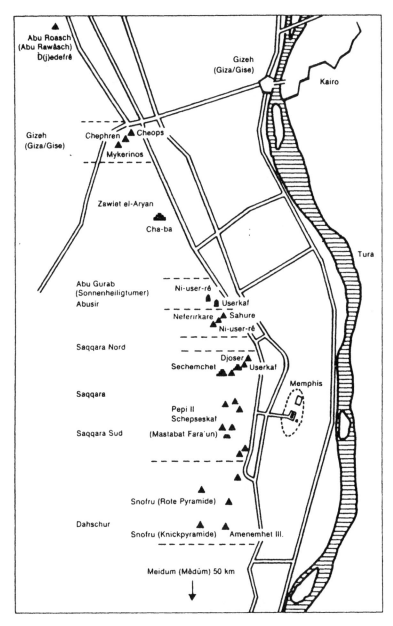

60 Pyramidenzone bei Kairo: Laut J. Baines [1980, 141] stehen 34 Pyramiden entlang 32 Flußkilometern (-27. bis -18. Jh.; →7. bis →4. Jh.) [Mendelssohn 1976, 9]

liche Formen - Dreiviertelsäulen, Rundstäbe, Simse und Friese - aus dem Stein wie eine Skulptur herausgemeißelt seien [Firth 1935, 23]. Außer den vier Königsbauten (drei davon in Saqqara) sind sieben kleine Stufenpyramiden in Mittel- und Oberägypten bekannt. Irritierend wirkt, daß tief im Süden, im bereits sudanesischen Soleb, in der 18. Dynastie noch einmal eine Stufenpyramide gebaut worden ist [Edwards 1987, 275].

Mit Snofru setzt abrupt die angeblich seit mindestens 1.000 Jahren in Europa geübte megalithische Bauweise ein und hält sich bis ans Ende des Alten Reichs. Sie bezieht sich weniger darauf, daß sämtliche Pyramidensteine Riesenausmaße hätten, sondern auf den Einbau schwerster Monolithe. Das zum Megalithbau gehörige Kraggewölbe wird nur unter Snofru und seinem Sohn Cheops gebaut. Nach heutigem Wissensstand war Snofru der besessenste Pyramidenbauer. Neben Meidum, Dahschur-Nord und -Süd hat er auch noch eine Stufenpyramide im Faijum errichten lassen [Stadelmann 1987, 231].

Die gewaltigen Pyramiden der 4. Dynastie, allen voran die von Cheops, gelten als die präzisest gearbeiteten. Zu ihnen gehören außerdem Satelliten- und weitere Nebenpyramiden (Abb. 65). Die erste Pyramide der 5. Dynastie, die des Userkaf, hat bereits einen nachlässig gearbeiteten, locker geschichteten Kern [Stadelmann 1985, 160]. Auffällig ist die nahezu identische Größe von sechs Pyramiden der 5. und 6. Dynastie; sie rangiert deutlich hinter dem Format der Mykerinos-Pyramide, deren Volumen gerade noch ein Zehntel des Cheopsbaues ausmacht.

Die Böschungswinkel (Abb. 62) liegen im Alten Reich zwischen 50° und 53° dicht beisammen; am häufigsten wurde der Chephren-Winkel von 53° 8', gewählt. Die einzige wesentliche Ausnahme bilden Snofrus Bauten. Seine Knickpyramide begann mit über 54° und wurde dann im oberen Teil auf 43° zurückgenommen, den auch bei seiner roten Pyramide verwendeten Winkel. Daß Radjedefs unvollendete Pyramide bei Abu Roasch einen Winkel von 60° angepeilt habe [Stadelmann 1985, 129], ist überholt. Wenn die Rekonstruktion von M. Valloggia die richtige Höhe von 67 m (bei 106 m Kantenlänge) ermittelt hat [Schulz 1996], ergäbe das den Cheopswinkel von knapp 52° - sofern er nicht bei der Rekonstruktion vorausgesetzt wurde.

An dieser Stelle läßt sich 'der *Pythagoras*' nicht umgehen, den die Fachgelehrten gerne übersehen, was ihnen dank der überquellenden

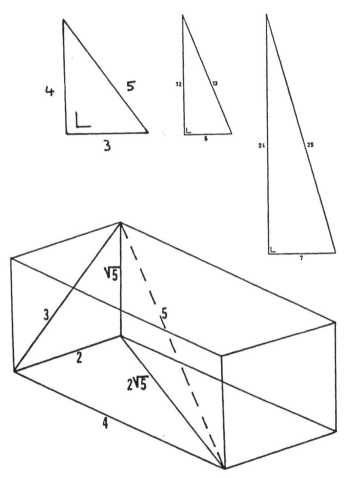

61 a) Djosers Grabbezirk in Saqqara (-27. Jh.; →7./6. Jh.) [Edwards 1987, 35]
b) Drei pythagoräische Dreiecke: Das linke entspricht dem halben Aufriß der Chephrenpyramide [Kracke 1972, 57] c) Die "Königskammer" mit den beiden pythagoräischen Relationen: Gesamtkammer 3:4:5; Stirnseite 2:√5: 3 [Fix 1988, 20]

Phantasie der Esoteriker leicht gemacht wird (vgl. auch Kap. N und Illig/ Löhner 1993, 145-149). Das pythagoräische oder "heilige Dreieck" mit seiner Relation 3:4:5 ist auch unter der Bezeichnung "Landvermesserdreieck" bekannt (Abb. 8). Es bestimmt gerade bei den Cheops- und Chephren-Bauten wesentliche Maßverhältnisse.

So spiegelt der Aufriß der Chephren-Pyramide diese Relation in gewaltigem Maßstab wider: Halbe Grundseite, Pyramidenhöhe und Höhe der Seitenfläche stehen im Verhältnis 3 : 4 : 5, das bei mindestens sieben Pyramiden des Alten Reiches wiederholt worden ist.

Bei der Cheops-Pyramide läßt sich seine Anwendung im 'intimsten Bereich', bei der 'Königskammer' studieren. Seit über 100 Jahren ist aufgefallen, daß sich zwar ihr Grundriß in ganzzahligen Maßen angeben läßt (10 : 20 Königsellen à 0,524 m), nicht aber ihre Höhe (10,172 Königsellen), was aber selbst Spezialisten gerne negieren; etwa Stadelmann [1985, 119]. Dieses krumme Maß ist jedoch weder Zufall noch Schlamperei, sondern resultiert aus der wohlüberlegten Entscheidung eines Baumeisters, der auch in einer geschlossenen Kammer absolut rechte Winkel erzielen wollte. Er wählte dafür nicht die Höhe, sondern die Diagonale der Schmalseite ganzzahlig (15 Ellen) Nunmehr ergeben längere Bodenkante (20), Schmalseitendiagonale (15) und die große Diagonale durch den Raum (25) ein geradzahliges Dreieck, das präzise kontrollierbar ist und senkrechte Kanten garantiert (Lauer 1974, 281; hier Abb. 61a).

An der Bezeichnung "pythagoräisches Dreieck" kommt man bei der Festlegung des Königskammerniveaus nicht mehr vorbei. Denn auf seiner Höhe von ca. 43 m macht die Oberfläche des Pyramidenstumpfes exakt die Hälfte der Pyramidengrundfläche aus. Das muß noch nicht den Beweis des Pythagoras voraussetzen, aber zumindest das empirische Wissen um seine Aussage. Die Ägyptologie zieht hier sicherheitshalber gleich die Notbremse.

"Man sollte daraus aber nicht schließen, daß sie [die Ägypter als versierte Feldvermesser] von der Diagonale des Quadrats, die anders ausgedrückt die Hypotenuse eines rechtwinkligen Dreiecks ist, bereits auf seine mathematische Beziehung gekommen wären, die erst zwanzig Jahrhunderte nach Cheops zu dem berühmten und ergiebigen Lehrsatz des Pythagoras führte" [Lauer 1974, 281].

Der Griff zur Bremse ist hier allerdings mehr als notwendig, soll 'der Pythagoras' nicht unabweisbar werden. Herodot, der doch 2.000 Jahre nach dem Cheops-Bau nichts mehr von seinen Relationen wissen sollte,

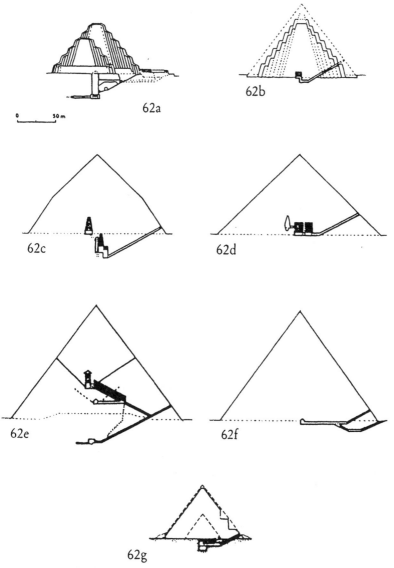

62 Wichtige Pyramiden der 3. und 4. Dyn. (27.-25. Jh.; →7./6. Jh.) in demselben Maßstab: a) Djosers Stufenpyramide b) Snofrus Pyr. in Meidum, früher dem Huni zugeschrieben, Mantel heute abgerutscht c) Snofrus zweite, die Knickpyr. in Dahschur d) Snofrus 3. Pyr. in Dahschur e) Cheops-Pyr. in Giseh f) Chephren-Pyr. in Giseh g) Mykerinos-Pyr. in Giseh [nach Mendelssohn 1976, 38]

notierte eine von ihm vielleicht gar nicht verstandene Merkwürdigkeit: "Sie ist vierseitig und jede Seite acht Plethren breit und ebenso hoch" [II:124]. Sie kann allein dahingehend interpretiert werden, daß "jede der vier Seitenflächen der Cheopspyramide so groß war wie ein Quadrat mit der Pyramidenhöhe als Seite" [Kracke 1970, 43]. Damit ist definitiv bestätigt, daß altägyptisches Wissen nicht bei simplen Streckenrelationen halt machte, sondern durchaus Flächen ineinander umformen konnte. Hinter diesem Vergleich von Dreiecks- und Quadratsfläche steckt wiederum der Pythagoras mit seiner Aussage, das Quadrat über der Höhe der Seitenfläche minus dem Quadrat über der halben Grundseite ist gleich dem Quadrat über der Pyramidenhöhe [vgl. Illig/Löhner 1994, 145-149].

Reichte denn die Mathematik der Ägypter dafür aus? Mathematische Schriften aus der Zeit der Giseh-Pyramiden sind nicht bekannt. Der unter dem Hyksos-König Apophis kopierte Papyrus Rhind (Original wohl aus der Zeit von Amenemhet III.) gibt die Berechnung für den Böschungswinkel in "Seqed", der der Kotangensfunktion entspricht; der Moskauer Papyrus (13. Dyn.-Kopie eines 12.-Dyn.-Originals) bringt die Volumensberechnung für einen quadratischen Pyramidenstumpf [Vogel 1958, I 68-73]. Der Berliner Papyrus läßt es als wahrscheinlich annehmen, daß die Ägypter zumindest beim gleichschenklig-rechtwinkligen Dreieck die Flächenrelationen der zugehörigen Quadrate kannten [Bibé 1988]. Diese Schriften entstanden, wie in diesem Buch gezeigt wird, in keinem allzugroßen Zeitabstand zu den Giseh-Pyramiden.

Die Ägypter galten auch den Griechen als die Stammväter der Geometrie, aber das logische, auf Beweisen basierende System der Geometrie haben die Griechen entwickelt. So kann die Schlußfolgerung eigentlich nur lauten: Es ist sehr wahrscheinlich, daß zwischen dem 'angewandten Pythagoras' der Ägypter und dem expliziten Beweis des Pythagoras (unabhängig davon, ob er von diesem selbst oder einem anderen Griechen, etwa von Euklid, stammt) nicht Jahrtausende, sondern allenfalls Jahrhunderte liegen.

Unverstanden ist bislang, daß sich zwischen die Pyramiden der 4. und 5. Dynastie zwei Fremdkörper verirrt haben: In Saqqara ließ der undeutlich bleibende Pharao Schepseskaf die Mastaba el-Faraun errichten, die als Flachbau ein fußballfeldgroßes Terrain bedeckt. Eine Pseudo-Antwort liegt vor:

"'Schepseskaf regierte nur vier Jahre', sagt Ägyptologe Altenmüller, 'der konnte sich einfach keine Pyramide leisten'" [Schulz 1996/2, 142]. Abgesehen davon, daß in Quellen und Standardwerken auch Regierungszeiten von 7, 25 oder 34 Jahre genannt werden [Illig/Löhner 1993, 183], setzt diese Antwort voraus, daß der König wußte, wie alt er werden würde - jenes altbekannte Rätsel, das generell die Planung der Riesenbauten umwittert [ebd. 189-193]. Seine Königsgemahlin Chentkaus baute in Giseh eine ebensolche Mastaba, die eine Zeitlang fälschlich als 4. Pyramide bezeichnet wurde. Beide verwenden im Inneren eine Nischendekoration, die erst am Ende der 5. Dynastie wieder auftaucht [Stadelmann 1985, 158]. Dieses Rätsel wird sich mit der richtigen Pharaonenreihung auflösen [vgl. Illig 1989a].

Mittleres Reich (2037 - 1785)

In der 11. Dynastie, die den Reichsgründer des Mittleren Reiches hervorbrachte, bauten mehrere Könige namens Intef kleine Ziegelpyramiden von nicht mehr als 15 m Seitenlänge. Sie wurden bei Karnak auf dem westlichen Nilufer entdeckt [Lauer 1980, 152].

Der Reichsgründer Mentuhotep II. wählte jedoch eine völlig neuartige Grabform, die weder vom Alten Reich herkommt noch für sein Mittleres Reich beispielgebend werden sollte, sondern für zwei Entwicklungen im Neuen Reich: tiefes Felsgrab und große, hier noch mit dem Grab verbundene Tempelanlage.
Er entscheidet sich im Gegensatz zu den nachfolgenden Pharaonen der 12. Dynastie für Deir el-Bahari (Theben-West) als Standort seines Terrassentempels (Abb. 63). Fälschlicherweise dachte man lange, daß dieser Tempel von einer Pyramide gekrönt gewesen sei; heute wird ein flaches Dach mit möglicherweise darauf aufgeschüttetem Urhügel rekonstruiert [Stadelmann 1985, 229]. Nur sein direkter Nachfolger Mentuhotep III. beginnt ganz in der Nähe eine ähnliche Tempelanlage, doch bleibt sie unvollendet [Wildung 1984, 56]. Erst 500 Jahre später, im Neuen Reich, haben sich weitere Nachahmer gefunden. Damals baute Hatschepsut ihren berühmten Tempel unmittelbar neben den von Men-

tuhotep II., doch ihrem Mitregent und Nachfolger Tuthmosis III. gelang es, zwischen beide noch eine gewaltige Rampe zu zwängen; sie führt zu seinem Bau, der den verbliebenen Rückraum zwischen beiden Tempeln und der steilen Felswand restlos nutzt.

Mentuhoteps 150 m langer Grabstollen beginnt direkt hinter dem Tempel. Auch Hatschepsut hat versucht, ihr Felsgrab mit ihrem Tempel in Beziehung zu setzen. Da aber inzwischen der Brauch bestand, das Herrschergrab im Tal der Könige anzulegen, ließ sie von dort einen steilabfallenden Stollen über 200 m weit vorantreiben, um ihr Grab möglichst nah an, vielleicht sogar unter ihren Tempel zu bringen [Tulhoff 1984, 65; Vandier 1955, 232].

Diese so ähnlichen Grundkonzepte stellen zweierlei in Frage: Tuthmosis III. als Vernichter des Andenkens an Hatschepsut und die enorme zeitliche Kluft zwischen den drei Tempeln.

Mentuhotep II. folgend haben sich die meisten Pharaonen der 18., 19. und auch 20. Dynastie in der näheren Umgebung mit Tempel- und Palastbauten verewigt [Otto 1952].

Als zweite Evolutionslinie können auch die glanzvollen Gräber von Theben-West am ehesten auf Mentuhotep II. zurückgeführt werden. Er schuf mit seinem tiefen, allerdings noch nicht ausgemalten Felsgrab den Prototyp, den Amenophis I. nach genau 500 Jahren aufgriff. Erst dessen Nachfolger wählten das Tal der Könige als Ort ihrer Grablegen. Zu diesem Befund paßt eine andere Feststellung zu Amenophis I.:

"Die Bildwerke dieses Königs orientieren sich nicht an den Statuen der unmittelbar vorausgegangenen Zeit, sondern an den Bildwerken des Beginnes des MR [Mittleren Reiches] und begründen damit eine neue Tradition [...] Seit langem ist darauf hingewiesen worden, daß sich der offizielle Stil der frühen 18. Dyn. an Bildwerken aus der Zeit Mentuhoteps II., Nebhepetre [= Mentuhotep I.] und von Sesostris I. orientiert" [Altenmüller 1980, 568,582].

Dagegen ignoriert Amenemhet I., erster Pharao der 12. Dynastie, 'seinen' Reichsgründer und greift auf die Pyramidenform des Alten Reiches zurück, ohne denselben Aufwand zu treiben: Der massive Steinkern fehlt, geblieben ist eine sternförmige Steinkonstruktion, die vorwiegend mit Schüttmaterial aufgefüllt wird. Nur die Oberfläche besteht noch aus poliertem Kalkstein. Seine Reliefs sind hingegen von denen des Alten Reichs kaum zu unterscheiden [Stadelmann 1985, 231].

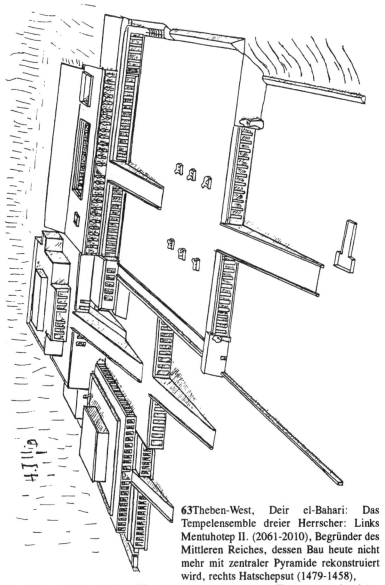

63 Theben-West, Deir el-Bahari: Das Tempelensemble dreier Herrscher: Links Mentuhotep II. (2061-2010), Begründer des Mittleren Reiches, dessen Bau heute nicht mehr mit zentraler Pyramide rekonstruiert wird, rechts Hatschepsut (1479-1458), Mitte Tuthmosis III. (1479-1425), dessen zuletzt entdeckter Tempel noch in vielen Abbildungen fehlt. In der Zeit zwischen Mentuhotep II. und Hatschepsut sollen die Hyksos alle Tempel Ägyptens zerstört haben [Zeichnung von H.I. nach einem Modell polnischer Ausgräber]; alle drei Tempel →7./6. Jh.

Sein Nachfolger Sesostris I. baut eine Art Innenskelett aus Mauern und Kammern in seiner Pyramide ein, das Füllung und Verkleidung stützt. Unter Sesostris II. werden erstmals Ziegel als Füllmaterial verwendet; ab Sesostris III. werden reine Lehmziegelkerne ohne jedes Innenskelett gebaut.

Während der 12. Dynastie liegt das Pyramidenvolumen etwas unter dem der Mykerinospyramide, um bei der Chendjer-Pyramide, der einzigen fertiggestellten der 13. Dynastie, auf ein Fünftel von Mykerinos abzusinken.

Auffällig erscheint die erneute Suche nach dem idealen Böschungswinkel. Snofru und Cheops hatten 51° 50' 35" als Richtwert vorgegeben, der im Alten Reich bis auf ±1,5° eingehalten worden war (Lauer 1980, 328; ausgenommen die beiden Snofru-Bauten). Im Mittleren Reich schwanken die Werte in wesentlich größerem Ausmaß: zwischen 42° und 59°, um sich bei 56° einzupegeln. Vor allem aber werden längst nicht so viele glatte Relationen realisiert wie im Alten Reich. So ergibt der Cheopswinkel für die Neigung der Pyramidenseiten den glatten Bruch von 14 : 11 und zugleich für die Neigung der Pyramidenkanten die Relation von 9 : 10. Snofrus Knickpyramide war im unteren Teil nach den beiden Relationen 7 : 5 und 1 : 1 konstruiert; bei Chephren ergibt sich zwar nur ein einziger klarer Bruch, aber eben mit 4 : 3 das pythagoräische, "heilige" Dreieck.

Amenemhet I. beginnt überraschenderweise mit dem 'zu hohen', unteren Winkel von Snofrus Knickpyramide (54° 27'), hält ihn aber bis zur Spitze durch. Neben eben jener Knickpyramide des Snofru entsteht die Knickpyramide des Amenemhet III.: Ihr Böschungswinkel scheint von 59° auf 55° reduziert worden zu sein und liefert nur die Relation 14 : 9 [Stadelmann 1985, 241; Lauer 1974, 328]. Wie groß ist die Wahrscheinlichkeit, daß zwei Bauwerke nebeneinander hochgezogen werden, die beide einen (sonst nicht beobachteten) Knick aufweisen und beide wegen Senkungsschäden vorzeitig aufgegeben worden sein sollen, aber durch 750 Jahre getrennt sind [Stadelmann 1985, 94,241]? Üblicherweise werden Fehler schneller wiederholt. Auch die Feststellung: "Keine Pyramide blieb wegen technischer Probleme unvollendet" [Arnold 1984, 3] kann den Sachverhalt nicht gerade erhellen.

Amenemhet III. gehört auf jeden Fall in die Rubrik der 'Sorgenkinder'. Denn sein Bau korrespondiert in unverstandener Weise mit Djosers Anlage: Erstmals nach 800 Jahren wird wieder eine Eingangstrep-

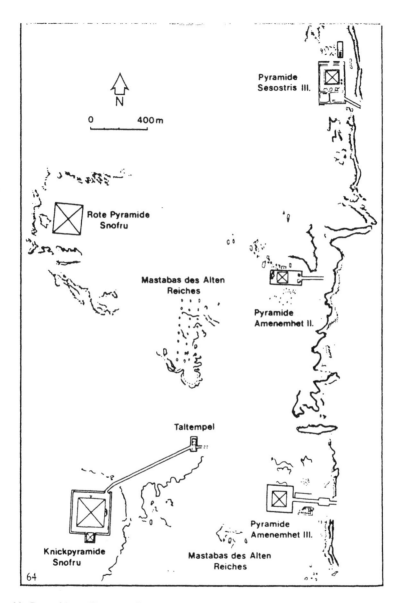

64 Pyramidengelände von Dahschur: Der Talweg von Snofrus Knickpyramide (bis -2551) weicht dem angeblich 700 Jahre jüngeren Bau von Amenemhet III. (-1797) aus (→5./4. Jh.). Der eingezeichnete Taltempel ist nur ein "Zwischentempel"; der eigentliche Taltempel am Wüstenrand ist noch nicht geortet [Schüssler 1987, 128]

pe angelegt, ein "Südgrab" gegraben, die Königin innerhalb der Königspyramide bestattet, der Eingang im Südosten eingerichtet und mit einer ganzen Reihe von Kultgebäuden eine Art Sed-Fest-Anlage gestaltet [Arnold 1982, 1266]. Zu allem Überfluß weist derselbe Lexikoneintrag auch noch aus, daß die früher dem Mittleren Reich zugerechneten kleinen Privatpyramiden von Aniba korrekterweise der Spätzeit zugeschlagen werden müssen. Damit wird ein innerer Zusammenhang von Bauten über mehr als 2.000 Jahre hinweg registriert, aber keineswegs verständlich gemacht.

Wiederum keine Erklärung existiert für die Tatsache, daß die neun Pyramiden der 12. Dynastie südlich von Saqqara auf den Gebieten von Dahschur, Masghuna, Lischt, Meidum, el-Lahun und Hawara so errichtet wurden, daß sie die drei Pyramiden von Snofru und nur diese drei einschließen. Alle übrigen Standorte bleiben dem Alten Reich vorbehalten, im Falle von Giseh, Abu Roasch und Abusir sogar jeweils nur einer einzigen Dynastie. Wieso korrespondiert das Mittlere Reich ausgerechnet mit dem so weit zurückliegenden Begründer der 4. Dynastie? Und, weitere Verblüffung, warum scheint der Aufgang zu Snofrus Knickpyramide in Dahschur dem Bau von Amenemhet III. auszuweichen, der sich doch erst Jahrhunderte später in den Weg gestellt haben könnte (Abb. 64)?

Neues Reich (1540 - 1075)

Am Übergang zur 18. Dynastie entstanden die ersten, wesentlich kleineren Pyramiden in Oberägypten. Die 17. Dynastie ließ, während Unterägypten von den Hyksos besetzt war, in Theben-West winzige, aber steile Pyramiden errichten: 2,75 m im Quadrat bei einem Böschungswinkel von 65° [Schüssler 1987, 315; Helck spricht 1959 von 8 x 8 m]. Zu jeder gehörten eine Kapelle mit gewölbter Decke und zwei Obelisken. Sie sind nur aus antiken Berichten bekannt [Stadelmann 1985, 255].

Auch die aus Asien herandrängenden Hyksos haben Gefallen an der Pyramidenform gehabt. Wirkt schon Chendjer aus der 13. Dynastie vom Namen her wie ein Hyksos, so kennen wir auch die Ziegelpyramide des Imeni Aamu (also Imeni "der Asiate") aus der 16. Dynastie, der definitiv ein Hyksosherrscher war [Lauer 1980, 130].

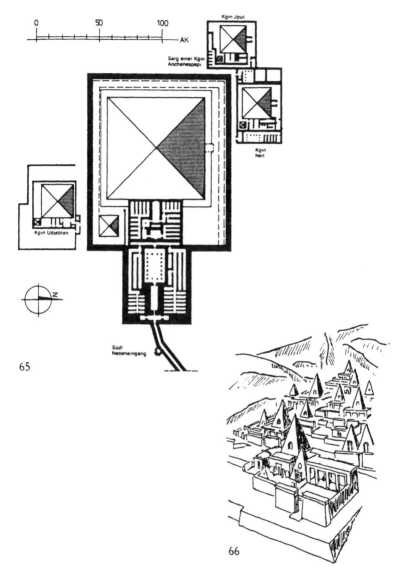

65 Typischer Pyramidenbezirk mit Haupt-, Satelliten- und Nebenpyramiden. Anlage von Pepi II. in Saqqara-Süd ohne ihren Taltempel (-23./22. Jh.; →6./5. Jh.) [Stadelmann 1985, 197]
66 Private Pyramidengräber von Deir el-Medineh, Theben-West, 18./19. Dyn. (→7./5. Jh.) [Stadelmann 1985, 256]

Ahmose, erster Pharao der 18. Dynastie, errichtete die letzte aufgefundene Königspyramide in Ägypten: einen ziegelgemauerten Kenotaph in Abydos [Michalowski 1971, 516], dazu eine kleine Pyramide für seine Großmutter [Edwards 1987, 230]. Nach ihm bricht die Tradition ab. Die nachfolgenden Herrscher hören trotz des Vorbildes ihres Reichsgründers ganz mit dem Pyramidenbau auf und folgen statt dessen dem Vorbild des Reichsgründers des Mittleren Reichs, der sich im thebanischen Gebirge bestatten ließ.

Nunmehr bauten sich Künstler und Handwerker der 18. und 19. Dynastie kleine, hohle Ziegelpyramiden auf die Kapellen ihrer Gräber. In Deir el-Medina fanden sich ganze Felder mit *Privatpyramiden* von jeweils 3 m Seitenlinie, 4 m Höhe und 68° Böschungswinkel (Abb. 66). In einigen dieser Gräber tritt gleichzeitig echtes Gewölbe in der Grabkammer und falsches in der kleinen, hohlen Pyramide auf (Abb. 39). Als Abschluß diente ein Kalksteinblock, ein Pyramidion [Edwards 1987, 232f]. A. Rammant-Peeters hat allein 106 Stück von ihnen aus dem Neuen Reich aufgespürt und als wahrscheinlich festgestellt, "daß es eine Kontinuität in der lokalen Erstellung gab, die von der 19. bis mindestens zur 30. Dynastie reichte" [Rammant-Peeters 1983, 137]. Von Theben verbreitete sich der Brauch auf Beamtenschaft und Militärchargen von Saqqara über Abydos bis Aniba, 200 km südlich von Assuan. Spätestens unter Hatschepsut erreichte er Nubien [Fischer 1986, 39].

Diese Kleinstpyramiden der 18. Dynastie sind nicht durch 'Urzeugung' entstanden, sondern hatten bereits lange Tradition. Denn für die Königinnen und andere hochgestellte Persönlichkeiten gab es von Anfang an *kleine Pyramiden,* ganz abgesehen von den oft noch kleineren Satellitenpyramiden, die im Alten Reich sehr häufig den Hauptpyramiden beigesellt wurden. Unter Cheops wurden Grabbauten für die Angehörigen der königlichen Familie errichtet, die bei 29 m Höhe einen Böschungswinkel von 52° aufwiesen, demselben also wie beim Königsbau. Sie dienten möglicherweise der präzisen Vermessung der Hauptpyramide [vgl. Illig/Löhner 1994, 149ff].

In der 6. Dynastie errichtete Teti für seine Gemahlin Iput I. eine Kleinpyramide, die mit 65° deutlich steiler als die des Königs (51°) ist. Pepi II. gönnte seinen Frauen drei Kleinpyramiden, von denen eine mit 55°, die beiden anderen mit 65° anstiegen [Michalowski 1971, 459ff]. Seit seiner Zeit wurden alle Nebenpyramiden durch steilere Böschung optisch gestreckt.

Im Mittleren Reich bestand diese Tradition fort. In el-Lischt, wo vier Pyramiden der 12. Dynastie stehen, finden sich beim Bau von Sesostris I. neun steilwandige Nebenpyramiden für Familienmitglieder des Königs und eine Satellitenpyramide [Wildung 1984, 73ff]. Und in Abydos erhoben sich um die Kenotaphe, also um die Scheingräber der Könige der 12. Dynastie herum schlank-steile Pyramiden privater Grabbesitzer [Michalowski 1971, 461]. So haben die kleinen Pyramiden des Neuen Reichs überaus lange, doch mehrfach zerrissene Wurzeln.

Dritte Zwischen- und Spätzeit (1075 - 332)

Die kleinen Pyramiden, die in der 25. Dynastie von den nubischen Pharaonen plötzlich gebaut und noch ein Jahrtausend fortgesetzt wurden, waren demnach keine degenerierten Kümmerformen. Nacheinander entstanden die Königsnekropolen von el-Kurru, Nuri, Napata und Meroe mit ganzen Pyramidenfeldern [Scholz 1986, 50]. Warum aber folgt 800 Jahre nach Ahmose und 1.000 Jahre nach der letzten großen Königspyramide eine Renaissance dieser Bauform? Sie ist
"ein markantes Beispiel für die Langlebigkeit einer Tradition, die man sonst nur aus Ägypten zu kennen glaubte" [Scholz 1986, 50].
Hier wird die Langlebigkeit mit der Tradition erklärt, also mangelndes Verständnis überspielt. Dabei will auch noch verstanden sein, daß "die ältesten kuschitischen Gräber in el-Kurru an die Tumuli aus Kerma erinnern", also aus lokaler Tradition zu stammen scheinen, die gleichwohl unverständlich weit zurückliegt [Scholz 1986, 39]. Denn das neue Kusch wird mindestens durch 500, wenn nicht 800 Jahre von den großen Kerma-Tumuli (Abb. 67) getrennt.
"Die kreisförmigen Tumuli hatten einen Durchmesser von ca. 100 m und waren aus Lehmziegel- und Steinmauerkonstruktionen angelegt und zur Vollendung der architektonisch programmatischen Einheit mit Wandmalereien geschmückt" [Scholz 1986, 34].
Diese Bauweise entspricht exakt jener von Pyramiden des Mittleren Reiches, die Freskenausstattung jener der Felsgräber im Neuen Reich. Diese Ähnlichkeiten sind zwingend. Weil aber in den Tumuli außerdem

minoische Keramik und Hyksos-Dolche [Scholz 1986, 34, Reisner 1936] ebenso zutage traten wie Altreichsfunde, wird das Kerma- oder erste Kusch-Reich über ein ganzes Millennium hinweg, von -2500 bis -1500 aufgespreizt, ein äußerst langer Zeitraum für eine kaum greifbare und aus ägyptischer Sicht periphere Kultur [Quellen bei Fischer 1986, 30]. Zeitlich eingeschlossen sind dadurch die berühmten Gefolgschaftsbegräbnisse aus Ur III, denen die Gemeinschaftsbegräbnisse in den Tumuli so ähneln [Scholz 1986, 33].

Schließlich existieren noch zwei Riesenbauten, die beiden Deffufas, Lehmziegelbauten mit Anklängen an mesopotamische Zikkurats, in denen Hinweise auf den Altreichspharao Pepi I. (-23. Jh.) gefunden worden sind, die aber nichtsdestotrotz auch mit den kuschitischen Pyramiden (ab -745) in Verbindung stehen [Scholz 1986, 33].

Ohne die Bezüge zu Altem, Mittlerem und Neuem Reich würde niemand der nubischen Kulturevolution mehr als 300 Jahre vor Pije geben. So weisen Kerma-Tumuli und Deffufas deutlich darauf hin, daß sich Altes, Mittleres und Neues Reich sowie die Hyksoszeit zeitlich überschneiden und die Tumuli in die Nähe der eigentlichen Zeit von Ur III, dem →*7. und* →*6. Jh.*, gehören.

Ab -750, so die bisherige Datierung, die wegen der gerade angestellten Überlegungen kaum haltbar sein wird, wurden in Nubien 1.000 Jahre lang kontinuierlich Pyramiden gebaut. Also länger als in Ägypten selbst, wenn man die dortigen langen pyramidenlosen Zwischenzeiten nicht zählt; auch stehen dort mehr Pyramiden als in ganz Ägypten. Doch sie wurden als zu leicht befunden: Sie alle - eine unbekannte Zahl über 100 - haben zusammen weniger Volumen als die Mykerinos-Pyramide, die selbst nur ein Zehntel der 2,6 Millionen Kubikmeter der Cheopspyramide ausmacht. Dementsprechend schlecht sind die Beschreibungen. Das Desinteresse an Nubiens Pyramiden ging so weit, daß ein Abenteurer wie G. Ferlini in blindwütiger Goldgier auf den Gedanken kommen konnte, sämtliche meroïtischen Pyramiden einfach abzutragen. Er fing mit einer der besterhaltenen an, die wohl aus dem -1. Jh. stammte und im zugehörigen Kultraum ein steinernes Tonnengewölbe mit regelmäßigem Keilschnitt aufwies. Schon in ihr entdeckte er einen königlichen Goldschatz, konnte daraufhin aber sein Zerstörungswerk nicht mehr fortsetzen, weil ihm nun nach Gold und Leben getrachtet wurde [Schäfer 1910, 94f].

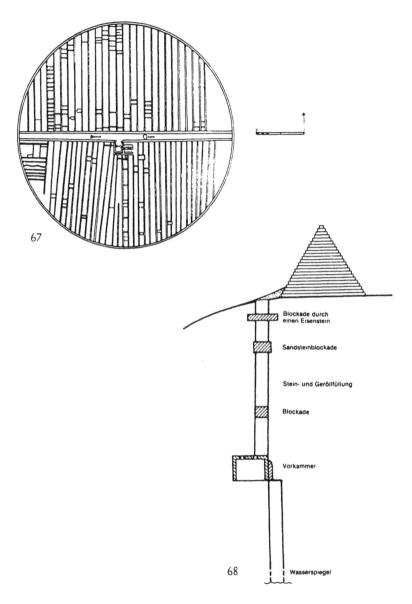

67 Grundriß des größten Königstumulus in Kerma, Kusch, sehr vage ins -17. bis -15. Jh. datiert (→9./7. Jh.) [nach Trigger und Reisner in Scholz 1986, 36]
68 Typisches Pyramidengrab in Gebel Barkal, Kusch, -3. Jh. [nach Fakhry in Stadelmann 1985, 259]

Der Gründungsbau von Pije (= Pianchi, 745-712) hatte eine Seitenlänge von 12,25 m und einen Böschungswinkel von 68° der fast den steilen Stufen der Djoser-Pyramide entspricht. Ein Mantel behauener Steine umschließt einen Kern aus Schotter, Steinschutt und Lehmmörtel, jene vom Tumulusbau herrührende Konstruktion. Taharqa (690-664) begründete dann die Nekropole von Nuri nahe beim Gebel Barkal, die 19 Pyramiden für Könige und 53 für Königinnen zählt (Abb. 69). Sein Bau ist der größte nubische [Adams 1977, 283], aber auch er reicht mit einer Grundfläche von ca. 30 x 30 m nicht im entferntesten an die ägyptischen Kolossalbauten heran. Manche der späteren Bauten wirken in ihrem heutigen Ruinenzustand so, als ob der steile Böschungswinkel auf halber Höhe reduziert worden wäre [vgl. etwa Scholz 1986, Abb. 53].

Trotz ihrer Liebe zum Alten Reich und zu dessen Pyramiden bauten und erweiterten die Nubier Tempelanlagen ganz im Stile des Neuen Reichs.

"Man muß anerkennen, daß die Leistungen während der 26jährigen Herrschaft Taharqas, die man an den Denkmälern ablesen kann, denjenigen der Periode der Ramessiden kaum nachstehen. Ihre Qualität in dem Bereich, den wir mit Ästhetik bezeichnen, ist sogar weit höher einzuschätzen" [Scholz 1986, 45].

-295 verlegte Ergamenes den Begräbnisort nach Meroe, wo über 50 Könige mit ihren Familien begraben wurden (Abb. 70). Die älteren Pyramiden (aus der Südgruppe) erhielten durch die geschichteten Steinlagen ein treppenartiges Aussehen. In der nachfolgenden Nordgruppe wurden zunächst glatte Eckleisten eingeführt und dann die Stufen weggelassen. Ab +200 wurden nur noch weißgestrichene Lehmziegelbauten errichtet, bis die jahrtausendealte Tradition gegen +350 endgültig erlosch.

Nicht übersehen werden darf, daß im ägyptischen Kernland zwar die Königspyramide ausgestorben war, aber die Privatbauten über die 19. und 20. Dynastie hinaus 'in Mode' blieben. Aus der 26., saïtischen Dynastie ist eine solche bekannt, die in Theben-West, bei Asasif gefunden worden ist. Von daher rührt die These von Rammant-Peeters [1983, 137], daß die Pyramidenform bis zur hellenistischen Zeit durchgängig sei. Kleine, spitze Pyramiden wurden also auch nördlich der Nilkatarakte bis ins -3. Jh. gebaut.

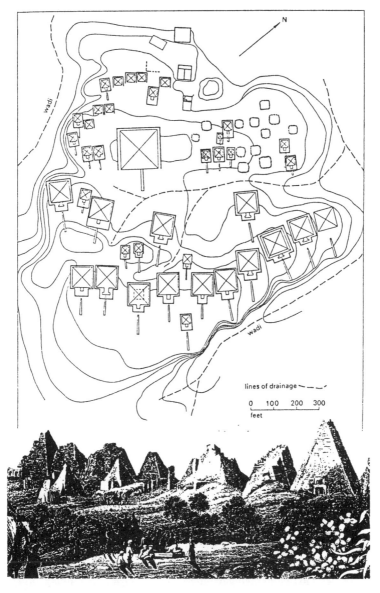

69 Pyramidenbezirk von Nuri mit Taharqas Pyramide als größtem Bau (ab -700; →5./4. Jh.) [W.Y. Adams 1977, 284]
70 Pyramiden des "Nordfriedhofs" von Meroe aus den letzten vorchristl. Jahrhunderten; Stahlstich des 19. Jhs. [Scholz 1986, 80]

Nilferne Pyramiden (nach -332)

In hellenistischer Zeit entstanden *im palästinischen Raum* Pyramiden, die von P. Wagner als phönizische bezeichnet werden. Nach den bisherigen Ausführungen ist klar, daß sie zu Unrecht als "anachronistisch" eingestuft worden sind. Im Kidron-Tal unterhalb des Tempelbergs von Jerusalem ist im -2. Jh. das "Zachariasgrab" mit einer 4 m hohen Pyramide von 55° Neigungswinkel aus dem Felsen herausgeschlagen worden (Abb. 71). Weitere zwei derartige Grabbauten sind aus Jerusalem, zwei aus Phönizien bekannt. Höchst bemerkenswert erscheint, daß sie zu ihrer Datierung unbefangen mit wesentlich älteren ägyptischen Pyramiden verglichen werden. So wird das Grab von Silwan aufgrund Ähnlichkeiten zum Mittleren oder zum Neuen Reich in das -7./6. Jh. verwiesen, von anderen aber wegen Ähnlichkeiten mit dem Neuen Reich oder mit der Spätzeit in das -2. Jh. (Wagner 1980, 170].

"Die einmal übernommenen ägyptischen Vorbilder werden über einen langen Zeitraum beibehalten. Darin zeigt sich die konservative Grundtendenz der phönizischen Architektur. Die ägyptisierende Bautradition ist so stark in der phönizischen Architektur verwurzelt, daß sie auch in römischer Zeit trotz des starken klassischen Einflusses anhält und in den Hohlkehlenaltären sogar noch einen Höhepunkt erreicht" [Wagner 1980, 177].
Daß hier Ähnlichkeiten über mehr als 1.200 Jahre hinweg zu erkennen sind, illustriert einmal mehr, daß dies weniger am Konservatismus der Phönizier als an der konservativen Chronologie der Ägyptologen liegen dürfte.

Aus diesem Blickwinkel heraus will sogar die Cestius-Pyramide in *Rom* neu bedacht werden. Sie entstand mit einer Höhe von 36,40 m zur Zeitenwende und gilt als Schrulle eines Ägyptophilen. Man sollte aber bedenken, daß zwischen Engelsburg und Vatikan noch eine zweite, größere stand, die fälschlich als "meta Romuli" bezeichnet worden ist, deren Marmorverkleidung in der alten Peterskirche, deren übrige Reste im 15. oder 16. Jh. verschwunden sind [Helck 1959; Krautheimer 1996, 24]. Die beiden müssen keinen gewollten Anachronismus darstellen, sondern können genausogut einer noch nicht erschöpften Traditionslinie zugeordnet werden.

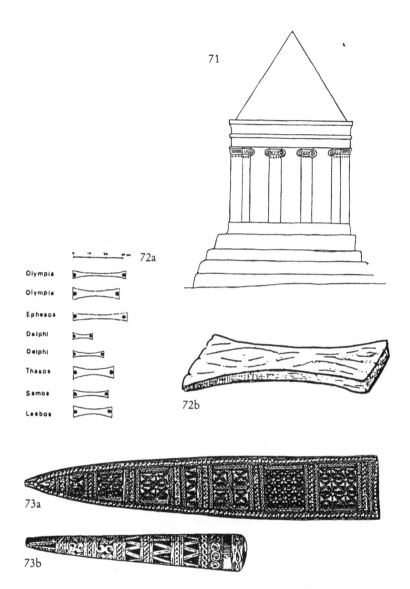

71 Zacharias-Grab im Kidrontal, Jerusalem; -2. Jh. [Zeichnung H.I.]
72 Schwalbenschwanzklammern: a) griechische des -6./5. Jhs. b) hölzerne der ägyptischen 12. Dyn. (-20./19. Jh.; →*8./6. Jh.*) aus Lischt [Nylander 1966, 142; Jéquier 1924, 279]
73 Goldgranulation aus Ur (vor -2500; →*8./6. Jh.*): a) Dolchscheide b) Kosmetikbehältnis [Singer 1957, 654]

Pyramiden und Gewölbe

Wie sieht nun die zeitliche Abfolge von Pyramiden- und Gewölbebau gemäß orthodoxer Chronologie aus? Die Tabelle nennt die übliche Datierung, Dynastie und den Pyramidentyp, wobei es sich bei den großen ägyptischen Pyramiden generell um Königspyramiden handelt. Bei den gestemmten Gewölben sind die nicht ausgehöhlten Gewölbe der 4. Dynastie subsumiert:

Konvent. Datierung	Dynastie	Pyr.typ	Zusätzl. Kleinpyr.	Kragg. Stemmg.	Echte G.
2624 -2575	3.	gestuft		X	X
2575 -2465	4.	glatt	X X	X	
2465 -2155	5/6.	glatt	X	X	
2010 -1700	12/13.	glatt	X	X	X
1525 -1212	18/19/20.	Privatp.	X		X
745 - 653	25	Nub.Königsp.	X		X
-653/+350	-	Nub. Pyr.	X		X

Offensichtlich legt die bisherige Chronologie keine Entwicklungslinie durch die selbst kreierten Jahrtausende. Dagegen können für eine neue Chronologie des Alten Ägypten bereits einige Fakten festgehalten werden.

Die 4. Dynastie kennt wesentliche Techniken der vorangegangenen Stufenpyramiden nicht, beherrscht aber andere Techniken und errichtet fast 'aus dem Stand' die größten und perfektesten aller Pyramiden. Nach der 4. Dyn. wird im Alten Reich keine weitere konstruktive Idee mehr entwickelt.

Die Pyramiden der 4. Dynastie erinnern mit ihren Riesenformaten und ihren majestätischen Kraggewölben an ferne europäische Megalithbauten. Nun ist in einer vorangehenden Publikation bereits - bewußt ohne Rückgriff auf Ägypten - gezeigt worden, daß diese Bauten durchweg ins →*1. Jtsd.* gehören [Illig 1988]. Besondere Affinität besteht zu mykenisch-minoischen Tholoi, deren größte Dome in derselben Technik fast dieselbe Höhe erreichen wie Snofrus Kragkuppeln. Die spätesten dieser mykenischen und minoischen Bauten müssen beim Vergleich mit den überaus ähnlichen etruskischen Bauten, aber auch mit anderen 'jung' datierten Zyklopenbauten in Italien oder Dalmatien [Illig 1988, 63, 95] ins →7. Jh. rücken, in Gleichklang mit der griechischen Chronologiekorrektur. Da der Baustil nördlich und südlich des Mittelmeeres allzu ähnlich wirkt, kann aus architektonischer Sicht hier für Snofru dasselbe oder das darauffolgende Jahrhundert vorgeschlagen werden. Für das spätere →7. Jh. spräche die perfektionierte Steinglättung und -verfugung unter Snofru.

Dayton hat die Vermutung geäußert, daß Userkaf, der erste Pharao der 5. Dynastie, zeitgleich mit Naram-Sin lebte [Dayton 1978, 409f]. Er kam zu dieser Schlußfolgerung, weil auf der griechischen Insel Kythera nicht nur ein Gegenstand mit Userkafs Kartusche gefunden worden ist, sondern auch der Deckel eines Kästchens, das Naram-Sin gehörte. Nun wurde aber Naram-Sin von Heinsohn in das →7. Jh. der Großreichsassyrer verlegt. Damit weist ein weiterer Fund des Alten Reiches auf das →7. Jh.

Eine zeitliche Obergrenze für die Bauten von Giseh ist durch alte Überlieferungen vorgegeben. Herodot mag um -460 vor ihnen gestanden sein, sofern der generelle Zeitansatz für sein Leben und Werk stimmt. Ein späterer Forscher, der Römer Plinius d. Ä., hat sein Wissen über die Pyramiden u.a. von Aristagoras bezogen, der -498 gestorben sein soll. Und Plinius scheint stichhaltige Details zu kennen, nennt er doch für die drei Giseh-Pyramiden mit 78 Jahren und 4 Monaten eine präzise Bauzeit [Plinius XXXVI, 17]. Herodot sprach von Cheops und Chephren als zwei Brüdern, die zusammen 106 Jahre regiert hätten [Herodot II:128].

Die Giseh-Pyramiden wären demnach *nach* →620, aber *vor* →500 erbaut worden. Dieser Ansatz deckt sich mit der von G. Heinsohn geäußerten Vermutung, daß die großen Pyramiden wegen der Verarbeitung superharter Gesteine in eine Zeit gehören, in der Eisen für Meißel verfügbar wurde [Heinsohn 1988, 51; hier Kapitel J und N; Illig 1988, 34ff; Illig/Löhner 1993, 132-145] Eisen hat sich aber schon nach bisheriger Meinung in Ägypten erst im -6. Jh. durchgesetzt.

Die Mittelreichspyramiden wirken wie nachlässige Kopien des Alten Reichs, enthalten aber ein hochentwickeltes 'Innenleben' in Gestalt aufwendiger, raffinierter Sicherungseinrichtungen. Das Vorbild des Reichsgründers wird von seinen Nachfolgern nicht aufgegriffen, die sich eng an Snofru, den Gründer der 4. Dynastie, anlehnen, wenn sie ihm nicht sogar vorausgehen.

Für die Pyramiden des sogen. Mittleren Reiches gilt, daß ihre echten Schutzgewölbe auf keinen Fall vor →*700* erwartet werden können, so man die Relation zu Mesopotamien im Auge hat und bedenkt, daß die Ägypter in dieser Technik keineswegs als führend gelten. Schließlich mußten sie nicht zwingend mit dem Gewölbe experimentieren, beherrschten sie doch die Überdachung mit großformatigem, einheimischem Steinmaterial und mit Holzbalken, die sie nachgewiesenermaßen schon sehr früh aus dem Libanon importierten. Das stein- und baumlose Zweistromland war wesentlich dringlicher darauf angewiesen, hier innovativ zu werden. Nebukadnezar holte als erster für seinen Palast zu Babylon Zedern auf dem Land- und Flußweg aus dem Libanon; dementsprechend rühmte er sich mit dem, "was kein früherer König getan hatte" [Trümpelmann 1988, 27]. Bis dahin aber war es unmittelbare Notwendigkeit, aus unscheinbaren Ziegeln tragfähige Mauern und Decken zu errichten. Allerdings könnte dieser Gedankengang zu rational sein: Wenn Pharaonen das Bedürfnis haben, ihren Totenopfersaal mit einem Himmelsgewölbe samt aufgemalter Sterne zu schmücken, kann dies mehr Kreativität freisetzen als unzureichendes Baumaterial.

Technologiegeschichtlich wäre auch vorstellbar, daß die Pyramiden des Mittleren Reiches denen des Alten vorausgehen; dann hätte bei ihnen die Suche nach dem Idealwinkel begonnen, und bei ihnen hätte man sich von primitiveren Füllungen zum vollständigen Steinkern vorgearbeitet. In diesem Fall stammte die erste glatte Pyramide von Amenemhet I.; für sie wiederverwendete Blöcke [Goedicke 1971] müssen dem nicht widersprechen [Illig 1990].

Das Neue Reich hört mit den Königspyramiden auf, bevor es richtig begonnen hat und gibt statt dessen die Nebenpyramiden zum privaten Nachbau frei. Das Vorbild des Reichsgründers wird von seinen Nachfolgern nicht aufgegriffen, die sich eng an den Gründer des Mittleren Reiches anlehnen.

Die Nubier schließlich orientieren sich an Altem, Mittleren und Neuem Reich und bauen länger Pyramiden, als es die Ägypter selbst taten. Das Kraggewölbe der Pije-Pyramide wird bislang auf -745 bis -713 angesetzt, eine Datierung, die mit dem assyrischen Angriff unter Sargon II. verkettet ist. Aber die Ähnlichkeit zu den vorangegangenen großen Tumuli von Kerma will beachtet sein. Diese laufen mit Mykene und der Hyksos-Zeit synchron: Sie müßten demnach ins →8./7. Jh. rücken. Die ihnen folgenden Pyramiden kämen somit ins →7./6. Jh. In Europa wuchsen ungefähr seit dem →8. Jh. die Grabhügel in den Himmel, wie an anderer Stelle untersucht worden ist [Illig 1988, 94-102]. Geht man davon aus, daß sie in Nubien, ihrem südlichsten Standort, zuletzt auftreten und deshalb ins →7. Jh. gehören, fände man ein zweites Mal das →7./6. Jh. als Beginn der nubischen Pyramidenbautradition.

Daraus ergibt sich zwanglos die These, daß der nubische und der Altreichsstrang (ab Snofru) zu einem ähnlichen Zeitpunkt einsetzen und dann parallellaufen! Denn das Bedürfnis, berghoch zu bauen (und vielleicht symbolische Schutzräume einzurichten), ist in der gesamten Welt dieser Zeit zu lokalisieren, in der ja nicht zuletzt auch die mesopotamischen Zikkurats aufgetürmt wurden.

Nachdem Mentuhotep II. wie der Gründer des Neuen, nicht wie der des Mittleren Reichs wirkt, kann eine weitere Frage gestellt werden: Die pyramidenbauenden Pharaonen hatten in Abydos ihr Scheingrab. Haben sich die Könige Ägyptens im oberägyptischen Theben ihre eigentlichen Felsgräber ausschachten lassen, während die Pyramiden nur unterägyptische Scheingräber darstellten? Daraus könnte unmittelbar auf die Identität verschiedener Dynastien geschlossen werden.

Die Autoren teilen die Meinung von Diodor [I, LXIV], derzufolge kein ägyptischer König in einer von ihm gebauten Pyramide begraben worden sei [vgl. Goyon 1987, 226,259]. Für die Ägyptologie galten die Pyramiden immer als Grablege, gleichwohl konnte praktisch keine ursprüngliche Bestattung sicher nachgewiesen werden - statt dessen fanden sich unfertig zurückgelassene oder unbenutzte Bauten, nie verwendete Sicherungseinrichtungen und versiegelte, aber trotzdem leere Kammern und Sarkophage (etwa der von Sechemchet aus der 3. Dynastie).

Mit dieser Hypothese wäre der lange Stillstand nach der raschen Entwicklung des unten gerundeten Giebeldaches beseitigt. Von Mykerinos bis zu Hatschepsut - nach herkömmlicher Rechnung fast exakt ein Jahrtausend - wird der Totenopfersaal in immer gleicher Weise mit dem Himmel überwölbt, wie die Ausmalungen mit Sternen beweisen. Verbot sich hierfür das schubkräftige, 'dynamische' echte Gewölbe oder müssen Altes, Mittleres und Neues Reich, von Manetho teleskopartig auseinandergezogen, auf wenige Jahrhunderte zusammengeschoben werden? Letzteres ist im Kern die hier vertretene These. Offen bleibt im Moment noch die Frage, ob die Pharaonen der drei Reiche parallel regierten oder doppelt und dreifach in den Listen geführt worden sind. Auf sie wird andernorts geantwortet werden.

Mauerklammern

Zusätzliche Zweifel an der 'uralten' Architektur Ägyptens ergeben sich auch aus einem technischen Detail. Als die Griechen im -6. Jh. mit monumentalen Steinbauten begannen, benutzten sie schwalbenschwanzförmige Klammern aus Holz, um die meist mörtellos versetzten Blöcke zu verbinden (Abb. 72a). Noch im selben Jahrhundert wurden auch Z-, Doppel-T- und U-Klammern eingesetzt. Zum Holz traten bald Blei, Bronze und von Blei umgossenes Eisen [Müller-Wiener 1988, 83ff]. Die persischen Achämeniden bauten gleichfalls mit Metallklammern, haben aber offenbar diese Fertigkeit von Griechenland bezogen, denn im vorangehenden Assyrien waren sie sehr rar [Nylander 1966, 133,138].

Auch in anderen frühen Kulturen sind Klammern ausgesprochen selten. Schwalbenschwanzklammern oder die zugehörigen Aussparungen im Stein werden zwar in Knossos, Mykene ('Atreus'), Bogazköy und auch Babylon gefunden, aber es läßt sich kein häufiger Gebrauch nachweisen [Nylander 1966, 132]. Nur Ägypten scheint die zeitliche wie quantitive Ausnahme von der Regel zu bilden.

Ägyptische Klammern stehen in dem Ruf, eine "age-old technique" darzustellen, weil sie schon im Alten Reich als Schwalbenschwanzholzklammern aufgetreten sind, also im -3. Jtsd. [Nylander 1966, 132]. Für das Mittlere Reich sind sie, ebenfalls in Holz, in Lischt belegt (Abb. 72b). Der Holzgebrauch hat sich auffällig lange gehalten und bestätigt, daß Ägypten sehr spät die Eisenzeit erreicht hat. Häufig wurden Schwalbenschwanzaussparungen gefunden, die lediglich mit Mörtel gefüllt waren. Da Mörtel keinen Zugkräften gewachsen ist, folgerten S. Clarke und R. Engelbach, daß im Alten Ägypten diese Aussparungen nur als Justierungen und Versetzungshilfen dienten [Rosier 1987, 190]. Damit korrespondieren Funde aus Tanis, bei denen bronzene Schwalbenschwanzklammern mit Widmungsschriften, entsprechend unseren Grundsteinen entdeckt worden sind (gegen -1000). Auch sie scheinen keinem primär funktionalen Zweck zu dienen.

So ist die doppelte Frage, ob der Brauch wirklich Jahrtausende alt ist und ob die Ägypter überhaupt Klammern als wirkliches 'Bindemittel' verwendeten - ob also die Ägypter technologisch führend waren, negativ beantwortet. Angesichts der minderwertigen Materialien ist nicht einmal auszuschließen, daß Ägypten die Klammertechnik von außen übernommen hat, ohne sie hinreichend zu verstehen.

Neue Abhängigkeiten

Nunmehr lassen sich neue Abhängigkeiten zusammenstellen, die zu ganz anderen Zeithorizonten führen, aber zwangsläufig noch Widersprüche enthalten und bereinigt werden müssen:
- Die Djoserbauten der 3. Dyn. ähneln griechischen Bauten aus der Zeit nach -600, was anschließend noch detailliert ausgeführt wird.
- Die 4. Dyn. setzt gegen →630 ein und reicht bis ca. →500; ihre Kraggewölbe stammen von Mykene/Kreta. Eine Zwischenstation in Mesopotamien kann nicht ausgeschlossen werden; auf jeden Fall stammen aber die dortigen Kraggewölbe ebenfalls von Mykene/Kreta. Das gestemmte Scheingewölbe des Mykerinos ist im Samos des -6. Jhs. 'en vogue'.
- Userkaf, am Beginn der 5. Dyn., baut seine Pyramide im →7. Jh.
- Die frühe 12. Dyn. ist der Snofru-Zeit benachbart; wer hier Vorläufer, wer Nachfolger ist, muß noch offen bleiben. Die raffinierten Sicherungen der späten 12. und der 13. Dyn. können bis ins →4. Jh. reichen.
- Die großen Tumuli von Kerma sind gleichauf mit den ersten Pyramiden des Mittleren Reiches.
- Die Tempel und Gräber der frühen 18. Dyn. stehen in engem Zusammenhang mit Mentuhotep II., also mit der 11. Dyn.
- Die kleinen Pyramiden Nubiens folgen direkt den großen Tumuli von Kerma.
- Pije kopiert die Kraggewölbe von Snofru und Cheops und signalisiert damit (fast) Zeitgleichheit.

Zuletzt ein Blick hinüber zur Neuen Welt: Der ägyptische Pyramidenbau beginnt nunmehr kurz vor dem mesoamerikanischen. Ägyptische Papyrusboote mußten also nicht im -3. Jtsd. starten, um 1.000 oder gar 2.000 Jahre später kulturbringend zu landen. Dies war bislang der stärkste Einwand gegenüber Thor Heyerdahls Thesen [1973; 1978, 96-104]. Die nie überwundenen Maya-Kraggewölbe, das fehlende amerikanische Eisen und das dort fehlende Rad, das in Ägypten erst in der 5. Dyn. auftritt [Abb. s. Illig/Löhner 1993, 74] lassen für entsprechende transatlantische Kontakte nur Snofrus und Cheops' Regierungszeit zu, also die Zeit um oder kurz nach →600 [vgl. Illig 1990]. Allerdings ist es nach Meinung der Autoren nicht nötig, allein wegen des Pyramidenbaus eine diffusionistische Verbreitung zu fordern, dürfte sich diese Idee doch an global erlebbaren Geschehnissen entzündet haben.

Zum Nil zurückgekehrt, münden offensichtlich drei Entwicklungsstränge in die Bauform der ägyptischen Pyramide:
- Die Zikkurat kommt im oder nach dem →7. Jh. von Mesopotamien,
- Der Tholos kommt als Kammertyp mit falschem Gewölbe von Griechenland, konkreter von Mykene oder Kreta zur Zeit des 'Atreus' bzw. Snofru (→7.Jh.), und
- Innenkonstruktionen finden sich bei den nubischen Tumuli, die ihrerseits vom Vorderen Orient aus beeinflußt worden sind [Scholz 1986, 33].

Wem jetzt zeitlich und räumlich zu viele Pharaonen im →1. Jtsd. angesiedelt sind, möge sich daran erinnern, daß sehr wohl Überlieferungen vorliegen, denen zufolge im -8. Jh. zahlreiche Pharaonen gleichzeitig im Niltal regiert haben. So tut Pije kund, daß er in seinem 20. Regierungsjahr eine Revolte von *sieben* ihm untertänigen Königen niedergeschlagen habe. Demzufolge waren zu seiner Zeit mindestens folgende Monarchen in Amt und Würden, die nur zum Teil in den heute geltenden Listen erfaßt sind [Rawlinson 1881, 437f]:
- Osorkon (IV.) im östlichen Delta (729-718; 22. Dyn.),
- Aupot (Jupet II.), ebenfalls im Delta (752-718; 23. Dyn.),
- Tefnachte im westlichen Delta und Memphis (730-718; 24. Dyn.),
- Pefaabast (Peftjauauibast) südlich von Memphis (Dyn. 24 A),
- Namrut (Nemalot, Nimrod) von Hermopolis (Dyn. 24 A),
- Petisis von Athribis im Delta,
- Bek-en-nefi unbekannter Provenienz.

H. Brugsch, der den gesamten Text der Pianchi-Stele vom Gebel Barkal abdruckt, nennt weitere *dreizehn* herrschende Generäle und Prinzen, darunter einen General Scheschonk, der heute vielleicht der 22. Dynastie subsumiert wird [Brugsch 1891, 390].

50 Jahre später war die Alte Welt assyrisch. Esarhaddon, der "König der vier Weltteile", bestätigte -671 nach seinen Siegen über Taharqa *zwanzig* rebellische ägyptische Könige, Befehlshaber und Satrapen in ihren Ämtern, die schon Sennacherib untertänig gewesen waren; ihre Namen werden in keiner Pharaonenliste geführt, zumindest nicht an der richtigen Stelle [Brugsch 1891, 413f]. Herodot aber berichtet uns, wenige Jahre später hätten *zwölf* Könige gemeinsam das Labyrinth im Faijum errichtet [Herodot II:148,151].

G) Granulation - kein Glasperlenspiel

An der Binsenweisheit, daß Gold die Menschen fasziniert, ist allenfalls erstaunlich, wie lange dem schon so ist.
"Gußformen aus Stein zur Herstellung von Schmuckgegenständen aus Edelmetall sind uns zum erstenmal in der Frühgeschichte, in größerem Umfang allerdings erst für die Mesilim/Ur I-Zeit belegt. Die zu gleicher Zeit nachweisbaren künstlichen Legierungen der Edelmetalle und feinste Granulations-Arbeiten haben ebenfalls eine hochentwickelte Schmelztechnik zur Voraussetzung. Überhaupt bietet uns von diesem Zeitpunkt an die altvorderasiatische Goldschmiedekunst eine Fülle der verschiedensten Bearbeitungstechniken bei einer Reihe von besonders qualitätsvollen Kunstwerken, deren früheste komplexe Anhäufung an einem Ort wir wohl in den Funden der Königsgräber von Ur vor uns haben. Gerade diese hervorragend gearbeiteten Grabbeigaben beweisen uns, daß fast alle heute noch in der modernen Goldschmiedekunst geübten Techniken schon damals nicht nur bekannt waren, sondern sogar auf einer so hochentwickelten Stufe standen, wie sie kaum jemals wieder erreicht worden ist" [Boese 1957, 517].
Demnach gibt es entweder keine technische Evolution oder sie hätte in den Jahrhunderten vor -2500 stattgefunden. Um hierüber Klarheit zu gewinnen, bietet es sich an, mit der Goldgranulation eine besonders komplizierte Technik herauszugreifen. Zugleich wird sich die Frage beantworten, inwieweit diese Technik die herrschende Chronologie des goldreichen Ägypten bestätigen kann.

Im 19. Jahrhundert brachten die Archäologen, die damals ja großteils noch staatlich legitimierte Schatzgräber waren, wundersame Gegenstände aus etruskischen Gräbern ans Tageslicht. Die Oberflächen von Ohrringen, Broschen oder Gefäßen waren übersät mit Tausenden von winzigen Goldkügelchen, die keineswegs willkürlich, sondern mit ungeheurer Akribie Stück für Stück aufgesetzt worden waren. Die besten Goldschmiede machten sich daran, diese Wunderwerke zu reproduzieren - doch lange vergeblich. Die Mär entstand, daß das

Geheimnis dieser speziellen Technik weder theoretisch noch praktisch überdauert hätte. Erst Jochem Wolters [1983] konnte definitiv nachweisen, daß es sich tatsächlich um ein Märchen handelte; er legte darüberhinaus eine gründliche Bestandsaufnahme der antiken wie der neuzeitlichen Granulationstechniken vor, entwickelte eine detaillierte Klassifikation und gab einen geschichtlichen Abriß samt Wiederentdeckungsversuchen und heutigen Goldschmiedearbeiten. Wolters Standardwerk wird hier durchwegs gefolgt.

Goldschmiede haben sehr früh die Erfahrung gemacht, daß kleine Metallpartikel entstehen, wenn Metallschmelze in ein geeignetes Medium gegossen wird, und daß diese sich von selbst zu Kügelchen, zu Granalien zusammenziehen [ebd. 45]. Das eigentliche Problem aber war die Befestigung der Granalien auf dem Untergrund. Wolters kann mit schriftlichen Quellen und experimentellen Erfahrungen belegen, daß in der Antike das Reaktionslöten mit Malachit und anderen Kupfersalzen bekannt war, das keinerlei Lötspuren hinterläßt [ebd. 9]. Für die Arbeitstemperatur von 1063° ist ein gebläseunterstütztes Holzkohlenfeuer notwendig [ebd. 50].

Mit diesen Voraussetzungen, Fingerfertigkeit und übermenschlicher Geduld gingen die Handwerker daran, Schmuck, Gerätschaften und Waffen mit Granalien zu bedecken, einzeln, als Linien, Flächen oder übereinandergeschichtet zu traubenförmigen Körpern (ebd. 14; hier Abb. 79). Ab -2500 entstehen auf diese Weise erlesene Werke der Goldschmiedekunst, etwa der Wespenanhänger aus Mallia/Kreta, die Dolchgriffe aus dem Grab Tutanchamuns, die etruskischen Gewandfibeln (Abb. 75, 78, 77a) und Ziergefäße.

Wolters vertritt im genauen Gegensatz zur früher herrschenden Meinung die These historischer Kontinuität der Granulationstechnik.

"Tatsächlich ist die Granulation seit ihrem ersten Auftreten in Mesopotamien vor rund viereinhalbtausend Jahren zu keinem Zeitpunkt 'verloren' gewesen, sondern hat vielmehr an zahlreichen Stellen der Welt bis weit ins 19. Jahrhundert, also bis zu ihrer vermeintlichen Wiederentdeckung, in ungebrochener Kontinuität überlebt [...] Wiederum erklärt nur die einseitige Fixierung auf die griechischen und etruskischen Granulationsarbeiten, daß die Granulationstechnik ausgerechnet zu dem Zeitpunkt als 'verloren' bezeichnet wurde, als sie das erste Mal in der Geschichte eine weltweite Verbreitung gefunden hatte" [Wolters 35].

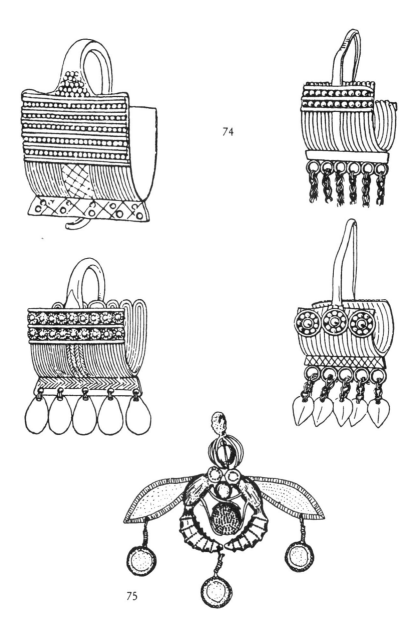

74 Goldene Körbchenohrringe, Troia IIg, 2350-2100 (→8. Jh.)[Wolters 1983, 70]
75 Kretischer Goldanhänger, Mallia (ca -1700; *ca.* →8. Jh.) [Wunderlich 1972, 266]

76

77a

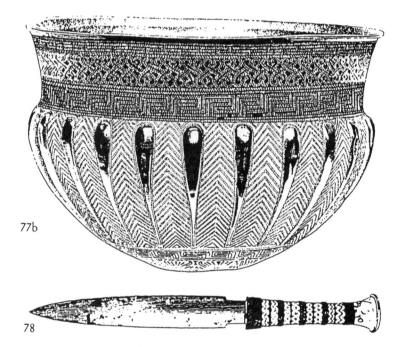
77b

78

76 Zyprischer granulierter Schmuckanhänger aus Enkomi. Seine Muster sind laut A.S. Murray identisch mit denen von Goldornamenten aus dem rhodischen Kamiros. Diese werden nach einem Skarabäus von Psammetich I. (665-612; →5. Jh.) datiert, jener ins -14. Jh. [Murray 1900, 18; Wolters 1983, 104]

77 Etruskische Arbeiten: a) Plattenfibel aus Caere (Cerveteri), -670 b) Goldschale von Praeneste; 138.000 Granalien bei einem Durchmesser von 10 cm (-650; →6. Jh.) [Keller 1970, 45; Singer 1957, 619]

78 Dolch mit Eisenklinge aus Tutanchamuns Grabschatz; Griff aus goldgranulatverziertem Elfenbein und Bergkristall (um -1330; →6. Jh.) [Singer 1957, 619]

Entsprechend den orthodoxen Datierungen sieht Wolters in Ur das Zentrum, von dem aus die Technik nach allen Himmelsrichtungen ausstrahlt [ebd. 74]. Dieser Ursprung ergibt sich für ihn plausibel aus der bislang allgemein anerkannten Chronologie, nicht aus dem technischen Befund. Im -3. und -2. Jtsd.
"breitet sich die in Mesopotamien entstandene Technik zunächst nach Syrien, Troja, Transkaukasien und Ägypten aus und erreicht später Kreta, Palästina, den Iran, Zypern und Griechenland". Doch "kommt die Granulation in den genannten Ländern am Ende des zweiten vorchristlichen Jahrtausends zum Erliegen und lebt erst nach mehrhundertjähriger Unterbrechung in der Antike wieder auf" [ebd. 68].
Nur im Iran konnte diese Goldschmiedekunst damals überleben [ebd. 74]. Damit wird die Absicht von Wolters erkennbar: Er stemmt sich gegen die Meinung, die Goldgranulation sei - wie etwa Glas oder der Rammsporn (s. Kap. M und O) - mehrmals erfunden worden. Dazu mag ihn die Erkenntnis getrieben haben, daß die vorgefundenen Techniken keine Trennung nach Jahrhunderten rechtfertigen. Der von Wolters für die wesentlichen Fundgebiete geschilderte Entwicklungsgang wirkt jedoch durchaus lückenhaft, selbst wenn man einkalkuliert, daß praktisch ausschließlich Grabbeigaben unseren Kenntnisstand repräsentieren, also ungeplündert aufgefundene Gräber die Voraussetzung für unser Wissen sind.

Entwicklung

Mesopotamien bleibt also zunächst das Ursprungsland. 'Natürlich' findet sich Granulationstechnik erstmals bei den berühmten Königsgräbern von Ur (2560-2400; Abb. 73) und setzt sich in der Larsa-Periode (1900-1700) fort.
"Ihren künstlerischen Höhepunkt erreicht die mesopotamische Granulationstechnik zu Beginn der kassitischen Zeit. Bedeutendstes Fundstück dieser Epoche ist der goldene Halsschmuck von *Dilbat* (1700-1600 v. Chr.) [...] Die Granulationen sind qualitativ mit den besten etruskischen und griechischen Arbeiten vergleichbar" [Wolters 1983, 69].

79 Beispiele für a) Linien- b) Flächen- c) Traubengranulation [Wolters 1983, 17f]

Demzufolge hatte Mesopotamien nach fast einem Jahrtausend Entwicklungszeit unter den Kassiten ein Niveau erreicht, das erst nach weiteren 1.000 Jahren überboten wurde. Wäre es aus technologischer Sicht nicht einleuchtender, die kassitische Kunst in die zeitliche Nähe der Etrusker zu verbringen?

Nach Dilbat läßt sich die Spur im Mittelassyrien des -13. Jhs. wieder aufnehmen, wo sie nach der obligatorischen Unterbrechung durch die "Dunklen Jahrhunderte" im -9. und -8. Jh. erneut verfolgbar ist. Aus dieser Zeit waren bislang lediglich zwei Ohrringe bekannt [ebd. 74], doch 1988/89 barg man in Nimrud einen unerhört reichen Goldschatz. 57 Kilo des Edelmetalls wurden aus drei Gräbern (u.a. von Königinnen) ans Licht gebracht, darunter granulierte Halsbänder, Ringe und ein kronenartiges Diadem [Hill 1989; Sattler 1990]. Bei den Nachfolgern der Assyrer, den Medern und Babyloniern, finden sich mit ganz wenigen Ausnahmen - etwa der Zeit Nebukadnezars II. - keine Belegstücke mehr. Das ist für die Autoren nicht verwunderlich, da stratigraphisch die Meder als Alter egos der Mitanni den Mittelassyrern (= frühe Perserzeit in Assyrien) vorangehen, während die Neobabylonier zeitgleich mit Spätassyrern in die spätere Perserzeit gehören.

In *Syrien* verbreitet sich die Granulation - gemeint sind hier immer Goldarbeiten, obwohl auch andere Metalle in Granalien verwandelt werden können - gegen -2000 und läßt sich dann bis ins -15. Jh. nachweisen.

Im *griechischen Kulturraum* bildet Troia einen zeitlich und räumlich isolierten Brückenkopf (Abb. 74). Der Grabungshügel enthielt ausschließlich in der Schicht IIg Granulationsarbeiten, die sämtlich zu dem von H. Schliemann so genannten "Schatz des Priamos" gerechnet werden (2350-2100). Sie "erreichten einen hohen Qualitätsgrad, der dem der frühmykenischen Granulationstechnik weit überlegen ist" [Wolters 70]. Demnach wäre das deutlich jüngere Mykene ein unbeholfener Epigone von Troia II. Allerdings muß schon hier die Einschränkung gemacht werden, daß die Zweifel immer stärker werden, daß Schliemanns Schatz - sofern er überhaupt aus Troia stammt - einer jüngeren Schicht zugerechnet werden muß [vgl. Calder/ Traill 1986].

In Kreta tritt Goldgranulation erstmals "in der Kulturstufe *Mittelminoisch IB* (2000-1700 v. Chr.) auf" [Wolters 71]. Im -17. Jh. erreicht die insulare Goldschmiedekunst einen Höhepunkt mit dem Anhänger von Mallia (Abb. 75). Auf dem griechischen Festland kannten auch die mykenischen Goldschmiede diese Technik, allerdings auf niedrigerem Stand. Erst "in der *mittelmykenischen Phase* (1500-1400 v. Chr.) setzt der Wechsel von anfänglich noch grober zu feinerer Granulation ein" [ebd. 73]. Bis -1100 schreitet diese Verfeinerung voran, der Durchmesser der Goldkügelchen reduziert sich im Schnitt auf 0,5 mm. Doch dann folgt der Bruch der "Dunklen Jahrhunderte": mindestens 250 fundlose Jahre. Nach ihnen lief die Entwicklung aus. In Kreta erlebt die Granulation als Technik (nicht hinsichtlich der Komposition) in der dädalischen Zeit bis -650 (besser →*550)* eine letzte Blüte, bevor die Insel in eine Periode tatsächlich dunkler Jahrhunderte gerät [Sakellarakis 1979, 106].

Dagegen führten in Attika und der westlichen Ägäis die 'Wiederanfänge' nach den sogenannten "dark ages" zu einer neuen, griechischen Blüte: Granulation breitet sich allmählich aus, wobei der orientalisierende Stil dominiert. Im -7. und -6. Jh. herrscht weithin griechischer Stil: Sizilische oder süditalische Goldschmiede arbeiten genauso in ihm wie die griechischen Anrainer des Schwarzen Meers und die Skythen in den russischen Steppen. Auffälligerweise finden sich im archaischen Griechenland anachronistische Rückgriffe auf spätminoische und zyprische Arbeiten vor den Dunklen Jahrhunderten [Wolters 76].

Die besten Granulationsmeister hatten die *Etrusker,* bei denen sich zunächst kaum Beeinflussungen durch Griechen und Phönizier erkennen lassen [ebd. 79, 83]. Ab -700 tragen Fibeln, Nadeln, Ohrringe, Halsschmuck, Anhänger, Armreifen und Goldschalen Granalien, deren mittlerer Durchmesser bei nur 0,25 mm liegt, ja die Sehgrenze unterschreiten kann: Bei der Staubgranulation plazieren selbst die Etrusker nicht mehr das einzelne Kügelchen, liegt doch sein Durchmesser bei 0,14 mm [ebd. 79] ; hier erscheint die granulierte Oberfläche wie samtüberzogen. Um -650 wird auch das aufwendigste Kunstwerk geschaffen, das uns in dieser Technik je bekannt geworden ist (Abb. 77b): Aus Praeneste stammt - 6 cm hoch, 10 cm im Durchmesser - eine
> "hochaufgewölbte Schale, deren gesamte Oberfläche mit feiner doppelreihiger Liniengranulation in Form von Doppelmäander, Fischgrätenmustern, Rosettensegmenten, Schlaufenband und kompliziert verschlungenem Flechtband verziert ist. Die Muster dieser Schale, die die bedeutendste technische Leistung auf dem Gebiet

der Granulation darstellt, sind aus über 137000 Granalien von 0,32 mm Durchmesser zusammengesetzt" [Wolters 82].
Nach -575 beginnt zunehmend griechischer Einfluß zu dominieren, während die Granulation durch das Filigran zurückgedrängt wird.

Ägypten war das Land, in dem in erstaunlichem Umfang Goldfunde ans Tageslicht kamen, denken wir nur an den dritten, massiven Goldsarg von Tutanchamun (Abb. 80) mit seinen allein 110,4 kg Gewicht [Edwards 1978, 129], an die berühmte Goldmaske dieses Königs (11 kg) oder an das 6,3 kg schwere Collier von Psusennes aus Tanis [Saleh 1986, Nr. 240]. Ägypter betrieben seit dem Alten Reich eine gezielte Goldsuche und -exploration. Einigermaßen unerklärlich ist, wie sie in ihrer Ostwüste die goldhaltigen Gesteine aufspürten. Nach Aussage von D. Klemm finden sich antike Probegrabungen ausschließlich in Gestein, das tatsächlich goldhaltig ist; vermutlich haben sie sich bei der Prospektion an beigeselltem Kupfer orientiert. Es sind seitdem keine weiteren Vorkommen mehr in Ägypten gefunden worden. Um Gold vom Ganggestein trennen zu können, mußte das goldhaltige Gestein auf eine Korngröße im Mikrometerbereich zermahlen werden. Wie die Ägypter herausfanden, daß unterhalb der Sichtbarkeitsgrenze eine mechanische Trennung möglich wird, ist uns unbekannt [Klemm 1988].

Granulation jedoch taucht bei den Ägyptern selten und vergleichsweise spät, im Mittleren Reich, auf: auf Schmuckstücken aus den Gräbern der Prinzessinnen Chenemet und Mereret in Dahschur (-1910 und -1800).
Kurz vor und im Neuen Reich finden sich in sechs Gräbern entsprechende Goldschmiedearbeiten: im Schatz der Königin Ahhotep (ca. -1550), im Grab der Königinnen von Tuthmosis III. (1479-1425), im Grabschatz von Tutanchamun (1333-1323), in Tell-Basta (Zeit Ramses' II.) und im Grabschatz von Ramses III. (Abydos; 1184-1153) [Wolters 71].
Dann bricht diese Tradition ab; unter den reichen Gold- und Silberfunden der 21. und 22. Dynastie aus Tanis tauchen merkwürdigerweise keine Granulationsarbeiten mehr auf. Aber gerade hier, nahe der ägäischen wie der vorderasiatischen Einflußsphäre, sollten sie vorrangig zu finden sein. Dagegen werden sie am ägyptischen Gegenpol wieder entdeckt, in Nubien unter den Kuschiten und während der 25., äthiopischen Dynastie. "Die Kunst der Granulation überlebte, aber sie verlor

einiges an Feinheit" [Wilkinson 1971, 186]. Südlich des 1. Katarakts setzt sich von -850 bis ins -3. Jh. eine sehr dünne, aber einigermaßen durchgehende Traditionslinie fort: beginnend mit einem Anhänger aus el-Kurru, fortgesetzt mit einem Amulett König Taharqas (-7. Jh.) sowie Ringen der Gemahlin von König Aspeltas (-6. Jh.) und des Königs Nastasen (spätes -4. Jh.) [Wolters 75]. Noch später findet sich Granulation im meroïtischen Schatz von Tukh el-Qaramus aus dem beginnenden -3. Jh. [Wilkinson 1971, 186] und in dem der Königin Amanishahate zur Zeitenwende [Staatliche Sammlung Ägyptischer Kunst, München].

Unverstanden blieb, warum das Alte Ägypten trotz des vielen Goldes so selten Granulationen schuf. Ist man bereit, die Wunder 'uralter' ägyptischer Kultur nüchtern zu sehen, kann die Konsequenz daraus nur sein:

Die relativ wenigen ägyptischen Funde entstammen keiner einheimischen Handwerkertradition. Sie wurden aus dem Vorderen Orient und aus der Ägäis importiert oder zumindest von zugewanderten Handwerkern gefertigt! Sachverständige Urteile weisen klar darauf hin und widersprechen allesamt der Meinung von J.R. Harris, derzufolge Granulation "fast sicher ägyptischen Ursprungs war" (Harris 1971, 98].

Das Design der frühesten Funde, aus dem Grab der Chenemet in Dahschur, "legt ägäischen Ursprung oder Einfluß nahe" [Carroll 1977], während die Ähnlichkeit zu mesopotamischen Stücken Wolters vermuten läßt,

"daß die Kenntnis der Granulationstechnik den Ägyptern von den Sumerern auf dem Weg über die syrisch-phönizischen Küstenstädte vermittelt wurde" [Wolters 70].

Auch C. Aldred hat darauf hingewiesen,

"daß der Schmucktyp des Fingerrings im Dahschur-Fund bereits voll entwickelt auftaucht, und da seine Ringplatte mit Granulationsmustern geschmückt ist, besteht die Wahrscheinlichkeit, daß der Schmuckring im Unterschied zum Siegelring ursprünglich aus Asien importiert wurde" [Aldred 1972, 161].

Dank des sensationellen Nimrud-Fundes läßt sich eine weitere Querverbindung zwischen Ägypten und Asien ausmachen. Am goldenen Collier der Ahhotep, Mutter der Könige Kamose und Ahmose, stechen mandelförmige Anhänger ins Auge, "die am Außenrand mit Liniengranulation parallel zu aufgelöteten Runddrähten verziert sind" [Wolters 70, Abb. S.

94]. Zum Halsband der assyrischen Prinzessin Yabahya gehören nun 28 mandelförmige Anhänger, deren Außenränder mit Liniengranulation verziert sind [Schuster 1990]. Ganz offensichtlich stammen beide Schmuckstücke aus derselben Handwerkstradition - doch sie werden ganz unterschiedlich datiert: -1550 für Ahhotep, 721-705 für Sargon II.! Ungeachtet dessen, daß auch die Datierung Sargons II. noch zu hoch liegen kann, wird offenbar: Der Hyksos-Überwinder Ahmose und der Assyrer Sargon II. scheinen Zeitgenossen zu sein [vgl. Illig 1990a]. Und Ahmoses Zeremonialaxt aus demselben Grab seiner Mutter spricht - wie im Kapitel K über Niello-Arbeiten ausgeführt - eindeutig für mykenisch-vorderasiatische, nicht für originär ägyptische Kunsthandwerker.

Der Dolch mit Stahlklinge aus Tutanchamuns Grab mit seinem granulierten Griff (Abb. 78) wird als Geschenk aus dem Norden betrachtet, sowohl wegen der für Ägypten eigentlich zu frühen und untypisch bearbeiteten Klinge, als auch wegen des Knaufs aus Bergkristall [Helck 1971, 391]. Er hat, genauso wie der daneben gefundene Dolch mit goldener Klinge, am Griff Zickzacklinien und rautenförmige Flächengranulation. Daneben zeigen sich bei den Tutanchamun-Funden auch wellenförmige Filigranmuster, während auf Armbändern, Ringen und Ohrboutons Spiralmuster auftauchen - beides Hinweise auf nördliche und östliche Einflüsse. Denn die Spiralmuster und Flechtwerke finden sich auf frühen 'sumerischen' und akkadischen Siegeln ebenso wie auf späten mykenischen Grabstelen und Hyksos-Amuletten.

Auch die Funde der 19. Dynastie scheinen fremdländischen Ursprungs zu sein:

"Die schon von Hadaczek hervorgehobene große Ähnlichkeit zwischen den in Troja gefundenen Goldgehängen und dem Ohrschmuck des jugendlichen Ramses II. weist auf gemeinsamen orientalischen Ursprung; das troische Schmuckstück ist sicher weit älter als das ägyptische" [Schäfer 1910, 60].

Der letzten Vermutung des Zitates muß hier widersprochen werden. Freilich lag Troia IIg bislang im -22. Jh. und Ramses II. im -13. Jh. Die Verfasser sehen dagegen Troia IIg bei →800 und schätzen den angeblich in ihm gefundenen "Schatz des Priamos" eher noch jünger ein. Nachdem die Schmuckstücke Ramses' II. Abkömmlinge, nicht Vorläufer sind, ist damit von seiten der Granulationstechnik für Ramses II. als frühester Zeitpunkt →770 vorgegeben. Diese Datierung wird durch eine Spezialität gestützt: Auf Armreifen des Königs bilden sich zwischen granulierten Dreiecken schmale Zickzacklinien, die auf einem soeben in Nimrud gefundenen Kopfband der Sargontochter wiederkehren und hier dem ausklingenden -8. Jh. [Saleh 1986, Nr. 210; Sattler 1990], stratigraphisch aber dem →*5. Jh.* zugeordnet werden.

Für die späteste Zeit Altägyptens schließlich gilt: Abgesehen von ganz wenigen Schmuckstücken sind "alle anderen Granulationsarbeiten aus ptolemäischer Zeit aufgrund stilistischer Merkmale eindeutig dem griechischen Kulturkreis zuzuordnen" [Wolters 75].

Technische und formale Kriterien

Will man von stilistischen Kriterien einmal absehen, bietet sich zur Analyse die Größe der verwendeten Granalien an.

"Messungen der Granaliengröße bei Arbeiten des Altertums, der Antike und außereuropäischer Kulturen zeigen, daß die Granaliendurchmesser bis zur klassischen Antike abnehmen und mit der etruskischen Staubgranulation ein später in keiner anderen Kultur nachweisbares Minimum erreichen" [Wolters 19].

Doch wie stellt sich ein Vergleich dar?

Zeit	Granaliengröße	Fundort
-25. Jh.	0,7 mm	Ur
-22. Jh.	1,1 - 0,4 mm	Troia IIg
-19. Jh.	0,5 - 0,4 mm	Ägypten, 12. Dyn. [Ransom-Williams 1924, 48]
-15. Jh.	0,5 mm	Mykene
-14. Jh.	0,4 mm	Syrien (Alalach)
-7. Jh.	0,25 mm	Griechenland [Wolters 1983, 76, konträr 20]
-7. Jh.	0,32 - 0,14 mm	Etrurien.

Die Entwicklung der Technik schritt nach erstaunlich früher Entdeckung auffällig langsam voran, bleibt doch die Granaliengröße über

1.500 Jahre hinweg, vom -22. bis zum -7. Jh. ziemlich gleich, um erst bei Etruskern und archaischen Griechen unterschritten zu werden. Da die größten Granalien aus Troia stammen, läge es nahe, hier, an der Mittelmeerküste, nach -800 die Goldgranulation aufblühen zu lassen, haben doch die Königsgräber von Ur längst ihre 'uralte' Datierung verloren (nunmehr →7. Jh.; vgl. Heinsohn 1988, 121).

Die Verwerfungen in der Chronologie werden noch deutlicher, wenn man auf technische Details bei den verschiedenen Granulationsarbeiten abstellt.

Bei der *Flächengranulation* werden neben figürlichen Motiven gern geometrische Formen gewählt [Wolters 18], die sich aber einigermaßen willkürlich auf der bestehenden Zeitachse antreffen lassen (Abb. 79b):
- *Dreiecke* finden sich in Troia (-2350), Mesopotamien (-1700), Ägypten (-1323) und Assyrien (ca. -710) [Schuster 1990],
- *Rauten* in Ägypten (-1800), Mesopotamien (-1700) und wiederum Ägypten (-1279),
- *Rosetten* in Ägypten (-1352) und bei den Griechen (-7. Jh.).
- *Streugranulation* bedeckt komplizierte Flächen in Kreta (-1750), Etrurien (-7. Jh.) und Griechenland (-500) [Wolters 16].
- *Freie Flächengranulation* verzichtet auf Drahtkonturen oder Zwischenträger und setzt die Granalien direkt aufs glatte Blech. Man findet sie aber im Altertum nur in Troia (-2350), Kreta (-1750) und Ägypten (-1323) [Wolters 16].

Ist der Gedanke abwegig, daß ähnliche Techniken annähernd gleichzeitig angewendet wurden? Dann ließen sich daraus grobe 'Gleichungen' für ägyptische Dynastien gewinnen:

Die *Dreiecksmuster* rücken die 18. Dynastie (Tutanchamun) an ein Troia II nach →*800* und zu den Kassiten des →*8. Jhs.* Zum gleichen Ergebnis führt die freie Flächengranulation. (Kreta kann hier nicht als 'Datierungsgeber' angeführt werden, da es seine Datierungen von Ägypten erhalten hat.) Die Rauten führen schließlich das Griechenland des -7./6. Jhs. zeitlich mit der 12. Dyn. (-19. Jh.) und der 19. Dyn. (Ramses II.; -13. Jh.) zusammen.

Bei der *Traubengranulation* werden einzelne Granalien zu traubenartigen Körpern angeordnet (Abb. 79c). Auch bei diesen dreidimensionalen Gebilden liegen die Anwendungen überraschend disparat [Wolters 1983, 18f]:

- Kalottenformen in Mesopotamien (-1700),
- Maulbeertypus in Palästina (-1625),
- Zylinderformen in Mykene (-1400),
- Größere Formen mit kleinen Pyramiden in Persien (-10. Jh.),
- Kugelförmige Trauben bei Griechen (-7.) und Etruskern (-5./4. Jh.)
- Pyramidenformen bei Etruskern (-6. Jh.) und Griechen (-5. Jh.),
- Geschlossene Pyramiden bei den Etruskern (-4./3. Jh.).

Deutlich zeigt sich, daß erst bei archaischen Griechen und Etruskern eine gewisse Kontinuität auftritt, während zuvor immer das Land wechselt oder Jahrhunderte zwischen einzelnen Entwicklungsschritten bzw. zwischen dem Auftreten derselben Technik gelegen haben sollen. Zwei Begründungen für diese 'erratische Fundsituation' könnten plausibel scheinen: Zum einen kennen wir Goldgranulation praktisch nur aus Grabfunden, sie ist also beschränkt auf die relativ wenigen ungestörten Gräber, zum anderen tauchen gewisse Entwicklungen auch nach der Zeitenwende nur in sehr großen Zeitabständen auf.

Der wahre Ursprung

Trotzdem entsteht unter technologischen Aspekten ein wesentlich befriedigenderes Bild, wenn man von einer 'kompakten' Geschichtsabfolge ausgeht, wie sie G. Heinsohn für Mesopotamien und Troia, H. Illig für europäische Vorgeschichte und I. Velikovsky durch sein direktes Aneinanderkoppeln von mykenisch-minoischer Kultur und archaischem Griechenland vorgeschlagen haben.

Dann stammen die Ur III-Gräber aus dem →*7. Jh.* [Heinsohn 1988, 121], Troia IIg liegt bei →*800* (der "Schatz des Priamos" wohl noch deutlich jünger, so er nicht aus Troia stammt), der kretische Anhänger von Mallia ist im →*8./7. Jh.* anzusiedeln [vgl. Illig 1988, 76,130]. Die Entwicklung in Kusch/Nubien soll um -850 begonnen haben. Es erscheint jedoch wie im Falle der Tumuli nicht wahrscheinlich, daß 1.000 km südlich des Mittelmeers die Goldgranulation früher als im Norden eingesetzt hat. Ihre Datierungen hängen ausschließlich an der assyrischen Nennung eines Ta'arku, der mit dem kuschitischen Taharqa gleichgesetzt wird. Nachdem die Assyrer ansonsten nie Eigennamen ihrer Kontrahenten nennen, ist durchaus denkbar, daß sie hier einen dem Tarchon verwandten Titel gebraucht haben [Riemer 1989], womit die Verkettung hinfällig und eine Verschiebung möglich würde [Heinsohn 1989e; 1996 86ff].

Somit kann postuliert werden, daß Goldgranulation nicht primär aus Ur stammt, sondern im östlichen Mittelmeerbereich entdeckt und entwickelt und von hier aus verbreitet worden ist. Speziell für Troia bürgt nur der 'Schatz des Priamos', dessen troianische Herkunft zweifelhaft geworden ist. Insofern wird die Konkurrenz wohl zwischen den handwerklich hochbegabten Phöniziern (siehe Glaskapitel M), syrischen und minoischen Goldschmieden ausgetragen.

Ägyptische Goldgranulation muß, da sie keine eigen- und bodenständige Technik ist, durchwegs über Fundstücke aus den Nachbarländern datiert werden. Die hier ältesten Arbeiten aus dem Mittleren Reich haben sich dann chronologisch nach den stilistisch verwandten Funden in Byblos zu richten [Wolters 71], die bislang gerade umgekehrt, unter Beachtung der ägyptischen Chronologie 'in Reihe' gebracht worden sind. Die Funde aus Amarna und vor allem aus dem thebanischen Tutanchamun-Grab sind "stilistisch nahe verwandt" mit Armbändern aus Tell-Basta (Bubastis), also mit Funden aus dem Delta zur Zeit von Ramses II. [Wolters 71].

H) Goldene Tote

Um beim Gold zu bleiben: Der Brauch, den Toten Goldmasken aufs Gesicht zu legen, war südlich wie nördlich des Mittelmeers in Übung. Den sechs 'alten' Gold- und Elektrummasken aus den Schachtgräbern von Mykene stehen 'junge' Goldmasken aus dem griechisch-illyrischen Kulturraum gegenüber, von denen vor allem eine Maske von Trebeniste der des "Agamemnon" (Abb. 81a) sehr nahe steht. Es ist bereits an anderer Stelle gezeigt worden, wie unglaubwürdig es ist, wenn die technisch und stilistisch sehr ähnlich gearbeiteten Totenmasken von Mykene (ca. -1500) und Illyrien (ca. -530) durch 1.000 Jahre getrennt sein sollen, innerhalb derer zeitweilig jede bekannte Technik brach lag [Illig 1988, 30-34,69]. Diese These wird durch drei weitere Goldmasken untermauert. Carl Schuchhardt stellt an der zweiten Maske von Trebeniste fest, daß sie
> "ungeschickter gemacht [ist] als die mykenischen, die Nase mußte aus einem besonderen Stück angesetzt werden. Das Gesicht hat den archaisch=griechischen Stil des 6. Jahrhunderts mit den vorquellenden Augen. Es ist von einem Flechtbande rings umgeben, dem Nachfolger von Spiralbändern, wie sie die mykenischen Stelen umgeben" [Schuchhardt 1941, 311, Tafel 45].

Deutlicher läßt sich nicht ausdrücken, daß die mykenischen Masken ein volles Jahrtausend zu früh kommen, wenn sie Vorläufer der illyrischen sein sollen.

Die beiden im Stammland der Phönizier gefundenen und im Louvre aufbewahrten Stücke werden etwas vage ins -6. bis -4. Jh. datiert [Moscati 1988, 124,593]. Vor allem bei der älteren weist die Gestaltung der geschlossenen Augen, von Augenbrauen und Haaransatz auf ein Entstehungsdatum hin, das dem von Trebeniste (-530) sehr nahe kommen dürfte. So strahlten Brauch und Technik mykenischer Zeit - nunmehr auf das →7. Jh. datiert - unmittelbar nach Nord und Südost aus.

Bei der *veralteten Vorzeit* [Illig 1988] ist sorgfältig vermieden worden, mit ägyptischen Datierungen zu argumentieren, um sich nicht jetzt, wo es darum geht, mit Hilfe von außerägyptischen Funden die

Chronologie des Nillandes zu erarbeiten, in Zirkelschlüsse zu verwikkeln. Deshalb ist es jetzt legitim, von Mykene ausgehend an die ägyptischen Goldmasken zu erinnern, die zu Tutanchamuns Zeit ebenso wie zu Zeiten der 21./22. Dynastie zum Pompe funèbre gehörten.

Die Ähnlichkeit wird sofort deutlich, wenn nicht gleich die überaus preziösen und gewichtigen Masken von Tutanchamun (Abb. 81b) und Psusennes herangezogen werden, sondern zunächst jene des Generals Undebaunde (oder Wen-djebau-en-djed): Getriebenes Goldblech mit feinen schwarzen Intarsien bedeckt nicht den gesamten Schädel, sondern nur Gesicht und Hals. Von ihr aus lassen sich die verschiedenen Maskentypen verstehen [Abb. bei Rodier 1987, 270]. Bei Scheschonk II. sind die Befestigungen für eine wohl getriebene Kopfbedeckung erkennbar, bei Amenemope wird das königliche Kopftuch mit der reinen Gesichtsmaske integriert, bleibt aber flache Mumienauflage; bei Psusennes und Tutanchamun schließlich wird das Kopftuch plastisch über dem Schädel ausgebildet und die Maske zu einem pompösen Aufsatz ausgestaltet, bei dem Lapislazuli- und Glasflußinkrustationen zusammen mit feinen Ziselierungen den unvergleichlichen Eindruck noch erhöhen.

Dies widerspricht den bisherigen Datierungen. Denn wenn man sich nicht an den Sterbedaten, sondern an den Krönungsdaten orientiert, weil ab diesem Zeitpunkt die Vorbereitungen für das glanzvolle Begräbnis liefen, so liegen bislang die erhaltenen ägyptischen Goldmasken zwischen -14. und -6. Jh.: Tutanchamun -1333, Khamuaset (Sohn von Ramses II.) ca. -1240, Psusennes I. -1045, Amenemope -997, Scheschonk II. -924, eine äthiopische Prinzessin gegen -600, hohe saïtische Würdenträger im -7. und -6. Jh.

Man könnte nun vielleicht hoffen, daß die Jahrtausendlücke bei den griechischen Masken durch die ägyptischen Arbeiten leidlich geschlossen würde. Aber machte dies die enge Verwandtschaft zwischen mykenischen und trebenister Funden plausibler? Keineswegs. Viel wahrscheinlicher ist, daß die ägyptische Entwicklung keineswegs über mehr als 800 Jahre läuft, sondern einen wesentlich knapperen Zeitraum nach →700 umgreift. Dieser Vorschlag wird plausibler, wenn man bedenkt, daß auch die mykenischen Toten von Schachtgrab V mit goldenen Brustplatten bedeckt worden sind [Hood 1988, 164]. Die Plausibilität erhöht sich noch weiter, wenn in Kapitel K 'ausgewachsene' Erzstatuen ins Auge gefaßt werden, bei denen ebenfalls Inkrustationen auftreten können.

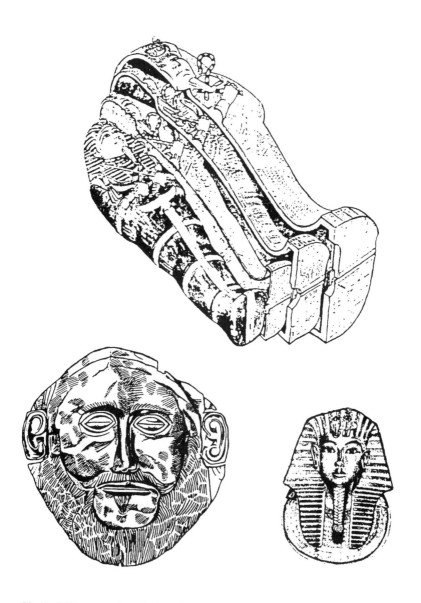

80 Drei Särge umgaben die Mumie von Tutanchamun; der dritte besteht aus zwei Zentnern puren Goldes (um -1330; →6. Jh.) [P.M.Magazin 12/89]
81 Goldmasken: a) Sogen. Maske des Agamemnon, mykenisch (-16. Jh.; →8./7. Jh.) [Piggott 1961, 195; Foto und Parallelen s. Illig 1988, 54] b) Goldmaske des Tutanchamun (-14. Jh.; →6. Jh.) [Baines 1980, 9]

Ergänzend dazu finden sich wertvolle Indizien aus der Amarna-Zeit, die wider alle Erwartungen aus ganz unscheinbarem Material bestehen. Das Ägyptische Museum Berlin verwahrt die lebensgroße Maske eines älteren Mannes aus Gipsstuck, die in der Amarna-Zeit von einem lebendigen Gesicht abgenommen sein dürfte. In der Bildhauerwerkstatt des berühmten Tuthmosis fanden sich über 20 Gipsköpfe, die von einem künstlerisch überarbeiteten Tonmodell abgegossen und weiterbearbeitet worden sind. Diese "statuennahen" Modellstudien dienten dann als Vorbild für die Übertragung in Stein [Robbel 1986, 74,91]. Dieser Weg von der Gesichtsmaske zur Statue ist erstmals für Amarna nachweisbar.

Nun existiert aber bereits 'aus grauer Vorzeit' eine erste Totenmaske aus Gips, nämlich die von Teti, des Begründers der 6. Dynastie [Weigall 1924, 65]. Sie wurde über den Leinenbinden der Mumien geformt [Wildung 1989, 140] und diente wohl als Vorlage für die goldene Mumienmaske [Stadelmann 1985, 280]. Dieser um 1.000 Jahre 'verfrühte' Brauch, ein Gesicht abzuformen, ist ein weiteres Indiz dafür, daß das Alte Reich ins →7./6. Jh. und in die Nähe von Echnaton verbracht werden kann.

Jüngst stellte D. Wildung-Schoske [Corban/Gillar 1997] einen weiteren Fund vor. Zu Tetis Zeiten ließ sich der Totenpriester Kahotep einen "Ersatzkopf" aus Gips, nicht - wie lange gedacht - aus Kalkstein anfertigen, wobei unterschiedliche Gipssorten signalisieren, daß der Kopf in zwei Arbeitsgängen in eine Negativform gegossen wurde.

"'Bisher waren auf diese Weise hergestellte Porträtköpfe erst aus der Amarnazeit bekannt, also 1000 Jahre später', unterstreicht Wildung die Bedeutung des Ergebnisses" [ebd.].
Noch ist unklar, ob hier direkt vom Menschenkopf ein Abdruck genommen worden ist. Wildung, der uns auch bei Erzguß und Inkrustationen als großer Veralter begegnen wird - 1.000 zusätzliche Jahre für das 'Münchner Krokodil' (s. ab S. 215) - wittert bereits den nächsten Eintrag ins *Guiness Buch der Rekorde:*

"'Sollten sich auf dem darunterliegenden Antlitz Hautfalten oder Bartstoppeln abzeichnen, wäre das eine archäologische Sensation, die ich für weitaus bedeutender halte, als den Ötzifund', meint Wildung. 'Es wäre das erste reale Abbild eines Ägypters, der vor 4500 Jahre lebte'" [Corban/Gillar 1997].

I) Djosers Ahnen und Enkel

Widersprüchlich und ungenau sind die Überlieferungen zur gesamten Abfolge der 3. Dynastie. J.v. Beckerath nennt in seiner hier wiedergegebenen Pharaonenauflistung für sechs anerkannte und drei fragliche Könige pauschal 70 Jahre. Die daneben genannten Regierungsjahre stammen von W. Barta [1989/90]:

Pharaonen	Regierungsjahre
Nebka (Sanacht)	ca. 18
Djoser (Ser)	ca. 20
Djoser-Teti	ca. 7
Sedjes (Hudjefa, Sechemchet)	ca. 6
Mesochris	
Huni	ca. 23
(Hor Sanacht)	
(Hor Cha'ba)	
(Hor Qahedjet)	

Sichere Details können Überlieferungen und Ägyptologen nicht bieten: So nennt die Königsliste von Abydos 5 Königsnamen, die von Saqqara nur 4, Manetho-Überlieferer Africanus nennt 9, während Manetho-Überlieferer Eusebius lediglich die Zahl 8 ohne Namen tradiert; Pseudo-Eratosthenes schließlich zählt 5 griechische Namen auf, die denen des Africanus kaum ähneln.

Selbst der Turiner Papyrus wird, fragmentarisch wie er auf uns gekommen ist, verschieden interpretiert: K. Schüssler findet in ihm fünf Könige: Neterichet, Sechemchet, Chaba, Neferka und Huni [Schüssler 1987, 108]; laut E. Meyer enthalten die Aufzeichnungen sogar nur vier Namen [Meyer 1952, I 432]; J. Lauer hat dagegen aus derselben Quelle ganz anderes gelesen: Nebka, Djoser, Djoser-Teti, Huni und Snofru, die insgesamt 92 Jahre regierten. W. Barta [1989/90] liest aus ihm: Nebka, Djoser, Djoser-Teti, Hudjefa und Huni, denen er 74 Jahre ungefähr zwischen -2715 und -2641 zuweist.

Beim Annalenstein fehlen die Fragmente für die 3. Dynastie. Bevor W. Barta [1981] seine Rekonstruktion vorlegte, schien der für sie zur Verfügung stehende Platz weniger als 55 Jahre auszumachen.

Einigkeit scheint darüber zu bestehen, daß als letzter Pharao Huni amtierte. Gleichwohl ist Huni schwer greifbar: Früher wurde ihm die Pyramide von Meidum zugeschrieben, dann hieß es, er hätte sie zumindest angefangen, heute herrscht die Meinung vor, daß sie zur Gänze von Snofru erbaut worden sei. Der wiederum hat auch schon einmal - wegen Africanus - die Rolle des Schlußlichts der 3. Dyn. gespielt, heute gilt er als Stammvater der 4. Dynastie. An derlei Interpretationsschwierigkeiten sollte man sich erinnern, wenn man eine der klaren und übersichtlichen Pharaonenlisten sieht, die so gar keine Unsicherheiten erkennen lassen.

Von Djoser als Herrscher ist wenig bekannt. Er habe endgültig das Reich geeint [Schüssler 1987, 68], er war am Sinai wie bei Assuan präsent. Damit wird er zu einem fünften Reichseiner: Menes, Mentuhotep II. und Ahmose sollen dies für Altes, Mittleres und Neues Reich geleistet haben, außerdem ein prädynastischer König unbekannten Namens, den der Palermostein mit der Doppelkrone fürs geeinte Land zeigt.

Der Name Djoser wurde lange nicht mit der Stufenpyramide in Verbindung gebracht. Auf zahllosen Gefäßen, die sich in den Gängen unter der Pyramide fanden, standen zwar die Namen von fast allen Königen der ersten beiden Dynastien, nicht aber der seine. Auch Djosers Horusname Netjerichet [Hornung 1988, 17] oder Neterichet [Lauer 1988, 106] tauchte lediglich auf einem einzigen Tonsiegel auf. Erst als Graffiti auf dem Pyramidenareal entdeckt wurden, in denen Touristen oder Pilger aus dem Neuen Reich von Djoser sprechen, verband man den gesamten Baukomplex mit einem Tosorthros, den Manetho-Africanus an jener Stelle führt, die Djoser in den hieroglyphisch-demotischen Listen einnimmt.

Ein Mann hat Djosers Nachruhm gefördert, ihn aber gleichzeitig fast überstrahlt: sein mit ihm wohl verwandter Baumeister Imhotep. Er galt sehr viel Späteren als Erfinder des Steinbaus, als zaubermächtiger Wundertäter, Verfasser medizinischer und magischer Schriften, der als Sohn des Ptah nach der 30. Dynastie [Lauer 1988, 95] zum Gott erhoben

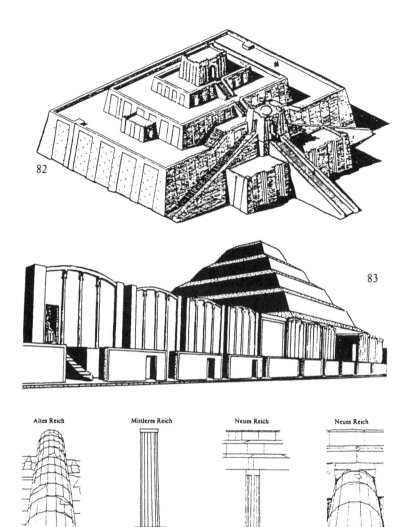

82 Die große Zikkurat von Ur (ca. -2000; →7. Jh.) [Singer 1957, 467]
83 Kapellenhof des Djoser-Bezirkes (-27. Jh.; -7./6. Jh.) [Aldred 1965, 70]
84 Protodorische Säulen in Ägypten: a) Südpalastfassade im Djoser-Grabbezirk, -27. Jh. b) Felsengrab in Beni-Hassan, -19. Jh. c) Anubiskapelle und d) Säulenhalle im Hatschepsut-Tempel von Deir el-Bahari, -15. Jh. [Amiet 1988, 316]; allesamt →7./6. Jh.

worden ist. Ptolemaios III. Euergetes erweiterte ihm zu Ehren den Hatschepsut-Tempel von Deir el-Bahari, wo dann
"die Verehrung des Imhotep, des Amenophis, Sohn des Hapu, und der griechischen Göttin Hygieia, einer Tochter des Asklepios, den die Griechen bisweilen mit Imhotep gleichsetzten, ihren Höhepunkt [erreichte]" [Michalowski 1971, 526].
Der Imhotep-Tempel von Edfu stammt, mitsamt seinem aus einem einzigen Granitblock gefertigten Naos (dem Aufbewahrungsort der Götterstatuen), sogar erst aus dem Jahre -237 [Michalowski 1971, 536]. Außerdem galt er als der Schöpfer der gesamten Metrologie (königliche Elle), Gründer einer medizinischen Hochschule [Goyon 1987, 31] und als Hersteller von Steingefäßen.

Weltpremieren in Saqqara

So wenig über diese Dynastie und über Djoser als Herrscher bekannt ist, so bedeutungsvoll ist sein Grabkomplex in Saqqara, der wie ein Schatzhaus der Kulturgeschichte und eine erlesene Sammlung von erstaunlich vielen Weltpremieren wirkt (die Aufstellung schließt einige weitere Gräber der 3. Dynastie in Saqqara ein):
- Die Köngsresidenz aus Ziegeln, Holz und Matten wird erstmals in eine gewaltige steinerne Totenresidenz umgesetzt (Abb. 83; Hornung 1988, 14).
- Noch nie ist eine so gewaltige Anlage für einen Toten errichtet worden: 545 x 280 m, umfaßt von einer 10,50 m hohen Mauer; dazu vielleicht noch - bislang nicht nachgewiesen - Taltempel und Aufweg. Selbst Cheops hat nicht größer geplant.
- Djoser baut die erste ägyptische Pyramide, erstmals in Stufenform.
- Der erste Serdab, ein gemauerter Schrein für die Königsstatue, wird neben seiner Pyramide aufgestellt.
- Es war Djoser, der erstmals lebensgroß als Steinplastik abgebildet wurde [Hornung 1988, 14]; sie wurde aus bemaltem Kalkstein für den Serdab skulptiert [Lauer 1988, 93].
- Im Opferhof standen die ersten und einzigen Atlanten Ägyptens (Abb. 85c); diese 2,20 m hohen Trägerfiguren sind unvollendet geblieben [Stadelmann 1985, 33,61].

- Unter Djoser wird das Flachrelief verfeinert und sein Kanon fixiert [Hornung 1988, 14,16].
- Ein erster Fries, aus Kobras oder Uräusschlangen, ziert die Mauern (Abb. 89a).
- Erstmals wird der Djed-Pfeiler als architektonische Form und als tragende Säule eingesetzt [Firth 1935, 12].
- Rings um die Pyramide wurden auf künstlichen Terassen Räumlichkeiten mit transversalem Gewölbe angelegt, unter denen Tunnel laufen [Lauer 1988, 98].
- Erstmals werden kannelierte Säulen (Abb. 84a) errichtet, die die Forschung als "protodorisch" bezeichnet [Lauer 1988, 92]. Weitere Säulen werden in Halb- oder Dreiviertelform als Lotosbündel- oder Papyrussäule mit glockenförmigem Kapitell entworfen [Lauer 1988].
- Erstmals und fast unwiederholt erscheinen sichtbare Bogenformen und echte Gewölbe an Sakralbauten: Scheinkapellen mit bogenförmig abgeschlossenen Fassadengiebeln und Gebäude mit echten Gewölben (Abb. 83, 27a) Auch eine Viertelkreismauer wurde rekonstruiert [Lauer 1936, 109].
- Einmalig für Ägypten ist die dauerhafte Sed-Fest-Anlage [Schüssler 1987, 83], die sonst nur aus einer Zeltstadt bestand.
- Es existierten holzgetäfelte Pyramidengänge [Lauer 1988, 104].
- Ein Sarg aus einer Art sechslagigem Sperrholz wurde gefunden [Lauer 1988, 104], wobei drei der vier verwendeten Holzarten aus Syrien stammen [Ward 1988, 157].
- Das Grab des Hesire, außerhalb des Pyramidenbezirkes, enthielt zwölf meisterliche Holzreliefs [Lauer 1988, 44, Abb. 12].
- Härtestes Gestein wurde für Fußböden (Diorit und Granit; Lauer 1988, 99) und Gefäße (Diorit, Dolerit, Granit, Quarz und Bergkristall) bearbeitet; nirgends wurden so ungeheuer viele Steingefäße (35- bis 40.000), in der Mehrzahl aus Alabaster, entdeckt [Lauer 1988, 154].
- Grünblaue Ziegel (nach Lauer) bzw. Fayence-Kacheln (laut Schüssler) dienten als schilfmattenimitierende Verkleidung unterirdischer Gänge [Lauer 1988, 100].
- Die Inschriften der Steingefäße bürgen für das Entstehen der Kursivschrift in den allerersten Dynastien [Lauer 1988, 106].
- Mit Djoser wird der Pharao erstmals im Relief beim Kultlauf dargestellt (Abb. 1a; Schüssler 1987, 79).
- Die Wissenschaft wurde unter Djoser geboren [Goyon 1987, 31].

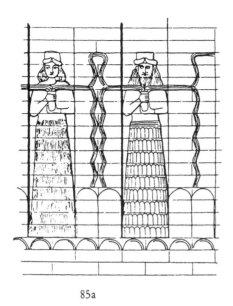

85a

85b

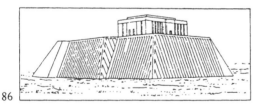

86

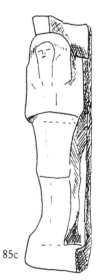

85c

85 Atlanten: a) Atlanten aus vorgeformten Ziegeln am kassitischen Kara-indasch-Tempel von Uruk, -15. Jh. b) Atlant eines Palasttempels von Sargon II. in Khorsabad, Ende des -8. Jhs. c) einer der unvollendeten Djoser-Atlanten, Saqqara, -27. Jh. [Amiet 1988, 99,100; Aldred 1965, 70]. Diese Plastiken treten im →*7./5. Jh.* viel dichter zusammen (vgl. Abb. 88 mit Jahresangabe -480).

86 Der weiße Tempel von Uruk (-15. Jh.; →*7./6. Jh.*) [Lloyd 1987, 12]

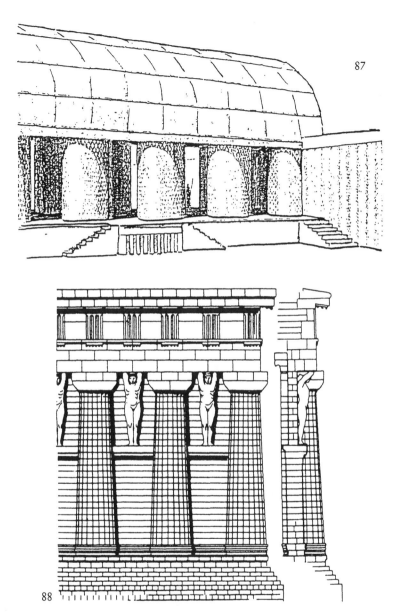

87 Gewölbte Pfeilerhalle in Schicht IV von Uruk, rekonstruiert durch W. Andrae (-15. Jh.; →7./6. Jh.) [Andrae 1935]
88 Zeustempel von Agrigent, Sizilien, mit Atlanten und dorischen Halbsäulen, nach -480 [Koch 1988, 18]

- Djoser soll das 365tägige Kalenderjahr in Ägypten eingeführt haben [Hamann 1944, 103].
- Auf der Statuenbasis, die Djosers und Imhoteps Namen nennt, war auch der Bildhauer dieser Plastik genannt [Firth 1935, 14]; ungeachtet dessen, daß der Name selbst zerstört ist, wäre dies bei weitem die früheste Signatur der Kunstgeschichte. Bei den Griechen haben Töpfer, Maler und Bildhauer erst seit dem -6. Jh. ihre Werke signiert [Finley 1982, 154].
- Imhotep wird bereits Hoherpriester von Heliopolis genannt, obwohl es diese Priesterschule noch gar nicht gegeben hat [Hornung 1988, 16].
- Pharao Cha'ba verwendet als erster die Kartusche für seinen Namen (gefunden in seiner Pyramide zu Saqqara; Schüssler 1987, 113).
- Der in der Pyramide des Sechemchet aufgefundene Goldschatz wäre der älteste bekannte, wenn er tatsächlich aus der Erbauungszeit stammt [Edwards 1987, 60].

Ferne und fernste Verwandte

Diesem jähen Ausbruch von Hochkultur folgte aber keine unmittelbare Weiterentwicklung. Saqqara-Ausgräber Jean-Philippe Lauer wunderte sich über Atlanten, die er auf französisch Karyatiden nennt:
"Die Anwesenheit von Karyatiden in diesen Bauwerken - und es scheint, als hätten wir hier wirklich Karyatiden - ist sehr erstaunlich, weil man sie in keinem einzigen späteren ägyptischen Bauwerk jemals wiedergefunden hat. Die Karyatiden sind jedoch nicht die einzigen Elemente, die in den Bauwerken von Zoser benutzt und unmittelbar danach wieder beiseitegelassen wurden. Als Beispiele mögen genügen: Die Bogenlinien an der Bekrönung von Gebäuden, die Säulen zu rein dekorativen Zwecken, die Kapitelle aus geriffelten Blättern, die Eingangskolonnade mit ihrer schönen bündelförmigen Säulenordnung, die Verzierung aus kleinen blauen Fayencen in den unterirdischen Räumen der Grabkammern, das Prinzip der Gegenfurnierung bei den Holzsärgen, etc" [Lauer 1936, 144].

Es bleiben noch mehr Verwunderungen. So fehlen zahlreiche Verbindungen zur 4. Dynastie, die unbedingt zu erwarten wären:

Für die Megalithbauweise der 4. Dynastie erwartet die Wissenschaft keine so kleinsteinigen Vorläuferbauten wie jene von Djoser. Dessen Bauweise leitet sich von der Luftziegelbauweise mit Läufer und Binder ab.

Die Architektur entwickelt 'aus dem Stand' die größte Vielfalt: Zickzack- und Nischenmauern, doppelt kannelierte Blattkapitelle, Fries-Steine; vier verschiedene Säulentypen, die allesamt nicht frei stehen: Lotosstengel, geripptes Schilfrohrbündel, kanneliertes Papyrusbündel und basislosen Papyrus [Schüssler 1987, 82]. All diese Säulen werden von der 4. Dynastie nicht kopiert, die einen ganz anderen, schweren Baukastenstil ohne Basis und Kapitell bevorzugt. Erst ab der 5. Dynastie treten wieder Säulen auf (Palmsäule, Lotossäule).

Djosers Grabbezirk liegt über einem ersten, kleineren mit 300 x 145 m Grundfläche, der noch um 4° von der Nordrichtung abwich und auf dem eine erste Steinmastaba stand [Schüssler 1987, 81]. Die wiederholte Vermutung, daß diese Mastaba eigentlich das Grab von Nebka ist, widerspricht dem Umstand, daß im alten Reich ansonsten keine usurpierten Königsgräber bekannt sind [Stadelmann 1985, 35].

Das Königsgrab aus Granit fand sich unter der ursprünglichen Mastaba am Fuße eines 28 m tiefen Schachtes. Unter der Pyramide gibt es weitere 11 Schächte, die bis 33 m abgeteuft sind. Auch das sogenannte Südgrab innerhalb des Grabbezirkes, aber abseits der Pyramide, liegt in 28 m Tiefe [Schüssler 1987, 76,78,81]. Es sind die ersten derartig tiefen Schachtgräber, während 2. und 4. Dynastie (unter den Pyramiden) nur absteigende Galerien kennen [Stadelmann 1985, 40]. In Saqqara wurden jedoch direkt neben der Unas-Pyramide (5. Dyn.) drei andere tiefe Schachtgräber angelegt, die der Perserzeit (-5. Jh.) zugeordnet werden [Lauer 1988, 117].

Die Form einer Stufenpyramide findet sich in Mesopotamien (Abb. 82) bei herkömmlicher Datierung vor wie nach der 3. Dynastie, aber fast nicht mehr in Ägypten. Ebenso stammt die umgrenzende Nischenmauer aus dem Vorderen Orient.

Die in den Gängen gefundenen kleinteiligen Fayence-Kacheln sind später in Ägypten nicht mehr verwendet worden; davor allenfalls in 'Petries 1. Dynastie' (siehe Kapitel D). Wandverkleidungen aus glasierten Ziegeln verweisen mit den Ausnahmen Sethos I. und II. sowie Ramses III. nicht auf Ägypten, sondern auf Assyrien und Babylonien.

Djosers Grabbezirk kennt, im Gegensatz zu allen Nachfolgebauten, offenbar weder einen Aufweg vom Fluß herauf noch einen Taltempel. Im ganzen Grabbezirk findet sich kein Kraggewölbe, wie es kurz darauf Snofru bereits in Vollendung bauen wird. Dafür wird schon das echte Steingewölbe genutzt, während im Alten Reich ansonsten nur echte Ziegelgewölbe vorkommen.

Mittleres und Neues Reich haben von Djoser viel mehr profitiert als das Alte Reich, wie sich überhaupt zeigt, daß umso innigere Bezüge mit Dynastien entstehen, je später diese bislang angesetzt werden:
- Die scharfkantig kannelierte, protodorische Säule findet erst jetzt Nachahmer (Abb. 84): so in den Gräbern von Beni Hassan (11./12. Dyn.), bei Amenemhet III. (12. Dyn.) oder bei den Tempeln von Hatschepsut und Tuthmosis III., Deir el-Bahari (18. Dyn.).
- An der Stufenpyramide nennen Graffiti aus der 18. und 19. Dynastie Djoser erstmals bei diesem Namen [Lauer 1988, 92].
- Sesostris I., Hatschepsut und Ramses II. (12./18./19. Dyn.) übernehmen das Kultlaufmotiv eins zu eins (Abb. 1).

Die Spätzeit ab -650 scheint Djoser und Imhotep aus uns nicht bekannten Quellen wiederentdeckt und vielfältig verehrt zu haben:
- Imhotep wird im späten Neuen Reich als Sohn des Ptah vergottet und in der Spätzeit als Heilgott Imuthes oder Asklepios angebetet. Er galt nun als Berufsheiliger der Schreiber und Verfasser der ältesten Weisheitslehre.
- Beamtenbiographien berufen sich vielfach auf die 3. Dynastie.
- Der Stufenpyramide benachbart sind nicht nur Gräber der 1. und 2. Dynastie, sondern auch das Serapeum, ein von Psammetich I. begonnenes Heiligtum der Spätzeit (26. Dyn., um -630; Lauer 1988, 17).
- Rings um die Mastaba Nr. 3508 aus der 3. Dynastie wurden - in direktem Bezug - in ptolemäischer Zeit Rinder bestattet [Lauer 1988, 174].
- Unterirdische Ibisgalerien mit den Mumien von mindestens einer Million Tiere verbinden in Saqqara Bauten der 3. Dynastie und der Spätzeit [Lauer 1988, 182]; somit überbrücken diese Gänge zwei Jahrtausende.
- Die Wandkacheln in den unterirdischen Pyramidengängen entsprechen Fayencen der 26. Dyn. [Dayton 1978, 383].

- In den Grabschächten unter der Pyramide von Sechemchet wurden 62 meist demotisch geschriebene Papyri geborgen, die der 25. Dynastie und der Regierungszeit von Ahmose II. aus der 26. Dynastie zugeordnet werden [Edwards 1987, 60].
- Die besten Reliefs Ägyptens sind offenbar stilistisch sehr schwer zu unterscheiden. So hat man die feinen Reliefs der Djoserzeit für saïtische Arbeiten, also für solche der 26. Dynastie gehalten [Stadelmann 1985, 48]. Zu dieser Beurteilung trug auch bei, daß auf zwei Reliefs in den Pyramidengängen Kopisten mit Tinte ein spätzeitliches Gitternetz aufgetragen haben. I.E.S. Edwards interpretiert dies dahingehend, daß in der Saïtenepoche Kopisten eingedrungen seien, die für den sogenannten Apriestempel in Memphis gearbeitet haben; die Kopien an der dortigen Torfassade sind erhalten [Edwards 1987, 57; Kaiser 1987, 123]. Die saïtischen Tintenstriche laufen über beschädigte Reliefstellen hinweg; also waren die Originale zum Zeitpunkt des Kopierens - nach 2.000 Jahren - noch unversehrt. Gleichzeitig weiß man dadurch, daß die Saïten nicht selbst die ursprünglichen Reliefs geschaffen haben, sonst hätten sie die Kopien wohl gleich im Atelier abgenommen.
F. Petrie aber hat diese Kopien einst der Zeit von Sesostris I. zugeordnet, also dem Beginn der 12. Dynastie [Wildung 1977a, 78]. So stehen Kunstwerke der 3. und 26. Dynastie nicht nur in direkter Abhängigkeit, sondern man hat sie sogar derselben spätzeitlichen Dynastie, aber auch einer des Mittleren Reiches zugeschrieben.

Was ist aus dieser Anhäufung von Premieren, aus diesem jähen Ausbruch von Hochkultur, aus all diesen merkwürdigen Indizien zu schließen? Die sogenannte 3. Dynastie steht vielleicht trotzdem am Beginn des Alten Reichs (-27. Jh.), aber sie muß außerdem sehr nahe bei Hatschepsut (-15. Jh.) und nahe der 26. Dynastie (664-525) liegen, dafür sprechen die Beamtenprotokolle und die Imhotepverehrung, die "persischen" Grabschächte und die Nachbarschaft des Serapeum, die Papyrifunde, die Reliefkopien und die Ibisgalerien. Um hier Klarheit zu gewinnen, werden weitere Vergleiche angestellt.

Agrigent und Uruk

Für eine zwei Jahrtausende spätere Einordnung plädieren gleichermassen die griechischen Anklänge. Auf hellenischem Boden wird das dorische System, insbesonders die dorische Säule erst gegen -600 entwickelt [Müller-Wiener 1988, 113]. Allerdings kennen wir kleine Darstellungen (Mykene, Haus der Schilder), die für die späteste mykenische Zeit, also nach unserer Meinung für das späte →*7. Jh.,* bereits kannelierte Säulen mit einer Art dorischem Kapitell dokumentieren [Poursat 1977a, Tafel VIII].

Die Ähnlichkeit mit den protodorischen Säulen aus Altem, Mittlerem und Neuem Reich sprang immer ins Auge:
"Betrachtet man Kolonnaden wie die von Deir el Bahari [Hatschepsut] oder Portale wie die von Beni Hassan [11./12. Dyn.], dann kann man sich tatsächlich des Gedankens nicht erwehren, eine Parallele zu den ältesten Tempeln von Griechenland und Sizilien zu ziehen: Dieselbe grundsätzliche Anordnung, dieselben Regeln, fast identische Linien und Formen" [Jéquier 1924, 182].

Es gibt sogar auf Sizilien einen dorischen Tempel, der drei 'Spezialitäten' von Saqqara aufgreift: Hatte Djosers Bau protodorische Dreiviertelsäulen und Atlanten, so kennzeichnen den riesigen Zeustempel von Agrigent dorische Halbsäulen und ansonsten bei den Griechen selten favorisierte Atlanten (Abb. 88). Er wurde nach dem Sieg von -480 über die Karthager begonnen, weshalb punische Gefangene als Zwangsarbeiter mitwirken mußten. Hat etwa Karthago die Atlanten von Saqqara nach Griechenland vermittelt?

Das Leitfossil der 3. Dynastie, die Stufenpyramide (sofern sie tatsächlich keine stufenlose Verkleidung hatte), kommt als Bauidee aus dem Osten und bürgt gemäß heinsohnscher Rechnung für einen Zeitraum zwischen →*700 und* →*500.* Die erste Perserzeit Ägyptens, zu der ebenfalls Bezüge sichtbar wurden, reichte von -525 bis -404. So kann Djosers Stufenpyramide in ein Zeitintervall zwischen →*700 und* →*420* verwiesen werden.

Bemerkenswerte Ähnlichkeiten besitzt Djosers Saqqara-Anlage mit Uruk. Diese von Walter Andrae ausgegrabene Stadt besaß sogar zwei Zikkurats (Abb. 86) und jene typisch mesopotamische Nischenmauer um den Tempelbezirk, die auch Saqqara auszeichnet. Die Pfeilerhalle des Roten Tempels hat der Ausgräber mit einem halbrunden Dach rekonstruiert (Abb. 87), obwohl ansonsten die Sakralbauten des Zweistromlandes flach gedeckt sind. Darüber hinaus wurden beim Inanna-Tempel zwischen die Strebepfeiler Götterfiguren gestellt, die als Atlanten gestaltet sind, ein auch in Mesopotamien äußerst rares Motiv (Abb. 85a). Die hier verwendeten gebrannten Ziegel ähneln Djosers Kalksteinen größenmäßig viel mehr als die kubikmetergroßen Quadern eines Cheops. Kara-indasch ließ diesen Tempel um -1400 erbauen, also in der späten Kassitenzeit, die von Heinsohn ins →7./6. Jh. verfrachtet wird.

Es ist noch eine andere Art mesopotamischer Atlanten zu vermelden, die den Palast von Sargon II. in Khorsabad geziert haben und aus dem ausgehenden -8. Jh. stammen (Abb. 85b). Er wirkt wie ein weiteres Indiz dafür, daß die Zeit der Sargoniden immer noch zu früh angesetzt ist (vgl. Kap. O).

Damit ist aus kunsthistorischen Vergleichen heraus der zeitliche Erwartungshorizont für die 3. Dynastie abgesteckt: zwischen →*720 und* →*450!* Es bleibt hinzuzufügen, daß schon E. Meyer aufgrund spärlichen anthropologischen Materials mutmaßte, zur Zeit der 3. Dynastie seien fremde Invasoren in Ägypten eingedrungen [Meyer 1952, I 431].

Folglich unterstellen wir: Die 3. Dynastie geht der 26., mit der sie so viele Übereinstimmungen hat, unmittelbar voraus oder überschneidet sich sogar mit ihr. Die protodorische Säule kommt nicht mehr 2.000 Jahre vor der dorischen, sondern wird ihr unmittelbarer Vorläufer und vielleicht, bei den späteren Pharaonen, sogar Zeitgenosse. Der Kulturbringer Djoser selbst scheint aus dem Osten oder Norden zu stammen [zu Identifizierungen siehe Heinsohn 1989a; Illig 1989].

Unterstrichen wird diese Umdatierung etwa durch einen Uräusfries (Abb. 89b), der dem 'allererstem', dem von Saqqara sehr ähnelt, jedoch von einem phönizischen Architrav aus Sardinien stammt und dem -6. Jh. zugeschrieben wird [Moscati 1988, 274f]. Die ebenfalls dargestellte geflügelte Sonnenscheibe beweist, daß auch in Nora an der sardischen Südküste ägyptischer Einfluß herrschte.

Das Wort Djoser ist nirgends auf dem Grabgelände in Saqqara gefunden worden; es tritt erst in jenen Graffiti auf, die im Neuen Reich an die Wände eines Nebengebäudes gekritzelt worden sind. Vielleicht war es gar nicht Name, sondern eine später gängige Titulatur. Djoser könnte mit Saussatra, Tosorthros, Soter und Ser eine gemeinsame

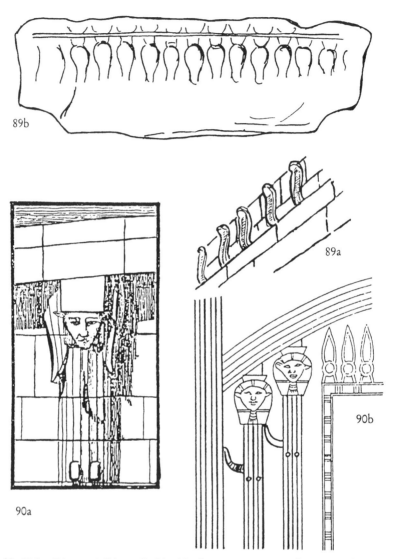

89 Uräus-Friese: a) Djoser-Grabbezirk, Saqqara, der erste seiner Art (-27. Jh.; →7./6. Jh.) b) Phöniko-punischer Uräus-Fries auf einem Architrav von Nora, Sardinien, -6. Jh. [Badawy 1954, 86; nach Moscati 1988, 275]
90 Dublizität 'singulärer' Säulen- und Kapitellform: Hathor-Kopf, an der kannelierten, protodorischen Säule eine Art Haken und zwei 'Brustwarzen': a) Djoser-Grabbezirk (-27. Jh.; →7./6. Jh.) b) Hatschepsut-Tempel in Deir el-Bahar (-15. Jh.; →6. Jh.) [Badawy 1948, 21]

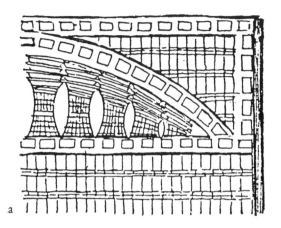

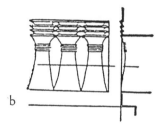

91 Bogenfelder: a) Gestauchte Djedpfeiler auf Fayence-Fries b) skulptierter Djed-Pfeiler-Fries, beide Djoser-Grabbezirk (-27. Jh.; →7./6. Jh.) c) Bogenfeld von Mentuhoteps II. Tempel in Deir el-Bahari (-21. Jh.; →7. Jh.) [Badawy 1954, I 86; Jéquier 1924, 127]

Wurzel haben, die von den Worten Zar, Kaiser oder Caesar her wohlvertraut ist und sich auch bei Sargon, ebenfalls ein später angenommener Namen, wiederfindet [Riemer 1989]. Selbst im nichtindoeuropäischen Etruskisch steht "ais", Mz. "aiser", römisch umschrieben "aesar" für Gott [Pallottino 1988, 460; Polišenský 1991, 16]; im Arabischen, Persischen und Türkischen existiert mit "ezz", "'aziz", "e'zaz" eine phonetisch-semantische Analogie mit der Bedeutung 'geehrt, berühmt, groß, göttlich' [ebd.].

Da etliche Graffiti tief unten angebracht sind, können ihre Schreiber nicht auf den Sandverwehungen einer Ruine gestanden sein, sondern nur in einem Sakralbezirk, der 1.000 Jahre nach seiner Erbauung, in der 18. und 19. Dynastie tadellos in Schuß war [Wildung 1977a, 65].

Djoser und Hatschepsut

Saqqara ermöglicht aber auch eine relative Datierung, die zu seiner absoluten Einordnung führen wird. Denn es findet sich am Südhaus der Eingang zu einer Hathorkapelle, bei dem ganz charakteristische Merkmale auftreten: Bogen, Blätterkapitell mit Hathorkopf, kannelierte Säulen mit angedeuteten Brustwarzen und einer schlecht verstandenen Ausstülpung (Abb. 90). Am Tempel der Hatschepsut in Deir el-Bahari finden wir wieder eine Hathorkapelle mit Bogen, Hathorköpfen, Säulen samt Brustandeutung und Ausstülpung. Der Ausgräber wägt verschiedene Interpretationen dieses Sachverhaltes ab und resümiert:

"Es ist auch viel wahrscheinlicher, daß der Künstler, der im Neuen Reich diese Fassade in Deir el-Bahari entwarf, die Anlagen von Saqqara gesehen hatte und die wesentlichen Elemente transponierte, indem er sie auf seine Art interpretierte und stilisierte. Aus unseren Blattkapitellen gestaltet er Hathorkapitelle, nachdem es sich in Deir el-Bahari um ein Hathor-Heiligtum handelt; aus den Fahnenhaltern macht er Hörner; aus den von uns studierten Ausstülpungen macht er die Brüste der Göttin" [Lauer 1936, 162].

A. Badawy hat später die beiden Bauwerke direkt gegenübergestellt [Badawy 1948, 21], und es zeigt sich, daß entgegen Lauer sogar die Brustwarzen unverändert übernommen und die mysteriösen Ausstülpungen wie Halterungen in die Wandebene geklappt worden sind.

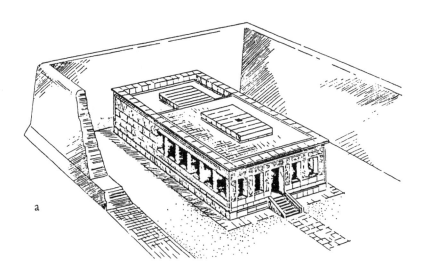

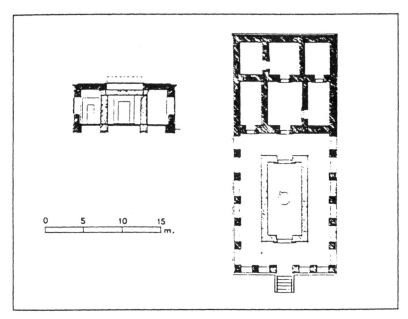

92 Jubiläumstempel der Hatschepsut in Medinet Habu, Theben-West (-15. Jh.; →6. Jh.). Der vordere Teil mit Barkengemach und offenem Säulenumgang scheint den griechischen Säulentempeln zu entsprechen. a) Ansicht b) Grund- und Aufriß des Baues vor dem Umbau durch Ramses III. [Lloyd/Müller 1987, 132]

Übereinstimmungen dieser Art sind nicht mit der Sorgfalt eines 1.200 Jahre jüngeren Kopisten zu erklären. Ist der Schluß falsch, daß Saqqara und Deir el-Bahari einigermaßen gleichzeitig anzusetzen sind? Schließlich beweisen ja auch die Kultläufer Djoser und Hatschepsut, daß sie eineiige Zwillinge sein könnten (Abb. 1). Ist es auch Zufall, daß Amenophis I. Djoserkare, der 16 Jahre vor Hatschepsut starb, einen Thronnamen mit Djoser als Namensbestandteil führt? Ansonsten tritt dieser Namensteil nur noch bei Haremhab Djoserchepure, ebenfalls 18. Dynastie, auf.

Und es existiert eine weitere Parallele zwischen Djoser und Hatschepsut, die ein Schlaglicht auf die gesamte Architektur(geschichte) und insbesondere auf den Tempelbau wirft. In Medinet-Habu ließ sich die Königin einen kleinen Jubiläumstempel errichten, der von Tuthmosis III., Ramses III. und den Ptolemäern erweitert worden ist (Abb. 92). In seiner ursprünglichen Form, zu der ein offener Umgang mit Vierkantpfeilern gehörte, gilt er als "Vorstufe des späteren griechischen Peripteraltempel" [Lange 1985, Textteil 84]. Also nach 900 Jahren und nach Umbau und Erweiterung durch zwei weitere Bauherren hätten sich die Griechen durch die inzwischen verlorene Ursprungsform zu ihrer ureigensten Architektur - Cella mit Säulenumgang - inspirieren lassen. Sie müßten das 'Vorbild' noch in seiner Ursprungsform gesehen haben.

Inzwischen ist bekannt, daß es noch frühere Baldachin-Tempel für eine Tempelbarke gegeben hat. Ein Exemplar war als Füllmaterial in einem Torturm von Karnak verschwunden; wiederhergestellt präsentiert es sich in Karnak als "Weiße Kapelle" von Sesostris I. und
"darf als das älteste erhaltene Beispiel eines 'Baldachintempels' angesehen werden, der in Stein und in monumentalisierten Formen eine Kapelle unter einem Sonnendach darstellt" [Lloyd-Müller 1987, 122].
Unter Sesostris I. im -20. Jh. wurde also erstmals eine Hütte aus Holz und Stroh in eine steinerne Analogform gebracht. Doch schon vor ihm hat Djoser im -27. Jh. den Versuch unternommen,
"die Architektur von Bauwerken, die man vordem aus Holz zu errichten pflegte, auf das neue Baumaterial Stein zu übertragen. Die Säulen verkörpern Baumstämme als tragende Elemente, und der gewölbte Sims stellt die Dachsparren dar, die auf horizontalen Balken lagen" [Lauer 1988, 97].

Merkwürdig genug scheint der Wechsel von Holz zu Stein als Baumaterial noch ein drittes Mal in Ägypten vollzogen worden zu sein. In Karnak hat um -1500 Tuthmosis I. einen "Säulenhof mit Holzsäulen" errichtet [Lange 1961, Textteil 82]; Tuthmosis III. läßt nur rund 50 Jahre später die Holzsäulen durch steinerne ersetzen [Schneider 1994, 295]. Ausgerechnet in einem der wichtigsten ägyptischen Heiligtümer wurde noch in der 18. Dyn. ein wesentlicher Tempelteil in Holz gebaut, aber bald darauf in unvergänglichem Material erneuert. Noch einmal 1.000 Jahre später ist in Griechenland
"mit einer stufenweisen Umsetzung aus dem reinen Holzbau in den dauerhafteren und monumentaleren Steinbau zu rechnen [...], bei der sehr wohl Einflüsse aus Ägypten mitgewirkt haben mögen: die Parallelen in formalen und konstruktiven Details sind nicht zu übersehen" [Müller-Wiener 1988, 113].
Direkt davor haben die späten Minoer ihre Paläste noch ausschließlich mit Holzsäulen erbaut. Halten wir fest:
Im -27. Jh. überwindet Djoser - der bereits sehr griechennah gewirkt hat (S. 172) - den Holzbau, den er zugleich in steingewordener Form verewigt, und kreiert die protodorische Säule. Im -20. Jh. entsteht unter Sesostris I. der erste steinerne Nachbau einer hölzernen Kulthütte. Im -16. Jh. überwindet Tuthmosis III., der Gemahl der Hatschepsut, den hölzernen Tempelbau und verwendet wie seine Gattin protodorische Säulen. Gegen -600 überwinden die Griechen den hölzernen Tempelbau, den sie zugleich in steingewordener Form verewigen, und entwickeln das dorische System. Sollten Djoser, Sesostris I., Hatschepsut nebst Tuthmosis III. weit entfernt von den ägyptisch beeinflußten Griechen des -6. Jh. gelebt haben?

Es ist bereits betont worden, daß die drei Tempel von Deir el-Bahari nicht nur räumlich sehr eng zusammengehören. Wenn demnach Mentuhotep II., Hatschepsut und Tuthmosis III. zeitlich benachbart sind, sollten auch die Bauten von Djoser und Mentuhotep II. verwandte Züge zeigen. Und tatsächlich finden sich in der Tempelanlage von Mentuhotep II. gleichfalls die raren "protodorischen" Säulen. Ein weiteres Detail seines Tempels ist von Bedeutung: Über einer Scheintür zeigt das rechteckige Zierfeld einen Bogen, der mit einem gestauchten Keker-Fries und Djed-Pfeilern kombiniert ist. Dieses Motiv ist aus Djosers Saqqara gut bekannt, wo es sich in den Kachelwänden der Gänge unter der Pyramide wiederholt (Abb. 91). So ist der Schluß zwingend:

Die Anfänge von Altem, Mittlerem und Neuem Reich zeichnen sich jeweils durch Überwindung des Holzbaus und durch protodorische Säulen aus. Zwischen ihnen existieren überraschend enge Beziehungen in architektonischen Details. Alle drei Reichsanfänge stehen den Griechen um -600 architektonisch zu nahe, als daß sie ihnen nicht auch zeitlich nahestehen müßten. Insofern müssen die drei Reiche zumindest zeitlich ineinanderfallen. Ob auch die Regentenlisten ineinander übergehen oder ob wir von mehreren Paralleldynastien ausgehen müssen, wird in weiteren Arbeiten geklärt werden.

J) Hörnerkronen, harte Steine

Von den großen Pyramidenbauern der 4. Dynastie ist uns nur wenig bekannt, und das wenige stammt zumeist von Herodot, der nach herrschender Lehre 2.100 Jahre nach ihnen Ägypten bereist haben soll. Von ihm nicht einmal erwähnt wird der Name des Snofru, der doch mit seinen drei Pyramiden ein Bauvolumen bewältigt hat, das selbst jenes von Cheops um fast 40 Prozent übertrifft [vgl. Stadelmann 1985, 105]. Der "Eroberer fremder Länder" soll als erster Kriege in Nubien und Libyen geführt und den Sinai vereinnahmt haben. Dort, in Maghara, fand sich ein Relief, das wohl als eine Art Grenzstele entworfen worden ist, mit einer der ganz wenigen Abbildungen von Snofru (Abb. 93a):
  "Das eindrucksvolle Relief propagiert die Macht des Königs. Snofru trägt den gefälteten Schurz, eine Götterkrone mit zwei hohen Federn und zwei Doppelhörnern über einer gelockten runden Perücke. In der einen Hand schwingt er hocherhoben die Keule, die andere faßt einen Stab zusammen mit den Haaren eines asiatischen Gefangenen, der den König um Gnade anfleht" [Saleh 1986, Nr. 24].

Snofru und Tuthmosis III.

Bereits hier (und noch früher) taucht diese Siegerpose auf, die bis ins Neue Reich beibehalten wurde, um den mächtigen Pharao im Umgang mit seinen Feinden zu zeigen: Gewaltig attackiert er den Gegner, der keine Gegenwehr wagt. Die von F. Petrie ins Kairoer Museum verbrachte Abbildung läßt wesentliche Details schlecht erkennen: Die angesprochene Perücke könnte auch das echte Haar sein, eine Krone ist vom Haar nicht zu unterscheiden. Klar ist jedoch, daß der Kopfputz zwei Federn mit vier Hörnern kombiniert: zwei hochgebogene Rinderhörner mit zwei flachen, gedrehten Bockshörnern. Dieser Befund ist mehr als auffällig, gehören doch Hörner jedweder Provenienz keineswegs zum Habitus ägyptischer Pharaonen. Deswegen sprechen Spezialisten hier von einem "vergöttlichten Pharao", ohne daß deshalb das Problem schon gelöst wäre, denn kein ägyptischer Gott trägt 'standardmäßig' eine derartige Kopfbedeckung.

Am ähnlichsten wirkt noch der widderköpfige Harsaphes, wenn er mittels der Atef-Krone dem Osiris als Fruchtbarkeitsgott gleichgestellt wird (Abb. 93c). Aber auch zu dieser Kombination gehören die dargestellten Stier- und Ziegenhörner eigentlich nicht, sie sind ein außergewöhnlicher Zusatz; außerdem stammt die Abbildung dieses Staatsgotts der 7. bis 10. Dynastie aus dem Mittleren Reich, kommt also bereits 600 Jahre zu spät.

Erst zur Zeit der allergrößten Reichsausdehnung Ägyptens, in der 18. Dynastie, finden sich vom Eroberer Tuthmosis III. vergleichbare Darstellungen (Abb. 93b):

"Hinter ihm [einem Stier] schritt der König, gekrönt mit der Atef-Krone. Sie glich der kegelförmigen weißen Krone, bestand wahrscheinlich aus Schilfmaterial und war mit einigen ungewöhnlichen Attributen versehen. Zu beiden Seiten waren hohe Straußenfedern befestigt. Über der Stirn des Herrschers ringelte sich wie stets die Uräusschlange, dazu hatte man der Krone ein Stiergehörn beigegeben" [Tulhoff 1984, 225, Abb. 1].

Nachdem Tuthmosis III. diese Hörner wiederholt trägt [z.B. Michalowski 1971, 371; Hall 1986, Fig. 91] und sogar mit der minoischen Doppelaxt kombiniert, liegt der Schluß nahe, daß ihn kretische Kulte beeinflußt haben. Der hörnertragende Snofru sollte in seiner zeitlichen Nachbarschaft zu finden sein!

Weitere hörnerbewehrte Pharaonen? Zwischen 4. und 18. Dyn. hat allenfalls Pepi II. (6. Dyn.) eine Federkrone mit Hörnern getragen, sofern ein Rekonstruktionsversuch richtig vermutet [Hall 1986, Fig. 22a]. Im Neuen Reich stehen neben Tuthmosis III. wohl nur Tutanchamun und Ramses III. [Hall 1986, Fig. 42,72].

Der Kreis 'gehörnter' Potentaten, Götter und Krieger im Altertum ist durchaus begrenzt. In Mesopotamien wird zwar von Göttern und Herrschern sehr häufig eine Hörnerkrone aus bis zu vier Paar Stierhörnern getragen; bei ihr stehen die Hörner aber nicht vom Kopf ab, sondern formen selbst die kegelförmige Kopfbedeckung (Abb. 94a). Als erster trägt ein winziger kupferner Hörnergott aus Ur ein 'Wikinger-Modell' mit ausladenden Hörnern [Seton-Williams 1981, 101], doch wurde er von Heinsohn aus dem -27. Jh. ins →*1. Jtsd.* verwiesen.

93 'Gehörnte' Ägypter: a) Der widder- und stiergehörnte Snofru auf seiner Triumphstele in Wadi-Maghara, Sinai (-26. Jh.; →7./6. Jh.) b) Von Tuthmosis III. existieren mehrere Abbildungen mit stiergehörnter Krone, hier Hatschepsut-Tempel Deir el-Bahari (-15. Jh.; →6. Jh.). Auffällig auch die minoische Doppelaxt als Kopfputz   c) Harsaphes von Herakleopolis, Staatsgott im -21. Jh. (→7./5. Jh.), hier zusätzlich mit Stierhörnern [nach Jéquier bei Morgan 1926, II 241; nach Tulhoff 1984, 40; nach Ions 1968, 117; Zeichnungen H.I.]

94 'Gehörnte' Mesopotamier: a) 'Üblicher' Hörnerhelm aus zusammengesetzten Stierhörnern, hier auf Gesetzesstele von Hammurabi, Susa (-18. Jh.; →6. Jh.) b) Naram-Sin mit 'Wikingerhelm' auf seiner Stele von Susa (-23. Jh.; →7. Jh.) c) Ilushila, der Herrscher von Eschnunna, vor einer hörnerbehelmten Gottheit (-20. Jh.; →6. Jh.) [Amiet 1988, 111,110; Yadin 1963, 150]
95 Baal-Stele aus Ugarit (-17./16. Jh.; →8./5. Jh.) [Amiet 1988, 160]

96 Gehörnte Mittelmeeranrainer: a) Ägäische Händler mit Hörnerhelm und Erzbarren in Rinderhautform, Darstellung im Grab des Rechmire (-15. Jh.; →7. Jh.) b) der gehörnte Gott von Enkomi, Zypern (-12. Jh.; →8./6. Jh.) c) Stele von Tukulti-Ninurta II., Syrien (-9. Jh.; →7./5. Jh.) d) sardischer Krieger, Monte Arcosu, -8. Jh. e) etruskischer Krieger, Tomba della Scimmia in Chiusi (-7./6. Jh.) [Dayton 1984; Amiet 1988, 161; Dayton 1984; Keller 1970, 59]

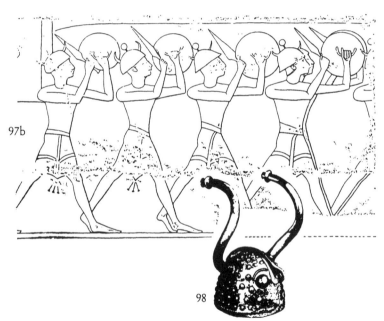

97 Hörnerkrieger in Ägypten: a) Angreifende "Seevölker"-Truppen mit Hörnerhelmen, Tempel Ramses' III. in Medinet-Habu (-12. Jh.; →5./4. Jh.) b) verteidigende Söldner-Truppen von Ramses III. mit Hörnerhelm und Zusatzschmuckkugel (-12. Jh.; →5./4. Jh.) [Yadin 1963, 250]
98 Hörnerhelm von Viksø, Dänemark (-10. Jh.; →8./6. Jh.) [Hawkes 1984, 155]

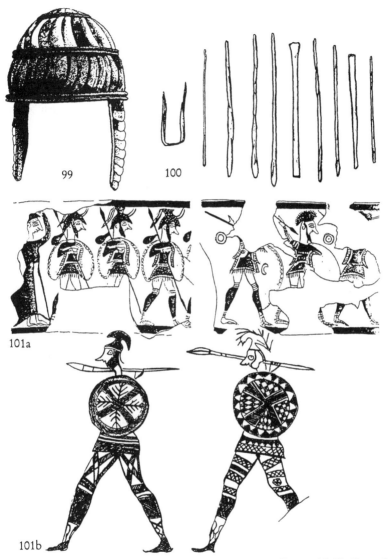

99 Mykenischer Eberzahnhelm (-16. Jh.; →7. Jh.), den Homer (-8./7. Jh.; →6. Jh.) noch beschreiben konnte [Ilias X:261; Kehnscherper 1980, 132]
100 Kupferobjekte von Abydos, die J. de Morgan in Zusammenhang mit seiner abstrusen Metallhärtungsthese (vgl. S. 196) zeigt [Morgan 1926, II 217]
101 'Spitznasen': a) 'Kriegervase' aus Mykene (ca. -1200; →7. Jh.) vermutlich Lederhelme mit aufgenähten Metallplättchen b) phrygischer Krieger; Terrakottaplatte aus Pazarlı, Anatolien, ca. -700 [Bouzek 1985, 116; nach Piggott 1961, 183]

Naram-Sin, der große akkadische Eroberer und "König der vier Weltteile", zieht als erster Herrscher nach (Abb. 94b). Die Sandsteinstele von Susa zeigt ihn, wie er unter Fanfarenklang, bewaffnet mit Axt, Pfeil und Bogen, über seine besiegten Feinde hinwegschreitet und vor eine Stele hintritt (-23. Jh.; gemäß Heinsohn →*670)*. Anachronistischerweise scheint er den erst viel später entwickelten Kompositbogen zu benutzen. Derselbe Kopfputz ist auf einem neosumerischen Siegel aus Tell el-Asmar zu entdecken: Hier trägt ihn die Gottheit Tish-pak beim Empfang von Ilushuilia, dem König von Eshnunna (Abb. 94c).

Auf der Suche nach weiteren Hörnerhelmen werden wir erst kurz vor den Dunklen Jahrhunderten wieder fündig: Ein Baal aus dem Ugarit des -14. Jh. (Abb. 95), ein Baalgott namens Teshub aus Nordsyrien [Piggott 1961, 141] und zwei gehörnte Götter aus Zypern, der eine auf einem Kupferbarren stehend, der andere laut P. Dikaios ein Apollo Kereatas (-1200 [Dikaios 1962, 62f]). C. Schaeffer, der im zyprischen Enkomi gegraben hat, beschreibt ihn (Abb. 96b):

"Der junge barfüßige Gott von athletischem Körperbau, der nur mit einem kurzen Lendenschurz mit breitem Gürtel bekleidet ist, trägt eine konische, mit zwei großen Stierhörnern versehene Pelzkappe" [Schaeffer 1965, 67].

Auffällig sind die Verbindungen zu Erzabbau und -aufbereitung. Snofrus Stele findet sich am Sinai, dem alten Minengebiet der Pharaonen, während der zyprische Gott auf seinem Kupferbarren den Handel mit diesem Metall zu schützen scheint. Zur Zeit von Tuthmosis III. bringen mit Hörnerhelm geschmückte Händler oder Tributpflichtige Kupferbarren ins Land (Abb. 96a).

Antike 'Wikinger'

Von nun an treten gehörnte Krieger auf: Wir kennen sie von skandinavischen Felsbildern und von korsischen Menhiren, von sardischen Kleinbronzen (Abb. 96d), ägyptischen Reliefs, etruskischen Fresken (Abb. 96e) und mykenischen Vasen.

"Der Hörnerhelm war in ganz Italien und besonders bei den samnitischen Stämmen in Gebrauch. Auf den Wandbildern in Capua und Paestum tragen ihn die Krieger. Erhaltene Helme zeigen, was gemeint war: Nachbildungen gewaltiger Stierhörner" [Altheim 1951, 45].

Zur Zeit von Ramses III. (bislang ab -1184) kämpfen sardische Söldner (geschmückt mit langhängenden Schnurrbärten und großen Ohrringen), gegen ihre aus dem Norden vordringenden Sherden-Vettern (Abb. 97). Zu unterscheiden sind sie auf den Reliefs von Medinet Habu dadurch, daß die ägyptischen Söldnertruppen zwischen den Hörnern noch eine kleine Bronzekugel tragen. Eine ganz ähnliche Helmtracht zierte auch die Weshwesh [Buttery 1974, 25/33]. Die beiden schönsten Hörnerhelme wurden im dänischen Viksø aufgefunden (Abb. 98): Aufgesetzte Augen und Augenbrauen, Schnäbel und geschweifte Bronzerohre schmücken die nach -1000 auf heute deutschem oder tschechischem Gebiet gefertigten Bronzehelme, Steckösen am Scheitel dienten wohl zusätzlichem Federputz [Le Goffic 1988, 11,100]. Nur Imponiergehabe oder kultischer Zwang kann die Hörner rechtfertigen, denn im Zweikampf sind sie entschieden von Nachteil: Jeder Schwerthieb auf die Hörner kann den Helm verreißen, außerdem können sie halbe Fehlschläge dennoch zum Kopf hin lenken.

Mykenische Krieger verwendeten während des Troianischen Krieges Eberzahnhelme (Abb. 99). Erst im Niedergang Mykenes finden wir auf der "Kriegervase" eine andere Bewehrung (Abb. 101a): "Die Helme, vermutlich aus Leder, sind mit Hörnern verziert und mit Metallplättchen verstärkt" [Piggott 1961, 214]. An dieser Darstellung offenbart sich der ganze Jammer herkömmlicher Datierung. Hören wir Stuart Piggott weiter:

"Die 'Kriegervase' wurde von Schliemann in einem Haus neben dem Grabkreis A in Mykene gefunden, stammt aber aus einer viel späteren Zeit, nämlich vom Ende der Mykenischen Periode (etwa 1200 v. Chr.) [...] Man vergleiche diese Malerei mit dem bemalten Terrakottarelief der phrygischen Krieger [...], das in Pazarlı bei Boghazköy gefunden wurde und etwa 500 Jahre jünger ist" [Piggott 1961, 214].

Die Phryger (Abb. 101b) marschieren als dieselben spitznasigen 'Kasperlfiguren' einher, ebenfalls mit Helmzier und Wangenklappen, mit kurzem Schurz und 'Strümpfen', die auf der mykenischen "Kriegervase" und bei den Hethitern, aber auch in der archaischen griechischen Kunst auftauchen. Nichts liegt näher als der Schluß, daß die Spitznasen der griechischen Archaik, der Phryger und der mykenischen Neuankömmlinge gemeinsam durchs ausgehende →*7. Jh.* marschieren, und das benachbarte Gräberrund A beherbergt keine Gräber von -1650 bis -1450, sondern - wie schon oben gezeigt - der letzten beiden mykenischen Jahrhunderte, die ins →8./7. Jh. fallen.

In dieses →7. Jh. wurden bereits Naram-Sin und der Hörnergott von Enkomi heruntergedatiert. Damit ist ein weiteres Indiz dafür gefunden, daß Snofru seine Hörnerzier nicht 17 Jahrhunderte früher getragen hat, sondern im selben →7. Jh.

Granit und Kupfermeißel

Darauf haben bereits die Kraggewölbe in Snofrus Pyramiden des →7. Jhs. hingewiesen, die stilistisch eng mit den Kraggewölben der großen mykenischen Tholoi verbunden sind. Es fällt nun auf, daß bei Snofru wie bei den Mykenern offenbar noch kein Granit verbaut worden ist. Die Grabkammern wie die Kraggewölbe bestehen aus Kalkstein, ebenso das einzige aufgefundene Pyramidion aus dem Alten Reich, das von Snofrus roter, nördlicher Pyramide in Dahschur stammt [Stadelmann 1985, 101, Taf. 29]. Für dieses Baumaterial wäre Eisen noch nicht zwingend notwendig gewesen, das für die Granitblöcke bei Cheops, Chephren, Radjedef und Mykerinos den Autoren unabdingbar erscheint [vgl. Heinsohn 1988, 176f; Illig 1988, 34f; Löhner/Illig 1992; Illig/Löhner 1993, auch zu sonstigen Bauproblemen].

Cheops ließ die große Kammer seiner Pyramide mit fünf "Entlastungskammern" sichern. Allein dafür waren mindestens 90 Granitbalken mit einem Gesamtgewicht von ca. 3.500 t notwendig, die um bis zu 50 m angehoben werden mußten [Goyon 1987, 183].

Für Radjedef (= Djedefre bei anderer Reihung der Hieroglyphen), den blaßgebliebenen Sohn und Nachfolger von Cheops, wurden die Grabkammern und der zu ihnen hinabführende Korridor aus Assuangranit gebaut [Schneider 1994, 112]. Nach jüngstem Erkenntnisstand des Ausgräbers Michel Valloggia wurde seine Pyramide nicht nur mit 67 m abgeschlossen, sondern komplett mit Granit verkleidet. Dieser Nachweis kann sich nur auf vergleichsweise spärliche Indizien stützen, da nur ein Stumpf von keinen 10 m Höhe überdauerte und die Römer das Granitmaterial abgebaut und weggeschafft haben sollen [Schulz 1996].

Chephrens Pyramidenverkleidung beginnt mit einer Granitschicht, sein Totentempel, ein Bau von 111 auf 56 m, ruht auf einem Granitsockel, innen ist das Mauerwerk mit Granit abgedeckt. Die Kernmauern enthalten Blöcke von 200 bis 400 t Gewicht [Stadelmann 1985, 136]. An seinem Taltempel imponieren die 16 über 4 m hohen Granitmonolithen und die glattpolierte Granitverkleidung der Wände, die R. Stadelmann [1985, 138] von Megalitharchitektur sprechen lassen. Die Monolithe sind keineswegs einfach Kante an Kante gestellt, sondern mit aufwendigen Eckfalzen verbunden. Für die Wände wurden riesige Quadern verwendet, ein von G. Goyon [1987, 250] vermessener wiegt 123,7 t.

Mykerinos schließlich ließ die unteren 16 Steinlagen der Pyramidenverkleidung - bei einer Seitenlänge von gut 100 m - in Assuangranit ausführen, also eine Steinreihe von fast sechs laufenden Kilometern präzise zurichten! Nebenbei bemerkt: In der sogenannten Sargkammer fand H. Vyse die Fragmente eines Holzsarges, der die Kartusche des Mykerinos trug und somit die Zuweisung an diesen Pharao bestätigte; doch dieser Sarg mußte der 19. oder 26. Dynastie zugerechnet werden [Stadelmann 1985, 144]!

Kupfermeißel und -sägen, wie sie des öfteren aufgefunden worden sind - nicht zuletzt im Grab der Hetepheres, Snofrus Gemahlin und Cheops' Mutter -, sind für superharte Gesteine einfach zu weich, auch wenn beim Sägen vorrangig die Härte des Schleifsands, nicht des Sägeblatts zählt. Heute durchgeführte Versuche mit altem Kupferwerkzeug erbringen überhaupt keinen Erfolg, trotzdem ist immer wieder darauf verwiesen worden, daß man Kupferschneiden durch Hämmern enorm verbessern könne, etwa von F. Petrie: "So behandeltes Kupfer kann so hart wie Flußstahl gemacht werden" [Petrie 1909, 100]. Die Antwort auf diese tollkühne Hypothese ist fast ebenso alt:
"Besichtigt man die Granitsteinbrüche von Assuan, ist man von der Leichtigkeit betroffen, mit der die Ägypter zu allen Zeiten dieses so harte Material geschnitten haben. Die von ihnen benutzten Instrumente scheinen ein Aufsehen erregt zu haben, dessen Ausmaße der Härte des Felsen entsprechen. Die Werkzeuge ähneln notwendigerweise den Spitzhauen heutiger Steinbruchs- und Minenarbeiter; aber aus welchem Metall waren diese Spitzhauen gemacht? Während der ersten Dynastien mit Sicherheit aus Kupfer, später aus Bronze; doch rotes Kupfer und Zinnbronze werden im heute bekannten Molekularzustand am harten Fels stumpf, ja platt, ohne

ihn zu ritzen. Deshalb müßten die Ägypter Prozeduren gekannt haben, Kupfer und seine Legierungen so weit zu härten, daß sie die Qualitäten unserer besten Stähle bekommen hätten. Diese Prozeduren betrafen keineswegs die chemische Zusammensetzung des Metalls, sondern ausschließlich seinen molekularen Zustand, einen vorübergehenden Zustand von kurzer Dauer, weil die heute ausgegrabenen Instrumente wieder alle Charakteristika des natürlichen Metalls angenommen haben" (Morgan 1926, II 216f; hier Abb. 100).

Auf deutsch: Die vermutete und erhoffte Kupfer- und Bronzehärtung ist an keinem alten Meißel nachweisbar! Sie wird zwar immer wieder einmal angesprochen, aber ein Praktiker wie Georges Goyon ist sich im klaren darüber, daß die Frage noch unbeantwortet ist,

"wie dieses erstaunliche Volk Granit oder Diorit, das härteste Hornblendegestein, mit [...] Kupfermeißeln bearbeitete? Sicherlich besaßen sie irgendein Werkzeug, ein Metall oder ein geheimnisvolles Verfahren, das es ihnen ermöglichte, die Baustoffe scharfkantig zu schneiden und zu behauen und ihnen jene Weichheit des Schliffs zu geben, die man heute mit unseren Handwerkszeugen unmöglich erreichen kann" [Goyon 1987, 232].

Er vertritt auch die Meinung, daß in Ägypten niemals Granitblöcke mit aufquellenden Holzkeilen aus dem Gestein herausgesprengt worden seien, sondern vermutlich doch mit eisernen; außerdem mutmaßt er eine vorbereitende Hitzebehandlung des Granits, wie sie stellenweise nachzuweisen ist [Goyon 1987, 86].

Pyramiden und Eisen

Die hier und im Kapitel N vertretene These ist in ihrem ersten Teil keineswegs neu:

Eisenmeißel müssen beim Pyramidenbau eingesetzt worden sein! Dies haben bereits 1927 H. Garland und C.O. Bannister - und auch sie nicht als erste - kategorisch gefordert. Nach ihrer Meinung sind die Dioritstatuen der 4. Dynastie genauso wie die Granitstatuen der 18. Dynastie mit Eisenwerkzeug behauen worden, weil alle anderen, weicheren Materialien wie Bronze oder Kupfer einfach scheitern müssen -

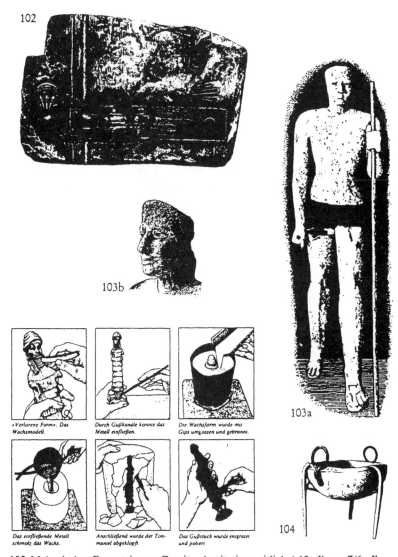

102 Mykenischer Formstein aus Granit - damit eisenzeitlich (-12. Jh.; →7./6. Jh. - zum Gießen von Schmuckgegenständen, etwa 8,5 cm lang [Schliemann 1964, 121]
103 Lebensgroße Kupferstatue von Pepi I., Hierakonpolis (-23. Jh.: →7./6. Jh.):
a) Gesamtansicht b) Detail [Singer 1957, 639f]
104 Griechischer Dreifuß aus geometrischer Zeit (ca. -800; →7./6. Jh.) [Amiet 1988, 429]
105 Guß in "verlorener Form" [Hawkes 1984, 100]

spätestens dann, wenn Hieroglyphen in ihrem Formenreichtum herauszumeißeln sind [Garland 1927, 104].

"Archäologen, die sich nachdrücklich gegen sie [die These, daß Eisenmeißel in Ägypten vor -1000 in Gebrauch waren] aussprechen, werden vermutlich ihre Meinung nicht ändern, bevor neue Hinweise ans Licht kommen. Sie sind von der Bedeutung der archäologischen Evidenz besessen, die auf ihrer Seite ist, ein vorwiegend negativer Charakterzug. Und sie zögern nicht, frühen Handwerkern Fertigkeiten und ein Wissen um Praktiken zuzuschreiben, die wir heute, mit dem Fortschritt von fünftausend Jahren im Rücken, nicht einsetzen oder anwenden könnten" [Garland 1927, 110f].

In der Akropolis von Mykene hat H. Schliemann kleine Steinwürfel aus Granit und Basalt gefunden, in deren Flächen Gußformen für Schmucksachen eingetieft und ziseliert sind (Schliemann 1964, 120ff; hier Abb. 102). Mit welchem Material sollten diese ebenso präzisen wie winzigen Matrizen aus dem harten Stein herausgearbeitet worden sein, wenn nicht mit Stahl? Eisen ist 'zum Glück' in Mykene gefunden worden, kurz vor den "Dunklen Jahrhunderten" [Demakopoulou 1988, 50].

Faktum bleibt: Herodot bringt Eisenwerkzeug und Cheopspyramide ausdrücklich zusammen [II:125], der Nitokris-Mythos verbindet Mykerinos-Pyramide und Eisen [Illig 1989], und Eisenstücke sind sowohl in der Cheops- wie bei der Mykerinos-Pyramide gefunden worden (s.S. 388f).

Faktum bleibt auch folgende Feststellung:

"Das Datum ist unsicher, an dem die Ägypter lernten, Eisen zu schmelzen und zu bearbeiten, aber es ist klar, daß Ägypten das letzte Land im Nahen Osten war, das die Eisenzeit erreichte [...] Erst im sechsten Jahrhundert v. Chr. wurde eine erste Eisenproduktion eingerichtet, während in Nubien diese Industrie ein halbes Jahrhundert älter sein mag" [Harris 1971, 97].

Der zweite Teil unserer Eisen-These, von G. Heinsohn bereits knapper formuliert [1988, 176], berücksichtigt diese Fakten:

Die 4. Dynastie steht am Beginn dieser spät einsetzenden Eisenepoche; Snofru, der um →*600* lebt, kann noch (fast) keine Granitblöcke für seine Pyramiden verwenden, Cheops, seine Söhne Djedefre und Chephren sowie sein Enkel Mykerinos hingegen in rasch zunehmendem Maße!

Wer sich darauf berufen möchte, daß ja bereits vor Djoser die schönsten Gefäße aus härtestem Gestein geschlagen, gebohrt und geschliffen worden seien [vgl. Illig 1988, 34], mag bemerken, daß Flinders Petrie bei der Fundzuweisung an 'seine' 1. Dynastie wohl folgendes Entscheidungskriterium zugrundelegte: Selbst komplizierteste Steinarbeiten müssen zur ältesten Zeit gehören.

Aus jüngeren Ausgrabungen kennen wir jedoch ganz andere Befunde. Im libanesischen Kamid el-Loz fand man einen spätbronzezeitlichen Palast, der in der herkömmlichen Chronologie zwischen -1550 und -1200 angesiedelt wird. Zu den Gerätschaften dieses vornehmen Haushaltes gehörten keineswegs nur Bronzeschalen, -pfannen, -panzer und -schwerter, sondern auch klassisch einfache Steingefäße aus Kalksinter und Serpentin [Hachmann 1983]. Zusätzlich fanden sich zwei Schalen(fragmente) aus schwerem Vulkangestein, die wegen ihrer Form in die 1. bis 3. Dynastie zurückdatiert wurden. Aufschriften erzwingen jedoch eine Zuweisung zum Mittleren Reich [E. Edel in Hachmann 1983, 38,49,130]. Daß außerdem Briefe der Amarna-Korrespondenz gefunden wurden, macht die Deutung der ägyptischen Spuren in Kamid el-Loz für orthodoxe Gelehrte nicht einfacher.

Diese Tatbestände formen bereits ein zusammenhängendes Bild:
- In der 4. Dynastie werden unter Cheops die ersten Eisen- und Stahlmeißel für das oberste Staats- und Religionsziel, den Pyramidenbau, verfügbar; Snofru dagegen gehört noch nicht zur Eisenzeit.
- Nur Snofru und Cheops bauen in Ägypten Kraggewölbe in Pyramiden. Die Entwicklungsstufen ägyptischer Kraggewölbe finden sich nicht im Land selbst, sondern auf Kreta, Sardinien und in Mykene.
- Mykene lernt das Eisen kurz vor seinem Untergang kennen, der von uns gegen →*600* angesetzt wird. So ist in einem Tholos ein eisernes Messer gefunden worden (s.S. 70)
- Ägypten beginnt frühestens im -6. Jh. eine eigene Eisenproduktion; vorangehende Funde, wie etwa der Dolch Tutanchamuns, waren Geschenke ausländischer Potentaten.
- Hörnerhelme in 'Wikingermanier' werden vor und nach dem Umbruch getragen, der bislang fünf Dunkle Jahrhunderte dauern sollte, tatsächlich aber nur eine einzige Generation umfaßt, die um →*600* gelebt hat.

Das Postulat daraus ist klar: Snofru ließ sich während der mykenischen Endzeit - kurz vor →*600* - durch griechische Baumeister Kraggewölbe errichten. Dies läßt sich durch ein ethnologisches Detail erhärten.

Cheops' Tochter Hetepheres II. war semmelblond, seine Enkelin Meresanch rotblond, wie aus Reliefs in deren Grab hervorgeht [Muck 1958, 271ff, Farbbild Tafel 17]. O. Muck hat aus diesem Befund bereits geschlossen, daß Cheops eine alteuropäische (Neben-)Frau hatte, ohne jedoch Mykene und 4. Dynastie zusammenzuführen.

An der Gegenküste war blondes Haar zwar selten, aber doch vertreten. Homer versieht den "göttergleichen" Achill ebenso mit dem Attribut "blond" wie den "aresgeliebten" spartanischen König Menelaos [*Ilias* I:197 III:284, IV:183]. Als Bruder Agamemnons bezeugt dieser, daß zum mykenischen Herrschergeschlecht der Atriden Blondschöpfe gehörten. Will man die Überlieferung noch weiter strapazieren, dann ist dank Herodot [II:113-116] bekannt, daß Menelaos' Frau Helena gar nicht nach Troia entführt worden ist, sondern über 10 Jahre beim ägyptischen Pharao Proteus lebte. So sind Kontakte zwischen Griechen und Ägyptern während des jetzt gegen →600 angesetzten Troianischen Kriegs überliefert; konsequenterweise stirbt das agyptische Kraggewölbe aus, wenn es in Mykene und Kreta nur noch eine marginale Rolle spielt!

Erinnert sei schließlich noch daran, daß während der sardischen Nuraghenkultur auch sogenannte Brunnentempel gebaut worden sind. Bei den rund 40 Exemplaren findet man die Snofru und Cheops fehlenden Vorstufen: Früheste Bauten aus polygonalen oder unregelmäßigen Blöcken, spätere aus regelmäßigen, behauenen Steinen. Hier findet man zwei vielleicht parallele Stilgruppen: abgetreppte Wandsteine wie in der Großen Galerie der Cheopspyramide (-25. Jh.), und andererseits Brunnen mit Wänden, die einen glatten Bogen bilden, vergleichbar mit mykenischen Tholoi (-13. Jh.) [Thimme 1980, 88,92,114; Illig 1988, 94,91]. Die Blütezeit der Brunnenheiligtümer wird zwischen -1000 und -750 gesehen [Thimme 1980, 432]. Die vom Autor 1988 gegebene Datierung von "nach -700/i" bewegte sich im Zeitrahmen der europäischen Megalithkultur, durfte aber noch nicht auf ägyptische Belege zurückgreifen. Nunmehr kann diese Datierung auf →600±50 präzisiert werden. Zu diesem Zeithorizont gehören nicht nur die Bienenkorbkuppeln der Snofru-Pyramiden und des 'Atreus'-Tholos, sondern auch, wie schon früher dargestellt, Megalithbauten aus Irland, Spanien und Portugal, aus etrurischen Gebieten, aus Bretagne und Rußland, von Malta und den Orkneys [Illig 1988, 81-100].

Die 'zweite Besetzung'

Die 4. Dynastie liegt nach den neu gewonnenen Datierungen im →7. und →6. *Jh.* In diesen beiden Jahrhunderten wird bislang die 26. Dynastie angesiedelt, also die saïtische mit ihren sechs Pharaonen. Die Besucherinschriften an der Cheops-Pyramide widersprechen dieser zeitlichen Nähe nicht: Die älteste ist hieroglyphisch und nennt den Pharaonennamen Psammetich. "Da dieser Name aus der 26. Dynastie belegt ist, gibt er uns die Datierung" [Borchardt 1926, 16]. Vor den Saïten hat sich also niemand an der größten Pyramide verewigt. Dazu paßt nahtlos der archäologische Befund, daß Giseh fast 2.000 Jahre nicht als Begräbnisort gedient hat. Zwar finden sich prädynastische Bestattungen und solche der 1. und 2. Dynastie, doch nach der 4. besinnt sich erst die 26. Dynastie wieder auf Giseh (El-Sadeek 1984, 5, der ein einziges Grab der 1. Zwischenzeit zuschreibt]. Die Pharaonen der 26. Dyn. trieben einen schwer verständlichen Ahnenkult:

"Die Saitenzeit sucht das Erbe der großen ägyptischen Vergangenheit zu pflegen und orientiert sich vor allem an den Denkmälern und an der festgefügten Struktur des Alten Reiches. Alte Kunstwerke und Texte werden sorgfältig kopiert, und im Gebiet von Memphis wird sogar der Totenkult uralter Könige der Pyramidenzeit neu belebt. Die reich ausgeschmückten Beamtengräber überliefern alte Jenseitstexte in äußerst sorgfältigen Abschriften. In solcher Betonung des Formalen erweist sich die Epoche als echte Spätzeit" [Hornung 1988, 126].

50 Jahre vor dem Ägyptologen war der Kulturgeschichtler Egon Friedell noch wachsamer:

"In dieser ihrer letzten Entwicklungsperiode, der einzigen, die uns durch Schilderungen fremder Augenzeugen bekannt ist, war die ägyptische Kultur bewußt und betont altmodisch, eine Art 'zweite Besetzung' und unheimliche Doppelgängerin ihrer eigenen grauen Vorzeit, was den Beobachtern entgangen ist. Die offizielle Sprache war ein künstlich wiederbelebtes archaisches Ägyptisch, etwa von der Art, wie wenn die heutigen Athener ihre Regierungsverordnungen in xenophontischem und ihre Theaterstücke in menandrischem Griechisch verfassen wollten [...]; die Ämter und Titulaturen der Pyramidenzeit wurden erneuert; die Grabmalereien bemühten sich, in Form und Inhalt genaue Wiederholungen der Texte und Bilder des Alten Reichs zu geben, so daß bisweilen nicht gleich zu erkennen ist, ob ein Wandschmuck dem Anfang oder dem Ende der ägyptischen Geschichte angehört; auf den Statuen erscheinen die Zeitgenossen nackt und mit Schurz wie in den Tagen des Cheops: es war eine Art Empirestil, nur viel energischer und konsequenter durch alle Lebensverhältnisse geführt als der napoleonische. Und da man natürlich vor allem auch im Glauben auf das Uralte zurückgriff und es mit höchster Zähigkeit behauptete, so entwickelte sich eine Religiosität der strengen Speisevorschriften und extremen Reinheitsgesetze, des peinlichen Ritualismus und exklusiven Dünkels gegen alles Fremde [...] Merkwürdigerweise hat um dieselbe Zeit wie in Ägypten auch in Mesopotamien eine solche 'romantische' Strömung geherrscht: im sogenannten Neubabylonischen Reich, das sich um anderthalb Jahrtausende in die Tage Hammurapis zurückzuträumen versuchte" [Friedell 1982, 342; erstmals 1936].

Für das Neubabylonische Reich ist bereits das Zusammenfallen mit der Ur III-Zeit nachgewiesen [Heinsohn 1988]. Nunmehr ist zu fordern, daß auch die 26. Dynastie mit dem Alten Reich, die "unheimlichen Doppelgänger" mit ihren sogenannten Vorgängern zusammenfallen oder direkt aufeinanderfolgen.

K) Ägyptische Erzstatuen - Vorläufer oder Epigonen ?

Aus dem Alten Reich Ägyptens ist ein singulärer Fund bekannt: Der Pharao Pepi I. (2300-2268) hat sich und (wahrscheinlich) seinen Sohn Merenre in Form zweier lebensgroßer Kupferstatuen abbilden lassen (Abb. 103).
"Man nimmt an, daß die Statue einen Holzkern hatte, um den das Metall gehämmert und mit Nägeln befestigt war. Der Schurz und die Krone waren vermutlich in Gipsstuck angesetzt und wahrscheinlich mit Blattgold überzogen" [Saleh 1986, Nr. 63].
Der Kopf zeigt offenbar individuelle Züge, die durch die mit Quarz und Obsidian eingelegten Augen belebt wurden.

Der Ägyptologie wurden diese beiden Statuen nicht zum Problem, berichtet doch der Palermostein davon, daß bereits zu Zeiten von Pharao Chasechemui in der 2. Dynastie eine Kupferstatue gefertigt worden sei [Rosier 1987, 86]. Auch wenn der Palermostein nicht mehr als Original aus der 5., sondern als - natürlich getreulich gemutmaßte - Replik aus der 26. Dynastie gilt, so schien dennoch klar, daß die Technik dieser beiden Statuen schon um -2700, also 400 Jahre vor Pepi I. beherrscht wurde. Daher war es lediglich bedauerlich, aber keineswegs hinterfragenswert, daß für das Alte Reich kein weiteres Belegstück bekannt ist, aus dem Mittleren Reich nur zwei unterlebensgroße Statuen zu verzeichnen sind und aus dem Neuen Reich überhaupt keine größere Erzstatue, nicht einmal als Fragment, erhalten ist [Radwan 1983, 35].

Kein Problem brachte es offensichtlich auch mit sich, daß die beiden berühmten Statuen innerhalb des Tempels von Hierakonpolis zusammen mit berühmten Gegenständen aus ganz anderen Zeiten entdeckt worden sind (vgl. S. 52). Warum sollten die Priester ihre 'Antiken' nicht zusammen bestattet haben?

Da ein solitäres Stück schwer zu beurteilen ist, versetzen wir uns in eine 1.800 Jahre spätere Zeit. Hier begegnen wir der Hochblüte der niemals übertroffenen griechischen Bronzeplastik. Ganz im Gegensatz zur dunklen Situation in Ägypten ist für sie nahezu lückenlos geklärt, wie die technologischen Schritte ausgesehen haben, die zu den gegossenen, lebensgroßen Meisterwerken geführt haben. Die herkömmlichen Datierungen werden wiederum kritisch beleuchtet [vgl. Illig 1988a].

Griechische Erzkunst

Im griechischen Kulturraum wurden die ersten Bronzefigürchen im Kreta des -17. Jh. [vgl. Illig 1988, 80] gegossen. Angewendet wurde der Guß in verlorener Form, der auch unter den Bezeichnungen "à cire perdue" oder *direktes Wachsausschmelzverfahren* bekannt ist (Abb. 105). Bei dieser Gußtechnik wird die zuerst gefertigte Wachsform mit Ton umkleidet. Beim Erhitzen schmilzt das Wachs, der entstandene Hohlraum wird anschließend ganz mit Bronze gefüllt. Da diese Technik schon im -3. Jtsd. entwickelt worden sein soll, scheint daran nichts Auffälliges zu sein ([Bol 1985, 19]; Peter Bols Ausführungen wird in diesem Kapitel gefolgt).

Nach den "Dunklen Jahrhunderten" Griechenlands, in der geometrischen Epoche des -8. Jhs., finden sich in Olympia zu Tausenden kleine 'Votivgaben', Menschen- wie Tierdarstellungen. Sie alle stammen aus "der verlorenen Form" [Bol 23]. In diesem -8. Jh. wird erstaunlicherweise noch immer nach den günstigsten Mischungsverhältnissen bei den Legierungen gesucht [Bol 17], obwohl doch Bronzetechnik andernorts bereits seit 2.000 Jahren geblüht hätte.

Zeitgleich kommen bei den immer beliebter und zugleich immer größer werdenden Dreifußkesseln verschiedene Techniken zum Einsatz (Abb. 104): Der Kessel als solcher wird aus einem einzigen Blech getrieben und mit den gegossenen Beinen und Kessellagern vernietet [Bol 32]. Für eine sich ausbreitende Produktion wird bald mit Hilfsnegativa gearbeitet, bei denen die Ursprungsformen dadurch erhalten bleiben, daß sie vor Einsatz durch Abgußformen vervielfacht werden [Bol 34]. Im -8. Jh. wird der Hohlguß aus dem nahen Osten übernommen: Er spart Wachs wie Bronze, denn das Wachs umkleidet jetzt einen Tonkern, der im Gußstück verbleibt und exponierte Teile zusätzlich versteift [Bol 77]. Unbekannt war damals noch das Verschweißen der verschiedenen Gußteile [Bol 66].

106 'Blechschmiede': a) Bronzerüstung eines mykenischen Kriegers samt Eberzahnhelm, Dendra (-15. Jh.; →8./7. Jh.) b) kretisches Sphyrelaton aus Dreros (ca. -650; →6. Jh.) [Hawkes 1984, 126; Singer 1957, 469]
107 Erzgießereischale aus Vulci, Italien. Herstellung lebensgroßer Erzstatuen, -5. Jh. [Singer 1957, 51]

Gegen Ende des -7. Jhs. verbreitet sich eine neue Technik: An Bronzegefäßen werden die Henkel nunmehr angelötet, anfangs mit Weich-, dann auch mit Hammerlot, das die dauerhafteren Verbindungen ermöglicht [Bol 81]. Von da ab entfallen Nieten und sich überlappende Bleche. Bereits damit war den Forderungen hellenischer Ästhetik Genüge getan, denn ein künstlerischer Gegenstand brauchte keine technische oder materielle Einheit zu bilden [Bol 86]; nicht einmal in klassischer Zeit mußten Statuen 'aus einem Guß' sein (Abb. 107) - im Gegenteil: Die angestrebte Wirkung ließ sich manchmal nur durch 'Anstückeln' erreichen, was genau deshalb auch praktiziert wurde [Schmidt 1993].

Somit stand das Know-how bereit, das für größerformatige Statuen benötigt wurde. Bis dahin konnte man in Griechenland große Figuren nur aus Holz schnitzen. Im -7. Jh. umkleidete man erst Holzstatuen, dann rohe Holzkerne oder gar nur noch Gerüste mit getriebenen Blechstücken, die zusammengenietet wurden [Bol 99]; die so geformten Statuen werden als *Sphyrelata* bezeichnet (von Sphyra = Hammer; Abb. 106b). Es liegt nahe, diese Technik von der Plattnerei abzuleiten. Bereits von den Mykenern des -15. Jhs. sind vollständige Harnische bekannt, bei denen die Bronzeblechplatten überlappend zusammengefügt worden sind (Abb. 106a). Bislang standen die Dunklen Jahrhunderte zwischen diesen beiden Erfindungen der Plattnerkunst, nunmehr kann sich die eine direkt aus der anderen entwickeln.

Aus dem ersten Drittel des -7. Jhs. sind heute die ersten größeren griechischen Sphyrelata, aus Kreta, bekannt. Wenn auch noch unterlebensgroß, kommen sie doch eine Generation vor den ersten Steinstatuen desselben Formats [Bol 102]. Ungeklärt ist bislang, wieso Pausanias den Künstler Klearchos als Schöpfer der ältesten Bronzestatue Griechenlands, eines Sphyrelatons, bezeichnet hat, dürfte dieser doch erst am Ende des -6. Jh. gelebt haben [Bol 99]. Zu diesem Zeitpunkt aber kamen Sphyrelata bereits 'aus der Mode'; die Technik war überholt, obwohl sie keinerlei Innengerüst mehr benötigte [Bol 101,103].

Mitte des -6. Jhs. übertrug man die Technik des Verlötens auf die Fertigung lebensgroßer Statuen. P. Bol interpretiert damit die Überlieferung, derzufolge Theodoros von Samos als erster Bronzestatuen geschaffen hat. Seiner Ansicht nach kann hier weder der Bronzeguß als solcher noch Wachsausschmelzverfahren oder Hohlguß, aber auch nicht der Guß größerer Teile gemeint sein [Bol 118]. Statt dessen werde

Theodoros' Fähigkeit gerühmt, ganze Körperpartien zu gießen und sie nahtlos mit Bronze zu verschweißen. Gegen -520 setzte sich diese Technik überall in Griechenland durch [Bol 118,137].

Nicht von allen Forschern wird die Entwicklung des Bronzegusses so gesehen. So übergeht P. Bol stillschweigend die Einwände, die P. Blome und andere vorgebracht haben. Sie sind der Meinung, daß die kretischen Sphyrelata aus Dreros nicht von -650, sondern von -750 stammen [Blome 1982, 14]; und sie verteidigen diese Datierung, indem sie die Ähnlichkeiten mit subminoischer Kultur stärker hervorheben, war doch etwa der Apollo-Tempel von Dreros "typologisch ein Ausläufer minoischer Sakralarchitektur" [Blome 1982, 79]. Mit anderen Worten: Weil für "Dunkle Jahrhunderte" eine irreale Riesenlücke zwischen minoischer Kultur und geometrischer Epoche klafft, muß immer wieder versucht werden, sie durch Datierungsstreckung von der einen oder anderen Seite der Zeitachse zu verdecken.

Spätstart der Olympischen Spiele

Es gibt aber seit kurzem auch eine radikal gegenläufige Tendenz: Die oben angesprochene Studie [Peiser 1989; 1993] rückt die ersten Olympischen Spiele in den engbegrenzten Zeitraum zwischen →*590 und* →*560.*

Homer, der von dieser 'olympischen Verjüngung' miterfaßt wird, rückt gleichfalls in die erste Hälfte des →*6. Jhs.*, in jenes Jahrhundert, in dem seine Epen erstmals schriftlich fixiert worden sind; Peiser [1996, 19] bestätigt die Zeit nach 580. Homer ist nun 'stimmig': Daß Herodot noch keine 'kanonisierte', in Gesänge eingeteilte Fassung der *Ilias* kannte, ist nicht mehr schwerverständlich [Haussig 1971, 664]. Daß Homer so vieles aus mykenischer Zeit kennt - etwa die Eberzahnhelme (s.S. 193) -, daß er anläßlich der Leichenspiele zu Ehren des gefallenen Patroklos über zahlreiche Sportarten berichtet [*Ilias* XXIII:627; daneben auch *Odyssee* VIII ab 108], die auch bei den Olympischen Spielen ausgeübt wurden - all das ergibt nun ein wesentlich klareres Bild.

Ein Ende des Troianischen Kriegs im letzten Drittel des →*7. Jhs.* paßt nicht nur in diese Beweiskette, sondern auch zu dem verjüngten

Gründungsdatum der Stadt Rom: gegen -575 (vgl. S. 41). Auch bei den Etrusko-Römern, die ihre Abstammung auf Troia zurückführten, bestand Anfang des -6. Jhs. ein starkes Bedürfnis nach kultischen Spielen, das sich in der gleichzeitigen Anlage einer Rennbahn am Platz des späteren Circus Maximus manifestierte. Plinius d. Ä. grübelte im übrigen, ob unter dem Stadtgründer Tarquinius Priscus die ersten Statuen in Rom aufgerichtet worden seien [Plinius VI:34,11].

Verflüchtigt sich das 'eherne' Datum -776 für den Beginn der Olympiadenrechnung ebenso wie das römische Gründungsdatum -753, so bringt das einen Erdrutsch auf breiter Datierungsfront, an den ein I. Velikovsky noch nicht zu denken wagte. Nun müssen viele der "fast unzähligen Bronzestatuetten des 8. Jh. v. Chr." aus Olympia [Bol 21] um bis zu 200 Jahre verjüngt werden. Allerdings nicht durchgängig um volle zwei Jahrhunderte, kann doch B. Peiser auch zeigen, daß hier geometrische Bronzen zeitlich (und stilistisch) den mykenischen entsprechen, ohne daß dies den Ausgräbern recht bewußt geworden wäre. Damit bleiben die frühesten vielleicht weiterhin im -8. Jh., die jüngsten aber rücken bis ins →6. *Jh.* vor.

Dementsprechend müssen die von der griechischen Chonologie abhängigen etruskischen Daten des -8. und -7. Jhs. mitziehen. Dies ist nicht zuletzt deshalb möglich, weil die einzige sicher erscheinende Verzahnung Etruriens mit Ägypten, das in Tarquinia gefundene Salbengefäß des Pharao Bokchoris (718-712), bereits von den Fachgelehrten relativiert worden ist. Dieses Glasgefäß gilt heute als phönizische Kopie, weshalb einer weiteren 'Verjüngung' nichts mehr im Wege steht [Grant 1981, 151f]. Wir können demnach davon ausgehen, daß griechische Archaik und etruskische Kulturblüte im späten →7. *Jh.* einsetzen. All jene Funde, die bislang dem -8. und -7. Jh. zugeordnet wurden - teils wegen der thukydischen Koloniegründungsdaten bei den Griechen (s.S. 346), teils wegen der Bokchoris-Vase bei den Etruskern, rücken ins *späte →7. Jh. und ins -6. Jh.*

Wo mögen die gültigen Jahreszahlen der Antike beginnen: bei -500, -450 oder -350? Mittlerweile sieht der Autor das 'sichere Ufer' erst im -1. Jh., im Grunde erst bei Augustus' Sieg zu Alexandria, anno -30 [Illig 1995].

Diese neue, aber archäologisch abgesicherte Datierung für Olympia macht für den weiteren Evolutionsgang der Statuen und Statuetten zwei Überlieferungen eher verständlich, die sich gegen bisherige Datierungen sperrten. So stammen laut Pausanias die ältesten olympischen Siegerstatuen aus den Jahren -544 und -536, ein bislang befremdlich später Zeitpunkt, fehlen doch damit die Zeugnisse von fast 250 Jahren. Weiterhin gilt: "In Olympia waren bis zum späten 6. Jh. v. Chr. Siegerstatuen aus Holz geschnitzt" [Bol 98]. Die fehlenden konnten also auch nicht eingeschmolzen worden sein. Wenn aber an traditioneller Stätte so spät noch hölzerne Statuen aufgestellt wurden, dann haben vielleicht doch Theodoros (560-530) und Rhoikos den Hohlguß erfunden, der dank sparsameren Erzverbrauchs und besserer Gußbedingungen große Formate für Erzarbeiten ermöglicht. Der gegen Ende des -6. Jh. wirkende Klearchos läge dann richtig, wenn sein Sphyrelaton für den Zeustempel von Sparta von einem Pausanias aus dem +2. Jh. einfach älter als die gegossenen Statuen empfunden worden wäre.

Gemäß dieser Zusammenführung scheinbar so widersprüchlicher antiker Überlieferungen wäre die *zweite Hälfte des →6. Jhs.* die Umbruchszeit schlechthin: Die letzten großen Holzstatuen werden geschnitzt, Sphyrelata gehämmert, der Hohlguß erobert sich die großen Formate und verdrängt rasch Holzidole und Sphyrelata, die ja eine Übergangsform par excellence darstellen. Spätestens ab -500 kann der Wunsch nach großen Statuen ästhetisch befriedigend erfüllt werden, ab -480 gehen die ersten überragenden lebensgroßen Bildwerke in Griechenland in Guß: der Poseidon von Livadostro, der Wagenlenker von Delphi, der bei Artemision aus dem Meer geborgene Zeus (Abb. 109), die Heroen von Riace.

Augenblicke

Ein letztes Detail zur Statuenentwicklung. Der Klassizismus hatte noch geglaubt, daß griechische Statuen blicklos gewesen seien. Er wußte nicht oder wollte nicht wissen, daß Augen samt Pupillen seit sehr früher Zeit eingesetzt oder - bei Steinfiguren - aufgemalt worden waren. Schon archaische Sphyrelata erhielten beinerne Augen mit abgesetzter Iris und Pupille.

"Spätestens gegen Ende des 6. Jh. scheint sich jedoch bei Großbronzen die Augeneinlage durchgesetzt zu haben, die bis zur frühen Kaiserzeit beibehalten worden ist" [Bol 150].

Verwendet wird Elfenbein, Kalkstein oder Marmor für den Augapfel, gefärbtes Elfenbein, Glaspaste oder Bernstein für die Iris, die goldgefaßt sein kann. Die Pupille schließlich wird als schwarzer Stein eingesetzt oder als dunkles Loch freigelassen. Kupferne Wimpern steigern noch den überaus lebendigen Eindruck [Bol 152f].

Zurückkehrend zu Ägypten ist eine auch nur halbwegs vergleichbare kunsthandwerkliche Entwicklung nicht zu erkennen. Wie so oft scheint alles bereits vor dem Alten Reich entstanden und damit nicht mehr erklärungsbedürftig zu sein. So wird auch nicht hinterfragt, daß die 'alten' Ägypter Statuenaugen ganz ähnlich wie die 'so viel späteren' Griechen gestalteten: Kupfer und Silber für die Lider, Bergkristall, Quarz oder Kalkstein für das Weiße des Auges, braune oder graue Masse für die Iris, eine mit dunkler Masse gefüllte Vertiefung als Pupille [Feucht 1975].

Gestützt wurde diese kritiklose Haltung durch die Einschätzung, Mesopotamien sei das Ausgangsland für den Metallguß. So gilt eine winzige Kupferquadriga als die erste Statuette "à cire perdue" [Seton-Williams 1981, 78]. Sie wird bei -2700 angesetzt, ist aber durch Heinsohns neue Chronologie ins →*1. Jtsd.* befördert worden. Trotzdem bliebe der Hohlguß eine Erfindung Mesopotamiens, allerdings nunmehr aus dem →*8. Jh.* Darauf läßt ein 160 kg schweres Figurenfragment aus Dohuk im Nordirak schließen, das eine Widmungsinschrift von Naram-Sin trägt (Abb. 108a). Diesen Herrscher hat Heinsohn aus dem -23. Jh. an den Beginn des →*7. Jh.* verbracht. Da er außerdem Sargon I. mit Sargon II. identifiziert hat [Heinsohn 1988, 152], rückt auch das zu Recht bekannteste gegossene Kunstwerk des Landes, der berühmte, fast lebensgroße Herrscherkopf von Sargon (oder Naram-Sin, Abb. 108b) in Zeiten nach →*700*. Seine Gußtechnik ist so perfekt und griechischer so ähnlich, daß H. Schmidt mittlerweile vorgeschlagen hat, ihn sogar ins →*5. Jh* zu verbringen [vgl. Schmidt 1993]. Zu dem Torso aus Dohuk existiert ein bedenkenswerter Kommentar von Joan Oates:

"Tatsächlich könnte die Dohuk-Statue, trüge sie nicht den Namen von Naramsin, leicht für ein Werke des klassischen Griechenlandes gehalten werden" [J. Oates 1987, 35].

Diese Hohlgüsse sind tatsächlich noch jünger, (fast) zeitgleich mit den ersten griechischen.

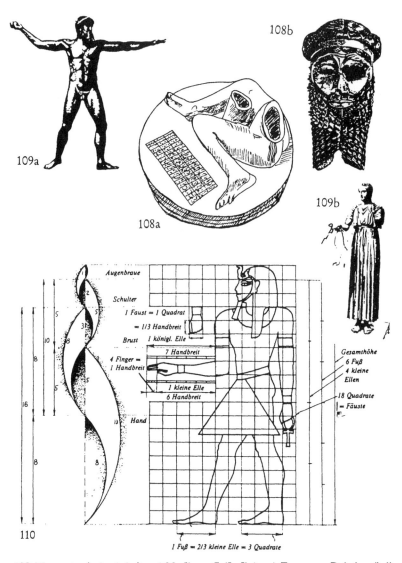

108 Mesopotamische Arbeiten (-23. Jh.; →7./5. Jh.): a) Torso von Dohuk, nördl. Irak, mit Widmungsinschrift für Naram-Sin b) sogen. "Sargon"-Bronzekopf (-23. Jh.; →5. Jh.) [Zeichnung H.I. nach Oates 1987, 35; Singer 1957, 627]
109 Großstatuen des -5. Jhs.: a) Zeus oder Poseidon aus dem Meer vor Kap Artemision, um -460 b) Wagenlenker von Delphi, um -475 [Amiet 1988, 379]
110 Der ältere ägyptische Raster mit 18 Teilungen; Proportionen nachvollzogen von G. Doczi [1985, 55].

Pepi I. und sein Sphyrelaton

Nach diesem Exkurs über griechische Erzgießerei und Datierungsprobleme präsentiert sich die Statue von Pepi I. in neuem Licht. Ließe sie sich nicht nahtlos im griechischen Entwicklungsgang der Erzfiguren einreihen?
"Die lebensgroße Statue Phiops I. [Pepi; 1,77 m] ist wie die kleinere mitgefundene seines Sohnes Merenre [0,70 m] aus Kupferblech getrieben, einzelne Teile sind gegossen. Die Stücke sind zusammengenietet und waren mit Kupfernägeln auf einem Holzkerne befestigt. Bisher hat sich keine weitere so stattliche Metallstatue aus dem Alten Reich gefunden. Die Krone fehlt. Die eingelegten Augen verleihen dem Gesicht eine faszinierende Lebendigkeit" [Lange 1961, 51 der Bildlegenden].

Die Beschreibung von Kurt Lange ist eindeutig: Es handelt sich um ein Sphyrelaton, das auf einen Holzkern genagelt worden ist. Niettechnik und Anstückelung von gegossenen Teilen - nämlich Kopf, Füße und Hände - sind bekannt, und die Augen bestehen, wie oben erwähnt, aus Quarz und Obsidian. Wäre Pepi I. ein griechischer Herrscher gewesen, würden alle Gelehrten seine Statue dem Zeitraum zwischen →750 und →500 zuweisen. Ihre eingelegten, lebensvollen Augen widersprächen diesem Ansatz keineswegs.
P. Bol mußte bei der Suche nach den Voraussetzungen für Sphyrelata natürlich auf die 'uralten' ägyptischen Vorgänger stoßen und sie berücksichtigen:
"Monumentale Holzbilder sind uns auch von dort bekannt. Außerdem hat man in Ägypten bereits im 3. Jahrtausend v. Chr. Statuen aus Blech getrieben oder wie bei den griechischen Greifenprotomen getriebene und gegossene Teile miteinander kombiniert und vernietet. So ist möglicherweise nicht nur das archaische Bild der stehenden Jünglinge, der 'Kuroi', durch ägyptische Vorbilder angeregt, sondern auch die Gattung der Sphyrelata von dort übernommen" [Bol 102].
Der Spezialist für Klassische Archäologie hat sich damit in eine Zwickmühle manövriert, ohne es bemerken zu wollen. Weil er den Ägyptern die konkurrenzlos frühe Erfindung des Sphyrelaton beläßt, gibt es nur zwei Unmöglichkeiten für die weitere Entwicklung: Entwe-

der stagnieren die ursprünglich so einfallsreichen Ägypter für 2.000 Jahre und können den Griechen des -7. Jhs. nur das Sphyrelaton des -3. Jtsds. beibringen; diese aber - ungleich kreativer - ersetzen es binnen zweier Generationen durch großformatigen Hohlguß. Oder die Ägypter gelangen selbst zum Hohlguß, überlassen aber den frühen Griechen mit dem Sphyrelaton eine veraltete Technik mit der Auflage, den Hohlguß noch einmal zu erfinden. Aus diesem Dilemma kann nur eine neue Chronologie heraushelfen, die mit einer zeitlichen Gleichschaltung die Zwickmühle als Scheinproblem entlarvt.

Auch die Tradition der urtümlichen, großen Holzstatuen sollte beachtet werden, die für Ägypten, Kreta und Griechenland gleichermaßen bekannt ist. Fragmente ältester ägyptischer Statuen - zwei Drittel Lebensgröße - fanden sich in Saqqara und Abydos; Vorläufer dieser 1. Dyn.-Exemplare werden in der prädynastischen Zeit gemutmaßt [Wood 1977, ii,12]. Die ältesten kretischen rangieren bei -1700 [Reden 1981, 199f], die griechischen Holzstatuen vor -540. Nach der Chronologierevision gehören die kretischen und griechischen Statuen ins →8. bis -6. Jh. Sollten die ägyptischen so viel früher geschaffen worden sein? Aus statuenevolutiver Sicht mit Sicherheit nicht.

Waren die Ägypter nun Vorreiter oder Eklektiker? Bislang war es selbstverständlich, daß das Kulturgefälle von den 'alten' Ägyptern zu den 'jungen' Griechen verlief. Das schien auch von einer speziellen Überlieferung bestätigt zu werden. Pausanias wie Diodor berichten davon, daß Rhoikos und Theodoros von Samos bei den Ägyptern gelernt hätten, zwei Teile einer Statue an getrennten Orten so zu modellieren und zu gießen, daß sie dennoch genau zusammenpaßten [Bol 118].

Bol verknüpft diese merkwürdige Erzählung mit dem Verschweißen gegossener Bronzeteile, sieht in ihr also die Weitergabe einer technischen Innovation. Dagegen meint W. Helck, daß es sich hier nur um die Adaption des spätzeitlichen Formenkanons der Ägypter handle [Helck 1971, 228]. Die dortigen Kunsthandwerker der Spätzeit konstruierten Götter, Menschen und Tiere in einem Quadratnetz, das 21 gleichmäßige Teilungen für die menschliche Gestalt von den Fußsohlen bis zur Augenhöhe vorschrieb (Baines 1980, 61; hier Abb. 110). Wer diesen Raster kannte, den man nicht auf Samos, sondern nur in ägyptischen Werkstätten lernen konnte, war beispielsweise in der Lage, einen Arm in der richtigen Größe zu entwerfen, wenn er einzig und allein das gewünschte Rastermaß kannte.

Da die Ägypter neben den beiden Pepi-Statuen nur aus den libyschen Dynastien meisterliche, aber viel kleinere Bronzewerke hinterlassen haben, gibt es keinen zwingenden Beweis für eine technische Vorreiterschaft der Ägypter. Ein ägyptisches Sphyrelaton kann damit getrost im gleichen Zeitraum wie ein griechisches erwartet werden, also zwischen ca. →*600 und* →*500*. Offen bleibt nur die Frage, ob es überhaupt ein ägyptisches Sphyrelaton war oder von griechischen Handwerkern aus Naukratis stammte!

Die Größenklasse zwischen Statuette und 'lebensgroß' ist bei ägyptischen Erzstatuen ebenfalls mehr als spärlich besetzt: Im Alten Reich mit der zur Pepi I.-Figur gehörenden Merenre-Figur, im Neuen Reich mit einer hohlgegossenen Statue von Ramses II. in zwei Fünftel der Lebensgröße [Roeder 1956, 291,299]. Aus dem Mittleren Reich sind nur zwei Abbildungen von Amenemhet III. (1844-1797) entdeckt worden. Bei der Büste aus einer New Yorker Privatsammlung ist nicht nur die Zuschreibung an Amenemhet unsicher: Sie soll aus dem Faijum stammen, vom Material ist nicht bekannt, ob Zinn- oder Bleibronze; Kopf und Rumpf sind 0,30 m hoch, die eingelegten Augen wirken ungemein lebendig [Wildung 1984, 208].

Erzguß aus dem Mittleren Reich

Die *Staatliche Sammlung Ägyptischer Kunst* in München kann seit einigen Jahren die andere Amenemhet III.-Statue zeigen, die ebenfalls der 12. Dynastie und der zweiten Hälfte des -19. Jhs. zugerechnet wird. Der Katalog verzeichnet das Werk noch nicht, aber die Wandtafeln sprechen von "einer der ältesten Metallfiguren Ägyptens", obwohl sie 800 Jahre jünger sein soll als jene von Chasechemui.

Sie ist im Gegensatz zur Pepi-Statue nicht aus Blechen vernietet, auch nicht hohl gegossen, sondern trotz einer Höhe von ca. 60 cm massiv. Die gesondert gegossenen, heute fehlenden Arme waren an den Schultern eingezapft. Den Kopf umschloß ursprünglich das Königskopftuch samt Stirnband aus Goldblech, die Hüften umgab ein Schurz aus Gold- oder Silberblech mit (vermuteten) Elektrumeinlagen. Die "Lidränder waren in Silber tauschiert" [Riederer 1985, 107], es war also Silberdraht in vorbereitete Gravuren eingehämmert worden. Auch die Pupille scheint in derselben Technik erstellt zu sein, ergänzt um Bergkristalleinlagen.

Das Röntgenbild enthüllt, daß eine "noch unvollkommene Schmelz- und Gußtechnik" [ebd.] zum Einsatz gekommen ist. Die Statue wirkt äußerlich wie eine reine Kupferstatue, und Materialproben weisen einen Kupfergehalt zwischen 95,4 und 99,2 % aus; aus dem Zinnanteil von im Mittel 1 % wird geschlossen, daß die Statue "mit Sicherheit absichtlich legiert" war.

"Das Material ist nicht nur in sich wenig homogen, sondern unterscheidet sich auch stark von anderen zeitgleichen Metallarbeiten. Die Herstellung und Verarbeitung von Metall befindet sich noch in der Versuchsphase, die Materialzusammensetzung kennt noch keine Standardwerte" [Museumserläuterungen].
Der Zinnanteil liegt allerdings an der untersten Grenze für entsprechende Legierungen, denn "im Durchschnitt liegen die Zinngehalte [antiker Bronzen] bei 10 %" [Riederer 1987, 107].

Beim Vergleich mit der griechischen Evolution lassen sich klare Schlüsse ziehen. Offenbar wurde der Hohlguß noch nicht (hinreichend) beherrscht, sonst hätte man die für Massivguß sehr große Figur in der neuen, materialsparenden Technik gefertigt. Zinn und Elektrum wurden verwendet und Tauschierung angewandt - beides verweist noch auf die mykenische Zeit des -16. und -15. Jh. orthodoxer Datierung, in der vor allem Schwerter und Dolche solcherart geschmückt wurden, also →8./7. Jh. nach der hier vorgetragenen Chronologie. Für die Augen sind keine tiefen Höhlungen ausgespart.

In summa: Die Statue von Amenemhet III. wäre als griechische Arbeit - nach der schon begründeten Streichung "Dunkler Jahrhunderte" und der Eliminierung des zu frühen Olympiadendatums - wegen der Einlegearbeiten im →8./7. Jh., wegen des unvollkommenen Massivgusses im →7./6. Jh. anzusiedeln.

Ein Begleitfund ermöglicht weitergehende Überlegungen. Bei der Statue lag, neben weiteren Königs- und Privatstatuen, ein kleines Bronzekrokodil, das wohl gleichfalls aus dem Totentempel von Amenemhet III. im Faijum stammt (Abb. 111a). Bei ihm handelt es sich um dickwandigen Hohlguß mit deutlich höherem Zinnanteil (3 % bei 94 % Kupfer; allerdings widerspricht dieser Befund des Münchener Museums der sonstigen Fachliteratur, die von Bleibronze spricht). Das heute 22,4 cm, ursprünglich etwa 28 cm lange Kultobjekt wurde mit einer Niello-Schicht überzogen, also mit einer durch Schwefel geschwärzten Mischung aus Silber, Kupfer und Blei. Darin eingeschnittene Vertiefungen nahmen gitterartige Elektrum-Einlagen auf, die aus ästhetischen Gründen teils matt überschliffen, teils auf Hochglanz poliert wurden. Die Wissenschaft konstatiert bei diesem Objekt den erstmaligen Gebrauch von Niello wie von Elektrum-Einlagen nicht nur im ägyptischen Kulturraum. Sie akzeptiert damit, daß diese Techniken 'praktisch sofort' auf höchstem Niveau auftreten, also wiederum keine nachweisbare Entwicklungszeit benötigt haben.

Inkrustationen

Christiane Ziegler spricht von dem inkrustierten Krokodil als einem "vorzeitigen Beispiel einer Verzierungsmethode, die besonders in der Dritten Zwischenperiode in Mode war" [Rosier 1987, 86]. Wie darf man solches verstehen: Wäre die 'frühreife', vorgängerlose Plastik ein fast um 1.000 Jahre vorprellender Vorläufer, dessen ausgefeilte Technik ad hoc im genialen Alleingang erfunden und 'post hoc' sofort wieder vergessen worden ist? Bei solcher Beurteilung werden sämtliche Erfahrungen mit technischen Entwicklungen auf den Kopf gestellt.

Die angebliche Niello-Verbindungslinie zwischen 12. und 21. Dynastie, also über rund ein Jahrtausend, muß mit ganzen vier Belegstücken auskommen: Dem ebenfalls in München liegenden Krummschwert aus der Zweiten Zwischenzeit, zwei Waffen und einem inkrustierten Halskragenverschluß, allesamt aus dem Grabschatz der Ahhotep, Mutter von Ahmose (1550-1525; 17. Dyn. [Wildung 1982]).

Das Krummschwert wurde laut Museumshinweis in Vorderasien aufgefunden. Bronzedolch und -streitaxt des Ahmose, des Gründers der 18. Dynastie, sind mit Gold- und Silbereinlagen verziert (Abb. 111b,c). Größte Affinität besteht hier mit einer Dolchklinge aus dem Schachtgrab IV in Mykene (Abb. 112). Auf der Peloponnes wurde Niello- und Inkrustationstechnik perfektioniert, wie die zahlreichen erhaltenen Klingen beweisen. John Dayton äußert zu diesen Ähnlichkeiten:

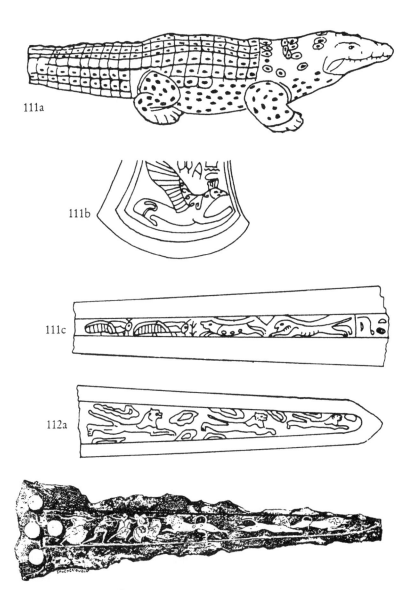

111 Niellotechnik aus Ägypten: a) Krokodil aus Amenemhet-III.-Tempel im Faijum (-19. oder -9. Jh.; →6./4. Jh.) b) Streitaxt und c) Dolch aus der Zeit von Ahmose (-16. Jh.; →8./7. Jh.) [Zeichnung H.I.; Dayton 1978, 262]
112 Mykene: Zwei Dolche mit eingelegten Klingen aus dem 4. Schachtgrab (-16. Jh.; →8./7. Jh.) [Schuchhardt 1941, 286; Dayton 1978, 262]

"Darstellungen auf den mykenischen Dolchen sind sicher ägyptisch, aber es ist zweifelhaft, ob sie in Ägypten gemacht worden sind. Daß sie [die ägyptischen Exemplare] mit dem Hyksosvertreiber Ahmose auftreten und endigen, scheint zu bestätigen, daß es sich um Objekte handelt, die mit diesen [Hyksos-]Herrschern verknüpft sind; ansonsten hätten doch die frühen Pharaonen der XVIII. Dynastie sicher ähnliche Objekte?" [Dayton 1978, 261].
Die bislang fehlenden Vorläufer des Amenemhet III.-Krokodils können deshalb im Norden gesucht werden. Und sie können deutlich später gesucht werden. Denn es gab um das Krokodil einen museumsinternen Streit. Während Museumsdirektor D. Wildung ein Paradekunstwerk des ausgehenden Mittleren Reichs (ca. -1850) erkennen wollte und seine ihm als Leiterin nachfolgende Frau S. Schoske von einem "weltweit einzigartige[n] Ensemble" der späten 12. Dynastie spricht [Schoske 1995, 50f], hatte H.W. Müller als Gründer und ehemaliger Leiter dieser Sammlung folgende Einschätzung abgegeben:
"Die von der Münchener Ägyptischen Sammlung vor wenigen Jahren erworbene und der '12. Dynastie, um 1850 v. C.' zugewiesene Bronzefigur eines Krokodils ist sicher nicht in so früher Zeit in Ägypten geschaffen worden; die mit Electrumplättchen tauschierte und gänzlich mit Niello überzogene Figur ist mit aller Wahrscheinlichkeit der kurzen Blütezeit des Niellierens in Ägypten, dem 9. Jahrhundert v. C. zuzuweisen. In Ägypten findet sich Niello erstmals an einigen Stücken aus dem Grabfund der Königin Ahhotep (um 1550 v. C.), die wahrscheinlich von Handwerkern des ägäischen Raumes, die diese Technik von Byblos übernommen hatten, gefertigt wurden. Auch in den folgenden sechs Jahrhunderten sind niellierte Metallarbeiten in Ägypten nur selten bezeugt" [Müller 1987, 41f].
So sahen zwei aufeinanderfolgende Direktoren ein und desselben Museums ein und dasselbe Kunstwerk um volle 1.000 Jahre unterschiedlich - und das zur gleichen Zeit. Bei Erstauflage dieses Buches kannte der Autor Müllers Einschätzung noch nicht, sondern datierte über Vergleiche mit spätmykenischer Kunst ins →6. Jh.. Nachdem zwischenzeitlich auch Kunstwerke der Zeitenwende geprüft worden sind (z.B. die Turiner *Mensa Isiaca*, + 1. Jh.), ist nicht auszuschließen, daß all diese Figuren aus dem vermuteten Umkreis um Amenemhet III. noch weiter zu verjüngen sind [vgl. Illig 1996]. Weiterhin aber gilt unsere Schlußfolgerung von 1990:

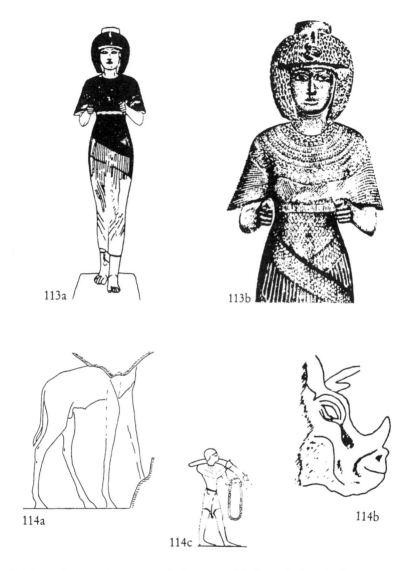

113 Bronzefigur der Gottesgemahlin Karomama (-9. Jh.; →6. Jh. oder jünger): a) Gesamtansicht der 60 cm hohen Statuette b) Detail [Amiet 1988, 299; Baines 1980, 9]
114 Punt (-15. Jh.; →6. Jh.): a) Giraffe und b) Nashorn; Reliefs von Hatschepsuts Tempel in Deir el-Bahari c) ein Bewohner bringt einen Elefantenzahn; Grab des Rechmire aus der Zeit von Tuthmosis III. [Zeichnung H.I. nach Naville 1898, III; Störk 1977, 222; Drenkhahn 1987, 21].

Niello- und Inkrustationstechnik sind wahrscheinlich in Mykene perfektioniert worden, wo (neben Zypern und Byblos) die meisten und besten Arbeiten gefunden worden sind; sie kam mit den Hyksos nach Ägypten und wurde hier während der Delta-Dynastien der Dritten Zwischenzeit gepflegt. Diese hochrangigen Kunst(hand)werke am Ende der Zweiten Zwischenzeit können also keineswegs eine genuin ägyptische Traditionslinie von der 12. zur 21. Dynastie belegen.

Kunst der Dritten Zwischenzeit

Doch ab der 21. Dynastie, in der Dritten Zwischenzeit, blühen Statuenguß wie Einlegetechnik im Nilland, und beide werden kombiniert. In Tanis fand man eine ganze Reihe von Statuetten und auch kleinen Statuen, die verdeutlichen, daß man sich damals (erneut?) an etwas größeren Formaten versuchte: Acht Werke mit einer Höhe zwischen 30 und 80 cm sind erhalten: Es handelt sich um die Darstellung von Pharaonen (Pedubaste I.), Gottesdienern und -dienerinnen (Karomama, Chonsu-mech, Meresamon), aber auch von Privatpersonen (Pachasu und "sein Bruder"). Die Oberflächen der Statuen sind auf das geschmackvollste mit Gravuren und Einlegearbeiten, mit Inschriften, Ornamenten und Schmuckmotiven bedeckt.

Am schönsten ist unbestritten jene von Karomama, der Prinzessin und Gottesgemahlin Amons (-9. Jh.), bei der ästhetische und technische Gestaltung gleichermaßen höchstrangig sind (Rosier 1987, 177; hier Abb. 113). Die ohne Sockel 60 cm hohe Statue einer Enkelin von Osorkon I.

"ist vor allem das glänzendste Zeugnis der Virtuosität ägyptischer Bronzeschmiede. Es unterscheidet sich zunächst durch seine außergewöhnliche Größe, hat uns doch das Alte Ägypten nur eine sehr kleine Anzahl von großdimensionierten Werken vermacht. Es ist auch eine der wenigen Statuen, die offenbar entsprechend den Gesetzen der Bronzegußtechnik entworfen worden sind: Denn sie ist keineswegs nur die simple Übertragung einer Steinstatue, sondern die Modellierung, die Anordnung der verschiedenen Partien und die Dekoration scheinen unter dem Aspekt kalkuliert worden zu sein, die Aufgaben des Gießens und Zusammenfügens zu erleichtern" [Ziegler bei Rosier 1987, 179f].

Dieses Können reichte offenbar bis in die 25. Dynastie, wie die Statue der Königstochter Takuchit beweist. Nunmehr regiert das für uns weniger anziehende Schönheitsideal der Nubier zusammen mit dem Bemühen, Statuen des Alten Reichs nachzuahmen; gleichwohl wird auch hier noch die Silberintarsientechnik beherrscht. Aus dieser Dynastie ist eine letzte ägyptische Niello-Arbeit bekannt: ein Kästchen im Louvre [Wildung 1982]. Doch damit endigen gegen -700 auch in Ägypten jene Inkrustationstechniken, die in Mykene bereits um -1200 ausgestorben sein sollen.

Ein großes Problem war bislang ein Bericht von Plinius dem Älteren, wie die Ägyptologie freimütig bekennt [Wildung 1982]. Denn der große römische Gelehrte nennt in seiner *Naturgeschichte* gerade die Niello-Technik als typisch ägyptische Art der Silberlegierung [*Nat. Hist.* XXXIII 46,31]. Nun ist Plinius d. Ä. beim Ausbruch des Vesuvs im Jahre +79 ums Leben gekommen, sollte also nichts mehr von einer seit 750 Jahren ausgestorbenen fremdländischen Technik wissen - ein gewichtiger Grund mehr, alle früheren Datierungen - auch und gerade des Münchner Krokodils - kritisch zu prüfen. Erschwert wird diese Suche dadurch, daß sich die Metallurgen nur schwer einigen können, was als Niello, was als "schwarzes Kupfer" ("hsmn km") der Ägypter, als "Kyanos" bei Homer oder als "corinthium aes" der Griechen zu bezeichnen sei [Giumlia-Mair/Craddock 1993, passim,51]. Denn je nach Zuordnung können dann doch Belegstücke für das -6. bis -1. ägyptische Jh. auftreten [ebd. 14]. Bei dieser Suche ist auch die hellenistisch-ptolemäische Zeit kritisch auf Leerzeiten zu prüfen [vgl. Illig 1995].

Angesichts einer solch lückenhaften Abfolge läge der Einwand nahe, daß eben alle großen Statuen zur Wiedergewinnung des Erzes eingeschmolzen worden sind, während Grabräuber und Korrosion ein Übriges geleistet hätten. "Ein solcher Kontext erlaubt keine genaue Vorstellung zur Evolution bei Kupfer- und Bronzestatuen", meint denn auch Chr. Ziegler [Rosier 1987, 85]. Doch hat man in Ägypten immer wieder Statuen rituell begraben, seien es die 15.000 (Bronze-)Statuetten und Steinstatuen in der "Cachette" des Tempels von Karnak, seien es die vor kurzem entdeckten Steinstatuen in Luxor [Sperling 1989]. Ist der Entwicklungsgang nicht von etwas ganz anderem als vom Rost zerfressen, liegt er nicht vor allem wegen der sothisorientierten Datierung nach manethonischen Reichen und Dynastien im argen?

Ein erstes Resümee

Es ist angesichts der Vergleiche mit Griechenland ausgeschlossen, daß eine technisch so eng verwandte Statue wie die von Pepi I. aus dem -3. Jtsd. stammt. Viel realistischer ist die Behauptung, daß die Ägypter ihre Sphyrelata bei den Griechen 'abkupferten', *nachdem* durch die Gründung von Naukratis am kanopischen Nilarm unter Psammetich I. (664-610) die wechselseitigen Kontakte mit Griechenland eingesetzt hatten. Sie werden ja durch die im Heraion von Samos ab -620 plötzlich auftauchenden ägyptischen Weihegaben auch in der Gegenrichtung hinreichend bestätigt. Deshalb läßt sich für die Statue von Pepi I. ein Fertigungszeitpunkt ab →*600* postulieren. Dazu 'passen' die fünf Kalksteinköpfe gefangener Häuptlinge aus Afrika und Asien, die auf dem Pyramidengelände Pepi' I. gefunden wurden; sie sind von einer so hohen Meisterschaft, daß man sie gerne griechischen Köpfen zur Seite stellen möchte [Lauer 1976, Abb. 161-165].

Mit dieser 'Umsiedelungsaktion' verliert die Pepi-Statue ihre unverstandene Singularität, statt dessen reiht sie sich in eine durchgängige Entwicklung ein, die sich nicht auf Griechenland beschränkt, sondern ähnlich auch bei den Etruskern durchlaufen worden ist.

Die Statuen aus der Amenemhet III.-Zeit wiederum können zum einen nicht gut 1.000 Jahre älter sein als die Kunstwerke der 21./22. Dynastie, sind doch die raffinierten Dekortechniken beider Epochen allzu ähnlich. Ägyptische Funde, die das Jahrtausend überbrücken, sind nicht bekannt, nachdem die Ahhotep-Funde wohl Hyksosarbeiten sind und Tutanchamuns Grabschatz, der mehr Kupfer- als Bronzeobjekte umfaßt, überhaupt keine Bronzeinlegearbeiten enthielt [Rosier 1987, 86].

Andererseits stammen die Münchener Amenemhet III.-Statue und das Krokodil noch aus einer Zeit, in der mit Legierungsverhältnissen experimentiert und der Massivguß von Objekten mittlerer Größe keineswegs perfekt beherrscht, der Hohlguß aber erst für kleine Formate eingesetzt wurde. Das wäre die Zeit, in der man für lebensgroße Arbeiten noch ein Sphyrelaton erwarten könnte. Aber die Amenemhet-Arbeiten können aus technologischer Sicht ohne weiteres vor der Pepi-Statue entstanden sein!

Gemäß technologischer Evolution errechnet sich für diese beiden Funde aus dem Mittleren Reich eine Datierung deutlich *nach* →*700;* sie berücksichtigt die Bezüge sowohl zu den 'verjüngten' spätmykenischen

Inkrustationsarbeiten wie zum archaischen Griechenland und zur Dritten Zwischenzeit.

Die Inkrustationsarbeiten der 21./22. Dynastie gehören als hervorragende Hohlgüsse in die Zeit nach den Statuen von Amenemhet III. und Pepi I. Sie müssen demnach ins →5./4. *Jh.* rücken! Durch eine derartige Verjüngung ihrer Niello-Technik, die aus herkömmlicher Sicht ein Sakrileg darstellt, würde erstmals das noch von Plinius tradierte Wissen einigermaßen verständlich. Und die prunkvollen Totenmasken dieser Dynastien hielten engen Kontakt zu den sehr ähnlichen der 18. Dynastie und den verwandten der Mykener.

Die inkrustierte Statue der Takuchit aus der äthiopischen, 25. Dynastie kann, aber muß - aus technologischer Sicht - nicht den libyschen folgen. Der stilistische Vergleich zwischen der ungelenken nubischen Arbeit aus Kusch und den preziösen libyschen Arbeiten könnte die äthiopische Arbeit als Vorläufer, nicht als Nachfolger der libyschen erweisen.

Andererseits scheinen die Paralleldynastien der Dritten Zwischenzeit wie die nubischen über Pije mit dem ersten Assyrereinfall 'zuverlässig' verkettet. Bleibt dessen Regierungszeit bei 745-713, müßten auch die Kunstwerke dieser Zwischenzeit im -9./8. Jh. bleiben. Dieses Datierungsproblem wird andernorts zu klären sein.

Das Pije-Taharqa-Problem einmal ausgeklammert, zeichnet sich folgende Entwicklung der geschilderten Techniken ab:
- Mangels Zinn werden in Ägypten überwiegend kleine Kupfer-, nicht Bronzestatuetten "a cire perdue" gegossen.
- Im Schlepptau von Griechenland entstehen nach →*700* auch größerformatige Vollguß-Werke (12. Dyn.).
- Nach →*600* werden in Ägypten lebensgroße Statuen als Sphyrelata gehämmert, genagelt und genietet (6. Dyn.), vielleicht von griechischen Kunsthandwerkern.
- Gleichzeitig oder bald darauf entstehen, wieder in der Nachfolge Griechenlands, Voll- und Hohlgüsse aller Größen. Dazu wird aus dem Norden Inkrustations- und Niello-Technik übernommen (17. Dyn.) und in der Folge perfektioniert (21./ 22. Dyn.).

Wo wären demnach Mittleres Reich und Dritte Zwischenzeit zeitlich anzusiedeln?

Das gesamte Mittlere Reich umfaßt nicht allzu viele Pharaonen: Den Reichseiner Mentuhotep II. und einen Nachfolger aus der 11., vier

Amenemhets und drei Sesostrisse aus der 12. Dynastie, dazu Nefrusobek, insgesamt 10 Herrscher. Da die Zuordnung der Pharaonen aus der 13. Dynastie zum Mittleren Reich bereits fraglich erscheint, verbleiben nach bisheriger Rechnung etwa 275 Jahre.

Wann lebte Amenemhet III.? Das perfekte echte Gewölbe in seiner Pyramide spricht genauso für eine späte Datierung, wie es seine überaus realistischen Porträts tun, deren Bruch mit 'schematischer Darstellung' deshalb bestritten wird (so S. Schoske gegen C. Vandersleyen beim *5. Weltkongreß der Ägyptologie,* Turin 1992). Dieser Pharao läßt Landleute versklaven und Sklaven auf asiatischen, geldkennenden Märkten kaufen, aber auch bekannte Literaturwerke sammeln; er wird noch in römischer Zeit verehrt [Vandersleyen 1975a, 190f]. Alle diese Indizien sprechen für 'Verjüngung', der die ihm zugeschriebenen Erzstatuen keineswegs widersprechen. Insofern hat er mit Sicherheit gelebt [contra Weissgerber 1996, 252] und zwar nicht nur *"nach -700"* [Erstauflage G.H./H.I., 187], sondern wohl im →*5./4. Jh.* [Illig 1996]. Die maximal 275 Jahre des Mittleren Reiches können also bis ins →*4. Jh.* reichen.

Welchen Platz nimmt dann die 3. Zwischenzeit ein? Vier Dynastien füllen bislang, sich überlappend, den Zeitraum von -1070 bis -712. Die Goldmasken der drei Pharaonen liegen zwischen -1040 und -890, eine sehr frühe Datierung, wenn man sie mit den akzeptierten Daten der illyrischen und phönizischen Masken vergleicht. Für die verwandten mykenischen Masken und Inkrustationstechniken liegt die neue Datierung im →*7. Jh.,* für die Totenmaske Tutanchamuns nach →*600* (s. Kap. H); deshalb sind diese libyschen Dynastien nach →*630* anzusiedeln.

Interessanterweise berichtet Manetho, daß Pedubaste zu Zeiten der ersten Olympischen Spiele, also um -776, regiert habe. Bisherige Chronologien haben diese Angabe nur annähernd berücksichtigen können: Baines und Málek lassen ihn von -828 bis -803 regieren [Baines 1980, 37], J.v. Beckerath von -820 bis -795 [Beckerath 1984, 163] Erik Hornung von -808 bis -783 [Hornung 1988, 164]. An diesem Beispiel zeigt sich beiläufig, welche Schwankungsbreite die bisherigen Datierungen bereits um -800 haben. War Pedubaste wirklich Regent zur Zeit der ersten Spiele, dann müßte gemäß Peisers Olympia-Datum seine 25jährige Regierung wohl die Spanne von →*600 bis* →*575* einschließen. Dies würde erlauben, die 23. Dynastie von →*618 bis* →*525* anzusetzen, mit Pedubaste von →*618 bis* →*593*. Allerdings sind hier die weiteren drei Pharaonen zeitlich kaum greifbar, so daß die gesamte Dynastie auch deutlich weniger als 93 Jahre an der Herrschaft gewesen sein mag und in diesem Fall noch später beginnt.

Leser, die sich spätestens hier entrüstet abwenden wollen, weil mit ägyptischer Geschichte scheinbar nur noch 'gewürfelt' wird, sollten zumindest die Geduld für zwei interessante Funde aufbringen:

Gegen -890 gefiel es dem Pharao Scheschonk II. aus der 22. Dynastie, ein uraltes Erbstück zu tragen. Er ließ einen mesopotamischen Lapislazuli-Siegelzylinder in einen goldenen Armreif einfügen. Dieser Zylinder stammte aus der Zeit Sargons I., also von ca. -2300 [Rosier 1987, 264ff]. Gerade für uns Altertumsbewußte wäre es kaum faßbar, daß heute ein 1.400 Jahre altes Schmuckstück - etwa vom Westgotenkönig Leovigild - aus dem Schrank gezogen und neu benutzt werden könnte. Im Altertum war die Lust an Antiquitäten kaum bekannt, hier zählte vorrangig die eigene Auftragsarbeit oder zumindest die Usurpation mit der eigenen Namenskartusche. Selbst bei einem so jung verstorbenen Pharao wie Tutanchamun verzichtete man darauf, den Grabschatz mit zahlreichen Erbstücken anzureichern.

Diese Preziose aus Tanis spricht nicht fürs Antiquitätensammeln in der Antike, sondern viel eher dafür, daß hier ein Potentat das Geschenk eines anderen Regierenden getragen hat. Dies ergibt für die Dritte Zwischenzeit einen weiteren Zeitansatz. Heinsohns Verbringung von Sargon I. (Altakkader) zusammen mit seinem Alter ego Sargon II. (Altassyrer) in die vormedische = vormitannische Zeit des →8./7. Jhs. vorausgesetzt [Heinsohn 1996], kann Scheschonk II., der bislang bei -890 gesehen wurde [Rosier 1987, 20] nicht vor *ca.* →*700* regiert haben.

Das zweite Beispiel stammt ebenfalls aus den Museumsdepots von Kairo, in dem allzulang die Funde aus mehreren Königsgräbern der Dritten Zwischenzeit im ungestörten Dornröschenschlaf lagen. Weil sie kurz vor und in dem 2. Weltkrieg freigelegt wurden, traten diese Schätze nicht wie jene des Tutanchamuns ins allgemeine Bewußtsein. Prompt war auch kein 'Fluch der Pharaonen' zu verspüren …

Die Mumie des Psusennes I. (1045-994) wurde nicht nur von der bereits gerühmten Goldmaske bedeckt, sondern obendrein von einem mumienförmigen Silbersarg, einem anthropoiden Granitsarg und einem Rosengranitsarkophag umschlossen. Dessen Deckel hat 150 Jahre früher Merenptah gehört (19. Dyn.; 1212-1202), die zugehörige Wanne zeigt hingegen mit ihrem Palastfassadendekor (die Nischenmauer ist von Djoser her vertraut) Motive aus dem Alten und Mittleren Reich, also aus dem -3. und frühen -2. Jtsd.! Der Kommentar des Kairoer Museums wägt ab:

"Entweder findet hier ein unerwarteter Rückgriff auf alte Traditionen statt, oder die Wanne stammt selbst noch aus dem Mittleren Reich, wurden doch die Denkmäler der Vergangenheit in Tanis vielfach wiederverwendet" [Saleh 1986, Nr. 213].

Ganz offensichtlich standen (hier) Altes, Mittleres und Neues Reich in engstem Kontakt sowohl untereinander als auch mit der Dritten Zwischenzeit, so eng, daß es überrascht, wie wenige Probleme die Ägyptologen mit Datierungslücken von bis zu 1.800 Jahren haben.

L) Elfenbein und Saitenklang

Der weiße Glanz harter Zähne hat zu aller Zeit Kunsthandwerker dazu angeregt, Gebrauchsgegenstände und Kunstwerke zu schnitzen. Die Mittelmeeranrainer kennen weder Narwalzahn noch Walroßhauer, dafür gab es die Stoßzähne vom indischen wie vom afrikanischen Elefanten und vom Nilpferd, während Nashorn nur sehr selten benutzt worden ist. Am härtesten und am weißesten ist das Zahnbein des Nilpferds, gefolgt vom afrikanischen Elfenbein, das dank feinerer Struktur bessere Oberflächen liefert als das indische [Drenkhahn 1987, 84]. Blieben Importe aus, wurde vor allem im Vorderen Orient als naheliegender Ersatz auch Knochen genommen, der nur schwer zweifelsfrei von Elfenbein zu unterscheiden ist [Moscati 1988, 404].

Die alten Ägypter, die seit prädynastischer Zeit Elfenbein schnitzten, haben auf jeden Fall aus Syrien, Libyen, Nubien und Punt Elefantenzähne importiert, wie wir aus dem Neuen Reich wissen: Eine Tributleistung an die Königin Hatschepsut zählte 700 Zähne [Drenkhahn 1987, 19]. Darstellungen aus derselben 18. Dynastie zeigen uns die Behandlung und Bearbeitung des wertvollen Materials: Lagerung der Zähne, Mobiliarherstellung und Intarsienschnitzerei [ebd. 22]. Auffällig erscheint, daß eine Hauptquelle für Elfenbein, das Land Punt, offenbar mehrmals entdeckt werden mußte, weil es wiederholt in völlige Vergessenheit geriet.

Das Elfenbeinland Punt

Hatschepsut hat in der 18. Dynastie eine Expedition nach Punt gestartet und in einem ausführlichen Bericht in ihrem Tempel (Deir el-Bahari) verewigen lassen. Die Beschreibung gipfelt in der Passage:
"Beladen der Schiffe sehr voll mit den Wunderdingen des Fremdlandes Punt, allen guten Kräutern des Gotteslandes und Haufen von Myrrhenharz, mit frischen Myrrhenbäumen, mit Ebenholz und

reinem Elfenbein, Weihrauch und schwarzer Augenschminke, mit
Pavianen, Affen und Windhunden, mit Leopardenfellen, mit Hörigen und ihren Kindern. Niemals wurde dergleichen durch irgendeinen König, der seit der Urzeit der Erde existiert hat, gebracht"
[Kunst-Stoff 'Expeditionen' 1988].

Nun berichtet aber der Palermostein davon, daß bereits Sahure, der zweite Pharao der 5. Dynastie, Tribut in Form von Myrrhe und Elektrum aus Punt erhalten habe [Kitchen 1982]. Ein Grab in Assuan, das derselben Dynastie zugerechnet wird, erzählt von ersten Expeditionen weit in den Süden; damals wurde ein Pygmäe als Souvenir mitgebracht [Hornung 1988, 36].
"Wir lernen daraus, daß bereits zur Zeit von Assa [Isesi = Djedkare; 5. Dyn.] Expeditionen nach Punt ausgeschickt und ferne Produkte zurückgebracht worden sind" [Petrie 1924, 113].
In der 6. Dynastie, unter Pepi II., sind
"Fahrten nach fernen Zielen, wie nach Byblos und nach Punt, [...] inzwischen zur Routine geworden; ein Beamter wie Chnumhotep hat allein an elf solcher Fahrten teilgenommen" [Hornung 1988, 39].
Mag auch die Zahl "elf" ein Irrtum von K. Sethe sein [vgl. Newberry 1938, 182], so bleibt doch das Faktum, daß Punt im Alten Reich keineswegs nur als weißer Fleck auf der Landkarte fungierte.

Auch aus dem Mittleren Reich sind uns Hinweise erhalten, daß Punt nicht aus der Welt war. Unter Mentuhotep II. und III., unter Sesostris I. und Amenemhet II. zogen Expeditionen in das ferne Land [Kitchen 1982], ein Bericht stammt aus der Regierungszeit von Mentuhotep V. (13. Dyn.; Petrie 1924, 142).

Hatschepsut hat als Frau eine äußerst ungewöhnliche Rolle auf dem Thron der Pharaonen gespielt, aber durchaus Anleihen bei früheren Königen genommen: Das Konzept ihrer Tempelanlage übernimmt sie von einem 500 Jahre älteren Vorgänger, und in der "Geburtshalle" ihres Tempels läßt sie, "auf ältere Vorbilder zurückgreifend, ihre göttliche Herkunft und Geburt darstellen" [Hornung 1988, 82]. Da muß es doch sehr überraschen, daß sie sich trotz ihres Wissens um Vorfahren und Vorgänger überschwenglich als die erste feiern läßt, die die Importwaren direkt in Punt holen läßt:
"Sie wurden, sagt Amon in dem Orakel, durch das er die Königin zu der Expedition auffordert, 'seit der Zeit deiner Urahnen von

einem zum anderen gebracht um den Preis vieler Zahlungen, niemand gelangte dorthin mit Ausnahme deiner Karawanen', - die vielen Seefahrten der Vorzeit sind vollständig vergessen, das Unternehmen der Königin wird als etwas Neues und Unerhörtes dargestellt" [Meyer 1957, III:117]. Dieses vollständige Vergessen der Seefahrten wie auch der Wüstenexpedition von Mentuhotep II. verwundert. Natürlich könnte Punt 'vergessen' worden sein, um die Leistung der Königin noch stärker hervortreten zu lassen. Aber dem widerspricht ganz entschieden der Palermostein. Schließlich soll sein Original samt Punt-Bericht bis zur 26. Dynastie in hohen Ehren gehalten worden sein.

Nach Hatschepsut konnte Punt keineswegs enger an das Nilland gebunden werden. Ihre Nachfolger Tuthmosis III. und Amenophis II. erhielten zusammen nur dreimal Tribut aus Punt (Abb. 114c), nach ihnen wird lediglich für Haremhab von einer Tributübergabe und für Ramses III. von einer Expedition in den tiefen Süden berichtet. Selbst das Land als solches wird nur noch ganz selten erwähnt, so unter Ramses II. und vielleicht viel später bei den Saïten [Kitchen 1982; Meyer III, 118,143,594; sehr skeptisch Fattovich 1991, 258]. Somit wird Punt durch Hatschepsut keineswegs stärker ans Reich gefesselt als durch die Pharaonen des Alten Reiches - ein noch zu behandelnder Umstand.

Punt wurde im Lauf der ägyptologischen Zeit mit Syrien, Südarabien, Ostsudan, Nordäthiopien, Westäthiopien und Somalia identifiziert [Fattovich 1991, 259]. Velikovskys Gleichsetzung mit Israel ist nicht zu verteidigen; zuviele Details, besonders augenscheinlich die neben Panthern, Pavianen und grünen Meerkatzen mitgebrachte Giraffe, sprechen dagegen [Velikovsky 1952, 121-161; konträr Bimson 1986; hier Abb. 114a]. Dieses Tier der Savanne steht zu Zeiten von Tuthmosis III., Amenophis II. und Ramses II. eindeutig für Kusch, also für ein südliches, nicht nordöstliches Land [Michalowski 1971, 436, Abb. 399; Yadin 1963, 234]. Nicht zuletzt zeigen die Hatschepsut-Reliefs sogar ein veritables schwarzes Nashorn, wegen dem W. Helck und v. Bissing das Land Punt südlich von Suakin, also an der heutigen Grenze zwischen Sudan und Äthiopien, ansiedeln [Störk 1977, 221-229; hier Abb. 114b]. Bei dieser Lokalisierung ist es seitdem geblieben, da weitere Indizien aufgedeckt worden sind. Insbesondere lassen sich aus archäologischen Funden in dieser Region und aus dortigen Felszeichnungen Verbindungen zum Pharaonenreich im Norden herleiten [Fattovich 1991].

Ägyptische Elfenbeintradition

In den vorgeschichtlichen Schichten Ägyptens fanden sich Gebrauchsgegenstande aus Elfenbein ebenso wie Schmuckstücke: Löffel, Kämme, kleine Gefäße, Armreife und Zahnspitzen als Behältnisse gehören zur Badari-Kultur im -5. Jtsd. Im darauffolgenden Jahrtausend, zur Naqada-Zeit (geteilt in Amratian und Gerzean) treten Harpunen und Dolche, Haarnadeln und Statuetten hinzu [Drenkhahn 1987, 12ff].

Ab der sogenannten 1. Dynastie wird alles ganz anders. Plötzlich, übergangslos sollen perfekte rundplastische Darstellungen von Tier und Mensch aufgetreten sein, die sich grundlegend von den flachen, stark stilisierten Idolen der Frühzeit unterscheiden. Ebenso plötzlich finden sich auffallend naturgetreu gearbeitete Elfenbeinfüße in Stierform, die für Stühle, Betten und Spielbretter benutzt werden. Gräber in Abydos enthielten liegende Löwen und Löwinnen als Spielsteine.

"Trotz der starken Verwitterung der Oberfläche sind die sorgfältig geschnitzten Einzelheiten, besonders an der Kopfpartie, noch gut erkennbar: Das Maul mit den Tasthaaren, die Nüstern und Augen, die aufgerichteten Ohren mit ihrer Fellzeichnung, die Mähnen mit ihrem geritzten und plastisch gestalteten Haar in Form von Bögen, Wirbeln und Wellen sowie das ornamentale Halsband" [Drenkhahn 1987, 52f].

Massive Zweifel an den bisherigen chronologischen Zuordnungen werden hier deshalb angemeldet, weil F. Petrie die Elfenbeinfunde aus dem bereits erwähnten Depot in Hierakonpolis teils der Naqada-Zeit, aber auch der 3. und 12. Dynastie zugerechnet hat (s. Kap. D). So gehört das Flachrelief einer Zeremonialsichel mit seinen Tierreliefs bislang zur ausgehenden Naqada-Zeit [Drenkhahn 1987, 59f]. Stilistisch erinnert es an die Narmer-Palette, die aus dem Hierakonpolis-Fund stammt. J. Dayton schloß aufgrund eines auf ihr abgebildeten Gefäßes, der Form und Befestigung der Pharaonenkrone und einer stilisierten Festung, daß es sich bei dieser Palette um eine Schöpfung der späten Mittleren Bronzezeit II handeln müsse [Dayton 1978, 203]. Der vom Pharao getragene Tierschwanz scheint, wie ebenfalls schon Dayton bemerkte, aus Pferdehaar zu bestehen [s. Lange 1961, Abb. 5; hier Abb. 4]. Tatsächlich hat der Künstler hier nicht den obligaten Stierschwanz dargestellt, den der Pharao sonst zum Lendenschurz trägt, sondern

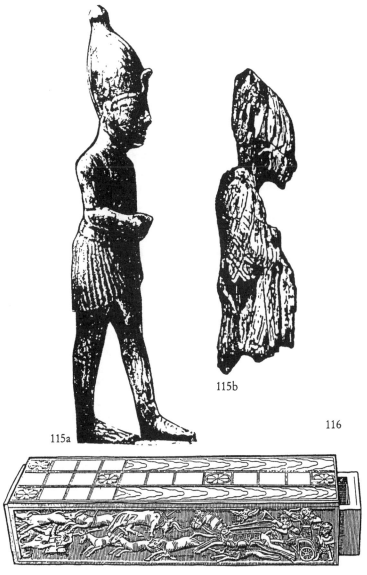

115 Elfenbeingeschnitzte Pharaonen: a) Tuthmosis III. (-15. Jh.; →6. Jh.)
b) frühdyn. (ca. -30. Jh.; →7./6. Jh.) [Daumas 1969, Abb. 193; Singer 1957, 668]
116 Streckgalopp: 29 cm langes Elfenbeinkästchen für Brettspiele, Enkomi
(-12. Jh.; →7./6. Jh.) [Murray 1900, 12]

einen buschigen, meterlangen Pferdeschwanz - doch das Pferd soll erst mit den Hyksos nach Ägypten gekommen und erstmals unter Tuthmosis I. abgebildet worden sein!

Aus Abydos stammt das Elfenbeinfigürchen eines Pharaos mit der weißen Krone von Oberägypten (Abb. 115b). Mit seinem gebeugten Haupt, ja mit der so naturalistischen Körperhaltung eines alten Mannes, die so gar nichts von der zeremoniell steifen, aber jugendlichen Attitüde früher Königsplastik an sich hat, möchte man ihn unmittelbar zu einem Zeitgenossen Echnatons erklären. Das Rautenmuster seines Umhangs findet sich denn auch in der 18. Dynastie, bei Tuthmosis III. am Schurz wieder [Michalowski 1971, Abb. 91]. Von diesem Herrscher gibt es im übrigen ebenfalls eine kleine Elfenbeinstatuette mit der weißen Krone (Abb. 115a). Ungeachtet aller Bedenken schlug F. Petrie das Altersbildnis der 1. Dynastie zu und erhob es zum Beweisstück dafür, daß die eigentliche handwerklich-künstlerische Evolution in Ägypten schon vor Beginn des Alten Reiches einen Höhepunkt erreicht hätte.

Während der drei aufeinanderfolgenden Reiche kann nach diesem Ur-Auftakt eine echte Weiterentwicklung nur schwer belegt werden - eine Erscheinung, die uns von anderen Technologien nunmehr hinlänglich bekannt ist, aber von der Ägyptologie zuwenig hinterfragt wird. Die Phrase "Schon seit der 1. Dynastie ..." hat keinen Erklärungswert. Über 2.000 Jahre hinweg werden für alle möglichen Gegenstände, vom Spiegel bis zum Wedelschaft, Handgriffe geschnitzt, immer feinere Intarsien eingebettet, die immer filigraneren Reliefs durchbrochen und die Rundplastiken zu Gruppen kombiniert, wie etwa bei der Kopfstütze aus dem Grab des Tutanchamun die Trägerfigur mit zwei Löwen [Edwards 1978, 211f] - aber niemand spricht von der einigermaßen stetigen Vervollkommnung einer Handwerkertradition. Um hier die tatsächlichen Entwicklungen erkennen zu können, empfiehlt sich wiederum ein Vergleich mit den Nachbarländern.

Vorderasiatische Elfenbeinschnitzerei

Am östlichen Mittelmeer sind zwischen Mykene, Anatolien, Syrien und Assyrien aufsehenerregende Elfenbeindepots entdeckt worden, die aber nicht allgemein bekannt sein dürften. Das Schema gibt ein für diese

Betrachtung brauchbares Grobraster, das sich auf G. Loud [1939], C. Decamps de Mertzenfeld [1954], J.C. Poursat [1977] und O. Muscarella [1980] stützt (zur politischen Zuordnung: a = Assyrien, b = Babylon, i = Iran, pa = Palästina, ph = Phönizisch, s = Syrien, z = Zypern):

Jh.	Fundorte
-18.	Açemhöyük/a
-17.	El-Jisr/ph Mykene
-16.	El-Jisr/ph Mykene
-15.	Mykene Ugarit/s
-14.	Ugarit/s K.el-Loz/ph Megiddo/pa
-13.	Alalach/s Beisan Enkomi/z K.el-Loz/ph Megiddo/pa Lachisch/pa
-12.	Byblos Hama/s Enkomi/z K.el-Loz/ph Megiddo/pa Fara/pa
-11.	-
-10.	-
-9.	Arslan-T./s Hasanlu/i Samaria/ph Khors./a Nimrud/a Fara/pa
-8.	Assur/a Hama/s Sidon T.Halaf/s Khors./a Nimrud/a Sendsch./s
-7.	Ur Sendschirli/s

Sofort fallen zwei leere Jahrhunderte auf, die de facto - (1150-850) - fast 300 dunkle Jahre darstellen, aber keineswegs verhinderten, daß sowohl handwerkliche Techniken und Handelsstraßen als auch bestimmte Motive und Themen unbeschadet überdauerten (Abb. 118). Weniger ins Auge fällt, daß die Funde ab dem -13. Jh. ungeachtet ihrer Fundstellen durchwegs phönizische oder syrische Arbeiten sind, die ein syrisch-palästinisches Handwerk der Bronzezeit fortsetzen. Deshalb rücken die oben aufgelisteten Funde vom -14. bis -7. Jh. ins →6. *bis* →4. *Jh.*, sind doch die mittel- bis spätassyrischen Funde den Assyrern während der Perserzeit zuzuweisen. Dominiert haben die phönizischen Kunsthandwerker: Die zyprischen Funde werden ihnen genauso zugerechnet wie die assyrischen, kanaanitische Funde aus Megiddo oder Samaria ähneln ihnen ebenfalls sehr stark.

Nun wissen die Kenner, sofern sie nur ein wenig Distanz haben wie die Spezialistin für etruskische Elfenbeinarbeiten, Yvette Huls, was von den Dunklen Jahrhunderten in Vorderasien zu halten ist:

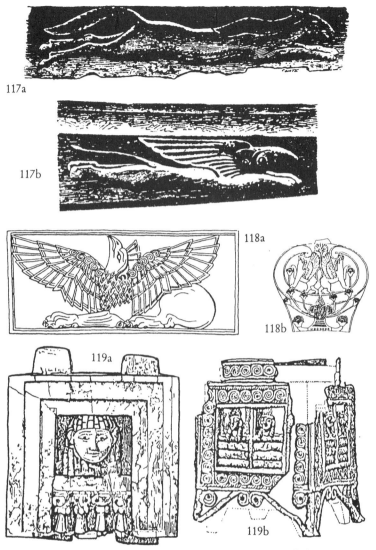

117 Streckgalopp: a) und b) Tierdarstellungen aus dem 4. und 5. Schachtgrab von Mykene, Bronzearbeiten des -16. Jhs.; →*8./6. Jh.* [Hood 1988, 178]
118 Elfenbeingreife: a) Megiddo, mykenischer Stil (-13. Jh.; →*8./7. Jh.)* b) Nimrud, phönizische Arbeit (-8. Jh.; →*6./5. Jh.)* [Amiet 1988, 168, 170]
119 Motiv-Vergleich von A.S. Murray: a) Dame am Fenster, Elfenbeinschnitzerei aus Nimrud (ca. -8. Jh.; →*6./5. Jh.)* b) Bronzekästchen aus Enkomi (-13. Jh.; →*6. Jh.)* [Murray 1900, 10]

120

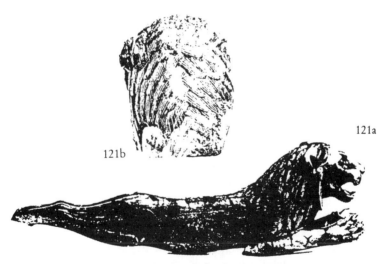

120 Tongefäße aus Grab 83 von Enkomi; die Bestattung vereinigt minoische (Oktopus) und geometrische (Stier mit Vogel) Darstellungen (-12. und -8. Jh.; →7./6. Jh.) [Murray 1900, 48]
121 Ägyptischer Elfenbeinlöwe aus Samos, bislang datiert ins -14. Jh., gefunden in einer Schicht von -610; a) gesamt und b) Mähnendetail [Furtwängler 1981]

"Eine Tatsache verdient unterstrichen zu werden: Es gibt keinen echten Schnitt zwischen den Elfenbeinarbeiten des zweiten Jt. und jenen des ersten. Ein glücklicher Fund könnte eine neue Fundgruppe aufdecken, dessen Teile die chronologische Verbindung zwischen den orientalisierenden Elfenbeinarbeiten von Enkomi und der orientalischen Serie von Arslan Tash knüpfen. Die Kunst der Kollektionen des ersten Jt. zeichnet sich bereits in den vorhergehenden Sequenzen ebenso ab wie der syrophönizische Formenkatalog von Arslan Tash, Nimrud, Samaria und Megiddo. Weder ein Bruch in der Kontinuität noch in den Themen; gewisse Sujets der Abfolge aus Megiddo finden sich tatsächlich im ersten Jt. wieder, ebensogut in den asiatischen wie in den griechischen Abfolgen" [Huls 1957, 27f].

Deutlicher kann man nicht ausdrücken, daß die Fundsituation überhaupt keinen Grund für den Einschub zusätzlicher Jahrhunderte liefert.

Der Skandal von Enkomi

Eine konsistente Chronologie kann, im Zusammenspiel mit einer hiatusfreien Stratigraphie, keine dunklen Jahrhunderte enthalten, denen der Realitätsbezug fehlt. Als sie am Ende des letzten Jahrhunderts kreiert wurden, wies Julius Beloch auf die zwangsläufigen Folgen hin:

"Wer freilich die mykenischen Kuppelgräber um das Jahr 1100 oder noch früher setzt, der erhält in der griechischen Kunstgeschichte ein Vacuum von mehreren Jahrhunderten, das durch keine architektonischen und plastischen Monumente ausgefüllt wird, und nur durch die Annahme eines Rückfalls in völlige Barbarei zu erklären wäre" [Beloch 1890, 593; zitiert bei Peiser 1989].

Genau diese kümmerliche Annahme eines jahrhundertelangen 'Hunnensturms' wird jedoch seit nunmehr 100 Jahren gemacht und akzeptiert. I. Velikovsky war es, der diesen Problemfall wieder aufrollte und klärte, warum die Fachgelehrten diese archäologisch nicht beweisbare Behauptung aufgestellt hatten. Er fand auch eine Grabung, an der das Dilemma der Forscher exemplarisch zutage trat und die seinem Aufsatz *Der Skandal von Enkomi* den Titel gab [Velikovsky 1974, 21ff].

Er war für die beiden abschließenden Bände bestimmt, die die Zeitspanne zwischen -850 und -615 seiner Rekonstruktion behandeln sollten, aber unvollendet blieben. Immerhin hatte Velikovsky noch König Ahab zu Samaria im -9. Jh. seinem Schema einfügen können [Velikovsky 1952, 351-357]. Dessen berühmter Elfenbeinpalast [1. Könige 22,39] erbrachte in Samaria Funde, die jenen von Megiddo in Mustern und Bearbeitungsmethode stark ähneln - doch Megiddo wurde vom Ausgräber G. Loud wegen einer Ramses III.-Kartusche ins frühe -12. Jh. verwiesen, dreihundert Jahre vor Samaria und knapp vor die angebliche völlige Barbarei [Loud 1939, 11]. Damit schloß er Megiddo von direkten Kontakten mit Samaria aus, verklammerte es jedoch mit der klassischen Elfenbeinzeit Ägyptens, mit der 18. Dynastie.

Tuthmosis III. hatte sie mit der Plünderung Megiddos und Jerusalems (um -1460) eingeleitet: Unter vielem anderen wurden sechs Speisetische, sechs Stühle aus Elfenbein, dazu der große elfenbeinerne, goldüberzogene Thron nach Ägypten verschleppt. Damals kam die hohe Kunst der Elfenbeinbearbeitung - Einfärben, Intarsien, Kombinationen mit Edelsteinen - nach Ägypten, ausgeübt vermutlich von kleinasiatischen Handwerkern.

Nach diesem Import von Know-how drehte sich offenbar das Kulturgefälle um. Laut der Amarna-Korrespondenz schickten die damaligen Pharaonen erlesene Arbeiten an Potentaten im Nordosten: An Burnaburiasch in Babylon, an den König von Arzawa, an den König von Samaria (den Velikovsky als Ahab erkennt) - im Gegenzug für Lapislazuli.

A.S. Murray grub 1896 auf Zypern, nahe bei Famagusta, die Nekropole von Enkomi aus. Zutage kamen Objekte, die stilistisch gut einzuordnen waren, sich aber trotzdem dem geltenden Schema sperrten. Ob Keramik oder Glas, Gold, Edelsteine oder eben Elfenbein - immer ergab sich für die Datierungen eine merkwürdige Zwiespältigkeit. Sie fällt schon an den Tongefäßen auf, die in ein und demselben Grab spätmykenische und geometrische Motive vereinigen (Abb. 120). Zum Problem wurde damals, daß sich zum einen enge Parallelen zu Amenophis III. und Echnaton, also zum -14. Jh. fanden, das auch einer Blütezeit Mykenes die Datierung geliefert hat, zum anderen genauso enge zu kleinasiatischen Fundstücken, die nach dortigem Kontext dem -8. und -7. Jh. zugewiesen werden mußten. Insbesondere phönizische Arbeiten, vor allem jene aus Nimrud, erwiesen sich als auffallend ähnlich den

Enkomi-Funden. An zwei Gegenständen läßt sich der Konflikt beispielhaft aufzeigen, der auftreten muß, wenn Enkomi einer Amarna-Zeit im -14. Jh., nicht aber dem →7./6. *Jh.* zugerechnet wird.

In Enkomi fand sich ein rechteckiges Kästchen für Brettspiele (Abb. 116), "das aus einer Zeit stammen muß, als sich die Kunst von Assyrien ihrem Niedergang näherte" [Murray 1900, 13]; diese Endzeit läge im -8./7. Jh., also fünf Jahrhunderte nach dem Ende Mykenes und mehr als sechs Jahrhunderte nach der Amarna-Zeit. Bei einem genauen Motivvergleich wird es noch problematischer:
"Unter den Nimrud-Elfenbeinarbeiten (850-700 v. Chr.) befindet sich ein fragmentarisches Relief, auf dem ein Wagen einen Löwen nach links verfolgt; wie in Enkomi läuft ein Hund neben den Pferden, und auch das Pferdegeschirr ist ähnlich." Doch der Stil der Nimrudskulptur "ist archaischer als der des Enkomi-Kästchens" (beides Murray 1900, 14; vgl. Abb. 116).
Demnach wäre der Vorläufer aus Enkomi keineswegs 600 Jahre älter als die Nimrud-Kopie, sondern in Wahrheit jünger und damit ihr Nachfolger!

Das zweite Beispiel: In Nimrud fand sich die "Frau am Fenster", ein unverwechselbares Motiv (Abb. 119). Was hier in Elfenbein geschnitzt war, trat in Enkomi als Bronzearbeit auf.
"Der Entwurf ist so singulär und die Ähnlichkeit unserer Bronze zu dem Elfenbein so auffallend, daß zwischen beiden kaum ein großer Zeitunterschied liegen kann - ungefähr um 850-700 v. Chr." [Murray 1900, 11; hier Abb. 119].
Aber auch die Gegner von Murray konnten stichhaltige Argumente vorweisen. Am unbestechlichsten erscheinen gemeinhin Namensnennungen. Ein Skarabäus
"trug die Kartusche von Ti, der Königsgemahlin von Amenophis III. und mußte deshalb auf dieselbe Linie gebracht werden wie ihre und ihres Gemahls andere Kartuschen aus Ialysos und Mykene. Diese haben bislang eine herausragende Rolle bei dem Versuch gespielt, die mykenischen Funde auf dieses Datum [damals das fünfzehnte Jahrhundert] festzulegen" [Murray 1900, 21].

Daß in Gräbern, die solchen des -6. Jhs. ähnelten, auch noch ein Skarabäus aus dem -19. Jh. (12. Dyn.) auftauchte, blieb zum Glück ebenso unbeachtet wie jene Terrakotta, die stilmäßig zu Sargon I., also ins -24.

Jh. gehörte [Murray 1900, 21,26]. Sonst hätte man die Dunklen Jahrhunderte auf Dunkle Jahrtausende ausdehnen müssen.

Murray wagte es trotzdem nicht, die ägyptische Chronologie anzuzweifeln, sondern bemerkte nur, daß "es in Fragen der Chronologie nicht neu für die Ägypter sei, die Griechen zu belehren, wie wir aus Herodots Schriften wissen" [Murray 1900, 24]. Konsequenterweise sah er als einzige Chance, das Alter Mykenes zu verjüngen. Schließlich stachen ihm als Kustos für griechische und römische Altertümer im *British Museum* täglich die zahlreichen engen Verbindungen zwischen mykenischer und griechischer Kunst ins Auge, die einfach keine dazwischenliegenden Dunklen Jahrhunderte dulden (Abb. 116-122).

Aber seine Verjüngungsversuche wurden schroff zurückgewiesen. Der rivalisierende Knossos-Ausgräber Arthur Evans sprach sogar von "archäologischen Beleidigungen" und "subversiven Ansichten" [Evans 1900, 199f] und vereitelte auch den Versuch, Enkomi wenigstens einer späten Verfallsstufe von Mykene gleichzustellen; in diesem Falle völlig richtig beharrte er darauf, daß Enkomi der "perfektesten Periode der mykenischen Kunst" entspreche.

Mykene bot und bietet keine Möglichkeit einer absoluten Datierung per se; deshalb wurde es zusammen mit Kreta an Ägypten gekoppelt, wie H.R. Hall 1915 bestätigte [Hall 1915, 2]. Ihm blieb es vorbehalten, ein damals noch jugendfrisches Kaninchen aus dem Zylinder zu zaubern: die Nachbestattung [vgl. Illig 1988, 127ff]. Dieser trefflichen Hypothese zufolge ist immer dann, wenn ein Grab Funde mit ganz verschiedenen Datierungen freigibt, das Grab Jahrhunderte später noch einmal benutzt worden. Nunmehr konnte er einen Teil der Fundstücke der mykenischen Zeit des -14./13. Jhs. zuschlagen, die anderen dem -10./9. Jh. So waren die Verbindungen nach beiden Seiten berücksichtigt und obendrein der Ausgräber blamiert, der offenbar nicht einmal bemerkt hatte, daß die Gräber Jahrhunderte später noch einmal geöffnet und erneut belegt worden seien.

Auf diese Weise wurden zur letzten Jahrhundertwende die Dunklen Jahrhunderte erfunden. Sollen sie auch noch die Jahrtausendwende unbeschadet überstehen?

Löwen auf griechischen Inseln

Es gibt natürlich Konstellationen, die auch durch Dunkle Jahrhunderte nicht eskamotiert werden können. Solches widerfuhr den Ausgräbern auf Samos. Im dortigen Heiligtum der Hera wurde der Spaten erstmals 1702 angesetzt, doch liefern auch die jüngsten Exkavationen noch ebenso bedeutende wie spektakuläre Ergebnisse. Gemeint sind hier nicht die riesigen, fast sechs Meter messenden Kouroi, die mit ägyptischen Statuen an Größe wetteifern, aber sie verdienen eine kurze Abschweifung. Denn sie waren so ausbalanciert, daß sie ohne Stütze auf den eigenen Füßen standen, also ungefähr 4 t auf zwei 15 cm breiten Fußgelenken tragen konnten [Kyrieleis 1981a, 213].

Die Ägypter stärkten ihren gewaltigen Kolossen - 18 und mehr Meter gegenüber 9 m bei den Griechen - Rücken und Beine mit einem externen steinernen Rückgrat. Aber zur Zeit von Amenophis III. gelang es dem später vergöttlichten Architekten Amenophis (s.S. 90), Abbilder des Pharaos sockellos auf ihre Fußsohlen zu stellen [Posener 1960, 126]. Keimten diese Wünsche nach derartig kühnen Kolossalfiguren annähernd gleichzeitig im -7./6. Jh. oder trennen sie 700 Jahre? Wer die Kolossalstatue der Tochter und Frau von Ramses II., Meritamun, im Tempel von Achmim liegen sieht [Freed 1987, 28], wird nicht umhinkönnen, sie zeitnah den samischen Kouroi des -6. Jhs. anzusetzen.

Doch an dieser Stelle geht es uns um einen Elfenbeinlöwen von ganzen 20 cm Länge [vgl. Illig 1988, 60]. Er tauchte in einem der zugeschütteten Brunnen auf, die das samische Heraion umgeben, und in die man von Zeit zu Zeit die Weihegaben versenkte, wenn es ihrer zu viele wurden. Dank sukzessiver Auffüllung ergeben sich genaue Fundsequenzen, in denen erst ab -620 auch ausländische Devotionalien auftauchen. Zu den ersten gehörte der feinst ausgearbeitete Elfenbeinlöwe (Abb. 121), dargestellt in jenem "fliegenden Galopp", der auch mykenischer wie minoischer Kunst zu eigen war (Abb. 117).

"Diese Figur darf man zu den schönsten Tierdarstellungen zählen, die wir aus dem Altertum besitzen. In ihr sind exakte Naturbeobachtung und künstlerische Form in höchster handwerklicher Vollendung vereinigt. Die Wildheit der springenden Raubkatze ist in den eleganten Umrißlinien und in der ornamentalen Fassung der Details gleichsam gebändigt" [Kyrieleis 1981, 202].

Der Ausgräber Andreas Furtwängler hat den wertvollen Fund präzis datiert:
"In dem Löwen II/4 besitzen wir ein Werk ägyptischer Elfenbeinkunst der späten XVIII. oder frühen XIX. Dynastie. Für die zunächst ins Auge gefaßte Entstehung in einer ägyptisierenden Werkstatt Syriens oder Phöniziens gibt es keine Anhaltspunkte. Das Gleiche gilt für die eklektisierenden Werkstätten der Saïtenzeit. Es bleibt also zu erklären, weswegen der Löwe II/4 erst über ein halbes Jahrtausend später in eine Schuttschicht des Heraions gelangt ist" [Furtwängler 1981, 125].
Mitentscheidend für diese Einschätzung war, daß "der 'fliegende Galopp' in der Tat nur eine sehr vorübergehende Erscheinung im nahöstlichen und ägyptischen Bereich [ist]" [Furtwängler 1981, 115].

Nachdem die griechische, vor allem aber die festbetonierte ägyptische Chronologie nur noch kleinste Verschiebungen zuläßt, ist die 'Verspätung' des Löwen nur mühsam zu erklären, etwa durch Antiquitätenhandel. Auch die Vermutung, daß die Schnitzerei volle 700 Jahre gewissermaßen im Safe gelegen hätte, bevor sie eine ausländische Gottheit günstig stimmen sollte, erscheint keineswegs stichhaltig. Wem 700 Jahre für einen sorglich geführten Haushalt noch akzeptabel erscheinen, erinnere sich an die 1.400 Jahre alten Antiquitäten aus Tanis (s.S. 225) und vergleiche den nachfolgenden Abschnitt über 'Altwarenhandel' (s.S. 249), um einzusehen, daß hier den Altvorderen Vorlieben zugeschrieben wurden, die lediglich die unseren sind.
Samos ließ sich nicht wie einst Enkomi entsprechend älter machen. Dagegen sprachen die fehlenden mykenischen Funde, die archaisch-griechischen und babylonischen Bezüge sowie weitere Löwen. Denn Elfenbeinfragmente von vier Kämmen waren beidseits mit Tierdarstellungen geschmückt, die mit ebensolchen Stücken aus Andalusien übereinstimmen (Abb. 123). Sie sind demnach westphönizische (oder punische) Arbeiten des -7. Jhs. [Kyrieleis 1981, 205f] oder des Übergangs zum -6. Jh. [Piggott 1961, 149]. Für die Kämme scheidet ein 'Antiquitätenhandel' aus, trotzdem erinnern ihre Löwendarstellungen an angeblich viel ältere ägyptische Arbeiten.
Neue Funde vom Heraion brachten Freyer-Schauenburg 60 Jahre nach Murray wieder zu dem unangenehmen Problemkreis 'Mykene - Kleinasien - Amarna' zurück. Angesichts eines Elfenbeinfragments konstatiert sie:

"Der immer wieder begegnende Abstand mehrerer hundert Jahre zwischen ägyptischem Vorbild und phoinikischer Nachschöpfung ist hier also mit großer Deutlichkeit zu belegen, da nicht allgemeine Züge der ägyptischen Kunst des Neuen Reiches übernommen wurden, sondern die Stilmerkmale der Kunst Amenophis III. und IV., die in ihrer deutlichen Ausprägung die Entstehung der Vorbilder in früherer oder späterer Zeit ausschließen" [Freyer 1966, 73f].

Diese frappanten Ähnlichkeiten sind im herkömmlichen Chronologieschema nicht erklärbar, und das gilt sehr wahrscheinlich auch für den Samos-Löwen. Wer die Königsgräber von Ur im -25. Jh. und Amarna im -14. Jh. beläßt, degradiert Phönizier, Griechen und andere Völker des -1. Jtsds. zu Imitatoren längst überholter Kunstrichtungen. Gerade im Falle des Ketzerkönigs Echnaton war dies ohnehin unmöglich: Wenn seine orthodoxen Nachfolger alles ausradiert haben, was an ihn erinnerte, gab es Jahrhunderte später nichts mehr zu kopieren.

Der Irrtum von Açemhöyük

Diese Thematik läßt sich in Mykene zwanglos vertiefen, wo die chronologischen Zweifel wuchern.

"Es gibt eine nicht geringe Anzahl von Elfenbeinarbeiten, die dank des Kontextes ihrer Fundstellen einigermaßen präzis datiert werden können. Trotzdem sieht man, daß es sehr schwierig ist, daraus ein allgemeines Tableau der stilistischen Entwicklung oder der Veränderungen von Formen und Motiven abzuleiten, das es erlauben würde, Elfenbeine unbekannten Kontextes in sicherer Weise zu datieren" [Poursat 1977a, 185].

Und J.C. Poursat erzählt auch gleich von einem "bedeutenden chronologischen Fehler", der aufgeklärt werden konnte. Das *Metropolitan Museum* in New York beherbergt eine Gruppe von Elfenbeinen, die lange als syrische oder phönizische Arbeiten vom Ende des -2. oder sogar vom Anfang des -1. Jtsds. ausgewiesen wurden. Sie kamen zu ihrer Datierung, weil sie hethitischen Sphingen aus Megiddo und Delos (Goldplakette vom Artemision) glichen. Dann aber wurden im anatolischen Açemhöyük ähnliche Elfenbeine ausgegraben, die der Epoche der assyrischen Kolonien (spätes -18. Jh.) zugerechnet wurden:

"Diese Gruppe ist besonders deshalb interessant, weil wir - im Relief geschnitzt - genau die Themen vorfinden, die der mykenische Tierstil favorisiert: Löwe, Sphinx, von Raubvögeln (?) geschlagene Gazelle, auch einen gravierten Greif" [Poursat 1977a, 240f]. Da die Museumskuratoren Heinsohns Chronologie noch nicht kennen konnten, die die assyrischen Kolonien ins vormedische →7. *Jh.* verweist, machten sie konsequenterweise die New Yorker Schnitzereien fünf Jahrhunderte älter, und Jean Claude Poursat kommt zu einer bemerkenswerten Quintessenz:

"Der chronologische Irrtum kommt einfach daher, daß die identischen oder analogen Züge, die diese breite künstlerische Strömung charakterisieren, nicht als Zeichen einer chronologischen Identität betrachtet werden können" [ebd. 240].

Künstlerische Identität verbürgt also keineswegs chronologische Identität! Damit dankt die vergleichende Kunstbetrachtung ab und unterwirft sich blind den chronologischen Irrtümern, die zur herrschenden Chronologie verklittert worden sind!

Wie groß diese Irrtümer wirklich sind, wird sofort klar, wenn man den delischen Grabungsort prüft, an dem die früher zur Datierung herangezogene Goldplakette gefunden worden ist:

"Kurz nach dem letzten Krieg entdeckte die École Française unmittelbar unter dem Artemision ein Depot einträchtig nebeneinanderliegender mykenischer und geometrischer Gegenstände. Zweifellos ist dies der einmalige Fall eines Heiligtums, das sich von der mykenischen bis zur hocharchaischen Zeit behaupten konnte" [Demargne 1965, 143].

Die Dunklen Jahrhunderte haben einst ihre Bezeichnung erhalten, weil einer angeblich durchlebten Zeitspanne keinerlei Funde entsprachen. Aus diesem negativen Befund leitete man die Erkenntnis ab, daß in diesen Völkerwanderungswirren weder dauerhaft gebaut noch handwerklich wertvoll gearbeitet wurde; die Neuankömmlinge mit ihrem vergleichsweise armseligen geometrischen Stil hatten keinen Bezug zur glanzvollen Vergangenheit. Mittlerweile werden immer mehr Funde von beiden Seiten dieser Übergangszeit zugeschanzt, ohne daß das Dunkle Zeitalter lichter würde.

Wenn die Archäologen der von ihnen entdeckten stratigraphischen Fundsituation und ihrem vergleichenden Kunstverständnis trauen würden, müßten sie zu einem ganz anderen Schluß kommen:

Mykenische und geometrische Zeit sind keineswegs durch Dunkle Jahrhunderte getrennt, sondern überlappen sich. Die fraglichen Funde gehören folglich zusammen in das →8. bis →6. Jh.; die Ähnlichkeiten mit assyrerzeitlichen Funden brauchen nicht mehr zu überraschen, wenn man auf Heinsohns drastisch reduzierte Chronologie Mesopotamiens zurückgreift, die von der stratigraphischen Evidenz ausgeht.

Um gleich einem fälligen Einwand zu begegnen: Das gleichzeitige Auftreten von mykenischen und geometrischen Artefakten in ein und derselben Fundschicht ist kein erratischer Einzelfall. Pierre Demargne selbst erwähnt es auch für das "Tempelgebiet" von Keos [Demargne 1965, 143], Peiser findet es in Olympia, wo es zu erbitterten Streitigkeiten zwischen den Ausgräbern führte [Peiser 1989; 1993]. Und die Kontinuität großer Kultstätten ist - auch wenn sie in 'Dunkelzeiten' getaucht sind - unbestritten: Man denke nur an das Heiligtum von Eleusis mit den ältesten Zeremonien Griechenlands, für das vom -15. bis zum -5. Jh. gebaut worden ist [Hampe 1980, 50].

Mykenische Löwen

Poursat ermöglicht uns weitere Entdeckungen, weil er trotz seiner zitierten Bedenken gegenüber der vergleichenden Analyse starke Ähnlichkeiten zwischen mykenischer Elfenbeinglyptik einerseits und mitannischer, mittelassyrischer und akkadischer Glyptik andererseits konstatieren muß.

"Tatsächlich sind die Zylinder der akkadischen Epoche trotz der chronologischen Verrenkung [l'écart] die einzigen Werke, die man tatsächlich mit den ersten mykenischen Elfenbeinen, etwa dem Knauf MN295b vom Gräberkreis A aus Mykene, vergleichen kann, beispielsweise hinsichtlich der Stilisierung der Löwenpranken" [Poursat 1977a, 244].

Poursat erkennt also verwandtschaftliche Bezüge zwischen -24./22. Jh. (Akkadern), -16. Jh. (mykenischen Schachtgräbern), -14./13. Jh. (Mitanni) und -13. Jh. (Mittelassyrern), wagt aber keine weiteren chronologischen Bedenken zu äußern oder daraus gar Schlüsse zu ziehen.

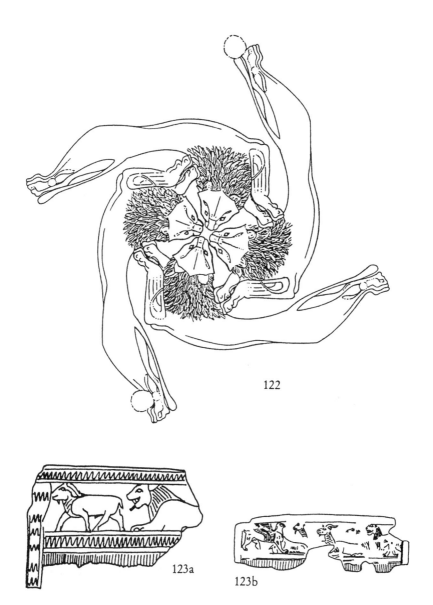

122 Abzeichnung eines Elfenbeinknaufs aus dem 4. Schachtgrab von Mykene, Durchmesser 7 cm (-16. Jh.; →*7./6. Jh.*) [Poursat 1977a, Pl. 17]
123 Phönizische Beinkämme a) Samos, spätes -7. Jh. b) Carmona, Spanien, ca. -600 [Zeichnung H.I. nach Kyrieleis 1981a, 32; nach Piggott 1961, 149]

Hätte er G. Heinsohns Schema gekannt, wäre ihm bewußt geworden, daß er zeitlich benachbarte Kunstwerke verglich: -7. Jh. (Akkader=Assyrer), -7./6. Jh. (Mitanni=Meder) und -6./5. Jh. (Mittelassyrer = frühe Persersatrapie Assyrien). Damit werden die rätselhaften stilistischen Verwandtschaften unmittelbar einsichtig, und Poursat kann wieder seinen Augen trauen. Denn immer wieder beeindruckten ihn die Parallelen zwischen Akkad, Kreta und Mykene.

"Elfenbeinateliers bestehen in Griechenland, zumindest in Mykene, seit der Schachtgräberzeit, und ihr Stil bezeugt eine bemerkenswerte Meisterschaft (zum Beispiel der Löwenknauf MN295b); hier geht minoische Tradition ein (der fliegende Galopp auf dem Knauf), aber man entdeckt auch völlig unminoische Züge (die geschwungene Bauschfalte [bourrelet] über den Pranken, die Stilisierung der Pranken). Sie zeigen, daß es sich hier weder um eine einfache Imitation minoischer Elfenbeinkunst noch des Reliefs ganz allgemein handelt" [Poursat 1977a, 188].

Der nun zweimal von Poursat angesprochene Löwenknauf stammt aus Grab IV des Gräberrings A innerhalb der mykenischen Burg und ist ein großes Meisterwerk kleinster Dimension aus dem -16. Jh. (Abb. 122). Die kastanienbraune Elfenbeinkalotte war sorgfältig poliert und schmückte ein Schwert, an dessen Griff er mit zwei - noch erhaltenen - Bronzenägeln befestigt war. 7 cm Durchmesser genügten dem Künstler, um vier grimmige Löwen im Streckgalopp so auf der Kugeloberfläche anzuordnen, daß sich ihre Schnauzen berühren - ein komplizierter, dreidimensionaler Entwurf im Stile eines M. Escher. Die Mähnen bestehen aus flammenförmigen, nicht allzu schematisierten Büscheln.

Diese Löwendarstellung erinnert natürlich sofort an den samischen Löwen aus der Schicht von -610: Streckgalopp, Stilisierung der Mähne, Haltung der Vorder- und Hinterbeine, Qualität der Ausführung. Dessen oben postulierte Datierung ins spätere →7. Jh. paßt genau in den von Poursat für den Löwenknauf ermittelten Zeithorizont - datiert nach Heinsohns Schema. Doch zu diesem Prachtstück stellte Poursat fest:

"Dieses Dokument ist von kapitalem Interesse: Es zeigt uns aufs beste, daß gewisse stilisierende Züge vom Anbeginn der mykenischen Kunst bekannt sind und nicht aus einer progressiven stilistischen Evolution resultieren" [Poursat 1977a, 183].

Das genaue Gegenteil ist der Fall. Der Knauf steht nicht am Anfang, sondern ziemlich am Ende einer zwar kurzen, aber nunmehr wahrnehmbaren mykenischen Entwicklung.

Dieses Ergebnis führt für Mykene zu einem Erdrutsch. Die Fundstelle des Löwen, das Grab IV aus dem beginnenden -16. Jh., ist ja der Kunstgeschichte nicht gerade unbekannt: Hier fanden sich fünf juwelenüberladene Skelette, drei Goldmasken, darunter die berühmte "Maske des Agamemnon", nielloinkrustierte Dolche, der silberne Belagerungsrhyton und ein silbernes Stierrhyton, "Nestors Becher" und ein Straußenei-Rhyton, Fayencen, eine Goldkrone, Bergkristall und Bernstein, 35 steinerne Pfeilspitzen, 32 große Kupfergefäße, 46 Bronzeschwerter, zum Teil mit Gold- und Nielloeinlagen - Heinrich Schliemann widmet fast ein Fünftel seines Berichtes über Mykene und Tiryns allein diesem Grab [Schliemann 1964; 244-331]. An ihm werden alle schematischen Abtrennungen zuschanden: Bronze, Kupfer und Stein werden gleichzeitig, dem jeweiligen Zweck entsprechend benutzt, und die Keramikstile vermischen sich innerhalb der Schachtgräber, obwohl sie sich über 200 Jahre verteilen sollten [Dayton 1978, 254].

Nicht nur dieses Grab, sondern auch die übrigen Schachtgräber mit ihren überaus wertvollen Beigaben gehören nicht vor die, sondern parallel zu den großen Tholosbauten ins →*8./7. Jh.!* Mykenische Geschichte offenbart sich als kurze Blütezeit einer zugewanderten megalithischen (Volks-)Gruppe, die einen Teil ihres kunsthandwerklichen Könnens vom minoischen Kreta übernommen hat.

Nachdem minoische und Amarna-Funde durchwegs als zeitgleich akzeptiert sind, kann daraus nur folgern: Die Amarna-Zeit, also Echnaton, wird noch stärker im →*7./6. Jh.* verankert, und das Grab IV kann zeitgleich mit der späten 18. Dynastie rangieren, was bislang trotz aller Ähnlichkeiten nicht sein durfte, denn schließlich sollte dieses Grab im -16. Jh. belegt worden sein, Echnaton aber noch um -1340 leben!

Der Ariadnefaden durchs mykenisch-minoische Labyrinth

Der Knossosausgräber Arthur Evans hatte zeitlebens das starke Bedürfnis, minoische Kultur vor und über mykenische Kultur zu stellen. Deshalb legte er die Zerstörung von Knossos auf -1400 und das "Schatzhaus des Atreus" zeitgleich mit der großen Bauepoche in Knossos und Phaistos [Wace 1949, 121]. Damit hatte er sichergestellt, daß kleine kretische Tholosgräber die Vorläufer der ungleich imposanteren Tholoi von Mykene sein konnten und 'Atreus' zum rein minoischen Bau wurde. Damit wurde aber die ebenso kühne wie überflüssige Zusatzthese von A. Evans und P. Gardner nötig, die Grablegen wären samt allen Beigaben aus den "Schatzhäusern" in die 'jüngeren' Schachtgräber verfrachtet worden, um sie hinter den Burgmauern sicher zu wissen [Wace 1949, 129]. In diesem Fall sollte also keine Nachbelegung, sondern eine Umbettung die gewünschte Chronologie retten.

Nachdem Mykene vom Ehrgeiz des Knossosausgräbers abgekoppelt worden ist, rangieren heute die Schachtgräber vor den Tholoi: Die Gräber von -1650 bis -1450, gefolgt von den Tholoi, deren größte und schönste ins -13. Jh. fallen. Offenbar war es möglich, die stilistische Entwicklung auch in umgekehrter Richtung zu interpretieren. Daraus folgt unmittelbar, daß die hier postulierte Zeitgleichheit von Tholoi und Schachtgräbern aus stilistischer wie technologischer Sicht problemlos ist!

Sie kann dank einer guten Vergleichsmöglichkeit umso leichter gefordert werden. G. Buchholz und V. Karageorghis erwähnen sechs mykenische Niello-Dolche, von denen vier aus dem Gräberring A in Mykene stammen, einer aus einem Tholosgrab in Pylos, der letzte schließlich aus dem Kammergrab 14 in Prosymna [Buchholz 1971, 273f]. Mit anderen Worten: Die so spezielle und hochgezüchtete Einlegetechnik findet sich in zwei Schachtgräbern, einem Tholos- und einem Kammergrab! Es besteht also kein Grund, diese Grabtypen zeitlich hintereinander aufzureihen!

Werden nun noch die Dunklen Jahrhunderte eliminiert und der zu frühe Zerstörungstermin von Knossos (-1400) gekappt, dann wird Mykene stimmig:

- Das Schachtgrab Rho muß nicht mehr 100 Jahre später als die übrigen angesetzt werden, um sein Kraggewölbe in Relation zu den Kraggewölben der Tholoi zu bringen (zur Gesamtproblematik des Grabes Rho siehe Dayton [1978, 254]).
- Nun kann auch seine Ähnlichkeit mit dem kraggewölbten Grab von Ugarit berücksichtigt werden, das A. Evans noch auf -1800 datierte (s.S. 70).
- Palmers These, "daß der letzte Palast von Knossos gar nicht S.Min. II, sondern S.Min. III, d.h. der Zeit von 1300 bis 1200 angehöre", bestätigt sich nun gegenüber der Knossos-Zentrik von Evans [Schachermeyr 1964, 292].
- Die Linear B-Täfelchen, feuergebrannt beim Untergang von Knossos, rücken bis ins →7. Jh. und brauchen nicht mehr wegen ihres frühen Griechisch zu verwundern [Schachermeyr 1964, 293].
- Auf dem Belagerungsrhyton von Grab IV kann tatsächlich die Belagerung Trojas dargestellt sein (Abb. 124), wie es trotz des vermeintlichen Anachronismus immer wieder vermutet wird [Dayton 1978, 251].
- Im Gräberrund A könnten tatsächlich die Recken des Troianischen Kriegs geruht haben, wie H. Schliemann immer wünschte. Sie hatten sich die Tholosgräber bauen lassen, wurden aber von ihren Verdrängern innerhalb der Burg bestattet.

Altwarenhandel

Wir müssen hier abbrechen, da vorliegender Text primär die Aufklärung ägyptischer, nicht mykenisch-minoischer Chronologie betreibt (trotzdem unter M6 eine Fortsetzung). Dafür kann nun ein Blick auf jene Tabelle riskiert werden, die L. Pomerance aufbauend auf P. Warren zusammengestellt hat [Pomerance, 1984, 10] (s.S. 250).

Nach P. Warrens Urteil sind diese 14 Steingefäße die unbezweifelbar ägyptischen Funde auf Kreta. Sie wurden herausgefiltert durch Aussonderung aller Vasen ohne stratigraphischen Kontext und aller Vasen oder Fragmente, bei denen Form, Material oder Herkunft nicht eindeutig ägyptisch sind. 13mal wird der Glaube an die orthodoxe Chronologie hart strapaziert: Es klaffen hier Lücken bis zu 1.500

Beschreibung des ägyptischen Objekts	Annähernde Datierung ägyptische Periode	Annähernde Datierung minoischer Kontext	Zeitl. Lücke zwischen äg. Objekt und mino. Kontext
A3 Zakro-Schüssel	1. Dyn.	SM IB	1.400 Jahre
A4 Schüssel	3. Dyn.	SM IIIA-1	1.200 Jahre
A8 Zakro-Schüssel	1.-3. Dyn.	SM IB	1.200 Jahre
A9 Schüsselfragment	Vor-/Frühdyn.	SM IA	1.500 Jahre
B1 Herzförm. Gefäß	Spät Vordyn.	SM IB	1.400 Jahre
C1 Schüsselfragment	1./2. Dyn.	FM II-MM 1	500 Jahre
D1 Schüssel gefund. mit	3./4. Dyn.	SM III A-1	1.200 Jahre
J Tuthmosis III.-Gefäß	bis -1450 (D1)	SM III A-1	70 Jahre
D2 Marmorschüssel	3./4. Dyn.	MM IIIB-SM IA	1.100 Jahre
D3 Schüssel wie D2	Frühdyn.	SM ?	1.100 Jahre
D4 Schüssel wie D1	3./4. Dyn.	SM II - III A-1	1.200 Jahre
E1 Flache Schüssel	4.-6. Dyn.	MM III	1.000 Jahre
G1 Blockvase	Vordyn.?	MM IIIB	1.500 Jahre
G2 Schüssel	Frühdyn.	SM II-IIIA-1	1.400 Jahre

Absolutdatierung der kretischen Schichten [gemäß Demakopoulou 1988, 27]:

1200-1100	SM III C	Spätminoisch III C
1300-1200	SM III B	Spätminoisch III B
1380-1300	SM III A-2	Spätminoisch A-2
1440-1380	SM III A-1	Spätminoisch III A-1
1460-1440	SM II	Spätminoisch II
1500-1460	SM I B	Spätminoisch I B
1600-1500	SM I A	Spätminoisch I A
2000-1600	MM I A - MM IIIB	Mittelminoisch I A - III B
2200-2000	FM III	Frühminoisch III
2600-2200	FM II	Frühminoisch II

Jahren, deren Länge nicht der Autor, sondern L. Pomerance selbst berechnet hat. Schon P. Warren gab zu bedenken, daß "dieses Phänomen nicht zur Gänze durch einen viel späteren Handel mit alten Vasen erklärt werden kann" [Pomerance 1984, 10]. Wie Pomerance an gleicher Stelle bemängelt, benutzen oder vergessen Archäologen ganz nach Belieben das "Dogma, daß ägyptische Objekte unmittelbar nach ihrer Herstellung exportiert worden sein müssen". Differenzen von einem halben Jahrtausend dürften nicht mit "unwesentlich außerhalb des Kontextes liegend" bezeichnet werden.

"Wenn es keine Übereinstimmung von Zeit (datierte ägyptische Artefakte) und Fundkontext (minoische Stratigraphie) gibt, dann zerstört die zeitliche Diskrepanz den 'Mythos' ägypto-kretischer Verbindungen und macht 'Bindeglieder und Korrelationen' irrelevant" [Pomerance 1984, 10].

Man kann die Frustrationen der in der Ägäis arbeitenden Gelehrten verstehen und mit ihnen fühlen. Die Umwälzungen seit dem Zweiten Weltkrieg haben vieles von dem in Frage gestellt, was als kanonisch fixiert gesehen wurde:
"Die Invasion der Proto-Griechen in die Balkan-Halbinsel, das Datum des trojanischen Kriegs, die Inbesitznahme Kretas durch die Mykener und die endgültige Zerstörung von Knossos. Aber wie kann man ihr sanftes Ignorieren ausgräberischer Evidenz begreifen, die schon fast ein Vierteljahrhundert etabliert ist. Vielleicht gibt es sozio-politische Gründe für die Schwierigkeiten, die der Errichtung einer absoluten minoischen Chronologie im Wege stehen" [Pomerance 1984, 12f].

In vorliegendem Buch wird demonstriert, daß ein anderer, ein psychologischer Grund eine richtige minoisch-ägyptische Chronologie vereitelt: Das unbeirrbare Beharren auf einer Manetho/Sothis-induzierten Chronologie des alten Ägyptens!
Die Hälfte der 14 aufgelisteten Gefäße ist vor dem Alten Reich einregistriert und kann nach dem hier geforderten Umdatieren von F. Petries ägyptischer Frühzeit annähernd zeitgleich mit den minoischen Fundschichten fixiert werden. Dafür spricht übrigens auch eine protodynastische Vase, die durch einen angesetzten Schnabel in einen Krug verwandelt wurde, der dem kretischen Typus Mittelminoisch III -

Spätminoisch I entspricht [Hood 1988, 149]. Wer würde ein 1.500 Jahre altes Gefäß zu neuem Gebrauch 'umrüsten'?

Die fünf mit der 3. Dynastie verknüpften Gefäße werden durch unsere Betrachtungen zu Djoser entsprechend verjüngt; die Schüssel aus der 4.-6. Dynastie erhält durch die Gedanken über Pepi I. und Snofru ihren Platz im →7. *Jh.*, und der Krug aus der Zeit von Tuthmosis III., der zusammen mit der Schüssel D1 gefunden worden ist, rückt samt seiner eigenen Fundschicht und der 18. Dynastie ins mederzeitliche →7. *Jh.* Dorthin folgen auch die 'uralten' Steingefäße von Kamid el-Loz (s.S. 199), die nicht mehr im -2. Jtsd. verbleiben können.

Mit Harfe und Laute

Dem Ausklang der Elfenbeinuntersuchung mögen Musikinstrumente dienen - zunächst die Zierfigur einer Leier aus Samos. 14,5 cm hoch ist der tanzende Elfenbeinknabe, der mitten im Sprung abgebildet ist (Abb. 125, 128a). Er und ein (fehlendes) Pendant stützten den Saitenhalter.

"Es muß ein wahrhaft fürstliches Musikinstrument gewesen sein, das mit solchen Figuren verziert war! Farbige Einlagen bereicherten das kostbare Schnitzwerk: In den spiralförmigen Stirnlocken sitzen noch kleinere Bernsteinscheiben; hinzu kamen Schmuckscheiben in den Ohren und in kontrastierenden Materialien eingelegte Augen und Schamhaare" [Kyrieleis 1981, 199; Abb. 200].
Die Figur wurde in Schichten ab -620 gefunden [Walter 1990, 44]. Nichts könnte auffälliger kontrastieren als der eingefrorene Moment eines Sprunges mit der darstellerischen Strenge des archaischen Jünglings. Natürlich ist die Zeitgleichheit mit orientalisierenden Figuren des -7./6. Jhs. richtig. Richtig ist aber auch, daß plastische Darstellungen springender Menschen nur aus Kreta bekannt sind und gemäß orthodoxer Chronologie volle 900 Jahre zurückliegen: Aus Knossos stammt die einzigartige Elfenbeinfigur eines Stierspringers *im Sprung* (um -1500; Abb. 128b). Und wo anders als im minoischen Kreta sollte die Wespentaille des Tänzers ihr Vorbild haben? Minoische wie mykenische Kunst, die archäologisch und stratigraphisch nicht absolut datierbar sind, müssen ins →8./7. *Jh.* datiert werden, um den unübersehbaren Analogien in gesicherten Strata Rechnung zu tragen.

Längst ist die 'Evolution' der Saiteninstrumente erforscht worden. M. Wegner [1950] hat in geduldiger Kleinarbeit nicht nur Überbleibsel alter Instrumente, sondern auch alle einschlägigen Darstellungen gesichtet. Aber als Ergebnis zeigt sich - welchen geduldigen Leser würde es noch wundern - alles andere als eine evolutive Entwicklung. Im -3. Jtsd., also am Anfang aller Hochkultur wurde bereits auf herrlichen Instrumenten musiziert (Abb. 126): Zur Ur-I-Zeit und während der III. Dynastie von Ur gab es die wundervollsten Kastenharfen: Intarsien aus Lapislazuli, Muscheln und roter Paste überzogen den hölzernen Klangkörper, Tierapplikationen aus massivem Gold schmückten das Instrument, Silberteile und Intarsienbilder vervollständigten den überaus prächtigen Eindruck [vgl. Seton-Williams 1981, Abb. 49f]. Allein acht Exemplare mit Stierköpfen haben sich bis heute erhalten [Collon 1980, 83]. Doch was folgte der glanzvollen Ouvertüre?

"Nachdem sich während der sumerischen Zeit ein so ansehnlicher und bedeutender Bestand an Musikinstrumenten darbot, wird die Überlieferung außerordentlich lückenhaft für fast anderthalb Jahrtausende bis zur Blütezeit der jungassyrischen Kultur [im -8. Jh.], für die wir wieder ein reichhaltiges Bild der damals gebräuchlichsten Instrumente zu gewinnen vermögen" [Wegner 1950, 27].

Aber diese jungassyrische Musikliebe birgt ein Rätsel:
"Immerhin ist es merkwürdig, daß auf spätassyrischen Reliefs die Kastenleier gerade in der Form vorkommt, in der die Ägypter sie während der 18. Dynastie umgebildet haben" [ebd. 55].
Der naheliegende Schluß, daß die 18. Dynastie ins →7./6. *Jh.* gehört, wurde natürlich bloß wegen ein paar unangemessen alten Leiern nicht einmal probeweise gezogen. M. Wegner stockt auch bei einer Laute, die in Nippur auf einem Tonrelief abgebildet worden ist. Sie wurde auf -2500, aber auch um -1800 datiert.

"Ähnlichkeiten mit den Tonreliefs der Hammurabi-Zeit kann der Verfasser nicht verkennen, doch scheint es ihm fragwürdig, ob das Tonrelief aus Nippur nicht doch weit später zu datieren sei; die Reliefdarstellung eines Sitzenden in verkürzter Dreiviertelansicht ist in vorgriechischer Zeit durchaus ungewöhnlich und das Motiv des Hirten zwischen seinen Tieren scheint sich hier von mythischem Gehalt sehr entfernt zu haben und ist der Idylle, wie man sie in Griechenland nicht vor der Spätzeit erwarten dürfte, bedenklich nahegekommen" [ebd. 29].

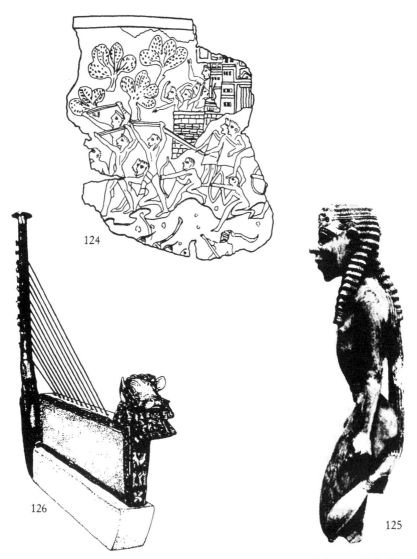

124 Fragment des Belagerungsrhytons, 4. Schachtgrab von Mykene (-16. Jh.; →8./6. Jh.) [Dayton 1978, 251]
125 Jüngling im Tanzsprung. Elfenbeinapplikation einer Prunkleier, Samos, -7. Jh. [Kyrieleis 1981a, 31]
126 Kastenharfe aus Ur mit Stierkopf aus massivem Gold, frühdyn. IIIa (um -2500; →7./6. Jh.) [Hawkes 1984, 108]

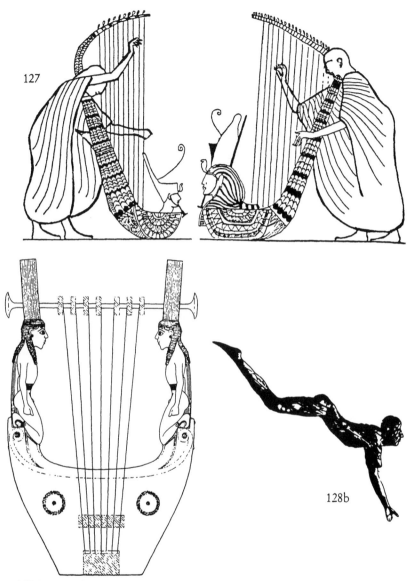

127 Prunkharfen aus der 19. Dyn.: Grab von Ramses III. (-12. Jh.; →5./4. Jh.) [Vandier 1964, IV 372]
128 Bewegungsdarstellung: a) Jünglinge im Tanzsprung, Elfenbeinapplikation einer Leier, Samos, -620 [Walter 1990, 44] b) Stierspringer, Elfenbeinarbeit aus Knossos (ca. -1500; →8./7. Jh.) [Amiet 1988, 436]

Was würde Herr Wegner dazu sagen, daß Hammurabi von G. Heinsohn mit Darius identifiziert wird und somit ins →*6./5. Jh.* gehört, daß derartige Tonreliefs perserzeitlich in großer Zahl bezeugt sind und daß selbst die jungassyrischen Artefakte vom stratigraphischen Befund her in die Perserzeit des →*5. Jhs.* gehören (Heinsohn 1989; hier Kap. N)? Und daß die Funde aus Ur generell ins →*7. Jh.* verbracht werden, wofür speziell bei den Prunkharfen auch die häufig verwendeten antithetischen Motive sprechen [vgl. Illig 1988, 72f]? Die Griechen wiederum sollen zwar ihre vier-, später siebensaitige Leier ohne erkennbare Vorbilder ausgeformt haben, doch

"die Krotola, die beliebten und ungemein verbreiteten Tanzklappern der Griechen, hätten allein in Ägypten während der 12. Dynastie ihr Gegenstück; eine Einwirkung von daher ist natürlich ausgeschlossen" [ebd. 49].

Doch es spricht viel dafür, daß gerade solche Beeinflußung möglich war. In Ägypten sind Saiteninstrumente aus Altem, Mittlerem und Neuem Reich bekannt (Abb. 127). Doch danach haben die Bewohner des Niltals offenbar jede Freude an Musik verloren.

"Die bewährten bodenständigen Instrumente der großen Zeit, Benet-Harfe, Standharfe, Kesselharfe, Schulterharfe, Langpfeife und viereckige Rahmentrommel fehlen sämtlich [...] Die Tradition der Musikpflege scheint während eines Jahrtausends abgerissen zu sein" [Wegner 1950, 21].

Sind Friedells "gefrorenem" Ägypten wirklich für 1.000 Jahre die Töne weggeblieben wie weiland Münchhausen?

Chronologie der Leier

Bei der Chronologie-Rekonstruktion entfallen ganz einfach jene verwunderlichen Dunkelzonen, die die Instrumentalgeschichte, etwa die Geschichte der Leiern, durchlöchern. Exemplarisch seien diese Lücken am Typ I,1 der jüngsten Leier-Typologie [Collon 1980-83, 586ff] vorgestellt. Bei diesem schlichten, rechteckigen Typ handelt es sich um die simpelste und älteste Leierart überhaupt, die aber gleichwohl mehrfach vergessen wurde und aus dem Spiel kam.

Chronologie der symmetrischen Rechteck-Leier (Collon-Typ I,1) in konventioneller Datierung [Collon 1980-83, 577]

ab -800 Erneuter Durchbruch des ältesten Leier-Typus in Syrien, Mesopotamien und Iran
ab -1300 Drittes Verschwinden der Leier (für 500 Jahre)
ab -1350 Wiedererscheinen der Leier in Ägypten (NR) und in Bogazköy (für 50 Jahre)
ab -1850 Zweites Verschwinden der Leier (für 500 Jahre)
um -1900 Erstes Erscheinen der Leier in Ägyptens MR (50 Jahre)
ab -2400 Erstes Verschwinden der Leier (für 500 Jahre)
ab -2900 Erstes Erscheinen der Leier in Mesopotamien (500 Jahre)

129 Die Entwicklung der Leier in zwei chronologisch angeordneten Strängen: I) Symmetrischer Typ II) Asymmetrischer Typ. Vom rechteckigen Typus I,1 sind 13 Funde bekannt, denen folgende Zeiten zugeordnet werden: Frühdyn. I., Frühdyn. III., Ägypten -1900, Ägypten -14. Jh., -13. Jh., frühes -1. Jtsd., -8./7. Jh. Ägypten des späten -1. Jtsds. [Collon 1980-83, 576]

Vielleicht noch verblüffender ist die Leier I/6 der Collonschen Typenreihe (Abb. 129). Ihre höchst eigenwillige Form, auf die nicht zufällig verfallen werden kann, tritt zwischen -1580 und -1400 auf Kreta und in Pylos auf, Fundstätten also, die ihre Datierung über das ägyptische Amarna erhalten haben. Danach verschwindet sie für volle 800 Jahre aus dem Gesichtsfeld des Mittelmeerraumes. Nach -600 aber wurde sie, unverändert eigenwillig geformt, im zentralanatolischen Bogazköy und im lykischen Xanthos erneut gespielt.

Chronologie der symmetrischen Doppelvogelkopfleier (Collon-Typ I,6) in konventioneller Datierung [Collon 1980-83, 577]

nach -600 Wiedererscheinen der Leier I/6 im griechisch datierten Bogazköy und Xanthos
1400 - 600 Verschwinden der Leier I/6 für 800 Jahre
1580/10-1400 Erstes Erscheinen der Leier I/6 im amarnadatierten Kreta und in Pylos

---

Gerade die Musikinstrumente, die noch bei keiner einzigen Umdatierungsüberlegung bedacht worden sind, illustrieren aufs beste die Bedeutung der neuen, evidenzgestützten Chronologie. Nur bei ihr wird klar, daß ägyptische, minoische und sumerische Saiteninstrumente in eine gemeinsame Zeit fallen, zusammen mit assyrischen und phönizischen Gegenstücken und gefolgt von dem sich rasch ausweitenden Formenreichtum griechisch-kleinasiatisch-phönizischer Provenienz.

M) Glas - dreimal erfunden und zweimal vergessen ?

Nur noch "anekdotenhafte Züge" [Wartke 1982, 2] wollen die modernen Glashistoriker jener Geschichte über die Erfindung ihres zerbrechlichen Materials zugestehen, die im +1. Jh. Plinius der Ältere aufgeschrieben hat [*Naturgeschichte* XXXVI:65]:

> "In dem Judäa benachbarten Teile von Syrien, welcher Phönizien genannt wird, ist am Fuße des Berges Karmel ein Sumpf, welcher Kendebia genannt wird. Aus diesem, glaubt man, komme der Fluß Belos, welcher 5 000 Schritte davon neben der Pflanzstadt Ptolemais ins Meer fällt. Er fließt nur langsam und hat ungesundes Wasser, doch wird er durch gewisse Gebräuche geheiligt, ist trübe und hat ein tiefes Bett. Nur beim Zurücktreten der See legt er seinen Sand bloß, welcher, durch die Wellen hin- und hergerollt und von allem Schmutz gereinigt, glänzt. Auch soll er erst durch die Schärfe der See gekräftigt werden und vorher ganz unbrauchbar sein. Der Raum am Ufer beträgt höchstens 500 Schritt, und diese kleine Strecke lieferte Jahrhunderte hindurch genügend Stoff zum Glase. Es geht die Sage, daß einst ein Schiff, mit Salpeter befrachtet, hier gelandet sei, und daß die Inhaber, als sie, am Ufer zerstreut, sich Speisen zubereiteten und keine Steine zu Unterlagen für die Kessel fanden, Salpeterstücke aus dem Schiffe dazu genommen hätten. Als diese sich in Verbindung mit dem Ufersande erhitzt hätten, da seien Bäche einer neuen durchsichtigen Flüssigkeit daraus hervorgelaufen, und das sei die Entstehung des Glases gewesen."

Würde heute jemand die Phönizier als Erfinder des Glases bezeichnen oder auch nur das ihnen von den Römern für ihre Blüte zugeschriebene -1. Jtsd. als Datum der Glasentstehung akzeptieren, käme das seinem automatischen Selbstausschluß aus den Hallen der Wissenschaft gleich. Von ätzendem Spott bis hin zu stummer Mißbilligung würde ihm jede nur denkbare Reaktion entgegenschlagen und nie wieder könnte er auf wohlwollendes Gehör der Gelehrten rechnen. Und doch soll hier die Rehabilitierung des -1. Jtsds. als Zeitraum für die Entstehung des Glases in Angriff genommen werden. Ob allerdings die Nationalität seiner Erfinder ebenso zuversichtlich benannt werden kann, mag einstweilen dahingestellt bleiben. Eine Entstehung nicht vor dem -1. Jtsd. ließe sich auch für Glasuren (eine dünne Glashaut auf Gefäßen anderen Materials) vertreten. Dasselbe gilt für Fayencen (glasige Körper mit einem nicht aus Glas bestehenden Kern; bester Überblick bei Kaczmarczyk/Hedges 1983). Eine Auflistung, wenn auch leider noch keine überzeugende Auflösung der zu diesen Materialien kursierenden chronologischen Ungereimtheiten liegt jedoch bereits vor, so daß der Leser sich hierzu an anderer Stelle orientieren kann [Dayton 1978, passim].

Glas ist eine erstarrte Flüssigkeit bzw. das Ergebnis einer unterkühlten Schmelze. Die Moleküle des Glases kühlen nämlich so schnell ab, daß sie gar nicht die Zeit haben, sich zu geordneten Kristallgittern zu organisieren.

"In der Tat fließt Glas sogar, allerdings extrem langsam. Man hat uralte Fensterscheiben sehr präzise vermessen und dabei festgestellt, daß sie unten geringfügig dicker waren als oben. Im Laufe der Jahrzehnte und Jahrhunderte war also ein Teil ihrer Substanz nach unten geflossen" [Paturi 1986, 10].
Mit 57-72 % stellt Silizium (SiO_2), das als Quarzsand oder schlichter Wüstensand praktisch unbegrenzt verfügbar ist, den Hauptbestandteil des antiken Glases [Brill 1969, 1970]. Etwa 3-10 % stellt das Kalzium (CaO), das entweder als Kalkstein zugesetzt wird oder von vornherein in ausreichender Menge als Verunreinigung des Sandes anfällt. Für die Herabsetzung des Schmelzpunktes von Silizium wurde als sog. Flußmittel (9-21 %) Natriumkarbonat (Na_2CO_3) bzw. Soda hinzugefügt. Diese Soda liegt im Wadi al-Natrun südlich von Alexandria natürlich an und ist im Altertum auch für die phönizische Glasherstellung importiert worden. Als Ersatzflußmittel ist - etwa in Mesopotamien - auch Pottasche verwendet worden (K_2CO_3). Der Schmelzpunkt des Natrium-Kalzium-Glases liegt bei ca. 1200° C, und es kann bis herunter auf 900° C noch verformt werden. Diese Temperatur war auch für die Kupferschmelze erforderlich, so daß mit Vorliegen der Ofentechnologie für die Kupferverhüttung auch einer Glashütte im Prinzip nichts mehr im Wege stand. Es sind sogar in einem normalen offenen Feuer aus Wacholderholz bereits nach nur 38 Minuten Temperaturen von 1040° C

erreicht worden [Dayton 1978, 24] und schon von daher die Aussagen des Plinius über Zufallsentdeckungen am Lagerfeuer nicht vorschnell als bloße Legende abzutun.

Aufschlußreicher als die bereits für die Kupfermetallurgie zu unterstellende Temperatur der Glasverhüttung hat sich die Glasfärbung erwiesen. Sie sagt nämlich etwas über die Entwicklung der gesamten Metallurgie aus und kann daher als wichtiger chronologischer Anhaltspunkt dienen. Kupferoxide, die der Glasmischung beigefügt werden, sorgen für blaue, grüne und rote Färbungen. Für Gelb wurde Blei, für Dunkelblau Kobalt, für Violett Mangan, für Grün (von Blaugrün bis Gelbgrün) Eisen, für Weiß Antimon und - allerdings erst in der Römerzeit - auch Zinn verwendet. Wo diese Farbenvielfalt in Glasfunden angetroffen wird, kann dem Schluß auf eine entsprechend hochstehende Metallkunde nicht ausgewichen werden; dies jedoch möchten - wie zu zeigen sein wird - die Ägyptologen nur allzu gerne tun.

Die systematische Geschichtsschreibung zum Glase ist noch jünger als die 1868 geschaffene Sumerologie, die in der Chaldäerforschung aber immerhin eine Vorgängerin hatte, die sie weitgehend verdrängen konnte. Im Jahre 1871 erscheint in London der Katalog der Glassammlung von Felix Slade und enthält mit einem Beitrag von A. Nesbitt - selbst ein bedeutender Glassammler - den ersten Abriß einer Geschichte des Glases [Franks 1871]. Die Zeit schien reif für solche Unternehmungen, denn zwei Jahre später publiziert A. Deville in Paris seine *Histoire de l'art de la verrerie dans l'antiquité*. Nach einer beeindruckenden Reihe weiterer Studien [dazu Harden 1984] legt schließlich im Jahre 1940 der Däne Poul Fossing seine epochemachende Arbeit *Glass Vessels Before Glass-Blowing* vor, die als Gesamtüberblick einen bis heute gültigen Standard setzt, an dem dann Donald P. Harden im Jahre 1968 *(Ancient Glass, I: Pre-Roman)* nur noch Retuschen vorzunehmen braucht [Harden 1969a], die auch danach in Hardens letzter monumentaler Glasarbeit kaum zu ergänzen sind:
"Daß die jetzige Übersicht - abgesehen von Differenzen im Detail - weitgehend Fossings Analyse bestätigt, liefert einen glücklichen Beweis seiner Scharfsinnigkeit. Sie unterstreicht das sichere Urteil und Gespür, mit dem er eine bisher undurchdringbare Masse von Material zu systematisieren vermochte. Seine Arbeit wird der Ausgangspunkt für alle zukünftigen Studien bleiben" [Harden 1981, 51].

Niemand unter den Glasexperten, die der Autor sprechen oder deren Werke er beiziehen konnte, hat es versäumt, Poul Fossing als den Gründer der seriösen, also archäologisch-stratigraphisch orientierten Geschichte des Glases zu preisen.

Heute äußert sich zur Sache eine gewichtige, aber doch wohlüberschaubare Gruppe von etwa zwei Dutzend eigenständigen Forschern, die vorrangig in Nordamerika, Westeuropa und Israel zuhause sind. Seit ihrer ersten Zusammenkunft zu Lüttich im Jahre 1958 hält die *International Association for the History of Glass* in etwa dreijährigem Rhythmus die *Journées Internationales du Verre* ab und berichtet darüber in ihren *Annales*. Seit 1959 erscheint in Corning/New York das exquisit gemachte *Journal of Glass Studies,* das auch dem Außenseiter einen schnellen und vergnüglichen Einstieg in die fachinterne Debatte erlaubt. Nach systematischer Einbeziehung der Glasanalyse in die archäologische Ausbildung [Frank 1982] traut sich überdies kein ernsthafter Ausgräber mehr, Glasfunde so flüchtig zu behandeln, wie das früher durchaus geschehen konnte, obwohl schon Claudius James Rich "Glasstückchen" [Rich 1815, 29] in seinem *Memoir on the Ruins of Babylon* sorgfältig aufgeführt hatte.

All diesen beeindruckenden Entwicklungen zum Trotz sind die Glashistoriker nicht sonderlich zufrieden mit dem Stande ihrer Kunst. Am wenigsten strittig ist ihnen noch die chemische Zusammensetzung der antiken Stücke [Brill 1969/1970]. Schon über die Frage, wie insbesondere die ersten Glasgefäße eigentlich hergestellt worden sind, können sie keine rechte Einigung erzielen. Und wendet man sich den Fragen der Chronologie oder gar des Herkunftslandes des ersten Glases zu, so ist unter diesen begabten Forschern tiefe Ratlosigkeit, die manchmal sogar an Verzweiflung grenzt, unübersehbar: "Ursprung und Beginn der Glasherstellung sind nur vage bekannt" [Barag 1985, 35 und schon ganz ähnlich 1970, 132], heißt es da oder:

"Die Frage nach dem Herstellungsland der ersten echten Glasgefäße, d.h. des 'körperlosen', freistehenden Glases ist noch nicht mit Sicherheit zu beantworten" [Wartke 1982, 10].

Der nicht geringe Triumph über die Entthronung der Phönizier hat aber keine überzeugendere Problemlösung nach sich gezogen. Viel älter soll das Glas sein und ganz woanders herstammen. Mehr jedoch ist nicht zweifelsfrei geklärt. Dabei ließ sich die Suche nach einem neuen Ursprungsland zunächst nicht schlecht an und führte direkt an den Nil.

1) Ägypten: Ging die Fähigkeit zur Glasherstellung nach dem Neuen Reich 800 Jahre lang verloren?

Der kühne britische Archäologe Sir Flinders Petrie ging zuerst entschlossen mit Plinius dem Älteren ins Gericht und verlegte Geburtsort und -stunde des Glases von der Mündung des phönizischen Flusses Belos ins afrikanische Ägypten [Petrie 1894, 25ff]. Mindestens bis zur Ausgrabung von Nuzi/Mesopotamien in den Jahren 1927-31, wo in einer Schicht des rätselhaften - und überdies medisch anmutenden - Volkes der Mitanni Glas gefunden wurde (siehe den Mesopotamienteil dieses Kapitels - M4), galt jetzt das Wort des bedeutendsten deutschen Glashistorikers Anton Kisa:

"Die ältesten Spuren des Glases führen uns unzweifelhaft in das *Pharaonenland*. Sie reichen hier bis in das IV. Jahrtausend v. Chr. zurück, wenn auch damals die Bearbeitung mit der Pfeife, das Blasen des Glases noch nicht bekannt war, wie man bisher nach den der 12. Dynastie angehörigen Darstellungen von Beni Hassan angenommen hat" [Kisa 1908, 34].

Die ägyptische Position ist nur ungern aufgegeben worden. Noch bis zu Beginn der sechziger Jahre wird von Ägypten als "dem klassischen Lande jeglicher Glaskunst" [Neuburg 1962, 23] gesprochen, bis schließlich doch von dieser Vorstellung Abstand genommen wird:

"Die Glasindustrie tritt in Ägypten zu Beginn des Neuen Reiches im 16. Jahrhundert v. Chr. plötzlich ohne erkennbare Vorstufen auf. Diese Tatsache und Funde aus den letzten Jahrzehnten in den Ägypten benachbarten Gebieten, insbesondere in den Bereichen Mesopotamiens und des Osttigrislandes, in denen sich wegen feuchter Bodenverhältnisse nur wenig Glas erhalten hat, haben die Frage nach der Priorität der Erfindung der Glasherstellung erneut in den Vordergrund gerückt" [Nolte 1968, 1].

Die bereits oben erwähnten Mitanni (Nuzi, Schicht II, Tell al-Rimah, Schicht II), aber auch die ihnen direkt vorausgehenden Hyksos (Alalach, Schicht VI) warten mit Glasprodukten auf (s.u. M4), vor denen die Ägyptologie nicht die Augen verschließen konnte. Dennoch mag sich der informierte Leser fragen, warum in diesem Fach die Prioritätsschlacht so leicht verloren gegeben wurde. Immerhin gibt es auch vor -1500 in Ägypten nicht zu verachtende Glasfunde (dazu umfassend zuerst Beck [1934]).

Am meisten haben dabei immer die prädynastischen, also gegen -3000 datierten Glasperlen überrascht, die in Naqada [Rathgen 1913, 18] und Abydos [Lucas 1962, 180] gefunden wurden. Eine Halskette aus Abydos enthält neben grünen und blauen Glasperlen, die mit Kupferoxiden gefärbt sein können, auch gelbe, die mit Bleioxid gefärbt sind, woraus das eigentliche chronologische Problem resultiert. Solche Perlen sind etwa aus der 6. Dynastie (2325-2155) gut bekannt, weshalb etliche Experten sie am liebsten dort untergebracht sähen [Beck 1934, 9f; Cooney 1960, 11]. Zugleich zeigen die prädynastischen Glasperlen von vor -3000 eine noch nicht erklärbare "Ähnlichkeit" [Neuburg 1962, 29] zu in Mostagedda ausgegrabenen Perlen der beinahe eineinhalb Jahrtausende jüngeren Hyksoszeit (1650-1540) (Zu den chronologischen Verwirrungen in Abydos vgl. oben Kap. D).

Anders als die ungemein früh erscheinenden prädynastischen Funde (gegen -3000) sind diejenigen der 5. Dynastie (2465-2325) gänzlich unstrittig. Es handelt sich um (a) 320 kleine Perlen aus schwarzem und blauem opaken Glas, um (b) mehrere hundert Perlen, die aus Knäueln von Glasfäden bestehen, sowie um (c) 21 kleine Amulette aus grünem Glas [alles Lucas 1962, 180]. Die 5. Dynastie weist aber nicht allein diese Perlen auf, sondern beunruhigt die Chronologiespezialisten auch durch schriftliche Quellen, die auf regelrechte Glashütten schließen lassen, denen dann nicht nur Perlen zuzutrauen wären. Taucht nämlich das Wort "thn.t" im Neuen Reich, etwa in den Annalen Tuthmosis' III. (1479-1425) auf, so wird es selbstverständlich mit *Glas* übersetzt. Taucht es jedoch im Titel eines Hohenpriesters der 5. Dynastie auf - "hrp hw.t thn.t" - dann wird die Übersetzung "Leiter der Glashütte" [Harris 1961, 136] nicht etwa aus philologischen, sondern aus "zeitlichen Gründen" [Nolte 1968, 6] verworfen. Es ist gewissermaßen Pech für die inschriftliche Evidenz, daß sie nicht ins chronologische Schema der modernen Ägyptologie paßt, weshalb sie hinwegzuübersetzen ist. Gleichwohl sind die vielen hundert Glasperlen nicht zu beseitigen und sie stehen auch keineswegs allein bis zum ersten 'erlaubten' Datum von -1500 für "willkürlich hergestelltes Glas" [Nolte 1977, 614]. "Frühere Vorkommen sind Zufallsprodukte oder Mißdeutungen" [ebd.], heißt die

Formel, mit der die vorzeitig kommenden Perlen chronologisch neutralisiert werden sollen. Eigentlich hätten die Ägypter nämlich Fayence machen wollen, ungeschickterweise seien aber die vielen hundert Perlen aus massivem Glas und sogar aus feinsten Glasfäden sowie die auch nicht gerade seltenen Glasamulette dabei entstanden [so auch Cooney 1960, 11].

Da Perlen immerhin von Glasröhrchen abgeschnitten werden, die durch Ummanteln von Draht mit heißer Glasmasse entstehen, die vorher mit allerlei Metalloxiden einzufärben war, muß hier ein recht energischer Zufall am Werke gewesen sein. Wichtiger aber noch: Die Glasperlenproduktion wird ja auch später fortgesetzt und gelangt dann keineswegs auf sehr viel raffiniertere technische Niveaus, so daß die bloße Glasperle als solche keineswegs für extreme Frühe oder gar Primitivität der entsprechenden Glastechnologie herangezogen werden kann.

Die 6. und letzte Dynastie des Alten Reiches (2325-2155) war schon dadurch aufgefallen, daß ihr die prädynastischen gelben Bleioxid-Perlen aus Abydos zugeschlagen werden sollten. Indem diese 700 oder mehr Jahre jünger gemacht wurden, sollte ihnen die chronologisch skandalöse Frühe wieder genommen werden. Die Erste Zwischenzeit (2134-2040) ist ebenfalls mit 'Zufallsprodukten' wohlversehen: 70 kleine Amulette aus blauem Glas und über 600 blaue, grüne und schwarze Perlen stehen zu Buche [Lucas 1962, 181]. Und erst jetzt verlassen wir allmählich das -3. Jtsd. herrschender Lehre.

Das Mittlere Reich (2061-1785) hat ein Amulett aus blauopakem Glas (11. Dynastie; 2134-1991) und schwärzliche Perlen aus derselben Dynastie, die mit Kobaltoxid gefärbt wurden [Dayton 1978, 437], das uns noch entschieden zu interessieren hat. Eine komplette Glasstange mit den Insignien Amenemhets III. (12. Dyn.; 1844-1797) liegt ebenfalls vor, und von Sesostris II. (12. Dyn.; 1897-1878) gibt es einen goldenen Cloisonné-"Skarabäus mit Flügeln aus Golddraht und bunten roten und blauen Glasstücken ausgefüllt" [alles Neuburg 1962, 29]. Blaue, grüne und gelbe Glasperlen fehlen in der 12. Dynastie ebensowenig wie ein gläserner Frosch in einem Silberring und drei gläserne Augenpaare [Lucas 1962, 181,182].

Die Zweite Zwischenzeit oder genauer die 13. Dynastie (1785-1650) hat mindestens 550 blaue, schwarze, rote, grüne und gelbe

Glasperlen hinterlassen [ebd. 181], kennt also auch bereits die Färbung durch Bleioxid.

Alle bisher aufgeführten Glasfunde in Ägypten werden von den Glasspezialisten bezüglich ihrer Fundortzuverlässigkeit in Zweifel gezogen. Dieses Bestreiten der archäologischen Kompetenz im Niltal tätiger Ausgräber rührt selbstredend daher, daß die Archäologen und ihre glaskennerischen Kritiker zumindest doch eines gemeinsam haben: Beide Seiten glauben fest an die Daten des -3. und frühen -2. Jtsds. für diejenigen Dynastien Ägyptens, denen das Glas jeweils zuzuweisen war. Auf den Gedanken, diese Daten in Frage zu stellen, ist niemand gekommen. Deshalb wehren sich die Archäologen - so weit sie noch unter uns weilen - denn auch weiterhin gegen die Schlampereivorwürfe, die gleichwohl von den Glasexperten nicht zurückgenommen werden:
"Für Ägypten wird immer ein nahezu phantastisches Alter für die Glaserfindung angegeben. Die Nachweise dafür fehlen aber gänzlich und man sollte sich sehr um solche bemühen. [...] Außer dem Museum in Kairo wurden alle großen europäischen ägyptologischen Sammlungen auf Glasperlen hin überprüft, und es ergab sich dabei, daß nicht nur die hier besprochenen Perlen nicht vorkommen, sondern auch eine Neubearbeitung dringend notwendig ist, da sich die Theorie, daß es schon im 4. Jahrtausend Glasperlen gegeben haben soll, sicher nicht aufrecht erhalten läßt. [...] Glaskenner wie J.D. Cooney-Cleveland [1960, 11] sind der Meinung, daß es in Ägypten vor 1500 v. Chr. noch kein Glas gegeben habe" [Haevernick 1974, 201; 1965, 149; 1978, 366].
Daß beide Seiten im Recht sein, die Glasfunde also zu ihren Dynastien *und* in eine spätere Zeit gehören könnten, wird im Laufe unserer Ausführungen noch deutlich werden.

Die Zeit der Hyksos (1650-1540) war schon durch ein merkwürdiges Wiederaufleben frühdynastischer Perlen von vor -3000 aufgefallen, die rein glashistorisch - also von Aussehen und chemischer Zusammensetzung her - zweifellos wie Perlen aus ein- und derselben Zeit ausschauen. Inzwischen läßt sich diese Zusammengehörigkeit weiter untermauern, da wir mit Tell el-Daba endlich über einen gutgeschichteten Ruinenhügel in Ägypten verfügen, der sehr sorgfältig ausgegraben wurde [Bietak 1981; 1984; 1985; Brink 1982]. Frühestes Glas konnte hier erstmals auch stratigraphisch verortet werden. Es handelt sich um

Erste Glasperlen und die Stratigraphie von Tell el-Daba (Ostdelta)
(konvent. datiert, nach Bietak 1984; 1985; Heinsohn 1988, 178; vgl. hier Kap. P)

Daten	Schicht	Kommentare
ab -300	A/1	Ptolemäische Siedlung
ab -1085	——	**Angebliche Lücke von fast 800 Jahren**, für die eine sterile Schicht allerdings fehlt.
ab -1300	B	Ramessidisch. Rein stratigraphisch Perserzeit. 215 Jahre sind zuviel für eine einzelne Schicht.
ab -1540	D/1	Möglicherweise 18. Dynastie. 240 Jahre sind zuviel für eine einzelne Subschicht, die sonst für 10 bis 40 Jahre gut ist.
ab -1570	D/2	Letzte Keramik syro-palästinischer Mittelbronzezeit. *Hyksosende;* rein stratigraph. wohl spätes →*7. Jh.*
ab -1600	D/3	Sichelschwerter, die in Mesopotamien altakkadisch schon im -24. Jh. auftauchen. Syro-palästinische Mittelbronze II/B2-Keramik. Rein stratigraphisch mittleres →*7. Jh.*
ab -1680	E/3-1	*Beginn der Hyksoszeit.* **Glasperlen.** Keramik der syro-palästinischen Mittelbronze II/B1 und (in E/1) II/B2-Zeit. Rein stratigraphisch wohl frühes →*7. Jh.* Echt überwölbte Gräber in E1 gibt es ähnlich nur 700-800 Jahre früher in Mesopotamien (Diyala) am Ende der frühdynastischen bzw. am Beginn der altakkadischen Zeit gegen -2400/2350 (Brink 1982, 7, 93,95; vgl. Kapitel E oben)
ab -1710	F	Asiatische Besiedlung. Keramik syro-palästinischer Mittelbronze II/A-B Übergangsphase. Rein stratigraphisch wohl spätes →*8. Jh.*
ab -1740	G/4-1	Ägyptisch-asiatische Mischbesiedlung mit Keramik der syro-palästinischen Mittelbronze II/A-Zeit Erste echt überwölbte Gräber
ab -1800	H	Keramik der syro-palästinischen Mittelbronze II/A-Zeit. Rein stratigraphisch frühes →*8. Jh.*
davor		Brache

Perlen aus der dreigestuften Schicht E, die zwischen -1680 und -1600 datiert wird [schon Dayton 1978, 102]. In tieferen Schichten Tell el-Dabas fehlt Glas. Die hyksoszeitlichen Glasperlen wurden zusammen mit Tell al-Jahudija-Keramik aufgefunden. Da diese nicht nur in Ägypten, sondern auch in Vorderasien und Zypern auftaucht [Bietak 1986, 1987], ist nach dem großen Imperium gefragt worden, unter dessen Schutzdach sie sich ausbreiten konnte. Dabei hat sich das Reich der Hyksos als einzig ernsthafter Kandidat erwiesen [Kaplan 1980, 122]. Es gilt mithin, daß selbst in konventioneller Datierung Glas durchaus auch vor -1500 nachgewiesen werden konnte und zwar in genauer archäologischer Fundlage. Gleichwohl gelangt - zumindest in Ägypten und Palästina - auch rein stratigraphisch die Glassuche mit den Hyksos archäologisch in ihre älteste Periode bzw. tiefste Schicht.

Wirft man nun einen genaueren Blick auf die Schichten Tell el-Dabas, so wird umgehend deutlich, daß der stratigraphische Befund eine absolute Datierung des Glases aus Schicht E ins -17. Jh. in keiner Weise unterstützt, da in späterer Zeit gewaltige Zeitlücken anfallen (von B nach A), für die überzeugende sterile Schichten fehlen und zugleich zwei Schichten (D/1 und B) je etwa achtmal mehr Jahre zugewiesen erhielten als die übrigen, ohne fundreicher zu sein als diese. Rein stratigraphisch müßten die Glasperlen aus Schicht E tausend Jahre später angesetzt werden als durch die Ausgräber geschehen. Sie würden so ins →7. *Jh.* gelangen. Allein die Ideen der ägyptologischen Chronologie haben die ansonsten für ihre Genauigkeit gerühmten Ausgräber Tell el-Dabas dazu genötigt (siehe ausführlich Kapitel P), ihre Schichten mit wissenschaftsfremden - also pseudoastronomisch und bibelfundamentalistisch gewonnenen - Daten zu versehen.

Auch als Kandidaten für erste Glasgefäße scheinen die Hyksos nicht gänzlich außer Betracht bleiben zu dürfen. Ungeachtet der bereits erwähnten Tatsache, daß in früheren Ausgrabungen des vorigen Jahrhunderts von Glasscherben wenig Aufhebens gemacht wurde, kommt kein Geringerer als Poul Fossing nach Sichtung aller einschlägigen Berichte zu dem Ergebnis: "Bei den Funden der Hyksos-Periode werden hier und da kleine Gefäße erwähnt, die aus Glas sein mögen" [Fossing 1940, 6]. Zwanzig Jahre später wird dieser Befund bekräftigt: "Während der Herrschaft der Hyksos begann die Blütezeit der wunderbaren ägyptischen Glaskunst" [Posener 1960, 87]. Für dieses Aufblühen der Glasgefäßherstellung in der Hyksoszeit sprechen auch Funde aus

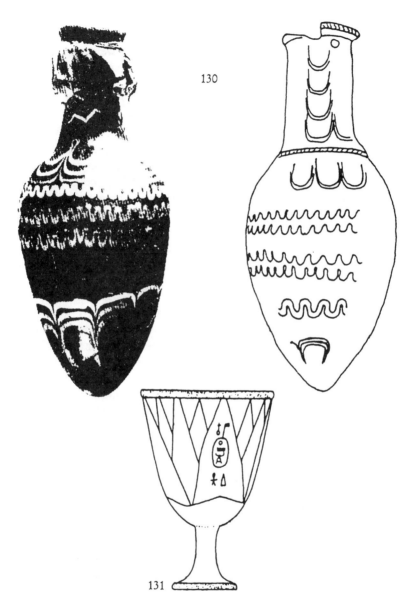

130 Links: Flasche aus dem Grab des Maiherperi (-1490; →7./6. Jh.) [nach Nolte 1968, Tafel I/9]. Rechts: Flasche aus Assur [Kühne 1971, 418]
131 Gläserner Lotoskelchbecher mit dem Thronnamen Tuthmosis' III. (1479-1425; →7./6. Jh.) [Dayton 1978, 43]

der zu ihr parallel laufenden, aber 10 Jahre früher endenden 17. Dynastie (1650-1550). Eine blaue Glasvase und eine Löwenmaske ebenfalls aus blauem Glas gelten für die 17. Dynastie jedenfalls als unstrittig [Lucas 1962, 183].

In der 18. Dynastie endlich (1550-1291) darf es auch für die jetzt herrschende Lehre "willkürlich hergestelltes Glas" [Nolte] geben: "Aus Ägypten sind keine *Glasgefäße* bekannt, die dem Neuen Reich vorhergehen und sie bleiben bis zur Regierungszeit Amenophis II. (1438-1412 v. Chr.) extrem selten. Die frühesten Glasgefäße aus Ägypten sind durch zwei Fragmente vertreten, die in gestörtem Zusammenhang im Abfall des Grabes von Tuthmosis I. (1512-1500 v. Chr.) gefunden wurden. Ein lapislazuliblauer Deckel und Scherben von zwei türkisblauen Flaschen, die mit gelben, dunkelblauen und schwarzen Fäden verziert waren, fanden sich in gestörtem Zusammenhang im Abfall des Grabes von Tuthmosis III. (1490-1436 v. Chr.)" [Barag 1970, 181].
Der erste wirklich datierbare Glasfund Altägyptens liegt in einer noch blasenreichen gräulich-durchsichtigen großen Perle mit den Inschriften der Königin Hatschepsut (1479-1458) und ihrem Minister Senenmut vor [Bimson/Freestone 1988].

Das erste Glaßgefäß aus ungestörtem Zusammenhang wurde im Grab des Beamten Maiherperi oder Maherpa entdeckt, der vage ab -1490 datiert wird.
Die noch verschlossen aufgefundene Flasche (Abb. 130) ähnelt verblüffend einem Stück aus Assur [Haller 1954, Grab 37/Nr. 4]. Da letzteres besser gearbeitet ist [Barag 1962, 15], gilt es als Beweis dafür, daß Maiherperis Flasche ihr Vorbild in Mesopotamien hatte, Ägypten hier also keine Priorität beanspruchen könne. Die Assurflasche ist vom Ausgräber selbst allerdings als mittelassyrisches Stück eingestuft, also nach -1300 gesetzt worden. Der Vergleich mit mitannischen Stücken (ab -1500), vor allem aber mit Maiherperis Flasche hat ihr schließlich auch Maiherperis Datum verpaßt [Barag 1962, 13ff; zu weiteren Parallelen Barag 1964].
Zwei Lotoskelchbecher [Nolte 1968, Tafel I,6/7] und eine Kanne [ebd. I,5] mit dem Thronnamen des Hatschepsut-Stiefsohnes Tuthmosis III. (1479-1425), deren Fundorte unbekannt sind, liefern dann die ersten genauer datierbaren Glasgefäße (Abb. 131), und

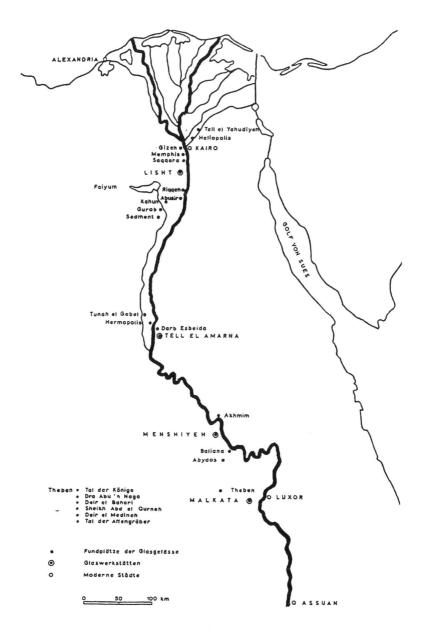

132 Geographische Verteilung der Glaswerkstätten des Neuen Reiches aus der Zeit von -1500 bis -1200 (→7./4. Jh.) [Nolte 1968, 180]

"es sieht tatsächlich so aus, als ob den frühesten ägyptischen Glaswerkern daran gelegen gewesen sei, diesen Pharao als den Begründer ihres Handwerks zu ehren, denn es gibt keine Hinweise darauf, daß auch nur eines der drei Stücke Thutmosis persönlich gehört hätte" [Harden 1969a, 48].

Für den Zeitraum von etwa -1500 bis hinauf zur 21. Dynastie (1075-945) Ägyptens sind mehr als 400 Glasgefäße aus öffentlichen und privaten Sammlungen bekannt [Haevernick 1967, 151]. Der Löwenanteil dieser Gefäße gehört allerdings in den gegen -1200 abgeschlossenen Zeitraum dieser Periode (Harden 1969a, 49; siehe nächster Absatz). Die älteste bisher ausgegrabene Glashütte (zur geographischen Verteilung solcher Werkstätten vgl. Abb. 132) wurde im westthebanischen Palast Amenophis' III. (1387-1350) in Malkata entdeckt. Die elegantesten Stücke jedoch stammen aus Echnatons (1350-1333) neuerbauter Hauptstadt Achetaton (Amarna), wohin die Kunsthandwerker aus Malkata übersiedelten [Nolte 1968, 23]. Drei Glashütten im Stadtgebiet von Amarna sind sicher bezeugt [Petrie 1894, 25ff]. Von Echnaton gibt es sogar ein gläsernes Kopfporträt [*Journal of Glass Studies* 1959, 106f; Goldstein 1979, 9ff]. An diesem überrascht vor allem, daß solche Glasporträts [dazu insgesamt Cooney 1976, 153f] dann erst wieder knapp tausend Jahre später in der 30. Dynastie (380-342) angetroffen werden [*Journal of Glass Studies* 1968, 181f].

In die 19. Dynastie (1291-1185) gehört die in Lischt gefundene Glashütte, die wohl auch in der 20. Dynastie (1185-1075) weiterbenutzt wurde. Sie scheint Echnatons Anlagen direkt zu folgen, denn "aus der Zeit zwischen den Amarnawerkstätten und derjenigen in Lischt ist bisher kein weiteres Glasherstellungszentrum bekannt geworden" [Nolte 1968, 24]. Eine 1911 in Menshiyeh gefundene Glaswerkstatt wird ebenfalls den Dynastien 19 und 20 zugerechnet [ebd. 25f].

Das Vierteljahrtausend von etwa -1185 bis -945 ist durch einen einzigen zeitlich eingrenzbaren Fund vertreten: "Der letzte datierte Glasfund des Neuen Reiches stammt aus der 21. Dynastie. Im Sammelversteck des Grabes Nr. 320 bei Deir el Bahari in Theben-West wurden als Beigaben der Nes-Chons, Gemahlin des Priesterkönigs Pinodjem II., 70 Becher gefunden. Zwölf davon hat man aus Glas hergestellt" [Nolte 1968, 76].

KRATERISKOI	ALABASTRA	AMPHORISKOI	ARYBALLOI	OINOCHOAI	HYDRIAI	UNGUENTARIA	
							-15. bis -12. Jh.
Oben: Stücke aus dem Neuen Reich Ägyptens aus Nolte 1968 und Saldern/Nolte/La Baume/Haevernick 1975 - Umzeichnungen: C. Schmidt							
							L Ü C K E von -1200/1100 bis -600, die in Ägypten sogar bis weit nach -400 andauert
Unten: Übersicht für -6. bis -1. Jh. aus Harden 1969a, 54							
							-6. bis -5. Jh.
							-4. bis -3. Jh.
							-2. bis -1. Jh.

133

Abb. 133:
Erste Blüte der Glasgefäße in Ägyptens 18. Dynastie und Renaissance solcher Gefäße nach angeblicher Lücke von -600 Jahren außerhalb Ägyptens (nach Heinsohn 1989b).
Ägyptische Glasgefäße aus dem Zeitraum -1500 bis -1200 in der oberen Reihe nach Nolte 1968 und v. Saldern/Nolte/La Baume/Haevernick 1975 (Zeichnungen C. Schmidt).
Untere drei Reihen mit Glasgefäßern außerhalb Ägyptens im Zeitraum ab -600 aus Harden 1969a, 54. Ab der Reihe für das -4. bis -3. Jahrhundert gibt es auch wieder ägyptische Glasgefäße.

Pinodjem II. wird zwischen -990 und -969 datiert und insofern gerne für die Verkürzung einer langen glaslosen Zeit Ägyptens in Anspruch genommen. Gleichwohl bereiten die 12 Becher keine ungetrübte chronologische Freude. Wo nämlich Funde der 21. Dynastie einmal in gesichertem stratigraphischen Zusammenhang gefunden wurden - wie bei der Ausgrabung in Memphis durch *The University Museum of the University of Pennsylvania* -, lagen sie direkt unter ptolemäischen Funden des -4./3. Jhs. und waren von diesen nicht durch eine sterile Schicht getrennt, die auf eine Besiedlungslücke hätte schließen lassen können. Archäologisch gehört die 21. Dynastie mithin ins →5./4. Jh., wohingegen die Ägyptologen sie bisher im -11./10. Jh. unterbringen möchten.

Unter Absehung der chronologisch dubiosen Gläser der Nes-Chons findet sich nach etwa -1200 ein Vakuum, das als größtes Rätsel der ägyptischen Glasgeschichte gilt (Abb. 133). Über viele Jahrhunderte hinweg lassen sich in Ägypten nun keine Glasgefäße mehr nachweisen, von denen bis -1200 immerhin (einschließlich der uns noch beschäftigenden Stücke außerhalb des Niltales) 400 Stück gefunden wurden. 3.500 Stücke aus Ägypten und der übrigen Alten Welt sind dann für die Zeit nach -600 bekannt [beides Haevernick 1967, 151]. Wieviele Jahrhunderte genau die Glasgefäße in Ägypten fehlen, ist Gegenstand härtester Auseinandersetzungen geworden [Hayes 1975, 5ff]. Immerhin ist als Ursache für die glaslosen Jahrhunderte - wieviele es denn auch gewesen sein mögen - "Krieg und Hunger" vorgeschlagen worden [Grose 1984, 15].

Der vielgerühmte Poul Fossing wollte die Renaissance der ägyptischen Glasgefäße kurz nach -600 in der Regierungszeit von Amasis (570-526) stattfinden lassen [Fossing 1940, 134]. Aber schon er mußte einräumen, daß die Glasgefäße aus der Zeit zwischen -600 und -400, die von den ägyptischen aus der Zeit zwischen -1500 und -1200 überdies kaum zu unterscheiden sind, wohl in "Küstenländern des Mittelmeeres gefunden wurden" [ebd.], aber nicht in Ägypten selbst, wo erst nach -400 wieder von Glasgefäßen gesprochen werden kann und Alexandria ab etwa -300 die berühmteste Produktionsstätte wird [Cooney 1976, XVf; Nolte 1977, 615; Bowmann 1990, 220ff]:

"Kerngeformte Gefäße wurden zwischen dem 12. Jahrhundert und der ptolemäischen Zeit nicht hergestellt" [Harden 1980, 145; ähnlich Harden 1981, 51].

Eben dieser Sachverhalt wurde Fossing [1940] schon zwei Jahre später entschieden vorgehalten [v. Bissing 1942, 7]. Gleichwohl ist dann noch über ein Vierteljahrhundert hinweg ein Datum von -600 für die ägyptische Wiedergeburt jener Glasgefäße, die man am Nil schon einmal zwischen -1500 und -1200 hergestellt hatte, immer wieder in die Debatte geworfen worden [etwa durch Neuburg 1962, 34; Haevernick 1967, 151; Cooney 1976, 99]. Die Gelehrten, die sich da gegen die Evidenz sträubten und für zwei ägyptische Jahrhunderte (600-400) Gläser behaupteten, in denen keine nachgewiesen werden können, taten dies nicht ohne guten Grund. Schließlich waren etwa von Israel [Weippert 1977] über Zypern [Harden 1981, 63] und Rhodos [Weinberg 1966] bis nach Italien [Fossing 1940, 42ff] und zur Nordschwarzmeerküste Südrußlands [Voscinina 1967] Glasgefäße für den Zeitraum von -600 bis -400 gefunden worden, die wie direkte Verwandte der ägyptischen Gläser aus dem Zeitraum von -1500 bis -1200 ausschauten. Warum sollten die Ägypter zweihundert Jahre länger mit dem Wiederaufleben einer Glasgefäßkunst warten, die schließlich auf ihrem Gebiet bald 1.000 Jahre vor Hebräern, Etruskern und Griechen schon einmal zu imponierender Blüte gelangt war?

Eine Herstellungslücke von etwa 800 Jahren zwischen -1200 und -400 und nicht nur von 600 Jahren zwischen -1200 und -600, die ähnlich schon bei den Glasporträts aufgefallen war, erleiden also unausweichlich auch die ägyptischen Glasgefäße in ihren unterschiedlichen Gestalten (zur Erläuterung der in Abb. 133 verwendeten griechischen Terminologie vgl. ausführlich den Formenkatalog bei Nolte [1968, 160ff]). Selbst einfache Glasstreifen tauchen erst nach -500 wieder auf. Ginge es alleine nach dem Aussehen, spräche nichts dagegen, die ägyptischen Glasgefäße von -1500 bis -1200 in denselben Zeitraum zu bringen wie die Funde aus Israel, Etrurien, Rhodos, Zypern, Südrußland etc., die von -600 bis -400 datiert werden. Rechnet man für die möglicherweise ersten Gefäße unter den Hyksos und die eigenwilligen Frühformen des Tuthmosis III., der mit den Hyksos noch zu tun hat, ein weiteres halbes Jahrhundert hinzu, so könnten *alle* ägyptischen Glaßgefäße zwischen -650 und -400 plaziert werden, ohne daß die Archäologen aus den übrigen Glasfundgebieten dagegen ernsthaften Einspruch erheben könnten. Solcher wird allein von den pseudoastronomischen Daten her formulierbar, an die von der großen Mehrheit der Ägyptologen geglaubt wird (siehe aber gewichtige Ausnahmen wie

Helck [1985]) und deren Respektierung sie auch von den anderen Altertumswissenschaftlern mit Erfolg einfordern. Das ägyptische Glas würde also in der 26. Dynastie (664-525) beginnen, für die Poul Fossing und seine Mitstreiter ebensolche Gefäße ja postulierten, aber nicht nachweisen konnten.

Es sei hier nur am Rande vermerkt, daß der glasgefäßlosen Zeit vom -6. bis zum -4. Jh. in Ägypten auch eine keramiklose Zeit parallel läuft. Dieser Befund wirkt noch erschütternder, da Tonwaren hundert- oder gar tausendmal häufiger erwartet werden müssen als Glasgefäße, die fürs einfache Volk nicht erschwinglich waren. Der beste Gesamtüberblick zur ägyptischen Keramik [Kelley 1976] für den Zeitraum von -3100 bis +400 enthält 542 Tafeln mit Darstellungen ägyptischer Töpferwaren. Allein 123 davon [66.1 - 70.10] decken die etwa 250 Jahre konventioneller Datierung für die 18. Dynastie zwischen -1550 und -1300 ab. Für den gesamten Zeitraum von -1100 bis -330 gibt es gerade 43 Tafeln, die fast durchweg nicht einmal richtig zugeordnet werden können und etwa unter Titeln wie "Dynastie 22-24" oder "Dynastie 23-25" abgebucht sind. Für die -525 beginnende und -330 endende Perserzeit gibt es keine einzige Tafel. Lediglich zwei Tafeln [90.1 und 90.2] werden vage dem Gesamtzeitraum -664 bis -330 zugeordnet und können deshalb auch zwischen -664 und -525 liegen. Acht Jahrhunderte ohne eindeutigen Keramikbefund und zwei achämenidische Weltreichs-Jahrhunderte ohne jede Keramik gelten als geradezu gespenstisch, und kein Ägyptologe weiß um eine Katastrophe, die eine solche Totalauslöschung erklären könnte.

Doch zurück zum ägyptischen Glas. Keineswegs alle Ägyptologen haben die Lücke von 800 Jahren auf die leichte Schulter genommen. Schließlich ist nicht allein zu erklären, warum Formen und Farben später unverändert wieder auftauchen, sondern auch, warum die dazugehörigen Technologien ohne jede Weiterentwicklung wiederkehren. Am aufregendsten stellt sich dabei sicherlich das Problem des dunkelblauen Glases dar, das mit Kobaltoxid gefärbt worden ist. Kobalt gibt es nur in sehr wenigen Regionen der Erde und überall ist es mit verschiedenen anderen Elementen in jeweils unterschiedlichen Anteilen amalgamiert, so daß vollkommen eindeutig - gleichsam wie durch einen Fingerabdruck - festgestellt werden kann, woher das Kobalt stammt. Zur Auswahl für das Kobaltblau in Amarna standen den Glasanalytikern im wesentlichen nur sechs Abbaustätten zu Gebot, wobei die Vorkommen in Kanada (Cobalt/Ontario) und Australien (Nord Queensland) schon geographisch ausgeschlossen werden konnten, obendrein aber auch nicht den passenden 'Fingerabdruck' aufwiesen. Übrig blieben Sambia und Zaire in Afrika, Anarak in Persien, kleine Vorkommen in Marokko und das Erzgebirge mit Schneeberg, wo Kobalt mit Silber, Wismut, Nickel und weiteren seltenen Elementen amalgamiert ist. Und eben dieses höchst individuelle Kobalt aus Schneeberg im Erzgebirge wurde zur Färbung des blauen Glases, aber auch der Fayence aus Amarna verwendet [Dayton 1978, 249f; Dayton 1981a, 59; Dayton/Bowles/ Shepperd 1980, passim].

Kobalt aus dem erzgebirgischen Schneeberg wurde auch zum Färben von Glasperlen benutzt, die im nicht weit entfernten österreichischen Hallstatt gefunden wurden [Dayton 1981a, 59]. Diese Glasfunde aber gehören der Stufe Hallstatt C an [Collis 1984, 79], die frühestens zwischen -700 und -600 datiert wird. Warum in direkter Nachbarschaft Schneebergs sein Kobaltblau erst 700 Jahre später als im fernen Ägypten verwendet worden sein soll, gilt bis heute als rätselhaft. Wir werden im Mesopotamienteil dieses Kapitels (M4) sehen, daß Schneeberger Kobalt sogar schon um -2200, also 1.500 Jahre vor Hallstatt C verwendet worden sein soll, obwohl archäologisch nichts dafür spricht, daß die Schneeberger Vorkommen bereits vor dem -1. Jtsd. ausgebeutet worden sind. Geht es nach der schneebergischen Quelle für das Kobalt in Amarna, dann kann Echnaton frühestens im späten -7. Jh. seine herrlichen gläsernen Prunkstücke empfangen haben. Und es ist ja längst gesehen worden, daß nach diesem Ketzerkönig erst in der ab -530 datierten ägyptischen Perserzeit von neuem Kobaltfärbungen am Nil in Mode kommen, es also nicht nur im Glas, sondern überall jahrhundertelang verschwunden ist [Dayton 1978, 189].

Als Element wurde Kobalt erst im Jahre 1742 isoliert. Es kann deshalb keine Rede davon sein, daß reines Kobalt aus Schneeberg nach Ägypten gelangt ist. Vielmehr dürften fertige, blau eingefärbte Glaskuchen aus dem Erzgebirge exportiert worden sein. John Dayton hat überzeugend klargemacht, daß solche blauen Glasschlacken bei der Schmelze von Silber, mit dem das erst bei 1492° C flüssig werdende Kobalt amalgamiert ist, als Abfallprodukt anfallen [Dayton 1981 u. 1981a; Dayton/Bowles/Shepperd 1980]. Ein genialer Geist war insofern für die Entdeckung des Kobaltoxids nicht erforderlich. Mochte die These von fertig importierten blauen Glaskuchen und ihren chronologischen Implikationen vorerst noch verworfen werden, so ist der so eingestimmte Kritikerchor, der das Amarna-Kobalt u.a. in der Oase Dachla verorten wollte [Moorey 1985, 223], im Jahre 1987 erst einmal verstummt. Östlich von Rhodos konnte vor der türkischen Küste bei Ulu Burun nämlich ein Schiffswrack geborgen werden, das kobaltgefärbte Glaskuchen transportierte (Abb. 134), die ganz eindeutig für die Weiterverarbeitung vorgesehen waren [Bass 1987, 698/716; Bass/Pulak/Collon/Weinstein 1989, 2]. Da "die chemische Analyse sie als identisch mit ägyptischem und mykenischem Glas auswies" [Bass 1987, 716], beeilte sich der Finder, sie zu Rohstoff für die ägyptischen blauen Flaschen aus Amarna zu erklären. Wir werden dem "kanaanitischen" [ebd. 717] bzw. phönizischen Wrack von Ulu Burun im Schiffskapitel O dieses Buches wiederbegegnen, da noch viel mehr als nur das Kobaltglas gegen seine jetzige Datierung ins -14. Jh., aber für sein Verbringen ins →6. *Jh.* spricht.

Neben der Kobaltfärbung bereitet die Technik der *Glasgefäßformung* am meisten Unruhe unter den Chronologen. Es sieht nämlich ganz so aus, als ob die Former außerhalb Ägyptens ab -600 dieselbe Technik angewendet hätten wie die Former innerhalb Ägyptens bereits ab -1500, was das Nachhinken Ägyptens beim Wiederaufleben eigener Glasgefäßherstellung nach -400 umso merkwürdiger anmuten läßt. Für die Zeit nach -600 muß die Existenz des Hohlgußverfahrens mit der verlorenen Wachsform (Wachsausschmelzverfahren) auch in der Glasgefäßherstellung von den Glasspezialisten eingeräumt werden, da es für das "1. Jahrtausend sicher bezeugt ist" [Weippert 1977, 98]. Das Hohlgußverfahren auch schon für die ägyptische Spätbronzezeit (1500-1200) zu unterstellen, hieße jedoch die Ansammlung dann angeblich wieder vergessener Techniken weiter auszudehnen und die gesamte Idee jahrhundertewährenden Verlustes basaler Fertigkeiten noch mehr ins Zwielicht zu rücken. Und man muß einräumen, daß die Ägyptologen hier vor keiner leichten Aufgabe stehen. Einerseits sollen ihre Ägypter als erste schon zu Beginn des -3. Jtsds. gleich alles in höchster Vollendung gekonnt haben, um sich andererseits dann im -1. Jtsd., wenn weltweit von Hochkulturen gesprochen werden kann, besonders einfältig anzustellen.

Fürs Glas nun hat man sich eine Theorie der frühen bzw. noch primitiven Gefäßformung ausgedacht, die im -2. Jtsd. in Blüte gestanden habe, während im -1. Jtsd. dann der technische Schritt voran zum

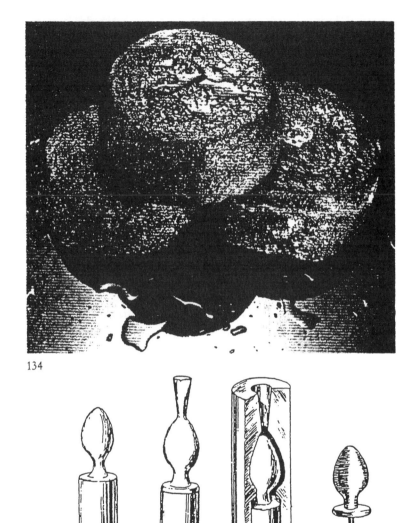

134 Kobaltblaue Glaskuchen von Ulu-Burun-Wrack, das ins -14./13. Jh. (→7./6. Jh.) datiert wird [Bass 1987, 716]
135 Schematische Darstellung der Schritte zur Herstellung eines Glasgefäßes vom Amarnatyp (-14. Jh.; →6. Jh.) durch Schuler [1962, 34]

Hohlguß gemacht worden sei. Zugleich sei im -1. Jtsd. aber auch das primitive Verfahren aus der Zeit von -1500 bis -1200 von neuem auferstanden [Barag 1985, 54]. Bis 1962 aber hat man sich wohl gehütet, das angeblich archaische Verfahren aus der Zeit ab -1500 auch experimentell zu überprüfen. Stattdessen wurde unter den Ägyptologen eine bloße Idee über die ursprüngliche Glasformung von einer Generation an die nächste weitergegeben. Sie war zuerst von Flinders Petrie [1894, 27] ausgedacht und in einer späteren Verfeinerung dann zu einem bis heute geheiligten Dogma geworden:

"Ein Klumpen Glas wurde bis zur Zähflüssigkeit erhitzt und in eine zylinderförmige Form gebracht. Dann wurde dieser weiche Glaszylinder unter einer Metallstange gerollt, die man diagonal über ihn hinwegführte, bis er zu einer Rute etwa mit dem Durchmesser eines Bleistifts oder sogar noch dünner ausgezogen war. Diese Rute wurde dann von neuem erhitzt und zu einem Rohr mit einem Durchmesser von etwa 3 mm ausgezogen. Jede Vase wurde aus einem solchen Rohr hergestellt.

Um nun eine Vase herzustellen, nahm man einen leicht konischen Kupferdorn von einem Durchmesser, der dem inneren Durchmesser des Vasenhalses entsprach. Am unteren Ende des Kupferdorns wurde nun ein Körper aus weicher Sandpaste in Form der Innenseite der Vase angebacken und mit einem Textilgewebe umhüllt. ...

Um diesen Körper aus sandigem Material wurde nun der heiße Glasfaden gewickelt, bis er gleichmäßig bedeckt war. Dann wurde er - am Kupferdorn gehalten - von neuem in den Ofen geführt und so häufig erhitzt, wie es erforderlich war. Glasfäden verschiedener Farbe wurden um ihn gewickelt und das ganze dann hin- und hergerollt, um die Fäden einzufügen und eine glatte Oberfläche zu erreichen. Rand, Fuß und Griffe wurden angefügt. Schließlich - beim Abkühlen - schrumpfte der Kupferdorn ein wenig zusammen und konnte dann aus dem Hals herausgezogen werden. Anschließend wurde die weiche Formmasse aus dem Inneren herausgekratzt und die Vase war fertig. Die endgültige Erscheinung der Oberfläche zeigt immer einen verschmolzenen Zustand, der niemals geschliffen oder poliert wurde" [Petrie 1910, 124f].

Über viele Jahrzehnte hinweg haben Glashistoriker Petrie ohne jeden kritischen Kommentar zitiert und sich seine Theorie der Glasgefäßformung jenseits des Hohlgusses so zu eigen gemacht. Es war ein US-

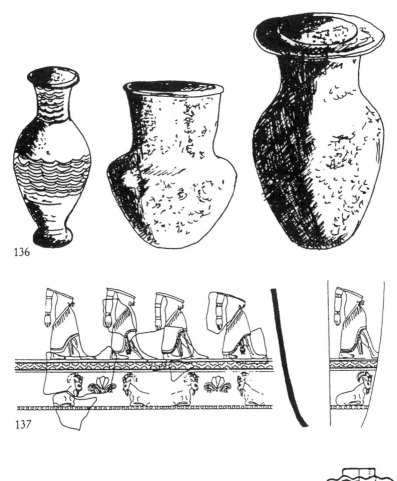

136 Links: Zwei Glasflaschen aus der Amarnazeit (-14. Jh.; →6. Jh.). Rechts Glasflasche nach dem Schulerverfahren Nr. 6 des Gusses mit der verlorenen Wachsform [Schuler 1962, 35]

137 Rekonstruktionsversuch zum Hasanlu-Becher (-1000; →6. Jh.) anhand der aufgefundenen Glasstückchen [Saldern 1966, 10]

138 Stilisiertes Kohlpalmsäulchen aus dem Neuen Reich (nach -1400; →6./5. Jh.) [Nolte 1968, 39]

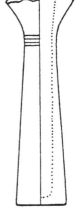

amerikanischer Naturwissenschaftler von *Servomechanisms Incorporated* mit historischen Interessen, der sich schließlich entschloß, den so minutiös beschriebenen Vorgang auch einmal auszuprobieren. Nach einer langen Zeit des Experimentierens kam er zu dem Ergebnis, "daß es viele Gründe gibt, Petrie zu widersprechen und keinen, der ihn unterstützt" [Schuler 1962, 36]. Petries eigene Idee und noch vier weitere Verfahren, die dieser nahekamen, waren auch nach sorgfältigstem Bemühen gescheitert. Um ihm Gerechtigkeit widerfahren zu lassen, hat Schuler den vorgeformten Kern sogar in flüssiges Glas zu stippen versucht oder ihn mit Glaspulver bedeckt und dann erst den Schmelzvorgang begonnen. Alle Ergebnisse waren niederschmetternd, bis er mit einer sechsten Methode eine Glasflasche zustandebrachte, die den altägyptischen entschieden ähnelte (Abb. 136):

"Schließlich wurde eine Methode versucht, die - nach früherer Arbeit mit dem Formguß von Schüsseln - die Wahrscheinlichkeit eines Erfolges in sich trug. Sie bestand darin, das Gefäß über einem Kern formzugießen, es abzukühlen, die äußere Form zu entfernen und es dann wieder zu erhitzen. Danach folgten die Schritte der Aufbringung farbiger Fäden, die durch Feuerpolitur geglättet wurden. Ein solcher Vorgang erscheint kompliziert, aber der Guß brauchte nur dem Metallguß nachempfunden zu werden, so daß einzig das Aufbringen der Fäden und die Feuerpolitur als innovativer Schritt anzusehen ist.

Die innere Form des kerngearbeiteten Gefäßes von 7,5 cm Höhe wurde aus dem Oberteil eines 24 cm hohen Zylinders aus frisch angesetztem gebranntem Gips und einer Sandmischung geschnitzt (Schritt F der Abb. 135 hier). Nach der Trocknung wurde sie mehrfach in heißes Wachs getaucht, bis es eine Schicht gebildet hatte (G). Dann wurde darum die äußere Form gegossen. Das ganze wurde bei etwa 90° C geschmolzen, wodurch das Wachs auslief. Dann wurde die ganze Form in einen 700° C heißen Ofen gestellt und in die obere Öffnung nach und nach flüssiges Glas eingefüllt und der Ofen gleichzeitig auf 1000° C erhitzt (H). Anschließend wurde er abgekühlt.

Nach Entfernung aus dem Ofen wurde die äußere Form heruntergebrochen, das Gefäß gereinigt, der innere Kern aber noch belassen. In diesen wurde nun ein Kupferrohr eingebracht und das ganze auf 450° C vorgeheizt. Dann wurde das immer noch durch den inneren Kern vor Verformung geschützte Gefäß in eine heißere

Region gebracht, wo seine Oberfläche durch Feuerpolitur geglättet wurde (I). Es wurde dann wieder in die 450° C Region gebracht und langsam abgekühlt.

Das Gefäß wurde aus dem Ofen genommen, der innere Kern herausgebrochen und die Oberfläche gewaschen. Das fertige Gefäß hat eine glatte äußere Oberfläche und eine rauhere innere. Es sieht den bekannten Glasgefäßen - abgesehen von den nicht aufgebrachten Fäden - sehr ähnlich" [Schuler 1962, 36f, Abb. 136].

Die Ägyptologie hat sich von der eleganten und überprüfbaren Beweisführung durch Schuler nicht geschlagen gegeben. Immerhin wollte sie sich die Pflicht zur Erklärung des Vergessens einer basalen Technik vom Leibe halten. Zwei einander ausschließende Verteidigungslinien wurden aufgebaut:
(1) Für Schulers Technik seien die ansonsten so frühreifen Ägypter von -1500 bis -1200 noch viel zu primitiv gewesen:
 "Da die moderne Forschung ihre Experimente noch nicht unter einfachen ägyptischen Verhältnissen und mit ausschließlich ägyptischen Rohstoffen gemacht hat, kann bisher nicht endgültig bewiesen werden, welche Methoden in der Antike tatsächlich Anwendung gefunden haben" [Nolte 1968, 33].
(2) Schuler habe keineswegs alle technologischen Tricks ausgereizt, mit denen ein freiliegender Kern doch durch Umwicklung mit Glasstäben ein Gefäß hergeben würde.

Das Problem besteht dabei darin, diese Stäbe permanent extrem heiß zu halten und zugleich über einen Kern zu verfügen, der sich bei dieser Hitze nicht ausdehnt und so die aufgelegten Glasstäbe sprengt. Mit Hilfe raffinierter keramischer Mischungen von heute für den Kern und von Temperaturen, die allerdings ohne die modernen Edelgasbrenner mit frei führbarer Flamme von "den Handwerkern der Antike nicht zu erreichen waren" [Goldstein 1979a, 27], können inzwischen auch Glasgefäße im Petrieverfahren hergestellt werden [ebd. 26ff; s.a. Labino 1966]. Vielleicht liegt in dieser durchaus neuen und überaus mühsamen Technik der Glasgefäßherstellung das einzig fruchtbare Ergebnis des zähen Widerstandes gegen ein neues Nachdenken über die Chronologie. Schuler hingegen hat gerade mit seiner Schlußfolgerung, daß die von ihm wiederentdeckte Methode der Glasgefäßformung "fünfzehnhundert Jahre in Gebrauch blieb" (1550-50; Schuler 1962, 37), bei den Ägyptologen seine Reputation verloren. Denn für sie gab es in diesen 1.500

Jahren ja eine achthundertjährige Lücke (1200-400), vor deren Einsetzen technologisch etwas anderes gemacht worden sein sollte als nachher. Schuler wiederum konnte als Naturwissenschaftler nicht ahnen, daß die Chronologie, mit der er ins Unrecht gesetzt wurde, von zahllosen Ungereimtheiten geplagt war. Gleichwohl ist er von seinen Entdeckungen nicht abgerückt und hat weiter mutig publiziert [Schuler/Schuler 1970].

Nun haben die Ägyptologen sich beim Glaubwürdigmachen der langen innerägyptischen Glaslücke nicht auf das flinke Abwehren handfester naturwissenschaftlicher Argumente beschränkt. Sie haben auch nach Möglichkeiten Ausschau gehalten, die beunruhigenden 800 Jahre durch Funde außerhalb Ägyptens zu schließen. Diese Suche nach Orten, in denen die Glasmacherkunst überwinterte, während sie in Ägypten tot war, beginnt immer mit den 12 Bechern der Nes-Chons aus der 21. Dynastie, die stratigraphisch - etwa in Memphis - hiatusfrei direkt unter den Ptolemäern, also im →5./4. Jh. liegt, konventionell aber -1075 bis -970 (auch bis -945) datiert wird. Gläser, die irgendwo sonst im Alten Orient nach -970 datierbar scheinen, gelten deshalb als dringend gesuchte Kandidaten für die Überbrückungsaufgabe. Diese wird dann auch nur bis -600 fortgesetzt, weil ja gegen -400, wenn es mit dem ägyptischen Glas wieder losgeht, die Gefäßhersteller in Rhodos, Italien, Südrußland etc. schon 200 Jahre Glasproduktion hinter sich haben und über genügend Erfahrungen verfügen, die dann auch die Ägypter aufzunehmen vermögen. Unter den Glashistorikern gibt es selbstredend einen gesunden Wettkampf um das erste Präsentieren solcher Überbrückungsglieder.

Der bisher bekannteste Versuch in dieser Richtung ist mit Gläsern unternommen worden, die in *Hasanlu* im Nordwesten Irans ausgegraben wurden. Es handelt sich um Fragmente von fünf Bechern, die aus Glasmosaik zusammengesetzt waren und in der Schicht IV von Hasanlu ans Tageslicht kamen. Diese Schicht wird zwischen -1000 und -800 angesetzt und scheint sich somit ideal für den Anschluß an die Ägypterin Nes-Chons zu eignen, die ohne jede Rücksicht auf die Stratigraphie zwischen -1000 und -970 datiert wird. Überdies liegt in dem Aufbau von Gläsern aus Mosaikstückchen eine handwerkliche Fortentwicklung vor, so daß die Gläser aus Hasanlu auch die Erwartung einer technologischen Evolution erfüllen. Leider hält nun eine Datierung von -1000 bis -800 für Hasanlu IV der genaueren Prüfung nicht stand. Ein erster Datierungsanhalt wurde durch einen raffinierten Bronzekessel gefunden, der den Namen des kassitischen oder "mittelbabylonischen" Herrschers Kadaschman-Enlil trug. Man identifizierte ihn mit dem zweiten Herrscher dieses Namens, ohne damit schon viel gewonnen zu haben, da ihm das ein Datum von -1279 bis -1265 eintrug, also in die Zeit von Ramses II. (1279-1212) brachte, dem es an Glas ja noch nicht mangelte. Kadaschman-Enlil II. wiederum hatte sein Datum direkt von der ägyptologischen Chronologie bezogen, da ein Vorgänger (Kurigalzu II., 1345-1324) nach Amarna geschrieben hatte und über eben dieses ins -14. Jh. gelangt war. Das halbe Jahrhundert *nach* Amarna wurde durch interne Auszählung mesopotamischer Königslisten dann für den Zeitraum Kadaschman-Enlils und seines Kessels aus Hasanlu IV ermittelt. Man entschloß sich nun, die herrliche Bronzearbeit als überkommenes Erbstück anzusehen, weil in derselben Schicht Hasanlu IV glasierte Keramikplaketten mit dem Namen des Königs Salmanesers III. (bibelfundamentalistisch über König Jehu auf 858-824 datiert; dazu Heinsohn 1996, 34) und übrigens auch allerhand Eisen gefunden wurde. Der Bronzekessel sollte also schon vierhundert Jahre lang weitervererbt worden sein.

Zugleich lag in Hasanlu IV aber auch ein Keulenkopf mit der Inschrift Assuruballits. Dabei ging es entweder um den Korrespondenzpartner Echnatons aus dem -14. Jh. oder um den letzten Assyrer, der gegen -609 sein Szepter abgeben mußte. Wiederum entschloß man sich, die Keule als Erbstück aus dem -14. Jh. abzubuchen, um nicht im späten -7. Jh. Assuruballits des Assyrers zu landen (zum doppelten Assuruballit vgl. Heinsohn 1996, 127ff). Dasselbe tat man mit einer Steinschüssel, die eine mittelassyrische Inschrift trug, die nach konventioneller Datierung zwischen -1300 und -1200 verfaßt worden sein mußte [Dyson 1972, 46]. Schwieriger mit der Vererbungsthese wurde es bei der Keramik von Hasanlu IV, die vom Ausgräber als "auf dem Wege zu achämenidischer Ware" [Dyson 1965] charakterisiert werden mußte und ja überhaupt als recht genaues Datierungsmittel gilt.

Dieses trifft noch mehr auf die Architektur zu, die ebenfalls wie frühachämenidische aussieht, die erst gegen -550 beginnt [Calmeyer 1972-75, 130]. Die archäologische Schichtenabfolge bestätigt, was Architektur und Keramik nahelegen. Über Hasanlu IV liegt die Schicht III, in deren oberen Lagen (IIIa) bereits die hellenistische Zeit von -330 beginnt.

Wollte man Hasanlu IV gegen -800 enden lassen, müßte die halbe Schicht IIIb für ein halbes Jahrtausend gut sein, wofür nichts spricht. Rein archäologisch also kann der Mosaikglasbecher aus Hasanlu nicht ins -10. oder -9. Jh. gehören (für ähnliche Mosaikbecher aus Marlik [Saldern 1966] gilt prinzipiell dieselbe Argumentation). Ein Überblick zur Gesamtschichtlage dieser Schlüsselausgrabung im Iran soll das noch einmal verdeutlichen:

Stratigraphie von Hasanlu mit Mosaikglasbecher in Schicht IV
(konventionell datiert, nach Calmeyer, 1972-75, 128ff)

Daten	Schichten	Kommentar
ab +650	I	Islamische Zeit
	II	
ab -300	IIIa	Hellenismus
ab -600	IIIb	rein stratigraphisch persisch
ab -800	———	**200-Jahres-Lücke, aber keine sterile Schicht**
ab -1000	IV	Mosaikglasbecher, Eisen, frühachämenidische Architektur und Keramik verweisen auf →6. *Jh*. Steinschüssel m. mittelassyr. Inschrift (ab -1300)
ab -1350	V	stratigraphisch späte Mederzeit *(frühes →6. Jh.)*
ab -1550	———	**200-Jahres-Lücke, aber keine sterile Schicht**
ab -1850	VI	Chaburkeramik wie in Hyksoszeit, stratigraphisch assyrisch *(→8./7. Jh.)*
ab -2500	———	**650-Jahres-Lücke, aber keine sterile Schicht**
ab -3000	VII	Frühdyn., stratigraphisch zeitgleich mit ersten urbanen Chaldäern ("Sumerern"), bis →8. *Jh*.
ab -4000	———	**1000-Jahres-Lücke, aber keine sterile Schicht**
ab -5000	VIII	Jungsteinzeit; rein stratigraphisch zu Ende nach ca. →*1050*
ab -5500	IX	
ab -6000	X	
vor -6000	Brache	

Der Glasbecher aus Hasanlu IV (Abb. 137) zeigt wie auch andere Kunstwerke derselben Schicht das berühmte iranische Ibex-(Wildziegen-)Motiv [Saldern 1966, 15], das einmal mehr auf die Zeit der Perser (nach -550) verweist.

Was aber wäre für Ägypten gewonnen, wenn man den Mosaikglasbecher zwischen -1000 und -800 belassen würde? Ein zusätzliches Problem! Ägypten hat nämlich sein eigenes Mosaikglas, wie es für Gefäße, aber auch für Einlegearbeiten benutzt wird. Dieses Glas stammt aus der Zeit, in der das Nilland von den Persern regiert wird:

"Es tritt in Ägypten spätestens um die Mitte des -4. Jh. wieder in Form kleiner Einlegestreifen in Blau, Rot, Gelb und Weiß auf: Ein hölzerner Schrein aus Abusir im Brooklyn Museum trägt die Inschrift Nektanebos II. (359-341 v. Chr.), 30. Dynastie, und ist reichlich mit Streifen und Plaketten in Mosaikglas eingelegt. Im selben Museum, aber auch in Paris und Bologna, gibt es geflügelte Figuren, die mit weißem, blauem, *rotem* und türkisblauem Glas eingelegt sind, das gegen 480 v. Chr. datiert werden kann, nachdem Ägypten unter Darius I. unter persischen Einfluß gelangt war" [Saldern 1966, 25; Hvhg. G.H.].

Für die herrschende Lehre muß es mithin so aussehen, als ob Glaseinlagen aus Hasanlus -9. Jh., das doch die ägyptische Glaslücke füllen soll, selbst an die 400 Jahre gebraucht habe, bis es im Ägypten der Perserzeit ankam. Und merkwürdiger noch: Die Perser, von denen die Ägypter das Mosaikglas erlernen, haben dieses selbst erst einmal ein paar Jahrhunderte wieder verloren, nachdem es im Iran des -9. Jhs. zu Hasanlu schon einmal gemacht werden konnte. Die Glashistoriker spüren solche Ungereimtheiten durchaus, und das macht sie nicht glücklicher:

"Gelegentlich scheint das neu entdeckte Glas [von Hasanlu] technisch wie auch künstlerisch gut bekannten Fundgruppen gleicher Art um ein oder mehrere Jahrhunderte vorhergegangen zu sein" [Saldern 1966, 9].

Doch es kommt für die Ägyptologen noch verwirrender. Das von ihnen bei -850 gesehene iranische Glas aus Hasanlu benötigt nicht nur die lange Zeit bis -480, um als durchaus iranische Errungenschaft in Ägypten anzukommen, sondern in Ägypten selbst gibt es Einlegeglas schon vor Einsetzen der Lücke (-1200), die mit eben solchem Glas geschlossen werden soll. Das ägyptische Einlegeglas der Perserzeit aus dem -5. und -4. Jh. hat nämlich ungemein ähnliche ägyptische Vorläufer aus der Zeit vor -1200, ja ist von ihnen rein glasanalytisch so ununterscheidbar, daß von daher beide Glassorten in dieselbe Zeit gebracht werden könnten:

"Ein in London aufbewahrter Schrein wird [als einziger Fund vor Nektanebos II.; Cooney, 1981, 33; G.H.] sicher in die Zeit Darius I. (-521 bis -486) datiert. Die gleichen Farben, die für das Glas dieses Exemplars verwendet wurden, sind früher schon einmal im Neuen Reich angetroffen worden. Cooney unterstreicht regelrecht, daß die *Rots* dieses Schreins von denjenigen aus dem Neuen Reich nicht unterschieden werden können" [Bianchi 1983, 31f; Photos mit Einlegeglasstücken aus Malkata und Lischt, die in die 19. und 20. Dynastie gehören, finden sich bei Keller 1983, 21,25; Hvhg. G.H.].

Die farbigen Glaseinlagen in den Pektoralen aus der Zeit von Amenophis III. und Echnaton, vor allem aber im Thron aus dem Grabe Tutanchamuns sind zu gut bekannt, als daß sie hier noch besonders hervorgehoben werden müßten [s.a. Wallert 1967].

Cooney zeigt jedoch nicht nur, daß Glas von Darius I. (nach -520) und solches aus der 700 Jahre früher endenden 18. Dynastie nicht auseinandergehalten werden kann, sondern fügt noch hinzu, daß im Ibisfriedhof von Saqqara eine dem Amasis (570-526) zugeschriebene Schreintür zusammen mit einer Glasskulptur aus der -1185 endenden 19. Dynastie Ramses' II. gefunden wurde und zieht das Resümee: "Wir haben noch viel zu lernen über die ägyptische Glasindustrie nach der 19. Dynastie" [Cooney 1981, 33].

Der merkwürdige Umstand, daß Einlegeglas der 18. Dynastie (-14. Jh.) in der Perserzeit (-6./5. Jh.) von neuem zum Einsatz kam, könnte an sich schon genügend Stoff zum Nachdenken geben. Entschiedene Anhänger der herrschenden ägyptologischen Chronologie aber dürften sich gewiß noch für weitere Bestätigungen dafür interessieren, daß rein glashistorisch beide Perioden direkt aufeinander folgend ins →*1. Jtsd.* gehören müßten. Solche Beweise liegen längst vor! Es handelt sich um die sogenannten Kohlpalmsäulchen (Abb. 138), in denen eine schwarze Augenschminke ("Kohl") transportiert und aufbewahrt wurde. Im Querschnitt können sie rund oder rechteckig bis quadratisch ausfallen [zur Herstellung vgl. v. Saldern 1980, 14f]. Über 50 Exemplare sind inzwi-

schen bekannt, und bereits im Jahre 1975 konnte in einer ersten umfassenden Bestandsaufnahme festgestellt werden, daß sie
"zweifellos aus der achämenidischen Periode stammen. Eine iranische Herkunft scheint für fast alle der in privaten und öffentlichen Sammlungen katalogisierten vierzig Stücke sicher zu sein" [Barag 1975, 25/28].

Dieses klare Bild wird lediglich dadurch getrübt, daß bereits 800 Jahre früher solche "Gefäße auch unter den Glasfunden des Neuen Reiches vorkommen, von denen die meisten mit derselben Technik hergestellt wurden" [Barag 1975, 30]. Das einzige in Ägypten genauer datierbare Säulchen stammt aus der Zeit Amenophis' III. (1387-1350; Nolte 1968, 39), von den übrigen ist lediglich das Neue Reich als genereller Zeitraum gesichert.

Wir halten also fest: Ägypten macht so, wie es von den Ägyptologen gezeigt wird, einen höchst konfusen Eindruck, der sich jedoch umgehend aufhellt, wenn man Stratigraphie und chemische Analyse in ihr Recht setzt. Weil die Ägyptologie dies bisher nicht zu tun wagt, hat sie mit drei zentralen Problemen der Glashistorie zu kämpfen: (1) Wie sind die archäologischen und textlichen Hinweise für Glas und Glashütten aus dem -3. Jtsd. chronologisch zu neutralisieren? (2) Wie kommt die Glasmacherkunst nach Ägypten und (3) was hat es mit der mysteriösen Lücke von 800 Jahren zwischen dem Glas des Neuen Reiches aus dem -14. Jh. und dem von ihm ununterscheidbaren Glas der ägyptischen Perserzeit aus dem -6./5. Jh. zu tun?

Nun könnte ein mehr globalhistorisch schauender Geist über die Fortsetzung von Produktionstechniken, Färbeoxiden, Gefäßformen und Gebrauchsweisen ägyptischer Gläser, die angeblich durch 800 Jahre voneinander getrennt sind, vielleicht noch mit einem Achselzucken hinweggehen, wenn wenigstens die anderen Regionen der Alten Welt ein klares Bild liefern würden. Schon am kurzen Ausflug zu den achämenidischen Herren Ägyptens und in ihre iranische Heimat jedoch wurde deutlich, daß Lösungen für die Chronologie des Glases auch außerhalb des Niltales nicht leicht zu haben sind. Es wird zu zeigen sein, daß diese Regionen teilweise mit noch größeren Merkwürdigkeiten belastet sind, die einer Aufklärung nicht weniger bedürfen als die Ungereimtheiten Ägyptens.

2) Phönizien: Vom Erfinder des Glases zu seinem bloßen Bewahrer in "dunklen" Jahrhunderten?

Ein in das -9. Jh. versetztes Glas aus Hasanlu IV reichte selbstredend nicht aus, um die ägyptische Glaslücke nach Nes-Chons (nach -970) oder gar nach -1200 schon wirklich zu schließen. Überdies konnte ein näher bei Ägypten liegendes Territorium als Wiederinspirater dortiger Glasherstellung mehr Glaubwürdigkeit für sich beanspruchen als der ferne Iran. Die phönizischen Küstenstädte galten und gelten deshalb als mögliches Refugium für die Überwinterung der geschmolzenen Silizium-Kalzium-Mischung: "Die Glasherstellung überlebte in Phönizien" [Dayton 1978, 188; ähnlich 289 u. 396]. Zeitweilig wurde diese Sonderstellung von Mesopotamien her angefochten, da im assyrischen Nimrud rote Glasscherben von geringfügig höherem Alter aufgefunden worden zu sein schienen [Mallowan 1954, 77,82f]. Es stellte sich aber heraus, daß dieses Nimrudglas, das direkt und hiatusfrei unter einer hellenistischen Schicht von -200 gefunden worden war, nicht etwa ins -8./7. Jh., sondern frühestens in die gegen -550 einsetzende Achämenidenzeit gehören kann (Moorey 1985, 212f; Barag 1985, 59; siehe auch den Mesopotamienteil M4).

Wenn die Phönizier auch nicht mehr als Erfinder, aber immerhin doch als mögliche Bewahrer der Glasmacherkunst diskutiert werden, so stehen sie für diesen Ruf allerdings bei den frühesten Erstjahrtausendstücken überwiegend mit Exemplaren ein, die nicht in Phönizien selbst, sondern auf Zypern gefunden wurden [Harden 1964, 19]. Ob sie als Importstücke aus Phönizien angesehen werden können, gilt ungebrochen als strittig. Harden [1969a, 55] sah sie zuerst als phönizische Produkte, entschloß sich dann aber unter dem Einfluß von Barag [1970, 196] zu einer Revision dieser Position [Harden 1981, 52,167]. Die magere Fundlage im eigentlichen Phönizien nährt also Zweifel am klassischen Erfinderruhm der Levantiner. Nun sind aber gerade die wichtigsten Zentren Phöniziens nicht gut ausgegraben, weil sie von modernen Stadtzentren überlagert werden. Die Suche nach antiken Glaswerkstätten hat insofern kaum beginnen können.

In der phönizischen Kolonie Karthago jedoch, in der gegraben werden kann, ist ein Glas-Alabastron in einem Grab gefunden worden, das die Ausgräber - bisher unwidersprochen - dem -7./6. Jh. zugeschrieben haben [Gauckler 1915, I,8 und II,398f]. Der These von einer nur zyprischen Produktion liegt auch die Annahme zugrunde, daß auf Zypern keine Phönizier gewirkt hätten, obwohl die archäologischen Verbindungen zwischen beiden Territorien ansonsten nicht zu vernachlässigen sind. Auch phönizische Glasdoppelköpfchen und Gesichtsperlen sind für den hier interessierenden Zeitraum nach -600 unstrittig (siehe unten). Viel wichtiger aber ist, daß es Glas erwähnende Briefe von Phönizien nach Amarna schon aus dem -14. Jh. und auch Glasgefäße aus derselben Zeit gibt, die den Gefäßen ab -600 bekanntlich entschieden ähneln und - wie immer wieder zu zeigen - in vergleichbar tiefen Fundhorizonten stecken. Diese werden an unterschiedlichen Ausgrabungsplätzen allerdings verschiedenen Datierungsverfahren unterworfen, über die im Kapitel B bereits berichtet wurde und über die noch mehr zu hören sein wird. Bis zu einer alle überzeugenden Beweisführung für Phönizien muß gewiß aber auch auf weitere Grabungen gewartet werden.

An den ersten phönizischen - oder zyprischen oder woher auch immer stammenden - Stücken aus dem -1. Jtsd. fällt nun auf, daß sie nicht als Fortentwicklung des -1200 aufhörenden Glases gelten können, sondern eher wie Vorläufer der gegen -1500 begonnenen Gefäße ausschauen. Die prächtige Färbung mit Metalloxiden fehlt noch gänzlich. Auch die Bauchigkeit der Formen aus dem -2. Jtsd. wird nicht mehr oder noch nicht beherrscht. Es entsteht also der Eindruck, als ob die Glasgefäßherstellung ganz von vorne anfängt. Phönizier aus Sidon, Tyros, Sarepta und Beirut - so sie denn überhaupt noch als Glasmacher in Betracht gezogen werden -
"begannen die Produktion kerngeformter Gläser nicht vor dem späten 8. oder frühen 7. Jahrhundert v. Chr., als sie sehr charakteristische, wenn auch häßliche Alabastra [zylindrische Flaschen - G.H.] herstellten, die häufig durch Ritzungen verziert waren" [Harden 1969a, 53/55 u. Tafel IVa].
Phönizien - oder ein anderes Gebiet mit für phönizisch gehaltenen Fundstücken - beschränkt sich aber nicht auf die chronologische Merkwürdigkeit, daß es nach -700 Flaschen von -1200 fortsetzt, die gleichwohl ausschauen, als seien sie noch vor -1500 gemacht worden.

Es produziert *nach* diesen 'häßlichen' Stücken von -700 Gefäße, deren Schönheit es mit denen zwischen etwa -1400 und -1200 sehr wohl aufnehmen können.
"Dieser echte Aufschwung setzt nicht vor dem frühen 6. Jh. ein. Von da an werden in Phönizien - und wahrscheinlich auch in einigen seiner Kolonien nach Westen hin - über 500 Jahre lang große Mengen von Glasgefäßen in vier vorherrschenden Formen erzeugt: Alabastra, Amphoriskoi, Oinochaio und Aryballoi" [Harden 1969a, 55; vgl. auch die obenstehende Gesamtübersicht im Ägyptenteil, Abb. 133].

Alle diese Formen waren bereits vor -1200 bekannt. Insofern könnte keine Rede davon sein, daß wir in Phönizien Zeugen eines 'Überlebens' der Glasgefäßherstellung werden. Dieses hätte erfordert, daß gegen -700 umgehend mit den kunstvollen Gefäßen weitergemacht worden wäre, mit denen gegen -1200 aufgehört wurde. Tatsächlich erfolgt eine echte Neuerfindung von Glasgefäßen, die grob und häßlich beginnen, bis sie in einer neuerlichen, aber ganz gleichartigen Evolution zu den 800 Jahre früher schon einmal gefundenen Formen und Farben voranschreitet. Phönizien würde also dem seit altersher wohlbegründeten Ruf einer Glaserfindernation durchaus gerecht. Plinius d. Ä. und die alten Phönizier wären dann lediglich noch dafür zu schelten, daß sie das Glas aus dem -2. und - wie zu zeigen sein wird - auch Glas aus dem -3. Jtsd. vollkommen vergessen hatten. Und schelten müßte man sie für diese Vergeßlichkeit tatsächlich. Was soll man schließlich vom Erinnerungsvermögen der Leute von -700 halten, auf deren ureigenem Territorium Archäologen des 19. und 20. Jhs. keilschriftliche und alphabetische Texte gefunden haben, die beweisen, daß schon die Phönizier aus der Zeit um -1350 Spezialglas nach Ägypten geliefert haben und darüber sogar (etwa Abimilki von Tyros) in Briefen nach Amarna als "mekku" und "ehlipakku" [Oppenheim 1973, 1973a] Meldung machten [Bass 1987, 718].

Die Gleichgültigkeit der Phönizier von -700 gegenüber ihrer eigenen Glastradition bedeutet doch schlichtweg, daß sie Texte nicht zu lesen bereit waren, die ihnen immerhin über 700 Jahre lang vorlagen und sich in so gutem Zustand befanden, daß sie noch 2.600 Jahre nach diesen Lesefaulen von europäischen Archäologen gefunden und gelesen werden konnten. Ein höchst merkwürdiges Benehmen, das allerdings umgehend verständlich wird, wenn man aufhört, die Phönizier mit der ägyptologischen Chronologie zu messen. Rein glashistorisch ständen sie dann nicht nur als vergeßliche Zweiterfinder, sondern als echte Ersterfinder des Glases da, die alle wichtigen Schritte zur Gefäßherstellung alleine fanden, bis sie ihr Monopol irgendwann im späten -7. Jh. verloren und ihre Kunst auch in Werkstätten fremder Länder zum Zuge kam.

Die Phönizier des -1. Jtsds. wirken noch geistesabwesender, wenn man nicht nur ihre Glaslieferungen nach Amarna ins Auge faßt, sondern sich überdies den Hinweisen zuwendet, die für eine eigene phönizische Glasgefäßherstellung im selben Stil, den sie in der Zeit ab -600 pflegten, bereits in der Zeit zwischen -1400 und -1200 sprechen. Noch in den sechziger Jahren wurde über das Vorhandensein oder Fehlen solcher spätbronzezeitlicher phönizischer Glasgefäße heftig diskutiert [Åström 1967, 55ff,124ff]. Gleichwohl wird inzwischen sogar das älteste auf Zypern gefundene Glasgefäß als "syro-zypriotisch" [Seefried 1986, 146] gekennzeichnet. Überdies ist seit 1933 eine eingriffige gläserne Kanne aus Ugarit (Minet-el-Beida, Grab 6) bekannt, deren Form "niemals in Ägypten gefunden wurde" [Fossing 1940, 31] und die der Ausgräber C.F. Schaeffer in den ägyptologisch, also über Amarna datierten Zeitraum von -1365 bis -1200 verbrachte.

Ungeachtet gewichtiger Experten, die diese Kanne gerne aus Ägypten stammen lassen wollen [etwa Nolte 1968, 86], ist die Position ihrer Herkunft aus dem syrisch-phönizischen Fundort nicht ernsthaft erschüttert worden. Als "syro-zypriotisch" [Harden 1981, 35] gilt sie allemal, wodurch einmal mehr die Möglichkeit im Bewußtsein gehalten wird, daß bei zwei Territorien nicht automatisch auch an zwei Ethnien gedacht werden muß. Auf der prächtigen Phönizierausstellung des Jahres 1988 zu Venedig schließlich zeigte man eine höchst originelle, henkellose gläserne "Kanne in Form eines Frauenkopfes aus dem Ugarit des [amarnadatierten; G.H.] 14. bis 13. Jh. v. Chr." [Uberti 1988, 476]. Aufgrund dieser Evidenz sieht es so aus, als ob die Phönizier ihre eigene Glastechnologie des -2. Jtsds. vergessen hätten, obwohl nach Ansicht etlicher moderner Glashistoriker gerade in Phönizien dieses Handwerk überlebt bzw. überwintert haben könnte - zu einer Zeit, in der überall sonst auf der Erde die Glasmacher in dunklen Jahrhunderten verschwanden.

Was auch immer die Phönizier umtrieb, sie bleiben zumindest Kandidaten für eine mögliche Neuerfindung des Glases. Unstrittig brillieren sie als die großen Innovatoren im -1. Jtsd.: Von den weiblichen

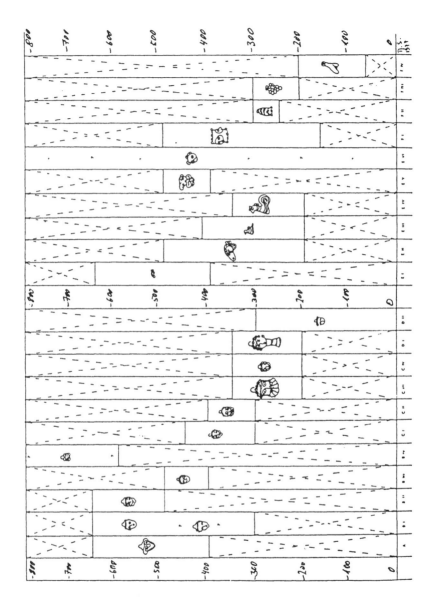

139 Typologische und chronologische Verteilung der gläsernen Gesichtsperlen phönizischer Provenienz [Seefried 1979, 18] in konventioneller Datierung

und männlichen Doppelköpfchen aus Glas, die in zweischaligen Formen gepreßt wurden, sind beispielsweise über hundert Stück in Sammlungen präsent. Von den 83 fundortlich identifizierbaren Exemplaren stammen allein aus dem phönizischen Karthago 32 [Haevernick 1968, 188ff]. Noch markanter aber wirken die aus farbigen Glaselementen zusammengesetzten 1,5 bis 8,5 cm hohen Gesichtsperlen, von denen über 850 bekannt sind [Seefried 1982, 65]. Sie gelten als die Domäne Phöniziens und seiner westlichen Kolonien - insbesondere Karthagos [Cooney 1976, 29ff; Stern 1976]. Zwar wurde ein ägyptischer Fund solcher Perlen der 23. Dynastie (820-718) zugewiesen [Petrie 1906, 39,42,46], stratigraphisch hat diese Zeitangabe aber nicht überzeugen können [Seefried 1982, 26]. Vor -650 scheint das Aufkommen dieser speziellen Glaskunstrichtung nicht wirklich glaubhaft gemacht werden zu können. Weitere frühe Ausreißerdaten (-8. Jh.) in der Übersicht (Abb. 139) zu den Gesichtsperlen verdanken sich der umstandslosen Gleichsetzung der sargonidischen Spätassyrer mit jenen Assyrern des -8./7. Jhs., die uns Herodot [*Historien* I:95] als Vorgänger der Meder überliefert hat. Materielle, aber auch schriftliche Funde der Sargoniden stammen jedoch aus der Perserzeit [Heinsohn 1989e; 1996]. Am Glas aus Nimrud (s.o.) ist das bereits nachgewiesen worden. Als letzte Großleistung phönizischer Spezialisten gilt schließlich die Erfindung der Glasbläserei im -1. Jh. [Harden 1969a, 65].

3) Israel: Hat es ebenfalls die Erinnerung ans Glas verloren?

Obwohl das Gebiet Palästina/Israel nicht mit einer eigenständigen Glasindustrie aufwarten kann, sind in seinen Ausgrabungsstätten wichtige Glasfunde zutagegetreten, deren Datierungen selbstredend nicht weniger Interesse hervorrufen als diejenigen der übrigen Territorien der Alten Welt. Wirklichen Trost vermag die Glaslage im Lande Israel den Ägyptologen jedoch nicht zu spenden. Wie beim großen westlichen Nachbarn am Nil blüht die Glasgefäßverwendung von etwa -1550 bis -1200 [Barag 1970, 185ff; *Encyclopedia Judaica* 1971, 604], um dann in einer rätselhaften Lücke von 600 Jahren unterzugehen: "Erst vom 7./6. Jh. an sind aus Palästina und Transjordanien wieder mehrere Glasgefäße bekannt" [Weippert 1977, 99]. Zwar werden in Elfenbein applizierte Glaseinlegestücke aus Samaria [Crowfoot/Crowfoot 1938, 9f,44ff,56ff] unter Anwendung biblischer Chronologie ins -9. Jh. datiert, archäologisch jedoch liegen die ihnen zugehörigen Schichten direkt und hiatusfrei unter hellenistischen von -330 [Avigdad 1978, 1046]. So verwundert es denn auch schon weniger, daß uns bereits im persischen Ägypten, aber auch im Iran selbst (Hasanlu IV) Glaseinlegearbeiten begegneten, die biblisch ins -9. Jh. datiert werden, aber direkt unter hellenistischen Schichten ab -300 zutagetreten. Kurzum: Wie Phönizien und Ägypten, das sogar noch zwei weitere Jahrhunderte glaslos bleiben muß, scheint auch Israel einen dramatischen technologischen Rückfall von -1200 bis -600 zu erleiden.

Anders als Ägypten mit seinem 'Unikat' Tell el-Daba und Phönizien jedoch verfügt Israel über einige der feinstgeschichteten Ausgrabungsstätten der Alten Welt, und erst diese erlauben ja ein ernsthaftes Überprüfen der These vom Vergessen und Wiederaufleben der Glastechnologie. Bewiesen wäre die These durch tief liegende Schichten mit den bekannten farbigen Glasgefäßen, über denen dann Schichten für 600 Jahre ohne solche Gefäße folgen, auf denen dann wiederum Schichten mit Gläsern liegen, die sehr ähnlich ausschauen wie die ganz unten aufgefundenen. Bereits eine einzige Ausgrabungsstätte, deren Stratigraphie ein solches Kommen und Gehen der Glasgefäße belegt, könnte von der Ägyptologie als schlagendes Argument für ihre heute weltweit akzeptierte Lehre vom Vergessen elementaren Handwerkerwissens in Dienst genommen werden. Niemals jedoch konnte eine solche Ausgrabungsstätte entdeckt werden, obwohl doch jeder Archäologe davon träumt, einen so klaren Beweis antreten zu können.

Die Schlüsselstratigraphien Israels wie Megiddo [dazu Heinsohn 1988, 173f] oder Bet Shean zeigen gerade eine ganz normale Evolution der Glasentwicklung und haben bei archäologischer Einschätzung von Menge und Dicke der Schichten ohnehin nicht die vielen Jahrhunderte zur Verfügung, in denen man nach dem Nichtvorhandensein von etwas suchen könnte [vgl. auch Heinsohn 1991c]. Wenn also die Experten über altisraelitische Glasgeschichte ihr Sprüchlein vom Blühen zwischen -1500 und -1200 und der erst nach -600 endenden Wüstenei von 600 Jahren aufsagen, dann vergessen sie meist, ihren Lesern wirklich deutlich zu machen, daß sie sich beide Epochen aus verschiedenen Ausgrabungsplätzen zusammenstückeln. Was mithin im Lehrbuch als zwei verschiedene Epochen hintereinander aufgezeichnet wird, liegt in der Erde niemals aufeinander. Das zwischen -1500 und -1200 datierte Glas wurde etwa in "Hazor, Megiddo, Beth Shean, Jerusalem, Lachisch und Tell Merovach" [Barag 1985, 39] gefunden, wohingegen die ähnlich ausschauenden Gefäße aus der Zeit nach -600 etwa in Achzib [Enc. Jud. 1971, 604] oder Ein Gedi [Barag 1966, 58ff] geortet wurden.

Schon im Jahre 1909 konnte in Tell el-Ful ein blauer Glas-Amphoriskos ausgegraben werden, der den ägyptischen Stücken des -13. Jhs. nicht unähnlich war, den die Archäologen aber der (biblisch datiert) -586 zu Ende gehenden Zeit oder gar der Perserperiode zuordnen mußten [MacAlister 1915, 35ff]. Letzterer gehören auch die Gesichtsperlen phönizischer Herkunft an. Sie wurden ebenfalls in Achzib und Ein Gedi gefunden sowie in Akko, Athlit, Tell es-Safi, Gerar, Beersheva und Makmish [Stern 1982, 270/Fn.33]. Diese Konzentration auf die Perserzeit und vielleicht noch auf die vorhergehende Meder- sowie späte Chaldäerzeit erlaubt einmal mehr das Wegkappen der Datierungen ins -8. Jh. in der oben (im Phönizienteil M2) wiedergegebenen vergleichenden Chronologie der Gesichtsperlen.

Zusammenfassend ist festzuhalten, daß die um viele Jahrhunderte auseinanderliegenden Datierungen israelitischer Glasgefäße durch die Anwendung unterschiedlicher Datierungssysteme für verschiedene Ausgrabungsstätten zustandekommen, nicht aber durch einen strengen Stratigraphienvergleich.

Werfen wir nun einen Blick auf die Stratigraphie von Beth Shean, die wie nur wenige andere Rückschlüsse auf die Evolution des Glases einschließlich ihrer ägyptischen Linie wirft (s.S. 298).

Bet Shean erweist sich in vielerlei Hinsicht als aufschlußreich. Es verfügt über enge Beziehungen nach Ägypten und hat in der Schicht von Tuthmosis III., in dessen Zeit (1479-1425) innerhalb Ägypten erste, mit Königsnamen versehene Glasfunde auftauchen (Abb. 131), die ersten Glasanhänger. In den tieferliegenden Schichten fehlen Glasprodukte und damit auch die vielfältig metalloxidgefärbten Perlen, die in Ägypten angeblich bereits seit der prädynastischen Zeit ab -3100 vorkommen sollen. Selbst bei weniger engen politischen Beziehungen zu Ägypten vor Tuthmosis III. sollte bei der geographischen Nachbar-

Glasfunde und die Stratigraphie von Beth Shean/Israel
[nach James/Kempinski 1975, 208ff]

Daten	Schicht	Kommentare mit tentativen Daten
ab +400	I	Byzantinisch
ab +100	II	Römisch
ab -300	III	Hellenistisch
ab -1050	———	**Angebliche Lücke von über 700 Jahren,** für die eine sterile Schicht jedoch fehlt
ab -1100	IV	Neuerlicher Grundrißwechsel, rein stratigraphisch späte Perserzeit
ab -1140	—	**Archäologisch nachweisbare kurze Lücke von wenigen Jahren**
ab -1180	V	Dramatischer Grundrißwechsel. Stele mit Namen von Ramses III., nach dem in Ägypten Glas aufhört. Rein stratigraphisch mittlere Perserzeit. Gipfel des Schlangenkults
ab -1290	VI	Funde von Ramses I. u. Ramses II. Rein stratigraphisch direkt vor und in der frühen Perserzeit. Weniger Schlangenidole.
ab -1400	VII	*Erste Reste von Glasgefäßen.* Gläserne Augenperle [Haevernick 1972, 233], deren Typus sonst erst 800 Jahre später auftaucht [Venclova 1983, 11]. (In der zeitgleichen Megiddoschicht VIIB fand sich ein mitannischer Nuzi II-Becher [Loud 1948, 162]. Fund mit Amenophis III.-Kartusche. Tempel wie in Echnatons Amarna, wo im Briefwechsel Beth-Shean vorkommt. Ägyptische Uräusschlangen und Schweinekopfrhytone. Rein stratigraphisch bzw. nach Herodot Meder- und Spätchaldäerzeit.
ab -1450	VIII	Basaltsäulenbasen für großen Bau

ab -1500	IX	*Erstes Glas* in Form von Anhängern [McGovern 1985] Glasscheibe wie aus Nuzi [Haevernick 1970, 209f]. Skarabäus mit Stier und Kartusche von Tuthmosis III., der in Beth-Shean eine Garnison unterhält. Erste Schlangenidole.Rein stratigraphisch und nach Herodot frühe Mederzeit.
ab -1650	XA	Mittelbronzezeit II der Hyksos. In der entsprechenden Schicht IX von Megiddo (ab -1550) fanden sich Plaketten, Anhänger und Perlen aus Glas [Moorey 1985, 195]. Rein stratigraphisch vormedische Assyrer Herodots.
ab -1800	XB	Mittelbronzezeit I
ab -2600	XII/XI	XII bis XI Frühbronzezeit III-IV
	XIII	Von XV bis XIII Frühbronzezeit
	XIV	I-II mit ersten Resten einer
ab -3000	XV	Stadtanlage in XV
ab -3200	XVII/XVI	Kupfersteinzeit
ab -3500	XVIII	Jungsteinzeit (Neolithikum)

schaft wenigstens hier und da die eine oder andere Perle nach Israel gelangt sein. In Megiddos Hyksos- bzw. Mittelbronzezeit IIB-Schichten ist das auch der Fall. Weiter zurück bzw. tiefer unten aber gibt es kein Glas, und wir haben bereits gesehen, daß bei streng stratigraphischer Betrachtung auch in Ägypten Glasperlen erstmals für die Hyksoszeit nachgewiesen werden können (Tell el-Daba E, 1680-1600). Beth Shean (und Megiddo) stellen also einmal mehr die Datierungen ägyptischen Glases ins -3. und frühe -2. Jtsd. in Frage. Zugleich machen Beth Shean oder auch Megiddo deutlich, daß von einem zweifachen Auftauchen der Glasgefäße nach einer mindestens 600-jährigen Pause keine Rede sein kann. Die Evolution des Glases verläuft vollkommen normal.

Schließlich erlauben Beth Shean und Megiddo eine Aussage zur ägyptischen Glaslücke von ca. -1200 bis -400. Sie existiert in Israel rein stratigraphisch gesehen nicht. Von der Schicht Beth Shean V mit einer Stele Ramses III. (ab -1184), dessen 20. Dynastie in Ägypten als letzte die Glaswerkstätten in Lischt betrieben haben könnte, muß nur noch die Schicht IV durchlaufen werden, um in der hellenistischen Schicht III zu landen, die ab ca. -300 anzusetzen ist. Nach dem Befund von Beth Shean gelangt Ramses III. also in die späte Perserzeit. Die Verwunderung der Experten [etwa Cooney 1981; Bianchi 1983] über die Ununterscheidbarkeit roter Glaseinlegestreifen aus dem Neuen Reich und aus der Perserzeit ist von Beth Shean her dahingehend aufzulösen, daß sie archäologisch tatsächlich zeitgleich sind, die jetzigen Datierungen für das Neue Reich mithin unwissenschaftlichen Kriterien entspringen müssen. Auch die Merkwürdigkeit, daß in Ägypten erst ab -400, im übrigen Mittelmeergebiet aber schon seit dem -7. Jh. wieder Glas gefunden wird, kann nun aufgeklärt werden. Die in Ägypten zwischen -1500 und -1300 datierten Glasfunde gehören in Beth Shean stratigraphisch in die Zeit von ca. →*650 bis* →*520*. Die in Ägypten von -1300 bis kurz nach -1200 datierten Glasfunde würden in Beth Shean stratigraphisch (Schicht V) bis nach -*400* andauern. Beide ägyptische Fundgruppen, die in Beth Shean archäologisch gesehen zwischen →*650* und →*400* liegen, waren in jenen israelischen Ausgrabungsstätten, in denen Glasgefäße nach -600 "wieder"aufleben, ohnehin in denselben Zeitraum datiert worden.

Daraus ergibt sich, daß die Jahre -600 bis -400 in Ägypten ohne Glasfunde bleiben müssen, weil alles dahineinpassende Glas von den Chronologen bereits für die Zeit von -1500 bis -1200 'verbraucht' worden ist. Die in Ägypten im -4. Jh. wieder einsetzende Glasproduktion schließt mithin ohne nennenswerte Lücke an die Werkstätten von Lischt und Menschiye an, die nach herrschender Chronologie angeblich irgendwann zwischen -1200 und -1100 die Produktion eingestellt haben sollen. An dieser Möglichkeit, zwei Epochen ohne störende Zwischenfunde schlichtweg aneinanderschieben zu können, zeigt sich eine dann auch wieder bewundernswerte Genauigkeit der Ägyptologen. Ihre Zuordnung der Glasfunde zu bestimmten Dynastien bleibt präzise. Lediglich für die absoluten Daten dieser Dynastien befinden sie sich in der Zwangsjacke einer wissenschaftsfremden Chronologie. Wie gut es ihnen gelungen ist, diese auch den Assyriologen überzustülpen, wird im folgenden Abschnitt deutlich werden.

4) Mesopotamien: Mußte das Glas dreimal erfunden werden, weil man es zweimal wieder vergessen hatte?

"Die Informationen, die uns heute über mesopotamisches Glas zur Verfügung stehen, haben zwar merklich zugenommen, sind aber immer noch unvollständig und voller Lücken. Der philologische und der archäologische Befund gehören zwar irgendwie zusammen, sie zeigen aber weder eine parallele Entwicklung noch teilen sie eine gemeinsame Geschichte. Die Glasobjekte 'illustrieren' nämlich die sie betreffende Keilschriftliteratur keineswegs und die Texte sind nutzlos für die Erarbeitung einer typologisch orientierten Geschichte frühmesopotamischer Glasgefäße. Gleichwohl gehören beide zur Geschichte des Glasmachens in dieser alten Wiege der Zivilisation" [Barag 1970, 134].

Der älteste Fund (als Überblickskarte vgl. Abb. 140) noch ungefärbten Rohglases im großmesopotamischen Raum wurde 1989 in der altakkadischen Schicht von Tell Brak (heutiges Syrien) gemacht, in der auch erste freistehende echte Gewölbe nachgewiesen werden konnten (siehe dazu das einschlägige Kapitel E in diesem Buch). Dieses Glas wird gegen -2300 angesetzt (persönliche Mitteilung des Ausgräbers David Oates auf dem *XXXVI. Internationalen Assyriologentag* in Gent vom 10. bis 14. Juli 1989). Keineswegs unbeeindruckende, nämlich runde und sechseckige Zylinderperlen und eine wie ein Auge ausschauende Perle aus Glas wurden allerdings in der Schicht Ninive IV gefunden, deren Beginn gegen -3200 datiert wird [Kühne 1971, 415]. Aus Amuq/Schicht G ist eine weitere Glasperle in dieselbe Zeit gebracht worden [Braidwood/ Braidwood 1960, 341f]. Diese ganz frühen Funde seien "zufälligen und isolierten Produktionen einzelner Handwerker" [Oppenheim 1973a, 262] geschuldet und sollten deshalb bei chronologischen Überlegungen vernachlässigt werden.

So zweifelhaft ein solcher Umgang mit dem Stoff auch anmuten mag, er hat das Hauptproblem mesopotamischer Glashistoriker - das altakkadische Glas ab -2300 nämlich - nicht zum Verschwinden gebracht. Gerade die ernsthaftesten Forscher wie A.L. Oppenheim haben an diesen Stücken entschieden gelitten, da sie mit - wie zu zeigen - immanent durchaus guten Gründen davon ausgingen, daß Glas erst kurz vor Mitte des -2. Jtsds. in Mesopotamien zur Blüte gelangt und es zwischendurch vergessen worden sein müßte, wenn es schon einmal gegen -2300 auf hohem Niveau hergestellt worden war. In seiner Ratlosigkeit hat Oppenheim die Ausgräber verdächtigt, bei ihrer Fundmarkierung "ein wenig zweifelhaft" [ebd.] vorgegangen zu sein. Nur zu gerne hätten auch andere Glashistoriker diesen Ausweg gewählt. Aber gerade das keinesfalls zufällig, sondern ganz "bewußt erzeugte Glas" [Saldern 1970, 205] aus dem späten -3. Jtsd. ist stratigraphisch in besonders eindeutiger Lage gefunden worden.

Dem 1989er Fund aus Tell Brak war bereits im Jahre 1919 ein Klumpen blasigen blauen Glases vorhergegangen, der in Eridu (Abu Schahrein) unter einem Pflaster von Amar Sin (2046-2038) gefunden wurde, der als dritter König der Dritten Dynastie von Ur in den Geschichtsbüchern steht [Hall 1930, 213]. Die chemische Analyse des Eriduglases erbrachte eine Färbung durch Kobaltoxid, wie es auch im Glas von Amarna gefunden wurde. Aufgrund dieses signifikanten Befundes lag Glashistorikern die Frage "nahe, ob Gläser in der Art des Eridustückes als Rohglas nach Ägypten exportiert wurden" [Kühne 1971, 416]. Dieser rein glasimmanent höchst sinnvollen Frage ist dann aber nicht weiter nachgegangen worden. Eine vor -2046 anfallende Glasproduktion hätte immerhin gut 700 Jahre gebraucht, um in Amarna, dessen Bau -1345 (5. Jahr Echnatons) begonnen wurde, anzukommen. So entschieden die Suche nach den außerägyptischen Ursprüngen der ägyptischen Glasherstellung auch betrieben wird, ein derart langwieriger Transport kobaltblauen Glases von Mesopotamien an den Nil ist denn doch nicht als glaubwürdig befunden worden. Dabei gilt eine Dauer von 700 bis 800 Jahren für die Ankunft westasiatischer Produkte in Ägypten an sich nicht als Einzelfall, so ungern diese Tatsache auch ausdrücklich thematisiert wird (siehe etwa die Sichelschwerter und echten Gewölbe in der Stratigraphie von Tell el-Daba oben in M1). Schließlich soll doch Ägypten in allem unerhört schnell eine Hochblüte erreicht haben, und die Aufrechterhaltung dieser Idee fällt nicht leichter, wenn man sie mit solchen Realitäten konfrontiert [vgl. ausführlich Heinsohn 1993b].

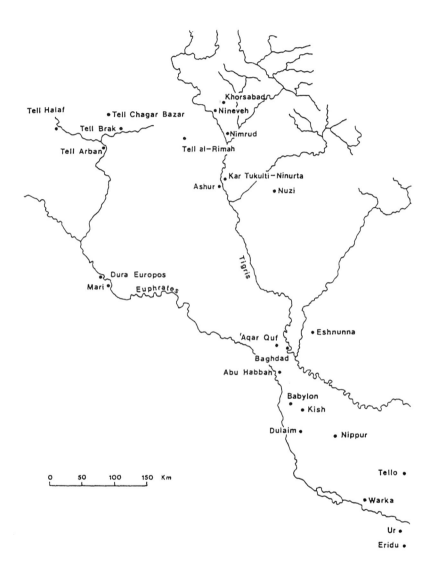

140 Verteilung der Glasfundorte in Mesopotamien [Barag 1985, Karte 2]

Bei der Bronze - um nur ein weiteres Beispiel zu nennen - dauert es auch über 700 Jahre, bis sie in deutlicher Menge von Mesopotamien nach Ägypten gelangt. Dabei gibt es für Mesopotamien keinerlei natürlichen Vorsprung. Wichtige Bestandteile der Kupfer-Zinn-Legierung müssen beide Länder ebenso importieren wie das Kobaltoxid für die Glasfärbung. Und die europäischen Zinnexportregionen (Erzgebirge und Cornwall etc.) beginnen - so sieht es aus - mit der Bronzeproduktion sehr viel später als jene Regionen, in denen man ihren Rohstoff weiterverarbeitet. (Noch dem außergewöhnlichen dänischen Archäologen, Epocheneinteiler und exzellenten Kenner der Fundlage Jacob Worsaae (1821-86) galt eine europäische Bronzeproduktion vor -1000 bekanntlich als ausgeschlossen.)

Die seltenen, aber umso interessanteren unruhigen Geister unter den Technikhistorikern haben sich über diese Sachlage nie beruhigen können. Auch die kürzlich bei Kestel im türkischen Taurusgebirge gefundenen Zinnbergwerke haben daran nichts ändern können [Muhly 1990]. Solange die Isotopenanalyse auf europäische Rohstoffe verweist, kann Zinn aus Kestel nicht zur Quelle einer in Asien angeblich viel älteren Bronzemetallurgie werden. Inzwischen ist aber erwiesen, daß Kestel überhaupt kein Zinn enthält. Die schiere Verzweiflung darüber, daß es in Vorderasien, wo angeblich die Zinnbronze erfunden worden sein soll (in Wirklichkeit stammt sie aus Europa), kein Zinnvorkommen gibt, hat hier zur Erfindung einer falschen Zinnmine geführt [s.a. Steinert 1990]. Für eine Erklärung, warum Bronze in Südmesopotamien 800 Jahre früher als im übrigen Alten Orient und in Ägypten auftaucht, wäre Kestel ohnehin nicht geeignet gewesen. Nun aber zu einem der wenigen unruhigen Archäologen:

"Aus technologischen Erwägungen ist der Autor bereits seit einigen Jahren recht unglücklich über die chronologische Diskrepanz zwischen dem Erscheinen echter Zinnbronze in Mesopotamien - besonderns den Königsgrabern von Ur [-2600; G.H.], die auch Objekte aus zinnreichem Silber enthalten - und dem Zeitpunkt, zu dem Zinnbronzen und Silber in Syrien, der Ägäis, der Levante und Ägypten eintreffen. [...] Es ist unmittelbar offensichtlich, daß etwas nicht stimmt mit der mesopotamischen Chronologie, die um etwa 800 Jahre zu hoch zu sein scheint" [Dayton 1978, 162].

Wir werden über diese Diskrepanz nicht nur klagen müssen, sondern sie auch auflösen können und dafür erst einmal zum mesopotamischen

Glas zurückkehren, das ja eine eigene und ganz spezifisch peinigende Lücke zwischen den Glasfunden ab -2300 und dem Glas ab dem -16. Jh. verschmerzen muß. Oppenheims Versuch, das frühe Glas des -3. Jtsds. wegzudisputieren bzw. die Ausgräber zu diskreditieren, war kein Erfolg beschieden. Die Funde von Brak und Eridu konnten auch noch aus Eschnunna (Tell Asmar) durch eine zylindrische Stange aus klarem hellblau-grünem Glas ergänzt werden. Sie ist unterhalb ungestörter Überreste eines Palastes von König Schulgi (2094-2047) aus der Dritten Dynastie von Ur gefunden und deshalb in die spät-altakkadische Zeit des -23. Jhs. datiert worden [Frankfort 1934, 56ff]. Dieselbe Datierung gilt auch für eine Glasperle auf einer Kupfernadel, die in einem Nuzigrab zusammen mit einem spätakkadischen Siegel gefunden und deshalb der Schicht IV mit ihren altakkadischen Schrifttafeln [Starr 1939, 516] zugeordnet wurde. In dem altakkadischen Grab PG 973 in Ur sind ebenfalls Glasperlen gefunden worden [Dayton 1978, 85].

Neben dieser materiellen Evidenz gibt es in der Dritten Dynastie von Ur (ab -2150), unter deren Ruinen das akkadische Glas ausgegraben wurde, schriftliche Quellen. So liest man etwa von "einer Schüssel aus anzahhu-Glas im Gewicht von fünfundfünfzig Schekel" [Oppenheim 1970, 19]. Zur großen Überraschung der Historiker wird der Terminus "anzahhu" dann auch wieder im -14. und sehr viel später noch einmal im -7. Jh. gängig [Barag 1985, 35]. "Die Ur III-Tafeln verwenden dieselben glastechnischen Termini wie die Texte aus Ninive" [Oppenheim 1970, 83], wo Hormuzd Rassam letztere 1854 in der - nach Aussagen Moses' von Choren noch von Alexander d. Gr. benutzten - Bibliothek Assurbanipals (668-632/26) wiederfand. Und noch etwas verblüfft: Auch die spezifische chemische Zusammensetzung des Glases wiederholt sich nach einer Pause von 1.500 Jahren. Das ist an sich schon merkwürdig. Noch erstaunlicher mutet jedoch an, daß die Glasmacher des -7. Jhs. nicht wieder die Rezepte des -14. Jhs. aufgreifen, die ihnen immerhin 700 Jahre näherliegen, sondern sich für die Mixturen des endlos fernen, späten -3. Jtsds. entscheiden, dessen Glaskunst doch vollkommen verschwunden war:

"Die Qualität des Stückes aus Tell Asmar [spätakkadisches -23. Jh.; G.H.] ist einmalig unter den frühen Gläsern. Seine Materialbeschaffenheit und die einiger Perlen aus Ur [kurz nach -2000, stratigraphisch jedoch →*7. Jh.;* G.H.] ist besonders den neuassyrischen Gläsern [nach -700, stratigraphisch jedoch →*6. Jh.;* G.H.] ähnlich, woraus auf eine gewisse Kontinuität und Tradition geschlossen werden kann" [Kühne 1971, 416].

Aus der altbabylonischen Phase der Martu oder Mardu (2000-1700), gibt es ebenfalls Texte - sogenannte sumerische Wortlisten - in denen die Glasbegriffe des -21., -14. und -7. Jhs. auftauchen [Oppenheim 1970, 18ff]. Da die altbabylonische Zeit aber in einem dunklen Zeitalter ausläuft, d.h. chronologisch nicht an die ihr folgende Zeit der mittelbabylonischen Kassiten sowie der Mitanni angeschlossen werden kann, steht eine Verbindungsbrücke zum Glas dieser Perioden nicht zur Verfügung. Der immer wieder durch das Benennen statt Herunterspielen von Problemen beeindruckende Leo Oppenheim hat gleichwohl nicht aufgegeben und einen letzten Ausweg aus der Merkwürdigkeit gesucht, daß Glas in Mesopotamien innerhalb von etwa 750 Jahren zweimal erfunden worden sein soll. Er nannte die ins -3. Jtsd. gehörenden Stücke "primäre Gläser" und die im -16. Jh. aufkommenden "sekundäre Gläser" [Oppenheim 1970, 19,36,63,84f; 1973a, 262].

Durchsetzen konnte er sich mit dieser Begriffsschöpfung zwar nicht, aber auffällig ist doch, wie wenig die Glashistoriker sich um eine Erklärung des "primären Glases" überhaupt noch kümmern. Sie sehen, daß es im späten -3. Jtsd. "eine ausgedehnte einheimische Glasproduktion" gibt [Kühne 1971, 416], verzichten aber auf das unter Archäologen sonst so beliebte Auftrumpfen mit der Verfügung gerade ihrer Fachrichtung über die ganz, ganz alten Stücke. Sie geben sogar zu erkennen, warum sie hier der Bescheidenheit den Vorzug geben. Sie resultiert aus "der überraschend weiten chronologischen Streuung, für die dieses Material steht" [Saldern 1970, 205]. Was läßt sich mit einem zwischen -2300 und -2150 liegenden Glas schon anfangen, wenn man dann über 600 Jahre warten muß, bis man von neuem seine Hände auf dieses schöne Material legen kann? Deshalb scheint es den Glashistorikern "ratsam, ein Urteil über die Glasherstellung vor ca. 1500 v. Chr. erst einmal zu vertagen" [Saldern 1970, 205]. Für diese Zurückhaltung muß dann eben ein Preis gezahlt werden. Nicht nur einmal, sondern zweimal mußte das Glas von neuem erfunden werden. Das erste Mal im -16. Jh., nachdem es am Ende des -3. Jtsds. materiell verschwunden war, und das zweite Mal im -8. oder -7. Jh., nachdem es gegen -1200 - wie in Ägypten, Israel oder Phönizien - auch in Mesopotamien noch einmal verlorenging, danach aber bis heute nicht wieder vergessen wurde.

Der nicht gänzlich verschweigende, aber doch entschlossen beiseiteschiebende Umgang mit realem und schriftlich bezeugtem Glas aus dem -3. Jtsd. hat den Historikern des mesopotamischen Glases am Ende immerhin einen frischen und unverstellten Blick auf die Mitte des -2. Jtsds. ermöglicht. Als gäbe es all die den Theoretiker nur lähmenden Dinge in der Vergangenheit nicht mehr, heißt es nun für die Zeit des -16. Jhs.: In einem "plötzlichen und revolutionären Umschwung erscheint die Erfindung der Kernformung als früheste Technik der Glasgefäßherstellung" [Barag 1985, 36]. Diese Technik sehen die Assyriologen nicht anders als die Spezialisten für Ägypten, wo es bei der Glaserzeugung ihrer Meinung nach mit derselben "dramatischen Plötzlichkeit" [Oppenheim 1973a, 262] losgegangen sei. Fürs Hohlgußverfahren, das in Mesopotamien bei Bronzestücken doch schon um -2300 ("Sargon"-Kopf etc.) beherrscht wird, seien die Glasgefäßmacher des -16./15. Jhs. auch in Mesopotamien noch nicht reif gewesen. Im -7. Jh., als sie es dann wieder gekonnt hätten, sei gleichwohl auch die 'primitive' Umwicklung von Sand- oder Lehmkernen mit beinahe flüssigen Glasstäben à la F. Petrie fortgesetzt worden [Barag 1985, 54], da dann mehrfarbige Flaschen vom 800 Jahre früheren Typus ihr "Revival" [Grose 1984, 16; Moorey 1985, 206] durchmachten bzw. "wieder erschienen" [Saldern 1980a, 5].

Wie Israel verfügt auch Mesopotamien über wohlgeschichtete Ausgrabungsstätten, an denen die These von einer dreimaligen Erfindung des Glases stratigraphisch sehr genau überprüft werden kann. Es stellt sich mithin die Frage, ob es wenigstens eine einzige Ausgrabungsstätte gibt, die in weit unten liegenden Schichten von -2300 erstmals Glas aufweist, über denen dann von etwa -2150 bis etwa -1550 eine dicke Schichtenlage ohne Glas folgt, die wiederum von glasgeschwängerten Schichten bis hinauf nach -1200 überlagert ist, auf denen die glaslosen Schichten bis etwa -700 liegen, bis schließlich eine dann nicht mehr abbrechende Glaskultur einsetzt. Wie in Israel, fehlt eine solche Ausgrabungsstätte auch in Mesopotamien. Die Fundorte für Glasgefäße von -1550 bis -1200 sind nicht identisch mit den Fundorten für ähnliche Gefäße ab -700. Zur ersten Gruppe gehören Ninive, Nuzi, Tell al-Fachar, Tell al-Rimah, Alalach, Chagar Bazar und Tell Brak [Barag 1985, 36]. Zur späten Gruppe gehören Babylon, Nippur und Ur [Barag 1985, 54]. Lediglich Assur wird in beiden Gruppen aufgeführt. Seine Glasgefäße stammen aber nicht aus sicher verortbaren Schichten, sondern aus Gräbern. Die vage zwischen das -16. und -13. Jh. verbrachte Gruft 37 mit ihren Glasbestandteilen "ist stratigraphisch nicht sicher datiert" [Kühne 1971, 419]. Der in die spätere Epoche datierte Assur-Glasfund stammt aus dem sogenannten "Kompositgrab" 961 [ebd. 423], so daß bis heute nicht zu entscheiden ist, wie nahe sich beide Funde historisch wirklich sind. Nach Assur wird zurückzukehren sein.

Der Leser wird sich nun an das 1989 gefundene Stück farblosen Glases aus Tell Brak erinnern (s.S. 301), das in der altakkadischen Schicht gefunden und gegen -2300 datiert wurde. Es darf jetzt allergrößtes Interesse beanspruchen, denn Tell Brak hatte ja in der Zeit nach -1550 "einen nicht unerheblichen Ausstoß an Glasgefäßen" [Mallowan 1947, 243] zu verzeichnen [Übersicht bei Barag 1970, 146]. Liegt hier vielleicht doch der archäologische Beweis dafür vor, daß etliche Schichten für die vielen Jahrhunderte bis etwa -1550 ohne Glas sind, die danach folgenden aber wieder Glas aufweisen? Schon die materielle Beschaffenheit der Funde nötigt hier zur Vorsicht. Es wurden ja keineswegs farbige Glasgefäße im Zeitraum von -2300 gefunden, die dann später wieder auftauchten, sondern in der frühen Zeit lediglich ein Stück farbloses Glas und erst in der späteren dann die bunten Flaschen. Gleichwohl verdient dieser Ausgrabungsplatz eine detailliertere Betrachtung.

Tell Brak gilt heute als das stratigraphische Paradestück unter allen mesopotamischen Ausgrabungen (s.S. 309). Zuerst von 1937-39 durch den Woolley-Schüler Max Mallowan untersucht, ist der mächtige Ruinenhügel seit 1977 zur Domäne eines so genauen Archäologen und Architekten wie David Oates [1982a] geworden, dem mit Joan Oates die wohl angesehenste Keramikexpertin für den Alten Orient zur Seite steht. Brak liegt im fruchtbaren Gebiet am oberen Chabur und gibt - wie auch weitere, nicht weniger sorgfältig ausgegrabene Hügel dieser Gegend - merkwürdige Rätsel auf. Es sieht nämlich so aus, als ob die mächtigen Nationen des -1. Jtsds. dieses Herzgebiet ihrer Imperien vollkommen ungenutzt gelassen hätten. Chaldäer, Assyrer, Spätchaldäer und Meder sowie die Perser, die nach Herodot [*Historien* I:95] und Berossos vom -12. bis zum -4. Jh. hier geblüht haben müßten, hinterließen keine Spuren. Erst die Hellenisten entschlossen sich, das gegen -1150 verwaiste und in jeder Hinsicht so vielversprechende Territorium nach -330 wieder zu bewirtschaften und sich auch auf die Vorteile von Tell Brak zu besinnen. Als ob diese rätselhafte Lücke von über 700 Jahren nicht schon ausreiche, ist dann gleichwohl eine zweite Lücke

Glasfunde und die Stratigraphie von Tell Brak
(konventionelle Datierung)

Zeit	Schichten-gruppen		Kommentar
ab -330	A		Hellenismus
ab -1150	—		**Angebliche Lücke von etwa 800 Jahren,** für die eine sterile Schicht jedoch fehlt und die durch die Fortsetzung von Keramik- und Werkzeugformen aus I in A widerlegt wird.
ab -1300	I		Mittelassyrer. Rein stratigraphisch Perser, deren Satrapie Assyrien archäologisch noch nirgendwo in Mesopotamien gefunden wurde, aber für die alten Griechen das Herzstück des Weltreichs bildete und noch Strabo als "Aturia" bekannt war.
ab -1500	II		Mitanni. *Erste farbige Glasgefäße.* Rein stratigraphisch Zeit der Meder, deren Zivilisation von -610 bis -550/40 bisher nirgendwo in Mesopotamien archäologisch nachgewiesen werden konnte (Ur III-Reste auf gleicher Höhe).
ab -2200/ 2150	—		**Angebliche Lücke von 700 Jahren,** die durch die Fortsetzung von Keramik- und Werkzeugformen von III in II widerlegt wird.
ab -2400/ 2350	III		Altakkader. *Erster Fund noch ungefärbten Glases.* Rein stratigraphisch Zeit der Assyrer, für die bisher nirgendwo im Chaburgebiet Schichten ausgegraben wurden. Erstes freistehendes Gewölbe (s. Kapitel E)
ab -3200	IV		Urukzeit und Frühe Dynastien mit Architektur im Stil der südlichen Frühsumerer.
vor -3200			Jungsteinzeitliche Schichten etc. Jungfräulicher Boden noch nicht erreicht.

zwischen dem späten -3. Jtsd. und etwa -1550/1500 entdeckt worden, in der Tell Brak und viele andere höchst günstig gelegene Siedlungen unbewohnt gewesen zu sein scheinen und ihre fruchtbaren Umgebungen brach lagen.

Beide Lücken wirken aber nicht nur deshalb verwirrend, weil man nicht verstehen kann, warum so kluge Völker dieses wertvolle Gelände links liegen ließen, sondern auch, weil die Lücken archäologisch gar nicht nachweisbar sind, sondern sich allein aus der Anwendung der modernen mesopotamischen Chronologie auf die Stratigraphien ergibt. Es fehlen also angewehte, sog. äolische Schichten für die eben erst dadurch als leer erwiesenen Jahrhunderte. Aber auch die zu erwartende Diskontinuität hat man nicht nachweisen können. Für eine so lange verwaiste Stadt erwartet man etwa ganz andere Keramik- und Werkzeugformen der Neuankömmlinge. In Wirklichkeit aber fand man die Fortsetzung und Evolution der angeblich viele Jahrhunderte früher gewissermaßen eingefrorenen Techniken.

Rein archäologisch zeigt Brak keine Unterbrechung der Glasgeschichte zwischen dem -3. und dem -2. Jtsd., sondern eine gänzlich unauffällige technische Evolution von einfachem Glas in Epoche III zu farbigen Glasgefäßen in Epoche II. Für das "Revival" von Glasgefäßen im -7. Jh. fehlen die Schichten von vornherein. Hätten die Ausgräber nicht vorab gewußt, daß sogenannte akkadische Schrifttafeln, wie sie in Schicht III gefunden wurden, ab -2350 datiert werden müssen und ein König mit dem Namen Naram-Sin, von dem in derselben Schicht ein Palast stammt, zwischen -2254 und -2218, dann hätten sie rein stratigraphisch datieren können. Sie hätten vom relativ sicheren Datum -330 für die hellenistische Schichtengruppe A ausgehen und sich dann fragen können, für wieviel Zeit die drei Schichtengruppen von I bis III wohl ausreichen könnten. Sie waren aber historisch zu gut gebildet, um diese Auswertung ihrer in situ angetroffenen Evidenz vornehmen zu können. Zugleich waren sie jedoch mit der Historie ihres Faches nicht mehr gut genug vertraut, um noch zu wissen, daß bis 1868 - und das mindestens seit -460 (Herodot) oder -300 (Berossos) - die gelehrtesten Historiker für das vorhellenistische Altmesopotamien der Hochkulturzeit nur vier Epochen mit fünf Imperien kannten: Frühe Chaldäer → Assyrer → Späte Chaldäer → Meder → Perser [vgl. ausführlich Heinsohn 1996, 9-36].

Die bisher in Mesopotamien vergeblich gesuchten Perserzeitschichten hätten sie vielleicht in I, die nicht minder begehrten Mederschichten in II und die der mächtigen Assyrer mit ihrem legendären König Ninos in III gesucht. Stattdessen erinnerten sie sich wieder an ihre historische Ausbildung. In dieser hatte man ihnen von den Mitanni gesprochen, die in der Geschichte der Glasgefäße Mesopotamiens eine herausragende Stelle einnehmen. Die etwa "einhundert kerngeformten Gläser und Fragmente" aus Vorderasien sind "deutlich in Nordmesopotamien, d.h. im mitannischen Einflußgebiet konzentriert" [Barag 1970, 135]. Für die Datierung ägyptischer Glasgefäße ist nun nicht allein die partielle Ähnlichkeit zwischen solchen der Mitanni hier und jenen der 18. Dynastie dort von Bedeutung, sondern die eindeutigen - durch die Amarna-Korrespondenz belegten - Synchronismen zwischen beiden (dazu unter M6 mehr). Die Mitanni der Schicht II in Brak werden - anders als die Akkader in III - von Ägypten her datiert, weil sie an Amenophis III. und Echnaton geschrieben haben. Den Flaschen gesellt sich mithin ein Briefwechsel hinzu, dessen ägyptologische Datierung unsere assyriologischen Ausgräber zwang, in Brak zwischen Schicht III und Schicht II die Lücke von 700 Jahren einzuschieben, die sie rein archäologisch nicht wahrzunehmen vermochten. Sie hätten aber auf ihrem Sachverstand nur um den Preis des öffentlichen Zweifels an der Ägyptologenchronologie beharren können und haben dann schon lieber wider besseres Wissen die Lücke entstehen lassen. (In einem Brief an G. Heinsohn vom 22. 11. 1988 hat der deutsche Archäologe und Architekt Wilfried Pape gezeigt, daß auch in die Ausgrabungsberichte über Tell Munbaqa in der Nähe von Tell Brak eine Lücke zwischen -2150 und -1450 hineingeschrieben wurde, die archäologisch nicht zu sehen ist [vgl. Heinsohn 1993b].)

Wie immer nun die absolute Datierung der Glasschichten von Tell Brak ausfällt, sie sind für die Suche nach dem Ursprungsland der ägyptischen Glasherstellung selbstredend von hohem Interesse. Die akkadzeitliche Schicht IV liefert für Syrien/Mesopotamien die frühesten Ansätze einer veritablen Glasindustrie. Für Israel konnte das früheste Glas in den Hyksosschichten von Megiddo lokalisiert werden. Beide Glasanfänge liegen also chronologisch an die 700 Jahre auseinander, obwohl die zugehörigen Territorien geographisch aneinandergrenzen. Nun sind die Hyksos als direkte historische Vorläufer der Mitanni indirekt ebenfalls über die Amarna-Korrespondenz, an der die Mitanni sich ja beteiligen, zwischen -1650 und -1540 gelangt. In Tell Brak - wie in Israel und Ägypten - beginnen nun jeweils die direkten stratigraphischen Vorläufer der Mitanni mit der Glasproduktion; aber sie tun das einmal unmittelbar vor den Mitanni, während sie das andere Mal schon 700 Jahre vor ihnen beginnen sollen und dann erst einmal in einer Lücke von 700 Jahren verschwinden. Oder anders formuliert: In Brak, Hamadiye etc. beginnen die *direkten stratigraphischen Vorgänger* der Mitanni mit dem Glas, werden aber 700 Jahre vor die Mitanni-Schicht datiert. Hingegen sind in Israel und Ägypten (Tell el-Daba E) die Glaserfinder nicht nur die *direkten stratigraphischen, sondern auch die direkten historischen Vorgänger* der Mitanni (s. dazu unten auch Alalach, wo dasselbe gilt). Kann es sein, daß die Mitanni dort als Glaserfinder 700 Jahre ältere Vorgänger haben, während ihnen hier die glasindustriellen Vorgänger direkt, d.h. ohne chronologische Lücke vorhergehen? Oder sind Akkader und Hyksos das, was die rein stratigraphische Betrachtung nahelegt, nämlich identisch [dazu Heinsohn 1993b]?

Tiefer bzw. südöstlicher in Mesopotamien als Tell Brak liegt das zwischen 1927-31 ausgegrabene *Nuzi,* das nicht zuletzt für seine sehr sorgfältig verzeichneten Glasfunde bekannt ist [Starr 1939, 457ff, Tafeln 128ff]. Auch diese Stadt verabschiedet sich verblüffenderweise schon gegen -1400/1350 aus der Geschichte und leidet überdies ebenfalls an einer Lücke zwischen dem Ende des -3. und der Mitte des -2. Jtsds. (s.S. 313). In seiner vorletzten Schicht II sind mehr als 11.000 Perlen und Amulette sowie die Fragmente von mindestens 40 Gefäßen aus Glas gefunden worden [Vandiver 1983, 239f]. Da diese Schicht wiederum den amarnadatierten Mitanni angehört, ist auch Nuzi als Kandidat für den Ursprung der ägyptischen Glasindustrie ins Auge gefaßt worden.

Wie nach dem 1989 in Tell Brak gemachten Glasfund für -2300 nicht anders zu erwarten, war Nuzi II auch vorher schon aus immanenten Gründen als Geburtsort der Glasmacherkunst verworfen worden:
"Wegen der künstlerischen Vollendung und der großen Variationsbreite der Herstellungsmethoden [in Schicht II] ... schließen wir, daß im Nahen Osten eine gut entwickelte Glastechnologie schon lange vor der Zerstörung der Stadt um 1400 v. Chr. existiert haben muß. Der Ursprung des Glases muß in Stätten gesucht werden, die schon vor dem 15. Jahrhundert der Nuziglasfunde vorhanden waren" [Vandiver 1983, 246f].
Die Glasperle aus Nuzi IV ist bei diesen Überlegungen vorsichtshalber beiseite gelassen worden. Für eine Neuauflage der Debatte über

Glasfunde und die Stratigraphie von Nuzi
(konventionelle Datierung)

Zeit	Schichten-gruppe	Kommentar
um -1400	I	Rätselhaft frühes Ende zum Abschluß der Mitannizeit (entspricht Ende von Tell Brak III)
ab -1500	II	Beginn der Mitannizeit. *11.000 Perlen und Anhänger sowie 40 Gefäße aus Glas*
ab -2000	—	**Angebliche Lücke**, für die eine sterile Schicht jedoch fehlt. Fortsetzung von Keramik- und Werkzeugformen aus VI-III in II
ab -2400	VI-III	Akkad und Ur III-Zeit (entspricht Tell Brak IV). *Glasperle auf Kupfernadel.* Altakkadische Schrifttafeln.
ab -3200	IX-VII	Urukzeit
ab -4500	XII-X	Ubaidperiode

"primäres" und "sekundäres" Glas empfand offensichtlich niemand ein gesteigertes Bedürfnis. Oppenheims [1970, 84] ahnungsvoller Satz, "daß Zeitsprünge sich wiederholt ereigneten", wurde nicht als Einladung zum Umdenken, sondern als entschiedene Abschreckung vor neuerlichem Nachdenken aufgefaßt.

Im näher an Phönizien liegenden Tell Brak war zwar nicht Glas überhaupt, aber doch weiterverarbeitbares Glas früher da als in Nuzi, d.h. im eigentlichen Assyrien, das sich in der Akkadzeit noch mit einer einzigen, wahrscheinlich importierten Perle zufriedengeben muß und in der Assyrerzeit des -7. Jhs., als Glas das dritte Mal blühte, ohnehin längst verschwunden war. Ist der Wiege des Glases also nur auf die Spur zu kommen, wenn man näher an die Levante heranrückt? Einige Anzeichen "verweisen darauf, daß die Initialzündung für die Glasherstellung aus Nordsyrien kam. Glaserzeugung aus späterer Zeit (Arslan Tasch, Samaria, Athlit; Bolognavase und Alisedaflasche) wie auch die merkwürdigen und viel früheren Gläser aus Alalach Mitte des 2. Jahrtausends) geben den Anschein einer intensiven Aktivität in dieser Gegend. Nur zukünftige Ausgrabungen werden für dieses höchst verwirrende Problem eine Lösung ermöglichen. [...] Vielleicht spielte Syrien (Nordsyrien?) die alles überragende Rolle bei der Herstellung des ersten Glasgefäßes - zumindest wenn man annimmt, daß die Funde aus Alalach keine Importe sind" [Saldern 1970, 206].

Warum Alalach?

"Das früheste Exemplar eines kerngeformten Glasgefäßes war bei der Ausgrabung Sir Leonard Woolleys in der Schicht VI von Alalach entdeckt worden" [Barag 1985, 36].

Es handelte sich um den Hals einer Flasche aus durchsichtigem blauen Glas in einer Schicht, die noch in oder kurz nach der Hyksoszeit, d.h. gegen -1550 zu Ende ging [Woolley 1955, 220]. Da das Stück schon eine hohe Kunstfertigkeit aufwies, durfte der Beginn der Glasmacherei ohne weiteres mitten in die Hyksoszeit zurückversetzt werden. In derselben Schicht fanden sich Glasplaketten, die eine nackte Göttin darstellen und für die es in Megiddo ein Gegenstück aus der letzten Hyksosschicht (IX, ab -1550) gab [Moorey 1985, 201]. Die Hyksoszeit für den Glasfund aus Alalach war auch durch eine Keramik in den Schichten VII und VI bestätigt worden, die in Ägypten gefundener Hyksoskeramik sehr ähnlich sah [Smith 1940, 8]. Da die Hyksos Ägypten nicht vor -1540 räumten, "könnten die Funde aus Alalachs Schichten VI-V denjenigen aus dem Grabe von Tuthmosis I. [1504-1492] vorhergegangen sein" [Barag 1970, 184].

Alalach ist aber nicht allein für sein Glas aus der Hyksoszeit von Interesse. Auch die seltsame These, daß Hyksos und Altakkader, die den Mitanni entweder historisch *und* stratigraphisch oder zumindest doch stratigraphisch (Brak, Nuzi, Munbaqa etc.) vorausgehen, miteinander identisch seien, kann an der Stratigraphie von Alalach einer neuerlichen Überprüfung ausgesetzt werden. Dort ist in der angeblich frühesten hyksoszeitlichen Schicht VII (bis -1650) merkwürdigerweise ein fast 700 Jahre älteres Siegel der Akkadzeit (ab -2350) aufgetaucht, das kein Erbstück aus tieferen Schichten sein kann, da in diesen akkad-

Glas und die Stratigraphie von Alalach

[Daten nach Woolley 1955; Collon 1975; Rachet 1983, 29f]

Datierung	Schicht	Kommentar mit tentativen Datierungen
bis -1200	I	Graeco-mykenische Keramik am Beginn von I verweist eher auf →6. *Jh.* II und III mögen für
	II	weitere 20 bis 30 Jahre gut sein. Rein stratigraphisch bringt wohl erst Darius
ab -1470/1370	III	gegen *-520* Alalachs Ende.
	IV	Die Eisenklumpen in IV verweisen rein eisenhistorisch (Kapitel N) frühestens auf →*7./6. Jh.*
	V	Höhepunkt der Mitanni-Zeit in IV verweist bei deren Identität mit Medern ebenfalls auf Beginn des →*6. Jhs.*
ab -1720/1550	VI	**Beginn der Mitanni und erste Glasplaketten**
	VII	Hyksoszeitliche Schicht, aber altakkadisches Siegel von -2350. Rein stratigraphisch vormedische Assyrer (Herodot I:95; →*8./7. Jh.*)
ab -1780/1720		
	VIII	Unklarheiten bei X bis VIII. Zuviele Jahre für
	IX	schmale Schichten. Altakkadisch in XII
	X	und XI, aber Tempel und
-2200	XI	Siegel der Urukzeit ab -3100. Rein stratigraphisch →*9./8. Jh.*
ab -2400	XII	
	XIII	Angeblich Frühdynastik, aber
	XIV	Jemdet Nasr-
ab -3100	XV	Funde ab -3200
	XVI	Jungsteinzeit, rein stratigraphisch →*11./10. Jh.*
ab -3400	XVII	

zeitliche Funde gerade fehlen, aber frühdynastische (ab -3000) vorhanden sind [Heinsohn 1989, 103ff]. Würde Alalach im eigentlichen Mesopotamien liegen, hätte man im Ausgrabungsbericht zwischen den Schichten VII/teilweise VI und den Mitannischichten (ab VI bis IV) eine Besiedlungslücke von etwa 700 Jahren verzeichnet gefunden. Die größere Entfernung von Mesopotamien hat das unterbunden und so einen weiteren Beweis für die materielle Kontinuität eben nicht nur zwischen Hyksos und Mitanni, sondern auch zwischen Altakkadern und Mitanni geliefert.

Im engeren Forschungsgebiet der Keramikabfolgen ist übrigens die Ununterscheidbarkeit israelisch/palästinischer Tontöpfe der Hyksos und ihrer unmittelbaren Vorgänger (sog. Mittelbronzezeit ab -2000) von Töpfen der Altakkader und ihrer unmittelbaren Vorgänger (sog. Frühbronzezeit ab ca. -2700) schon relativ früh gesehen worden [Heinsohn 1989, 30ff; 1993b]. Gerade die feinen Schichtungen in Israel und Mesopotamien machten hier den Vergleich beinahe unausweichlich. Allein die radikal anmutenden chronologischen Konsequenzen des zeitlichen Zusammenfallens von zwei Epochen (mit den Hyksos in Israel/ Palästina und den Altakkadern in Mesopotamien), die heute 700 Jahre auseinanderliegen, hat hier weiterem Nachdenken den Mut genommen.

Gleichwohl soll dem ungewöhnlichen israelischen Archäologen Jacob Kaplan, der als erster auf die jedermann offensichtliche Identität dieser Keramiktypen auch öffentlich hinzuweisen wagte [1971], durch einen Ausschnitt aus seinen Vergleichstafeln die Reverenz erwiesen werden (Abb. 141). Ihm ist explizit nirgendwo gefolgt worden, spätere Arbeiten [Ayoub 1982; Stein 1984] haben implizit aber dieselben Schlußfolgerungen nahegelegt. Kaplan verlangte, daß die Schichten in Israel ebenso alt gemacht würden wie ihre Gegenstücke in Mesopotamien. Aber ein Zuschlag von 700 Jahren tief unten in den Ruinenhügeln hätte oben die Wegnahme von 700 Jahren bedeutet und Israels älteste Städte gerade in der geschichtsgesättigten Zeit von -1000 bis -300 ohne jede Schicht gelassen. Mysteriöse Lücken wie in Brak oder Nuzi, über die sich kaum jemand sonderlich wunderte, weil kein durchschnittlich gebildeter Mensch über diese Städte etwas wußte, hätten auch in Städten wie Megiddo, Beth Shean, Hazor, Gezer etc. Einzug gehalten, die der ganzen bibelgebildeten Welt vertraut waren. Den naheliegenden Vorschlag, statt dessen in Mesopotamien 700 Jahre wegzunehmen, wagte auch Kaplan nicht zu formulieren. Da es aber insgesamt um zwei

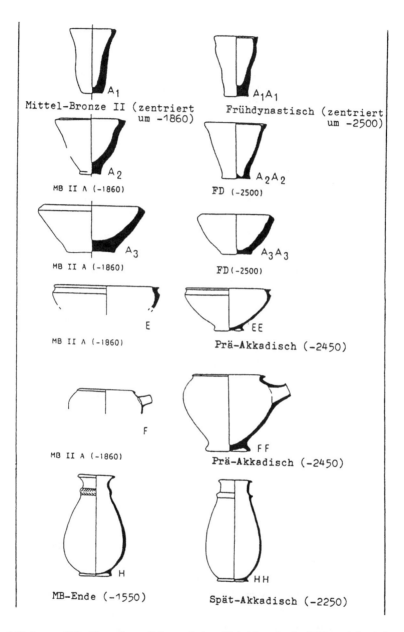

141 Ausgewählte Keramikparallelen zwischen (links) Israel, ab -1860, und (rechts) Mesopotamien, ab -2500; beide →*1. Jtsd.* [nach Kaplan 1971, Heinsohn 1989, 49]

Lücken von 700 bis 800 Jahren geht, braucht hier kaum noch darauf hingewiesen werden, daß auch in der Keramik dasselbe gilt wie beim Glas. In Städten mit Hyksosschichten gibt es keine Altakkaderschichten. In Städten mit Altakkaderschichten fehlen solche der Hyksos. In beiden folgen stratigraphisch nach oben die Mitanni. In beiden fehlt Keramik für Herodots Assyrer des -8./7. Jhs. auf ganz dieselbe Weise, wie in vergleichbaren Städten Glas für diesen Zeitraum mangels schlichten Vorhandenseins von Schichten nicht gefunden werden kann [Heinsohn 1989, 30ff].

Zurück zum Glas, dessen außerägyptische Wiege in immer größerer Nähe von Phönizien gesucht werden muß. Dabei sind wir erst einmal in Alalach angelangt. Für diese Stadt ist abschließend zu betonen, daß sie auch die längst im Raume stehende Vermutung bestätigt, daß die im -7. Jh. noch einmal erscheinenden Glasgefäße in Wirklichkeit derselben Zeit angehören wie die jetzt ins -15./14. datierten Stükke. Wie Brak, Nuzi und so viele andere Stätten bezahlt auch Alalach für sein Glas aus der Mitte des -2. Jtsds. mit Schichtenlosigkeit (hier sogar einem frühen Untergang um -1200) für die spätere Zeit, in der eigentlich die wunderbare Auferstehung der farbigen Glasgefäße stattfinden soll. Rein archäologisch sieht es mithin so aus, als ob das späte -3. Jtsd. mit Rohglas und textlichen Glasbelegen, das -2. Jtsd. mit Glasgefäßen sowie das -1. Jtsd. mit neuerlichen Gefäßen und Texten (dazu unten mehr) in ein- und dieselbe Zeit gehören. Stratigraphisch, d.h. bei Fallenlassen der künstlichen, wissenschaftsfremden Motiven geschuldeten Lücken von zweimal vielen hundert Jahren (besonders deutlich in Brak) muß diese Zeit der Glasentwicklung genau dort gesucht werden, wo auch Plinius d. Ä. seine glaserfindenden Phönizier gesehen hatte - also im -1. Jtsd.

Der Fluch des Mosaikglases aus Hasanlu IV, das die Ägyptologen zum Überbrücken ihrer Glaslücke nach -1200 nutzen wollten, ihnen aber nur weitere chronologische, perserzeitliche Verstrickungen einbrachte, ist auch an den Assyriologen nicht vorübergegangen. Wir erinnern uns, daß in Hasanlu IV (1000-800) Architektur und Keramik schon auf die Achämeniden (ab -550) verwiesen und in der Schicht IIIA bereits der Hellenismus von -330 erreicht war. Mosaikglas à la Hasanlu IV ist auch in Assyrien gefunden worden, und besonders genau hat es dort einmal mehr der sorgfältige David Oates in Tell al-Rimah ausgegraben. Wie schon in der gewaltigen Assyrerhauptstadt Assur, die in

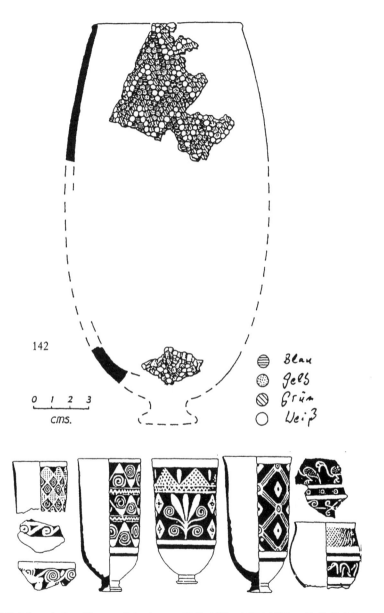

142 Mitannischer Glasmosaikbecher aus Tell al-Rimah/II (-1475; →7./6. Jh.) [Oates 1968, 134/Tafel XXXVc] nach der Rekonstruktion von Harden [1969a, 47]
143 Mitanni-Keramik aus Nuzi/II (ab -1475; →7./6. Jh.) [Schaeffer 1948, Tafel 311]

stratigraphisch gesicherten Arealen gerade für die großassyrische Blütezeit des -1. Jtsds. keine Schichten hat [Heinsohn 1989, 33], davor aber mittelassyrisches Glas besitzt, hat auch in Tell al-Rimah die mittelassyrische Periode von -1300 bis -1150 Mosaikglas hinterlassen. Etwas älter noch scheint ein Becher aus der -1450 bis -1330 datierten Schicht in derselben Stadt (Abb. 142).

Tell al-Rimah verdient besondere Aufmerksamkeit. Diese Stadt mit ihren wunderschönen echten Gewölben (siehe oben das einschlägige Kapitel E) und geringelten Säulen steht merkwürdig herausgehoben mitten im Lauf der Geschichte, da es - hochkulturell - nur zwischen -1800 und -1200, also bronzezeitlich besiedelt war. Ganz oben hat es eine mittelassyrische Schicht I. Darunter - genau vergleichbar der Situation in Tell Brak - liegt die mitannisch-hurritische Schicht II. Unter einer Mitannischicht ist nach den bisherigen Fundlagen entweder mit einer akkadischen oder mit einer Hyksosschicht zu rechnen. In Tell al-Rimah jedoch vermuten die Ausgräber unter den Mitanni in Schicht III die sog. Altassyrer. Diese Assyrer sind keineswegs die ältesten ihres Volkes. Schon vor den Altakkadern, die ab -2400/2350 mächtig werden, beherrschen sie, die Herodot [*Historien* I:95] doch nicht vor -1150 mit ihrer Hochkultur beginnen ließ, mindestens ab -2600 so mächtige Städte wie Ninive und Assur. Altassyrer fallen dadurch auf, daß ihre berühmtesten Großkönige Sargon und Naram-Sin (beide bislang ins -19. Jh. datiert) dieselben Namen tragen wie die berühmtesten Könige der Altakkader, die ja ebenfalls Sargon und Naram-Sin heißen, aber im -24./23. Jh. herrschen. Es fällt nun weiterhin auf, daß immer dort, wo Altassyrer ausgegraben werden, Schichten für Akkader bzw. Hyksos fehlen. Umgekehrt besitzen Ausgrabungsstätten mit Schichten für Hyksos bzw. Akkader keine altassyrischen Schichten. Rein archäologisch haben wir es bei den stratigraphisch direkt vormitannischen Altassyrern also mit derselben Zivilisation zu tun wie bei den stratigraphisch direkt vormitannischen Akkadern hier und den vormitannischen Hyksos dort. Alle drei teilen sich dieselbe Chaburkeramik. In Tell al-Rimahs Schicht III ist allerdings von den Altassyrern Sargon und Naram-Sin nichts zum Vorschein gekommen, so daß die Zuordnung der dort gemachten Funde an die Altassyrer nur mit gewissen Verbiegungen gelang.

Tell al-Rimahs Mosaikglas aus dem -15. Jh. kommt selbst innerhalb der konventionellen Chronologie sehr früh, die solche Funde

Glasfunde und die Stratigraphie von Tell al-Rimah
(konventionell datiert [Oates 1982, 88f])

Zeit	Schicht	Kommentar
bis -1200	I	Mittelassyrisch mit Mosaikglasbecher
ab -1450	II	Mitanni-hurritisch mit frühesten Mosaikglasbecherfragmenten
ab -1800	III	Vielleicht altassyrisch. Gewölbereiche Tempel - allerdings im Stil der Ur III-Zeit (2112-2004), die in Schicht II u. I renoviert werden.
vor -1800		Dorfreste bis weit zurück in die Steinzeit

ansonsten - etwa in Aqar Quf [Barag 1985, 40] - frühestens im -14. Jh. hat, ganz sicher dann aber im -13. Jh. der Mittelassyrer, deren an Darius d. Gr. erinnernder Weltreichsvollender Tukulti-Ninurta I. (1244-1208) in Assur eindeutig mit reichen Mosaikglasfunden zusammengehört [Moorey 1985, 204]. Da die Ur III-Zeit, deren Architektur in Tell al-Rimahs Schicht III gefunden wurde, den Altakkadern stratigraphisch ebenso direkt folgt wie andernorts die Mitanni, käme rein archäologisch auch für Tell al-Rimah III die Mitannizeit in Frage, was die Schichten II und I in die Mittelassyrerzeit brächte, in der die Mosaikglasbecher, dann in stratigraphischer Perserzeit, nicht mehr untypisch früh lägen. Eben dieses ist den Archäologen vor Ort von Glasspezialisten auch nahegelegt worden [Saldern 1970, 207/Fn. 6a]. Die Ausgräber taten sich ohnehin schwer, die 600 Jahre von -1800 bis -1200 plausibel mit den drei Hauptschichten auszufüllen und könnten von der archäologischen Fundlage her einer Datierung zwischen -1450 und -1150 wenig entgegensetzen. Es waren in Schicht III gefundene Texte mit dem Königsnamen Schamschi-Adad, für den - so er der erste seines Namens ist - von den Chronologen ein Datum ab -1813 vorgegeben war.

Die eigentliche Beunruhigung vom Mosaikglas aus Tell al-Rimah II und I rührt aber daher, daß in Hasanlu IV vergleichbares Glas zwischen -1000 und -800 datiert wurde und archäologisch doch schon in die

Perserzeit gehörte. Als nun in den Jahren 1961-62 im iranischen Marlik ebenfalls zwei Glasmosaikgefäße gefunden wurden [Saldern 1966, 16ff], wollte der Ausgräber E.O. Negahban [1965] diese aufgrund der Begleitfunde so spät wie möglich datieren. Er schloß sich am Ende der Datierung von Hasanlu IV an, beharrte mithin auf einem spätesten Datum von -1000, wobei seine größere Sympathie allerdings bei Hasanlus konventioneller Untergrenze von -800 lag. Der persische Gelehrte ist selbst damit nicht durchgekommen. Sein Sachverstand ist am Schreibtisch der Chronologen für unzureichend befunden worden:

"E.O. Negahban schlug für diese Gefäße ein Datum von ca. 1200 bis 1000 v. Chr. vor. Die mesopotamischen Parallelen, die aus datierbaren Kontexten stammen, zeigen aber, daß diese Gefäße aus dem vierzehnten-dreizehnten Jahrhundert datieren" [Barag 1985, 38].

Mit einem Datum für den ersten Tell al-Rimah-Becher bereits um -1450 war damit eine über 600jährige Produktionszeit für ähnliche Stücke anzunehmen, die zwischendurch aber von -1200 bis -1000 auch wieder 200 Jahre lang gänzlich verlorengingen, was wiederum die Glashistoriker zutiefst beunruhigt: "Warum gibt es eine so große Zeitspanne zwischen den uns bekannten Objekten? Gab es noch unentdeckte Zwischenstufen?" [Saldern 1966, 19].

Gegen solche Zwischenstufen wiederum spricht die Archäologie. In Brak sitzen die mittelassyrischen Schichten direkt vor den hellenistischen von -330 und gehören rein stratigraphisch in die Perserzeit ab -550. In Hasanlu IV verweisen Keramik und Architektur ebenfalls auf diese achämenidische Periode. Zugleich fand sich in Hasanlu IV aber eine Steinschale mit mittelassyrischer Inschrift des -13. Jhs., die als Erbstück eingestuft wurde. In Tell al-Rimah kommt Glas aus mittelassyrischer Zeit vor, in der die Stadt überhaupt untergeht. Beim stratigraphischen Vergleich mit Tell Brak würde dieser Untergang durch die hellenistische Eroberung zustandegekommen, Tell al-Rimah also nicht gegen -1200, sondern erst gegen -330 untergegangen sein. Unstrittig ist, daß Perserfunde und Mittelassyrerfunde zusammenliegen (Hasanlu IV) und Mittelassyrer-Schichten archäologisch zur Perserzeit gehören (Brak). Muß also der Schluß gezogen werden, daß beide Perioden identisch sind und wir es mit perserzeitlichem Mosaikglas zu tun haben? In Ägypten wurde ja auch schon über persisches Einlegemosaikglas in roter Farbe gestolpert, das - von ersterem chemisch ununterscheidbar - auch schon einmal im -13. Jh. des Neuen Reiches anzutreffen war. Von Mesopotamien her läßt sich die Gleichsetzung der beiden ägyptischen Epochen, -13. Jh. und -6. Jh., also nicht etwa in Zweifel ziehen, sondern nur entschieden bekräftigen.

Für die materielle Evidenz Mesopotamiens ist festzuhalten, daß die Glasindustrie in der Akkadzeit ab -2400/2350 beginnt, in der Mitannizeit ab -1450 aufblüht und in der mittelassyrischen Zeit gegen -1200 ihren Höhepunkt erreicht und dann direkt in ein dunkles Zeitalter übergeht. Wo im -1. Jtsd. ab etwa -600 Glasgefäße wieder auftauchen, finden sie sich in ganz anderen Ausgrabungsplätzen als denen mit Dritt- oder Zweitjahrtausendglas und scheinen rein stratigraphisch wiederum in dieselbe Periode zu gehören. Näher an Phönizien, in Alalach, beginnt das Glas in der Hyksoszeit ab -1700/1650 und kommt ebenfalls in der Mitannizeit ab -1450 dann zu voller Blüte. Alles spricht archäologisch, philologisch und historiographisch für die Gleichzeitigkeit von Akkadern und Hyksos [vgl. ausführlich Heinsohn 1993b]. In Europa (Griechenland) gerät man für die Glasentstehung - wie noch zu zeigen - in die Schachtgräberzeit von Mykene, deren frühere Stufen der entwickelten Hyksoszeit - bei Historikern *und* Archäologen parallel läuft. Es gibt aber in Mesopotamien auch noch die textlichen Funde, und die haben die Spezialisten nicht weniger ratlos gemacht als die glanzvollen Stücke aus Kalzium und Natrium.

Diese Texte führen uns tiefer in den Süden Mesopotamiens. Wir erinnern uns, daß Glastexte für die Ur III-Dyastie (2112-2004) und für die altbabylonische Zeit der Mart(d)u (bis -1700) vorliegen, die dann in ein dunkles Zeitalter auch für Glastexte mündet. Glastexte tauchen von neuem in der mittelassyrischen Zeit (ab -1300) auf. Von "runden Glaskuchen" - einmal werden einunddreißig Stück geliefert - ist dort die Rede und von verschiedenen Bezeichnungen für Glas wie etwa "künstlicher roter Stein" [Oppenheim 1970, 15]. Neben dem mittelassyrischen Textmaterial gibt es auch mittelbabylonisches (1600-1170), "dessen Schriftbild aber für eine Datierung nicht charakteristisch genug ausfällt" [Oppenheim 1970], gleichwohl "aber irgendwann zwischen dem vierzehnten und zwölften Jahrhundert in Babylon geschrieben wurde" [ebd. 62]. Auch die mittelbabylonischen Texte sind über Amarna ins -2. Jtsd. datiert und deshalb für die ägyptologische Suche nach ausländischen Glaseinflüssen von Bedeutung. Dieser Text kommt aber viel zu spät, um einen gegen -1550 (18. Dynastie) oder gar gegen -1650 (Hyksos in Tell el-Daba E) anzusetzenden Glaseinfluß zu unterstellen.

Chronologische Verwirrung haben vor allem die mittelassyrischen Glastexte (1300-1200) ausgelöst. Und zwar deshalb, weil ihre Sprache "definitiv babylonisch beeinflußt ist" [Oppenheim 1970, 28]. Danach setzt bei den Glastexten wie bei den Glasfunden die zweite große mesopotamische Lücke ein, bis die konventionell gegen -640 datierten Glasrezepte mit über 500 Zeilen aus der Bibliothek Assurbanipals (668-631/26) in Ninive alle bisherigen Glastexte weit übertreffen. An diesen spätassyrischen Texten fällt nun auf,

"daß sie durchweg der assyrischen Tradition angehören und nicht auf irgendein Textmaterial zurückgehen, das man aus Babylonien übernommen hätte" [Oppenheim 1970, 28].

Die stratigraphisch, historiographisch, ikonographisch, architektonisch und aus den Kleinfunden ermittelte Gleichsetzung von Spätassyrern und Spätachämeniden in ihrer angeblich unauffindbaren Kernsatrapie Assyrien bestätigt sich auch an den rein assyrischen Glastexten Assurbanipals, der als Artaxerxes III. Ochus in assyrischem Gewande zu dechiffrieren war [Heinsohn 1996, 91-110]. Die Entscheidungsschlacht zwischen Alexander d. Gr. und den Persern erfolgt deshalb mitten in Assyrien - bei Gaugamela (-331) -, weil dieses Land nicht etwa gemäß herrschender Lehre entvölkert ist, sondern die strategische und ökonomische Mitte des Achämenidenreiches bildet und deshalb reich genug ist, beide Armeen zu versorgen. Alexanders Nutzung von Assurbanipals = Artaxerxes' Bibliothek in Ninive erweist sich nicht als Schrulle des frühmittelalterlichen Moses von Choren, sondern als makedonischer Zugriff auf das angeblich unauffindbare Staatsarchiv der Achämeniden.

Die perserzeitliche Sachlage der Mittel- bis Spätassyrer führt uns noch einmal nach Assur, das ja als einzige Stadt mit - stratigraphisch allerdings ungeklärten Funden - von Glasgefäßen ab dem -15. Jh. und *dann* wieder nach -600 geführt wird. Die Gruft 37 hatte frühe, mitanniartige Flaschen erbracht, wohingegen das "Kompositgrab" 961 die späten Flaschen enthielt. Am Mosaikglas kann die Unsicherheit jetzt überwunden werden. Eine Mosaikglasschale aus Assur konnte nach dem Fundgebäude des Tukulti-Ninurta I. (1244-1208) sehr genau konventionell datiert werden. Er folgte als dariusgleicher Reichsvollen-

der dem brutalen Salmaneser I. (1274-1244), der dem gigantischen mittelassyrischen Reich noch Musri (als Ägypten zu übersetzen) hinzugewann und als ein wahrer Vorgänger des Ägypteneroberers Kambyses gelten kann. Dessen Vorgänger wiederum war der mächtige, aber tolerante Reichsgründer Adad-Nirari I. (1305-1274), dem später dann Kyros d. Gr. wie aus dem Gesicht geschnitten war. Nun stammt aus dem vorhellenistischen Grab 311 in Assur
> "eine sehr ähnliche Schale mit einem Sternmuster. Das Grab ist nachassyrisch, was in unserem Fall besagt, daß man sie zwischen 600 und 300 v. Chr. anzusetzen hat" [Haevernick 1968, 167].

Wie in Assyrien die Mittel- bis Spätassyrerzeit die Persersatrapie Assyrien konstituieren, so bilden im Süden die Alt- und Spätbabylonier die Persersatrapie Babylonien. Der Merkes-Ausgrabungsbezirk in der Stadt Babylon, in dem das mittelbabylonische Textstück uncharakteristischer Paläographie aus dem -14. bis -12. Jh. gefunden wurde [Oppenheim 1970, 23], gab entsprechend - wiederum aus einem Grab - eine 700 Jahre jüngere Glasschüssel aus der Perserzeit frei [Reuther 1926, 209ff]. Es sind allein diese beiden Stücke aus Assur und Babylon, die für die 220 angeblich schichten-, wenn auch nicht gräberlosen Perserjahre von -550 bis -330 in den Satrapien Assyrien und Babylonien - den reichsten des Achämenidenreiches - in einer historischen Phase nie wieder unterbrochener Glasentwicklung jemals gefunden worden sein sollen.

Ähnlich bedrückend sieht die Lage für die neobabylonischen Spätchaldäer (625-539) aus. Sie machen den Eindruck, als ob sie sich mit ihren glastextgesegneten kassitischen bzw. mittelbabylonischen Vorfahren des -2. Jtsds. oder gar ihren neosumerischen der Ur III-Zeit (-3. Jtsd.) mit kobaltblauem Glas in Eridu nicht messen konnten. Über beide Imperien klagen die Glashistoriker:
> "Die Existenz einer Glasindustrie im neobabylonischen und achämenidischen Mesopotamien steht außer Zweifel, obwohl ihre Produkte so gut wie unbekannt sind" [Barag 1975, 29; ähnlich bereits Fossing 1940, 40].

Diese Aussage fällt nicht leicht, da etwa persisches Glas als solches in Ägypten und im Iran (die mit Schminke gefüllten Kohlflaschen) durchaus vorhanden ist. In Mesopotamien wiederum fehlt Glas als solches in Gebieten, die dann auch die Perser regieren, keineswegs. Es

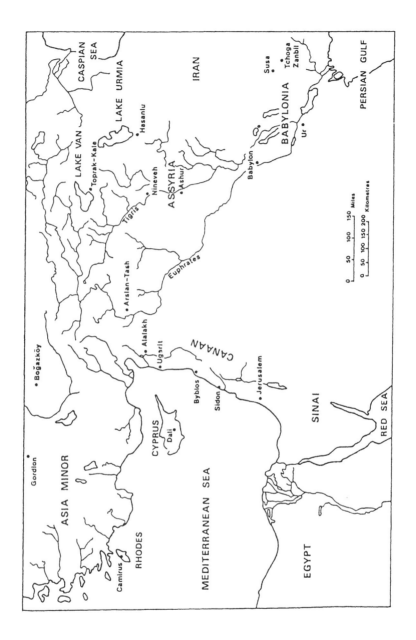

144 Mesopotamische Glasfundorte im ägyptisch-mediterranen Kontext [Barag 1985, Karte 1]

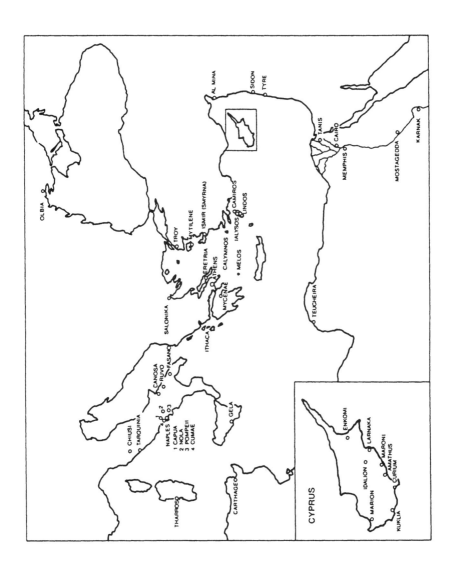

145 Fundorte der "Mediterranen Glasgruppen" 1 bis 3, 570-50 [Harden 1981, T. 19]

ist aber mittel- bis spätassyrischen und alt- bis mittelbabylonischen Völkern des -2. Jtsds. zugeschlagen worden, von denen bis zum Ende des vorigen Jahrhunderts noch niemand gehört hatte.

Noch dramatischer als für die Perser sieht die Situation für ihre medischen Vorgänger aus, die von -610 bis -550 die assyrischen Herzlande beherrschten. Vom Reiche Media gibt es absolut nichts. Ihr Großreich habe überhaupt "nicht existiert" [Sancisi-Weerdenburg 1994, 55; vgl. Kuhrt 1995, II 653-56]. Neben den Schichten fehlen sogar die Gräber:
"Es ist heute nicht möglich, eine Darstellung der medischen Kunst zu geben, denn keine unzweifelhaft medische Stätte wurde bisher ausgegraben und kein beschriftetes medisches Kunstwerk gefunden" [Porada 1962, 131f].

Dabei sind die mesopotamischen Territorien der Meder keineswegs von Glasfunden entblößt. Im Gegenteil. Sie bergen die schönsten Stücke und reichhaltigsten Bestände. Diese werden allerdings dem rätselhaften Volk der Mitanni zugeschrieben. Niemand kannte diese Mitanni vor dem Ende des vorigen Jahrhunderts und doch stehen sie heute mit besten Schichten und reichsten Überlassenschaften vor uns:
"Das Königreich Mitanni war jahrtausendelang vollkommen der Vergessenheit anheimgefallen, bis Entdeckungen des 19. Jhs. seinen Namen und seine Existenz offenbarten" [Grayson, 1988, 109].

Inzwischen gelten die Mitanni sogar als die Inspiratoren der Glasgefäßentwicklung in Ägypten. Ihre zauberhafte Keramik (Abb. 143), die wiederum im Gebiet der selbst schichtenlos bleibenden Meder gefunden wurde, gehört zu den Schmuckstücken der archäologischen Museen.

Rein stratigraphisch allerdings liegen die Mitanni etwa am Chabur durchaus dort, wo wir die Meder erwarten müßten - nämlich zwei Schichten unter den Hellenisten bzw. eine unter den Mittel- bis Spätassyrern, die direkt unter den Hellenisten liegen und archäologisch deshalb die Persersatrapie Assyria bilden. Alles in allem ein verwirrender Zustand, der sich in Europa nicht minder ungereimt fortsetzt. Bevor wir uns diesem Kontinent zuwenden, soll jedoch noch ein geographischer (Abb. 140) und ein zusammenfassender Blick auf die mesopotamische Situation und ihre rätselhaften Lücken geworfen werden:

Textliche und materielle Funde sowie Lücken für Glas in Nord- und Südmesopotamien
(konventionell datiert, unter Zuhilfenahme von Oppenheim 1970, 101)

Zeitraum	Materielle Funde	Textliche Funde
ab -330	Hellenismus, Glas geht nicht mehr verloren	
540 - 330	**Fast Dunkles Zeitalter** mit schichtenlosen Jahrhunderten. Keine Texte zu Glas und nur jeweils ein Fundstück aus Gräbern in den Hauptsatrapien Assyrien und Babylonien des persischen Weltreiches	
610 - 540	**Fast Dunkles Zeitalter** für Glas und Texte bei Neo-Babyloniern. Absolutes Fehlen von Schichten für Großreich der Meder	
650 - 610	Nimrud, Assur, Kisch, Ur, Babylon; alles mit unklarer Stratigraphie, in Nimrud sogar Verweis auf Hellenismus	Glasrezepte aus Ninives Bibliothek, die mit Assurbanipal ins -7. Jh. datiert wird
1200-700/650	**Allgemeines Dunkles Zeitalter** für Glas und Glastexte	
1300-1200	Mittelassyrisches Glas in Tell al-Rimah, Chagar Bazar; mittelbabyl. in Nippur und Babylon	Mittelassyrische und mittelbabylonische Texte
1500-1300	Mitannisches Glas in Brak, Nuzi, Tell al-Rimah, kassitisches in Aqarquf, Ur, Nippur, Babylon	Glas in Briefen nach Amarna; Aqarquf- und Nuzitafeln
1700-1500	Dunkles Zeitalter für Glas und Texte (dafür Glas der Hyksos in Alalach, Israel, Ägypten (Daba E)	
2000-1700	Altbabylonier bzw. Mard(t)u ohne Stücke	Altbabylonische Texte auf sumerisch und in Mari auf akkadisch
2100-2000	Kobaltblaues Glas aus Eridus Ur III-Zeit	Ur III-Glasschalenerwähnung
2400-2100	Tell Asmar-, Tell Brak-Glasklumpen. Ur-, Brak- und Nuziperlen	Akkader ohne textliche Belege
vor -2400	Ninive IV- und Amuq G-Perle (Syrien)	

5) Europa: Ein ernsthafter Bewerber um die Krone der Glaserfindung?

Noch bis vor zehn Jahren wurde geglaubt, daß in Nippur und Nimrud Glasgefäße nicht erst 600, sondern schon 400 Jahre nach ihrem gegen -1200 einsetzenden Verschwinden in Mesopotamien von neuem erschienen. Sie stellten einen Fundbestand dar, der als "Späte Gruppe vom achten bis zum sechsten Jahrhundert v. Chr." [Barag 1970, 174ff] verbucht wurde. Durchaus zähneknirschend ist dieses Datum dann auch für solche Stücke in Europa (Rhodos, Zypern) übernommen worden, die den mesopotamischen ähnlich schauten. Da auch in Europa (Fundorte in Abb. 145) Glas gegen -1200 verschwindet, um dann im -1. Jtsd. wiederzuerscheinen, heißen Europas älteste Glasgefäße aus der zweiten Phase des Glases (also derjenigen des -1. Jtsds.) "Mesopotamische Gruppe des siebenten und frühen sechsten Jahrhunderts v. Chr." [Harden 1981, 51,55ff; Abb. 146, 147]. Nur kurze Zeit nach dieser viel Überwindung kostenden Entscheidung, das europäische Glas direkt aus Mesopotamien stammen zu lassen, mußten die mesopotamischen Stücke heruntergedatiert werden. Insbesondere in Nimrud, wo zeitweilig sogar gefürchtet wurde, die "Späte Gruppe" vom -8. bis ins -3. Jh. vorrücken lassen zu müssen, weil sie unmittelbar unter hellenistischen Schichten ab -200 gefunden wurde, ist der mesopotamische 'Führungsanspruch' restlos unterminiert worden. Gewissermaßen als Kompromiß hat man sich dann für das Nimrudglas auf ein nicht weiter spezifiziertes Datum aus der Achämenidenzeit zwischen -550 und -330 geeinigt [Moorey 1985, 212f; Barag 1985, 59]. Der europäische Umschwung zugunsten Mesopotamiens erwies sich mithin als voreilig. Aber es ehrt Donald B. Harden, wenn er aufgrund seiner wohl nie gänzlich ausgeräumten Zweifel immerhin auf die Merkwürdigkeit hinwies, daß bei diesem Export direkt vom heutigen Irak nach Rhodos die hafenreiche "Küstenregion der Levante umgangen" werden mußte [Harden 1981, 52].

Die Befreiung vom -8./7. Jh. für seine mesopotamisch aussehenden Flaschen hat nun bewirkt, daß Europa nicht schon ab -750, sondern erst nach -600 seine Wiederauferstehung des Glases erlebt. Für den Gesamtzeitraum bis zur Zeitenwende werden drei "Mediterrane Gruppen" unterschieden (Abb. 146). Gruppe 1 (Abb. 147) dauert von -570 bis -400, Gruppe 2 (Abb. 148) von etwa -400 bis -270 und Gruppe 3 von -270 bis -50 (Beginn der Glasbläserkunst; Abb. 149; für die Produkte der nach -50 häufig werdenden Blaskunst vgl. Harden et al. 1988). Alle drei Gruppen weisen untereinander große Ähnlichkeiten in Form und Dekor auf, erlauben aber doch eine interne Differenzierung. Eine vergleichende Formentafel macht diese bereits von Poul Fossing gesehene Feinunterscheidung relativ gut sichtbar. Auch die Verzierungen auf den folgenden Tafeln lassen eine Evolution durchaus erkennen. Hauptfundorte dieser Glasgefäße, von denen das Britische Museum allein schon "286 Exemplare besitzt" [Harden 1981, 51] bleibt für die Zeit von -570 bis -400 Rhodos, weshalb auch von einer "rhodisch-mesopotamischen Gruppe" [ebd. 52] gesprochen wird, die nach der chronologischen Verjüngung der mesopotamischen Funde aus Nimrud und Nippur nunmehr nur noch als "rhodische Gruppe" der Perserzeit bezeichnet werden kann. Rhodos darf deshalb als zumindest zweite Wiege - von der ersten im -2. Jtsd. wird noch zu sprechen sein - des europäischen Glases angesehen werden und ist für diese Position lange vor den unnötigen, mesopotamisch inspirierten chronologischen Aufgeregtheiten auch schon in Aussicht genommen worden [Fossing 1940, 56; Haevernick 1960, 82].

Neben dem griechisch dominierten Formenkatalog gibt es in Europa nach -570 einen weiteren eigenständigen Raum der Glasgefäßerstellung im Lande der Etrusker, der vor allen Dingen für kleine Stacheln bekannt ist, die den typischen Glasgefäßen noch zusätzlich angefügt wurden [Haevernick 1959, 60ff; 1961, 104]. Dieser besondere Stil hat die Schaffung einer "Italienischen Gruppe vom späten siebenten bis zum frühen 3. Jahrhundert v. Chr." erforderlich gemacht (Abb. 150). Daneben fehlten in Etrurien aber auch die bekannten glatten Gefäße nicht.

In Etrurien gefundene Glasgefäße des bekannten Formenkataloges haben eine bis heute nicht überwundene chronologische Mysteriösität an sich. Es geht um Funde aus Gräbern in Tarquinia und Vulci, die auch konventionell nicht früher als -700 datiert werden können und wahrscheinlich sogar "etwas später" [Fossing 1940, 33] angesetzt werden müssen. "Höchst merkwürdig" wirken die Funde "wegen ihrer Ähnlichkeit" mit mittelassyrischen und mittelbabylonischen Flaschen aus Ur und Assur (-1300), "weshalb es nicht falsch wäre, diese beiden Gläser aus Etrurien als Produkte aus dem Zweistromland anzusehen" [Fossing 1940, 33]. Auch bald dreißig Jahre später ist die Verwunderung der Gelehrten nicht gewichen.

"Es ist überhaupt nicht einfach zu erklären, warum in Gräbern des -7. Jahrhunderts Gläser gefunden werden, die fünf bis sechs Jahrhunderte älter datiert werden müssen" [Calvi 1968, 4].

Inzwischen ist man sich bewußt geworden, daß die etruskischen Daten des -7. Jhs. noch viel zu hoch angesetzt sind. Der historische Beginn Etruriens ist chronologisch an das Jahr -776, also an die angeblich erste Olympiade gekettet. Dieses Datum für den Beginn der griechischen Stadtstaaten hat archäologisch nie überzeugen können. Vor -600 sind Schichten nicht nachweisbar. Versetzt man in bestimmten Ausgrabungsplätzen jedoch Schichten oder auch nur Funde in die Zeit von -776 bis -600, dann fehlen in eben diesen Stätten Schichten oder Funde für die Zeit von -600 bis -490. Wir haben es beim Datum -776 also mit einer bereits in der Antike vorgenommenen Schreibtischkonstruktion zu tun. Darauf ist etwa seit Scaliger [1629], Newton [1728], Mure [1853], Mahaffy [1882] und Burn [1935; 1949] immer wieder hingewiesen worden, aber erst in allerjüngster Zeit konnte von Peiser [1996] systematisch gezeigt werden, wie die chronologischen Fehler im griechischen Gerüst zustandegekommen sind und daß tatsächlich die Polis nicht vor -600 in die Geschichte eintritt (vgl. auch oben Kapitel B).

Dieses Datum bestätigt die Datierung der - rein archäologisch den großgriechischen ja direkt vorhergehenden - spätmykenischen Funde im ägyptischen Amarna, die aus dem -14. an die Wende vom →7. zum →6. *Jh.* zu bringen waren [Heinsohn 1987; 1987a; 1988, 176]. Umgekehrt erforderte die für Ägypten gegen →600 datierte Amarnazeit die Ansetzung von Amarna- bzw. Amenophis III.-Funden in Griechenland [Pendlebury 1930, 55ff] in eben jene Zeit kurz vor →600. Und eben erst nach →600 ist der Beginn der griechischen Stadtstaatengeschichte archäologisch und chronologisch auch glaubhaft zu machen. Selbst der noch die konventionelle Olympiadendatierung favorisierende jetzige Ausgräber Olympias mußte einräumen, daß dort archäologisch nichts für einen Beginn der Spiele vor -700 spricht [Mallwitz 1988, 2]. Den berühmten Heratempel mußte er sogar schon auf -600 zurücknehmen [Mallwitz 1966, 310ff], und der kultisch so zentrale Tempel des Zeus, dem die Spiele doch von Anfang an geweiht sind, wird erst zwischen -470 und -456 gebaut [Biers 1987, 190]. Es ist dasselbe Jahrhundert und dasselbe Olym-

146 Vergleichende Formentafel der europäischen "Mediterranen Glasgruppen" 1 (570-400), 2 (400-270) und 3 (270-50) [Harden 1981, Tafel 4]

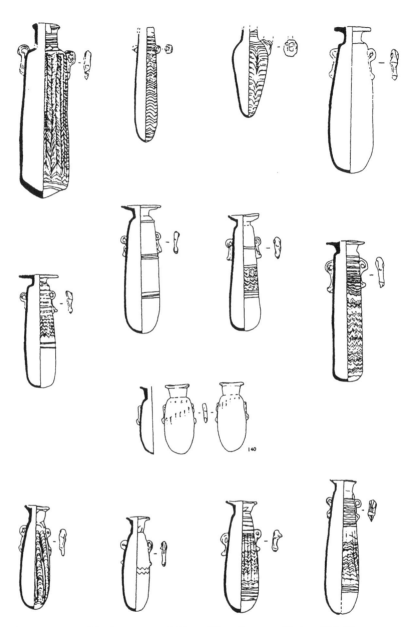

147 Ausgewählte Verzierungen auf Glasgefäßen der europäischen "Mediterranen Gruppe" 1 (570-400) [Harden 1981, Tafeln 5, 6]

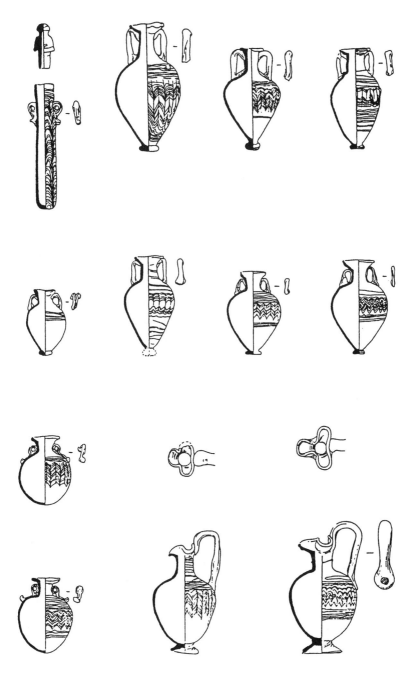

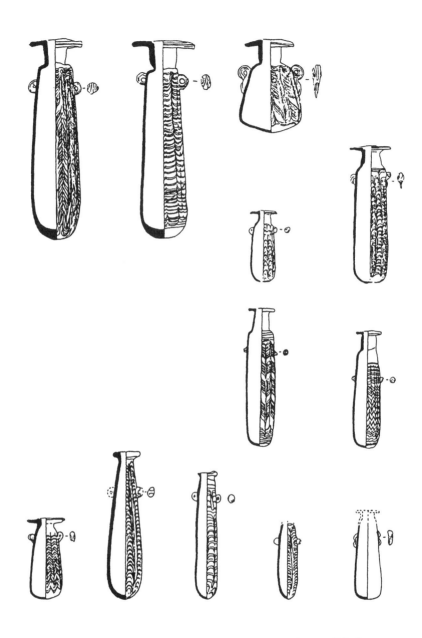

148 Ausgewählte Verzierungen auf Glasgefäßen der europäischen "Mediterranen Gruppe" 2 (400-270) [Harden 1981, Tafeln 7, 8]

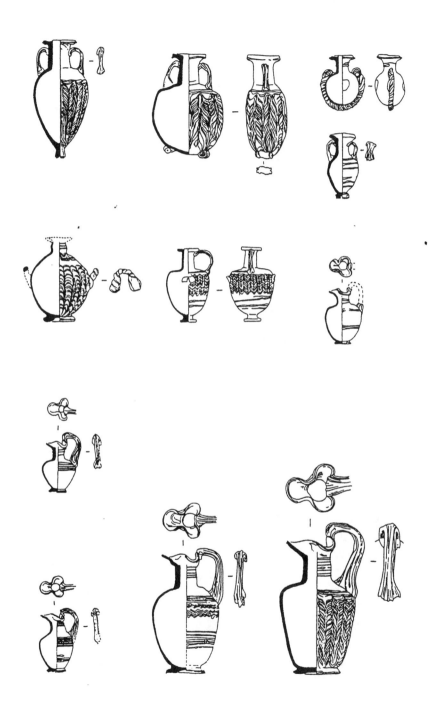

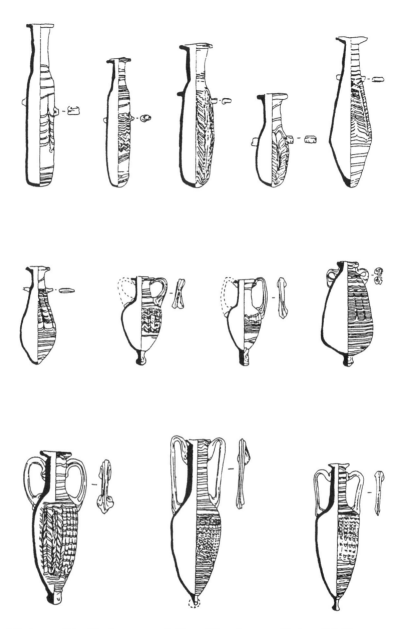

149 Ausgewählte Verzierungen auf Glasgefäßen der europäischen "Mediterranen Gruppe" 3 (270-50) [Harden 1981, Tafel 9]

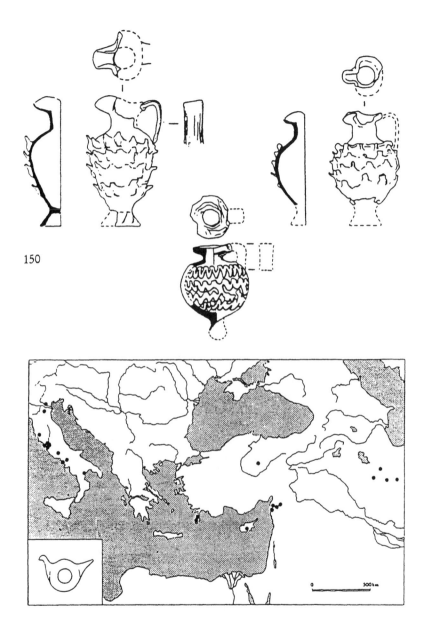

150 Gläserne Stachelgefäße aus der "Italienischen Gruppe" ab dem -6. Jh. [Harden 1981, Tafel 10]
151 Verbreitungsgebiet gläserner Vogelperlen (ab -750; realiter *ab* →*600)* [Frey 1982, 33]

pia, in welchem ab etwa -430 zum erstenmal nach den mykenischen Glaserzeugnissen (s.u.) dann auch wieder eine griechische Glaswerkstatt archäologisch nachgewiesen werden kann [Haevernick 1960, 76].

Die jetzt in Etrurien noch gegen -670 datierten Gläser verlieren mithin an die 170 Jahre und landen bei →500, also in der Zeit des achämenidischen Weltreiches. Der Abstand zu den so ähnlichen mittelassyrischen Gläsern, die zwischen -1300 und -1200 datiert werden, wächst damit auf bis zu 700 Jahre, was ein Verständnis für das rein glashistorisch betrachtete Zusammenfallen der beiden Epochen nicht erleichtert. Archäologisch allerdings spricht gegen diese Gleichsetzung nichts, da die Mittelassyrer (etwa in Tell Brak, Tell Hamadiye etc.) ja direkt unter der hellenistischen Schicht ab -330 liegen, stratigraphisch also ebenfalls in die Achämenidenzeit gehören. Die gläsernen Vogelperlen (Abb. 151), die in Etrurien und Kampanien, aber auch in Syro-Phönizien und Rhodos konzentriert sind und jetzt gegen -750 datiert werden, müssen sich einen ähnlichen Zeitabzug gefallen lassen, geraten also in die Zeit ab -580.

Es gibt jedoch nicht nur europäisch-mediterranes Glas aus der Zeit nach →580, das aussieht wie Glas aus der Zeit vor -1200. Auch der umgekehrte Fall tritt auf. In Tiryns wurde eine sogenannte Schichtaugenperle gefunden, "wie sie eigentlich erst Jahrhunderte später zur Blüte kommt", bzw. die "in sehr viel späterer Zeit in gleicher Technik wieder" vorkommt [Haevernick 1979, 408]. Dieses "später" liegt "in der Periode vom sechsten Jahrhundert v. Chr. bis zum ersten Jahrhundert n. Chr." [Venclova 1983, 11]. Die gläserne Tirynsperle hingegen mußte in die Periode Späthelladisch IIIC, d.h. kurz nach -1200 datiert werden. Da wir es rein glashistorisch hier mit einem Fund zu tun haben, der frühestens bei →600 liegt, erlangt ein weiterer Fund aus Tiryns höchstes Interesse, da er uns nach Ägypten führt.

Dieses "kleine Affenfigürchen mit Kind aus dunkelblauer Fritte" trägt auf dem rechten Oberarm der Mutter "die Königskartusche von Amenophis II" [Haevernick 1979, 409]. Es wurde zusammen mit Keramik vom Typ Späthelladisch IIIA gefunden, die ab -1400 datiert wird. Im Verhältnis zu den Augenperlen aus Tiryns geraten wir rein archäologisch für die Äffchen mithin in das →7. Jh. Chronologisch aber liegt die Zeitstellung von Amenophis II. bei -1428 bis -1397. Dabei erinnert man sich natürlich an die Augenperle aus der ab -1400 datierten

Amenophis III.-Schicht in Beth-Shean (VII), die 800 Jahre zu früh kam, stratigraphisch aber ganz korrekt in der Mitanni=Mederzeit (612-550) saß (s.S. 298).

Um einen leichteren Überblick für die Querverbindungen zwischen Griechenland und Ägypten zu ermöglichen, folgen die Chronologien beider Gebiete in konventioneller Datierung (Abb. 152). Das dunkle Zeitalter für Glas (und andere Funde) beginnt in dieser Chronologie in Ägypten später als in Griechenland, wo es kurz nach -1200 einsetzt. Dafür beginnen in Griechenland die Glasgefäßfunde aber schon nach -600, während Ägypten bis nach -400 warten muß. Die griechischen Gegenstücke zu Fundhorizonten, die in Ägypten noch der Spätbronzezeit zugeschlagen wurden (die 20. Dynastie), fehlen in diesem Überblick, da sie in der Zeit nach -600 abgebucht werden. Die 20. ägyptische Dynastie hatte ja in Beth-Shean Funde in der Schicht V, die nur zwei Schichten unter der hellenistischen (Schicht III) lagen. Eigentlich hätte in der nachstehenden Übersicht in der Ägyptenkolumne auch noch die 21. Dynastie (1075-945) Platz gefunden, zu der die Gläser der Nes-Chons (1000-970) gehören. Vielleicht hat der Verfasser der Übersicht sich daran erinnert, daß diese Dynastie archäologisch (z.B. in Memphis) direkt unter der hellenistischen Schicht von -330, also perserzeitlich liegt, und deshalb davon Abstand genommen, sie hier noch aufzuführen. Festzuhalten ist lediglich, daß 20. und 21. Dynastie in den Kolumnen für Troia, Kreta, Kykladen und Griechisches Festland keine Entsprechungen haben.

Bewegen wir uns in Europa weiter nördlich, dann gelangen wir wieder ins österreichische Hallstatt, das erst gegen -600 und später Perlen mit Kobalt aus denselben Schneeberger Minen färbt wie die Werkstätten Amenophis' III. und Echnatons in Malkata und Amarna ab -1400. Hallstatt ist für ganz besonders geformte Glastassen (Abb. 153) berühmt [Haevernick 1958]. Ähnliche Stücke sind auch im italienischen S. Lucia di Tolmino gefunden worden. Da Glasgefäße solchen aus Ton und Metall nachempfunden wurden, hat eine fast identisch aussehende Goldtasse aus dem Königsfriedhof von Ur/Mesopotamien viel Verwirrung gestiftet, der gegen -2650 datiert wird:

"Dort fand man eine Tasse, die sich von den Hallstatt-Tassen in keiner Weise unterscheidet und sogar dieselbe Kannelierung aufweist" [Calvi 1968, 2].

v. Chr.	Ägypten	Troja	Kreta	Kykladen	Griechisches Festland	
1000			Protogeometrische Periode und Subminoische Periode		Protogeometrische Periode und Submykenische Periode	Dorische Wanderung 'Dunkles Zeitalter'
1100	20. Dynastie (1200–1085)	Spätbronzezeitl. Stadt VII a u. b				
1200	19. Dynastie (1320–1200)				SH III C	
1300		Spätbronzezeitl. Stadt VI c	SM III A–C	SH III A–C	SH III B	Spätmy- kenisch
					SH III A	
1400	18. Dynastie (1567–1320)	Mittelbronzezeitl. Stadt VI b	SM II (Palaststil)	Hagia Irini auf Keos	SH II (Mittelmykenisch)	
1500			SM I A u. B		SH I A u. B (Frühmykenisch/ Schachtgräberzeit)	
1600	2. Zwischenzeit: Hyksos (1786–1567)	Mittelbronzezeitl. Stadt VI a	MM III A u. B	Mittelkykladische Zeit		
1700			MM II (Kamaresstil)		MH (Mattmalerei, Minysche Keramik)	
1800	11. u. 12. Dynastie (Mittleres Reich, 2133–1786)	Frühbronzezeitl. Stadt III–V				
1900			MM I B		FH III	
2000			(MM I A)	Frühbronzezeit: Syrosgruppe		
2100	1. Zwischenzeit	Frühbronzezeitl. Stadt II	FM II u. III		FH II	
2200						
2300	4.–6. Dynastie (2613–2181)			Frühbronzezeit: Pelosgruppe	FH I	
2400			FM I			
2500		Frühbronzezeitl. Stadt I				
2600					Neolithikum: Arapi- und Diministufen	
	1.–3. Dynastie (3100–2613) u. Prädynast. Zeit (vor 3100)	Subneolithikum und Neolithikum	Spätneolithikum Mittelneolithikum Frühneolithikum	Neolithikum: Saliagos und Kephala/Keos ↓ ?	Neolithikum: Sesklostufen I–III	
					Präkeramisches und Frühkeramisches Neolithikum: Protosesklo: Thessalien	
6. Jt.			↓ ?		Mesolithikum noch nicht gesichert. Mikrolithenfunde in Thessalien	
etwa 10 000					'Epipaläolithikum' und Jungpaläolithikum: Epiros, Zakynthos, Boiotien	
etwa 50 000					Altpaläolithikum: Epiros, Makedonien, Thessalien, Elis	

152 Vergleichende Chronologie für Ägypten und griechische Territorien in konventioneller Datierung [Buchholz 1987, 15]

Wie die Zeitdifferenz von über 2.000 Jahren hier zu erklären ist, weiß von den Glashistorikern niemand.

Nun verwirren die Königsgräber von Ur noch durch viele weitere Ungereimtheiten, weil ihr Inhalt rein archäologisch gesehen am besten an das Ende der Mittelbronzezeit in der Ägypten/Palästina/Syrien-Datierung paßt, also in den Übergang von den Hyksos zu den Mitanni gegen -1500 [Dayton 1978, 84ff]. Silber aus Minen des Erzgebirges, von denen niemand überzeugend behaupten kann, daß sie vor dem -1. Jtsd. schon ausgebeutet wurden, fand sich in den auf -2650 datierten Königsgräbern. Dasselbe gilt für Kyanos oder Ägyptisch Blau, das erst in der 18. Dynastie Ägyptens, also mehr als 1.000 Jahre später, ab -1500 massiv auftritt. Tierförmige Tonvasen auf Rädern und Fayence-Rollsiegel im Mitannistil wurden ebenfalls gefunden [ebd. 85]. Wie soll nun eine Tassenform von -600 auf ein metallenes Vorbild, das doch nur geringfügig älter sein sollte, zurückgeführt werden, wenn dieses in Wirklichkeit 2.000 Jahre älter ist? Oder kann man den Königsfriedhof ins →7. Jh. bringen? Archäologisch spricht dagegen nichts. Die Mitannifunde im Musterausgrabungsplatz Tell Brak verweisen ja rein stratigraphisch auf eine Lage von zwei Schichten unter der hellenistischen ab -330 bzw. von einer unter der achämenidischen ab -550. Nach Herodot befänden wir uns mithin bei den Königsgräbern in der Mederzeit, die ab -612 datiert und wohl schon ab -650 in Mesopotamien entschieden spürbar wird. Dieser Zeitraum würde als derjenige des Designvorbildes für die Hallstatt-Tassen (nach -600) keinerlei Schwierigkeiten mehr bereiten. Die Gefolgschaftsgräber von Ur wären dann solche von Skythen, die als rätselhafte Quthen in der Keilschrift gut bezeugt sind, und bei der Eroberung Altakkadiens mitwirken. Die Skythen wiederum helfen den Medern bei der Niederwerfung der Ninos-Assyrer.

Europa hat aber nicht allein Glas im -1. Jtsd., das in Form und Färbung auf Stücke verweist, die in Mesopotamien und Ägypten in das -2. Jtsd. datiert werden. Es besitzt auch eigene Glasgefäße aus dem -2. Jtsd. Sie wurden auf Kreta, Zypern und Rhodos ebenso gefunden wie in den Argolisstädten Mykene und Nauplia und dazu im elischen Kakovatos [Fossing 1940, 24ff; Haevernick 1960, 71ff; Harden 1981, 31-54]. Selbst im französischen Lastours wurde Glas gegen -1500 datiert [Mohen 1985, 56]. Niemand kann sich bis heute erklären, warum zwischen Glas nach -570 und Glas ab -1500 eine so lange glasleere Zeit gelegt werden muß:

"Obwohl die Gläser aus dem 1. Jahrtausend v. Chr. ihren Vorgängern aus dem 2. in Herstellungstechnik und Verzierung eng verwandt sind, gibt es zwischen ihnen eine Lücke von mehreren Jahrhunderten, in denen in der gesamten Alten Welt - so scheint es - wenige oder gar keine kerngeformten Gläser produziert wurden" [Harden 1981, 51].

Obwohl Zwischenstufen aus der Zeit von -1200 bis -600 niemals gefunden wurden, fragen gerade die nachdenklichsten Spezialisten immer wieder, "ob es nicht möglich ist, daß die griechische Glastechnik der klassischen Zeit auf eine alte, einheimische, handwerkstechnische Tradition zurückgeht" [Haevernick 1960, 76]. Glastechnologisch spricht mithin alles für eine nahtlose Anbindung der frühen an die späte Zeit. Chronologisch aber sollen 600 Jahre Leere dazwischen liegen. Auch an scheinbar ganz nebensächlichen Motiven wird diese Lücke in Zweifel gezogen. Dazu gehören Glasornamente - die uns als solche weiter unten noch beschäftigen müssen -, auf die achtförmige Schilde eingeprägt sind (Abb. 154). Diese Plaketten werden lose zwischen -1500 und -1200 datiert. Verwunderung ruft nun hervor, daß dieser achtförmige Schild gegen -500 und später "auf den Münzen der böotischen Hauptstadt Theben Wiederverwendung findet" [Harden 1981, 47]. Rein archäologisch scheinen die Glasornamente den Münzen also nur kurze Zeit, nicht aber 700 Jahre vorherzugehen und dann in dunklen Jahrhunderten erst einmal ganz zu verschwinden.

Noch merkwürdiger aber wird es, wenn beide - durch 700 Jahre getrennte - Epochen auf kleinstem Raume vereint auftreten. Dieser Befund ergab sich im Grab 14 von Maroni (Zypern), in dem "zwei mykenische Glasgefäße [-14./13. Jh.] und ein phönizischer Widderkopfanhänger aus dem 6. Jahrhundert" [Harden 1981, 36] beieinanderlagen, weshalb dieses Grab "aus zwei Perioden stammte" [ebd.], die mindestens 700 Jahre zwischen sich hatten. Es war aber nicht der Befund des Grabinhaltes, der seine Streckung über 800 Jahre erforderlich machte. Den Glashistorikern ist ja bewußt, daß Dinge aus dem -6. Jh. und solche aus dem -13. Jh. sogar ununterscheidbar sein können. Die Glasflaschen aus Vulci und Tarquinia aus der Zeit nach -600, die mittelassyrischen Stücken des -13. Jhs. zum Verwechseln ähnln, liefern dafür das anschauliche Beispiel.

Nur die von außen vorgegebene Chronologie also nötigte zu zwei unterschiedlichen Datierungen für Funde ein- und desselben Grabes -

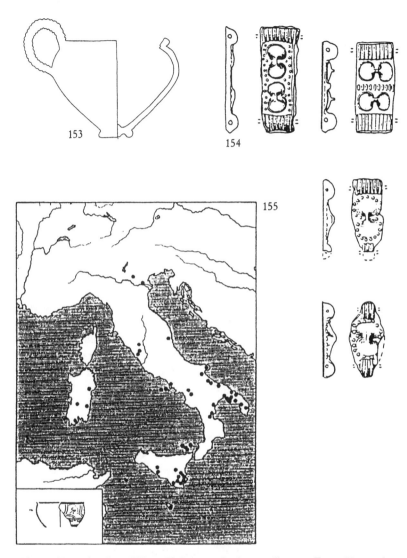

153 Aufriß der im Grab 733 zu Hallstatt gefundenen gläsernen Tasse [Haevernick 1958, 42]
154 Vier vor -1200 (→8./7. *Jh.*) datierte mykenische Glasornamente mit achtförmigen Aufprägungen [Harden 1981, Tafel 3]
155 Verbreitung mykenischer Keramik bzw. mykenisch beinflußter Siedlungen (-14./13. Jh.; →*8./7. Jh.*) in Italien, Sizilien und Sardinien [Frey 1982, 23; vgl. Hase 1987, 259]

nicht der archäologische Sachverstand. Diese Chronologie läßt mit allem Recht die als Konkurrenten der Griechen und Römer bekannten Phönizier mit ihrem Widderkopfanhänger im -7./6. Jh. beginnen, die Mykener jedoch schon um -1600/1550. Das Maronigrab indiziert Gleichzeitigkeit, die Chronologie aber zwingt die Archäologen zu unglaubwürdigen Konstruktionen. Bei Gräbern kommt dabei insbesondere das Konzept der Nachbestattung [Illig 1988, 127ff] zum Zuge. 700 Jahre nach der Erstbenutzung wäre das Grab ein zweites Mal befüllt worden, wodurch die chronologische Verwirrung eingetreten sei; zwischendurch und danach sei aber niemand auf eine zusätzliche Bestattung verfallen.

Die griechischen Autoren der Antike kannten ein mykenisches Zeitalter bekanntlicherweise nicht und auch von einem "Dunklen Zeitalter" zwischen den Griechen aus Mykene und dem Beginn der griechischen Stadtstaaten (der Polis) hatten sie niemals etwas gehört. Deshalb dürfen vielleicht jene Daten auf neues Interesse hoffen, die bisher noch für den Beginn der griechischen Kolonisation aus den Stadtstaaten verwendet werden. Es handelt sich um Gründungsdaten von Städten, die schon in der Antike von Thukydides [*Geschichte des Peloponnesischen Krieges,* Buch VI] genannt, allerdings durch Generationenzählung vom ganz und gar fiktiven Datum des Troianischen Krieges her konstruiert wurden: -734 für Naxos, -733 für Syrakus, -729 für Leontinoi und Katane sowie -728 für Megara (alle auf Sizilien). Inzwischen ist archäologisch ja wohlbekannt, daß in Sizilien und Italien die mykenische Kultur nicht weniger blühte als in Griechenland selbst [Hase 1987, 257ff]. Deshalb wird bis heute von zwei Kolonisationswellen nach Italien ausgegangen. Eine sei nach -1500 und die zweite ab -734 in Gang gekommen. Archäologisch spricht für diese Zweizeitigkeit nichts, da beide Male im wesentlichen dieselben Orte kolonisiert wurden, obwohl 500 dunkle Jahre zwischen ihnen liegen sollen:

"Nicht unbemerkt blieb der Forschung die Tatsache, daß dieser früheste ägäische Einfluß sich primär in den gleichen geographischen Bereichen abspielte, die im Zuge der späteren sog. großgriechischen Kolonisation wieder eine besondere Rolle spielen sollten. Auch der Versuch der euböischen Griechen, ihren Handel über den Stützpunkt Pithekussai auf Ischia in nördlicher Richtung weiter nach Etrurien auszudehnen, ähnelt auffallend der um Jahrhunderte älteren Verteilung ägäischer Importe bis in die gleiche Gegend" [Hase 1987, 258].

Noch verblüffender ist aber, daß in den ab -734 datierten großgriechischen Kolonien mykenische Gründer erinnert wurden, die heutige Gelehrte der Zeit von -1500 bis -1200 zuweisen:
"Wir [stoßen] in Süditalien und Sizilien immer wieder auf Überlieferungen [...], die die Anlage der einzelnen Kolonien auf Heroen oder Völkerschaften der griechischen Mythologie zurückführen. Daidalos, von Minos verfolgt, wird genannt, Philoktet, Menesthes, Diomedes und Nestor spielen eine Rolle. Zum Teil könnte man in diesen Traditionen Lokalsagen vermuten, die den Eindruck einer gewissen kulturellen Kontinuität vermitteln. Doch läßt sich eine solche Annahme nach den bisherigen archäologischen Funden nicht erhärten. Oder *tragen wir an die Funde falsche Erwartungen heran?*" [Frey 1982; Hvhg. G.H.].

Diese Frage ist archäologisch mit einem klaren Ja zu beantworten, da sterile Schichten zwischen beiden Epochen, die für einen echten zweifachen Kolonisationsbeginn sprechen, nirgendwo gefunden wurden. Sie fehlen in Griechenland, wo etwa in Olympia Mykenisches und Großgriechisches übereinander und sogar Fundament auf Fundament liegen [Dörpfeld 1935, 191,194; vgl. insgesamt Peiser 1989, 113-142]. Die besten stratigraphischen Befunde für den lückenlosen Übergang von der - übrigens verbrannten - griechisch-mykenischen Stufe zur großgriechischen der Polis liefert Iolkos (heutiges Volos), das wie ein Ruinenhügel in Israel oder Mesopotamien geschichtet ist [Cottrell 1963, 249f]. Ähnlich feingeschichtet sieht der Befund für Lefkandi/Euböa aus [Vermeule 1972, XIV; Popham 1968].

Lücken für ein "Dunkles Zeitalter" zwischen Mykene und Großgriechenland fehlen aber auch in Italien und Sizilien. Als dort die mykenischen Kolonien zum erstenmal deutlich erkannt wurden [Blakeway 1935, 170ff], sind sie durch Keramikfunde belegt worden (Abb. 155), die so untrennbar mit den angeblich 500 Jahre späteren verknüpft und so schwer von diesen unterscheidbar waren, daß
"man heute einen großen Teil der von Blakeway zusammengestellten [und ins -15. Jh. datierten; G.H.] Keramik der frühkolonialen Epoche [ab -734] zuweisen muß" [Frey 1982, 25].
Der Terminus Großgriechenland (Magna Graecia) paßt mithin auf die mykenische Zeit schon genau so gut wie auf die angeblich 500 Jahre nach deren Ende beginnende eigentlich großgriechische.

Taugen also die Zahlen, die Thukydides, der ja - anders als die heutige Altertumswissenschaft - nur *eine* griechische Kolonisation in Italien kannte, als annähernde - wenn vielleicht auch nur zufällig richtige - Daten für den Expansionsbeginn der palastzentrierten bzw. feudalistischen mykenisch-griechischen Hochkultur in Italien? Wenn ab -734 dieser Siedlungsimperialismus begonnen haben sollte, wird man wohl einige Generationen in der primären griechischen Heimat hinzufügen müssen, um an den eigentlichen Startpunkt der mykenischen Hochkultur zu gelangen. Ob der dann näher bei →*800* oder →*900* liegt, ist sicherlich nicht ohne weiteres zu entscheiden. Wir werden an den Verbindungen frühmykenischen Glases zur späten Hyksos- und frühen Mitannizeit vielleicht jedoch einen genaueren Anhaltspunkt finden.

Für griechisches Glas aus mykenischer wie aus großgriechischer Zeit gilt stratigraphisch natürlich dasselbe wie für griechische Keramik aus mykenischer und großgriechischer Zeit. Für die mykenischen Glasgefäße aus dem Grab 14 von Maroni auf Zypern und dem im selben Grab gefundenen Widderkopfanhänger aus dem phönizischen -6. Jh. heißt dies, daß sie in dieselbe Zeit gehören.

Nicht jedoch für Glasgefäße, sondern für Ornamente, die in Gußformen aus Steatit, Granit (Abb. 102), Basalt und Diorit gegossen wurden, darf das mykenische Griechenland eine von den anderen mediterranen Gruppen unabhängige Originalität bei der Glasherstellung beanspruchen.

"Sehen wir also die Formsteine für die typischen Ornamente und diese selbst aus blauem Glas gegossen, so unterliegt es keinem Zweifel, daß wir eine einheimische Fabrikation vor uns haben. Wie die Funde zeigen, besteht die Manufaktur vorzugsweise im mykenischen Bereich und ist offensichtlich nicht aus der minoischen Kultur übernommen worden. Es wird betont, daß Glas in Kreta wesentlich seltener und ungebräuchlicher als auf dem Festland ist. Die Fülle der Ziermotive der Glasstückchen ist weit größer, als die oben aufgeführten Stücke vermuten lassen, doch sind sie in jedem Fall typisch mykenisch. Pflanzenmotive wie: Blättchen, dreiblättrige Hängeornamente, Efeublätter, Knötchenblumen, Lilien, Lilienknospen, Palmetten, Papyrus sind in Hülle vorhanden. Rein ornamentale Muster: Halbrosetten durch Triglyphen geteilt, Herzen, Hohlkehlornamente, kurze und lange Locken, Netzwerk, ohrförmige Gebilde, Rosetten, Spiralen aller Art, Spiralbuckel, Spirallinien,

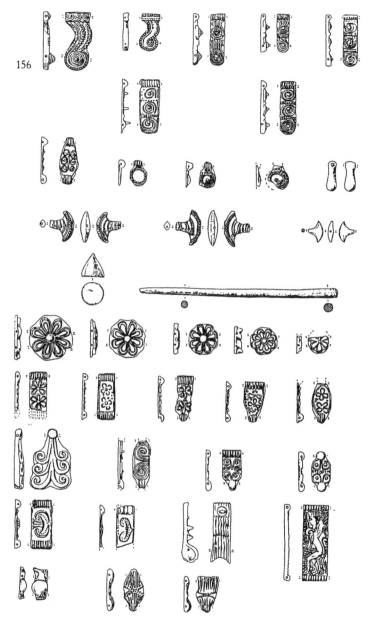

156 Auswahl mykenischer Glasornamente ab dem späten -16. Jh. (→9./7. Jh.) [Harden 1981, Tafeln 2, 3]

Tutuli, Voluten und Volutenstäbe sind so vielfältig wie Tiere: Fische, Murex, Muscheln im Relief und als Schale. Oktopoden, Schnecken und Schneckhäuser, Stierköpfchen erscheinen da. Endlich haben wir Darstellungen von Achterschildchen, Gefäßen, bes. Oinochoen, weiblichen Figürchen, Genien, Sphingen" [Haevernick, 1960, 76,78f; Abb. 156].

Ganze Schwertgriffe aus Glas [ebd. 77] ergänzen diese immense Fülle mykenischer Produktion. Besonders originell wirkt dabei die Umhüllung der Glasornamente mit Goldfolie, die eine beträchtliche Ersparnis bei der Herstellung massiv wirkender Schmuckgegenstände ermöglichte. Die These, daß im Grunde alle mykenischen Glasornamente von Goldfolie umhüllt waren, ist nie gänzlich widerlegt worden. So sind viele Rosetten noch in der Folie aufgefunden worden [Harden 1981, 40].

"Es ist deshalb wahrscheinlich, daß, wann immer die Mykener dünne Goldfolien für Ornamente benutzten, sie es für notwendig erachteten, sie mit Glas oder etwas anderem zu unterfüttern" [Harden 1981, 39].

Von hohem chronologischen Interesse sind die Locken aus Glas (in der Abb. 156 oben links), die zu Diademen zusammengefügt und noch bei den Schädeln von Skeletten aufgefunden wurden [Yalouris 1968, 12]. Als "sehr viel früheres Beispiel" [ebd. 14] für solche artifiziellen Locken aus hartem Material fiel dabei die Kopfbedeckung des mesopotamischen Fürsten Gudea von Lagasch auf, dessen Regierungszeit (2143-2124) in der frühen Ur III-Periode angesetzt wird. Ein ähnlicher Rückbezug über viele Jahrhunderte hinweg ist für ein - ins -16./15. Jh. datiertes - dunkelblaues "Stierfigürchen aus Tholos A in Kakovatos" [Harden 1981, 40] hergestellt worden. Es erinnert an - allerdings nicht aus Glas hergestellte - Tierfigürchen "aus Uruk und [...] Lagasch" aus dem späten -3. Jtsd. [Haevernick 1960, 81]. Wieder - wie schon in Ägypten und in Mesopotamien - sieht es nach einer dreifachen Entwicklung aus, die einmal im -3., dann im -2. und schließlich noch einmal im -1. Jtsd. einsetzt.

Unter den Kandidaten für den wahrscheinlichen Erfinder des Glases wird das mykenische Griechentum gerade von den besten Kennern mehr oder weniger entschieden ins Auge gefaßt [Haevernick 1960, 82; Dayton 1978, 186]. Das liegt an der herkömmlichen Datierung der Schachtgräber, die lange Zeit zwischen -1650 und -1550, also in die

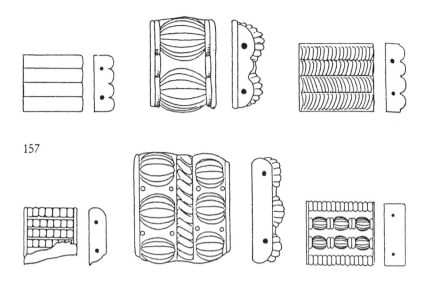

157

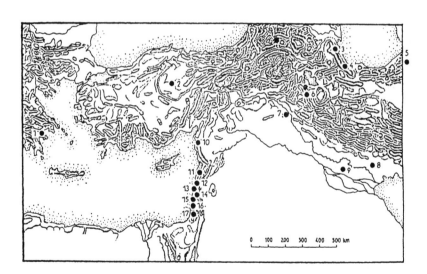

157 Verschiedene Typen von Glasperlen des Nuzi/II-Stils (ab -1475; →7./6. Jh.) mit Typ 1 aus dem mykenischen Schachtgrab I, das spätestens gegen -1520 angelegt worden sein soll [Haevernick 1965, 147]
158 Verbreitungskarte der Nuzi-Perlen (-15. Jh.; →7./6. Jh.) [Haevernick 1965, 147]

Hyksoszeit gelegt wurden und kobaltblaues Glas aufweisen. Inzwischen wurden sie auf -1600 bis -1500 heruntergedatiert. Gleichwohl gibt es immer noch eine klare Priorität insbesondere gegenüber dem - zeitweilig nicht minder favorisierten - mitannischen Nuzi aufgrund von sechs kobaltblauen und gerippten sog. Nuziperlen (Abb. 157), die im Schachtgrab I zu Mykene lagen [Karo 1930, 37,69, Tafeln 150/209]. Dieses Grab wird heute kühnstenfalls auf -1520 heruntergedatiert [Haevernick 1965, 148], und bleibt damit immer noch vor den frühesten, auf -1475 gebrachten, Perlen aus Nuzi selbst [ebd.].

Die mykenische Perle fällt aber nicht nur chronologisch aus dem Rahmen, sondern ihr Fundort steht auch geographisch recht isoliert da (Abb. 158), was nicht gerade für die Peloponnes als den früh florierenden Produktionsort solcher Stücke spricht. Nuzi, aber vor allem Phönizien sind sehr viel besser vertreten.

Aus weiteren archäologischen Hinweisen - etwa Verbindungen zur Axt- und Dolchtechnik des Ahmose (1550-1525) aus der frühen 18. Dynastie Ägyptens [Stubbings 1973, 633f] - geht hervor, daß die Schachtgräber eigentlich erst gegen oder gar nach dem Ende der Hyksoszeit, also ab -1550 beginnen dürften. Da die Hyksoszeit archäologisch direkt vor den Mitanni liegt (Alalach), gehört das Glas aus Schachtgrab I somit doch in dieselbe Zeit wie die mitannische Schicht II von Nuzi mit ihren charakteristischen Rippenperlen. Mykenes Priorität in der Glasentwicklung wäre dahin, da in Ägypten (Tell el-Daba E), der Levante und Israel ja bereits die späten Hyksosschichten Glasfunde aufweisen. Es spricht mithin viel dafür - und andere haben das längst vermutet [Dayton 1978, 260] -, daß die Schachtgräber unausweichlich später datiert werden müssen als bisher. Wie könnte das bewerkstelligt werden?

Datiert sind die Schachtgräber über stilistische Ähnlichkeiten mit der kretischen Kulturstufe Mittelminoisch III/Spätminoisch I, die -1650 bis -1500 angesetzt wird. Diese wiederum ist über die ägyptologische Chronologie an ihr Datum gekommen: In Knossos wurde ein Alabasterdeckel mit dem Namen des Hyksos-Königs Chian gefunden. Er wird von der Ägyptologie um -1620 geführt und soll dieses - ganz unarchäologisch, nämlich pseudoastronomisch gewonnene - Datum auch der kretischen Schicht verleihen, in der sein Alabasterdeckel aufgefunden wurde. Seine Fundschicht ist von Arthur Evans nun fälschlicherweise als Mittelminoisch IIIA angegeben worden, die ab -1650 datiert wird [Pomerance 1984] und somit wunderbar zum Chian-Datum der Ägyptologen zu passen schien. Inzwischen konnte der Fundort des Chian-Deckels jedoch genau rekonstruiert werden. Er lag direkt unter spätmykenischen Fußböden (ab -1200) zusammen mit Keramik von der Jungsteinzeit bis zur Periode Spätminoisch III, die -1200 zu Ende geht [Palmer 1984, 74ff]. Damit entfällt der Chian-Deckel als Datierungsanker für die Stufe Mittelminoisch III/Spätminoisch I, in der er schlichtweg nicht lag. Das kretische Gegenstück zur mykenischen Schachtgräberzeit ist so vom Korsett der Ägyptologen befreit, und die Schachtgräber dürfen wieder nach archäologischen Parallelen datiert werden. Diese bestehen aber nicht allein zu Kreta, sondern über Glas etwa auch zu den Mitanni von Nuzi II etc., die nun umgekehrt auch die MMIII/SMI-Daten Kretas verkürzen, diese also vom -17./16. Jh. konventioneller Datierung ins -15./14. Jh. konventioneller Datierung bringen. (Versuche, die Schachtgräber älter zu machen als bisher [dazu etwa Kull 1989, 72] operieren über Keramik der Schicht Ib im anatolischen Kanis, die vom stratigraphischen Befund her allerdings ins -6. Jh. datiert werden konnte [Heinsohn 1988, 119].)

Wir können festhalten, daß die Verlegung der Erfindung des Glases nach Mykene nicht gut gelingen kann. Bestenfalls zum Zeitpunkt der späten Hyksosperiode gibt es auch in Griechenland Glas. In dieser Zeit jedoch haben Asien und Ägypten eigene Stücke. Anders mag es vielleicht für die Kobaltfärbung des Glases aussehen. Hier ist eine Priorität Mykenes, das näher an Schneeberg/Erzgebirge liegt als die übrigen Glaszentren, in jedem Falle erwägenswert. Sicher ist eine solche Erstlingstat gleichwohl nicht, da der Kobaltglaskuchenhandel mit dem Silberhandel amalgamiert ist, in welchem die Mykener durchaus als bloße Zwischenträger für die Phönizier gedient haben könnten. Letzte Gewißheit ist hier nicht zu erlangen. Mykene aus lauter chronologischer Unsicherheit aber eine eigene Glasproduktion abzusprechen, wie kürzlich insinuiert wurde [Harden et al. 1988, 2], scheint allein schon durch die Besonderheit und Vielfalt seiner Glasornamente nicht angängig zu sein.

Einmal mehr fällt jedoch auf, daß man für die Entstehung des Glases in Ägypten/Levante/Europa kaum vor die Hyksoszeit (ab -1650) zurückgehen kann, während in Mesopotamien die Altakkader die zeitliche Obergrenze bestimmen (ab -2400/2350). Zugleich war zu sehen, daß archäologisch diese Funde, die konventionell ins -3. oder -2. Jtsd. gelegt werden, direkt in Funde des →*1. Jtsds.* übergehen und dort, wo dieses von einer Hyksosschicht aus geschieht, die Akkaderschicht fehlt, während dort, wo es von einer Akkaderschicht aus geschieht, die Hyksos fehlen. Es wird deshalb nun zu klären sein, wie drei unterschiedliche Datierungen für ein- und dieselbe Periode in die Welt gelangen konnten, um so einer evidenzgebundenen Chronologie des Glases näherzukommen.

6) Evidenzgebundene Chronologie der Alten Welt und die Lösung der Rätsel in der Geschichte des frühen Glases

"Die Behandlung der Chronologie ist eindeutig in eine Krise geraten. Der Grund ist zum Teil die Übernahme dogmatischer naturwissenschaftlicher Fakten [der Sothis-Datierung], ohne daß dabei ihre Anwendbarkeit auf das ägyptische Material und die Tragfähigkeit des Materials geprüft wurde" [Helck 1985, 95].

Daß Altes, Mittleres und Neues Reich Ägyptens, die heute im -3., im frühen -2. und im späteren -2. Jtsd. angesiedelt werden, durchweg nicht in diesen frühen Zeiten existiert haben, sondern allesamt ins erste Jahrtausend zu gehören scheinen [Heinsohn 1988, 175f], wo sie gegen -330 direkt von den Ptolemäern beerbt werden, klingt auf den ersten Blick gewiß überraschend. Hier ist nicht der Ort, die inhaltlichen Gleichsetzungen von Dynastien und Königen im einzelnen vorzunehmen [bislang dazu Heinsohn 1989; Illig 1989a]. Stattdessen muß vom glasarchäologischen Befund her geprüft werden, ob die Verbringung aller menschlichen Hochkultur ins -1. Jtsd. durchzuhalten ist bzw. von ihm geradezu gefordert wird. Auch die anderen, in diesem Buch einer historischen Analyse unterzogenen Materialien und Technologien Ägyptens und seiner Nachbarn werden eben daraufhin zu prüfen sein, ob sie in die bisher so rätselhaft leeren Jahrhunderte von -1200/1100 bis -300 passen. Die in den dafür verfaßten Kapiteln zu ziehenden Schlußfolgerungen fallen aber knapper aus als in diesem umfassenderen zum Glas, weil das meiste, was hier archäologisch und chronologisch gilt, auch dort zum Zuge kommen muß. Im resümierenden Schlußkapitel Q werden dann die zeitlichen Parallelen der verschiedenen Technologien und Materialien im Überblick noch einmal deutlich werden.

Der im -1. Jtsd. zu füllende Zeitraum bis -300 war ja auch durch die Abwesenheit innerägyptischer Überlieferungen zur Chronologie aufgefallen:

"Zwischen dem Turiner Kanon aus dem 13. Jahrhundert v. Chr. und der ptolemäischen Zeit [Manetho nach -300] ist in Ägypten die Tradition der Königslisten unterbrochen" [Redford 1977, 82 und ausführlich oben Kapitel B].

Was bleibt für die Aufstellung einer zuverlässigen Chronologie, wenn die von Helck für unbrauchbar erklärte Sothisperiodendatierung, die umfassend zuerst ein anderer in Zweifel gezogen hatte (Velikovsky 1973, dazu hier Kapitel B), nicht mehr verwendet werden kann? Auch die C^{14}-Datierung bietet keinen Ausweg, da ihre Unzuverlässigkeit immer stärker aufgedeckt wird [Illig 1988, 18-29; demnächst umfassend Blöss/Niemitz 1997]. Es bleiben die klassischen Instrumente der Stratigraphie und der vergleichenden Stilkunde, die selbst wiederum stratigraphisch abgesichert sein muß. Für unsere Zwecke am wichtigsten sind selbstredend jene Völker, die in Ägypten *und* Vorderasien regiert und in beiden Regionen archäologische Schichten hinterlassen haben. Die Hyksos bekommen dadurch überragende Bedeutung für eine gewaltige Territorien übergreifende Chronologie. Es bleiben zudem die bereits während des Altertums geschriebenen Geschichtsbücher insbesondere der nachbabylonischen Juden und der Griechen. Es bleiben zudem die schriftlichen Dokumente, die seit etwa 150 Jahren von den Ausgräbern zutage gefördert werden. Am wichtigsten unter diesen Dokumenten erweisen sich selbstredend Korrespondenzen und Verträge, die Ägypten und Vorderasien gemeinsam betreffen - in erster Linie also der Briefwechsel, der in Amarna aufgefunden wurde [Knudtzon 1915; zur chronologischen und synchronistischen Auswertung Bilabel 1927; Helck 1971; Kühne 1973].

Wenn es gelingt, für die unbestreitbaren archäologischen Schichten der Hyksos ein unbestreitbar auch durch schriftliche Dokumente und antike Geschichtsbücher belegtes Volk ausfindig zu machen, dann verfügen wir über eine immens weitgreifende chronologische Klammer. Wenn es uns überdies gelingt, für die unbestreitbare asiatische Hauptmacht der Amarnakorrespondenz, also für die Mitanni, ein nicht minder unbestrittenes, weil schon im Altertum wohlbekanntes Volk in

Erfahrung zu bringen, dann verfügen wir nicht mehr nur über einen Anker, sondern sogar über eine chronologische Kette. Die Hyksos gehen nämlich den ägyptischen Amarna-Autoren und damit auch den mitannischen Briefschreibern ziemlich eng voraus. Wenn wir darüber hinaus die Stratigraphie anschauen und es uns gelingt, heute ganz unterschiedlich datierte und benannte Völker als schichtenparallel zu erweisen, dann verfügen wir auch über einen Hebel, mit dem die jetzt verwendeten unwissenschaftlichen Datierungssysteme durch zuverlässige Kriterien ersetzt werden können.

Um auf diesem Wege vorankommen zu können, sei in aller Kürze noch einmal in Erinnerung gerufen, welche asiatischen Großmächte, deren ägyptische Beziehungen uns ja chronologisch besonders interessieren müssen, aus den Geschichtswerken der Antike längst bekannt waren und welche heute zusätzlich in alle historischen Lehrbücher Eingang gefunden haben [ausführlich zu dieser Rekapitulation s. Heinsohn 1988; 1989; 1989c und das Kapitel B in diesem Buch]. Da in dieser Arbeit vorwiegend archäologisch argumentiert wird, sei vorweg jedoch noch einmal eine einschlägige mesopotamische Stratigraphie ins Bewußtsein gehoben, in der Schichten vertreten sind, die Querverbindungen nach Ägypten erlauben. Es wird dabei auf Tell Brak (siehe oben) zurückgegriffen, ohne allerdings die Lücken konventioneller Datierung wieder einzuarbeiten, die sich ja archäologisch nicht nachweisen ließen. Da Tell Brak heute als *der* Ausgrabungsplatz überhaupt gilt, auf den man sich besonders gerne beruft, kann seine Stratigraphie, obwohl sie ganz real ist, auch wie eine idealtypische Schichtenfolge Mesopotamiens angeschaut werden (s.S. 358).

Konfrontieren wir nun diese viergeteilte Stratigraphie zwischen Steinzeit und Alexander d. Gr. mit der Epochenabfolge, wie sie direkt nach dem historischen Verstreichen der Schichtengruppen (1) bis (4), also im Hellenismus ab -300 bekannt war und dann mit der Epochenabfolge, wie sie heute von den Assyriologen angenommen wird.

Von etwa -450 (Herodot) bis zum Jahre 1868, als Jules Oppert [1875, 270] den Namen "Sumerer" für eine Volksgruppe schuf, die bis dahin von ihm selbst als Chaldäo-Skythen und von Henry Rawlinson als Proto-Chaldäer bezeichnet wurde [Jones 1969, 23], kannte die gelehrte Welt nur vier hochkulturelle Epochen mit fünf Imperien für Mesopotamien vor der Einnahme Babylons durch Alexander den Großen im Jahre -331 (s.S. 358). In den vergangenen 120 Jahren haben sich die hochkulturellen Epochen Mesopotamiens glatt verdreifacht. Herodot ließ in Mesopotamien die Hochkultur irgendwann im -11. Jh. beginnen, beschränkte seine Auskünfte jedoch auf die Assyrer [*Historien* I:95]. Gleichwohl bekommen die im Süden dominierenden Chaldäer für ihren Hochkulturbeginn kein höheres Alter zugewiesen. Biblische Autoren dagegen sind über das Geburtsdatum Abrahams bis ins -3. Jtsd. zurückgegangen. Sie haben aber die Völker und Epochen als solche nicht vermehrt, kannten mithin ebenfalls nur vier Hauptperioden. Die nach 1868 erreichten zwölf Epochen wurden über dieselben drei Jahrtausende verteilt, da ein Zweifel an der biblischen Datierung vorerst nicht aufkam, weder für Mesopotamien mit Ur als Abrahams Geburtsort noch für Ägypten, das Abraham besuchte. Selbst für einen so entschieden materialorientierten Pionier wie R. Lepsius wird die biblische Überlieferung "zur ältesten, ja einzigen nicht ägyptischen Quelle, die hier überhaupt eine Vergleichung zuläßt", zu einer Quelle mithin, die er "bis auf Abraham zurück wissenschaftlich rechtfertigen zu können" glaubt [Lepsius 1849, 315/4].

Die chronologische Rekonstruktion besagt nichts anderes, als daß allein die immer schon bekannten vier Epochen mit fünf Imperien aus dem -1. Jtsd. (**4 - 1**) auch tatsächlich existiert haben. Ihre Verdopplung zu den Reichen des -2. Jtsds. (**8 - 5**) entspringt dem pseudoastronomischen Datierungsverfahren der Ägyptologie (Sothisperiodenschema), das auf die in ägyptischen Quellen genannten mesopotamischen Städte und Herrscher angewendet, von herausragenden Vertretern der Ägyptologie wie eben Wolfgang Helck [1985] aber allmählich nicht mehr geglaubt wird (siehe ausführlich Kapitel B, Heinsohn 1988, 33-42).

Die in das -3. Jtsd. plazierte Verdreifachung (**12 - 9**) der wirklich vorhandenen Imperien ist bibelfundamentalistischer Datierung des Patriarchen Abraham geschuldet, der nach traditioneller Geschlechterzählung in der Stadt Ur am Ende des -3. Jtsds. geboren wird, dessen Sagenstoff aber aus dem -1. Jtsd. stammt und erst in der Perserzeit ab -550 kanonisiert wird [dazu etwa Thompson 1974; Van Seters 1975]. Abraham ist nach 1. Mose 14:1 Zeitgenosse "des Königs Amraphel von Sinear". Dieser über Abraham datierte Amraphel ist in der Assyriologie eine Zeitlang mit Hammurabi gleichgesetzt worden. Und "das Datum Hammurabis bildet den Eckstein für die Chronologie des zweiten und dritten Jahrtausends v. Chr." [Roux 1980, 43].

Als nun verstanden war, daß Abraham wahrscheinlich keine real-

Darstellung einer mesopotamischen Standardstratigraphie unter Weglassung der archäologisch ohnehin nicht nachweisbaren Lücken, aber in konventioneller Schichtenbezeichnung (gewonnen an Tell Brak und Tell Hamadiye [Wäfler 1986])

Schichten-gruppe	Benennung	Kommentar
Hellenism.	Hellenismus	ab-330
(1)	Mittelassyrische Mardu oder Amoriter	Man suchte nach der Persersatrapie Assyria und fand sie - wie auch überall sonst - nicht.
(2)	Volk der Mitanni mit ersten Glasgefäßen	Man suchte vergeblich das Imperium Media und fand statt dessen ein Volk mit Beziehungen zur 18. Dyn. in Ägypten.
(3)	Akkader mit farblosem erstem Glas	Man suchte nach Assyrern und fand ein Imperium, das behauptete, Magan und Meluhha (Ägypten und Äthiopien) zu kontrollieren.
(4)	Urukzeitl. und frühdynastische Architektur wie in Sumer	Man suchte nach Chaldäern bzw. Kasdim (Kassiten), weil sie seit Berossos (-300) an der Wiege der Zivilisation gestanden haben sollen.
Steinzeit	Steinzeitunterteilungen	

Bis 1868 bekannte Hochkulturperioden Mesopotamiens (1 - 4) mit den jeweils dominierenden Völkern vor Alexander d. Gr.

Hellenismus
(1) Perser
(2) Spätchaldäer und Meder
(3) Assyrer [Herodot I:95]
(4) Frühchaldäer
Steinzeit

Heute in der Altorientalistik angenommene Hochkulturperioden Mesopotamiens (1 - 12) mit den jeweils dominierenden Völkern zwischen Steinzeit und Alexander d. Gr.

-3. u. frühes -2.	-2. Jtsd.	-1. Jtsd.
Dunkles Zeitalter	Dunkles Zeitalter	Hellenismus
(9) Altbabylon. Mart(d)u	(5) Mittelassyrische Mart(d)u	(1) Perser bzw. Mardoi des Kyros [Herodot I:84,125]
(10) Neo-Sumerer u. Elamer	(6) Kassiten u. Mitanni	(2) Spätchaldäer u. Meder
(11) Altakkader	(7) Altassyrer/ Hyksos	(3) Assyrer [Herodot I:95]
(12) Frühsumerer	(8) (Prä-Akkader)	(4) Frühchaldäer
Steinzeit		

historische Figur war, hätte man auch sein biblisches Datum von etwa -2100 fallenlassen müssen. Das aber passierte nicht. Vielmehr wurde Amraphel weiterhin nach dem fallengelassenen Abraham datiert, wodurch auch Hammurabi seine zeitliche Plazierung erhielt. Inzwischen gilt nicht einmal mehr die Gleichsetzung von Amraphel mit Hammurabi. Spätestens jetzt hätte das Abrahamdatum für Hammurabi fallen müssen. Die Assyriologen hatten aber längst 'vergessen', daß Hammurabi einmal an Abraham gebunden wurde. Fragt man sich jedoch, wie Hammurabi zu den häufig geänderten Lebensdaten zwischen etwa -2300 und etwa -1700 gekommen ist, die man ihm in den letzten achtzig Jahren zugewiesen hat, dann erkennt man, daß sie immer noch um das ursprüngliche Abraham-Datum oszillieren. Heute liegt Hammurabi gemäß einer mehrheitlich akzeptierten - aber mit zwei weiteren Chronologien konkurrierenden - Zeitrechnung bei -1792 bis -1750. Gleichwohl ist es niemals gelungen, die Hammurabizeit nach unten zur Kassitenzeit glaubwürdig anzuschließen, weshalb ein dunkles Jahrhundert nach -1700 eingeschoben werden mußte.

Stratigraphisch orientierte Synopse zur herrschenden Chronologie von Ägypten bis China

⟨Dem frühen Beginn der Hochkultur gegen 3.000 v. u. Z. in Ägypten sowie den altorientalischen Gebieten Syro-Palästinas, Mesopotamiens, Irans, Zentralasiens und des Industals, die für ihr hochkulturelles – biblisch-pseudoastronomisch bzw. assyriologisch-ägyptologisch datiertes – Erstgeburtsrecht allerdings den peinlichen Preis von 1.500 Jahre während chronologischen Lücken (grau unterlegt) zahlen, ist der von solchen Lücken freie Geschichte in den altorientalischen Gebieten des Gangestals und Chinas gegenübergestellt, die für die Tugend ihrer chronologischen – und eigenständig datierten – Vollständigkeit allerdings den bitteren Preis eines 1.500 bis 2.000 Jahre später einsetzenden Beginns der ansonsten merkwürdig gleichartig ablaufenden Hochkultur zahlen müssen. Die Revision der antiken Chronologie (Heinsohn 1988 und 1990) besagt, daß die grauen Lücken keine echten Besiedlungsunterbrechungen darstellen, sondern wissenschaftsfremde Chronologiekonstruktionen moderner Gelehrter geschuldet sind und deshalb schlichtweg nicht existieren. Die mesopotamisch datierten Territorien im Industal, Zentralasien, Iran, Mesopotamien selbst, aber auch in Kleinasien, der Levante etc., verlieren die 1.500 Jahre ihrer Lücken und beginnen dann nicht früher als China – oder auch die Olmeken Mittelamerikas – mit der Hochkultur, die nicht vor der Wende zum 1. Jahrtausend v. u. Z. einsetzt.⟩

	China	Indien		Zentralasien	Ost-Iran	Mesopotamien		Syro-Palästina und Ägypten
		Ganges	Industal		Tepe Hissar			
-250/ -330/ -500	Eisenzeit	Eisenzeit PGW-Keramik von -700 bis -500	ab -500/-300 Eisenzeit mit Harappasiegeln in Fundamenten. Die Lücke bis -500 oder bei Denkmälern bis -300 ist archäologisch nicht nachweisbar, äolische	Hellenismus Lücke bis -330 Lücke archäologisch nicht nachweisbar; reiche Eisenfunde und Perskeramik, die jetzt ab -1700 datiert werden,	als rätselhaft gilt, warum die wichtigen Hügel Irans schon gegen -2200/-1700 zu Ende gehen oder nach dieser Zeit Lücken von 1000 bis	mit amarna- bzw. sothis-datierten Mitanni-Schichten (Brak, Hamadiyah, Munbaqa etc.) Hellenismus/Parther Lückenende -330/-250 Lücke archäologisch nicht nachweisbar; äolische Schicht fehlt; Artefakte der Mittelassyrer werden im Hellenismus fortgesetzt Zweite Lücke ab -1100 Mittelassyrer liegen	mit abrahamdatierten Schichten (Mari Maschkan-Schapir, Der, Assur/Ischtar-Tempel) Hellenismus/Parther Lückenende -330/-250 Lücke rein archäologisch nicht nachweisbar; äolische Schicht zwischen Altbabyloniern und Parthern (Maschkan-Schapir)	(Alalach, Megiddo und el-Daba/alle nur in Auszügen) (zu Alalach vgl. Kapitel M4; zu Tell el-Daba in Ägypten vgl. Kapitel M1 in diesem Band)
-700		erst nach -900 Steinzeitende						
-900	Bronzezeit deutlich ab -1200/-1000							
-1000	Steinzeitende um -1400/-1000							
-1100								

-1200	bei China verblüfft, daß es noch in der Steinzeit bleibt, wenn Mesopotamien und selbst Zentralasiens Oasen, durch die Karawanen nach China gehen, längst (ab ~1500/~1400) Eisen benutzen, und daß es bei Verlassen der Steinzeit nicht gleich zum Eisen findet, sondern erst einmal die Bronzezeit durchläuft, also an das Mesopotamien des 3. Jts. anknüpft, auch in Kult und Mythos (Heins. 1990)	anders als das Industal ist das Gangestal nicht über Mesopotamien damen datiert; Orte mit Industalfunden sind manchmal nur 100 km entfernt und weisen ganz ähnliche Artefakte auf, die aber um 1500 Jahre älter sein sollen	(angewandte) Schichten fehlen; die Indische Kultur ab ~500 (oder gar erst ab ~300) setzt Industalkultur direkt fort. Lückenbeginn PGW-Keramik wie am Ganges nach ~700	müssen ohnehin gegen ~300 enden und widerlegen Lückenthese. Übergang zu Eisenkeramik ab ~1600 in Oxen, die per Keramik von nach ~500 verblüffen; Lücke ab ~1800 in Mamazza und Altyn, ab ~1500 in Oaxen	1500 Jahren aufweisen. Ende Hissars gegen ~1700 mit Kunst und Metallurgie wie andernorts erst nach ~600 und später	stratigraphisch gleichauf mit Alt-Babyloniern (1) Mittel-Assyrer Mitanni liegen stratigraphisch gleichauf mit Neo-Sumerern (2) Mitanni mit Eisen Lückenende ~1474. Lücke archäologisch nicht nachweisbar; solide Schicht fehlt; Artefakte der Alt-Akkader werden von Mitanni evolutionär fortgesetzt. Erste Lücke ab ~2200. Alt-Akkader liegen stratigraphisch wie Hyksos (3) Alt-Akkader (4) Frühdynastik Bronzezeit	oder Hellenisten (Der) fehlt. Parther setzen Keramik, Bewässerungskanäle der Altbabylonier direkt fort. Lückenbeginn ab ~1700. Altbabylonier mit Eisenbergwerken liegen stratigraphisch gleichauf mit Mittelasyrern (1) Altbabylonier Neo-Sumerer liegen stratigraphisch wie Mitanni (2) Neo-Sumerer Alt-Akkader liegen stratigraphisch wie Hyksos (3) Alt-Akkader (4) Frühdynastik Bronzezeit	Mitanni bzw. Spätbronze I liegen stratigraphisch wie Neo-Sumerer (2) Mitanni Hyksos stratigraph. wie Alt-Akkader (3) Hyksos bzw. Mittelbronze II ⟨zu Megiddo s. ausführlich Heinsohn 1988, 174 u. 1988a, 112⟩
-1300							
-1400							
-1500							
-1700							
-1800							
-2000			Bronzezeit nicht nach Schichten in situ, sondern über mesopotamisch datierte Funde von Indus, aus Iran und aus Mesopotamien datiert Bronzezeit		Bronzezeit nicht nach Schichtenfolge in situ, sondern über Mesopotamien datiert Bronzezeit		
-2150							
-2200							
-2400							
-3000	Steinzeit	Steinzeitende	Steinzeitende	Steinzeitende	Steinzeitende	Steinzeitende	Bronzezeit Steinzeitende
-4000		Steinzeit	Steinzeit	Steinzeit	Steinzeit	Steinzeit	Steinzeit
-6000	Steinzeit						

Das Fallenlassen Abrahams hat also lediglich dazu geführt, daß man die Geschichte der alten Israeliten radikal heruntergedatiert hat. Man hat die Juden und ihre Vorfahren - und zwar mit Recht - zu einem 'jungen' Volk gemacht. Alle übrigen Imperien jedoch, die bis heute von Abraham aus 1. Mose 14:1 ihre Daten im -3. und frühen -2. Jtsd. zugewiesen bekommen haben, sind ohne jedes Recht im Genuß eines ehrwürdig hohen Alters geblieben. Daß bei dieser Datierungsrevolution zu Ende des vorigen Jahrhunderts und auch danach wissenschaftliche Motive weit in den Hintergrund getreten sind und nicht zuletzt antijüdisches Ressentiment zum Zuge kam, war an anderer Stelle nachzuweisen [Heinsohn 1988, 35f].

Die Schichtengruppen (1) bis (4) der Standardstratigraphie (à la Tell Brak oder Tell Hamadiye) hätten die Archäologen nicht überraschen können, wenn sie allein nach den bereits im Altertum (Herodot, Berossos) bekannten Epochen und Imperien gesucht hätten. Da sie zusätzlich aber auch noch sothis- und abrahamdatierte, mithin also extrem alte Epochen suchten, erschien die Stratigraphie plötzlich als viel zu kurz, und ganz konsequent wurden acht Epochen mit eintausendfünfhundert Jahren nicht etwa als nicht vorhanden, sondern als vermißt gemeldet. Wir haben nun zu prüfen, ob die archäologische in-situ-Evidenz, die zur überlieferten Chronologie der Antike problemlos paßt, auch dann noch unangefochten bleibt, wenn sie mit Befunden konfrontiert wird, die heute den Epochen (5) bis (8) bzw. (9) bis (12) zugeschlagen werden. Das wird hier nur exemplarisch geschehen, da die kompletten Dynastienfolgen mit ihren Überschneidungen und Identitäten anhand umfassenderer historiographischer und chronographischer Beweisführungen weiteren Ausführungen überlassen bleiben. Dafür konzentrieren sich die hier gegebenen Beispiele aber auf die chronologischen Schlüsselvölker der Hyksos und der Mitanni, die entweder archäologisch oder korrespondenzmäßig Ägypten und Vorderasien gleichermaßen umgreifen und mit ihren zusätzlichen Querverbindungen stilistischer und stratigraphischer Art tatsächlich eine Chronologie für die gesamte Alte Welt festzulegen vermögen. In Abb. 159 wird deutlich, daß auf diesem Wege auch die Chronologie Ostasiens [dazu Heinsohn 1990; 1993] endlich mit Zentral- und Vorderasien sowie mit Ägypten synchronisiert werden kann. Die chronologische Neuplazierung von Hyksos und Mitanni war es, die den Autor auch zu einer Neuschreibung der Technologiegeschichte zwang, die aber nur andeutungsweise

[Heinsohn 1988] für Eisen, Pyramiden und harte Steine begonnen wurde (dazu jetzt ausführlich die Kapitel F, J und N dieses Buches).

Beginnen wir mit den Mitanni. Rein stratigraphisch liegen sie in Mesopotamien genau dort, wo die Meder erwartet, bis heute jedoch niemals gefunden wurden. Man könnte sich schon damit als Beweisführung gegen Imperien des -2. und -3. Jtsds. begnügen, da pseudoastronomische Sothis- und bibelfundamentalistische Abrahamdatierungen ohnehin wissenschaftsfremden Gesichtspunkten folgen. Das ist gewiß der Fall. Wahr ist aber auch, daß diese Gesichtspunkte sich weltweit in der Professorenschaft ebenso wie im Laienpublikum durchzusetzen vermochten. Beiden Gruppen ist dabei die Überzeugung zugute zu halten, daß wenigstens für die Assyrer mit den Eponymenlisten eine chronologische Kette vorliege, die - durchaus vergleichbar mit der Länge biblischer Zeiträume - bis an den Beginn des -2. Jtsds. zurückreiche und dafür ohne jeden Rückgriff auf fundamentalistische Gläubigkeit oder ägyptologische Scheinastronomie auskomme. Diese nach jährlich neu bestimmten bzw. von neuem bestätigten Beamten erarbeitete Chronologie hat ihren Namen von der attischen Eponymendatierung, die selbst nach herrschender Lehre erst -682/681 einsetzt. Die assyrische Variante ist von modernen Forschern aus mehr als zwanzig Fragmenten verschiedener Fundplätze zusammengesetzt worden [Ungnad 1938], die aus sich heraus keinerlei sicheren Zeitpunkt dafür liefern, wo sie in den absoluten Verlauf der Jahrtausende einzuhängen sind. Die Entscheidung, sie bereits zu Beginn des -2. statt etwa frühestens im -1. Jtsd. beginnen zu lassen (und für dieses dann Dubletten in Rechnung zu stellen), erforderte mithin ein von außen an die Listen heranzutragendes Kriterium. Dieser von außen vorgegebene Zeitpunkt ist dann halb wissentlich und halb unbewußt einmal mehr von der alten Abraham-Hammurabi-Verbindung genommen worden. Herodots Aussage [*Historien* I:95], daß die assyrische Macht erst 520 Jahre vor ihrem Ende - also nach konventioneller Rechnung im späten -12. Jh. - begann, wurde übergangen. Statt dessen hat die heutige Altorientalistik zwischen -1077 und -911 für Assyrien ein dunkles Zeitalter.

Der Eponymenglaube fußt somit auf einer zirkulären Argumentation: Eine angeblich fundamentalismusfreie Datierungstechnik soll die alte Bibelchronologie mit ganz unabhängiger Beweiskraft als doch mehr oder weniger zuverlässig bestätigen, kann das aber nur tun, weil sie zuvor gerade von dieser heiligen Zeitrechnung ihre absolute obere

Grenze genommen hat. Um der tief ins chronologische Bewußtsein der Menschheit gebrannten Triole aus Frömmigkeit, Pseudoastronomie und Zirkularität erfolgreich begegnen zu können, dürfte der Nachweis ihrer Unwissenschaftlichkeit allein kaum ausreichen. Nicht ohne Recht werden zusätzliche Beweise gefordert. Wir fragen deshalb: Paßt zu den archäologischen und zu den Amarnakorrespondenz-Befunden der *Mitanni* der von Herodot gegebene Bericht über die *Meder?*

Unter den sothisdatierten Königen der 18. Dynastie steht Tuthmosis III. (1479-1425) mit den Mitanni im Krieg. Als seine Gegner werden zwei verschiedene Könige dieser indoarischen Herren Nordmesopotamiens ins Auge gefaßt: Parsaschatar (Farsaschatar etc.; Helck 1971, 163) und Schauschtatar (auch Djauschtatar; Drower 1973, 457), den Helck in erster Linie dem Amenophis II. (1428-1397) gegenüberstellt. Dann schreibt Tuschratta (auch Duschratta, Djuschratta etc.) Briefe an Amenophis III. (1387-1350) und an Amenophis IV. Echnaton (1350-1333), von denen drei erhalten sind [Knudtzon 1915, 229ff; Goetze 1975, 7f]. Echnaton steht später auch noch dem Mitannikönig Artatama gegenüber, der allerdings keine Briefe hinterlassen zu haben scheint. Da Schauschtatar und Tuschratta niemals gemeinsam in derselben Quelle vorkommen, sieht es schon von daher so aus, als ob sie ein- und dieselbe Person sein könnten (also Djauschtatar = Djuschratta).

Schauen wir nun auf Herodot [*Historien* I:72ff,95ff]. Seine medische Dreierreihung nach einem legendären Dynastiengründer Deioces lautet:
Phraortes (Frawartisch; 675-653),
Cyaxares (Schuachschatra, Chwachschatra etc.; 653-585) und
Astyages (Arschtiwaiga etc.; 585-550).

Die in Klammern angegebenen Namen versuchen meist eine medopersische Lesart der griechisch überlieferten Namen zu rekonstruieren. Die Regierungsdaten der Herodot-Meder dürften sehr viel weniger zuverlässig sein, als sie in den Chronologien geschrieben werden. Cyaxares' Zeitraum fällt als Regierungszeit wohl zu hoch aus. Sein Name - oder vielleicht der des Phraortes/Frawartisch - erinnert übrigens deutlich an einen indoarischen König Chuwaruwasch (auch Chuwachschatra) des -3. Jtsds. [Gadd 1971a, 626], der gegen den Altakkader Naram-Sin kämpft und unterliegt (2254-2218). Selbst der in dieser Arbeit bis auf weiteres beibehaltene Zeitraum des -7./6. Jhs. für das medische Großreich - und damit auch für seine Korrespondenzpartner sowie Vorgänger und Nachfolger - darf keineswegs als endgültig angesehen werden. Er hängt an einer bei Herodot [*Historien* I:74] erwähnten Naturerscheinung während einer Schlacht zwischen Cyaxares und den Lydern, die heute als Sonnenfinsternis gedeutet und unter Verwendung höchst angreifbarer Prämissen auf -585 datiert wird. Unter den Fachleuten wird dieses Datum kaum noch ernst genommen [dazu Peiser 1990a]. Wenn hier von einer stratigraphischen Datierung gesprochen wird, ist mithin immer im Auge zu behalten, daß von Herodot lediglich die Abfolge Assyrer → Meder → Perser übernommen werden kann. Eine Feinjustierung der ihnen zugehörigen Staaten und Könige am Jahre -585 bleibt bloße - und vielleicht nicht einmal sonderlich gute - Hypothese.

Die interessanteste Gegenüberstellung zwischen den Mitanni der Amarnazeit und den Medern Herodots ergibt sich bei Schauschtatar und Tuschratta auf der einen und bei Cyaxares auf der anderen Seite. Der Mitanni Schauschtatar erlangt dadurch Ruhm, daß er die Assyrermetropole Assur erobert und ausplündert [Tulhoff 1984, 151]. Gegen -1475 wird dieser Vorgang angesetzt [Friedmann 1987, 109]. Seine Beute - darunter eine Tür aus Gold und Silber - verschleppt er in seine Hauptstadt Waschukanni [Drower 1973, 464]. Diese Stadt wird von heutigen Archäologen mit allerhöchstem Aufwand gesucht, und immer wieder einmal gibt es bald danach zu dementierende Erfolgsmeldungen. Er hat wie der andere große Mitannikönig Tuschratta einen Nachfolger namens Artatama. Tuschratta regiert Assyrien von Ninive, aber wohl auch noch von anderen Städten her; er wird ab -1380 geführt, da er über seine sothisdatierten Korrespondenzpartner Amenophis III. und Echnaton eingestuft wird. Der Meder Cyaxares erlangt dadurch Ruhm, daß er um -614 die Assyrermetropole Assur allein - d.h. ohne Mithilfe Nabopolassars - erobert, ausplündert und neben der Beute auch Einwohner verschleppt [Wiseman 1956, 57]. Seine Hauptstadt Ekbatana ist unter dem modernen Hamadan längst gefunden worden. Im Jahre -612 beteiligt sich Cyaxares an der Eroberung Ninives und macht diese Metropole zu seiner Hauptstadt in Mesopotamien. Schon im späten -3. Jtsd. gibt es übrigens eine nach Mesopotamien drängende Großmacht im Iran. Diese elamische Dynastie von Awan - oder eine ihr verbündete Dynastie - hat eine Hauptstadt namens Baraschi (Waraschi, Marhaschi etc.), die wie das mitannische Waschukanni ebenfalls bis heute nicht gefunden werden konnte [Carter/Stolper 1984, 11].

Wenn Waraschi aus dem -3. und Waschukanni aus dem -2. Jtsd. nicht aufgefunden werden können, weil sie mit Ekbatana identisch sind, das ohne Schwierigkeiten (Hamadan) geortet werden konnte, dann sollte Cyaxares/Schauschatra/Tuschratta aus Ekbatana mit Hauptherrschersitz in Ninive einem ägyptischen König gegenüberstehen, der leistet, was beispielsweise für Echnaton (auch Nch-m-m t) berichtet wird, dem Tuschratta Briefe schreibt. Die hebräische Bibel [2. Könige 23:29ff] wie auch Herodot [*Historien* II:158f] verweisen für den angegebenen Zeitraum insbesondere auf den Pharao Necho II. aus der 26. Dynastie, der nun fürwahr dem Echnaton vieles nachzumachen scheint [ausführlicher dazu Heinsohn 1987; 1987a; 1988, 176; 1989; 1989c]. In ptolemäischer Zeit wird Necho II. unter dem gräzisierten Namen Nechepso erinnert [Ray 1974; Krauss/Fecht 1981]. Astrologische Manuale tradieren ihn als einen Großen in der religiösen Sphäre, in der auch Echnaton Außergewöhnliches leistete, als er eine einzige solare Gottheit gegen all die angebeteten Himmelskörper stellte [Hornung 1980]. Auch der Monotheismus hat ja - wie das Glas - eine angeblich dreifache Erfindung hinter sich: unter Abraham im späten -3. Jtsd., unter Echnaton im -14. Jh. und im Judentum des babylonischen Exils nach -600 bzw. →*400*, wenn die Stratigraphie zum Zuge kommt. Daß die Opferkritik - der Kern des jüdischen Monotheismus [Heinsohn 1988e; 1997b] - aber von Herodot auch schon Cheops zugeschrieben wurde [*Historien* II:124], verweist auf zusätzliche Merkwürdigkeiten, die auch schon im Namen Nechepso angedeutet scheinen. Wieweit solche Identifizierungen tragen, ist jedoch in anderen Arbeiten nachzugehen [bislang Illig 1989a].

Die Parallelen zwischen Mitanni des -14. und Medern des -7./6 Jhs. einerseits sowie zwischen ihren ägyptischen Gegenspielern des -14. und des -7./6. Jhs. anderseits zeigen, daß die Archäologen im Prinzip vollkommen korrekt gegraben haben, als sie die Schicht des Volkes Mitanni gerade zwei Stufen unter der hellenistischen auffanden, wo die Meder erwartet werden mußten. Es ist aber mit der Gleichsetzung von Medern und Mitanni nicht nur die Berufsehre der Ausgräber zu rehabilitieren. Auch die Philologen können nur Befriedigung darüber empfinden, daß via Herodots Meder das Amarna-Archiv mit seinen Mitannibriefen nunmehr ins →*7./6. Jh.* gerät.

Die Gilgameschforscher beispielsweise konnten bisher mit der Tatsache nicht fertig werden, daß die über Echnaton ins -14. Jh. datierte Fassung des Fragments aus Megiddo große Ähnlichkeit mit der Fassung von -640 oder später aus Assurbanipals Bibliothek in Ninive aufwies [Tigay 1982, 123]. Schon früher war von Bibelforschern gesehen worden, daß der Psalm 104 und Echnatons Großer Hymnus an Aton (zahllose Übersetzungen) allergrößte inhaltliche und stilistische Ähnlichkeiten aufweisen [dazu ausführlich etwa Auffret 1981]. Psalm 104 gehört zu der sogenannten monotheistischen Psalmengruppe 90-104. Mit der Ausnahme von 104 werden sie alle in die Zeit des babylonischen Exils und später (also ab -586) datiert [Hartmann 1987, 67]. Psalm 104 unterscheidet sich sprachgeschichtlich jedoch nicht von den Psalmen 90 bis 103. Er wird allein deshalb 800 Jahre älter gemacht, weil die Nähe zu Echnatons Hymne unabweisbar ist. Die Philologen konnten über die von den Chronologen aufgezwungene Datierung mithin nicht glücklich sein.

Eine Identifizierung von Echnatons Tagen mit der Zeit Nechos des Zweiten kann aber nicht allein die Psalmen-, sondern auch die Verwaltungshistoriker erfreuen. Längst war ja aufgefallen, daß die administrative Terminologie eines Jeremia, der gegen -627 (stratigraphisch jedoch später) Prophet wird, jener der Amarna-Korrespondenz verblüffend ähnlich ist [Campbell 1976, 49,51], obwohl letztere über 700 Jahre älter sein sollte. "Sprachdenkmäler eines mit dem Hebräischen des Alten Testaments entweder identischen oder doch aufs allerengste verwandten Dialektes" [Böhl 1909, 81] finden sich in Briefen nach Amarna, die in Israel/Palästina abgeschickt wurden. Ein Brief von Biridija aus Megiddo enthält "das reinste Hebräisch" [Böhl 1909, 83]. Nach archäologischem Befund und nach den Auskünften antiker Historiker ist das klassische Hebräisch eines Jeremia von den Hebraismen in den Amarnabriefen nicht etwa durch 700 bis 800 Jahre getrennt, sondern stammt wie diese aus dem -7./6. Jh.

Hier ist im Vorbeistreifen natürlich auch Sigmund Freud gegen Immanuel Velikovsky zu rehabilitieren. Ersterer hatte echnatonischen und jüdischen Monotheismus nahe beieinander gesehen [1939]. Allerdings glaubte er an einen Echnaton des -14. Jhs. und an einen Moses etwa derselben Zeit. Velikovsky hatte Echnaton ins -9. Jh. [1952, Kap. 6-8] gebracht, aber den jüdischen Monotheismusbeginn nebst einem realen Moses im biblischen -15. Jh. belassen und so die von Freud angezweifelte Priorität wiederhergestellt. Zur Entstehung des Monotheismus haben allerdings beide Autoren keine überzeugende Lösung vorlegen können [vgl. auch Heinsohn 1997b]. Velikovsky bleibt gleichwohl das epochale Verdienst, immerhin die Datierung des Neuen Reiches radikal in Frage gestellt zu haben. Sein letztlich biblisch motiviertes Beharren auf orthodox-ägyptologischer Datierung von Altem und Mittlerem Reich dürfte ihn daran gehindert haben, wenigstens beim Neuen Reich bis ans Ende zu gehen, hier also der vorherrschenden Abrahamchronologie zu entsagen [dazu Whelton 1989]. Weil also der Außenseiter mit der herrschenden Lehre, die ihn mehr als irgendeinen anderen attackierte, zu zwei Dritteln doch dogmatisch übereinstimmte, konnte sie am Ende auch das abweichende Drittel - nicht gänzlich zu Unrecht - aus der akademischen Debatte verbannen. Gleichwohl kommt die Ägyptologie mit Velikovsky nicht zur Ruhe, muß den angeblich längst verrotteten Leichnam immer wieder beschwörend treten:

"Die Epoche der aufregenden Entdeckungen ist vorbei, die Hieroglyphen sind entziffert, die Grundlagen der Geschichte stehen - trotz Velikovsky - fest. Wissenschaftlicher Fortschritt geschieht in der Detailarbeit, die die Kenntnis vom alten Ägypten von Jahr zu Jahr verbessert und verfeinert, aber wohl kaum noch die Grundstruktur unseres Ägyptenbildes verändern wird" [Wildung 1990, 57].

Parallelen zwischen der Amarnasprache und Jeremia liefern übrigens nicht die einzigen philologischen Hinweise auf eine viel zu frühe Datierung des Neuen Reiches und seines Glases. Im Niltal selbst geben die Nubier nicht geringe Rätsel auf. Erst ab etwa -300 beginnen sie ihre Sprache zu schreiben, aber schon im konventionell gegen -1100 zu Ende gehenden Neuen Reich finden sich Wörter dieser Sprache in ägyptischer Transkription [Leclant 1985, 208], weshalb rein sprachhistorisch das Ende des Neuen Reiches erst im →4. Jh. und nicht schon 800 Jahre vorher erwartet werden müßte.

Dieser sprachhistorische Indizienbeweis wird von der Archäologie in überwältigender Weise bestätigt [ergänzender Abschnitt von H. Illig]. Bei all den Grabungen, die noch vorm Aufstauen des 500 km langen Nassersees gemacht werden konnten, zeigte es sich, daß mit dem Ende der 20. Dynastie (-1075) der archäologische "Befund für den größten Teil eines Jahrtausends auf Null zurückgeht [goes blank]"! [Keating 1975, 164,249] Perplex von dieser absoluten Lücke zwischen Ramessiden und Ptolemäern, sucht die Forschung Zuflucht bei einer radikalen Erklärung:

"Um 1100 v. Chr. wurde Nubien von Nubiern und Ägyptern gleichermaßen aufgegeben. Nur eine Naturkatastrophe kann die völlige Evakuierung eines Landes verursacht haben, das mindestens 2.000 Jahre kontinuierlich vom Menschen bestellt worden ist [...] In Nubien reduzierte sich der sommerliche Monsun-Regen immer mehr [...] Es war nicht mehr möglich, das Wasser für die Felder mit dem traditionellen Schaduf [dem Schöpfbalken] über die steilen Ufer heraufzubringen [...] Deswegen entvölkert sich Unternubien vollständig; die Ägypter kehrten flußabwärts in ihre heimatlichen Gebiete zurück, während die eingeborenen Nubier als afrikanisches Volk sehr wahrscheinlich die fruchtbareren Gebiete im Süden, zwischen drittem und viertem Nilkatarakt, aufsuchten, wo sie ein Volk ähnlicher Rasse und Traditionen antrafen" [Keating 1975, 164f].

Mit anderen Worten: Der von den Chronologen willkürlich eingeschobene Zeitraum zwischen dem Ende des Neuen Reichs (-1075) und dem Beginn der meroïtischen Ptolemäerzeit (gegen -270) kann sich fundmäßig nicht niedergeschlagen haben. Um diese stratigraphische Lücke zu kaschieren, muß der Nil 800 Jahre lang Unternubien verdorren lassen, während er im selben Zeitraum Ägypten wie eh und je mit Wasser und fruchtbarem Schlamm versorgt. Da wäre es von den Ägyptologen nur konsequent, auch für das zeitgleiche Ägypten einen Exodus zu unterstellen - und die kaum weniger desolate Fundsituation könnte ihn, vom Delta abgesehen, ebenso rechtfertigen! Doch dem steht eine andere Evidenz in Form einer Pegelmarke entgegen. Eine Inschrift aus Taharqas sechstem Jahr (-685/4) "nennt die höchste Nilflut des Altertums, in der 'das Land wieder Urflut wurde'" [Schneider 1994, 281]. Urflut oder Trockental - auch dieser Widerspruch ist in der herrschenden Chronologie unauflösbar.

Die über das evidenzgebundene Amarnadatum chronologisch korrigierten mitannischen Schichten und ihr Glas werden jetzt also den bisher absolut fundlosen Medern zurückerstattet, wodurch sich die Glaslücke zwischen -1200 und -600 schließt. Mit den Mitanni kommen auch die ihnen parallel laufenden und ebenfalls nach Amarna schreibenden Kassiten ins →*7./6. Jh.* [für Details s. Heinsohn 1989; 1996, 108-130]. Ihre Schichten, Glasfunde und Glastexte werden den Spätchaldäern oder Neubabyloniern zurückerstattet, deren fehlender Glasbefund die Glashistoriker nahezu zur Verzweiflung brachte. Die 'Ausreißer'-Glastexte aus der abrahamdatierten Ur-III-Dynastie des späten -3. Jtsds. finden ebenfalls ins →*7./6. Jh.* der Chaldäer, denen auch ihre angeblich unauffindbare Sprache, das sogenannte Sumerisch, wiedergegeben wird. Selbst in der Architektur, wie lange schon gesehen wurde, bilden ja die Ur-III-Zeit des -3., die Kassitenzeit des -2. und die Spätchaldäerzeit des -1. Jtsds. eine Einheit [ausführlich Heinsohn 1989c]. Das hebräische Wort für Chaldäer, *Kasdim,* ist selbstredend dasselbe Wort wie *Kassiten.*

In noch größeren Kummer - weil mit viel längeren Zeiträumen als die Meder ausgestattet - haben die Perser (550-330) die modernen Glasspezialisten gestoßen. Ihnen werden die Schichten zurückerstattet, die direkt unter den hellenistischen (ab -330, etwa Tell Brak und Der) bzw. parthischen (ab -250, etwa Assur und Maschkan Schapir) liegen oder bis an die Oberfläche reichen, also im Hellenismus nicht mehr besiedelt wurden (etwa Nuzi). Das sind in *Südmesopotamien* die bisher abrahamdatierten Schichten der Hunde heiligenden altbabylonischen Mardu oder Amoriter (2000/1900-1700), aus deren Zeit wir auch über Glastexte verfügen, sowie die Schichten der späten Mittelbabylonier bis zu den Neubabyloniern. In *Nordmesopotamien* wird die bisher schichtenlose Perserzeit durch die bisher sothisdatierten Schichten der Hunde heiligenden Mittelassyrer (1300-1100) aufgefüllt, aus denen wir die reichen Glasfunde einschließlich der Mosaikstücke besitzen, die auch in Ägypten während der Perserzeit auftreten, und zuvor schon am Ende des Neuen Reiches, das stratigraphisch (Beth Shean etc.) bis ins →4. *Jh.* heruntergedatiert werden muß und so seine nicht nur sechshundert-, sondern achthundertjährige Glaslücke schließen kann.

Der höchst rätselhafte Umstand, daß die Mittelassyrer ein Weltreich beherrschen und ihr zweiter großer König, Salmaneser I., sogar Musri, also Ägypten erobert, findet seine Auflösung. Salmaneser ist Kambyses unter seinem assyrischen Namen, den er in der Satrapie Assyrien trägt. Einer der Grundirrtümer der Assyriologie besteht bekanntlich im Glauben an den Untergang der assyrischen Sprache nach der Zerstörung des assyrischen Großreiches im Jahre -612. Er ist nicht weniger abwegig, als es der Glaube an einen Untergang der deutschen oder japanischen Sprache nach der Niederlage der ihnen zugehörigen Großreiche im Jahre 1945 wäre. Nur aus diesem Irrtum heraus wird die Verwunderung über den Nachweis verständlich, daß rein assyrische Namen bis ins spätpersische -4. Jh. häufig bleiben [Zadok 1984]. Persische Einlegegläser aus Ägypten oder Iran (Hasanlu IV) und mittelassyrische Einlegegläser bzw. solche aus dem Ende des Neuen Reiches sind

Gläser nicht nur aus derselben Zeit, sondern auch aus demselben Kulturkreis des →6. bis →4. *Jhs*. Die Beobachtung, daß *rotes* Glas der ägyptischen Perserzeit und *rotes* Glas der Spätzeit des Neuen Reiches ununterscheidbar wirken, war genau und richtig. Es ist mithin kein Zufall, daß dem Persergott Ahuramazda der Hund ebenso heilig ist wie Altbabyloniern und Mittelassyrern.

In Europa gerät das spätmykenische Glas (etwa aus Schachtgrab I) mit seiner Ähnlichkeit zu den mitannischen Nuziperlen ebenfalls ins späte →7. oder frühe →6. *Jh*. Das Dunkle Zeitalter Griechenlands löst sich schlichtweg in nichts auf. Es war ebenfalls über Ägypten sothisdatiert und wird nun über Herodots Meder (die nach Amarna schreibenden Mitanni) chronologisch korrigiert. Gleichwohl hätte das nichtexistente Dunkle Zeitalter nicht nur bis -776, sondern bis etwa →*600* angesetzt werden müssen. Damit verschwindet auch die gesamteuropäische Glaslücke von -1200 bis -600.

Die Hallstatt-Tassen ab -600, die metallenen Vorbildern aus den Gefolgschaftsgräbern in Ur (-2650) ähneln, sitzen chronologisch am richtigen Platz, da es sich bei diesen mesopotamischen Gräbern um solche von Skythenfürsten handeln könnte, die sich auch in ihrer Heimat mit Gefolgschaft beerdigen ließen. Sie hatten ab -613 den Medern und Chaldäern bei der Zerschlagung Assyriens geholfen und durften deshalb vielleicht auch mitannische, also medische Fayence-Siegel mit in die Ewigkeit nehmen [Heinsohn 1988, 52,121]. Mit diesem Sprung ins konventionelle -3. Jtsd. der Ur-Königsgräber haben wir - nach der Gleichsetzung von Ur III-Sumerern des -3. mit Kassiten des -2. und Spätchaldäern des -1. Jtsds. - einmal mehr die zweite große Lücke in der materiellen Glasgeschichte überbrückt, die von den Spätakkadern/Ur III-Sumerern (bis -2000) zu den Hyksos (ab -1650) andauert. Sie verstört besonders in Mesopotamien und wird auch zugegeben, weil dort sogar noch länger, also bis zu den Mitanni, auf neues Glas gewartet werden muß. Die Hyksos sind im eigentlichen Zweistromland ja nicht präsent. Wo sie aber vorkommen, fehlen die Altakkader, und beiden folgen nach oben bzw. rein archäologisch immer die Mitanni, die inzwischen als Meder des -7./6. Jhs. zu dechiffrieren waren.

Die zweite Glaslücke vom -3. zum -2. Jtsd. beunruhigte auch in Ägypten, obwohl sie dort immer wieder entschieden angezweifelt wurde, weil im -3. Jtsd. Glas an sich nicht wahr sein durfte und deshalb die Ausgräber mangelnder Sorgfalt geziehen wurden. Was aber retten die Abwehrgesten gegen ägyptisches Glas aus dem -3. Jtsd., wenn mesopotamisches Glas aus derselben Zeit nicht so einfach unter den Teppich gekehrt werden kann? Und war kobaltblaues Glas aus Eridu der neosumerischen Ur III-Zeit nicht bereits als Exportgut nach Amarna ins Auge gefaßt worden? [Kühne 1971, 416] Schon dieses Färbemittel aus dem erzgebirgischen Schneeberg verweist auf das →1. Jtsd. nicht nur für Amarna, das jetzt sicher an die Meder gekettet ist, sondern einmal mehr auch für die Ur III-Zeit, die stratigraphisch mit Mitanni=Medern im selben Horizont liegt, also zeitgleich ist.

Was aber geschieht mit den altakkadischen Glasfunden aus Tell Asmar, Tell Brak und Nuzi, die in ihrer heutigen Abrahamdatierung gegen -2400/2350 beginnen? Stratigraphisch entdecken wir die Altakkader ohnehin direkt unter den Mitanni=Medern, und einen weiteren Beweis dafür, daß sie die von Herodot vor den Medern plazierten Assyrer und zugleich mit den stratigraphisch gleichauf liegenden Hyksos identisch sein müssen [*Historien* I:95], kann nur verlangen, wer sich einmal mehr oder noch immer den wissenschaftsfremden Datierungstechniken eines Bibelfundamentalismus oder einer sothinischen Pseudoastronomie verschrieben hat. Da dies jedoch weltweit der Fall ist, soll zur Gleichsetzung von Akkadern und ihrem stratigraphisch frühesten Glas in Mesopotamien mit den Hyksos und ihrem stratigraphisch frühesten Glas in Ägypten (Tell el-Daba E) noch weiteres Beweismaterial beigezogen werden. Wir hatten schon gesehen, daß die Keramik der Hyksos und die 700 Jahre früher datierte Keramik der Altakkader identische Formen aufweisen, worauf schon vor zwei Jahrzehnten aufmerksam gemacht wurde [Kaplan 1971]. Bei weiteren Objekten - jenseits von Keramik oder Glas - war es wiederum der scharfsinnige John Dayton [1978, 101,199,208,212,394], der höchst auffällige Ähnlichkeiten - etwa bei Tüllenkannen - für die prädynastische Zeit Narmers (vor -3000), für die Akkader (-2400), die Hyksos (-1650) und die Frühmykener (-1650/1600) gesehen hatte. Die ägyptischen Prädynastiker waren schon wegen der Ähnlichkeit ihrer noch einfachen Glasperlen mit Gegenstücken der Hyksos aufgefallen, vor deren Erscheinen in Ägypten und Levante Glas *stratigraphisch* ja nicht nachweisbar ist. Schon von daher spricht vieles dafür, daß die konventionell jetzt noch vor die Hyksos gelegten Dynastien mit Glasfunden in und nach die Hyksoszeit gehören.

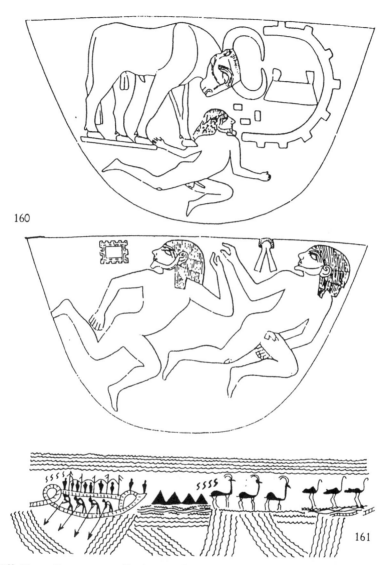

160 Untere Segmente von Vorder- und Rückseite der noch vor -3000 (→*8./7. Jh.*) datierten Narmer-Palette mit rechteckigen und runden Festungsmauern, die zur Mittleren Bronzezeit der Hyksos (ab -1650), aber keineswegs zur ägyptischen Steinzeit passen würden [Quibell 1898, Tafeln 12 + 13; Gesamtansicht s. hier Abb. 4];
161 Pyramiden, die nicht vor -2700 entstehen, und noch viel jüngeres griechisches Schiff in Bemalung auf Topf der Gerzean- bzw. Naqada-II-Zeit, die ab -3500 datiert wird (→*8./7. Jh.*) [Dayton 1978, 443]

Eine Zusammengehörigkeit von Narmer und dem Altakkader Naram-Sin [Heinsohn 1988d, 35], kann nicht nur über Tüllenkannen, sondern auch rein glashistorisch entschieden ins Auge gefaßt werden. Sie ist - ohne Nachwirkungen und ganz anders begründet - übrigens vor mehr als einem halben Jahrhundert schon einmal vorgeschlagen worden [Waddell 1930, 83ff]. Doch zurück zu Narmer! Er soll nach herrschender Lehre in Ägypten die Steinzeit abgelöst haben. Seine berühmte Palette (Abb. 4, 160) wurde jedoch zusammen mit Objekten der frühen 18. Dynastie im Schutt gefunden [Dayton 1978, 203], was an sich schon für die Hyksoszeit spricht, die ja der 18. Dynastie vorhergeht und sich gegen Ende mit ihr überlappt (vgl. ausführlicher das Kapitel D zur 1. Dynastie in diesem Buch). Viel störender jedoch wirken die stilisierten Festungen auf seiner Palette. Solche Bauwerke gab es in der Steinzeit und auch erhebliche Zeit danach nun gar nicht. Sie passen hingegen sehr gut zu den typischen Glacis-Mauern der Hyksoszeit (ab -1650) mit ihren Vierkammertoren. Diese Tore sind in Mesopotamien, aber auch im späten -3. Jtsd. schon einmal gebaut worden [Heinsohn 1989, 57-85]. Die militärhistorisch gänzlich unverständliche Rückkehr von kriegerisch so überlegenen Mächten wie den Hyksos und den Spätassyrern zu Toranlagen, die bereits im -3. Jtsd. einmal modern waren, verweist wiederum auf die Identität aller drei Epochen, die rein stratigraphisch ohnehin postuliert werden muß.

Der altakkadische Großkönig Naram-Sin, der konventionell zwischen -2254 und -2218 datiert wird und sich als erster "Herrscher der vier Weltgegenden" [Barton 1929, 139] nennt, was gewöhnlich Ägypten und Gebiete bis nach Indien einschließt, hat ägyptische Querverbindungen auch deswegen, weil er sich als Sieger über "Maniu [Menes], König von Magan" bezeichnet [Gadd 1971, 445]. Magan wird immer als Ägypten übersetzt, wenn die entsprechenden Textquellen unbestritten aus dem -1. Jtsd. stammen, was bei den hier zugrundeliegenden der Fall ist. Schon der Großvater Naram-Sins, Sargon von Akkad, erklärt, daß ihm "Schiffe aus Meluhha und Schiffe aus Magan" ihre Güter bringen [Barton 1929, 109], was auf eine tributäre Beziehung bereits vor Naram-Sins eigentlicher Herrschaft schließen läßt. Tatsächlich benennen die beiden Akkader auch noch Kaptaru (Zypern oder Kreta; Edzard 1974, 973) und Dilmun als ihr Einflußgebiet [Barton 1929, 109; vgl. auch Hirsch 1963].

Dilmun wird in Texten des -1. Jtsds., aus dem die hier verwendeten stammen, immer mit Indien übersetzt. Keine anderen Herrschaftsangaben haben der Ägyptologie und der Assyriologie mehr Verdruß bereitet als diese altakkadischen über Magan, Meluhha und Dilmun [ausführlich Heinsohn 1988, 58f; 1997a]. Da mitten im Alten Reich Ägyptens eine mesopotamische Herrschaft nicht möglich sein konnte und an der Chronologie nicht gerüttelt wurde, ist man auf die Konstruktion zweier verschiedener Bedeutungen für die geographischen Angaben verfallen. Im -1. Jtsd. seien sie tatsächlich mit Ägypten, Äthiopien und Indien zu übersetzen. Im -3. Jtsd. jedoch hätten sie drei andere Länder bezeichnet, die bisher nicht gefunden werden konnten, weshalb sie immer noch "eines der Rätsel der antiken Geographie aufgeben" [Gadd 1971, 439] und die Literatur über diese Nationen unablässig wachsen lassen [vgl. zuletzt etwa Michalowski 1988]. Diese Konstruktion ist schon deshalb von vornherein zum Scheitern verurteilt, weil die Texte alle aus dem -1. Jtsd. stammen. Texte, die archäologisch aus dem -3. Jtsd. stammen und ein Magan erwähnen, das dann etwas anderes als Ägypten bedeutet, gibt es nicht. Ungeachtet dieses unzweideutigen Befundes haben gleichwohl nur vereinzelte Ausnahmegelehrte darauf beharrt, daß dann die bekannten Texte mit Magan auch immer die Übersetzung Ägypten, die mit Meluhha immer die Übersetzung Äthiopien und die mit Dilmun immer die Übersetzung Indien erfordern [etwa Kramer 1963, 278; Jacobsen 1988, 85].

Auch die innere Logik der These von der Zweifachbedeutung der geographischen Namen läßt zu wünschen übrig. Alle übrigen Namen auf den Tafeln von Naram-Sin und Sargon bleiben von ihr nämlich verschont. Nur die drei chronologisch gefährlichen seien dem Bedeutungswandel unterworfen gewesen. So soll Meluhha im -3. Jtsd. auf dem Wege nach Indien liegen oder selbst Indien sein. Das nach Quellenauskunft besonders waldreiche Dilmun wird zur kleinen Insel Bahrein [dazu Heinsohn 1988b; 1993]. Magan mutiert gleichzeitig zu einem Stück Südküste Arabiens. Damit Indien nicht auch im -1. Jtsd. ohne Namen bleibt, ereilt nun Bahrein das Schicksal der Anonymität, da ihm ja im -1. Jtsd. der Name Dilmun wieder weggenommen und Indien übergeben werden muß. Äthiopien erhält dafür von Indien Meluhha zurück, war aber im -3. Jtsd. namenlos. Dasselbe Schicksal erlitt Ägypten, das erst im -1. Jtsd. Magan (und Musri) werden darf, seinen östlichen Nachbarn im -3. Jtsd. jedoch unbekannt bleiben mußte, obwohl die asiatischen Spuren seit der Prädynastik des -4. Jtsds. mit ihren hyksosartigen Glasperlen höchst vielfältig belegt sind [vgl. etwa Ward 1963; Helck 1971, 10; Teissier 1987].

Ungeachtet all dieser aberwitzigen Konstruktionen zur Neutralisierung der textlichen Evidenz konnten die archäologischen Funde nicht beseitigt werden. Alabastervasen, die Naram-Sin in Magan nicht nur erbeutete, sondern auch mit Inschriften versah, sind in Mesopotamien gefunden worden und "diese Vasen zeigen eine ausgesprochene Ähnlichkeit zu ägyptischen Alabastervasen" [Gadd 1971, 445], nicht aber zu südarabischen.

"Trotzdem hat man bisher im allgemeinen nicht schließen wollen, daß Naramsin gegen Ägypten gezogen sei und seinen König Mani [Menes] geschlagen habe, sondern hat lieber Magan in Arabien gesucht. Die Deutung Magans aber als Arabien würde der Überlieferung, die in der Eroberung Magans Naram-Sins größtes Werk erblickt, erst recht ihren Sinn nehmen; denn warum sollte es eine größere Leistung sein, ein Stück der arabischen Wüste zu erobern, als etwa nach Armenien oder in die Zagrosberge zu ziehen -, was Naram-Sin ebenfalls getan hat" [Scharff/Moortgat 1959, 262]?
Diese vernünftigen Fragen blieben unbeantwortet, auch von denen, die sie stellten, aber sich nicht vorstellen konnten, an der Chronologie zu rütteln.

Stratigraphisch sind sowohl Akkader als auch Hyksos direkte Vorgänger der Mitanni=Meder. Keramisch gehören sie ebenfalls zusammen. Phonetisch unterscheidet sich der erste Große Hyksos, Scharek (auch Salitis) vom ersten altakkadischen Großkönig Scharukenu oder Sargon kaum [Heinsohn 1988, 180; 1988c; 1989; 1993b]. Wie steht es jedoch um die Philologie? Gibt es eine Entsprechung zur Ähnlichkeit des klassischen Hebräisch der Mederzeit (-7./6. Jh.) mit dem Akkadisch, das aus Megiddo mit seinem mitannischen Kommandanten Biridija nach Amarna geschrieben wurde? Welcher Sprache bedienten sich die Hyksos? Und wer lehrte die Ägypter die akkadische Sprache, derer sie sich in der Zeit von Amenophis III. und Echnaton längst sicher bedienen konnten? Welches akkadischsprachige Imperium war ausgreifend genug, um seine Sprache zur Lingua franca der Mitanni=Meder und ihrer Zeitgenossen im ägyptischen Amarna und auch im fernen Anatolien zu machen? In der herrschenden Lehre stehen die Altakkader nach schriftlichen Eigenaussagen mit der Kontrolle eines Territoriums von Kreta oder Zypern über Magan bis Dilmun zu Buche. Spuren hat es dafür in diesen Gebieten für die dort gegen -2300 datierten Kulturen nicht gegeben. Narmer mit seinen Hyksosfestungen und Hyksosglasperlen lag mit -3100/3000 zu früh und die Hyksos mit Funden von Ägypten über Syrien-Libanon-Israel bis nach Mesopotamien, Spanien, Kreta und Anatolien [Heinsohn 1989] kamen über 700 Jahre zu spät.

Aufgrund der hier ermittelten archäologischen Übereinstimmungen zwischen Akkadern und Hyksos sollten auch sprachliche Parallelen nicht fehlen. Da sie stratigraphisch beide den Mitanni=Medern vorhergehen, muß für die Hyksos auch die Sprache der Altakkader vermutet werden. Wie lautet also der bisherige spracharchäologische Befund?

"Während des 18. und 17. Jahrhunderts benutzten die Bewohner Palästinas zwei Schriftsysteme, die beide ausländischen Ursprungs waren: Im Norden (und später auch im Süden) finden wir die mesopotamische Keilschrift - die Schriftzeugnisse wurden in akkadischer Sprache geschrieben. Im Süden, in Palästina und in Byblos herrschte die ägyptische Hieroglyphenschrift vor. Erste Versuche, die komplizierten Schriftssysteme zu vereinfachen und sie den lokalen Dialekten in der hier behandelten Region anzupassen, wurden schon gegen Ende der Mittelbronzezeit [der Hyksoszeit] unternommen; die wenigen protokanaanäischen Inschriften wie die beschriebene Schwertklinge aus Lachis, die in Palästina gefunden wurde, sind für diesen Prozeß klare Zeugen" [AviYonah/Kempinski 1978, 42].

Hinter dieser beiläufigen Auskunft verbirgt sich ein großes Rätsel der altorientalischen Sprachentwicklung. Die akkadische Keilschrift sollte vom Altakkadischen (ab -2400) zum sog. westsemitischen Altbabylonisch (2000-1700) fortschreiten. Im abrahamdatierten Mesopotamien wird diese Folge auch eingehalten. Nicht jedoch im sothisdatierten Israel/Palästina. Von den Hyksos (ab -1650) war - so ihnen überhaupt eine Sprache zugebilligt wurde - die Fortsetzung des Altbabylonischen erwartet worden. Als schließlich jedoch der erste Textfund aus Hyksosschichten im israelitischen Hazor (Schichten 4 - 3) gemacht wurde, stellte sich heraus, daß nicht die Sprache von -1700, sondern die von -2400 benutzt wurde [vgl. ausführlich Heinsohn 1996b]. Die Ausgräber verstanden sofort, "daß die historischen Schlüsse aus der altakkadischen und nicht westsemitischen Grammatik des Fundes" weitreichend sein müßten [Yadin et al. 1960, 117; ausführlich Heinsohn 1989, 112ff]. Immerhin dominierte weltweit eine Schule, die in den Hyksos niemand anderes als die Altbabylonier oder Mardu sah [Van Seters 1966]. Diese Schlüsse sind seit nunmehr dreißig Jahren gleichwohl immer noch nicht gezogen worden. Das mag damit gerechtfertigt werden, daß ein einzelner Fund als Bestätigung für die These von den Hyksos als Bringern des Akkadischen nach Ägypten und als Alter ego der Altakkader nicht ausreiche. Ganz Altisrael/Palästina hat aber ohnehin nur neun (!) - davon acht konventionell zwischen -1500 und -1200 datierte - Keilschriftfunde freigegeben [Galling 1979, 13f], was den einzelnen der Hyksoszeit weniger bescheiden aussehen läßt.

Ein solcher Ausweg mit Verweis auf die Knappheit des epigraphischen Materials wirkt gleichwohl verführerisch. Er entkommt aber einer viel massiveren Evidenz, die in dieselbe altakkadische Richtung weist, noch lange nicht. Es geht dabei um andere Briefpartner der Ägypter, nämlich die Hethiter. Unter diesen sind die sog. Althethiter, die auf -1700 bis -1500 datiert werden, in jedem Falle Zeitgenossen der Hyksos - was immer am Ende die absoluten Daten beider Mächte sein werden. Diese Althethiter verhalten sich genauso abwegig wie die Hyksos. Als sie sich entscheiden, für den internationalen Verkehr das Akkadische zu lernen, wählen sie nicht die Variante ihrer direkten altbabylonischen Vorgänger (2000-1700), die von den in Aussicht genommenen Korrespondenzpartnern ebenfalls beherrscht werden würde, sondern die 700 Jahre ältere von Sargon und Naram-Sin. (Zur Gleichsetzung der Althethiter, Großreichshethiter und Späthethiter mit den angeblich unauffindbaren Kappadokiern der Ninos-Assyrer-, Meder- und Perserzeit vgl. Heinsohn 1996a.)

Schon Albrecht Goetze, Hans Güterbock und Benno Landsberger wunderten sich in den dreißiger Jahren darüber, daß die akkadischen Texte aus althethitischer Zeit eine Sprache aufwiesen, die älter wirkte als das Altbabylonische und doch jünger sein sollte als dieses [Kammenhuber 1968, 31]. Unter den heutigen Autoren haben einige versucht, diese chronologisch höchst beunruhigende Tatsache hinwegzureden [etwa Wilhelm 1984, 649]. Dabei wirkt selbst noch das Akkadische der Amarnakorrespondenz aus dem -14. Jh. archaischer bzw. altakkadischer als das Altbabylonische von -2000 bis -1700. Andere jedoch prüften noch einmal und fanden bestätigt, was die Ausnahmeköpfe ihres Faches auch früher schon gesehen hatten:

"Das 17. Jahrhundert erlebte - vermittelt über ein syrisches Schreiberzentrum - die Übernahme einer Schriftsprache aus der früheren altakkadischen Periode und nicht aus dem gleichzeitigen Assyrien oder Babylonien. Die wichtigsten mesopotamischen Elemente in diesen althethitischen Texten - und auch in Kompositionen, deren Originale aus derselben Zeit stammen müssen - betreffen Traditionen altakkadischer Könige aus Sargons Dynastie. [...] Man beachte auch, daß die althethitischen Monarchen die altakkadische Sprache sogar in ihren Königsinschriften verwendeten, für die auch hethitische Versionen vorliegen. Selbst Landbelehnungsurkunden zeigen entschieden altakkadische Formulierungen" [Beckman 1983, 101f].

Schon zur Zeit von Tuthmosis III. (1479-1425), den ptolemäische Ägypter interessanterweise mit Psammetich I. (664-610) gleichsetzten [Maspero 1906, 58ff; Heinsohn 1989, 8-21], müssen Ägypter aufgrund seiner Ortsnamenslisten Akkadisch beherrscht haben [Wilhelm 1984, 650]. Er gilt auch als der letzte große Hyksosvertreiber. Mit den Hyksos bzw. mit ihren altakkadischen Alter egos kam die akkadische Sprache nach Israel, Ägypten und Anatolien. Mit den Hyksos kam - wie stratigraphisch für Israel und Ägypten (Tell el-Daba E) bewiesen - auch das Glas nach Ägypten, das in Mesopotamien keineswegs 700 Jahre früher da ist, weil seine altakkadischen Besitzer eben die Hyksos sind. Tuthmosis III. wiederum ist der erste ägyptische König, dessen Name auf Glasgefäßen erscheint - nach Hatschepsuts Name auf einer Perle. Archäologisch waren die Schichten für Hyksos und Akkader unter den Schichten für Herodots Meder=Mitanni gefunden worden, weshalb sie Herodots Assyrer sein müssen.

In spätere Zeit muß auch eines der berühmtesten Glasgefäße überhaupt, die sogenannte Sargonflasche aus Nimrud, gelangen. Sie ist aus einem grünlichen Glasblock geschnitten und trägt die Inschriften "Palast des Sargon" sowie "König von Assyrien" [Barag 1985, 60]. Sie wurde von Layard gefunden, dessen übrige Nimrud-Glasfunde - wie oben gezeigt (Kapitel M4) - durchweg aus dem -8./7. mindestens bis ins perserzeitliche →6./5. Jh. heruntergedatiert werden mußten. Die grüne Flasche hätte dasselbe Schicksal erlitten, wenn sich nicht die Worte "Palast des Sargon" auf ihr befunden hätten. Die stratigraphische Lage Sargons III. verweist auf das -5. Jh. der Perserzeit, in der Artaxerxes I. am ehesten diesem König gleicht [Heinsohn 1996, 34].

Von den drei Datierungssystemen - Abrahams Geburt, Sothisperiode und Herodot - bleibt nach Abweisung der beiden unwissenschaftlichen nur die Annäherung an das dritte übrig. Allein dieses bewährt sich auch ganz passabel an der seit etwa 150 Jahren ermittelten Stratigraphie vieler Ausgrabungsplätze und setzt den chronologisch seit eben diesen 150 Jahren vergewaltigten Sachverstand der Archäologen endlich in sein Recht. Für die materielle Entwicklung des Glases ergibt sich daraus die folgende stratigraphisch-chronologische Sequenz:

Stratigraphisch-chronologische Sequenz des antiken Glases

Zeitraum   Glasfunde

ab   -330   **Hellenismus.** Glas im gesamten mediterranen und vorderasiatischen Raum. "Dritte" und "Zweite Mediterrane Gruppe" [Harden 1981]

550 - 330   **Achämenidisches Reich.** Persisches Glas im Iran (einschließlich Hasanlu IV und Marlik), persisches Glas in Ägypten, ägyptisches Glas aus der 20. und 21. Dynastie, mittelassyrisches Glas, spätmittelbabylonisches Glas (späte Kassiten); "Erste Mediterrane Gruppe" [Harden 1981]; Glas der Neo- und Spätassyrer sowie Neo-Babylonier

610 - 550   **Mittlerer Teil des Neuen Reiches in Ägypten. Mederreich und Chaldäerreich.** Mitannisches Glas, kobaltblaues Ur III-Glas aus Eridu, spätmykenisches Glas; "mesopotamisches" Glas aus Rhodos, Zypern, Etrurien; Hallstatt-Tassen, Glas der Amarnazeit und der 19., 5. und 6. Dynastie; phönizisches Glas der Amarnazeit

700 - 610   **Assyrerreich des Ninos (= Naram-Sin = Nimrod).** Spätaltakkadisches Glas; Hyksos-Glas in Israel, Syrien, Libanon; Hatschepsut und Tuthmosis III.-Glas; Glas der frühen 12. Dynastie; Hyksosglas in Ägypten (Tell el-Daba E); Prädynastisches Glas im Ägypten der Narmerzeit; frühmykenisches Glas

vor →700   Noch kein Glas

Alle Glaslücken sind verschwunden. Ägypten verliert zwischen -1200 und -400 leere 800 Jahre, und die Ägyptenkritiker bekommen Recht mit ihrer Behauptung, daß vor den Hyksos kein Glas existiert. Das noch bis in allerjüngste Zeit verteidigte Konzept des "zufälligen" oder "nicht willkürlichen" Glases, das in prächtiger Farbigkeit in Form schönster Perlen beim Fayencemachen - oder gar beim Lagerfeuer - hundertfach unbeabsichtigt angefallen sei, kann aufgegeben werden. Mesopotamien verliert sogar zwei Glaslücken und erspart in Zukunft den Assyriologen die Behauptung, daß dieses Material dreimal erfunden werden mußte. Die Hyksos, die schon so viel nach Ägypten brachten [Heinsohn 1989; 1993b] führten auch das Glas ein. Die Vorstellung, daß dann Tuthmosis III. zum Schutzpatron einer eigenen ägyptischen Glasindustrie wurde [Harden 1969a, 48], müßte keineswegs abgewiesen werden. Seine schon in der Ptolemäerzeit vorgenommene Gleichsetzung mit dem Assyrervertreiber Psammetich I. und sein eigener Ruhm als Hyksosvertreiber könnten besagen, daß mit der Schwächung der Ninos-Assyrer (=Akkader=Hyksos) auch das fremde Glasmonopol gebrochen wurde [dazu auch Heinsohn 1989, 1989b].

Der Glaschemiker Schuler [1962] kann rehabilitiert werden. Sein Beweis, daß die frühen Glasflaschen gegossen wurden, kann nicht mehr mit dem Hinweis abgelehnt werden, daß man erst im -1. Jtsd. eine solche Technik beherrschte. Die Gefäße stammen tatsächlich aus dem →1. Jtsd.

Die Verwirrungen in der Chronologie der textlichen Belege zum Glas können ebenfalls aufgelöst werden. Hier muß vor allem den ahnungsreichen Verwunderungen des großen A.L. Oppenheim Gerechtigkeit widerfahren. Der starke babylonische, d.h. südmesopotamische Einfluß auf das Mittelassyrische ab -1300 erklärt sich daraus, daß die Mittelassyrer als frühe Achämeniden auch Babylon gewinnen und seinen Kulturvorsprung vor dem medisch beherrschten Assyrien nun auch dorthin transportieren. Auch die genaue Beobachtung,
"daß altbabylonisches Material [gegen -1800] in Texten aus dem späteren 2. Jahrtausend [der Mittelbabylonier nach -1300; ...] und dann wieder in Texten aus der letzten Hälfte des ersten Jahrtausends [Perserzeit] aufbewahrt wurde" [Oppenheim 1970, 82],
muß nicht mehr überraschen. In allen drei Perioden sind wir mit Texten aus der Persersatrapie Babylonien konfrontiert. Oppenheim insistierte mit allem Recht darauf,

"daß Glasrezepte in Mesopotamien schon vor unseren mittelbabylonischen Texten [ab -1300] existiert haben müssen, um die Lücke zwischen dem ersten archäologischen Auftauchen von Glas [ab -2300] und der frühesten schriftlichen Bezeugung seiner Herstellung [ab -1300] schließen zu können" [ebd. 63].
Die Lücken sind in Wirklichkeit nicht vorhanden. Das früheste Akkaderglas gehört ins →7. *Jh.*, in dessen späteren Abschnitt auch die Glasrezepte aus Ninive datiert werden. Die späteren mittelbabylonischen Texte (-1300) folgen dann in der Perserzeit des -6. *Jhs.* und später.

Zum guten Schluß dieses Kapitels noch einmal die Frage: Wer erfand das Glas? Die Antwort ist viel einfacher geworden, da sie nicht mehr für drei, sondern nur noch für ein Jahrtausend gegeben werden muß. Daß Plinius d. Ä. mit dem -1. Jtsd. am Ende doch das richtige getroffen hat, sollte deutlich geworden sein. Können auch seine Phönizier als Erfinder aufrechterhalten werden? Diese Frage ist viel schwerer zu beantworten. Die Phönizier (Kanaanäer) haben Glas in der Amarnazeit, und das sehr nahe bei Phönizien liegende, wenn nicht sogar ihm zugehörige Alalach besitzt Glas schon in der Hyksoszeit, vor die glasstratigraphisch auch in Ägypten und Syro-Palästina nirgendwo sonst zurückgegangen werden kann. Bei der Wahl zwischen diesen beiden Gebieten hat die herrschende Lehre sich ja ohnehin für die Levante und angrenzende Gebiete ausgesprochen:

"Die Glasmacherkunst nahm im späten 16. Jahrhundert v. Chr. im Vorderen Orient (dem heutigen Syrien und nördlichen Irak) ihren Ausgang" [Harden et al. 1988, 3].

Überdies ist der phönizische Erfindungsgeist in Glasdingen unbestritten. Gesichtsperlen, Doppelköpfchen und die Bläserpfeife will ihnen niemand wegnehmen. Darüberhinaus sind sie schriftlich bezeugt als Lieferanten von kobaltblauen Glaskuchen nach Amarna. Darf man annehmen, daß Leute hier nur verkaufen, aber selbst nicht wissen, wie mit den Halbprodukten umzugehen ist? Gewiß, die Kobaltkuchen kommen aus dem erzgebirgischen Schneeberg, weshalb Europa nicht so ohne weiteres aus dem Rennen geworfen werden darf. Die blauen Scheiben sind erwiesenermaßen aber Abfallprodukte der Silberschmelze, und ein Händler, der dieses Edelmetall suchte, mochte eine Verwendung für die Kuchen sehen, auf die an Ort und Stelle vielleicht nicht sofort verfallen wurde. Hätte er schon zuhause eine Glasproduktion gekannt, wäre seine

Neugier nur umso größer gewesen. Schließlich verfügen wir über das Zeugnis des Plinius. Warum sollte er die Phönizier - als Karthager lange Zeit Todfeinde der Römer - ehren, wenn näher an Rom - gar in Etrurien mit seinem eigenen stacheligen Glasdesign - die Wiege des Glases gestanden hätte? Wäre ihm da nicht von besser informierten Zeitgenossen in die Parade gefahren worden?

Diese oder ähnliche Fragen haben auch den deutschen Chemiker Hans Löber beschäftigt, dem es nicht recht paßte, wie die Phönizier von den Glashistorikern abgetan wurden, und der sich wunderte, warum die Erfindungsgeschichte des Plinius niemals experimentell nachgeprüft worden war. Elisabeth Haevernick, die wohl immer ahnte, daß die Glasherstellung viel später lag, als sie selbst noch glaubte, in ihren Aufsätzen schreiben zu müssen, hat ihn ermutigt, sein Experiment durchzuführen. *Hatte Plinius d. Ä. recht mit seinem Bericht über das Entstehen des Glases?*, überschrieb er seinen Forschungsbericht, mit dem immerhin der renommierte Glashistoriker Walter Haberey in einer Festschrift geehrt wurde:

"Da genaue Angaben über eine Nachprüfung der Plinius-Erzählung in der Literatur nicht zu finden sind, regte Frau Dr. Haevernick-Mainz an, Analysen der Rohstoffe durchzuführen. [...] Sie vermittelte uns Sand vom Belus-Strand und Salze vom Natrun-See, ausreichend für Analyse und Schmelze. [...] Eine genauere Betrachtung der Analyse des Sandes zeigt, daß er bereits 6 Glasbildner in größeren Mengen enthält und als leicht schmelzbarer Kali-Natron-Feldspat-Sand angesprochen werden kann. [...] Die Betrachtung des Natrunsalzes zeigt einen hohen Na_2O-Gehalt (ca. 41,6 %) und überraschend einen ebenfalls hohen Gehalt an SO_3 (18,1 %), außerdem ungefähr gleiche Glasbildner, wie sie auch im Sand schon nachweisbar waren.
Beide Stoffe im Verhältnis 1:1 gemischt ergaben schon bei verhältnismäßig niedrigen Schmelztemperaturen von etwas über 1200° ein blaugrünes, nur mit kleinen Bläschen versetztes, helldurchsichtiges Glas. [...]
Aus diesen Analysen und Schmelzversuchen ergibt sich mit hoher Wahrscheinlichkeit, daß Plinius mit seinem Bericht recht hatte" [Löber 1976, 87f].

N) Eisen - vorhanden in der Steinzeit, aber verschwunden in der Eisenzeit, und wie überlebten die Ägypter von -1100 bis -300 ohne Landwirtschaft?

Im Schlußteil seines wahrscheinlich gegen -460 verfaßten Berichtes über die Pyramide des Cheops [*Historien* II:125] schreibt Herodot einen Satz, der ihm in der modernen Ägyptologie einen nicht endenden Spott eingetragen hat:

"An der Pyramide ist in ägyptischen Buchstaben verzeichnet, welche Mengen von Rettichen, Zwiebeln und Knoblauch die Arbeiter verzehrt haben. Wenn ich mich recht an die Summe erinnere, die mir der Dolmetscher nannte, der die Inschriften entzifferte, so waren es eintausendsechshundert Talente Silbers. Wenn das richtig ist, welche *Unsummen* müssen dann erst für *die eisernen Werkzeuge*, für das Brot und für die Kleidung der Arbeiter ausgegeben worden sein!" [Kursivsetzung durch G.H.].

Schon die Wortwahl - so erkennen die Spötter - mache deutlich, daß hier nicht der ägyptische Dolmetscher von Eisen gesprochen, sondern Herodot seine ganz eigenen Schlüsse gezogen habe [vgl. etwa Lucas 1962, 236]. Diese Deutung ist ihnen deshalb so wichtig, weil die 4. Dynastie des Cheops (2551-2528) zwischen -2575 und -2465 datiert wird und somit fast 1.500 Jahre vor der Eisenzeit beginnt, die um -1200 liegen soll. Eisenwerkzeuge, deren Menge so gewaltig war, daß für ihre Beschaffung "Unsummen" aufgebracht werden mußten, passen nicht einmal in die ersten Jahrhunderte der eigentlichen Eisenzeit nach -1200 konventioneller Datierung und bedeuteten somit gegen -2500 ein chronologisches Ärgernis ersten Ranges.

Aber hat Herodot hier tatsächlich wieder einmal seiner angeblich blühenden Phantasie die Zügel schießen lassen? Oder gab es Gründe, die ihn ganz selbstverständlich von Eisenwerkzeugen sprechen lassen mußten? Immerhin fällt ja auf, daß er im Altertum niemals für seine Eisenbemerkung in Verbindung mit der Pyramide des Cheops lächerlich gemacht wurde. In erster Linie machte die Verwendung superharter Gesteine wie Quarzit, Diorit und Granit [Arnold 1984, 1] in den Pyramiden der 4. Dynastie jede Vorstellung von einer eisen- bzw. stahllosen Technologie absurd. Hätte sich Herodot heutigen Phantasien von geheimnisvoll supergehärtetem Kupfer hingegeben, wäre ihm das Gelächter seiner Zeitgenossen allerdings sicher gewesen (mehr dazu oben in Kapitel J). Es bedurfte also keiner besonderen Information durch seine ägyptischen Gewährsleute, daß beim Pyramidenbau Eisen- bzw. Stahlmeißel verwendet wurden. Diesen Sachverhalt in irgendeiner Weise besonders zu würdigen, wäre seinen Lesern sicher ähnlich überflüssig erschienen wie etwa ein heutiges Hervorheben der Tatsache, daß Schienen für die Straßenbahn aus Stahl gemacht werden. Die Griechen des -5. Jhs. interessierten sich dafür, wie teuer so eine Pyramide war und Herodot beeilte sich, gehörige Andeutungen zu machen.

Mindestens so selbstverständlich und deshalb einer besonderen Erwähnung nicht mehr wert muß für Herodot gewesen sein, daß die Erbauer der Cheopspyramide die wesentlichen geometrischen Erkenntnisse eines Pythagoras kannten, dessen Schüler ihm wohlvertraut waren [Historien II:81]. Die Lebensdaten dieses Gelehrten ($\approx$ 560-497/96) fallen selbstredend in die entwickelte Eisenzeit und verweisen die Pyramide des Cheops bzw. seine pythagoräisch qualifizierten Baumeister einmal mehr in einen historischen Zeitraum, der bald 2.000 Jahr jünger ist, als die Ägyptologen uns immer noch lehren. Bis heute streiten sie untereinander darüber, wie man den Fundus einer eisenzeitlichen Geometrie mit einer angeblich frühbronzezeitlichen Cheopspyramide versöhnen könne. Die einen möchten darüber triumphieren, daß *ihre* Ägypter schon seit 2.000 Jahren wußten [s. zuletzt Legon 1989, 64], was die Erforscher des klassischen Altertums in törichtem Stolz *ihren* Griechen zuweisen. Letztere könnten natürlich darauf pochen, daß in der ins -6. Jh. zu datierenden griechischen Schicht von Kamiros/Rhodos ein Skarabäus mit der Kartusche des Cheops gefunden wurde [Torr 1988, 47] und dieser deshalb ohnehin nicht älter als Pythagoras sei. Da die klassischen Altertumswissenschaftler aber ebenfalls an die ägyptologische Chronologie glauben, können sie diesen Fund nicht für sich ausnutzen, sondern müssen ihn für ein 2.000 Jahre altes Erbstück halten.

Überdies fühlen sie sich dadurch verunsichert, daß für die Zeit der altbabylonischen Mardu, die in Mesopotamien von -2000 bis -1700 regiert haben, der Satz des Pythagoras sogar schon auf Keilschrifttafeln niedergeschrieben wurde [J. Oates 1987, 80]. Andere Ägyptologen wiederum halten es einfach nicht für möglich, daß die Griechen sich und die übrigen Völker über ihre geometrischen Leistungen so sehr getäuscht haben könnten und versuchen, das Wissen der Architekten des Cheops zu verkleinern [siehe zuletzt Trench 1988, 85ff]. Da beide Seiten am Datum der Cheopspyramide nicht zweifeln, kann man sich getrost auf weitere Fortsetzungen dieses innerägyptologischen Zwistes gefaßt machen.

Das dogmatische Festhalten der Ägyptologen am Cheopsdatum wird diese Gelehrten zugleich immer in der intimen und wohlverdienten Nachbarschaft von Esoterikern und anderen Scharlatanen belassen, die - seit R.A. Schwaller de Lubicz - auf einem altägyptischen Hightech-Geheimwissen des -3. Jtsds. beharren, das nur Eingeweihten zugänglich werden könne [in dieser Richtung am populärsten jetzt West 1987, passim]. Der Standardägyptologie haben die Esoteriker aber immerhin voraus, daß sie nicht auf angeblich supergehärtete Kupfermeißel, also auf einen technologischen Unsinn verfallen (ausführlich Kapitel J). Die von ihnen für das -3. Jtsd. zu phantasierenden Strahlen-Schneidwerkzeuge sind im späten 20. Jh. schließlich wirklich erfunden worden und üben mit ihrer Durchdringung von Hartgestein schon deshalb auf ein großes Publikum mehr Faszination aus als die unglaubwürdigen Kupfermagier (zu Pyramiden und Pythagoras vgl. auch oben Kapitel F; außerdem Heinsohn 1992; 1993).

Noch konfuser wird das Bild ägyptischen Eisens, wenn man die Vorstellungen der ägyptologischen Historiker und Datierungsersteller mit den Befunden der ägyptologischen Archäologen konfrontiert. Die Historiker lassen die ägyptische Eisenzeit nach -1200 beginnen und ringen um Erklärungen für Granit- und Dioritbearbeitungen großen Stils bereits eineinhalb Jahrtausende früher, weshalb diese eisenfrei argumentiert werden müssen. Für die Archäologen sieht das Bild gerade umgekehrt aus. Sie haben angeblich viel zu frühes Eisen für die Zeit der großen Pyramiden, finden aber nach etwa -1100, wenn die Eisenzeit doch entschieden beginnen soll, keines mehr. Wie sieht das Bild im einzelnen aus?

Archäologische Chronologie ägyptischer Eisenfunde
(konventionell datiert, Lucas 1962, 235ff, Helck 1975; Waldbaum 1980, 70-79)

Zeitraum		Anzahl der Objekte (mit und ohne Nickel)
V	600 - heute	ungezählt
IV	1200 - 600	0
III	1600 - 1200	20
II	2000 - 1600	1
I	3000 - 2000	7 **
	vor -3000	10 *

** Drei dieser Objekte werden wegen der vagen Fundortbeschreibung nicht von allen Autoren aufgeführt. Es handelt sich um von Maspero benannte Funde: (1) Stücke von Eisenmeißeln der 5. Dynastie (2465-2325), Saqqara, (2) Stücke einer eisernen Spitzhacke der 6. Dynastie (2325-2155), Abusir und (3) zerbrochene Eisenwerkzeuge derselben 6. Dynastie, Dahschur [vgl. Lucas 1962, 238].

* Dieses Eisen wird der sog. Gerzean- oder Naqada I-Periode zugeschrieben, die ab -3500 datiert wird [Adams 1988, 5; Kaiser 1985, 86 setzt sie etwas später an]. Eindeutig aus dieser Zeit gib es aber einen Keramiktopf, auf dem sowohl ein griechisches Schiff wie auch vier Pyramiden abgebildet sind [Dayton 1978, 443], von denen die frühesten (Djoser) auch nach konventioneller Chronologie erst über 800 Jahre später gebaut werden (Abb. 161; vgl. auch Kapitel F).

Bei der Anzahl von 0 Eisenfunden für die Eisenzeit (1200-600) mag der besser informierte Leser einwenden, daß doch im Jahre 1895 Flinders Petrie [1897] in Theben einen "Satz von 23 Eisenwerkzeugen ausgegraben hat" [Williams/Maxwell-Hyslop 1976, 283], die er selbst ins Jahr -667 der spätassyrischen Invasion datierte. Diese Eisenwerkzeuge waren in der traditionellen Ägyptologie als Beweis dafür angesehen worden, daß im ägyptischen Raum "Eisen irgendwann in der 26. Dynastie (664 bis 525 v. Chr.) sehr viel häufiger wurde" [Lucas 1962, 239]. Inzwischen sind diese thebanischen Eisenwerkzeuge einer genaueren Untersuchung unterzogen worden. Zusammen mit ihnen war ein Helm entdeckt worden, der einem Gegenstück ähnelte, das

"kürzlich im griechischen Olympia gefunden wurde ..., weshalb es nicht abwegig erscheint, daß er Persern von einem Griechen nach einer der Schlachten von Marathon, Salamis oder Plataea abgenommen wurde" [Williams/Maxwell-Hyslop 1976, 283].
Eine Datierung der beim Helm liegenden Eisenwerkzeuge ins -5. Jh. bestätigt womöglich einmal mehr die stratigraphisch und historisch ermittelte Gleichsetzung der spätassyrischen Könige mit den späten Achämeniden in ihrer Kernsatrapie [Heinsohn 1996]. Merkwürdig muten aber die Werkzeuge selbst an, "da sie bemerkenswert gut erhalten sind und in einigen Fällen überraschend modern ausschauen" [ebd. 286]. Vergleichende Studien an andernorts in Ägypten gefundenen Werkzeugen lassen gar auf "römische Eisenarbeiten" des späten "ptolemäischen Ägypten" schließen, aber "eine Datierung ins 5./4. Jh v. Chr. kann auch vorgeschlagen werden" [alles ebd. 303].

Das Herausfallen des thebanischen Eisenfundes aus dem -7. Jh., der selbst vom Finder Petrie als nicht-ägyptisches (assyrisches) Produkt angesehen wurde, bestätigt den Befund, daß die ägyptische Eisenverhüttung frühestens in der griechischen Deltakolonie Naukratis beginnt: "Erst im 6. vorchristlichen Jahrhundert hat man auch in Ägypten Eisen verhüttet" [Helck 1975, col. 1210]. Und erst für die um -522 erstmals einsetzende Perserherrschaft über Ägypten werden auch eiserne Waffen häufiger an Ausgrabungsplätzen gefunden [Petrie 1910, Tafel 38; 1917, 27]. Insgesamt aber bleiben Eisenfunde auch weiterhin selten. Meist sind sie nur als Rost auszumachen, und nur in gut verschlossenen Gräbern haben sich weitgehend identifizierbare Stücke erhalten.

Doch nun zum Eisen der Pyramidenzeit in der 4. Dynastie. Im Jahre 1840 veröffentliche H. Vyse den ersten Band seiner *Operations Carried out on the Pyramids of Gizeh* und informierte darin die Öffentlichkeit über ein Eisenobjekt, das in einem Steinverarbeitungsplatz außerhalb der Cheopspyramide von J.R. Hill gefunden worden war [Vyse 1840, 275f]. Sowohl Vyse, der heute übrigens als Fälscher der Königskartuschen bei den Pyramiden von Cheops, Mykerinos und in Saqqara überführt ist, wie auch Hill galten im archäologischen Handwerk als solchem für durchaus zuverlässig, und die Zuordnung ihres Eisenfundes in die Zeit des Cheops wurde sehr lange von niemandem angezweifelt. Widerstand erwuchs lediglich aus einem Gedankengebilde, das überhaupt erst aus dem Drittjahrtausend-Datum für Cheops geboren wurde: Weil zu seiner Zeit Eisen ja noch nicht gefördert und verhüttet worden sein konnte, mußte in seine Zeit gehörendes Eisen vom Himmel gefallen, also meteorischen Ursprungs sein. Für meteorisches Eisen hatte man sich die Lehre zurechtgelegt, daß es einen hohen Nickelanteil (um 7,5 %) aufweisen müsse. Von dieser Lehre her konnte nun geprüft werden, ob das Eisen für die großen Mengen der Cheopsmeißel tatsächlich von oben gekommen war und somit in das -3. Jtsd. gehörte, das die Ägyptologen diesem Pharao zugewiesen hatten. Die Analyse ergab einen für die Meteoritenlehre zu geringen Nickelgehalt, worauf den Archäologen Vyse und Hill ihr berühmter Fund gewissermaßen aus den Händen geschlagen wurde:

"Früher dachte ich, daß dieses Eisen in die Zeit der Pyramide gehörte. Nach einer Neueinschätzung des Befundes im Lichte der kürzlich ermittelten Tatsache, daß dieses Eisen nicht meteorischen Ursprungs ist, bin ich jedoch zu der Ansicht gelangt, daß die Evidenz gegen ein hohes Alter spricht" [Lucas 1962, 237/Fn. 11].

Wenn also der Eisenfund zur Cheopspyramide des -3. Jtsds. gehören sollte, dann hatte er gefälligst Nickel aufzuweisen. Wäre Nickel gefunden worden, würde bis heute niemand die Zusammengehörigkeit dieses Eisens mit Cheops bezweifeln. Die Nickelarmut verwies das Eisen jedoch ins -6. Jh. der ägyptischen Eisenverhüttung und konnte bei Cheops nur belassen werden, wenn er ebenfalls ins →6. *Jh.* heruntergedatiert worden wäre, wozu sich lange [erst Heinsohn 1988, 176] niemand entschließen mochte. Statt das Cheopsdatum am Eisen zu testen, hat man mit dem pseudoastronomischen Datum des Cheops das archäologisch zu ihm gehörende Eisen aus dieser Verbindung verstoßen.

Gegen diese Argumentationsweise spricht inzwischen nicht mehr nur ihre Zirkularität. Die Nickellehre selbst ist ins Zwielicht geraten. Aus Nickelanteilen kann keineswegs automatisch auf den himmlischen Ursprung von Eisenobjekten geschlossen werden, wie vor nicht allzulanger Zeit - und seitdem unwidersprochen - nachgewiesen worden ist [vgl. Piaskowski 1982, passim]. Alles Eisen, das archäologisch zur 4. Dynastie gehört und wegen fehlenden Nickelgehaltes flugs aus den Datierungsbeweisen ausgeschlossen worden ist, muß nun in sie zurückkehren. Die am Schreibtisch der Chronologiefabrizierer observierten Archäologen werden schon von daher wieder in ihr Recht gesetzt werden müssen. Zu ihnen gehört G.A. Reisner, der im Taltempel des Mykerinos zu Giseh ein Stück Eisen ausgegraben hatte [Lucas 1962, 238], dessen Nickellosigkeit seinen Fund chronologisch unglaubwürdig machte. Die Bauten des Mykerinos (2490-2471) sind für ihren extrem hohen Granitanteil berühmt und werden deshalb als ebenfalls weit vor der Eisenzeit liegende Arbeiten, die nicht ohne Stahl ausgeführt werden können, von den ägyptologischen Chronologen entschieden gefürchtet oder stolz als etwas ganz Besonderes bewundert. Das Eisen aus dem Taltempel des Mykerinos gehört wiederum frühestens in das -6. *Jh.* der ägyptischen Eisenverhüttung, die ja in der griechischen Kolonie Naukratis (im Nildelta) nicht vor dem -6. Jh. beginnt. Eine griechische Hetäre namens Rhodopis aus eben dieser Stadt Naukratis [Herodot II:134,135] nun soll die Mykerinospyramide mitfinanziert haben. Auch Herodot selbst geriet hier in chronologische Verwirrungen, weil er die Rhodopis zur Zeit des Amasis (570-526) datierte und glaubte, daß Mykerinos viele Generationen früher gelebt haben müsse. Es ist aber wohlbekannt, daß Mykerinos-Bautätigkeiten in der 26. Dynastie (664-525) stattfinden und heute als Restaurierungsarbeiten gedeutet werden [Beckerath 1982, 275]. An anderer Stelle [Illig 1989a] ist genauer zu zeigen, in welch ungemein nahem Verhältnis Amasis und Mykerinos in Wirklichkeit zueinander standen.

Während gegen die zu Cheops und Mykerinos gehörenden Eisenfunde immerhin mit dem - allerdings haltlosen - Nickelargument vorgegangen werden konnte, bereitet der Fall des von Flinders Petrie in einem Abydos-Tempel der 6. Dynastie (2325-2155) gefundenen Eisens der herrschenden Lehre noch zusätzliche Schwierigkeiten. Das Eisen war in ein Fundament eingebaut, konnte also nicht irgendwann später herbeigetragen worden sein und es enthielt kein Nickel, das seine meteorische Zuweisung erlaubt hätte. Die Aussage, daß dieses Stück Eisen "wahrscheinlich immer ein Mysterium bleiben wird" [Lucas 1962, 238], ist bisher alles, was den Ägyptologen zu diesem chronologisch skandalösen Material der 6. Dynastie eingefallen ist, da es 1.000 Jahre vor dem Beginn der Eisenzeit (-1200) liegt und sogar 1.600 Jahre vor dem Beginn verhütteten Eisens (-6. Jh.), wozu es ebenfalls zählt. Auf die Idee, die 6. Dynastie nach →*600* zu verbringen und so das Eisen-"Mysterium" ohne jede übernatürliche Machenschaft zum Verschwinden zu bringen, mochte sich niemand einlassen.

Für die Zeit von -2000 bis -1600 geht in Ägypten das Eisen archäologisch wieder verloren. Beim einzigen in unserer Tabelle unter II aufgelisteten Fund handelt es sich nämlich um eine eiserne Speerspitze, die in Nubien gefunden wurde und deren durch nichts begründete Zuschreibung zur 12. Dynastie Ägyptens (1991-1785) selbst in der Ägyptologie nicht ernstgenommen wird:

"Daß in einem abgelegenen Orte Nubiens Eisen für große Waffen schon mehr als vierhundert Jahre vor der Zeit üblich gewesen sein soll, in der ein König Ägyptens (Tutanchamun) einen einzigen kleinen Eisendolch besaß und sogar mehr als tausend Jahre, bevor Eisen in Ägypten gängig wurde, klingt so außergewöhnlich, daß mehr Beweise als bisher erbracht werden müssen, bevor das ihm jetzt zugedachte Datum akzeptiert werden kann. Dies gilt umsomehr, als das fragliche Objekt praktisch nicht von Speerspitzen zu unterscheiden ist, die noch vor wenigen Jahren in derselben Gegend verwendet wurden" [Lucas 1962, 238].

Zwischen dem Ende der 6. Dynastie (-2155) und einem "wenig präzisen" [ebd.] Fund der 17. Dynastie (Stücke von einer Hacke und einem Meißel), die der Hyksoszeit parallel läuft (1650-1550), bleibt das Eisen verschwunden, so daß rein eisenarchäologisch der Eindruck entsteht, als ob die Erste Zwischenzeit (2155-2037), das Mittlere Reich (2037-1785) und die Zweite Zwischenzeit (1785-1540) historisch älter sind als das ihnen offiziell doch vorhergehende Alte Reich. Zugleich wirkt das Alte Reich (2640-2155) eisenmäßig mindestens so jung wie das Neue Reich (1540-1075) und weist dabei verhüttetes Eisen auf, das doch frühestens erst im -6. Jh. in Ägypten hergestellt wird. Warum wirkt nun das Neue Reich bzw. die 18. Dynastie (1550-1291) keineswegs tausend Jahre jünger als das Alte Reich? An materiellen Funden ragt eine Speerspitze aus dem mittleren Palast Amenophis' III. (1387-1350) zu Theben heraus [Lucas 1962, 239]. Beträchtliche Rostklumpen wurden in Echnatons neuer Hauptstadt Tell el-Amarna (1346-1333) gefunden. Weiteres aus derselben Zeit stammt aus Abydos [alles Waldbaum 1980, 77]. Aussagekräftiger sind aber die Eisenfunde im Grabe Tutanchamuns (1333-1323), da dieser sogar ein Eisenamulett trägt [Lucas 1962, 240], was auf religiöse Wertschätzung, aber auch auf eine noch relative Kostspieligkeit dieses Materials verweisen könnte. Dahingegen scheinen die Eisenfunde aus der 4. und 6. Dynastie einen solchen Eindruck nicht mit der gleichen Stringenz zu vermitteln. Ein stählerner Dolch und 16 Miniaturmeißel aus Eisen wurden neben einem eisernen Kopfauflieger ebenfalls im Grab Tutanchamuns gefunden [Waldbaum 1980, 77]. Mit einer Sichel aus Eisen, die unter einem Sphinx des Haremhab (1319-

1291) in Karnak zum Vorschein kam [Lucas 1962, 239], erschöpfen sich die bisher gefundenen Eisenobjekte der 18. Dynastie.

Wenn gegen -1200 alle Welt im Alten Orient in das Eisenzeitalter eintritt, hört Ägypten, das doch schon auf Äonen des Eisengebrauchs zurückschauen kann, bevor es dieses Material gegen -2155 zum erstenmal verliert, mit dem Eisen auf. Es wiederholt hier den nicht minder dramatischen Verlust der Glasgefäße und des Schiffsbaus, der Landwirtschaft und der Leiern etc. (siehe dazu auch die einschlägigen Kapitel M, O, N und L dieses Buches). So jedenfalls muß es die Chronologie der Ägyptologen nahelegen. Die Textquellen erlauben ihnen nun einmal kein anderes Bild. Für das Alte Reich sprechen die Pyramidentexte der 5. Dynastie (2465-2325) "von Stricken aus Eisen zum Himmelsaufstieg und vom himmlischen Thron aus Eisen" [Helck 1975, 1210].

Erst im Neuen Reich wird Eisen dann zaghaft wieder in Texten erwähnt. Tuthmosis III. (1479-1425) schreibt, daß er "4 eiserne Gefäße mit Silberhenkel aus Tanaja (=Peloponnes)" bezogen hat [ebd.], was wohl darauf verweist, daß zu seiner Zeit in Ägypten so komplizierte Gußprodukte noch nicht hergestellt werden konnten. Der noch immer große Wert dieses Materials erweist sich auch daran, daß er "ein Eisengefäß in den Amuntempel" [ebd.] stiftet. Eisen wird dann noch einmal in den Papyri Chester Beatty IV und Harris I (nach -1153) erwähnt, bevor es aus den Quellen wieder verschwindet [ebd.]. Ein nach Ägypten geschriebener Brief (EA 22; Knudtzon 1915, 155ff) des Mitannikönigs Tuschratta (auch Duschratta, Djuschratta, Schuschratta etc.) erwähnt Geschenke von Ringen und Dolchen aus Eisen und wahrscheinlich sogar Stahl [Helck 1971, 391]. Vieles spricht dafür, daß der stählerne Dolch des Tutanchamun ebenfalls ein solches Geschenk aus Mitanni gewesen ist. Die Eisenmetallurgie muß zu seiner Zeit also eine gewisse Entwicklungszeit schon hinter sich gebracht haben.

Vergegenwärtigen wir uns noch einmal den ägyptischen Eisenbefund nach archäologischem Kenntnisstand in einem Überblick (s.S. 393). Es versteht sich beinahe von selbst, daß die Eisenlücken nirgendwo stratigraphisch nachweisbar sind. Es existiert in Ägypten also keine Ausgrabungsstätte mit sehr tief liegenden Schichten für Periode I, in denen man Eisen findet, über denen dann eisenlose Schichten für Periode II folgen, auf denen wiederum eisenhaltige Schichten für Periode III liegen, die nach oben hin von eisenlosen Schichten für Periode V

Archäologische Eisenchronologie Altägyptens
nach Daten herrschender Lehre

V	Dritte Eisenzeit	bis heute
IV	**Zweite Eisenlücke**	bis -600
III	Zweite Eisenzeit	bis -1200
II	**Erste Eisenlücke**	bis -1600
I	Gerzean und Altes Reich mit erster Eisenzeit	bis -2155

ein anschließend nie wieder verschwindendes Eisen angetroffen wird. Eine solche Stratigraphie müßte tatsächlich zu ernsthaften Überlegungen Anlaß geben. Die für I bis V angegebenen Datierungen sind eben gerade nicht wissenschaftlich-archäologisch, sondern bibelfundamentalistisch und pseudoastronomisch gewonnen worden, weshalb die an sie Glaubenden damit leben müssen, daß sie sich von den Ausgräbern nicht bestätigen lassen.

In Griechenland selbst, von wo noch Tuthmosis III. (1479-1425) seine kultischen Eisengeräte importieren muß, kann die Herstellung damals sehr wertvoller Eisenobjekte kaum vor Beginn des →7. Jh. begonnen haben, wenn man etwa hundert Jahre für das Billigwerden des Materials ansetzt. Denn schon "Ende des 6. Jh. v. Chr. wurde Eisen nur zur Herstellung von Ackergeräten verwendet" [Bellen 1979, 219]. Im übrigen Europa bestätigt sich dieser Befund. In der Nähe der alten Etruskerstadt Populonia (gegenüber der Insel Elba) hat eine C^{14}-Holzkohlenprobe in einer Schicht, die in höherer Lage einen - allerdings frühestens ins -2. Jh. gehörenden - Eisenschmelzofen freigab, das Datum von -465 ± 100 Jahren erbracht [Tylecote 1987, 163]. In der spanischen Provinz Huelva sind punische Eisenschlacken gemäß der herrschenden Chronologie für Phönizien sehr vage zwischen -750 und -500 plaziert worden [Tylecote 1987, 163]. Auch der nordeuropäische Befund spricht eindringlich für einen späten Beginn des harten, aber stark rostbedrohten Metalls:

> "Die Anfänge der Eisenverhüttung im Bereiche der germanischen Stämme sind schwierig zu datieren. Einzelne Eisenfunde sind früher als in die volle Eisenzeit in diesen Gebieten anzusetzen, die

Metallurgie des Eisens selbst begann jedoch kaum früher als im 4.-3. Jh. vor Chr." [Pleiner 1986, 61].

Ein Ausflug in den metallurgisch durchaus einfallsreichen Fernen Osten bestätigt die späte Heraufkunft der Eisentechnologie: In China "begann die Eisenzeit nicht vor dem 6. Jahrhundert [v.u.Z.]" [Girard-Geslan 1985, 262].
"Für Gußeisen kann gezeigt werden, daß es in Schansi bis auf 513 v. Chr. zurückgeht. Die archäologischen Entdeckungen der letzten Jahrzehnte haben aber gezeigt, daß der Gebrauch eiserner landwirtschaftlicher Geräte sich in Nordchina und im Jangtse-Becken nicht vor dem 4. Jh. v. Chr. ausbreitet" [Diény 1985, 278].

In einer von pseudowissenschaftlich erzeugten dunklen Zeitaltern befreiten griechischen Chronologie beginnt die großgriechische Geschichte erst gegen →*600* (wenn nicht noch etwas später) genau zu dem Zeitpunkt, an dem die griechisch-mykenische Geschichte in rätselhaften Katastrophen und daraufhin einsetzenden Revolutionen zu Ende geht [Finley 1982, 24,58,71,73,79; zum ungefähren Datum von →*600* siehe auch in diesem Buch die Kapitel B, M5 und P, sowie insgesamt Peiser 1989; 1993]. Für die konventionell schon gegen -1200, aber archäologisch nicht vor →*600* zum Abschluß kommende mykenische Zeit ist deshalb eine manufakturmäßige Eisenerzeugung größeren Stils noch auszuschließen. Eisen als solches ist für das Ende der mykenischen Zeit aber nachgewiesen (Demakopoulou 1988, 50; vgl. auch oben Kap. J). Bei Homer wird Eisen "48mal" erwähnt, gleichwohl aber gilt: "Sein eigentlicher Wert für Waffen und Geräte bleibt bis ans Ende der mykenischen Kultur unerkannt" [Forbes 1967, 30].

Die oben erwähnten griechischen Ackergeräte werfen selbstredend auch die Frage nach der ägyptischen Landwirtschaft auf. Verfügt sie auch über Eisengeräte? Was weiß man überhaupt über ihren Zustand zwischen -1100 und -300? "Ägypten ist neben Äthiopien und dem Maghreb das einzige Land Afrikas, dessen Landwirtschaft der Pflugbaukultur angehört" [Voss 1982, 1013]. "Die Bauern Alt-Ägyptens waren vor allem und hauptsächlich Pflugmänner" [Montet 1958, 108]. Ab -2800 (2. Dynastie) gibt es die Hieroglyphe für den Pflug. Das Gerät selbst könnte schon seit der Naqada II-Zeit (ab -3500) existiert haben [Störk 1975, 59]. Darstellungen von Pflügen sind für Mittleres und Neues Reich bezeugt. Gezogen wurden sie von Rindern, Eseln und Menschen. Technische Innovationen sind für die beiden Zwischenzeiten bezeugt [Voss 1982, 1014]. Aber noch in der Ramessidenzeit bis -1100 erweisen sich die Pflüge nach einer Entwicklung von 2600 Jahren als nur wenig verändert. Für die leichten Bodenbedingungen bleiben Holzkonstruktionen im wesentlichen ausreichend [Montet 1958, 109]. Auch die Felderverwaltung wirkt merkwürdig entwicklungslos. Wie im Alten Reich (ab -2640) werden dann wieder im Neuen Reich (ab -1540) Beamte durch Einsetzung in Gutsverwalterstellen versorgt [Helck 1977, 154]. Vergleichbar auffällige Ähnlichkeiten gibt es etwa auch zwischen bildlichen Darstellungen von Vieh des Alten und des Mittleren Reiches [Abbildungen bei Vandier 1978].

Nach dieser über 1.500 Jahre sich erstreckenden relativen Gleichförmigkeit scheint dann jedoch etwas Furchtbares zu geschehen. Für etwa 800 Jahre (1100-300) verschwinden schriftliche und bildliche Darstellungen zur ägyptischen Landwirtschaft. Niemand weiß aus ägyptischem Material, wie man im Niltal diese 800 Jahre überstanden hat. Erst in der ptolemäischen Zeit - am Edfu-Tempel [Schlott-Schwab 1981, 137ff] - gibt es wieder die bis -1100 üblichen Hinweise auf Felder und die Landwirtschaft überhaupt. Sie scheint unter griechischem Einfluß sogar technische Fortschritte zu machen [Trigger/Kemp/Lloyd 1983, 326]. An was die Neuerer Alexanders des Großen da allerdings anknüpfen, kann von den ägyptischen Archäologen und Philologen nicht angegeben werden. Ihnen fehlt jegliche Quelle. Die von den Ptolemäern gepflegte Zweierntenwirtschaft ist zwar schon im Neuen Reich vorhanden [Schenkel 1980, 931], bleibt dann aber eben jene 800 Jahre lang unbezeugt. Unternubien sei in dieser langen Zeit nicht nur ohne Landwirtschaft, sondern sogar menschenleer gewesen (dazu oben Kapitel M6). Im Neuen Reich gibt es Pflüge sogar als Grabbeigaben [Voss 1982, 1013]. Gleichwohl hat sich bis heute kein Ägyptologe getraut, daraus auf das endgültige Begrabenwerden der Landwirtschaft zu schließen. Schließlich exportiert das Neue Reich sogar Lebensmittel [Schenkel 1980, 929]. Wie kann dann anschließend einfach gar nichts mehr produziert werden und die Bevölkerung trotzdem weiterleben?

Da unter den ägyptologischen Fachvertretern Schweigen zur Landwirtschaft zwischen -1100 und -300 vorherrscht, weiß man nicht einmal, ob es sich um ein verlegenes handelt. Nicht daß die fehlenden 800

Jahre bestritten würden, aber ein ausdrückliches Hervorheben dieses vielleicht alarmierendsten Befundes in der altägyptischen Geschichte sucht man vergeblich. Statt dessen finden sich Aussagen, die fast schon als grobe Irreführung des Lesers angesehen werden dürfen: "Ägypten war, von wenigen Krisenzeiten abgesehen (Hunger), stets in der Lage, seine eigene Bevölkerung zu ernähren" [Schenkel 1980, 929]. Derselbe Autor springt in seinen historischen Aussagen aber durchweg und immer direkt von den Ramessiden zu den Ptolemäern und kennt nichts für die 800 Jahre dazwischen. Vielleicht ist aber auch dem sorgsam initiierten Ägyptologen die Fundlosigkeit zwischen -1100 und -300 so sehr in Fleisch und Blut übergegangen, daß er es als aufdringlich empfände, darüber auch nur ein einziges Wort zu verlieren. Wie dem auch sei, im Rahmen der herrschenden Chronologie müssen die landwirtschaftslosen Jahrhunderte ein immerwährendes Rätsel bleiben. Sie können erst bei Anwendung einer evidenzgebundenen Zeitrechnung für Altägypten in der Versenkung akademischen Aberglaubens verschwinden. Um diesem weiter entgegentreten zu können, kehren wir zur nicht minder mysteriösen Geschichte des ägyptischen Eisens zurück.

Das Ägypten der gesamten Amarnazeit ab etwa -1345 bis einschließlich Tutanchamun (bis-1323) verhält sich noch eisenimportierend (aus Mitanni und wohl auch Kleinasien). Die von Herodot als Massengut bezeugten Eisengeräte von Cheops und Mykerinos verweisen aber darauf, daß es zu ihrer Zeit doch schon erschwinglich gewesen sein muß, also kaum vor das →7. Jh. gebracht werden kann. Die erst im -6. Jh. einsetzende Eisenverhüttung in Naukratis muß sicherlich als Quelle für die Meißel des Cheops mit ins Auge gefaßt werden. Vertraut man mithin dem harten archäologischen Befund, so ergibt sich für das Alte Ägypten eine ganz andere - sich partiell überlappende und durchwegs im →1. Jtsd. liegende - Abfolge, als die Chronologen der ägyptologischen Fachrichtung weismachen wollen:

Hyksoszeit und Mittleres Reich →
    18. Dynastie und Altes Reich →
        Perserzeit.

Es ist die letzte, achämenidische Periode, welche die materielle Eisenevidenz für die Spätzeit des Neuen Reichs mit Beschlag belegt hat, weshalb für die Ramessiden, die über textliche Eisenquellen ja verfügen (Papyri Chester Beatty IV und Harris I), reale Eisenfunde konsequenterweise fehlen müssen.

Das Mittlere Reich bzw. die 12. Dynastie beginnt bei dieser archäologischen Datierung der Eisenfunde frühestens am Beginn des →7.*Jh.*, da ihr direkter Übergang (von Amenemhet IV. zu Ahmose) in die Eisenzeit der 18. Dynastie, die ja im späten →7. *Jh.* landet, durch die Abydos-Königsliste belegt ist. Für das metallurgisch Priorität beanspruchende Mitteleuropa [Dayton 1978] gilt ohnehin, daß die Eisenzeit erst im →7. *Jh.* beginnt, wenn nicht die um zwei Jahrhunderte zu frühe Olympiadendatierung [Peiser 1989] der griechischen Polis (-776), sondern ihr archäologischer Beginn zugrundegelegt wird, der keramisch direkt nach Amarna, also gegen →*600* einsetzt.

Hier ist ergänzend anzuführen, daß die sogenannten neosumerischen bzw. Ur III-Stadtstaaten, die nach heutigem Verständnis die meisten kulturellen Leistungen der frühen griechischen Stadtstaaten um eineinhalb Jahrtausende vorweggenommen haben, stratigraphisch mit der archaischen Polis im selben Horizont liegen, also zwei Schichtengruppen unter dem Hellenismus gegen →*600*. Die Polis liefert mithin keineswegs die um 1.500 Jahre verzögerte Imitation südmesopotamischer Hochkultur. Sie existiert vielmehr gleichzeitig mit den chaldäischen Städten. Diese von den Alten als Wiege der Zivilisation betrachteten Gemeinwesen sind nicht etwa auf mysteriöse Weise unauffindbar, obwohl sie Namen und Lage mit den "sumerischen" Städten teilen, sondern finden in eben diesen ihre archäologische Bestätigung. Zwar lernen die Griechen von den Chaldäern="Sumerern", aber das tun sie mit einer Verzögerung, die nach Jahren und nicht nach Jahrtausenden zu bemessen ist. Zugleich sind die nur für Altgriechenland bezeugten Geisteswerke, die in Mesopotamien selbst fehlen, ebenso alt wie die chaldäisch="sumerischen".

Für die Eisenzeit der 4. ägyptischen Dynastie bleibt einmal mehr das →*6. Jh.* direkt vor der Perserzeit. Man ist deshalb nicht mehr überrascht, daß etwa die Ausgrabung von MacAlister in Gezer einen Skarabäus im Stil der 18. Dynastie mit dem Namen des Mykerinos aus der 4. Dynastie zusammen mit einem Dolch aus Stahl in einem einzigen Grab vereint antraf [Dayton 1978, 318].

Als Fixdatum für die Eisen aus Mitanni empfangende Amarnazeit gilt - wie schon im Glaskapitel M6 gezeigt - das Datum des mitannischen Assurerobers und -plünderers Schauschatra, der mit dem medischen Assureroberer und -plünderer Schwachschatra (griechisch:

Cyaxares) zusammenzubringen war [Heinsohn 1988, 109]. Der Abfolge Ninos-Assyrer → Meder → Perser folgend, die Herodot belegt [*Historien* I:95,102f,106], wird das späte →*7. Jh.* für die Mitanni=Meder und damit auch für Amarna festgehalten. Da überdies auch Tuschratta (Duschratta, Djuschratta, Schuschratta) mit Schauschratta identisch sein dürfte [Heinsohn 1989c], wird der - gewiß übertriebene - Zeitraum des großen Mederkönigs Cyaxares (653-585) zum Zeitraum der Amarnakönige Amenophis III. und IV. (Echnaton), mit denen er korrespondiert.

Für den syro-palästinischen und anatolisch-mesopotamischen Raum im Osten Ägyptens war die Geschichte des Eisens schon früher in eine chronologische Ordnung gebracht worden [Heinsohn 1988, 105,117ff], so daß hier kurze Ausführungen genügen können. Das eiserne Axtblatt aus Ugarit/Stratum I.2 [Fensham 1969, 209ff] ist über die Amarna-Korrespondenz, an der sich Ugariter Herrscher beteiligen, zwischen -1450 und -1350 datiert und erhält nun ebenfalls das Datum der Mitanni=Meder im →*7./6. Jh.* Für die eisernen Schmuckstücke aus dem spätbronzezeitlichen Megiddo [Weippert 1977b, 220], das ebenfalls über die Amarna-Korrespondenz datiert ist, an der Herrscher aus Megiddo in keilschriftlichem "reinstem Hebräisch" [Böhl 1909, 83] mitschreiben, verhält es sich nicht anders. Die archäologischen Spezialisten zu Israel/Palästina zögern übrigens nicht, ihre allgemeine Ratlosigkeit und chronologische Verwirrtheit umstandslos einzugestehen:

"Sowohl die übliche Benennung der um 1200 v. Chr. beginnenden Periode als 'Eisenzeit' wie auch die Festsetzung ihres Endes in das Jahr 586 v. Chr. ist problematisch. Nichts deutet darauf hin, daß Eisen beim Niedergang der spätbronzezeitlichen Kultur und beim Aufkommen der eisenzeitlichen eine nennenswerte Rolle gespielt hätte" [Weippert 1988, 352].

Wir hatten ja schon im Glaskapitel M3 an der Feinstratigraphie von Beth Shean sehen müssen, daß innerhalb der herrschenden Chronologie zwischen -1100 und -300 ohnehin glaubwürdige Schichten nicht nachgewiesen werden können. Erstes Eisen tritt schon in Schichten auf, die unter dem Etikett Spätbronzezeit (= Mitannizeit) rubriziert werden. Die Eisenzeit selbst ist dann archäologisch abwesend. Nach der hier vertretenen Rekonstruktion gehören die jetzt zwischen -1290 und -1100 datierten Schichten VI, V und IV von Beth Shean bereits in den →*580* beginnenden Zeitraum, schließen also direkt an die gegen -300 datierte

Schicht III an. Die Lücke zwischen -1100 und -300 entfällt. Damit verflüchtigt sich auch das Wunder eines ägyptischen Volkes, das 800 Jahre von Luft und Nilwasser zu leben schien, weil für die Landwirtschaft die Quellen gefehlt haben. Die Quellen sind vorhanden. Die spätramessidischen (Papyri Chester Beatty IV und Harris I), die jetzt gegen -1100 angesetzt werden, geraten stratigraphisch - wie auch in Tell Daba (siehe unten Kapitel P) - direkt in das →*4. Jh.* vor die ptolemäische Zeit, die ebenfalls über Quellen verfügt.

Dasselbe wie für das Eisen in den sog. spätbronzezeitlichen Schichten in Israel gilt auch für die mitannische, also medische Schicht IV in Alalach, wo ebenfalls Eisenklumpen gefunden wurden. Sie rücken von konventionell -1400 nach etwa →*600*. Die Eisenfunde aus den Straten II und I derselben Stadt [alles Waldbaum 1980, 76] gehören vielleicht bereits in die Perserzeit des -*6. Jhs.* Die insgesamt dieser Periode zugehörigen Quellen liefern die sog. Mittelassyrer (dazu auch Kapitel M6), deren Schichten direkt unter den hellenistischen des -4. Jhs. liegen (etwa in Tell Brak oder Tell Hamadiye). Wir haben es bei den "Mittelassyrern" also mit der frühen persischen Satrapie Assyrien zu tun, die noch Strabo als "Aturia" kannte [zu diesem ganzen Komplex ausführlich Heinsohn 1996]. Die gewaltigen Eisenmengen in den Inschriften der mittelassyrischen Könige [Grayson 1972, 57ff] müssen als solche der Perserzeit nun nicht mehr überraschen. Die jetzige Datierung der Mittelassyrer ab -1300 ist ja - wie im Glaskapitel M4 gezeigt - ebenfalls indirekt an die Amarna-Korrespondenz gebunden, da sie den Mitanni folgen, die sich an diesem Briefwechsel beteiligen. Da die Mitanni wiederum die Meder sind, denen gemäß Herodot die Perser folgen, liegt in der bloßen Epochenabfolge als solcher (Mitanni → Mittelassyrer) die herrschende Lehre durchaus richtig. Lediglich die absoluten Daten sind durch die pseudoastronomische Sothisdatierung der Amarnazeit verdorben, konnten aber durch Herodots Datum für die Meder = Mitanni annähernd rekonstruiert werden.

In Mesopotamien gehört die Eisenperle aus Stratum II im Nuzi der Mitanni = Meder [Waldbaum 1980, 76] wiederum ins -*7./6. Jh.* der letzteren. Die sog. Altassyrer mit ihren Königen Sargon und Naram-Sin, die Eisenhandel mit Anatolien (Karum Kanis) treiben, der jetzt gegen -1900 datiert wird, waren als Alter ego nicht nur der Altakkader und der Hyksos, sondern auch der vormedischen Ninos-Assyrer des Herodot

[*Historien* I:95] zu dechiffrieren [Heinsohn 1988, 117ff], was die Anfänge ihrer Beschäftigung mit Eisen ebenfalls nicht vor das →7. *Jh.* bringt. Da Herodots vormedische Assyrer nichts mit den Spätassyrern zu tun haben, auf die stratigraphisch direkt die Griechen folgen, werden die neo- und spätassyrischen Straten vom -8./7. ins →5./4. *Jh.* verbracht.

Das →7. *Jh.* gilt auch für die südmesopotamischen Eisenfunde aus der sog. sumerischen, in Wirklichkeit also chaldäischen Epoche Frühdynastisch III [Waldbaum 1980, 70], die sich mit dem Beginn der altakkadischen Zeit (=Hyksos=Herodots vormedische Assyrer) überlappt und stratigraphisch direkt in die Ur III-Zeit übergeht, die zeigleich mit den Mitanni=Medern liegt.

Die früheste Quelle, die wirklich auf eine Eisenwirtschaft in großem Stil zu schließen erlaubt, wie sie erst für das -6. *Jh.* archäologisch unstrittig belegbar wird, liegt in einem Keilschriftdokument der sog. altbabylonischen Martu oder Mardu aus dem -18. *Jh.* konventioneller Abrahamdatierung vor, in dem von regelrechten Eisenerzlagerstätten die Rede ist:
"Aus Bergwerken gewonnenes Eisen finden wir anscheinend das erste Mal mit Sicherheit erwähnt in dem Kontrakte CT VI pl. 25a der Hammurapi-Zeit" [Weissbach 1938, 316].

Die "altbabylonischen" Mardu waren mit den Mardoi [Herodot I:84,125], also dem Stamme des Kyros und seiner Achämeniden gleichzusetzen [Heinsohn 1988; 1989g; 1996, 65ff]. Stratigraphisch liegen sie in Mesopotamien direkt unter den hellenistischen (etwa in Der) oder parthischen Schichten (etwa in Assur oder Maschkan-Schapir) des -4. bzw. -3. Jhs. und gehören so rein archäologisch ohnehin zur persischen Satrapie Babylonien. Die in der bisher abrahamdatierten Zeit immer unerklärlich früh kommenden Eisenbergwerke liegen in Wirklichkeit historisch also genau dort, wo sie auch erwartet werden mußten - im →6./5. *Jh.*

Die altbabylonischen Mardu oder Amoriter mit ihren Eisenbergwerken, die nunmehr ins →6. *Jh.* gelangen, bestätigen noch auf andere Weise, daß die ägyptische Eisenzeit in großem Stil ebenfalls erst im -6. Jh. zum Zuge gekommen sein kann. Es geht um das archäologische Leitfossil dieser konventionell zwischen -2000/1900 und -1700 datierten Altbabylonier, nämlich die Terrakotta-Reliefs [Heinsohn 1989f]. Sie wurden durch Pressung von Lehm in Negativformen hergestellt. Anschließend wurden die so erzeugten Reliefplatten und Figürchen gebrannt. Ein erster Katalog über diese Objekte erschien vor sechzig Jahren [Van Buren 1930]. Drei Jahrzehnte später wurde die bis heute Standard gebliebene Untersuchung zu diesen wunderbar vielfältigen Werken der Kleinkunst publiziert [Opificius 1961; ähnlich dann auch Barrelet 1968].

Die Datierung dieser Terrakotten erwies sich bereits für den mesopotamischen Raum als ungemein schwieriges Problem. Erste Stücke konnten in der neosumerischen Ur III-Zeit verortet werden. Für ihren Ursprung gilt deshalb:
"Das Herstellen von Terrakottareliefs mit Hilfe einer Model scheint in der Zeit der dritten Dynastie von Ur erfunden worden zu sein. Die frühesten Beispiele stammen aus Nippur, Tell Asmar und wahrscheinlich Tello. Einige Tonreliefs sind aus der Isin-Zeit belegt, so z.B. Stücke aus Tell Asmar, Fara, Nuzi, und auch aus Assur wird man einige Stücke hierher datieren müssen. Die Hauptmasse der Terrakottareliefs gehört jedoch sicher in die altbabylonische Periode" [(Opificius 1961, 24].
Ein wesentliches Hindernis bei dem Versuch, die Terrakotten in eine chronologische Ordnung zu bringen, resultierte aus dem Mangel an zuverlässigen stratigraphischen Herkunftsinformationen. Trotzdem gibt es Ausnahmen wie etwa das Ausgrabungsfeld 2 von Tell Der. Dort ergab sich folgende Stratigraphie:

Stratigraphie von Tell Der, Ausgrabungsfeld 2
(konventionell datiert, nach Opificius 1961, 7)

Datum	Schicht	Kommentar
ab -300	I	Hellenismus (Seleukiden)
ab -1300	———	**Angebliche Lücke** von rund 1.000 Jahren ohne sterile Schicht (-1300 ist stark umstritten)
ab -1700	IIb,a	Altbabylonische Mardu plus Amarna-Kassiten
ab -2000	III	Altbabylonische Mart(d)u
ab -2150	IV	Ur III-Sumerer
ab -2400	VIII bis V	Altakkader

Rein stratigraphisch wird deutlich, daß die "Hauptmasse der Terrakottareliefs" aus der "altbabylonischen Periode" ab -2000 stammen, deren Schichten III und II direkt unter der seleukidischen Schicht I ab -300 liegen [zu den in Der aufgefundenen Exemplaren vgl. die Nrn. 192, 258, 359, 405, 512 in Opificius 1961]. Die Evidenz von Der weist den Altbabyloniern und ihren Eisenbergwerken mithin eine Schicht an, in der man die Persersatrapie Babylonien erwartet hätte, die bis heute ja nirgendwo gefunden werden konnte.

Zur Verwirrung der Historiker haben in Mesopotamien grabende Archäologen einige Terrakotten tatsächlich aber in die Perserzeit verlegt, deren Beginn konventionell erst 1.500 Jahre nach dem Beginn der Altbabylonier angesetzt wird. Sir Leonard Woolley fand im südmesopotamischen Ur mindestens drei Terrakotten in einem Abfallhaufen, den er als "neubabylonisch oder persisch" identifizierte, also zwischen -625 und -330 datierte [Nrn. 316, 324 und 332 in Opificius 1961, 15]. Nach "Vergleich" [ebd.] mit sehr ähnlichen Stücken aus anderen Grabungsplätzen, die zwischen -2150 und -1700 datiert wurden, mußte sich der berühmte Ausgräber eine Korrektur am Schreibtisch der Historiker gefallen lassen, seine Stücke also 1.500 Jahre älter machen. Andererseits hatte er selbst ähnliche Funde aus Diqdiqqeh bei Ur ins späte -3. Jtsd. der Ur III-Zeit datiert, obwohl eine ganze Reihe von gleichzeitig aufgefundenen Siegelzylindern "sicher ins 1. Jahrtausend" gehörten [ebd. 16]. Einige wiederum nicht unähnliche Terrakotten vergrößerten noch die Verwirrung, weil sie wegen ihres Kontextes "sogar in der Partherzeit gemacht worden sein könnten" [ebd. 21], die gegen -250 begann. Diese Verwirrung ist selbstredend ausschließlich chronologisch erzeugt, denn stratigraphisch können Parther-Terrakotten nicht überraschen, da die ab -2000 datierten altbabylonischen Terrakotten (etwa in Maschkan Shapir) *direkt und hiatusfrei unter* der ab -250 beginnenden Partherschicht gefunden wurden.

Verlassen die Terrakotten-Sucher Mesopotamien, wird der Blick umgehend klar. Was die Stratigraphie von Der oder Maschkan Shapir etc. nahelegte, bestätigt sich überall. Die Perserzeit ist die große Periode für unsere vielfältigen Werke der Kleinkunst. Das gilt auch für Ägypten, über dessen Eisenzeit-Datum ja weitere Auskunft gewonnen werden soll. Dort erscheinen formgepreßte Terrakotten nicht vor Mitte des -1. Jtsds. Die bekannteste Stätte für diese Massenproduktion wurde das hellenistische Alexandria, das auch zum Zentrum der Glasherstellung avancierte, und dessen "Terrakottaindustrie auf eingewanderte griechische Koroplasten zurück[geht], die die verwendeten Modeln aus ihrer Heimat mitbrachten" [Hornbostel/Laubscher 1986, 425]. Frühere, also vor -330 zu datierende Terrakotten fanden sich in den persischen Schichten von Memphis, die dem hellenistischen -4. Jh. vorausgehen, aber möglicherweise mit der ersten griechischen Ansiedlung in Naukratis (ab -615) Kontakt hatten:

"Unter den zahlreichen Terrakotten aus Memphis fallen besonders Darstellungen der verschiedensten ethnischen Typen auf; sie spiegeln den kosmopolitischen Charakter der Bevölkerung dieser Handelsmetropole - Hauptstadt der persischen Satrapie - wieder" [ebd.].

Auch in Israel stammen die "altbabylonischen" Terrakotten durchweg aus perserzeitlichen Fundumständen des -6. bis -4. Jhs. [Stern 1982, 158ff] und nicht etwa aus stratigraphischen Zusammenhängen, die zwischen -2000 und -1700 datiert werden. Dasselbe gilt für Phönizien, Anatolien und Zypern [Stern 1984, 104]. Einmal mehr wird also deutlich, daß die altbabylonische Zeit der Eisenbergwerke archäologisch mit der Perserzeit identisch ist, in der auch in Ägypten die Eisenmetallurgie zur vollen Entfaltung gelangt. Durch das archäologische Zusammenfallen der rätselhaften altbabylonischen Mardu mit den achämenidischen Persern (mit ihrem Führungsstamm der Marder) ist einmal mehr auch die 1966 durch Van Seters aufgestellte These widerlegt, daß es sich bei den mittelbronzezeitlichen Hyksos um die mesopotamischen Altbabylonier handele. In Ägypten liegen die altbabylonischen Terrakotten in Perserzeitschichten. Auch sprachlich ließ sich ja zeigen (oben in Kapitel M6), daß die Hyksos und ihre althethitischen Zeitgenossen nicht etwa altbabylonisches, sondern altakkadisches Akkadisch schrieben, historisch den Altbabyloniern mithin auf ganz dieselbe Weise vorhergehen wie die Ninos-Assyrer Herodots [*Historien* I:95] den Medern und Persern. Die verblüffende Tatsache, daß die Altbabylonier bereits den Satz des Pythagoras kannten, den man unter Umständen beim Pyramidenbau benötigte, spricht keineswegs mehr für einen frühen Beginn dieser Massivarchitektur, da die entsprechenden Keilschrifttafeln ins →*6. Jh.* oder später gehören (siehe ausführlicher Kap. F, Heinsohn 1996, 60ff].

O) Schiffahrt ohne Schiffe

Selbstbewußtsein, aber auch Beklommenheit äußern die Historiker der Seefahrt, die über die Schiffe Ägyptens sowie der übrigen Mittelmeerländer und Mesopotamiens zu schreiben haben. Diese altorientalischen und alteuropäischen Gebiete sind bereits im -3. und -2. Jtsd. mit zahlreichen Schiffsabbildungen gesegnet, so daß der schmeichelhafte Eindruck entsteht, als hätten sie gegenüber den übrigen Seefahrtsnationen der Erde, die nicht vor dem -1. Jtsd. die Meere befuhren, einen nautischen Vorsprung von mehr als zweitausend Jahren aufzuweisen. Da nun gerade die Seefahrt als Einrichtung zu betrachten ist, bei der die Nutzung und die schnelle Verbreitung der Technik über weite Räume hinweg gleichzeitig aufzutreten pflegen, wirkt dieser seemännische 2.000-Jahre-Vorsprung höchst merkwürdig:

"Daß wir gewisse Kenntnisse über die Seefahrt des 3. und 2. vorchristlichen Jahrtausends und ihre historische Bedeutung so gut wie ausschließlich aus den vorderorientalischen und europäischen Küstenzonen haben, hängt wohl nicht nur mit der allgemeinen Quellenlage und dem vergleichsweise hohen Erforschungsstand dieser Geschichtsräume zusammen, sondern dürfte darauf hinweisen, daß in diesen Gebieten (aufgrund der allgemeinen Kulturentfaltung und Geschichtsstruktur sowie des natürlichen Kommunikationswertes stark gegliederter Küstenzonen) die Seefahrt tatsächlich in dieser Frühzeit bereits einen exzeptionellen Entwicklungsstand erreicht hatte und einen namhaften historischen Faktor darstellte, gleicherweise in ökonomischer und kultureller Hinsicht wie auch im Hinblick auf die damit Hand in Hand gehenden kolonisatorischen, militärischen und imperialen Momente von Kontakten" [Müller-Karpe 1982, 18].

Gerade Handel und Kolonisation jedoch sollten die Schiffahrtstechnik schnell auch in die so besuchten Gebiete verpflanzt haben. Dieser Diffusionsprozeß scheint jedoch jahrtausendelang nicht funktioniert zu haben und stellt die Forschung, die über das Ausbleiben des zu Erwartenden durchaus verblüfft ist, vor große und auch eingestandene Probleme:

"In dem Maße, in dem diese [diffusionsbeschleunigende] Bedeutung der frühen Seefahrt für die allgemeine Geschichte deutlich wird, stellt sich uns die Frage, inwieweit über den vorderorientalisch-europäischen Bereich hinaus vor dem letzten vorchristlichen Jahrtausend eine Seefahrt existierte bzw. wann eine solche in diesen Erdgebieten und Weltmeeren begonnen hat. Es ist einsichtig, daß es hier nicht nur darum geht, wann und wo gewisse technische Fertigkeiten des Schiffsbaus entwickelt oder übernommen wurden und gewisse Schiffsformen bekannt waren, sondern daß mit diesen archäologisch unmittelbar nachweisbaren Erscheinungen historische Kontakte zu erschließen sind, die für die Beurteilung der uns zugänglichen Geschichtszeugnisse unter einem universalhistorischen Blickwinkel von entscheidender Wichtigkeit sind" [Müller-Karpe 1982, 18].

1) Mußten Ägyptens Nachbarn den Rammsporn dreimal erfinden, weil man ihn zweimal wieder vergessen hatte?

Alles Suchen nach schiffstechnologischen Auswirkungen dieser "historischen Kontakte" ist bis heute vergeblich geblieben. Der große maritime Vorsprung Ägyptens, Vorderasiens, Kretas, Zyperns, der Peloponnes und der Kykladen begeistert und verwundert ungebrochen. Und doch wollen selbst bei einem völligen Verzicht auf die Diffusionsforschung die Merkwürdigkeiten nicht weichen. Wo der Blick also allein auf diese frühen Seefahrtsterritorien des -3. und -2. Jtsds. gerichtet wird, werden höchst abwegige Verhaltensweisen konstatiert. Am meisten Sorgen bereitet dabei der Rammsporn, der gegen Ende des -4. Jhs. ein Gewicht von 0,4 Tonnen erreichte [Steffy 1983], aus Bronze gegossen war und bei Beschädigung des Schiffes auf ein neues übertragen werden konnte [Meijer 1986, 168]. Wie das Glas scheint auch diese bahnbrechende Kriegserfindung dreimal gemacht, zwischendurch also zweimal vergessen worden zu sein. Die Schiffshistoriker sind nicht glücklich über diesen Sachverhalt. Versuche, ihm zu entkommen, haben aber nur zu heftig sich befehdenden Schulen geführt. Eine spricht der anderen die Echtheit ihrer Rammsporne ab.

Homer erwähnt niemals Schiffe mit Rammsporn [Frey 1982, 28]. Seine Werke werden gegen -550 unter dem Tyrannen Peisistratos kanonisiert und dürften nicht vor dem späten →7. *Jh.* begonnen worden sein. Die erste Erwähnung eines Rammsporns in der griechischen Literatur stammt von dem um -540 geborenen Epheser Hipponax [Morrison/Coates 1986, 168]. Da konventionell noch geglaubt wird, Homer habe um -750 gelebt und über eine bereits gegen -1200 zu Ende gehende mykenische Geschichte geschrieben, auf die er durch viele quellenlose Jahrhunderte zurückblickte, wird nicht ohne Konsequenz behauptet, daß der Rammsporn im -2. und erst recht im -3. Jtsd. noch gefehlt haben müsse:

"Daß ägäische Schiffe mit einem Rammsporn versehen waren, ist eine sicher unbegründete, gleichwohl von manchen Gelehrten heftig verteidigte These" [Marinatos 1974, 142].

Unstrittig zwischen allen Parteien ist das massive Auftreten von Rammspornen auf Schiffsdarstellungen seit dem späten -7. Jh. Ganz ähnlich sehen sie aber bereits auf Darstellungen aus (Abb. 162), die heute der geometrischen Zeit Griechenlands innerhalb der dunklen Jahrhunderte (900-700) zugeschlagen werden [Morrison/Williams 1968]. Sie gelten deshalb einigen Autoren als die einzige revolutionäre Neuerung dieser insgesamt so obskuren Zeit [etwa Casson 1971, 49].

Da diese geometrischen Schiffe nach herrschender Lehre direkt in Homers Lebenszeit gehören, wird sein Schweigen über den Rammsporn nur umso mysteriöser. Mysteriös sind aber auch die Schiffe selbst. Insbesondere verwundern ihre gewaltigen Ausmaße, die entsprechende Werftformate voraussetzen. Auch die vielköpfigen Besatzungen geben Rätsel auf. Wie in einer dunklen Zeit, für die bis heute kein einziger Hafen, keine einzige Festung, ja nicht einmal ein einziges wirklich zweifelsfreies Dorf gefunden worden ist, eine solche Schiffsindustrie und Flottenpolitik untergebracht werden kann, vermag niemand zu sagen. Auch zur Kolonisation sollen diese mächtigen Boote genutzt worden sein und doch "konnten Archäologen nirgendwo - nicht einmal in Smyrna und Milet - auch nur eine Spur dieser Siedlungen entdecken" [Holtzmann 1985, 74]. Mit ihrer Datierung vor dem -6. Jh. müssen diese doppelstöckigen 'Schlachtschiffe' (Biremen) deshalb als ausgesprochen verfrüht angesehen werden [Morrison/Coates 1986, 34f].

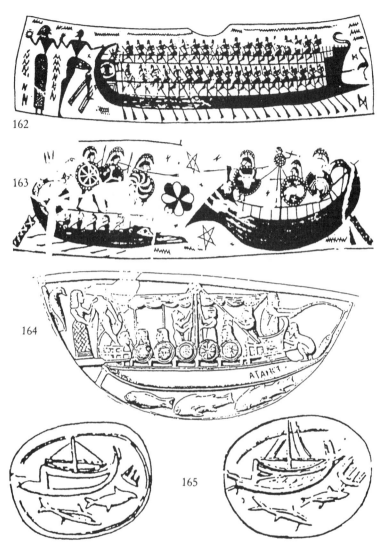

162 Spätgeometrische Bireme (-8. Jh.; →6. Jh.) aus dem griech. Theben mit Rammsporn und achtzig Ruderern [Meijer 1986, 21]
163 Etruskische Vase aus Caere, nach -600, mit Kampf zwischen zwei Schiffen unterschiedlicher Rammspornbewehrung [Morrison/Coates 1986, 28]
164 Besegelte Galeere, deren Rammsporn als Toilettenbalken benutzt wird, auf Gemme des späten -7. oder frühen -6. Jhs. [Gray 1974, 63]
165 Rammspornbewehrte Schiffe auf zwei ägyptologisch datierten, frühminoischen Siegeln (2600-2250; →1. Jtsd.) [Müller-Karpe 1982, 7/2+8]

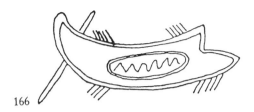
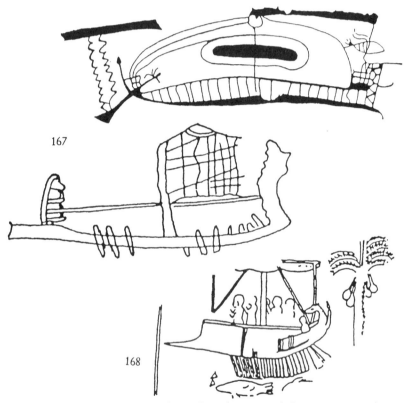

166 Gegen -1600 (→8./7. Jh.) datierter Zwanzigruderer mit Rammsporn von einer Vase aus Volos [Vermeule 1972, 259]
167 Oben: Auf -1200 datierte Rammsporngaleere mit Segel, aus Pylos-Tragana [Meijer 1986, 7]. Unten: Ähnliche Galeere von -1200 aus Asine [Vermeule 1972, 259/d]; beide →7. Jh.
168 Rammspornbewehrtes Schiff auf Siegel aus Persepolis, das nach -550 datiert wird [Collon 1987, 159/720]

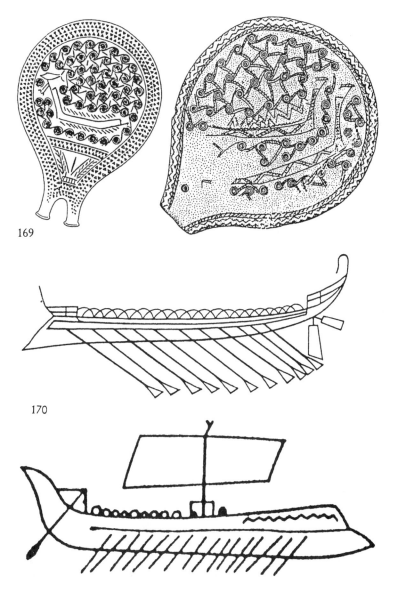

169 Frühkykladische, d.h. ab -2250 (→1. Jtsd.) datierte Tonpfannen aus Syros mit rammspornbewehrten Galeeren [Müller-Karpe 1982, 6]
170 Oben: Nach Pharao Sahure ins -25. Jh. (→7./5. Jh.) datierte Galeere mit Rammsporn aus dem nordwestanatolischen Dorak [Morrison 1980, 9]. Unten: Galeere von rhodischem Teller aus dem -7./6. Jh. [Gray 1974, 65/c]

Als weitere Kandidaten für die Erfindung des Rammsporns unter den Verfechtern seines späten Auftauchens nicht vor dem -7. Jh. werden seit der Antike die Etrusker erwähnt [Keller 1970, 77]. Die früheste dazu passende Darstellung findet sich auf einer Vase aus Caere, die kaum vor -600 angesetzt werden kann (Abb. 163). Sie ist vereinzelt als großgriechisches Gefäß angesehen worden. Mehr spricht tatsächlich aber für ein etruskisches Originalprodukt [Kirk 1949; Morrison/Williams 1968, 75]. Das links angeordnete Schiff (Abb. 163) hat vergleichbare Stücke - ebenfalls aus der Zeit nach -600 - in Amathus/Zypern [Göttlicher 1978, 37f und Tafeln 12f].

Die "heftig" ihre These verteidigenden Gelehrten, daß dies alles viel zu spät komme, können nun eigene Rammsporne höheren Alters sehr wohl präsentieren: "Ein Sporn erscheint bereits häufig auf bronzezeitlichen Schiffsdarstellungen" aus der Zeit vor -1200 [Frey 1982, 28] oder: "Mykenische Kriegsschiffe [bis -1200] waren ganz sicher mit Rammspornen ausgerüstet" [Morrison/Williams 1968, 7]. Ans Ende des Mittelhelladikums (-1600) bzw. an den Beginn der mykenischen Schachtgräberzeit des frühen Späthelladikums gehört ein wohlgespornter Zwanzigruderer, der auf eine Vase aus Volos gemalt war (Abb. 166). Seine formale Ähnlichkeit zum 1.000 Jahre jüngeren Stück aus Caere läßt den Alt-Rammspornern die Annahme einer erst etruskischen Erfindung des gefährlichen Instruments in höchstem Maße unaufgeklärt erscheinen.

Zum Späthelladikum IIIC (um -1200) gehören Darstellungen von rammspornbewehrten Schiffen aus Pylos-Tragana und Asine (Abb. 167), die immer noch konventionelle 600 Jahre vor dem Caere-Rammsporn liegen und Verfechter einer etruskischen Erfindung durchaus in Verlegenheit bringen können.

Wer diese frühen Rammsporne aus dem -2. Jtsd. wegdisputieren möchte, erklärt sie entweder zu schiffsbaulichen Stabilisierungsdetails [Meijer 1986, 2] oder vermerkt schlicht, daß sie "oft verschieden gedeutet werden" [Gray 1974, 76]. Es wird von diesen Schiffen aber sogar ausdrücklich vermerkt, daß "sie im großen und ganzen den ägäischen Modellen aus dem 3. Jahrtausend v. Chr. ähneln" [Meijer 1986, 7], die uns weiter unten noch beschäftigen werden. Nachdem sich einerseits Schiffe aus der Zeit nach -600 mit Schiffen aus der Zeit um -1600 gut vergleichen ließen, macht die Möglichkeit, diese beiden Schiffstypen wiederum mit Schiffen aus dem -3. Jtsd. in Beziehung zu setzen, die Parallele zur dreimaligen Erfindung kobaltblauen Glases und so vieler anderer Technologien immer offensichtlicher.

Origineller verfährt eine andere Richtung beim Wegdiskutieren der älteren frontalen Schiffsbewehrungen. Sie will die für ihre Ansicht zu früh kommenden Rammsporne zu Toilettenbalken entschärfen, kann diese Position aber lediglich mit einer Darstellung auf einer Gemme illustrieren (Abb. 164), die zwischen -650 und -550 datiert [Morrison/Williams 1968, 83] und deshalb aus chronologischen Gründen wiederum nicht sonderlich gut herangezogen werden kann, um ein oder zwei Jahrtausende ältere Stücke in Mißkredit zu bringen. Zudem zeigt die Gemme eindeutig einen Rammsporn, der auch als Toilettenbalken benutzt wird und nicht etwa einen Toilettenbalken, der zu nichts sonst verwendet werden kann.

Wo das Wegdisputieren der Rammsporne aus dem -2. Jtsd. schon nicht überzeugend gelingen kann, müssen die entsprechenden Stücke aus dem -3. Jtsd. diese Intentionen ganz und gar als Fehlschlag erweisen. Frühminoische Siegel (Abb. 165), die - nach dem Alten Reich Ägyptens - zwischen -2600 und -2250 datiert werden, zeigen nämlich ebenfalls bereits rammspornbewehrte Schiffe. Sie ähneln sowohl den Stücken von -1600 (Abb. 166) wie auch wieder den späteren ab -600 (etwa Abb. 168).

Hochstilisierte, aber doch deutlich vorspringende Spitzen an Schiffen auf frühkykladischen sogenannten Tonpfannen (Abb. 169), die ab -2250 datiert werden, seien ebenfalls bereits "zum Rammen von Gegnern" [Vermeule 1972, 55] verwendet worden. Noch früher datiert wurden rammspornbewehrte Galeeren auf einer Schwertklinge (Abb. 170) aus einem anatolischen Grab (bei Dorak). Sie sind von Gegenstücken aus dem -6. Jh. (Abb. 170 unten) kaum zu unterscheiden, und werden doch ins -25. Jh. datiert, da in demselben Grab "eine Kartusche des Sahure" (2458-2446) aus der 5. ägyptischen Dynastie gefunden wurde [Gray 1974, 38].

Wir können jetzt einen Überblick zu den ägäischen Rammspornen geben, wobei noch die konventionelle Datierung angegeben wird. Die dreifache Erfindung und das zweifache Verschwinden des Rammsporns ist nicht stratigraphisch begründet. Es gibt keine ägäischen Ausgrabungsstätten mit tiefliegenden Rammsporndarstellungen des -3. Jtsds.,

Chronologie des ägäischen Schiffsrammsporns
(konventionelle, also ägyptologisch bestimmte Datierung)

ab -900 Drittes Erscheinen des Rammsporns als angeblich wichtigste Erfindung der dunklen Jahrhunderte Griechenlands an veritablen 'Schlachtschiffen', der nun nicht mehr verschwinden soll, aber dann doch erst nach -600 allgemein üblich wird

ab -1200 Zweites Verschwinden des Rammsporns in ersten dunklen Jahrhunderten

ab -1600 Zweites Erscheinen des Rammsporns in der über die ägyptische Amarnazeit datierten Ägäis

ab -2200 Erstes Verschwinden des ägäischen Rammsporns

ab -2600 Erstes Erscheinen des über das Alte Reich Ägyptens datierten Rammsporns auf kretischen Siegeln, anatolischen Schwertern etc.

über denen Schichten ohne Rammspornbilder liegen, bis von neuem Schichten mit Rammsporn-Illustrationen in der Mitte des -2. Jtsds. auftauchen, die darüber von neuem vergeblich gesucht werden, bis in Schichten ab dem späten -7. Jh. die rammspornlose Zeit ihr Ende hat und die herausragende nautische Waffe nicht mehr vergessen wird.

Die Rammspornlücken sind der herrschenden Chronologie geschuldet, die den alten Ägyptern von der modernen Ägyptologie übergestülpt worden ist. Die Ähnlichkeit der Rammsporne aus dem -3., -2. und aus dem -1. Jtsd. zieht diese Chronologie einmal mehr entschieden in Zweifel. Es spricht nichts dagegen, daß alle Rammsporne ins →1. Jtsd. gehören, wohin dann auch Altes Reich und Neues Reich aufrücken müssen, deren wissenschaftsfremde Daten bisher für die Verteilung der Sporne ins -3. und -2. Jtsd. verantwortlich sind. Diese Aussage scheint sogar Rammsporne einschließen zu müssen, die innerhalb Ägyptens momentan sogar ins -4. Jtsd. der Gerzean-Zeit datiert werden, die ja bereits durch das Vorkommen von Eisen verblüffen mußte (siehe dazu die Schiffsdarstellung auf Abb. 161 im Eisenkapitel N dieses Buches).

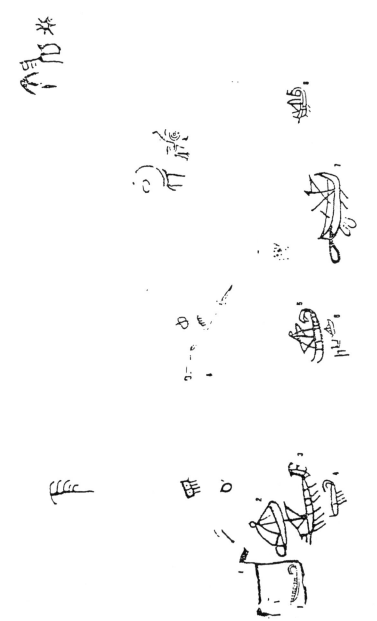

171 Felszeichnung von Laja Alta (nördl. von Gibraltar) mit Schiffsdarstellungen, die abwechselnd ins -3. Jtsd. und ins -7. Jh. datiert werden [Müller-Karpe 1982, 14f]

Die von der modernen Ägyptologie erzeugte chronologische Verwirrung hat nicht zuletzt eine bis heute ungelöste Kontroverse um die nördlich von Gibraltar im spanischen Laja Alta entdeckten Felszeichnungen hervorgerufen (Abb. 171). Die dort abgebildeten - gespornten und ungespornten - Schiffe wurden im Jahre 1980 von R.C. Sanchez und F.G. Pacheco als solche der phönizischen Kolonisatoren Spaniens gedeutet und in die iberische Eisenzeit von -700 bis -500 datiert. Das gesamte archäologische Umfeld sprach ebenfalls für eine solche Einordnung. Die Schiffsspezialisten haben aber den Sachverstand der spanischen Archäologen nicht hinnehmen wollen und eingewendet:

"Ohne daß die Möglichkeit einer solchen Beurteilung bestritten werden sollte, möchten wir die Berechtigung der entgegengesetzten Datierungsargumentation nicht übersehen: [...] Immerhin lassen sich Darstellungen des 3. und 2. Jahrtausends ebenso vergleichbar anführen wie solche" [des -1. Jtsds.; Müller-Karpe 1982, 13].

Da beide Seiten die ägyptologischen Daten für die Schiffe aus dem -3. und -2. Jtsd. nicht anzweifeln, können sie ihren Streit nicht entscheiden. In Wirklichkeit dürften beide Recht haben. Schiffe aus allen drei Jahrtausenden sehen sich tatsächlich und keineswegs zufällig sehr ähnlich, und so macht es Sinn, sie nicht vor das →*1. Jtsd.* zu datieren, in dem auch die übrige Welt mit der Seefahrt beginnt.

Nicht allein Kriegsfahrzeuge, sondern auch Handels- und Reiseschiffe des -2. und -1. Jtsds. im mediterranen Raum erwecken den Eindruck, als ob sie rein technologie-evolutionär direkt aufeinander folgten und nicht durch 1.000 Jahre voneinander getrennt seien. Das gilt etwa für die im Herbst 1972 entdeckten Schiffe auf Fresken von Akrotiri/Thera (Abb. 172), die ins -16. Jh. datiert werden [dazu Marinatos 1974] und eine Schiffsdarstellung aus dem etruskischen Veji (Abb. 173), die gegen -600 oder später angesetzt wird. Beide besitzen übrigens eine spornähnliche Vorrichtung, die tatsächlich nur einer verbesserten Manövrierfähigkeit oder ähnlichem dient. Als Rammsporn könnten sie nicht zum Einsatz kommen, da der durchgehende Kielbalken fehlt, in den der Rammsporn übergehen muß, um bei einer Kollision nicht das eigene Schiff zu zertrümmern. Trotzdem gibt es Stimmen, die von einer etruskischen "Waffe für einmalige Verwendung" sprechen [Höckmann 1985, 46].

Wie beim Glas kann natürlich auch beim Rammsporn die Frage nach seinen Erfindern gestellt werden. Homer, der nicht vor -550

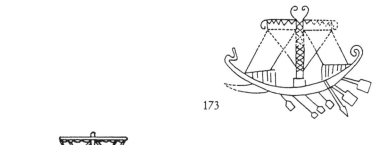

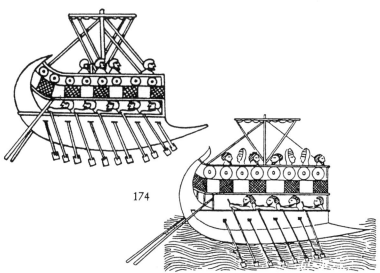

172 Ins -16. Jh. (→*8./7. Jh.*) datiertes Akrotiri-Schiff aus Thera [Dayton 1978, 279]
173 Nach -600 datiertes Schiff aus dem etruskischen Veji [Gray 1974, 71]
174 Nach Sennacherib gegen -700 (*spätes* →*5. Jh.*) datierte phönizische Biremen mit Rammspornen und durchgehendem Oberdeck [oben Gray 1974, 71, unten Weippert 1977d, 277; vgl. insgesamt Graeve 1981, Tafeln XLI, XLII]

kanonisiert wird [Peiser 1996] und vielleicht nur wenig früher seine unsterblichen Verse geschmiedet hat, nennt ihn - wie gesagt - noch nicht. Daraus darf allerdings nicht automatisch geschlossen werden, daß er ihn auch nicht gekannt hat. In konventioneller Sicht vor -1200 datierte Rammsporne der mykenischen Zeit landen in einer evidenzbestimmten Chronologie in der Zeit um →*600* und geraten damit in homerische Bereiche. Ihre Ähnlichkeit mit Rammspornen aus der achämenidischen Zeit nach -550 und solchen auf - ägyptologisch datierten - frühminoischen Siegeln oder anatolischen Schwertern von Dorak, die jetzt -2600 bis -2250 datiert werden, verbringt alle diese Befunde ins →*7./6. Jh.* Die ab -900 datierten Großgaleeren mit Rammspornen aus der sogenannten geometrischen Periode, die zur Auffüllung der rein chronologisch erzeugten dunklen Jahrhunderte Griechenlands kreiert wurde, geraten ohnehin in dieselbe Zeit, falls sie nicht noch später angesetzt werden müssen.

Nun gibt es neben all den über die Jahrtausende verteilten, aber doch immer nur aufs Jahrzehnt oder gar nur aufs Jahrhundert genau datierten Rammspornschiffen auch solche, die sich einer ungemein präzisen Zeitangabe erfreuen (Abb. 174). Es handelt sich um Abbildungen phönizischer Fahrzeuge auf Reliefs des assyrischen Großkönigs Sennacherib (704-681). Dieser hatte vergeblich versucht, Ägypten zu erobern, und Schiffe aus seiner Zeit gelten als Vorbilder für die Flotte Nechos des Zweiten, der hundert Jahre später angesetzt wird [Lloyd 1972, 271].

Diese Schiffe tragen nicht nur einen Rammsporn, sondern verkörpern als Biremen mit einem zusätzlichen durchgehenden Oberdeck für Truppen oder Passagiere eine Schiffstechnologie, die - wenn man von den auf -900 verbrachten 'geometrischen' Galeeren absieht - mit Darstellungen dann erst wieder nach -530, also perserzeitlich belegt werden kann [Morrison/ Williams 1968, 161ff]. Die Sennacherib-Reliefs würden mithin die Phönizier als die herausragenden Innovatoren in allen Aspekten des Schiffbaus erweisen. Dafür würde auch ihr bereits in der Antike großer seemännischer Ruf durchaus sprechen. Die Identifizierung der Sargoniden mit späten Perserkönigen bzw. Sennacheribs mit Darius II. und ihre damit verbundene Umdatierung ins →*5./4. Jh.* [Heinsohn 1996] erklärt den merkwürdig langen Zeitraum von weit mehr als 150 Jahren (700 bis nach 550) für die Ausbreitung ihrer technischen Errungenschaften bei den benachbarten Seefahrtsnationen als schlicht nicht vorhanden.

2) Bewegten sich die Ägypter von -1100 bis -300 wieder mit Händen und Füßen über das Wasser?

Wenn an ägyptologisch datierten Schiffen außerhalb Ägyptens der Eindruck entstehen muß, als gehörten sie alle ins →*1. Jtsd.* - auch Assyriologen beobachten das bei ihren auf Mesopotamien und Syrien konzentrierten Wasserfahrzeugstudien [Graeve 1981, 99] -, dann läßt sich diese auf den ersten Blick radikal wirkende Vermutung u.a. daran überprüfen, ob auch die rein innerägyptische Schiffsgeschichte eine solche Chronologieverkürzung um zwei Jahrtausende nahelegt oder gar zwingend fordert.

"Die Ägypter waren die Anwohner eines [großen] Stromes; der Nil gewährte ihnen alle [...] Vortheile, und die Geschichte zeigt, daß sie sie nicht ungenutzt ließen. Er ist durch ganz Ägypten, von Elephantine an, ununterbrochen schiffbar; er hört auch in der trockenen Jahreszeit selten auf, es zu seyn, und die Fahrt gegen den Strom wird durch die anhaltenden Nordwinde in gewissen Jahreszeiten gar sehr erleichtert. [...]

Die Ägypter haben diese Vortheile, die ihr Land ihnen darboth, sehr frühzeitig genutzt. Schon im Mosaischen Zeitalter waren die Nilschiffe bekannt und gewöhnlich. *Als aber nachher ihr Land allenthalben, besonders nach der Westseite zu, von Canälen durchschnitten ward, blieb die Nilschifffahrt beinahe der einzige bequeme Weg zu wechselseitiger Communication, und ward völlig der einzige, während der Zeit der Überschwemmung.* Die Schiffer selbst bildeten [...] eine der zahlreichsten Casten" [Heeren 1817, 164f, Kursivsetzung durch G.H.].

Gerade die Selbstverständlichkeit, mit der die Schiffahrt für die gesamte Geschichte Ägyptens als lebensnotwendige und deshalb unverzichtbare Basisvoraussetzung des Lebens angenommen werden muß, hat die Ergebnisse der Schiffshistoriker wie eine Bombe einschlagen lassen. Für die welthistorisch höchst intensive und bald achthundert Jahre währende "Periode, die auf das Neue Reich bis zur Eroberung durch Alexander den Großen (356-323 v. Chr.) folgte", bleiben "Schiffsbilder" extrem selten; "sie sind schlecht ausgeführt und ziemlich uninteressant" [alles Landström 1970, 140]. Erst in der ptolemäischen Zeit fließt der ägyptische Stoff zur Seefahrt von neuem. Der Terminus der 18. Dynastie (1550-1291) für Schiffe, kpn.wt (kbnjt), findet erst tausend Jahre später wieder Verwendung [Säve-Söderbergh 1946, 48].

Von Landströms 141 Seiten mit Schiffsdarstellungen bleiben für die 800 Jahre von -1100 bis -300 gerade die letzten zwei. Von 411 einzelnen Schiffsdarstellungen ließ sich nur eine einzige diesem Zeitraum sicher zuordnen. Sie gehört zum Pharao Pianchi oder Pije (745-713) vor der 25. Dynastie (712-664). Rein schiffstechnologisch wäre für diese Zeit das bis dahin fortgeschrittenste aller ägyptischen Schiffe zu erwarten gewesen. Tatsächlich aber wirkt die fragmentarische Darstellung "von 'Amuns großem Schiff' [...] wie eine spätere Auflage des Amun Userhet", das Ramses III. (1184-1153) mehr als 400 Jahre früher erbauen ließ [Landström 1970, 140,120]. Ein - normalerweise in die medo-persische Zeit verweisender - Steinbockkopf aus Bronze, dessen Datierung unklar ist und von dem man bloß vermuten kann, daß er einmal auf einem Schiffssteven saß, wird ebenfalls der 25. Dynastie bzw. dem -7. Jh. zugeschlagen, dann aber angemerkt:

"Aus Tutanchamuns [1333-1323] Grab kennen wir ein Alabastermodell mit Steinbockköpfen an den Steven und auch in Hatschepsuts [1479-1458] Grabtempel ist ein solches Fahrzeug abgebildet" [Landström 1970, 141].

Zwei höchst unmoderne Stücke, die schon 400 bis 700 Jahre früher gängig waren, sind mithin alles, was aufgeboten werden kann. Absolut nichts gibt es für die Zeit von -1100 bis -745, und wiederum absolut nichts für die Zeit von -713 bis -300. In der Ägyptologie wird zumindest geahnt, daß hier kritische Fragen ansetzen könnten, weshalb man die Lücken gerne versteckt und dann etwa behauptet, daß Schiffsdarstellungen "von der Vorgeschichte bis in die späteste Zeit" belegt sind [Martin-Pardey 1984, 603]. Diese Aussage kann keineswegs als Fälschung bezeichnet werden, da für die 800 Jahre der Spätzeit ja tatsächlich eine Darstellung angegeben wird. Unausgesprochen bleibt lediglich, daß es nur eine einzige ist. Der Nichtägyptologe und reine Schiffsspezialist Landström spricht da eine deutlichere Sprache. Vielleicht wollte er noch deutlicher werden, denn der Ägyptologe Torgny Säve-Söderbergh, der seinem Buch ein Vorwort schrieb, schickte ihm ein zweischneidiges Lob mit auf den Weg: "Er hat sich genau an die Materie gehalten, über die er als berufener Fachexperte eine endgültige Aussage zu machen hat" [Landström 1970, 7]. Gleichwohl hat Landström 'Mut zur Lücke' bewiesen und die achthundert dunklen Jahre kenntlich gemacht.

Ist es denkbar, daß die Ägypter achthundert Jahre lang wieder lediglich mit Händen und Füßen übers Wasser gelangten in einem Land, das während der jährlichen Überschwemmungszeit nur mit Schiffen bereist werden konnte? Ist es vorstellbar, daß sie dies gerade zu einer Zeit taten, in der endlich auch die übrigen Völker, von denen im -3. und -2. Jtsd. schiffahrtsmäßig noch nichts zu sehen war, mit dem Schiffbau in die Geschichte eintraten? Wurde in Ägypten nach so elementaren Dingen wie Landwirtschaft und Pfluggebrauch (Kapitel N), Bronzeguß und Eisen (Kapitel K u. N), Töpferei und Glasmacherei (Kapitel M), den Saiteninstrumenten wie Harfe und Leier (Kapitel L) auch die See- und Flußschiffahrt gerade in der ersten Epoche wirklicher Universalgeschichte vergessen? Der schriftliche Befund der *außer*ägyptischen antiken Schriftsteller spricht dagegen [dazu höchst informativ immer noch Berghaus, 1792, I, 355-550]. Herodot hat im -5. Jh. ägyptische Bootswerften besucht [*Historien* II:96] und zugleich berichtet, daß zur Zeit der Nilschwemme sogar mit Booten über die Felder gefahren werden konnte, ja mußte, wenn man irgendwohin gelangen wollte [ebd. II:97].

Beim Graben eines - erst um -275 unter Ptolemäus Philadelphus vollendeten - Kanals zum Roten Meer, den Pharao Necho II. (610-595) so breit bauen ließ, "daß zwei Dreiruderer nebeneinander ihn befahren können", "gingen einhundertzwanzigtausend Ägypter zugrunde" [*Historien* II:158]. Derselbe Pharao ließ eine Flotte von Dreiruderern bauen und brachte einen kombinierten See- und Landangriff gegen Syrien vor [ebd. II:159]. Andere Griechen berichten aus späterer Zeit, daß Pharao Hakoris (393-380) seinem Bündnispartner Evagoras von Zypern eine gewaltige Flotte von fünfzig Triremen zu Hilfe schicken konnte [Lloyd 1972, 273]. Solche griechischen Zeugnisse für die ägyptische Flottenpolitik in der saïtischen 26. Dynastie (664-525) und in der 29. Dynastie (399-380) müßten in ägyptischen Quellen weitgehend ohne Entsprechungen bleiben [zu den Ausnahmen vgl. Lloyd 1972, 272], wenn die Datierungen der heutigen Ägyptologen in chronologischen Fragen tatsächlich das letzte Wort bedeuteten. Schon die einzige Schiffsdarstellung aus der Zeit von -1100 bis -300 jedoch, die heute ins -8. Jh. datiert wird, aber im -12. Jh. Ramses' III. Vorbilder hat, und auch der ins -7. Jh. datierte

175

176

175 Im Ulu-Burun-Wrack gefundenes Diptychon, das ins -14./13. Jh. (→6./5. Jh.) datiert wird [Bass 1987, 731]

176 Seegehende Schiffe des Unas (2355-2325; →6./5. Jh.) mit gelochtem dreieckigem Bremsstein auf dem linken Schiff vorne [Landström 1970, 64]

177 Geöffnetes Diptychon in linker Hand des hinteren Schreibers auf einem ins frühe -7. Jh. (späte →5. Jh.) datierten Relief Sennacheribs (Sanherib), von dem ein fast identisch aussehendes Vorbild auf dem Ulu-Burun-Wrack des -14./13. Jhs. gefunden wurde, zwischendurch Exemplare aber vollkommen fehlen [Weippert 1977c, 291]

177

Steinbock-Stevenkopf, der im -14. Jh. Tutanchamuns seine Gegenstükke hatte, verweist darauf, daß es das Neue Reich ist, in dem man nach textlichen und bildlichen Entsprechungen für die schriftlichen Überlieferungen der Griechen suchen muß. Und hier wird man auch fündig.

Zuvor jedoch haben wir uns an das kanaanitische bzw. phönizische Schiffswrack von Ulu Burun zu erinnern, auf dem kobaltblaue Glaskuchen aus Schneeberg im Erzgebirge transportiert wurden, die in wunderbarem Erhaltungszustand (Abb. 134) 1986 wieder ans Licht gelangten [Bass 1987]. Dieses Wrack gilt bisher als ältestes der Welt und wird noch ca. 100 Jahre vor das Kap Gelidonya-Wrack datiert [Throckmorton 1962; Bass et al. 1967], das durch seine Waren, die "mindestens eine Periode von mehreren hundert Jahren umfassen" [Weinstein 1989, 21], immer wieder chronologisch fassungslos macht (zum Fund eines möglicherweise noch älteren Wrackrestes bei Dokos westlich von Hydra vgl. Anastasi 1990; zur Forschungsgeschichte über antike Schiffswracks bis zum Ulu Burun-Fund vgl. Göttlicher 1985, 69ff). Das Ulu Burun-Wrack wurde wegen eines goldenen Skarabäus der Echnaton-Gemahlin Nofretete ins späte -14. oder frühe -13. Jh. datiert [Weinstein 1989, 24]. Zwei weitere Skarabäen mußten sogar der 15. Dynastie der Hyksos (ab -1650) zugewiesen werden [Weinstein 1989, 20f]. Das Wrack hat die Wissenschaft vor noch vollkommen ungelöste chronologische Rätsel gestellt. So wurde zum Beispiel ein Siegelzylinder gefunden, dessen Motive sowohl altbabylonisch (2000-1700) als auch früh-mittelassyrisch (ab -1390) aussahen, weshalb an eine Umgravierung nach mindestens vier Jahrhunderten des Gebrauchs gedacht wird. Zugleich erinnerten die Figuren des Siegels an "viel spätere" [Collon 1989, 15] auf einem Glasbecher aus Hasanlus Schicht IV, in der achämenidisch aussehende Keramik und Architektur (ab -550) gefunden worden war (s.o. das Glaskapitel M1). Wie Motive von -2000 und von -550 auf ein Wrack aus dem -14. Jh. gelangen konnten, weiß bisher niemand zu sagen.

Als weitere Besonderheit wurde ein sogenanntes Diptychon gefunden (Abb. 175). Es handelt sich um zwei Holzseiten, die am Rücken wie ein Buch durch ein Scharnier verbunden waren und aufgrund ihrer nach innen weisenden hochstehenden Ränder mit Wachs ausgefüllt werden konnten, auf dem mit Griffeln geschrieben wurde. Bis zur Entdeckung des Wracks von Ulu Burun galt eine bibelfundamentalistisch ins frühe -7. Jh. datierte Diptychondarstellung aus einem Palast Sanheribs (Sennacheribs) als älteste der Menschheitsgeschichte (Abb.

177). Wieso sie plötzlich einen so viel älteren Vorläufer bekommen konnte, um dann wieder sechs bis sieben - historisch-stratigraphisch sogar gut acht - Jahrhunderte lang zu verschwinden, konnte bislang nicht verstanden werden.

In Nimrud sind aus einem Brunnen auch reale Diptychen aus Walnußholz zum Vorschein gekommen [Mallowan 1954, 98], die wie das Sanherib-Relief über die Bibel ins späte -8. oder frühe -7. Jh. datiert werden, aber - wie auch in Nimrud gemachte Glasfunde - sehr wohl auch später angesetzt werden könnten. Auch der erst gegen -550 kanonisierte Homer erwähnt solche Wachs-'Bücher': "Todesworte geritzt auf gefaltetem Täflein" [*Ilias* 6:169]. Da in der herrschenden Lehre geglaubt wird, daß er nicht über die ihm vorhergehende Zeit, sondern über die um -1220 zu Ende gehende Geschichte schreibt, wird das Ulu Burun-Diptychon als "nicht anachronistisch" eingestuft [Bass/Pulak 1989, 11], also als chronologisch ungefährlich hingestellt.

Auf dem Ulu Burun-Schiff wurden jedoch nicht allein Gegenstände gefunden, die ins →7. *bis* →5. *Jh.* passen und eine Datierung des Schiffes in eben diese Zeit anstatt ins -14./13. Jh. nahelegen. (Zu diesen gehört übrigens auch ein meisterhaft in Goldgranulation gearbeiteter Falke mit ausgebreiteten Flügeln [Bass 1987, 693], der vielleicht nach Ägypten gebracht werden sollte; siehe auch Kapitel G.) Noch deutlicher spricht der Schiffsrumpf selbst für eine Herunterdatierung aus dem -2. in frühestens die Mitte des *-1. Jtsds.* Der Schiffsrumpf von Ulu Burun konnte nämlich mit demjenigen eines griechischen Wracks verglichen werden, das zwischen 1965 und 1967 bei Kyrenia/Zypern Objekt der Meeresarchäologie wurde [Katzev 1970; Katzev/Katzev 1974]. Sehr distinkte und durch anderen Kontext sicher datierte Amphoren aus Rhodos, die in dem Wrack von Kyrenia geborgen wurden, brachten seine Datierung "ins letzte Drittel des vierten Jahrhunderts vor Christus" [Katzev 1970, 845]. Insbesondere die typische Herstellung eines runden Rumpfes aus Fichtenplanken, die durch Hartholzzapfen verbunden wurden, konnte am Kyrenia-Schiff aus den erhaltenen Holzresten erstmals empirisch rekonstruiert werden. Bildliche Darstellungen solcher Schiffe konnten für Griechenland nicht vor das -7./6. Jh. (stratigraphisch also nicht vor das →6./5. *Jh.)* datiert werden [Meijer 1986, 24].

Als man zwanzig Jahre später die Rumpfkonstruktion des tausend Jahre - und von den bildlichen Quellen her immer noch 800 Jahre - älter datierten Ulu Burun-Schiffs untersuchte, stellte sich heraus, daß "es nach derselben Konstruktionsmethode gebaut worden war wie das Schiff aus dem vierten Jahrhundert v. Chr." [Bass 1987, 722]. Wie diese Konstruktionstechnik sich durch die dunklen Jahrhunderte ohne Schiffsbau nach -1100 erhalten konnte, gilt als gänzlich unerklärlich. Rein schiffstechnologisch müßte das Ulu Burun-Wrack dem Kyrenia-Wrack nur kurze Zeit, nicht aber tausend Jahre vorhergegangen sein. Die Schiffshistoriker sprechen denn auch vorsichtig von einem *Wiedererscheinen:*

"Der entscheidende Umschwung erfolgte im siebten Jahrhundert v. Chr., ein Umschwung der zweifelsfrei phönizischen Einfluß zeigte. Der runde Rumpf, den die Ägypter und die Griechen im zweiten Jahrtausend v. Chr. verwendeten, erschien von neuem in den griechischen Häfen. Wenn die Griechen mit den führenden Seefahrern, den Phöniziern, konkurrieren wollten, dann mußten sie Schiffe gleicher Tragfähigkeit haben. Deshalb imitierten sie die Konstruktionstechnik der Phönizier und führten, nach beinahe 800 Jahren, den runden Rumpf wieder ein, der dann für diese Schiffe nicht wieder aufgegeben wurde" [Meijer 1986, 24f].

Da aber auch die Phönizier in ihrer kanaanitischen Gestalt mit dem Ulu Burun-Schiff bereits im -14. Jh. den runden Rumpf bauten, bleibt unerfindlich, gegen welche Konkurrenz die Griechen ihn im -7. Jh. von neuem zu erfinden hatten, denn für diese Zeit liegen uns entsprechende phönizische Rümpfe empirisch nicht vor. Wie schon beim Glas machen die Phönizier einen konfusen Eindruck. Im Altertum gelten sie als die ingeniösen Begründer der Seefahrt, während sie heute lediglich als Neuerfinder geführt werden und doch nutzten sie als Kanaaniten selbst schon im -2. Jtsd., was sie als Phönizier angeblich erstmals im -1. Jtsd. zustande brachten, ohne dann aber die runden Rümpfe auch archäologisch zeigen zu können. Deutlich wird einmal mehr, daß die Historiker die Völker des Altertums immer wieder mit Unglaubwürdigkeiten und Zwielichtigkeiten belasten müssen, weil ihnen nicht einfällt, daß ihre eigene Chronologie mit Merkwürdigkeiten belastet sein könnte, die auf sie selbst und nicht auf die Menschen der Antike zurückzufallen hat.

Doch nehmen wir die Suche nach schriftlichen ägyptischen Quellen wieder auf, die als Gegenstück zu den schriftlichen Berichten der Griechen über das -7./5. Jh. ins Auge gefaßt werden können. Wenigstens im Neuen Reich war ja zu vermuten, was bei den großen Seefahrern der Saïtenzeit (664-525) so auffällig rar blieb. Allerdings stammt "der früheste gesicherte inschriftliche Beleg für Schiffahrt nach Syrien [...schon] aus der Zeit des Snofru [2575-2551]. Sie hatte ihren Höhepunkt im Neuen Reich [ab -1550] aufgrund der engen ökonomischen und politischen Verflechtungen zwischen diesem Gebiet und Ägypten" [Martin-Pardey 1984a, 614].

Die Ähnlichkeiten zwischen Schiffen des -1. und solchen des -2. Jtsds. innerhalb und außerhalb Ägyptens mag die Tilgung eines Jahrtausends aus der Chronologie nahelegen, wie aber steht es mit den Schiffen aus dem -3. und gar aus dem -4. Jtsd.? Zwingen sie zum Fallenlassen weiterer Millennien? Sie unterscheiden sich zur Verblüffung der Spezialisten von denen des -2. und den diesen wiederum ähnlich schauenden des -1. Jtsds. nur höchst geringfügig. Im "umfangreichen Zeitraum von ca. 4000 bis 600 v. Chr. [...] ging die Entwicklung [...] unendlich langsam voran" [Landström 1970, 8]. Geradezu blitzartig ist die gesamte Entwicklung von Beginn an auf höchstem Niveau vorhanden. Eine technologische Evolution findet zwischen dem späten -4. Jtsd. und der Zeit um -1100 nicht statt. Und selbst nach den achthundert dunklen Jahren wird gegen -300 direkt an den Stand von -1100 angeschlossen:
"Niemand glaubt, daß die ägyptische Kultur wie Pallas Athene aus der Stirn des Zeus entsprungen ist - aber wir haben keine überzeugenden Beweise einer fortdauernden Entwicklung vom Primitiven bis zur Hochkultur" [Landström 1970, 18].

Für die seegehenden ägyptischen Frachtschiffe, die aber auch auf dem Fluß operieren können müssen, bedeutet diese Entwicklungslosigkeit auf höchstem Niveau etwa, daß Schiffe des Unas (2355-2325) aus der 5. Dynastie Bremssteine zu verwenden scheinen (Abb. 176), die erst aus phönizischer Zeit deutlich nach -700 auch archäologisch nachweisbar sind [Frost 1963; zur Literatur über bronzezeitliche Anker, die teilweise den Bremssteinen ähnlich schauen, vgl. Buchholz 1987a, 160f/Fn. 4].
An diesem Bremsstein aus angeblich dem -3. Jtsd. verblüfft nicht nur sein phönizisches archäologisches Alter des →*1. Jtsds.*, sondern auch der zu ihm passende Bericht Herodots aus dem -5. Jh. [*Historien* II:96]:
"Stromabwärts fährt man folgendermaßen. Man hat eine Art Tür aus Tamariskenholz mit einer Rohrmatte überflochten, und einen durchbohrten Stein von etwa zwei Talenten [52 kg] Gewicht. Diese Tür wird an einen Strick gebunden und dann vor dem Schiff ins Wasser gelassen, der Stein an einem anderen Strick hinter dem Schiff. Gegen die Tür drängt nun die Strömung und zieht dadurch

in Eile die Baris - so ist der Name dieser Fahrzeuge - hinter sich her, während der Stein in der Tiefe nachgezogen wird und die gerade Richtung der Fahrzeuge wahrt. Es gibt sehr viele solcher Fahrzeuge, und manche tragen viele Tausend Talente".

Die reinen Schiffsspezialisten würden diese Herodotpassage von etwa -460 gerne zur Illustration der Bremssteine des Unas aus dem -24. Jh. heranziehen, haben dabei aber mit dem Widerstand der ägyptologischen Chronologieverwalter zu rechnen und schwächen ihre Einschätzung deshalb wieder ab:

"Wir wissen nicht, ob die Methode schon während des Alten Reiches erfunden wurde. Herodot schrieb seine Geschichte mehr als zweitausend Jahre später" [Landström 1970, 69].

Also müssen chronologiekonforme Deutungen her. Ihre Verfechter versuchen, die Bremssteine als "Opferbrote" verständlich zu machen [Bowen 1963, 304], müssen dann aber die Unerklärlichkeit der Lochung der dreieckigen Objekte eingestehen.

Nicht minder verblüfft innerhalb der konventionellen Chronologie die Gleichartigkeit der sogenannten papyrusförmigen Fahrzeuge und der Götterschiffe:

"In Tutanchamuns [1333-1323] Grab fand man vier in der Form und dem Dekor identische Modelle [Abb. 178] papyrusförmiger Boote. [...] Mittschiffs erinnern sie stark an Cheops' [2551-2528] Königsschiff, wenn auch die Seiten etwas mehr abgerundet sind. [...] Dieser Rumpftyp, mit den Enden fast genauso wie Cheops' etwa 1.300 Jahre älteres Schiff geformt [Abb. 179], überlebte unverändert" [Landström 1970, 116].

Nicht nur Mittschiffskonstruktionen bleiben 1.300 Jahre lang unverändert. Selbst kleine Details der Kabinenkonstruktion verwundern auf ganz die gleiche Weise. So sind Cheops' Türen

"auf der Innenseite mit Leisten verstärkt; ein langer Schieberiegel - in der gleichen Ausführung, wie er auch im Grab von Tutanchamun, um 1330 v. Chr., verwandt wurde - verschließt die Tür von der Innenseite" [Landström 1970, 34].

Auch innerhalb des Alten Reiches gibt es schon Grund genug zum chronologischen Nachdenken, wenn etwa über Sahures (2458-2446) Schiff, das immerhin ein volles Jahrhundert nach Cheops gebaut worden sein soll, festzustellen ist:

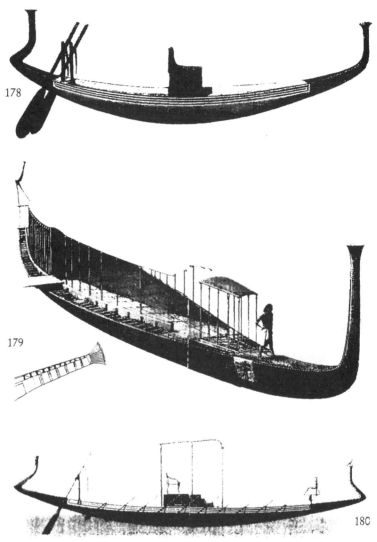

178 Papyrusförmiges Bootsmodell aus dem Grab Tutanchamuns (1333-1323; →7./6. Jh.), dessen Mittschiff dasjenige des Königsschiffes von Cheops (2551-2528; →7./6. Jh.) wiederholt [Landström 1970, 32f]
179 Umzeichnung von Cheops' (2551-2528; →7./6. Jh.) Königsschiff mit einem Mittschiff wie bei Tutanchamun (vgl. Abb. 178) [Landström 1970, 32f]
180 Königliches Schiff der Hatschepsut (1479-1458; →6. Jh.) [Landström 1970, 116f]

"Dieses Segelschiff wird gewöhnlich als Sahures Staatsschiff bezeichnet. Abgesehen von kleineren Details, könnte es aber Cheops' königliches Segelschiff gewesen sein" [Landström 1970, 58].
Eben diese Königsschiffe aus dem Alten Reich (ab -2640) sehen den dann wiederum tausend Jahre jüngeren Königsschiffen des Neuen Reichs (ab -1540) zum Verwechseln ähnlich. Dabei wird dasjenige des Cheops (Abb. 179) meist demjenigen der Königin Hatschepsut (1479-1458) gegenübergestellt (Abb. 180; vgl. auch Jenkins/Ross 1980). Sahure war in Dorak (Anatolien) mit Rammspornschiffen assoziiert, die ansonsten nach -600 anzusetzen sind.

Das eigentliche Vorbild für die ägyptischen Königsschiffe wird aber in einem Bootstyp mit "geraden, hohen Steven" gesehen, "der oft als fremdländisch bezeichnet worden ist" [Landström 1970, 17], weil er syrophönizischen Vorbildern zu entsprechen scheint [Weippert 1977d, 277]. In größerer Häufigkeit treten die freistehenden Steilsteven (Abb. 181) allerdings erstmals in der - konventionell ab -2400 datierten - altakkadischen Zeit auf [Salonen 1939, Tafel IVf], die stratigraphisch ja mit der Hyksoszeit zusammenfällt und wie diese unter den Schichten der als Meder des -7./6. Jhs. zu identifizierenden Mitanni liegt (in Chabur-Tells). Ein singuläres mesopotamisches Flußschiff mit freistehenden Steilsteven wird sogar gegen -3000 angesetzt (Abb. 182). Zeitlich noch vor die freistehenden Steilsteven gehören im Zweistromland geruderte Schiffstypen, deren Steven durch Spannvorrichtungen in relativ steiler Position fixiert sind (Abb. 183). Sie werden ins späte -4. Jtsd. datiert.

Besonders markant unter den ägyptischen Steilsteven-Schiffen wirkt das Boot auf der Palette des Königs Narmer (Abb. 184), der konventionell noch vor -3000 datiert wird, archäologisch aber zum altakkadischen Ägypteneroberer Naram-Sin tendiert (-23. Jh., mit stratigraphischer Lage im →8./7. Jh.). Die Zeiten beider Herrscher wiederum paßten sowohl stratigraphisch als auch technologisch in das konventionelle -17./16. Jh. der Hyksos (siehe dazu oben die Zusammenfassung des Glaskapitels M6 und das Resümee in Kapitel Q).

Große Zeitsprünge ohne nennenswerte technische Innovationen gibt es auch bei seegängigen Handelsschiffen, die bei Sahure (2458-2446) zuerst dargestellt, und auch ein Millennium später sehr ähnlich gebaut werden, zwischendurch aber in Illustrationen fehlen:

"Der nächste Befund stammt von einem Relief, das beinahe tausend Jahre später datiert. Es bildet die Flotte der Königin Hatschepsut

181 Flußboot mit Steilsteven und Decksaufbau, gegen -2400 (→8. Jh.) datiertes altakkadisches Siegel [Göttlicher 1985, 31]
182 Gegen -3000 (→1. Jtsd.) datiertes Schiff mit Steilsteven auf Siegelzylinder aus dem iranischen Tschoga Misch [Collon 1987, 159/712]
183 Gerudertes Schiff mit verspannten Steilsteven von Siegelzylinder aus Uruk, ins späte -4. Jtsd. (→1. Jtsd.) datiert [Amiet 1980, Tafel 13/E]

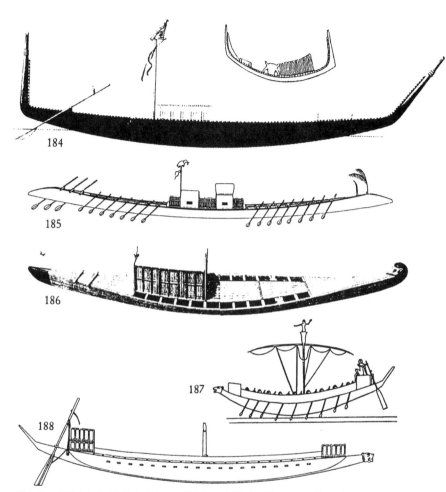

184 Vor -3000 (→8./7. Jh.) datiertes Königsschiff des Narmer in Umzeichnung von seiner Palette und darunter als Rekonstruktionsversuch [Landström 1970, 24f]
185 Schiff der Naqada-II-(=Gerzean)Zeit (ab -3500; →8./7. Jh.) [Landström 1970, 21]
186 Schiff aus der 4. Dyn. (2575-2465s; →7./6. Jh.) im nur geringfügig fortentwickelten Stil der Naqada-II-Zeit (ab -3500; →8./7. Jh.) [Landström 1970, 3]
187 Für die Zwecke der Reliefdarstellung in Maßen und Beruderung reduzierte Galeere Ramses' III. (-12. Jh.; →4. Jh.) mit Segel ohne untere Rah und Mastkorb am Masttopp [Lloyd 1972, 270]
188 Vermutete Realansicht des Schiffskörpers der Ramses-III.-Galeere (1184-1153; →5./4. Jh.) aus Abb. 187 [Landström 1970, 113]. Umstritten ist, ob es sich beim Bug in Form eines Löwenkopfes, in dem der Kopf eines asiatischen Feindes steckt, um einen Rammsporn handelt.

[1479-1458] ab, die ins Rote Meer gesandt wurde, um den ostafrikanischen Handel wieder zu eröffnen. Die Rümpfe haben weitgehend dieselbe Form wie diejenigen auf dem früheren Relief und fallen lediglich etwas sauberer und eleganter aus" [Casson 1971, 21; vgl. auch Kapitel L in diesem Buch].
Schiffe des Alten Reiches ähneln nicht allein 1.000 bis 1.300 Jahre jüngeren Schiffen des Neuen Reiches, sondern auch 1.000 Jahre älteren aus der Steinzeit (Abb. 185), die nur in Details übertroffen werden (Abb. 186):

"Die meisten der erhaltenen Schiffsbilder aus der 4. Dynastie [ab -2575] zeigen eine Rumpfform, die den gleichmäßig dicken Fahrzeugen auf den Gerzéen-Keramiken [ab -3500] ähnelt, und nichts spricht dagegen, daß sie nach dem Prinzip der früher gezeigten Konstruktion gebaut waren" [Landström 1970, 35f].

Im Eisenkapitel N dieses Buches war bereits aufgefallen, daß die spätere Gerzean-Zeit (ab -3300) mit der 4. Dynastie auch das Vorkommen von Eisen gemeinsam hatte, und schon von daher der Verdacht einer engen zeitlichen Abfolge, wenn nicht gar Gleichzeitigkeit genährt werden mußte. Die Pyramiden auf der Gerzean-Scherbe waren diesbezüglich mindestens so aufschlußreich wie die Darstellung (Abb. 161) eines mykenischen Bootes, das mit einem Rammsporn ausgestattet zu sein scheint und ohne schiffschronologische Schwierigkeiten aus dem →6. Jh. stammen könnte.

Die Merkwürdigkeiten hören hier keineswegs auf. Altes Reich und Neues Reich scheinen rein schiffstechnologisch in dieselbe Zeit zu gehören. Ein wenig, aber - im Vergleich zum Neuen Reich - keineswegs 2.000 Jahre früher können die Naqada II-Schiffe angesetzt werden. Was aber wird mit dem Mittleren Reich (2037-1785)? Seine Schiffe wirken älter als die des Alten Reiches [dazu auch Illig 1986; 1987a], besitzen beispielsweise aber "den gleichen Baldachin" [Landström 1970, 22] wie steinzeitliche Schiffe der Naqada II-Periode (ab -3500), die ja ebenfalls ein wenig primitiver als diejenigen des Alten Reiches ausfallen.

Am meisten jedoch verblüffen am Mittleren Reich die 1893 in der Nähe von Sesostris' III. (1878-1841) Pyramide in Dahschur ausgegrabenen

"sechs Boote [Abb. 189], von denen drei relativ gut erhalten waren. [...] Man hat allgemein angenommen, daß diese Boote bei Sesostris' III. Begräbnis benutzt und später bei der Pyramide ein-

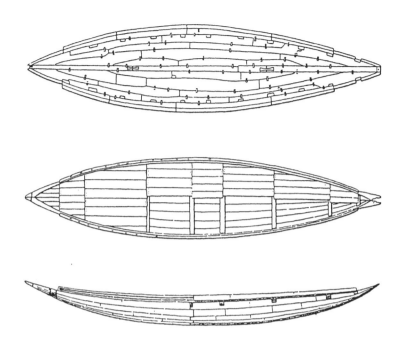

189 Dahschur-Boot Sesostris' III (1878-1841; →5./4. Jh.) [Göttlicher/Werner 1971, Tafel XLIV]. Die Abbildung eines in Herodot-Manier 'gemauerten' Schiffes darunter stammt aus einem ins -17. Jh. (→8. Jh.) datierten Grab [Vandier 1969, 303].

gegraben wurden. [...] Wenn man die Boote näher untersucht und dann entdeckt, daß sie zum Teil aus Holz gebaut sind, das vorher mindestens schon einmal für irgend etwas anderes benutzt wurde, und daß sie im Vergleich mit Cheops' Königsschiff sehr primitiv gebaut sind, so fragt man sich, ob es möglich gewesen sein kann, daß der mächtigste König des Mittleren Reiches in so schäbigen Fahrzeugen zu seinem Grab überführt wurde" [Landström 1970, 90].

Im Rahmen der heutigen ägyptologischen Chronologie kann die Verwunderung darüber, daß Sesostris primitiver baut als Cheops siebenhundert Jahre vor ihm, überhaupt nicht ausbleiben. Rein schiffschronologisch ist aber nüchtern zu konstatieren, daß die Geschichte von Teilen des Mittleren Reiches vor die 4. Dynastie gehört. Rein eisenchronologisch war ja bereits derselbe Umstand zu konstatieren. Dennoch bewegt sich auch das Mittlere Reich in großer historischer Nähe zu Herodot, der im -5. Jh. sehr genau die Technik beschreibt, mit der die Sesostris-Boote gebaut wurden [*Historien* II:96]:

"Ihre Lastschiffe sind aus dem Holz des Dornstrauchs gebaut. Dieser hat die größte Ähnlichkeit mit dem Lotosstrauch in Kyrene. Sein Saft ist Gummi. Aus diesem Strauch hauen sie Planken von zwei Ellen Länge und legen sie wie Ziegeln aneinander, so daß das Schiff auf folgende Weise zustandekommt. Man reiht die zwei Ellen langen Bretter um fest eingetriebene lange Pflöcke herum. Auf das so hergestellte Fahrzeug legt man Querhölzer, braucht also keine Rippen. Innen werden die Fugen mit Papyrus abgedichtet. Nur ein Steuerruder ist vorhanden, das durch den Schiffsboden hindurchgeführt wird. Der Mast ist ebenfalls aus Dornstrauch gemacht, die Segel aus Papyros."

Die Schiffsspezialisten wundern sich durchaus, daß die Technik aus dem -19. Jh. des Mittleren Reiches "identisch mit jener ist, die Herodot im fünften Jahrhundert v. Chr. beobachtete" [Casson 1971, 14], wissen sich darauf aber keinen Reim zu machen.

Wir können festhalten, daß ägyptische Schiffe des -4., -3. und -2. Jtsds. kaum anders ausschauen als solche des -1. Jtsds. Einmal in das →*1. Jtsd.* verbracht, gibt es dann durchaus eine technologische Evolution. Die frühen Naqada-Schiffe (konventionell ab -3500) liegen vor den späten Naqada-Schiffen (konvent. ab -3200), die wiederum parallel laufen mit Schiffen des Mittleren Reiches (konvent. ab -2037). Schiffe der 4. Dynastie (ab -2575) des Alten und solche des Neuen Reiches (ab -1540) liegen gemeinsam noch einmal etwas später. Sie haben ihr Vorbild in der Narmer-Zeit, die ihnen rein schiffstechnologisch auf dieselbe Weise vorhergehen sollte wie die Hyksos-Zeit dem Neuen Reich. Da Darstellungen von Hyksos-Schiffen (ab -1650) niemals gefunden wurden [Landström 1970, 98], bieten sich die prädynastischen Funde (von vor -3000) für diese Epoche ganz natürlich an. Beide Epochen fielen ja auch schon durch durch die Gleichartigkeit ihrer Glasperlen und Festungsmauern auf. Rein archäologisch waren Hyksos und Altakkader, deren Schichten unter denen der Mitanni=Meder liegen, ja als Alter egos der Assyrer Herodots [*Historien* I:95] zu dechiffrieren. Auch die mesopotamisch geprägte 3. Dynastie Ägyptens (2640-2575; siehe das entsprechende Kapitel I in diesem Buch), für die Schiffsdarstellungen fehlen [Landström 1970, 35], gehört vom gesamten Befund her mit der Prädynastik und den Hyksos zusammen.

Letzte technologische Innovationen - vor allem der Beseglung - sind dann für Ramses III. (1184-1153) nachgewiesen (Abb. 187 u. 188):
"Es ist wahrscheinlich, daß alle diese Neuigkeiten, das Segel ohne untere Rah, das Oberteil und das Geländer vom Ausland her nach Ägypten gekommen waren" [Landström 1970, 111].
Ramses III. war schon durch perserzeitliche Glaseinlegearbeiten aufgefallen; sie lagen rein stratigraphisch (etwa in Bet Shean und Tell Daba) gleich unterhalb der hellenistischen Zeit irgendwann im *späten* →*5. oder frühen* →*4. Jh.* Von ihm aus ist nun in die Vergangenheit zurückzugehen. Sein Verbringen ins →*5./4. Jh.* schließt die bisherige Schiffslücke von -1100 bis zum -4. Jh. Und für die übrige Entwicklung mag ein halbes Jahrtausend, das dann im →*9. Jh.* begänne, ausreichen. Einmal mehr versagen die konventionellen Chronologie-Ideen der Ägyptologen vor dem technologischen und archäologischen Befund. Die Schwächen dieser Ideen sind im einleitenden Kapitel B zur ägyptischen Chronologie dargelegt worden. Archäologisch und historiographisch orientierte Wege ihrer Korrektur finden sich im zusammenfassenden Teil des Glaskapitels M6, auf den deshalb verwiesen werden kann (siehe auch unten Kapitel Q). Den Gleichsetzungen von Pharaonen, die jetzt unter leicht variierenden Namen in verschiedenen Dynastien und Reichen auftauchen, ist an anderer Stelle nachzugehen [bislang Heinsohn 1989; Illig 1989a].

P) Jahrtausendlücken in der Stratigraphie

1) Tell el-Daba

Vor über drei Jahrzehnten, im Jahre 1966, begann die *Universität Wien* zusammen mit dem *Österreichischen Archäologischen Institut* ihre mit großer Spannung erwarteten Ausgrabungen in Tell el-Daba im östlichen Nildelta. Davor hatte erstmals E. Naville im Sommer 1882 zwei Monate auf dem Hügel gegraben. Heute figuriert Tell el-Daba unbestritten als Königin unter den ägyptischen Stratigraphien. Nicht zuletzt dank des sehr sorgfältigen Archäologen Manfred Bietak darf die Daba-Ausgrabung (siehe Stratigraphien auf S. 267 und 436) ohne weiteres neben die feingestuften Tells Israels und Mesopotamiens gestellt werden. Keine Arbeit über ägyptische Chronologie wird es sich heute oder in der Zukunft leisten können, an Tell el-Daba vorbeizugehen. Und gerade die hochgesteckten Hoffnungen der Ägyptologie, in Daba endlich das hohe Alter Ägyptens auch durch stratigraphische Tiefe und nicht allein über längst als unhaltbar erkannte chronologische Spekulationen pseudo-astronomischen Zuschnitts [Neugebauer 1938, Velikovsky 1973, Newton 1977, Helck 1985] beweisen zu können, haben die österreichischen Wissenschaftler immer wieder angetrieben und mit neuem Mut beseelt. Dennoch hat im Rückblick Tell el-Daba große Ernüchterung bewirkt. Das angeblich hohe Alter Ägyptens ist durch die Ausgrabung nicht etwa bestätigt, sondern zusätzlichen schwersten Zweifeln ausgesetzt worden. Warum hat Daba so viele Erwartungen enttäuscht?

Vor allem der späte Beginn (nach -1800) der tiefsten Schicht **H**, die direkt auf Brache liegt, mußte überraschen. Nicht das späte -4. Jtsd., das gegen -3100 in die erste prädynastische Dynastie von 'Skorpion' und Narmer übergehen soll, kam zum Vorschein, sondern das -2. Jtsd. mit einer Keramik, die auch in Israel/Palästina gefunden und dort konventionell nach -2000 datiert wurde. Diese Keramik setzte sich auch in der Schicht **G** fort, weshalb es sich als unmöglich erwies, zwischen **H** und **G** eine Besiedlungslücke einzuschieben. Die "dicken Asche-Schichten" [Bietak 1981, 237] zwischen **H** und **G** belegen zwar eine Katastrophe in Tell el-Daba, aber die Keramiksequenz beweist eindeutig, daß keinerlei zeitlich signifikante Unterbrechung der Besiedelung eintrat.

Gleichwohl hat die Datierung von Schicht **H** in die Zeit nach -1800 die Ausgräber nicht gänzlich befriedigt. Zum einen lag das daran, daß zu diesem Zeitpunkt Ägypten schon 1.300 Jahre Hochkultur (eben ab -3100) hinter sich hatte, aber absolut nichts von dem imponierenden technischen Niveau dieser Zivilisation in Daba/**H** auch nur annähernd erreicht wurde. Während nach der ägyptischen Chronologie das Alte Reich also längst abgeschlossen war und die Monumentalarchitektur des Mittleren Reiches seit zwei Jahrhunderten (ab -2037) blühte, begann man in Daba/**H** mit primitiven Hütten aus Sandziegeln. An sich mochte so etwas für eine dörfliche Siedlung angehen, die - so der Ausgräber - kulturell wohl ganz "am Rande des Mittleren Reiches" [Bietak 1981, 237] verblieb. Was aber hatten sich die Daba/**H**-Bewohner gedacht, als sie eine "handgemachte Kochkeramik" wiederaufleben ließen, die "in der Tat prähistorisch aussah" [Bietak 1981, 239], also auch in der Zeit vor -3100 hätte gemacht werden können? Schon diese Kochtöpfe wirkten beunruhigend genug, mochten aber als extremer Konservativismus der Küchentechnologie armer Bauern chronologisch neutralisiert werden. In Stratum **G** gefundene Scherben "schwarzpolierter Oberfläche mit weiß eingefüllten geometrischen Ritzdekors" [Bietak 1981, 238] ließen sich nicht auf dieselbe Weise beseiteschieben. Eine "'schwarze oder braunschwarze, mehr oder weniger polierte' Ware mit weiß ausgefüllten Ritzornamenten" [Kaiser 1985, 73] war nämlich schon in der oberägyptischen Tasakultur hergestellt worden (Deir Tasa und Mostagedda), die momentan noch vor die Naqadazeit und damit ins späte -5. und frühe -4. Jtsd. datiert wird [Kaiser 1985, 86], aber auch näher am Ende des -4. Jtsds. gesehen wird (Abb. 190).

Wie die polierte und weiß eingefüllte Ritzware aus Daba/**G** nach ihrem Dekor als direkter Vorläufer der Lischt- und Jahudijah-Keramik angesehen wird [Bietak 1981, 238], so tut man auch dem Tasadekor keine Gewalt an, wenn man es als Vorläufer dieser erst nach -1700 voll erblühenden Ware identifiziert. (Prähistorische Keramik des -4. Jtsds.

Stratigraphie von Tell el-Daba (Ostdelta)
in konventioneller Datierung [nach Bietak 1984, 1985, 1988]

Daten	Schicht	Kommentare (mit Evidenzdaten)
ab -300	A/3-1	Ptolemäische Siedlung
ab -1085	——	**Angebliche Lücke von fast 800 Jahren**, für die eine sterile Schicht allerdings fehlt.*
ab -1300	B/3-1	**Ramessidisch.** Rein stratigraphisch Perserzeit. 215 Jahre sind zuviel für eine einzelne Schicht.
ab -1540	D/1	Möglicherweise 18. Dynastie. 240 Jahre sind zuviel für eine einzelne Subschicht, die sonst für 10 bis 40 Jahre gut ist.
ab -1570	D/2	Letzte Keramik syro-palästinischer Mittelbronzezeit. **Ende der Hyksos.** Rein stratigraph. spätes →7. Jh.**
ab -1600	D/3	Sichelschwerter, die in Mesopotamien altakkadisch schon im -24. Jh. auftauchen. Syro-palästinische Mittelbronze II/B2-Keramik. Rein stratigraphisch mittleres →7. Jh.
ab -1680	E/3-1	**Beginn der Hyksoszeit:** Keramik der syro-palästinischen Mittelbronze II/B1 und (in E/1) II/B2-Zeit. Rein stratigraphisch wohl frühes →7. Jh. Echt überwölbte Gräber in E1 gibt es ähnlich nur 700 bis 800 Jahre früher in Mesopotamien (Diyala) am Ende der frühdynastischen bzw. am Beginn der altakkadischen Zeit gegen -2500/2400 [Brink 1982, 7,93,95].
ab -1710	F	**Asiatische Besiedlung.** Keramik syro-palästinischer Mittelbronze II/A-B Übergangsphase. Rein stratigraphisch wohl spätes →8. Jh.
ab -1740	G/4-1	**Ägyptisch-asiatische Mischbesiedlung** mit Keramik der syro-palästin. Mittelbronze II/A-Zeit
ab -1800	H	*Anachronistische prähistorische Keramik* (-4. Jtsd.) und sogen. syro-palästinische Mittelbronze II/A-Keramik. Einfache Sandziegelhütten. Rein stratigraphisch wohl →9. Jh.
	Brache	

* Der stratigraphisch ohnehin illegitime Versuch, die 800 Jahre mit den Subschichten B/3-2 und A/3-2 aufzufüllen, würde von diesen kaum etwas übrig lassen und wäre auch nur für gut 100 Jahre ausreichend, wenn der Maßstab der Schichten G bis E angelegt wird. Bietak hat dann vorgeschlagen, Schichten aus anderen Daba-Terrains hier mit einzuschieben, um der Chronologie Rechnung zu tragen. Da er vorher aber die Kontinuität zwischen B *und* A gezeigt hatte, kann ein solches Dazwischenschieben zwar auf dem Papier gelingen, in der Wirklichkeit aber bleibt es unmöglich.

** Anzeichen für ein katastrophisches Ende, das in Mesopotamien die Altakkader getroffen hatte.

---

taucht interessanterweise nicht nur im Ostdelta - Daba/H+G - nach einer extrem langen Zeitspanne wieder auf, sondern wird auch viel weiter im Süden des Niltals, nämlich in Nubien erst "in sehr viel späteren Perioden" [Brunton/Caton-Thompson 1928, 40] hergestellt.)

Die vollentwickelte Jahudija-Keramik fällt bereits in die Hyksoszeit (ab -1680), die in Tell Daba/E nur 60 Jahre nach Schicht G mit ihren prähistorisch anmutenden Kochtöpfen und der weiß eingelegten, schwarz polierten Ritzkeramik angesetzt wird. Die Tasakultur mit ihrem Prä-Jahudijah-Muster wäre deshalb daraufhin zu überprüfen, ob sie noch in weiteren Kulturelementen von einer Kulturstufe chronologisch *nicht allzu weit entfernt* liegt, die materiell jener der Hyksoszeit entspricht. Tatsächlich ist dieses etwa für sehr eigenwillige Glasperlen der Fall. In Mostagedda fanden sich diese Perlen in ab -3100 datierten prädynastischen Schichten, die *auf* solchen der Tasakultur, also in stratigraphischer Anbindung an diese gefunden wurden. Ihre "Ähnlichkeit" [Neuburg 1962, 29] mit Perlen der Hyksoszeit kann bis heute nicht erklärt werden.

Rein stratigraphisch - und mit Bestätigung aus Nubien - sieht es mithin im Ostdelta so aus, als ob die Prähistorie der oberägyptischen Tasaperiode erst im -2. Jtsd. beginnt, womit die 1.300 langen Jahre ägyptischer Hochkultur (von 'Skorpion' und Narmer um -3100 bis zu Daba/H um -1800), die ja nicht stratigraphisch, sondern pseudoastronomisch datiert wurden, durch die österreichischen Archäologen gerade nicht verifiziert werden konnten. Für nicht zuletzt eine solche Bestätigung war aber in Daba mit hohem Kostenaufwand gegraben worden.

Wenn nun Dabas Stratigraphie darauf verweist, daß die Hochkultur bzw. Bronzezeit Ägyptens nicht schon gegen -3100, sondern frühesten in Daba Schicht F beginnt, in der tatsächlich die ersten Bronzefunde auftauchen und ab -1710 datiert werden, so ist dabei noch nicht in Rechnung gestellt, daß selbst dieser Zeitpunkt durch Dabas eigene Stratigraphie um weitere 700 bis 800 Jahre gekürzt werden muß.

Zwischen Schicht B und Schicht A weist Daba nämlich eine *angebliche Besiedlungslücke von ca. 800 Jahren* auf. Im ersten großen Bericht über die Ausgrabung wurde dieser "Hiatus" [Bietak 1981, 236] noch freimütig erwähnt. Inzwischen wird versucht, Sub-Schichten von **B** und **A** über den Zeitraum von -1100 bis -300 zu strecken (so in einem Überblick, den der Autor im Jahre 1988 von M. Bietak erhielt). An diesem Streckversuch ist nun das implizite Eingeständnis höchst wichtig, daß archäologisch offensichtlich nichts dagegen spricht, Funde von -1100 kulturevolutionär direkt in solche von -300 übergehen zu lassen. Die angebliche Lücke zwischen **B** und **A** war dem Ausgräber also von der ägyptologischen Chronologie als Pseudo-Hiatus vorgegeben, nicht aber seinem eigenen Sachverstand sichtbar geworden. Mit diesem vermochte er **B** und **A** unmittelbar aneinander anzuschließen.

Da die Stratigraphie also keinerlei archäologisch nachweisbare Lücke aufwies (keine Wehschicht, keine kulturelle Diskontinuität etc.), entschloß sich der Ausgräber - stratigraphisch völlig konsequent - dazu, B und A verbunden zu lassen. In seiner Not hat er dann vier Subschichten (**B**/3-2 + A3-2), die tiefer im Tell für maximal 120 Jahre gut wären, auf 800 ägyptologische Phantomjahre gedehnt und damit der Archäologie keinen Gefallen getan. Eine solche Streckung des Materials bleibt nämlich nicht nur völlig ungenügend, um 800 Jahre zu füllen, sondern macht auch die Schichten **B** und **A** selbst unglaubwürdig. Da sie nur noch ein Drittel ihres Befundes behalten dürfen, bleiben etwa der Ramessidenzeit dann gerade noch ca. konventionelle 70 Jahre übrig. Vor die Wahl gestellt, zwischen ihrem Sachverstand und der herrschenden Chronologie zu entscheiden, haben sich am Ende auch die österreichischen Ausgräber für die Pseudoastronomie der Sothisdatierung entschieden und so die wissenschaftliche Bedeutung ihres eigenen Berufes für die Erstellung einer zuverlässigen Chronologie extrem relativiert.

Bei Verzicht auf den Sothisglauben und entschlossener Anwendung der stratigraphischen Fundsituation auch auf die Chronologie Ägyptens wird umgehend - und in ganz unterschiedlichen Bereichen der materiellen Kultur - deutlich, daß Ramessiden und Hellenisten - was sich ja auch in Daba von B zu A bestätigt - tatsächlich direkt ineinander übergehen. Die ägyptische Hochkultur bzw. Bronzezeit des Niltals beginnt entsprechend nicht gegen -3100 (konventionell) und auch nicht nach -1710 (in Daba/F), sondern bei Daba/F minus der zwischen B und A gelegten 800 Jahre, also nicht vor dem →*10. Jh.*

2) Tell el-Fara'in-Buto

Die Abwesenheit des Alten und Mittleren Reiches in Tell el-Daba verweist einmal mehr darauf, daß Altes (ab 4. Dyn.), Mittleres und Neues Reich - als Epochen den Ägyptern ohnehin unbekannt - nicht einfach hintereinandergeschaltet werden können, sondern alle - wohl mit frühen Teilen des Mittleren eine kurze Zeit vor den beiden anderen - verzahnt in das →*1. Jtsd.* gehören. Erst dieser Umstand erklärt das immer wieder Rätsel aufgebende stratigraphische gemeinsame Vorkommen von Funden aus allen 'drei' Reichen - und zwar außerhalb und innerhalb Ägyptens. In Geser (Israel/Palästina) lag z.B. "ein Skarabäus der 18. Dynastie mit dem Namen des Königs Men-ka-ra' aus der 4. Dynastie" [MacAlister 1912, fig. 154, 15] in derselben "Zweiten Semitischen Schicht", die auch Skarabäen des Mittleren Reiches aufwies [s.a. Dayton 1978, 318ff]. In Memphis/Kom el-Fakhry - um nur ein innerägyptisches Beispiel heranzuziehen - lagen "dicht vermischt auf einem Friedhof" [Kemp 1976, 27] des Mittleren Reiches "Scherben der 18. Dynastie [...] des Alten Reiches und [...] des Mittleren Reiches" [Kemp 1976, 26].

Der merkwürdige Umstand, daß bei stratigraphisch-archäologischem Blick auf die Geschichte Altägyptens nur *ein* Schichtenkomplex für die heute so beliebten drei Reiche aufgefunden wird, ist in Tell el-Fara'in-Buto nicht weniger verblüffend deutlich geworden als etwa in Daba, Memphis oder Geser. Beinahe gleichzeitig mit der Grabung in Daba begann etwa 6 km südwestlich die Erkundung in Tell el-Fara'in, wo im Jahre 1967 ein englisches Team eine erste Sondage niederbrachte. Wiederum ging es den Archäologen um den Nachweis des hohen

Alters Ägyptens und wiederum folgten sie dem wissenschaftsfremden - aber in der Archäologie vom Indus bis zum Nil ganz selbstverständlichen - Prinzip der Daba-Ausgräber, mit ihrem archäologischen Sachverstand die herrschende Chronologie nicht etwa zu prüfen, sondern unter allen Umständen zu bestätigen. Noch vor dem ersten Spatenstich, d.h. ohne Kenntnis der stratigraphischen Tiefe wußten sie bereits ganz genau, daß sich die Gegend ihres Tells "zunehmend ergiebiger für das 4. und 3. Jahrtausend erwiesen" [Way 1984, 298] habe. Die englischen Archäologen hatten nämlich im ptolemäischen, also ab etwa -300 datierenden Kontext des Tells ein "frühdynastisches Rollsiegel" [ebd.] gefunden, womit das -4./3. Jtsd. aus der ägyptologischen Chronologie der im Frühjahr 1983 gestarteten deutschen Ausgrabung schon vorab ein- für allemal übergestülpt war.

Diese chronologische Entscheidung bewirkte vorerst wenig, führte aber umgehend zu Schwierigkeiten, als erstmals die Bohrtiefe der von den Engländern vorgenommenen Sondage überschritten und dabei deutlich wurde, daß die bereits von ihnen entdeckten zwei Besiedlungsschichten (*III* und *II* von oben im folgenden Schaubild) nach unten nur noch durch eine einzige zusätzliche ergänzt werden konnte *(I)*, die dann selbst auf archäologisch sterilem pleistozänen Sand ruhte (vgl. Abb. 191). Bereits in Schicht (bzw. Zone) *II* lag "hellenistische Schwarzfirnisware" [Way 1984, 320], weshalb die Engländer für *II* den Zeitraum "ab der 25./26. Dynastie" [ebd.], also von frühestens ca. -700 bis ca. -150 veranschlagten. Eine stratigraphische Rechtfertigung für -700 als unteres Datum war bei dieser Zeitbestimmung viel weniger überzeugend zu geben als für das obere von -150, für das die hellenistische Keramik sprach. Die oberste Schicht *III* schließlich wurde zwischen ca. -150 und ca. +400 verbracht. Damit erwies sich die vom deutschen Team neu erschlossene Schicht *I* vorerst als der bescheidene Rest, der nun von -700 bis zurück zum Rollsiegel aus dem -4. Jtsd. der Ägyptologie reichen mußte.

Auffällig war nun, daß zwischen Zone *I* und Zone *II* keine sterile Schicht aufgefunden und insofern nicht von einem Hiatus ausgegangen werden konnte. Begann *II* also bei -700, mußte *I* auch bei -700 aufhören. Und dennoch fand sich in *I* nichts für die 22. bis 24. Dynastie (ca. 950-700). Für die "Dritte Zwischenzeit" (ca. 1100-950) sprach höchst vage allenfalls "das Auftreten gut gekneteter Tongrundmasse" [Way 1984, 321].

Eindeutigere keramische Kriterien gibt es vor allem für die Zeit der Ramessiden (1300-1100): "Als Hinterlassenschaft einer ramessidischen Stadt wären aber in jedem Fall größere Anteile von Mergel- bzw. sogenannten 'Amphorentonen' (Mergeltone D und E) zu erwarten" [Way 1984, 321]. Das entsprechende Forschungsergebnis blieb jedoch negativ: "Scherben aus Mergeltonen finden sich in Zone *I* und der Übergangszone zu *II (I-II)* überhaupt nicht" [Way 1984, 320].

Gleichwohl fehlen die ramessidischen Mergeltone in Tell el-Fara'in keineswegs, "sondern sind in bemerkenswerter Weise in Zone *II* konzentriert" [Way 1984, 320]. Dort wird aber aus chronologischen Gründen - *II* beginnt konventionell nach -700 - nach Ramessiden gar nicht erst Ausschau gehalten und dann konstatiert, daß in Tell el-Fara'in schon die "für die Ramessidenzeit typische Keramik nicht mehr auftritt" [Way 1984, 324]. Gleichwohl sind Steinfragmente mit dem Namen Ramses II. für das Areal nicht strittig [Way 1984, 322], so daß keineswegs nur die Keramik zur Suche nach Ramessidenschichten in Zone *II* hätte anspornen müssen.

Rein archäologisch wird das Neue Reich (1540-1100) mit seinen Mergeltonen in Tell el-Fara'in also sehr wohl gefunden - allerdings in der Schicht *II*, die nach stratigraphischer Datierung frühestens gegen -700 beginnt und direkt in die hellenistische Zeit übergeht. Die unmittelbare Anbindung des späten Neuen Reichs an den Hellenismus, wie wir ihn in Daba zwischen **B** und **A** angetroffen haben, bestätigt sich mithin auch für el-Fara'in.

Die deutschen Ausgräber jedoch hielten ungebrochen an der vorgegebenen wissenschaftsfremden Chronologie der Ägyptologen fest und konnten deshalb die Ramessiden nicht direkt vor dem Hellenismus in Schicht *II* suchen. Sie schlossen stattdessen aus ihren Bohrkernen, daß diese "keinerlei Fundstoff erbracht haben, der mit Sicherheit auf eine vor das 1. Jahrtausend zurückreichende Siedlungsschicht hindeutet" [Way 1984, 320]. Insbesondere aber das bei ptolemäischen Brennöfen gefundene Rollsiegel, von dem sie ja schon genau wußten, daß es gegen -3000 zu datieren ist, konservierte ihre Zuversicht, "daß Hinterlassenschaften des 2. und vor allem des 3. bis 4. Jahrtausends in dieser Region [...] zu suchen sein dürften" [Way 1984, 322]. Für die hier favorisierte evidenzorientierte Forschung bleibt jedoch die *rein stratigraphische* Situation festzuhalten, die eben besagt, daß die Fundmenge

Ostprofil der SI-85-Grabung von Tell el-Fara'in
[Way 1986, 195]

+5,30 m
    Schuttschicht nach Aufgabe der Siedlung um +400
+4,20 m   +400
    Bebauungsschicht der Saïtenzeit und später; bis zu 2,6 m dick
+2,10 m   -650
    Archäologisch vollkommen sterile Zwischenschicht aus Sand und Silt, die für Verwehung oder Flutkatastrophe sprechen kann.
+1.40 m   -2900
    Archäologisch weitgehend sterile Zwischenschicht, die ohne Hiatus auf Prähistorie liegt und deren Keramik entsprechend ins frühe Alte Reich datiert wird.
+0,80 m   -3100
    Prähistorie im Maadi-Stil, die chronologisch mit Naqada I+II zusammenfällt
-1,00 m   -4000

---

von Tell el-Fara'in nicht vor das Jahr -1000 zurückreicht. Sie bestätigt die archäologische Situation von Daba, wo *rein stratigraphisch* ja ebenfalls nicht hinter -1000 zurückzugelangen war.

Im Jahre 1985 setzte das deutsche Team seine Grabungen außerhalb des Gebietes der englischen Sondage fort und ging dafür in eine topographisch tiefere Lage an den Westrand des Tells. Eine Fläche von 2 x 7 m wurde 6,30 m tief bis auf den gewachsenen - also archäologisch sterilen - Boden abgegraben. Diesmal nun fanden sich Schichten, die ausdrücklich als jungsteinzeitliche identifiziert wurden, wohingegen für die Schicht *I* bei der englischen Sondage eigentlich keine wirklich zureichende Aussage gemacht wurde. Die nun gefundene Jungsteinzeitkeramik gehört nach herrschender Chronologie ins -4. Jtsd. Direkt über den steinzeitlichen Schichten lagen spärliche Keramikfunde, die dem frühen Alten Reich zugeschlagen wurden, da sie sich ohne Hiatus an die prähistorischen Funde anschlossen und so an den Beginn des -3. Jtsds. gerieten. Insgesamt aber war stratigraphisch für den Beweis des hohen Alters Ägyptens damit wenig gewonnen, da die zwei Jahrtausende von -2900/2700 bis etwa -650 wiederum ohne jeden Fund blieben. Immer noch war der Löwenanteil des Alten (ab 4. Dyn.), das gesamte Mittlere und das gesamte Neue Reich abwesend, solange man diese Epochen nicht alle gemeinsam in die Saïtenzeit (ab 2,1 m) bringen wollte, die bei der englischen Sondage innerhalb des Tells ja immerhin für ramessidische Mergeltone des Neuen Reiches gut war.

Die 1986er Fortsetzung der Grabung in Fara'in erwies sich als besonders aufschlußreich durch das Auffinden von - konventionell nach -3300 datierten - urukzeitlichen Tonnägeln in der prähistorischen Schicht [Way 1987, 247ff]. Damit war einmal mehr der hochkulturelle Vorsprung Mesopotamiens [ausführlich Baumgärtel 1955] gegenüber Ägypten belegt [Way 1987, 256f]. Überdies schien ungeachtet der beunruhigenden Lücken aber auch das relativ hohe Alter Ägyptens über die Querverbindung ins Zweistromtal unabhängig bestätigt zu werden. Da aber auch Mesopotamien nicht stratigraphisch, sondern bibelfundamentalistisch etc. datiert ist und seine eigenen Pseudo-Hiatusse von 1.500 Jahren allein nach -2400 aufweist [s. Heinsohn 1988; 1996], wächst in Wirklichkeit aus den Synchronismen wenig chronologischer Trost. Gut ergrabene Tells wie etwa Brak oder Hamadijah liefern rein stratigraphisch vor der hellenistischen Zeit bekanntlicherweise gerade vier Schichtengruppen (1 Uruk/Frühdynastik → 2 Altakkader → 3 Mitanni → 4 Mittelassyrer → Hellenisten). Wenn ihre Mächtigkeit und Materialfülle nicht überdehnt werden soll, ergibt sich für den Beginn der Uruk- und/oder frühdynastischen Zeit ein frühester Zeitpunkt bei etwa -1000 [s.a. Heinsohn 1993a].

In der Kampagne des Jahres 1987 wurden in einem nordwestlichen Areal von Tell el-Fara'in weitere neun Sondagen von 4 x 4 m Ausgangsgröße vorbereitet, um die bisher zeugnislosen Jahrtausende von -2900/2700 bis -650 mit Funden zu belegen. Wieder stieß man auf "tonige, praktisch wasserundurchlässige Alluvialschichten", die den prähistorischen Schichten "auflagen" [Way 1988, 295]. Insgesamt zeigten drei Sondagen rätselhafte "alluviale Ablagerungen unmittelbar über der Vorgeschichte" [ebd.; zur flutlich induzierten Stufe der Hochkultur bzw. Frühbronzezeit vgl. Heinsohn 1997b]. Die Sondage T VII brachte erstmals nicht nur Keramik, sondern veritable Gebäudestrukturen auf einem sintflutlichen Lehmband über der Prähistorie, die - wie zuvor die spärlichen Scherben - der Frühdynastik (0. Dynastie mit Pharao 'Skorpion' von -3100) oder sogar noch der Zeit davor zugeschlagen wurden und somit einmal mehr das eigentliche Alte Reich (ab etwa -2640) ohne stratigraphisch brauchbaren Befund beließen [Way 1988, 286]. Die auf -3100 oder früher datierten Strukturen werden wiederum *direkt* von Schutt der Saïtenzeit (ab -650) "bedeckt" [ebd.], sind von diesen also nicht durch eine archäologisch nachweisbare Lücke getrennt.

Einmal mehr muß deshalb *rein stratigraphisch* gesagt werden, daß die drei Reiche nur in der Schicht ab →*650* gesucht werden können. Allein bei Vorliegen eines wirklichen Hiatus zwischen -2700 und -650 dürften - auf bekanntlich geduldigem Papier - anderweitige Funde zwischen diese Epochen geschoben werden. Ansonsten gilt das - in dieser Studie verfochtene - Prinzip, daß eine Chronologie von Epoche X bis Epoche Y nie länger sein kann als auch nur ein einziger Fundplatz, der Schichten für X und Y besitzt und zwischen diesen gänzlich frei von archäologischen Lücken angetroffen wird. Die Existenz von Lücken wiederum kann nicht einfach behauptet, sondern muß gewöhnlich durch Wehschichten, materielle Diskontinuitäten, Fundamentversetzungen etc. bewiesen werden.

Lediglich in den 1987er Sondagen IX und X wird einigen Keramikscherben zugetraut, bis in die 3. Dynastie (gegen -2600) gedauert zu haben, aber sehr wohl auch auf -3100 zu passen. Ein Siegel könnte in die 2. Dynastie gehören. "Jegliche Hinweise auf eine Datierung nach der 3. Dynastie fehlen" [Way 1988, 293]. Ein Gebäude erinnerte auffällig "an den Grundriß des Totentempels nördlich der Stufenmastaba des Djoser [2624-2605]" [ebd. 290]. Den nach ihrer materiellen Kultur so überreichen Dynastien 4, 5 und 6, die den Löwenanteil des Alten Reiches stellen, konnte wiederum nichts zugeordnet werden. Auch Mittleres und Neues Reich blieben ohne jeden Fund. Insgesamt machen die Altreichs-Funde auf der Flutschicht direkt über der Prähistorie "einen Zeitraum innerhalb der 1. Dynastie [2950-2770] - vielleicht auch schon für die Dynastie 0 [3100-2950] - wahrscheinlich" [ebd. 297].

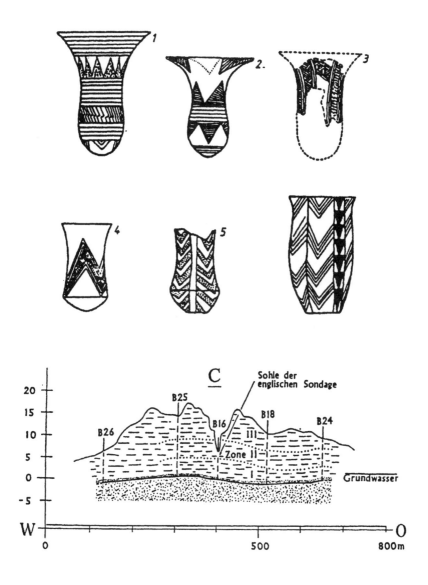

190 Prähistorische Becher der Tasakultur, -5./4. Jtsd. oder spätes -4. Jtsd., mit Prä-Jahudijah-Dekor, das nicht vor dem -2. Jtsd. erwartet wird [Kaiser 1985, 82]; *spätes* →*2. Jtsd. bzw. um* →*1000)*.
191 West-Ost-Schnitt durch Hügel C von Tell el-Fara'in mit englischer Sondage in B16 und steriler Sandschicht unter Besiedlungszone I [Way 1984, 318].

Stratigraphie von Tell el-Fara'in (Areal TEF87TX),
konventionell ägyptologisch datiert [nach Way 1989, 277]

Daten	Schicht	Kommentar
-650	VII	Saïten/Ptolemäer/Römer bis +400
-2600 (ca.)	——	**Angebliche Lücke von knapp 2000 Jahren**, jedoch ohne archäologischen Hiatus, da die Saïtenfunde aus VII direkt auf den Frühzeitfunden liegen, die wohl in der 3. Dynastie gegen -2600 enden.
-2575	"VI"	**Keine Siedlungsschicht**, sondern Schuttloch aus Saïtenschicht nach unten
-2600	V	3. Dynastie
-2950	IV	1./2. Dynastie
-3200	III	Naqada III/II und 0. Dynastie
///////	**Lehmige Alluvialschicht** ///////////////////////////	
-3600	II	Naqada II
-3900	I	Naqada I

Nun ist längst darauf hingewiesen worden [Dayton 1978, 11], daß die von Petrie 'geschaffene' 1. Dynastie an ihrem 'Geburtsort' in Abydos (Petrie 1901, 46; siehe oben S. 50) durch Keramik der Zeit Späthelladisch I (griechische Terminologie) bzw. Mittelbronze II (palästinische Terminologie) gekennzeichnet ist, die auch in konventioneller Chronologie erst im frühen -2. Jtsd. beginnt. Mittelbronzezeitliche Keramik in den Frühzeitphasen von Fara'in paßt selbstredend sehr gut zur mittelbronzezeitlichen Keramik (MBIIA) in den Schichten **H+G** von Tell el-Daba, die nach -1800 datiert werden. Die 1.200 Jahre auseinander datierten Schichten der beiden Tells gehören also in dasselbe frühe -2. Jtsd. konventioneller Chronologie, in das die 1. Dynastie nach ihrem gesammten technologiehistorischen Befund durch Dayton [1978, 198] auch versetzt werden mußte. Von diesem konventionellen -18. Jh. sind dann noch weitere 800 oder mehr Jahre für den Pseudo-Hiatus zwischen

Schicht **B** und Schicht **A** in Daba abzuziehen, um das der Evidenz entsprechende Datum zu finden.

Ein weiterer Versuch, in Tell el-Fara'in wenigstens das Alte Reich besser zu belegen, wurde in zwei Kampagnen des Jahres 1988 unternommen. Die bereits im Vorjahr begonnene Sondage TeF87TX wurde dafür weiter abgegraben. Für die großen Dynastien 4, 5 und 6 des Alten Reiches ergab sich wieder kein Befund (vgl. S. 445). Deshalb wurde ein Loch mit "Schuttlage", das *aus* der ab -650 datierenden Saïtenzeit in die frühzeitliche Schicht (bis ca -2600 datiert) abgesenkt wurde, zu einer eigenständigen Schicht erklärt, die "wohl" [Way 1989, 277] ins Alte Reich gehöre, dort dann bestenfalls aber nur noch den Beginn der 4. Dynastie (-2575) streife und wiederum nichts hergebe für die Blütezeit dieser 'alten' Epoche von der 4. bis zur 6. Dynastie. Das saïtische Schuttloch wird eingestandenermaßen nicht als eigene Bauphase angesehen und weist dementsprechend auch keine innere Stratigraphie auf [Way 1989, 277].

3) Ergebnis

Verblüffte in Daba, daß "prähistorische" Keramik aus dem -4. Jtsd. direkt und kontinuierlich vor dem -17. Jh. lag und so eine chronologische Verwerfung von mindestens 1.200 Jahren anzeigte, die etwas höher im selben Tell (zwischen Schichten **B** und **A**) durch Hinzufügung weiterer 800 Jahre am Ende gut 2.000 Jahre erreichte, so ist nun auch Fara'in durch 2.000 leere Jahre belastet, die in einem Block zwischen Frühzeit (bis -2600) und Saïtenzeit (ab -650) anstehen. Für alle drei Lücken (zwei in Daba, eine in Fara'in) gilt, daß sie allein durch chronologische Vorgaben zustandegekommen, archäologisch aber nicht nachweisbar sind. Es handelt sich bei diesem Lückentyp also durchweg um einen Pseudo-Hiatus. Stratigraphisch und keramikgeschichtlich passen die ab -3100 datierten frühen Dynastien Fara'ins (Schichten III-V) ohne Probleme zu den ab -1800 datierten Daba-Schichten **H** und **G**. Beide so nah beieinanderliegende Tells erleben in Wirklichkeit also auch - nach dem flutkatastrophischen Ende des Neolithikums - eine parallel verlaufende Entwicklung, die allein durch unterschiedliche wissenschaftsfremde Datierungen für ein- und dieselbe stratigraphische Lage verdunkelt wird.

Rein stratigraphisch bestätigt sich damit einmal mehr, daß die pseudoastronomische Chronologie der ägyptischen Hochkultur schon für die Zeit ab -3000 etwa 2.000 Phantomjahre aufweist. Zugleich wird der Befund aus Geser oder Memphis verifiziert, daß die jetzt über das -3. und -2. Jtsd. gestreckten drei Reiche stratigraphisch zusammen gehören und ihren Platz im zweiten Drittel des →*1. Jtsds.* finden müssen. Für die englische Sondage in Fara'in war das durch die ramessidische Mergeltonkeramik des Neuen Reiches in der Saïtenschicht ab -700 deutlich indiziert. (Dieses Ergebnis fand übrigens an der Grenze zwischen Ägypten und Israel - in Timna - eine Bestätigung, wo ramessidenschichtliches Glas dem Zeitraum des "6.-3. Jahrhundert v. Chr." angehörte [Rothenberg et al. 1988, 220 und 219/Tafel 2, sowie Heinsohn 1991a].) Im Areal TEF87TX von Fara'in wies der Schutt *aus* der Saïtenzeit, der - vielleicht - *in* die 4. Dynastie gehört, für das Alte Reich in dieselbe Richtung des Zusammengehörens der Reiche mit der Spätzeit. Es ist deshalb kein Zufall, daß nirgendwo Funde von der 4.-6. oder 11.-13. Dynastie stratigraphisch *unter* solchen der Hyksos gefunden wurden, wo die ägyptologische Chronologie sie aber hindatiert. Alle diese Dynastien folgen den Hyksos, die als Altakkader [Heinsohn 1990] zu identifizieren waren und wie diese in der stratigraphisch letzten Großkatastrophe des Altertums untergehen.

Q) Resümee zur Chronologie für das Alte Ägypten

> "Geduldig sammelnd fahren Wissenschaftler fort mit der Inventarisierung der gewaltigen Hinterlassenschaft von Monumenten und archäologischen Artefakten aus dem Alten Reich (2600 bis 2200 v. Chr.), dem Mittleren Reich (2130 bis 1780 v. Chr.), dem Neuen Reich (1560 bis 1070 v. Chr.) und den verschiedenen Phasen der *langen kulturellen Dämmerung Ägyptens im 1. Jahrtausend v. Chr., das bisher nicht die Aufmerksamkeit erlangte, die es verdient"* [Leclant 1985, 198; Hvhg. der Autoren].

"Vierzig Jahrhunderte blicken auf euch herab!" General Buonaparte war am 21. 7. 1798 gnädiger als die heutigen Ägyptologen, die an seiner Stelle 44 Jahrhunderte für die Giseh-Pyramiden proklamiert hätten, und viel bescheidener als Koryphäen der von ihm selbst initiierten Zunft, die von bis zu 75 Säkula gesprochen hätten. Gleichviel: Der vorliegende Text hat klargestellt, daß nicht nur der Korse schlecht informiert war, sondern daß alle bisherigen Schätzungen und Berechnungen viel zu hoch liegen. Tatsächlich haben höchstens 24 Jahrhunderte auf Napoleons Soldaten herabgeblickt, blicken allenfalls 26 Jahrhunderte auf uns.

Die in diesem Buch wiederholt vorgetragene These, daß Altes, Mittleres wie Neues Reich zeitlich ineinanderfallen, hat sich genauso wie die These, daß alle ägyptischen Dynastien und sogar kupfersteinzeitliche Funde ins →*1. Jtsd.* gehören, im gesamten Text an vielfältigen Beispielen bestätigt. Ist es ein Zufall, daß auch die Grabungen im nordägyptischen Tell el-Fara'in-Buto zur Überraschung der Archäologen von "Kulturschichten des 1. Jahrtausends" direkt - und zwar unterhalb einer wohl katastrophischen 1,5 m dicken sterilen Sedimentschicht - auf steinzeitliche "des 4. Jahrtausends v. Chr." [Way 1986, 192] gestoßen ist? Da das -4. Jtsd. dabei von der herrschenden Chronologie genommen ist, wird ein unbefangener, d.h. bloß stratigraphischer Blick auch den Beginn der Hochkultur *nach* der Kupfersteinzeit *im* →*1. Jtsd.* ansetzen. Es gibt bislang keine einzige Grabung in Ägypten, die auch nur annähernd genügende und auch noch übereinanderliegende Schichten für Vordynastik, Frühdynastik, Altes Reich, Erste Zwischenzeit, Mittleres Reich, Zweite Zwischenzeit, Neues Reich, Dritte Zwischenzeit, Spätzeit und Ptolemäer erbracht hätte.

Nachdem darüber hinaus den sothis- und manetho-induzierten Kalenderspekulationen der Boden entzogen worden ist, gewinnt die stratigraphisch wie technikgeschichtlich ausgerichtete Vorgabe den Rang einer echten (und damit auch falsifizierbaren) Theorie.

Die sie bestätigenden Argumente konnten über verschiedene, oft parallellaufende technologische Entwicklungslinien gewonnen werden. Der besseren Übersicht halber werden sie noch einmal nach dem damit endgültig überholten Dynastienschema gruppiert. Außerägyptische Bezugspunkte, für die neue Datierungen bereits vorlagen [Dayton 1978; Heinsohn 1988; 1996; Illig 1988] oder im Buch zusätzlich erarbeitet worden sind, werden mit diesen evidenzorientierten Datierungen geführt. Insbesondere sind die mykenischen Funde aus dem -16. bis -12. Jh. ins →*8./7. Jh.* verbracht worden. Nicht kursivgesetzte Daten aus dem -1. Jtsd. sind solche der herrschenden Lehre, denen hier vorläufig gefolgt wird. Die Seitenzahlen der einschlägigen Textstellen in diesem Buch stehen in eckigen Klammern.

Späte Kupfersteinzeit (Naqada II = Gerzean; 3700 - 3100):

Petrie hat Elfenbeinarbeiten ein und derselben Fundstelle auf Naqada-Kultur, 3. und 12. Dyn. aufgeteilt [230]. Schiffsdarstellungen ähneln tatsächlich erhaltenen Schiffen der 4. Dyn. [430], jener Dynastie, mit der sie auch bedeutende Eisenfunde verbinden [387] - bedeutend im Hinblick darauf, daß in der eigentlichen ägyptischen Eisenzeit von -1200 bis -600 überhaupt kein Eisen gefunden wird [387]. Den vermuteten allerersten lebensgroßen Holzplastiken stehen mykenische des →*7. Jhs.* und griechische des -6. Jhs. gegenüber [214]. Diese Epoche rückt insgesamt und frühestens ins *ca.* →*10./9. Jh.*

Prädynastisch (Naqada III, auch "0. Dynastie"; 3100 - 2950):

Die auffälligsten Verbindungen dieser Zeit bestehen mit den Hyksos (15. Dyn.): Glasperlen und Festungsmauern beider Epochen entsprechen sich in erstaunlicher Weise, obwohl Befestigungen hier noch viel zu früh kommen [264, 374]. Auch die Pferdeschwänze auf der Narmer-Palette gehören den Hyksos oder noch späteren Dynastien an [230]. Bestimmte Glasperlen, etwa solche in Bleioxidglas, stimmen außerdem mit solchen der 5. und 6. Dyn. überein [264]. Steinvasen werden zusammen mit denen der 1. bis 4. Dyn. nach Kreta exportiert, aber nach dem Kreta des →*7. Jhs.* (zeitgleich 18. Dyn.; [251]. Steinarbeiten kopieren bereits raffinierte Metallarbeiten [56], silberne Messer tauchen wieder in der 4. Dyn. auf [56]. Die Elfenbeinschnitzereien aber ähneln stark denen der 18. Dyn. ab -1550 [232]. Die prädynastische Zeit rückt ins *ca.* →*8. Jh.*

Frühdynastisch (1. und 2. Dyn.; 2950 - 2640):

Der berühmte Hierakonpolis-Fund vereinigt Artefakte der 1., 6., 11., 18. und 26. Dyn. [52]; viele andere von Petrie datierte Funde gehören tatsächlich der Hyksoszeit (15. Dyn.), der 18. Dyn. respektive dem →*7. Jh.* an [50]. Für die Fayencen der 1. Dyn. finden sich die technischen und ästhetischen Pendants in der 3. und - mit identischen Pigmentzugaben - in der frühen 18. Dyn. [51]; die seltene violette Fayence kehrt, genauso wie die gemusterte Keramik [50], erst in der 18. Dyn. [52] wieder. Überreich liegt bereits Kupfer vor [57], das noch im Grab von Tutanchamun häufiger vertreten ist als Bronze [222], aber auch Bronze ist bereits vorhanden [57]. Die Keramik der Zeit ähnelt innerhalb Ägypten jener der Hyksos (15. Dyn.; [50]), in Mesopotamien der altakkadischen (→*7./6. Jh.;* [315]. Das Grab des Djer wird von Artefakten der 18. Dyn. umgeben [50]. Spätestens jetzt tritt das erste echte Gewölbe auf [72], das in Vorderasien nicht vor →*700* [113], in Europa noch später gefunden wird [65]. Weiterhin werden Steinvasen im →*7. Jh.* nach Kreta exportiert [251]. 1. und 15. Dyn. scheinen zusammenzugehören und direkt in die 18. Dyn. überzugehen [251]. Die ersten beiden Dynastien, von denen die 2. wiederum wie eine verdoppelte wirkt, rücken ins →*7. Jh.*

3. Dynastie (Altes Reich; 2640 - 2575):

Die Djoser-Zeit findet ihre engsten Parallelen in der 26. Dyn., intensive Nachwirkungen prägen noch die ptolemäische Zeit [174f]. Die Architektur ergibt ein ganzes Beziehungsnetz: Das erste echte Steingewölbe hat sehr disparate Nachfolger: In der 6., 20., 25. und 26. Dyn. [91]. Der ersten protodorischen Säule folgen weitere erst in der 11./12., erneut in der 18. Dyn., um zur Zeit der 26. Dyn. im Griechenland des -6. Jhs. als eigentlich dorische erfunden zu werden [176]. Auf das Griechenland von →*600* verweisen Tempelbau und Überwindung des Holzbaus [176, 183]. Die erste Stufenpyramide und damit die erste Pyramide überhaupt kennt mesopotamische Vorläufer und Gegenstücke des →*7. Jhs.* [176]. Die 18. Dyn. errichtet noch einmal eine ägyptische Stufenpyramide [118]. Sehr spezifische Bau- und Schmuckelemente des Djoser-Grabkomplexes finden sich in der 11./12. und in der 18. Dyn. wieder [128, 180]. Die überaus tiefen Schachtgräber haben ihr Pendant in den geographisch benachbarten perserzeitlichen der 27. Dyn. [173], auf das zeitgleiche Griechenland des →*6. Jh.* verweisen verschiedene Indizien wie etwa die erste Künstlersignatur [172]. Erst ab der 18. Dyn. finden sich Graffiti in Saqqara [177]. Die ursprünglich blaue, heute grün gewordene Fayence hat Parallelen in der 26. Dyn. [174], der Kultläufer Djoser in der 18. und 26. Dyn. [11]. Insgesamt scheint die 3. der 26. Dyn. direkt vorauszugehen [175]. Die behauptete Einführung eines Sothiskalenders in der 3. oder 4. Dyn. ist nicht mehr zu halten [31]. Zumindest der Djoserbezirk, der nicht unbedingt zur ansonsten unauffälligen 3. Dyn. gehören muß, rückt ins →*7. Jh.*

4. Dynastie (Altes Reich; 2575 - 2465):

Die erstmals aufgeführten glatten Königspyramiden entstehen bis zur 6. Dyn. sowie in der 12. und in der 25. Dyn. (mit einem 'Ausreißer' in der 18. Dyn.). Snofrus Pyramiden, die in engstem Kontakt mit denen der 12. Dyn. stehen, wirken nicht unbedingt wie deren Vorläufer [139]. Graffiti an der Cheops-Pyramide setzen erst mit der 26. Dyn. ein [201], die mit der 4. Dyn. zusammenzugehören scheint [202]. Megalithbau mit Kraggewölben findet sich überall im Europa des →*1. Jtsds.* [200]. Der nach Snofru einsetzende Pyramidenbau mit Granitblöcken verlangt Eisen-, ja Stahlwerkzeug, das auch gefunden worden ist [198, 388], während das verhüttete, ägyptische Eisen zwar ab -1200 postuliert, aber erst im -6. Jh. nachweisbar wird [396]. Die Kraggewölbe von Snofru haben ihre nächsten Entsprechungen in mykenischen Bauten des →7. *Jhs.* (zeitgleich mit der 18. Dyn. [139]), in denen ebenfalls Eisen gefunden worden ist [70]. Kraggewölbe tauchen erst wieder in der 18./19. und in der 25. Dyn. in (Privat-)Pyramiden auf [91]; in der frühen 18. Dyn. werden außerdem wieder Scheingewölbe mittels Kragwölbung realisiert [90]. Gestemmte Scheingewölbe finden ihren Widerpart im Griechenland und Etrurien des *-6. Jhs.* [71]. Das Schiff von Cheops gleicht bis in Details den Schiffen der 18. Dyn. [425]. Hörnerkronen für den Pharao haben in der 18./19. Dyn. ihre einzige ägyptische Entsprechung [186], während vorderasiatische Gegenstücke dem →7. *Jh.* angehören [194]. Kriegerhelme mit Hörnern werden vom →7. *Jh.* bis -4. Jh. getragen [192]. Wie im späten Mykene des →7. *Jhs.* tritt im ägyptischen Königshaus ein blondhaariges Element auf [200]. 4. und 18. Dyn. scheinen zusammenzugehören. Die häufig genutzten pythagoräischen Streckenrelationen und Flächenberechnungen lassen das Griechenland des →*6. Jhs.* assoziieren [120, 386]. Die frühe 4. Dyn. (Snofru) gelangt somit ins →7. *Jh.*, ihre nachfolgenden Könige rücken ins →*6. Jh.*

5./6. Dynastie (Altes Reich; 2465 - 2155):

Lebensgroße Kupferblechstatuen finden ihr einziges, aber technologisch identisches Pendant im Griechenland des -7./6. Jhs. [212]. Glasperlen finden sich in der 18./19. Dyn. wieder [265]. Früheste Totenmaske und frühestes Porträt bekommen in der 18. Dyn. ihren ersten Nachfolger [164]. Sahures Schiffe haben im -7./6. Jh. griechische Entsprechungen [427], während die erste Puntfahrt noch einmal in der 18. Dyn. stattfindet [229]. Userkaf hat Verbindungen zum →7. *Jh.* [139]. Der Gewölbebau verzeichnet gegenüber der 4. Dyn. keine Weiterentwicklung mehr [82]. Nach der 6. Dyn. fehlt Eisen zumindest bis zur 17. Dyn., wenn nicht noch länger [390]. Die 5. Dyn. rückt deshalb in die Zeit nach -525, während die 6. Dyn., möglicherweise parallel zur 4. Dyn., ins →*7./6. Jh.* gehört.

11. Dynastie (Mittleres Reich; 2061 - 1991):

Der Reichsgründer Mentuhotep II. korrespondiert bei Tempelbau und Grabanlage keineswegs mit der nachfolgenden 12. Dyn., sondern gleich mit der frühen 18. Dyn. [123]. Mentuhotep II. gehört in die zeitliche Nähe von Hatschepsut, seine Dynastie ins →*7. Jh.*

12. Dynastie (Mittleres Reich; 1991 - 1785):

Die Pyramiden wirken von Bauweise und Aufriß eher als Vorläufer oder allenfalls Parallelbauten jener der 4. Dyn. [140]; erst die Gewölbe und Schutzmaßnahmen ab Amenemhet III. wirken wie Nachfolgebauten [86]. Es drängt sich die These auf, daß die MR-Pyramiden in einem Zeitraum gebaut werden, der den der AR-Pyramiden einschließt. Die zeitgleichen nubischen Tumuli sind architektonisch nicht vor →*800* zu erwarten [131], ihre Massenbegräbnisse finden ihr Pendant im Ur des →*7./6. Jhs.* [132]. Die großen echten Ziegelgewölbe besitzen erst ab dem →*7. Jh.* korrekt datierte mesopotamische Gegenstücke [113]. Der Baldachin-Tempel Sesostris' I. korrespondiert unmittelbar mit dem der Hatschepsut (18. Dyn.), der wiederum als Vorstufe griechischer Tempel des -6. Jhs. gilt [183]. Die unterlebensgroßen Kupferstatuen wirken nicht jünger als jene der 6. Dyn. [215], die erstmals genutzte Niello-Technik blüht jedoch, nach einem ephemeren Zwischenspiel innerhalb der 17. Dyn., erst in der 21./ 22. Dyn. weiter [220]. Eine Grabwanne wird in der 21. Dyn. wiederverwendet [226]. Der winkelbewehrte Kultläufer tritt erst in der 19. Dyn. wieder auf [11]. Die Leier entspricht dem mesopotamischen Typus des →*7. Jhs.* und jenem der 18. Dyn. [253], der im späteren -1. Jtsd. erneut auftritt. Rautenförmige Flächengranulation wiederholt sich in der -19. Dyn. und bei den Griechen des -6. Jhs. [158]. Die frühe 12. Dyn. ist demnach dem →*7. Jh.*, die mittlere dem →*6./5. Jh.* und die literaturinteressierte späte 12. [122,224] dem →*5./4. Jh.* zuzuordnen.

15. Dynastie (Hyksos; 1650 - 1540):

Ihre Funde liegen zeitgleich mit denen der 1. und gehen in die der 18. Dyn. über [56]. Die Gewölbe von Tell el-Daba zeigen den Übergang zur echten Wölbung an und rücken ins →*7. Jh.* [87, 100, 436]. Die dort aufgefundenen kretischen Fresken mit Stiersprungszene verweisen ebenfalls ins -*7. Jh.*. Hyksosherrscher der 13. Dyn. bauen noch Pyramiden wie als letzter Pharao Ahmose in der 18. Dyn. [128]. Weil der minoischen Chronologie ein unabhängiger, absoluter Datierungsanker fehlt, hat sie der Alabasterdeckel von Hyksoskönig Chian weit ins -2.

Jtsd. verschoben [352]. Die progressiven Festungsbauten der Hyksos hat man an Gegenstücken des -4. und 3. Jtsds. gemessen [374], ihre altakkadische Sprache aus dem -3. Jtsd. hergeleitet [377]. All diese künstlich veralteten Funde gehen genauso an die Hyksos wie die Schiffe des -3. Jtsds. [433]. Die Hyksos sind die großen Kulturbringer aus dem Orient: Webgewichte, Goldgranulation und Stahl [156, 399], Sichelschwerter [267], Niello- und Inkrustationstechnik [220] samt echter Zinnbronze und dem Blasebalg als Schmiedewerkzeug, Pferd und Streitwagen [232], angeblich "frühdynastische" Glasperlen [264], erste Glasgefäße [268], Glasplaketten [314] und das Interesse für geschriebenes Wissen [122]. Die "Großen Hyksos" rücken ins →*7. Jh.*

18. Dynastie (Neues Reich; 1550 - 1291):

Granulationsschmuck des Reichsgründers Ahmose entspricht mesopotamischem des späten -8. Jhs. *(→6. Jhs.)*, ähnelt aber auch Arbeiten der 19. Dyn. [156]. Seine letzte ägyptische Königspyramide dient seinen Nachfolgern keineswegs als Vorbild, orientieren die sich doch an der 11. Dyn. [130]. Das fast singuläre kobaltblaue Amarnaglas hat seine Entsprechung im kobaltblauen Glas von Hallstatt nach -600 [277] und im Mitanniglas, das in Mesopotamien gerade zwei Schichtengruppen unter den hellenistischen Strata von -300 liegt [311]. Glasporträts finden erste Nachfolger in der 30. Dyn. [270], während das rote Einlegeglas chemisch dem perserzeitlichen (27. Dyn., -6./5. Jh.) entspricht [322]. Gläserne Kohlpalmsäulchen entsprechen iranischen aus der Zeit nach -600 [288]. Die Goldmaske des Tutanchamun steht in Korrespondenz zu denen der 21. und 22. Dyn., zu den mykenischen des →*7. Jhs.* und zu den illyrischen und phönizischen des -6./5. Jhs. [162]. Goldgranulation aus seinem Grab verweist mindestens ins →*8. Jh.* [156]. Die berühmten Elfenbeinarbeiten finden ihre mesopotamischen und griechischen Gegenstücke im →*8.* bis -6. Jh., ihre zyprischen im *-7./6. Jh.* [241]. Die ägyptischen Leiern stimmen mit den altakkadischen *(→7. Jh.)* resp. spätassyrischen des →*5. Jhs.* überein [253], höchst eigenwillig geformte Leiern aus Kreta und Pylos wiederholen sich im -6. Jh. in Anatolien [258]. Steinerne Kolossalstatuen entsprechen von der Konzeption her den griechischen des -7./6. Jh. [240], wie auch die ägyptische Tempelform die griechische von -600 'antizipiert' [182]. Die Sprache der keilschriftlichen Amarnakorrespondenz ähnelt partiell dem alphabetischklassischen Hebräisch des -7./6. Jh. [367]. Echnatons Sonnengesang hat seine allernächste Parallele in einem Psalm aus der Zeit nach -586 [367]. Späte 18. Dyn. und frühe 26. Dyn. scheinen zusammenzugehören. Die frühe 18. Dyn. rückt ins →*7. Jh.*, die späte 18. Dyn. ins →*6. Jh.*

19. Dynastie (Neues Reich; 1291 - 1185):

Rammsporne an Schiffen lassen Verbindungen zur 25. und 18. Dyn. ebenso erkennen wie zur Perserzeit ab -550 [412]. Die Darstellung des Streckgalopps tritt in der späten 18. Dyn. erstmals auf und anfangs der 19. wieder ab, sie hat direkte Entsprechungen im Mykene des →*7. Jhs.* [246], im Vorderasien des →*7. Jhs.* und in Samos nach -620 [241]. Ramessidische Monumentalstatuen entsprechen griechischen Kouroi des -6. Jhs. [199], Goldgranulation korrespondiert mit mesopotamischen Schmuckstücken des →*5. Jhs.* [157]. Rotes Einlegeglas ist ununterscheidbar von solchem der Perserzeit (nach -525; [288]). Diese Dynastie ist dem →*6./5. Jh.* zuzuweisen.

20. Dynastie (Neues Reich; 1185 - 1075):

Die Gewölbe sind unter Ramses III. so selbstverständlich und raffiniert geworden, daß sie nicht vor dem →*4. Jh.* erwartet werden können, wenn man sie mit Europa und Mesopotamien vergleicht [91]. Die angezweifelten griechischen Buchstaben auf seinen Kacheln entsprechen wirklichen griechischen ab -400. Seine Schiffstechnologie entspricht der Perserzeit [433]. Die Schiffe dieser Epoche entsprechen dem einzigen bekannten Schiff aus der 25. Dyn. [418]. Diese letzte Dynastie des 'Neuen Reiches' gehört ins →*5./4. Jh.*

Dritte Zwischenzeit und Spätzeit (1075 - 305):

Gerade für diese Zeit, in der doch überall die Kulturen erblühen, müßten eigentlichen die reichsten Funde überhaupt im Niltal erwartet werden. Doch nach Ende des Neuen Reichs wird Äygpten für fast 800 Jahre fundarm, extrem fundarm südlich des Deltas; Unternubien soll überhaupt menschenleer gewesen sein [369]. Die einschlägigen Monographien finden nichts mehr zum Abbilden. So widmen Lange/Hirmer [1961] dieser Zeit ganze 5 von insgesamt 260 Phototafeln, in der Sonderauflage [1985] ganze 7 von 330 Phototafeln. Also repräsentieren etwa 2 Prozent der Bilder fast ein Drittel der gesamten Pharaonenzeit, noch

Synchronisation von Schichten und 'Dynastien'

ab -330 *Hellenistische Schichtgruppe* (Ptolemäer)

---

ab →*525 Die erste Schichtgruppe unter der hellenistischen*, also die perserzeitliche der klassischen Epochensequenz, d.h. "mit- mittel- bis spätassyrisch" und "alt- bis spätbabylon.", enthält als 'Dynastien' die 5., späte 12., 13., späte 19., 20., 22., 23., 24., späte 25. sowie die ohnehin hier geführte 27., 28., 29., 30. und 31.

---

ab →*610 Die zweite, früheisenzeitliche Schichtgruppe*, also die mederzeitliche der klassischen Epochensequenz, d.h. die "mitanni-zeitliche", enthält als 'Dynastien' die 4. ab Cheops, 6., mittlere 12., späte 18. (Echnaton), frühe 19., 21., frühe 25., späte 26.

---

ab →*700 Die dritte, mittelbronzezeitliche Schichtgruppe*, also die Ninos-assyrische der klassischen Epochensequenz, d.h. die "altakkadische", enthält 1., 2., 3., frühe 4. (Snofru), 11., frühe 12., 15. (Hyksos), 16., 17., frühe 18. 'Dynastie'.

---

ab →*800 Die vierte, frühbronzezeitliche Schichtgruppe*, also die frühurbanen Assyrer und Chaldäer der klassischen Epochensequenz, d.h. die "Altakkader" und "Sumerer", enthält die prädynastischen Funde ("0. Dyn.") und Gerzean.

---

ab →*900* Naqada II (Kupfersteinzeit)

---

ab →*1150* Naqada I (Kupfersteinzeit)

dazu deren späteste, jüngste Dynastien! (Diese Aussage gilt in ihrer Substanz auch für die großen Standardwerke wie Leclant [ab 1979] und Porter/Moss [ab 1927].) Und die wenigen Photos zeigen fast ausschließlich schwer datierbare Steinskulpturen, die ebensogut anderen Zeiten zugerechnet werden können. So wird der überragende "Grüne Kopf" aus dem *Ägyptischen Museum Berlin* noch 1961 gegen -400 eingeordnet [Lange/Hirmer 1961, Textteil 93], 1986 vom Museumsführer der Zeit um -300 zugeschlagen [Settgast 1986, 118] und in der Kleopatra-Ausstellung von 1989 als Kunstwerk des -1. Jhs. präsentiert [Wildung/Schoske 1989, 162]! Neben diesen Plastiken gibt es kaum Texte, keinerlei Glasgefäße [274], keine Schiffe [418], keine markante Architektur, rätselhaft wenig Keramik [276], keine lebensgroße Erzplastik [220], fast keine Instrumentalmusik [256], kein Eisen bis -600 [386], ja offenbar nicht einmal Landwirtschaft [395]!

Sieht man einmal von den Tanis-Funden der 21. bis 24. Dyn. ab (die ja auch in der rekonstruierten Geschichte dem -1. Jtsd. erhalten bleiben), dann stellt Ägypten von -1075 bis -300 ein hochgradiges Vakuum dar. Beherrschten die spätzeitlichen Ägypter das Recycling aller Kulturgüter und Abfälle in Vollendung oder hätten sie gar wie die Nubier zeitweilig ihr Land verlassen? Natürlich nicht, denn in dieses Vakuum gehören all jene Funde und damit alle Dynastien, die bislang von -3400 bis -1100 datiert werden. Wir verbinden nunmehr die Aufteilungen nach stratigraphischem Befund, nach der klassischen antiken Epochenabfolge, nach Metallverwendung und nach manethonischer Dynastienabfolge (s. S. 457).

Offen muß noch bleiben, inwieweit die Stärke der hellenistischen Schichten mit der gelehrten Ptolemäerzeit übereinstimmt und ob Überschneidungen von Ptolemäer- und spätdynastischen Schichten auftreten.

Mit einer derartig drastisch verkürzten Chronologie kann man von Geschichtsdeutungen, die einzelnen Handlungen eine Vorbereitungszeit von dreißig und mehr Generationen einräumen, getrost Abschied nehmen. Nur zwei derartige Beispiele folgen hier stellvertretend für viele:

"Die Tatsache, daß ein solches Komplott [-1580 von Apophis und dem Prinzen von Kusch gegen Kamose] beabsichtigt wurde, deutet auf eine Entwicklung hin, die nicht nur durch die Funde aus der *Kerma-Kultur* bestätigt wird, sondern die *fast 1000 Jahre später*

dazu führte, daß die Kuschiten Ägypten in Besitz nahmen" [Scholz 1986, 28].
"Mit der Regierungszeit Ramses II. [1279-1212] erreichte die altägyptische Kultur eine nie zuvor erlebte Blüte, die aber den *sich nähernden Niedergang,* der sich dann unter Kleopatra VII. (68-30 v. Chr.) vollzog, schon spüren läßt" [Scholz 1986, 39; beide fettkursive Hvgh. von den Autoren].

Sowenig die zweite deutsche Republik von 1949 als direkte Konsequenz der Kaiserkrönung Karls des Großen im Jahre 800 interpretiert werden kann, sowenig benötigt die ägyptische Geschichte ahnungsvolle Verbindungen über 1.000 und noch mehr Jahre hinweg. Statt dessen muß ein wirklicher *Abriß der Geschichte des alten Ägyptens* erfolgen, aber nicht in dem Sinn, den Jürgen von Beckerath bei Benennung seines soliden Kompendiums [1971] vor Augen hatte.

"Wir sind dabei, schrittweise die Geschichte der Welt zu rekonstruieren [...] Wir sind hier dabei, die Weltgeschichte neu zu schreiben, da dürfen wir vor nichts zurückschrecken!" [Eco 1989, 475,604].

Was Umberto Eco seinen Romanhelden vergeblich in den Mund legte, denn er ließ sie daran scheitern, das galt für die altägyptische Entwicklung tatsächlich. Nicht nur die technologische Evolution des Niltales war neu zu schreiben, Ägyptens Geschichte - wie auch die der übrigen Alten Welt - war in all ihren Aspekten neu zu entwerfen. Das Ägypten der Pharaonen mußte von jenen bizarren Erscheinungen wie seinem Doppelgängertum, seinem Gespensterstatus, seinem eingefrorenen Zustand befreit werden, die Egon Friedell einst kopfschüttelnd konstatiert hatte (s. "Vorspiel" auf S. 11). Dies gelang, indem wissenschaftsfremde Aufblähungen der Chronologie eliminiert wurden, wie es die Ägyptologie in unserem Jahrhundert und in noch größerem Umfang schon einmal (vgl. S. 26) erfolgreich praktiziert hat.

Anschließend wird es um die tatsächliche Pharaonenreihung gehen. Auch dafür ist jenes Gerüst abzureißen, das seit Jahrhunderten den Kern historischer Bildung ausmacht. Andernfalls blieben uns alle aufgezeigten Unverständlichkeiten, Widersprüche, Absurditäten und Anachronismen der vorchristlichen Zeiten als unlösbare Probleme erhalten. Dafür aber wird sich die Antike in einem ganz neuen Licht zeigen, und ihr Abbild wird der Wahrheit viel näher kommen.

Bibliographie

Adams, B. (1977), "Hierakonpolis", in *Lexikon der Ägyptologie*, Bd. 2, Wiesbaden
- (1988), *Predynastic Egypt*, Aylesbury

Adams, W.Y. (1977), *Nubia. Corridor to Africa*, Princeton

Aldred, C. (1965), *Egypt to the End of the Old Kingdom*, London
- (1972), *Die Juwelen der Pharaonen*, München

Altenmüller, H. (1980), "Königsplastik", in *Lexikon der Ägyptologie*, Bd. 2, Wiesbaden

Altheim, F. (1951), *Römische Geschichte*. Band 1: Die Grundlagen, Frankfurt/M.

Amiet, P. (1980), *La glyptique mésopotamienne archaique*, Paris

Amiet, P. et al. (1988), *Handbuch der Formen- und Stilkunde. Antike*, Wiesbaden

Anastasi, P. (1990), "Aegean sea floor yields clues to early Greek traders", in *The New York Times*, 2. Januar 1990

Andrae, W. (1935), *Die deutschen Ausgrabungen in Warka (Uruk)*, Berlin
- (1977), *Das wiedererstandene Assur*, München

Arnold, D. (1982), "Pyramiden, Mittleres Reich und später", in *Lexikon der Ägyptologie*, Bd. 4, Wiesbaden
- (1984), "Pyramidenbau", in *Lexikon der Ägyptologie*, Bd. 5, Wiesbaden

Åström, L. (1967), *Studies on the Arts and Crafts of the Late Cypriote Bronze Age*, Lund

Åström, P. (1989), *High, Middle or Low?* Acts of an International Colloquium on Absolute Chronology held at the University of Gothenburg 20th - 22nd August 1987. Part 3, Gothenburg

Auffret, P. (1981), *Hymnes d'égypte et d'Israël. Etudes de structures litteraires*, Fribourg-Göttingen

Avigdad, N. (1978), "Samaria", in *EAEHL* IV

Avi-Yonah, M., Kempinski, A. (1978), *Syrien-Palästina II*, Genf

Ayoub, S. (1982), *Die Keramik in Mesopotamien und den Nachbargebieten*, München

Badawy A. (1948), *Le Dessin Architectural chez les anciens Egyptiens*, Kairo
- (1954), *A History of Egyptian Architecture*, Marvin Hall

Baines, J., Malek, J. (1980), *Weltatlas der alten Kulturen. Ägypten*, München

Barag, D. (1962), "Mesopotamian Glass Vessels of the Second Millennium B.C.", in *Journal of Glass Studies*, Vol. IV
- (1964), "A Note on a Mesopotamian Bottle", in *Journal of Glass Studies*, Vol. VI
- (1966), "The Glass Aryballos", in *Atiqot. English Series*, Vol. V, 58ff
- (1970), "Mesopotamian Core-Formed Glass Vessels (1500-500 B.C.)", in Oppenheim/Brill/Barag/v. Saldern (1970)
- (1975), "Rod-Formed Kohl-Tubes of the Mid-First Millenium B.C.", in *Journal of Glass Studies*, Vol. XVIII

Barag, D. (1985), *Catalogue of Western Asiatic Glass in the British Museum,* Vol. I, London-Jerusalem

Barnett, R.D. (1975), *A Catalogue of the Nimrud Ivories with other examples of Ancient Near Eastern Ivories in the British Museum,* London

Barrelet, M.T. (1968), *Figurines et reliefs en terre cuite de la Mesopotamie antique, I,* Paris

Barta, W. (1981), "Die Chronologie der 1. bis 5. Dynastie nach den Angaben des rekonstruierten Annalensteins", in *ZÄS,* 108, 11

- (1983), "Fixpunkte der ägyptischen Chronologie - gewonnen anhand astronomischer Daten", in *Ludwig-Maximilian-Universität Berichte aus der Forschung,* (51), München

- (1989/90), *Ägyptische Zeitrechnung und Chronologie,* Vorlesungsskript, Universität München

Barton, G.E. (1929), *The Royal Inscriptions of Sumer and Akkad,* New Haven

Bass, G.F. (1987), "Oldest Known Shipwreck Reveals Bronze Age Splendors", in *National Geographic,* Vol. 172, Nr. 6 (Dezember)

Bass, G.F. et al. (1967), "Cape Gelidonya: A Bronze Age Shipwreck", in *Transactions of the American Philosophical Society,* New Series, Vol. 57

Bass, G.F, Pulak, C., Collon, D., Weinstein, J. (1989), "The Bronze Age Shipwreck at Ulu Burun: 1986 Campaign", in *American Journal of Archaeology,* Vol. 93

Bass, G.F., Pulak, C. (1989), "Excavations at Ulu Burun in 1986", in *American Journal of Archaeology,* Vol. 93

Baumgartel, E.J. (1955), *The Cultures of Prehistoric Egypt,* Revised Edition; Oxford

Beck, H.C. (1934), "Glass Before 1500 B.C.", in *Ancient Egypt and the East*

Beckerath, J.v. (1975), "Astronomie und Astrologie", in *Lexikon der Ägyptologie,* Band 1, Wiesbaden

- (1975a), "Chronologie", in *Lexikon der Ägyptologie,* Band 1, Wiesbaden
- (1980), "Kalender", in *Lexikon der Ägyptologie,* Band 3, Wiesbaden
- (1982), "Mykerinos", in *Lexikon der Ägyptologie,* Band 4, Wiesbaden
- (1984), *Handbuch der ägyptischen Königsnamen,* Berlin

Beckman, G. (1983), "Mesopotamians and Mesopotamian Learning at Hattusa", in *Journal of Cuneiform Studies,* Vol. 35/1-2, Januar-April 1983

Bellen, H. (1979), "Eisen", in *Der Kleine Pauly,* Bd. 2, München

Beloch, K.J. (1890), "Die Dorische Wanderung", in *Rheinisches Museum* 45, 555

Berghaus, J.I. (1792), *Geschichte der Schiffahrtskunde bey den vornehmsten Völkern des Alterthums,* zwei Bände und ein Anhangsband, Leipzig

Besenval, R. (1984), *Technologie de la voûte dans l'orient ancien,* Paris

Bianchi, R.S. (1983), "Those Ubiquitous Glass Inlays from Pharaonic Egypt: Suggestions About Their Function and Date", in *Journal of Glass Studies,* Vol. XXV

Bibé, C. (1988), "Nouvelles Recherches sur la Mathématique Pharaonique. Partie IV, Les Égyptiens ont-ils été Pré-Pythagoriens?", in *Göttinger Miszellen,* Band 106, 7

Bickerman, E.J. (1980), *Chronology of the Ancient World*, London
Biers, W.R. (1987), *The Archaeology of Greece*, Ithaca · London
Bietak, M. (1981), "Avaris and Piramesse: Archaeological Exploration in the Eastern Nile Delta", London, *From the Proceedings of the British Academy*, Vol. LV (1979), 225ff
- (1984), "Problems of the Middle Bronze Age Chronology: New Evidence from Egypt", in *American Journal of Archaeology*, Vol. 88
- (1985), "Tell el Dab'a", in *Archiv für Orientforschung*, Bd. XXXII
- (1986), "Tell el-Jahudija-Keramik", in *Lexikon der Ägyptologie*, Bd. 6, Wiesbaden
- (1987), "Canaanites in the Eastern Nile Delta", in A.F. Rainey, Hg., *Egypt, Israel, Sinai. Archaeological and Historical Relationships in the Biblical Period*, Tel Aviv
- (1988), *Übersicht über die Stratigraphie in Tell el-Dab'a, Stand 1988;* Wien (Einzelblatt)
- (1989), "The Middle Bronze Age of the Levant - A new Approach to Relative and Absolute Chronology", in P. Åström (Hrsg.), *High, Middle or Low?*, Gothenburg

Bilabel, F. (1927), *Geschichte Vorderasiens und Ägyptens vom 16.-11. Jahrhundert v Chr.*, Heidelberg
Bimson, J. (1986), *Hatschepsut und die Königin von Saba. Eine Kritik an Velikovskys Gleichsetzung und eine alternative Auffassung*, Basel
Bimson, M., Freestone, I.C. (1988), "Some Egyptian Glasses Dated by Royal Inscriptions", in *Journal of Glass Studies*, Vol. 30
Bissing, F.W.v (1942), "Studien zur ältesten Kultur Italiens: IV. Alabastra", in *Studi Etruschi*, Bd. 16
Blakeway, A. (1935), -, in *The Annual of the British School at Athens*, Vol. 33 (1932-33)
Blegen, C.W., Rawson, M., Taylor, W., Donovan, W. (1973), *The Palace of Nestor at Pylos in Western Messenia. Vol. III:* Acropolis and Lower Town, Tholoi, Grave Circle, and Chamber Tombs. Discoveries outside the Citadel, Princeton
Blöss, C. (1990), *Planeten, Götter, Katastrophen. Das neue Bild vom kosmischen Chaos*, Frankfurt/M.
Blöss, C./ Niemitz, H.-U. (1997), *Der C14-Crash. Das Ende der Illusion, mit Radiokarbonmethode und Dendrochronologie datieren zu können*; Gräfelfing
Blome, P. (1982), *Die figürliche Bildwelt Kretas in der geometrischen und früharchaischen Periode*, Mainz
Böhl, F.M.T. (1909), *Die Sprache der Amarnabriefe mit besonderer Berücksichtigung der Kanaanismen*, Leipzig
Boese, J., Rüß, U. (1971), "Gold, archäologisch", in *Reallexikon der Assyriologie und Vorderasiatischen Archäologie*, Band 3, Berlin · New York
Bol, Peter C. (1985), *Antike Bronzetechnik. Kunst und Handwerk antiker Erzbildner*, München
Borchardt, L. (1906), *Nilmesser und Nilstandsmarken*, Berlin
- (1917), *Die Annalen und die zeitliche Festlegung des Alten Reiches der ägyptischen*

Geschichte, Berlin

Borchardt, L. (1920), *Die altägyptische Zeitmessung*, München

- (1926), *Längen und Richtungen der vier Grundkanten der großen Pyramide bei Gizeh*, Berlin
- (1935), *Die Mittel zur zeitlichen Festlegung von Punkten der ägyptischen Geschichte und ihre Anwendung*, Kairo

Boreux, C. (1925), *Études de nautique égyptienne. L'art de la navigation en égypte jusqu'à la fin de l'Ancien Empire*, Kairo

Bouzek, J. (1985), *The Aegean, Anatolia and Europe: Cultural interrelations in the second millennium B.C.*, Gothenburg

Bowman, A.K. (1990), *Egypt after the Pharaohs*, Oxford et. al.

Bowen, jr., R.L. (1963), "Egyptian Anchors", in *The Mariner's Mirror*, Vol. 49

Braidwood, R.J., Braidwood. L.S. (1960), *Excavations in the Plain of Antioch. I.* The Earlier Assemblages Phases A-J, Chicago

Brill, R. (1969), "The Scientific Investigation of Ancient Glass", in *Proceedings of the Eighth International Congress on Glass*, 1968, Sheffield

- (1970), "The Chemical Interpretation of the Texts", in Oppenheim, Brill, Barag, v. Saldern (1970)

Brink, E.C.M.v.d. (1982), *Tombs and Burial Customs at Tell el-Daba and their Cultural Relationship to Syria - Palestine during the Second intermediate Period*, Wien

Brinks, J. (1977), "Gewölbe", in *Lexikon der Ägyptologie*, Bd. 2, Wiesbaden

Brugsch, H. (1891), *Egypt Under The Pharaohs. A History Derived Entirely from the Monuments*, London

Brunton, G., Caton-Thompson, G. (1928), *The Badarian Civilization and Prehistoric Remains near Badari;* London

Buchholz, H.-G. (1987), Hg., *Ägäische Bronzezeit*, Darmstadt

- (1987a), "Thera und das Östliche Mittelmeer. Schiffe und Anker", in H.-G. Buchholz (1987)

Buchholz, H.-G., Karageorghis, V. (1971), *Altägäis und Altkypros*, Tübingen

Bürgin, Luc (1997), *Irrtümer der Wissenschaft;* München

Burn, A.R. (1935), "Dates in Early Greek History", in *Journal of Hellenic Studies*, Vol. 55

- (1949), "Early Greek Chronology", in *Journal of Hellenic Studies*, Vol. 69

Buttery, A. (1974), *Armies and Enemies of Ancient Egypt and Assyria*, Goring by Sea

Calder III, W.M., Traill, D.A. (1986), *Myth, Scandal and History. The Heinrich Schliemann Controversy and a first Edition of the Mycenaean Diary*, Detroit

Calmeyer, P. (1972-75), "Hasanlu", in *Reallexikon der Assyriologie*, Band 4, Berlin · New York

Calvi, M.C. (1968), "Le verre préromain d'Italie", in *Studies in Glass History and Design* - Papers Read to the Committee B Sessions of the VIIIth International Congress on Glass, Held in London 1st-6th July 1968, London

Campbell, E.F. (1976), "Two Amarna notes. The Shechem City-State and Amarna administrative terminology", in F.M. Cross et al., Hg., *Magnalia Dei. The Mighty Acts of God* (Festschrift G.E. Wright), New York

Carroll, D.L. (1977), "Granulation", in *Lexikon der Ägyptologie*, Bd.3, Wiesbaden

Carter, E., Stolper, M.W. (1984), *Elam. Surveys of Political History and Archaeology*, Berkeley et al.

Casson, L. (1971), *Ships and Seamanship in the Ancient World*, Princeton

Cline, A. (1987), "Amenhotep III and the Aegean: A Reassessment of Egypto-Aegean relations in the 14th Century, B.C.", in *Orientalia*, N.S., Vol. 56

Coldstream, J.N. (1968), *Greek Geometric Pottery*, London

Collis, J. (1984), *The European Iron Age*, New York

Collon, D. (1975), *The Seal Impressions from Tell Atchana/Alalakh*, Kevelaer · Neukirchen-Vluyn

- (1980-83), "Leier. B. Archäologisch", in *Reallexikon der Assyriologie*, Band 6, Berlin
- (1987), *First Impressions. Cylinder Seals in the Ancient Near East*, London
- (1989), "Cylinder seals from Ulu Burun", in *American Journal of Archaeology*, Vol. 93

Cooney, J.D. (1960), "Glass Sculpture in Ancient Egypt", in *Journal of Glass Studies*, Vol. 11

- (1976), *Catalogue of Egyptian Antiquities in the British Museum IV: Glass*, London
- (1981), "Notes on Egyptian Glass", in W. Kelly Simpson, W.M. Davis, Hg., *Studies in Ancient Egypt, the Aegean, and the Sudan:* Essays in Honor of Dows Dunham, Boston

Corban, M., Gillar, J. (1997), "Das Geheimnis des Totenpriesters", in *Hannoversche Allgemeine Zeitung* vom 25.7.1997

Cornell, J. (1983), *Die ersten Astronomen. Eine Einführung in die Ursprünge der Astronomie*, Stuttgart

Cottrell, L. (1963), *Realms of Gold. A Journey in Search of the Mycenaeans*, Greenwich/Connecticut

Craig, D. (1970), "Star Disc Pendants", "Nude Female Plaques", in Barag, D. (1970)

Crowfoot, J.W., Crowfoot, G.M. (1938), *Samaria-Sebaste II, Early Ivories from Samaria*, London

Cuyler Young, T. (1988), "The early history of the Medes and the Persians and the Achaemenid Empire to the death of Cambyses", in *The Cambridge Ancient History*, Vol. IV, Second Edition, Cambridge et al.

Daumas, F. (1969), *Ägyptische Kultur im Zeitalter der Pharaonen*, München

Davaras, C. (1984), "Une tombe à voûte en Crète orientale", in *Aux origines de l'Hellénisme. La Crète et la Grèce.* Hommage à Henri van Effenterre, S. 297, Paris

Dayton, J. (1978), *Minerals, Metals, Glazing & Man or Who was Sesotris I?*, London

Dayton, J. (1981),"Cobalt, Silver and Nickel in Late Bronze Age Glazes, Pigments and Bronzes, and the Identification of Silver Sources for the Aegean and Near East by Lead Isotope and Trace Element Analyses", in M.J. Hughes, *Scientific Studies in Ancient Ceramics*, erschienen als British Museum Occasional Paper No. 19
- (1981a), "Geological Evidence for the Discovery of Cobalt Blue Glass in Mycenaean Times as a By-Product of Silver Smelting in the Schneeberg Area of the Bohemian Erzgebirge", in *Revue d'Archéométrie*, Supplement 1981
- (1984), "Sardinia, the Sherden and Bronze Age Trade Routes", in *Estratto da Annali dell'Istituto Universitario Orientale*, Bd. 44, Napoli

Dayton, J., Bowles, J., Shepperd, C. (1980), "Egyptian Blue' or 'Kyanos' and the Problem of Cobalt", in *Annali dell'Istituto Orientale di Napoli*, Band 40 (N.S. XXX)

Decamps de Mertzenfeld, C. (1954), *Inventaire commenté des ivoires Phéniciens et apparentés découvertes dans le Proche-Orient*, Paris

Decker, W. (1987), *Sport und Spiel im Alten Ägypten*, München

Demakopoulou, K. (1988), *Das mykenische Hellas, Heimat der Helden Homers*, Athen (Ausstellung in Berlin)

Demargne, P. (1965), *Die Geburt der griechischen Kunst*, München

Deville, A. (1873), *Histoire de l'art de la verrerie dans l'antiquité*, Paris

Diény, C. (1985), "The Emergence of Agriculture", in C. Flon (Hg.), *The World Atlas of Archaeology*, London

Dikaios, P. (1962), "The Bronze Statue of a Horned God from Enkomi", in *Archäologischer Anzeiger* 62f

Diodor (1866), *Diodor's von Sicilien Geschichts-Bibliothek*, übersetzt von Adolf Wahrmund, Stuttgart

Doczi, G. (1985), *Natur, Kunst und Architektur*, München

Dörpfeld, W. (1935), *Alt-Olympia*, 2 Bde., Berlin

Drenkhahn, R. (1987), *Elfenbein im Alten Ägypten*. Leihgaben aus dem Petrie-Museum London, Hannover

Drower, M.S. (1973), "Syria c. 1550-1400 B.C.", in *The Cambridge Ancient History*, Vol. 11, Part I (Third Edition), Cambridge et al.

Durm, J. (1885), *Handbuch der Architektur. II. Teil Baustile*. Historische und technische Entwicklung. 2. Band, Die antike Baukunst, Darmstadt

Dussaud, R. (1914), *Les civilisations préhelléniques dans le bassin de la mer égée*, Paris

Dyson Jr., H. (1965) "Problems of protohistoric Iran as seen from Hasanlu", in *Journal of Near Easterns Studies*, Vol. XXIV
- (1972), "The Hasanlu Project", in *The Memorial Volume*, VIth International Congress, Iranian Art and Archaeology, Teheran-Isfahan-Shiraz, April 1968, Teheran
- (1977), "The Architecture of Hasanlu: Periods I to IV", in *American Journal of Archaeology*, Vol. 81

EAEHL I/II = M. Avi-Yonah (Hg.), *Encyclopedia of Archaeological Excavations in the Holy Land,* Oxford 1975/76

EAEHL III/IV = M. Avi-Yonah, E. Stern (Hg.), *Encyclopedia of Archaeological Excavations in the Holy Land,* Oxford 1977/78

Eaton-Krauss, M., Graefe, E. (Hg., 1990), *Studien zur ägyptischen Kunstgeschichte,* Hildesheim

Eco, U. (1982), *Der Name der Rose,* München

- (1989), *Das Foucaultsche Pendel,* München

Edwards, I.E.S. (1978), *Tutanchamun. Das Grab und seine Schätze,* Bergisch Gladbach

- (1987), *The Pyramids of Egypt,* Harmondsworth

Edzard, D.O. (1974), "Mesopotamia and Iraq, History of Mesopotamia until 1600 BC", in *The New Encyclopedia Britannica/Macropaedia,* 11, Chicago et al.

Ehrich, P.W. (1965), Hg., *Chronologies in Old World Archaeology,* Chicago

Ekrutt, J. (1972), Der Kalender im Wandel der Zeiten. 5000 Jahre Zeitberechnung, Stuttgart

El-Sadeek, W. (1984), *Twenty-Sixth Dynasty Necropolis At Gizeh,* Wien

Emery, W.B. (1961), *Archaic Egypt,* Harmondsworth

- (1964), *Ägypten. Geschichte und Kultur der Frühzeit,* Wiesbaden

Enciclo = *Enciclopedia dell' Arte Antica, Classica e Orientale* (1959), Roma

Encyclopedia Judaica (Herausgeberstab) (1971), "Glass", in Vol. VII, Jerusalem

Evans, A. (1900), "Mycenaean Cyprus as Illustrated in the British Museum Excavations", in *Journal of the Royal Anthropological Institute,* XXX

Fabre, P. (1989), "Bijoux et Sculptures etrusques", in *Archeologia,* Dijon, Nr. 242 vom Januar 1989

Fattovich, R. (1991), "The Problem of Punt", in in S. Schoske, Hg. *Akten des Vierten Internationalen Ägyptologen-Kongresses* (München 1985). Band 4: Geschichte, Verwaltungs- und Wirtschaftsgeschichte, Rechtsgeschichte, Nachbarkulturen, Hamburg, S. 257

Fensham, F.V. (1969), "Iron in Ugaritic Texts", in *Oriens Antiquus,* Vol. 8

Feucht, E. (1975), "Einlegearbeiten", in *Lexikon der Ägyptologie,* Band 1, Wiesbaden

Finley, M. (1982), *Die frühe griechische Welt,* München

- (1983), *Die Griechen. Eine Einführung in ihre Geschichte und Zivilisation,* München

Firth, C.M., Quibell, J.E. (1935), *Excavations at Saqqara. The Step Pyramid,* Kairo

Fischer, R. (1986), *Die schwarzen Pharaonen.* Tausend Jahre Geschichte und Kunst der ersten innerafrikanischen Hochkultur, Herrsching

Fix, William R. (^{4}1988), *Pyramid Odyssey,* Urbanna

Fomenko, Anatolij (1994), *Empiro-Statistical Analysis of Narrative Material and its Applications to Historical Dating.* Vol. 1: The Development of the Statistical Tools. Vol. 2: The Analysis of Ancient and Medieval Records, Dordrecht · Boston · London

Forbes, R.J. (1950), *Metallurgy in Antiquity.* A Notebook for Archaeologists and Technologists, Leiden

Forbes, R.J. (ab 1955), *Studies in Ancient Technology*, Leiden (10 Bände)
- (1967), "Bergbau, Steinbruchtätigkeit und Hüttenwesen", in *Archaeologica Homerica*, Bd. 2, Kap. K, Göttingen

Fossing, P. (1940), *Glass Vessels Before Glas Blowing*, Kopenhagen

Frank, S. (1982), *Glass and Archaeology*, New York

Frankfort, H. (1934), *Iraq Excavations of the Oriental Institute 1932/33*, Chicago
- (1970), *The Art and Architecture of the Ancient Orient*, Harmondsworth

Franks, A.W., Hg. (1871), *Catalogue of the Collection of Glass Formed by Felix Slade Esq.*, with Notes on the History of Glassmaking, London

Freed, R.E. (1987), *Ramses II: The Great Pharaoh and his Time*. An Exhibition in the City of Denver, Memphis/Tennessee

Freud, S. (1939), *Der Mann Moses und die monotheistische Religion*, Amsterdam

Frey, O.-H. (1982), "Zur Seefahrt im Mittelmer während der Früheisenzeit (10. bis 8. Jh. v Chr.)", in H. Müller-Karpe, Hg., *Zur geschichtlichen Bedeutung der frühen Seefahrt*, München

Freyer-Schauenburg, B. (1966), *Elfenbein aus dem samischen Heraion*. Figürliches, Gefäße und Siegel, Hamburg

Friedell, E. (1936), *Kulturgeschichte des Altertums*. Leben und Legende der vorchristlichen Seele. Erster Teil: Ägypten und Vorderasien, Zürich; zit. nach 1982, München

Friedmann, A.H. (1987), "Toward a Relative Chronology at Nuzi", in Owen, D.I., Morrison, M.A., Hg., *Studies on the Civilization and Culture of Nuzi and the Hurrians*, Vol. 2, Winona Lake/Indiana

Frost, H. (1963), "From rope to chain - On the development of anchors in the Mediterranean", in *The Mariner's Mirror*, Vol. 49

Furtwängler, A. (1981), "Heraion von Samos, Grabungen im Südtemenos 1977. II. Kleinfunde", in *Mitteilungen des Deutschen Archäologischen Instituts*, Athenische Abteilung XCVI

Gadd, C.J. (1971), "The Dynasty of Agade and the Gutian Invasion", in *The Cambridge Ancient History*, Vol. I, Part 2 (Third Edition), Cambridge et al.
- (1971a), "Babylonia c. 2120-1800 B.C.", in *The Cambridge Ancient History*, Vol. 1, Part 2 (Third Edition), Cambridge et al.

Galling, K., Hg., (1977), *Biblisches Reallexikon*, Tübingen
- Hg., (1979), *Textbuch zur Geschichte Israels*, Tübingen

Gardiner, A. (1961), *Egypt of the Pharaohs*, London et al.
- (1965) *Geschichte des Alten Ägypten. Eine Einführung*, Stuttgart

Garland, H., Bannister, C.O. (1927), *Ancient Egyptian Metallurgy*, London

Gauckler, P. (1915), *Nécropoles puniques de Carthage*, 2 Bde., Paris

Girard-Gerlan, M. (1985), "Bronze, Iron and Steel", in C. Flon (Hg.), *The World Atlas of Archaeology*, London

Giumlia-Mair, A.R., Craddock, P.T. (1993), *Corinthium aes. Das schwarze Gold der Alchimisten*, Mainz

Gjerstad, E. (1953), *Early Rome*, London
- (1973), *Early Rome VI*, Lund

Glossarium Artis Bd. 6 (1988), Gewölbe - Voûte - Vault, München · New York

Glück, H. (1932), *Der Ursprung des römischen und abendländischen Wölbungsbaues*, Wien

Goedicke, H. (1971), *Re-used Blocks from the Pyramid of Amenemhat I at Lisht*, New York

Göttlicher, A., Werner, W. (1971), *Schiffsmodelle im Alten Ägypten*, München

Goetze, A. (1975), "The Struggle for the Domination of Syria (1400-1300 B.C.)", in *The Cambridge Ancient History*, Vol. II, Part 2A (Third Edition), Cambridge et al.

Goldstein, S.M. (1979), "A Unique Royal Head", in *Journal of Glass Studies*, Vol. XXI
- (1979a), *Pre-Roman and Early Roman Glass in the Corning Museum of Glass*, Corning, N.Y

Goneim, M.Z. (1955), *Die verschollene Pyramide*, Wiesbaden

Gorelick, L., Gwimet, A.J. (1986), "Further Investigations of the Method of Manufacture of an Ancient Near Eastern Cast Glass Vessel", in *Iraq*, Vol. XLVII.

Goyon, G. (1987), *Die Cheopspyramide. Geheimnis und Geschichte*, Herrsching

Graeve, M.-C.d. (1981), *The Ships of the Ancient Near East (c. 2000-500 B.C.)*, Leuven

Grant, M. (1981), *Rätselhafte Etrusker*, Bergisch Gladbach

Gray, D. (1974), "Seewesen", in *Archaeologica Homerica*, Bd. 1, Kapitel G

Grayson, A.K. (1988), "Mitanni", in A. Cotterell, *The Penguin Enzyclopedia of Ancient Civilizations*, London et. al.

Grayson, A.K. (1972), Assyrian Royal Inscriptions, Vol. 1, Wiesbaden

GRMNG-Bulletin = Bulletin der Gesellschaft zur Rekonstruktion der Natur- und Menschheitsgeschichte e.V., Puchheim

Grose, D.F. (1984), "The Origins and Early History of Glass", in D. Klein, W. Lloyd (Hg.), *The History of Glass*, London

Hachmann, R. (1983), *Frühe Phöniker im Libanon*. 20 Jahre deutsche Ausgrabungen in Kamid el-Loz, Mainz (Ausstellung in Bonn)

Haevernick, T.E.(1958), "Hallstatt-Tassen", in Haevernick (1981)
- (1959), "Beiträge zur Geschichte des antiken Glases II. Stachelfläschchen", in Haevernick (1981)
- (1960)," Beiträge zur Geschichte des antiken Glases III. Mykenisches Glas", in Haevernick (1981)
- (1961), "Beiträge zur Geschichte des antiken Glases VII. Zu den Stachelfläschchen", in Haevernick (1981)
- (1965), "Beiträge zur Geschichte des antiken Glases XIII. Nuzi-Perlen", in Haevernick (1981)

Haevernick, T.E. (1967), "Ägyptische und griechische frühe Glasgefäße", in Haevernick (1981)
- (1968), "Assyrisches Millefioriglas", in Haevernick (1981)
- (1968a), "Doppelköpfchen", in Haevernick (1981)
- (1970), "Eine Glasscheibe aus Beth-Shan", in Haevernick (1981)
- (1972), "Perlen mit zusammengesetzten Augen", in Haevernick (1981)
- (1974), "Gedanken zur frühesten Glasherstellung in Europa", in Haevernick (1981)
- (1977), "Gesichtsperlen", in Haevernick (1981)
- (1978), "Zum 'ältesten Glas in Europa'", in Haevernick (1981)
- (1979), "Ausgrabungen in Tiryns 1977", in Haevernick (1981)
- (1981), *Beiträge zur Glasforschung. Die wichtigsten Aufsätze von 1938 bis 1981*, Mainz

Haevernick, T.E., Saldern, A.v. (1976), Hg., *Festschrift für Waldemar Haberey*, Main am Rhein

Hall, E.S. (1986), *The Pharaoh Smites his Enemies*, München · Berlin

Hall, H.R. (1915), *Aegean Archaeology*, London
- (1930), *A Season's Work at Ur*, London

Haller, A., (1954), *Die Gräber und Grüfte von Assur*, Berlin

Hamann, R. (1944), *Ägyptische Kunst. Wesen und Geschichte*, Berlin

Hampe, R. (1979), "Nachwort zur Ilias", in *Homer - Ilias*, Stuttgart

Hampe, R., Simon, E. (1980), *Tausend Jahre Frühgriechische Kunst*, München

Harden, D.B. (1964), "Syrian Glass from the Earliest Times to the 8th Century A.D.", in *Bulletin des Journées Internationales*, Vol. III
- (1969), "Some Aspects of Pre-Roman Glass", in Annales du 4e Congrès des Journées Internationales du Verre, Ravenna, 13-20 May 1967, Liège
- (1969a), "Ancient Glass, I: Pre-Roman", in *The Archaeological Journal*, Vol. CXXV
- (1980), *The Phoenicians*, Harmondsworth
- (1981), *Catalogue of Greek and Roman Glass in the British Museum*, 1. Core and Rod-formed Vessels and Pendants and Mycenaean Cast Objects, London
- (1984), "Study and research on ancient glass: Past and future", in *Journal of Glass Studies*, Vol. 26

Harden, D.B., Hellenkemper, H., Painter, K., Whitehouse, D. (1988), *Glas der Caesaren*, Mailand

Harris, J.R. (1961), *Lexicographical Studies in Ancient Egyptian Minerals*, Berlin
- (1971), *The Legacy of Egypt*, Oxford (2)

Hart, F. (1965), *Kunst und Technik der Wölbung*, München

Hartmann, K. (1987), *Atlas-Tafel-Werk zu Bibel und Kirchengeschichte*. Bd. I. Altes Testament und Geschichte des Judentums bis Jesus Christus, Stuttgart

Hase, F.-W. v. (1987), "Die ägäisch-bronzezeitlichen Importe in Kampanien und Mittelitalien im Licht der neueren Forschung", in H.-G. Buchholz, Hg., *Ägäische Bronzezeit*, Darmstadt

Haussig, H.W. (1971), *Herodot. Historien,* neu hggb. und erläutert von H.W. Haussig
Hawkes, J. (1984), *Bildatlas der frühen Kulturen,* München
Hayes, J.W. (1975), *Roman and Pre-Roman Glass in the Royal Ontario Museum.* A Catalogue, Toronto
Hayes, W.C. (1973), "Egypt: From the Death of Ammenemes III to Sequenre II", in *The Cambridge Ancient History,* Third Edition, Vol. II, Part 1, Chapter II, Cambridge
Heeren, A.H.L.v. (1817), *Ideen über die Politik, den Verkehr und den Handel der vornehmsten Völker der alten Welt.* Zweyter Theil, Afrikanische Völker Zweyte Abtheilung, Ägypter, Wien
Heidrich, S.K. (1987), *Olympias Uhren gingen falsch.* Die revidierte Geschichte der griechisch-archaischen Zeit, Berlin
Heinsohn, G. (1987), "Withdrawal of Support for Velikovsky's Date of the Amarna Period", in *GRMNG-Bulletin,* IV (4), Puchheim
- (1987a), "Appendix zum Amarna-Datum", in *GRMNG-Bulletin,* IV (6)
- (1988), *Die Sumerer gab es nicht.* Von den Phantom-Imperien der Lehrbücher zur wirklichen Epochenabfolge in der "Zivilisationswiege" Südmesopotamien, Frankfurt/Main
- (1988a), "The Israelite Conquest of Canaan", in *Aeon,* I (4), Beaverton
- (1988b), "The Stratigraphy of Bahrein: An Answer to Critics", in *Aeon,* I (6)
- (1988c), "Egyptian Chronology: A Solution to the Hyksos Problem", in *Aeon,* I (6)
- (1988d), *Ghost Empires of the Past. Did the Sumerians Really Ever Exist?,* London
- (1988e), *Was ist Antisemitismus? Der Ursprung von Monotheismus und Judenhaß. Warum Antizionismus?,* Frankfurt/Main
- (1988f), "Auswirkungen der mesopotamischen Evidenzdaten auf die ägyptische Chronologie und die Lösung des Hyksos-Problems", in *GRMNG-Bulletin,* V (1)
- (1989a), "Tusratta=Cyaxares, Amenophis III. und Djoser", in *VFG,* I (2) 6
- (1989b), "Early Glassmaking and Chronological puzzles", in *Aeon,* II (1)
- (1989c), "A Chronological Note on the Kassites- ('Middle-Babylonians' of 1600/1500 B.C.E. Onwards). An Explication of Duplications and Triplications of pre-Hellenestic Periods in the History of Southern Mesopotamia, the 'Cradle of Civilization'", in *Aeon,* II (2)
- (1989d), "On Hittites as Chaldaeans", in *SIS-Workshop,* 1989/1
- (1989e), "Persische Hyksos und Ägypten oder waren Herodots Assyrer aus dem -7. Jh. identisch mit den Sargoniden?", in *VFG,* I (4) 2
- (1989f), "Terrakotta-Reliefs des frühen -2. Jt. und die persische Periode", in *VFG,* I (5) 25
- (1989g), "Die Mardoi Kyros des Großen aus dem -6.Jh. und die altbabylonischen Martu aus dem -20. Jh.", in *VFG,* I (5) 29
- (1990), "Zentralasiens chronologische Rätsel und die Rehabilitierung der altchinesischen Zivilisation", in *VFG,* II (4) 7
- (1991a), "Timna and Egyptian Dates. Stratigraphic Surprises and Chronological Puzz-

les"; in *Aeon. A Symposion on Myth and Science*, II (5) 35

Heinsohn, G. (1991b), "Fangschuß für die Musiktheorie des Pythagoras (-572 bis -496) aus Ägyptens 18. Dynastie (-1555 bis -1305)?"; in *VFG*, III (3) 23
- (1991c), "Hirsche aus Beth Shean oder Gibt es wirklich keine Skythenschichten in Scythopolis? Mit einer Anmerkung zur Geschichte der Skythen [Sargonidica II]", in *VFG*, III (1) 51
- (1991d), "Stratigraphische Chronologie Ägyptens oder Warum fehlen zwei Jahrtausende in den Musterausgrabungen von Tell el-Daba und Tell el-Fara'in?", in *VFG*, III (3) 8
- (1992), "Plagiator Pythagoras? Mangelperioden mesopotamischer Mathematik"; in *VFG*, IV (1) 6
- (1993a), "Where Are the Houses of Assyria's Akhaemenid, Medish and Ninos-Assyrian Periods? An Evidence Based Look at the Archaeological Strata of Post-Mitanni, Mitanni and Old-Akkadian Assyria", Poster (DIN A0) auf dem *40ᵉ RENCONTRE ASSYRIOLOGIQUE INTERNATIONALE*, Leiden, 5-8. Juli 1993
- (1993b), "Who were the Hyksos? Can Archaeology and Stratigraphy Provide a Solution to the 'Enigma of World History?'", in S. Curto, S. Donadoni, A.M. Donadoni Roveri, B. Alberton, Hg., *Sesto Congresso Internazionale di Egittologia. Atti. Volume II*, Torino: VI Congresso Internazionale di Egittologia, 207-219
- (1993c), "Astronomical Dating and Calendrics", Vortrag vor dem "22nd Annual Meeting" der *International Society for the Comparative Study of Civilizations (ISCSC)*, University of Scranton/Pennsylvania, 3.-6. 6, 1993
- (²1996), *Assyrerkönige gleich Perserherrscher! Die Assyrienfunde bestätigen das Achämenidenreich*; Gräfelfing (¹1992)
- (1996a), "Die Wiederherstellung der Geschichte Armeniens und Kappadokiens", in *Zeitensprünge*, VIII (1) 38
- (1996b), "Hazor, Exodus, Josua und David. Die chronologischen Konfusionen Altvorderasiens", in *Zeitensprünge*, VIII (4) 401
- (²1997a), *Wer herrschte im Industal? Die wiedergefundenen Imperien der Meder und Perser*; Gräfelfing (¹1993)
- (1997b), *Die Erschaffung der Götter. Das Opfer als Ursprung der Religion*, Reinbek

Heinsohn, G./ Steiger, O. (1996), *Eigentum, Zins und Geld. Ungelöste Rätsel der Wirtschaftswissenschaften*, Reinbek

Helck, W. (1956), *Untersuchungen zu Manetho und den ägyptischen Königslisten*, Berlin
- (1959), "Pyramiden", in *Paulys Realencyclopädie der classischen Altertumswissenschaft*, 46. Halbbd., Stuttgart
- (²1971), *Die Beziehungen Ägyptens zu Vorderasien im 3. und 2. Jahrtausend v. Chr.*, Wiesbaden
- (1975), "Eisen", in *Lexikon der Ägyptologie*, Band 1, Wiesbaden
- (1977), "Felderverwaltung", in *Lexikon der Ägyptologie*, Band 2, Wiesbaden
- (1979), *Die Beziehungen Ägyptens und Vorderasiens zur Ägäis bis ins 7. Jahrhundert*

v. Chr., Darmstadt

Helck, W. (1982), "Palermostein", in *Lexikon der Ägyptologie*, Band 4, Wiesbaden
- (1983), "Schwachstellen der Chronologie-Diskussion", in *Göttinger Miszellen* 67, 43
- (1985), "Zur Lage der ägyptischen Geschichtsschreibung", in S. Schoske, Hg., *4. Internationaler Ägyptologenkongreß 26.8.-1.9.1985, München. Resümees der Referate*, München
- (1991), "Zur Lage der ägyptischen Geschichtsschreibung", in S. Schoske, Hg. *Akten des Vierten Internationalen Ägyptologen-Kongresses* (München 1985). Band 4: Geschichte, Verwaltungs- und Wirtschaftsgeschichte, Rechtsgeschichte, Nachbarkulturen, Hamburg, S. 1

Helck, W., Otto, E., Westendorf, W. (1975-1986), *Lexikon der Ägyptologie*, 6 Bände, Wiesbaden

Herodot (1984), *Neun Bücher der Geschichte*, Essen

Heyerdahl, T. (1973), *Expedition Ra. Mit dem Sonnenboot in die Vergangenheit*, Gütersloh
- (1978), *Wege übers Meer. Völkerwanderungen in der Frühzeit*, München

Hill, G. (1989), "Hidden Treasure", in *The Times Review*, 25.11. 1989

Hinz, W. (1964), *Das Reich Elam*, Stuttgart

Hirsch, H. (1963), "Die Inschriften der Könige von Agade", in *Archiv für Orientforschung*, Bd. 20

Höckmann, O. (1985), *Antike Seefahrt*, München

Hölscher, U. (1941), *The Mortuary Temple of Ramses III*. Part 1, Chicago
- (1954), *Post-Ramessid Remains*, Chicago

Hoffman, M.A. (1980), *Egypt Before the Pharaohs*, London

Holtzmann, B. (1985), "Greek Expansion in the Mediterranean", in C. Flon (Hg.), *The World Atlas of Archaeology*, London

Homer (1979), *Ilias*, Neue Übersetzung von R. Hampe, Stuttgart
- (1979a) *Odyssee*, übersetzt von R. Hampe, Stuttgart

Hood, S. (1988), *The Arts in Prehistoric Greece*, London

Hornbostel, W., Laubscher, H.-B. (1986), "Terrakotten", in *Lexikon der Ägyptologie*, Band 6, Wiesbaden

Hornung, E. (1980), "Monotheismus im pharaonischen Ägypten", in O. Keel, Hg., *Monotheismus im Alten Israel und seiner Umwelt*, Fribourg
- (1988), *Grundzüge der ägyptischen Geschichte*, Darmstadt (3)

Hoyle, Fred (1997), Kosmische Katastrophen und der Ursprung der Religion, Frankfurt

Huls, Y. (1957), *Ivoires d'Etrurie*, Bruxelles

Illig, H. (1986), "Ägyptens Dynastienfolge vor 80 Jahren", in *GRMNG-Bulletin*, III (5)
- (1986a), "Ägyptischer Schiffsbau", in *GRMNG-Bulletin*, III (5), Puchheim
- (1987), "Ägyptische Geschichte aus der Sicht Herodots", in *GRMNG-Bulletin*, IV (1)
- (1987a), "Ägyptens zu lange Chronologie", in *GRMNG-Bulletin*, IV (3), Puchheim

Illig, H. (1988), *Die veraltete Vorzeit. Eine neue Chronologie der Prähistorie. Von Altamira, Alt-Europa, Atlantis über Malta, Menhire, Mykene bis Stelen, Stonehenge, Zypern*, Frankfurt/Main
- (1988a), "Griechische Bronzestatuen und ägyptische Dynastienfolge", in *GRMNG-Bulletin*, V (2), Puchheim
- (1989), "Djoser = Menes = Assurbanipal", in *VFG*, I (2) 34
- (1989a), "Die verachtfachte Dynastie oder Herodots Rehabilitierung", in *VFG*, I (2) 8
- (1990), "Transatlantische Kulturkontakte erst nach -600", in *VFG*, II (1) 12
- (1990a), "Der größte Schatz seit Tutanchamun-Nimrud", in *VFG*, II (2) 113
- (1990b), "Baute Amenemhet I. die erste glatte Pyramide?"; in *VFG*, II (5) 4
- (1991), "Offener Brief an einen Ägyptologen", in *VFG*, III (2) 9
- (1992), *Chronologie und Katastrophismus. Vom ersten Menschen bis zum drohenden Asteroideneinschlag*, Gräfelfing
- (1992a), "Grabtuch und Mumien. Sechster Internationaler Kongreß der Ägyptologie in Turin", in *VFG*, IV (1) 26
- (1993), "Juda und seine persischen Könige", in *VFG*, V (1) 52
- (1993a), "Das Dark Age scheitert in Olympia. Benny Peisers maßgebende Dissertation", in *VFG*, V (5) 58
- (1994), "Verliert Italien sogar drei 'dark ages'? Ein Rundgang durch italienische Städte und Stätten", in *VFG*, VI (3) 32
- (1994a), "Abschied vom großen Alexander oder Der eigentliche Alexanderroman", in *VFG*, VI (4) 24
- (1995), "Laokoon - wahrlich ein Findling. Gehört der erratische Block ins -5., -4., -3., -2., -1., +1. oder ins 16. Jh.?", in *Zeitensprünge*, VII (1) 6
- (1995a), "Rom bis Athen - was bleibt bestehen? Zeitkürzungen vor der Zeitenwende. Eine Skizze", in *Zeitensprünge*, VII (3) 269
- (1996), "Wie Reiche immer reicher werden. Neuer Glanz für Ägyptens Mittleres Reich", in *Zeitensprünge*, VIII (1) 5
- (1996a), "Gleichtakt zwischen Nil und Jordan?", in *Zeitensprünge*, VIII (4) 550
- ([2]1997), *Das erfundene Mittelalter. Die größte Zeitfälschung der Geschichte*, Düsseldorf

Illig, H./ Löhner, F. ([2]1994), *Der Bau der Cheopspyramide. Seilrollen auf der Pyramidenflanke - oder wie die Pharaonen wirklich bauten*, Gräfelfing

Ions, V. (1968), *Ägyptische Mythologie*, Wiesbaden

Jacobsen, T. (1988), "Akkad", in A. Cotterell (Hg.) *The Penguin Encyclopedia of Ancient Civilizations"*, London et. al.

James, F., Kempinski, A. (1975), "Beth Shean.", in *EAEHL* I s

James, P. (1991), *Centuries of Darkness. A challenge to the conventional chronology of Old World archaeology*, (mit I.J. Thorpe, Nikos Kokkinos, Robert Morkot, John Frankish); London

Jéquier, G. (1922), *Les temples ramessides et saites de la XIX à la XXX Dynastie*, Paris
- (1924), *Manuel d'Archéologie. Les elements de l'Architecture*, Paris
Jenkins, N., Ross, J. (1980), *The Boat Beneath the Pyramid. King Cheops' Royal Ship*, New York
Jones, T.B. (1969), *The Sumerian Problem*, New York et al.

Kaczmarczyk, A., Hedges, R.E.M. (1983), *Ancient Egyptian Faience*. An Analytical Survey of Egyptian Faience from Predynastic to Roman Times, Warminster/England
Kaiser, W. (1985), "Zur Südausdehnung der vorgeschichtlichen Deltakulturen und zur frühen Entwicklung Oberägyptens", in *Mitteilungen des Deutschen Archäologischen Instituts Abteilung Kairo*, Bd. 41, 61
- (1987), "Die dekorierte Torfassade des spätzeitlichen Palastbezirkes von Memphis", in *Mitteilungen des Deutschen Archäologischen Instituts Abteilung Kairo*, Bd. 43, 123
Kammenhuber, A. (1968), *Die Arier im Vorderen Orient*, Heidelberg
Kaplan, J. (1971), "Mesopotamian Elements in the Middle Bronze II Culture of Palestine", in *Journal of Near Eastern Studies*, Vol. 30
Kaplan, M.R. (1980), *The Origin and Distribution of Tell el-Yahudiyeh Ware*, Göteborg
Karageorghis, V. (1976), "Kition - eine phönizische Hafenstadt der späten Bronzezeit", in *mannheimer forum 76/77*, Mannheim
Karo, G. (1930ff), *Die Schachtgräber von Mykenai*, München
Katzev, M.L. (1970), "Resurrecting the oldest known Greek ship", in *National Geographic*, Vol. 137
Katzev, S.W., Katzev, M.L. (1974), "Last Harbor for the oldest ship", in *National Geographic*, Vol. 146
Keating, R. (1975), *Nubian Rescue*, London · New York
Kehnscherper, G. (1980), *Kreta, Mykene, Santorin*, Leipzig
Keller, C.A. (1983), "Problems in Dating Glass Industries of the Egyptian New Kingdom: Examples from Malkatta and Lisht", in *Journal of Glass Studies*, Vol. 25
Keller, W. (1970), *Denn sie entzündeten das Licht*. Geschichte der Etrusker - Lösung eines Rätsels, München
Kelley, A.L. (1976), *The Pottery of Ancient Egypt*. Dynasty I to Roman Times, Toronto
Kemp, B. (1976), "A Note on Stratigraphy at Memphis", in *Journal of the American Research Center in Egypt*, Bd. XIII
- (1989), *Ancient Egypt. Anatomy of a Civilization*, London
Kienitz, F.K. (1953), *Die politische Geschichte Ägyptens vom 7. bis zum 4. Jahrhundert vor der Zeitwende*, Berlin
Kirk, G.S. (1949), "Ships on Geometric Vases", in *Annual of the British School at Athens*
Kisa, A. (1908), *Das Glas im Altertum*. Erster Teil, Leipzig
Kitchen, K.A. (1982), "Punt", in *Lexikon der Ägyptologie*, Band 4, Wiesbaden
Klein, D., Lloyd, W. (Hg., 1984), *The History of Glass*, London

Klemm, D. (1988), *Goldlagerstätten und Goldgewinnung im alten Ägypten*, Paper des Vortrags vom 10.11. 1988 im Rahmen der Reihe 'Kunst - Stoff' in München

Klemm, D., Klemm, R. (1992), *Steine und Steinbrüche im Alten Ägypten*, Berlin

Knudtzon, J.A. (1915), *Die El-Amarna-Tafeln*, Leipzig

Koch, W. (1988), *Baustilkunde*, München

Kracke, H. (1970), *Aus eins mach zehn und zehn ist keins*, Reinbek

Kramer, S.N. (1963), *The Sumerians*, Chicago

Krause, A., Fischer, C. (1978), *Himmelskunde für Jedermann*, Stuttgart

Krauss, R., (1985), *Sothis- und Monddaten*. Studien zur astronomischen und technischen Chronologie Altägyptens, Hildesheim

Krauss, R., Fecht, G. (1981), "Necho II. alias Nechepso", in *Göttinger Miszellen*, 42

Krautheimer, Richard (^{2}1996), *Rom. Schicksal einer Stadt 312-1308*, München

Krupp, E.C. (1980), *Astronomen, Priester, Pyramiden. Das Abenteuer Archäoastronomie*, München

Kühne, C. (1973), *Die Chronologie der internationalen Korrespondenz von El-Amarna*, Kevelaer · Neukirchen-Vluyn

Kühne, H. (1971), "Glas. (B. nach archäologischem Material)", in *Reallexikon der Assyriologie*, Vol. 3 (1957-71), Berlin · New York

Kuhrt, A. (1995), *The Ancient Near East c. 3000-330 BC*, I/II, London · New York

Kull, B. (1989), "Untersuchungen zur Mittelbronzezeit in der Türkei und ihrer Bedeutung für die absolute Datierung der europäischen Bronzezeit", in *Prähistorische Zeitschrift*, 64. Band

Kunst-Stoff. Handwerk und Werkstoff im Alten Ägypten (1988), Texte zur Ausstellung in der Staatlichen Sammlung Ägyptischer Kunst, München (18.9. - 31.12.88)

Kyrieleis, H. (1981), "Das Hera-Heiligtum auf Samos", in *mannheimer forum* 81/82, Mannheim

- (1981a), *Führer durch das Heraion von Samos*, Athen

Labino, D. (1966) "The Egyptian Sand-Core Technique: A New Interpretation", in *Journal of Glass Studies*, Vol. 8

Landström, B. (1970), *Die Schiffe der Pharaonen. Altägyptische Schiffsbaukunst von 4000 bis 600 v. Chr.*, München et al.

Lange, K., Hirmer, M. (1961), *Aegypten, Architektur, Plastik, Malerei in drei Jahrtausenden*, München

- , - (1985), *Ägypten. Architektur, Plastik, Malerei in drei Jahrtausenden*, Sonderauflage, München

Lauer, J.-P. (1936), *La Pyramide à degrés. L'Architecture*. Tome I - Texte, Tome II - Planches, Kairo

- (1976), *Saqqara. The Royal Cemetary of Memphis*, London
- (1980), *Das Geheimnis der Pyramiden*, München
- (1988), *Die Königsgräber von Memphis*. Grabungen in Sakkara, Bergisch Gladbach

Leclant, J. (1979-81), *Ägypten*, 3 Bände aus *Universum der Kunst*, München
- (1985), "Egypt and Sudan", in C. Flon (Hg.), *The World Atlas of Archaeology*, London

Leeds, E. Thorlow (1927), "Ancient egyptian Metallurgy", in *Antiquity*, Vol. I (3)

Le Goffic, M. (1988), *Avant les Celtes. L'Europe à l'age du Bronze 2500-800 avant J-C*, Katalog zur Ausstellung in Daoulas

Legon, J.A.R. (1989), "The Geometry of the Great Pyramid", in *Göttinger Miszellen* 108

Leitz, Chr. (1989), *Studien zur ägyptischen Astronomie*, Wiesbaden

Lepsius, R. (1849), *Die Chronologie der Ägypter:* Einleitung und erster Teil. Kritik der Quellen, Berlin

Libby, W. (1969), *Altersbestimmung mit der C14-Methode*, Mannheim

Lloyd, A.B. (1972), "Triremes and the Saite Navy", in *The Journal of Egyptian Archaeology*, Vol. 58

Lloyd, S. (^{2}1984), *The Archaeology of Mesopotamia*, London

Lloyd, S., Müller, H.W. (1987), *Weltgeschichte der Architektur. Ägypten und Vorderasien*, Stuttgart

Lockyer, J.N. (1897), *The Dawn of Astronomy*, London

Löber, H. (1976), "Hatte Plinius d. Ä. recht mit seinem Bericht über das Entstehen des Glases?", in Haevernick/ v. Saldern (1976)

Löhner, F./ Illig, H. (1992), "Auf Granit beißen. Von den praktischen Möglichkeiten, Hartgestein zu bearbeiten", in *VFG*, IV (2) 58

Loud, G. (1939), *The Megiddo Ivories*, Chicago
- (1948), *Megiddo II*, Chicago

Lucas, A. (1962), *Ancient Egyptian Materials and Industries*, fourth edition, revised and enlarged by J.R. Harris, London

Luft, U. (1986), "Noch einmal zum Ebers-Kalender", in *Göttinger Miszellen* Jg. 92, 69

MacAlister, R.A.S. (1912), *The Excavations of Gezer*, 3 Bde., London
- (1915), "Some Interesting Pottery Remains", in *Palestine Exploration Fund*, Quarterly Statement

Mahaffy, J.P. (1882), "On the Authenticity of the Olympian Register", in *Journal of Hellenic Studies*, Vol. 2

Maier, H.H. (1989), *Rom*, unveröff. Typoskript, Frankfurt/M.

Major, M. (1957), *Geschichte der Architektur. 1. Band:* Die Architektur der Urgemeinschaften und Sklavenhaltergesellschaften, Berlin

Malinine, M., Posener, G., Vercoutter, J. (1968), *Catalogue des stèles du Sérapéum de Memphis*, Paris

Mallowan, M.E.L. (1947), "Excavations at Brak and Chagar Bazar", in *Iraq*, Vol. 9
- (1954), "The Excavations at Nimrud (Kalhu) 1953", in *Iraq*, Vol. 16

Mallwitz, A. (1966), "Das Heraion von Olympia und seine Vorgänger", in *Jahrbuch des Deutschen Archäologischen Instituts*

Mallwitz, A. (1988), "Cult and Competition Locations at Olympia", in W.J. Raschke, Hg., *The Archaeology of the Olympics*. The Olympics and Other Festivals in Antiquity, Wisconsin

Marangou, E.L. (1969), *Lakonische Elfenbein- und Beinschnitzereien*, Tübingen

Marinatos, S. (1974), "Das Schiffsfresko von Akrotiri, Thera", Appendix zu D. Gray, "Seewesen", in *Archaeologica Homerica*, Bd. 1, Kapitel G

Martin-Pardey, E. (1984), "Schiff", in *Lexikon der Ägyptologie*, Bd. 5, Wiesbaden

- (1984a), "Schiffahrt", in *Lexikon der Ägyptologie*, Bd. 5, Wiesbaden

Maskell, A. (1966), *Ivories*, Rutland · Tokyo

Maso, L.D., Vighi, R. (1984), *Das südliche Etrurien*, Florenz

Maspero, G. (1906), "La chapelle d'Asfoun", in *Annales du service des antiquités de l'égypte*, Vol. 7

McGovern, P.E. (1985), *Late Bronze Palestinian Pendants: Innovation in a Cosmopolitan Age*, Sheffield

Meijer, F. (1986), *A History of Seafaring in the Classical World*, London · Sidney

Mendelssohn, K. (1976), *Das Rätsel der Pyramiden*, Frankfurt/M.

Meyer, E. (1904), *Aegyptische Chronologie*, Berlin

- (1952-1958), *Geschichte des Altertums*, 8 Bände, Nachdruck Essen o. J.

Michalowski, P. (1971), *Ägypten. Kunst und Kultur*, Freiburg

- (1988), "Magan and Meluhha once again", in *Journal of Cuneiform Studies*, Vol. 40/2

Mohen, J.-P. (1985), "Protohistory in Europe", in C. Flon (Hg.), *The World Atlas of Archaeology*, London

Montel, P. (1958), *Everyday Life in Egypt*, London

Moorey, P.R.S. (1985), *Materials and Manufacture in Ancient Mesopotamia*, Oxford

Morgan, J.d. (1926), *La Préhistoire orientale. Tome II. L'Egypte et l'Afrique du Nord*, Paris

Morrison, J.S. (1980), *The Ship. Long Ships and Round Ships*. Warfare and Trade in the Mediterranean 3000 BC-500 AD, London

Morrison, J.S., Coates, J.F. (1986), *The Athenian Trireme. The History and Reconstruction of an Ancient Greek Warship*, Cambridge

Morrison, J.S., Williams, R.T. (1968), *Greek Oared Ships 900-322 B.C.*, Cambridge

Moscati, S. (1988), *The Phoenicians*, Milano (Ausstellungskatalog Venedig)

Mosshammer, A.A. (1979), *The Chronicle of Eusebius and Greek Chronographic Tradition*, London

Moulin, P. (1991), "Manetho avait raison", in S. Schoske, Hg. *Akten des Vierten Internationalen Ägyptologen-Kongresses* (München 1985). Band 4: Geschichte, Verwaltungs- und Wirtschaftsgeschichte, Rechtsgeschichte, Nachbarkulturen, Hamburg, S. 67

Muck, O. (1958), *Cheops und die große Pyramide*. Die Glanzzeit des altägyptischen Reiches, Olten

Müller, H.W. (1987), *Der Waffenfund von Balâta-Sichem und Die Sichelschwerter;* (Bayer. Akademie der Wissenschaften, vorgetr. in der Sitzung vom 4.3. 66 und vom

25.10. 85); München
Müller, W., Vogel, G. (1987), *dtv-Atlas zur Baukunst*, Bd. I, Allgemeiner Teil. Baugeschichte von Mesopotamien bis Byzanz, München
Müller-Karpe, H. (1982), "Zur Seefahrt im 3. und 2. Jt. v. Chr.", in H. Müller-Karpe, Hg., *Zur geschichtlichen Bedeutung der frühen Seefahrt*, München
Müller-Wiener, W. (1988), *Griechisches Bauwesen in der Antike*, München
Muhly, J. (1990), *The Bronze Metallurgy in Anatolia and the Question of Local Tin Sources*, Paper from the International Symposium on Archaeometry, Heidelberg 2.4.
Mure, W. (1853), *A Critical History of the Language and Literature of Ancient Greece*. Vol. IV Olympic Register, London
Murray, A.S. (1900), "Excavations at Enkomi", in A.S. Murray, A.H. Smith, H.B. Walters, *Excavations in Cyprus*, London
Muscarella, O.W. (1971), "Hasanlu in the Ninth Century B.C. and its Relations with other Cultural Centers of The Near East", in *American Journal of Archaeology*, Vol. 75
- (1980), *The Catalogue of Ivories from Hasanlu, Iran*, Philadelphia
Naumann, R. (1971), *Architektur Kleinasiens von ihren Anfängen bis zum Ende der hethitischen Zeit*, Tübingen
Naville, E. (1898), *The Temple of Deir el Bahari*. Part III, London
Neghaban, E.O. (1965), "The Treasure of Marlik", in *Archaeology*, Vol. 18
Nesbitt, A. (1871), "Notes on the History of Glassmaking", in A.W. Franks (Hg.) *Catalogue of the Collection of Glass Formed by Felix Slade Esqu.*
Neubert, S., Reden, S.v. (1988), *Die Tempel von Malta*. Das Mysterium der Megalithbauten, Bergisch Gladbach
Neuburg, F. (1962), *Antikes Glas*, Darmstadt
Neugebauer, O. (1939), "Die Bedeutungslosigkeit der 'Sothisperiode' für die älteste ägyptische Chronologie", in *Acta Orientalia*, Jg. 17, 169
Newberry, P.E. (1938), "Three Old Kingdom Travellers to Byblos and Punt", in *Journal of Egyptian Archaeology*, Vol. 242
Newton, I. (1728), *The Chronology of Ancient Kingdoms Amended*, London, (^{2}1988)
Newton, R.R. (1977), *The Crime of Claudius Ptolemy;* Baltimore
Nolte, B. (1968), *Die Glasgefäße im alten Ägypten*, Berlin
- (1977), "Glas", in *Lexikon der Ägyptologie*, Band 2, Wiesbaden
Nylander, C. (1966), "Clamps and Chronology", in *Iranica Antiqua*, Vol. VI

Oates, D. (1968), "The Excavations at Tell al-Rimah, 1967", in *Iraq*, Vol. XXX
- (1982), "Tell al Rimah" in J. Curtis, ed., *Fifty Years of Mesopotamian Discovery. The Work of the British School of Archaeology in Iraq 1932 -1982*, London
- (1982a) "Tell Brak", in J. Curtis, ed., *Fifty Years of Mesopotamian Discovery. The Work of the British School of Archaeology in Iraq 1932-1982*, London
- (1989), "New Akkadian Buildings at Tell Brak: The 1987-88 Excavations", paper

given at the *XXXVIe Rencontre Assyriologique Internationale*, Gent/Belgium, 10-14.7

Oates, D., Oates, J. (1989), Paper der Vorlesungen vom 6.-10.2.89 in Bern am *Seminar für vorderasiatische Archäologie und altorientalische Sprachen* über Geographie, Archäologie und Geschichte Nordmesopotamiens

Oates, J. (1987), *Babylon*, London

Olsson, I., Säve-Söderbergh, T. (1969), "C14 Dating and Egyptian Chronology", in *Nobel Symposium* 12, 35

Opificius, R. (1961), *Das altbabylonische Terrakottarelief*, Berlin

Oppenheim, A.L. (1970), "The Cuneiform Texts", in Oppenheim, Brill, Barag, v. Saldern (1970)

- (1973), "A Note on Research in Mesopotamian Glass", in *Journal of Glass Studies*, Vol. XV
- (1973a), "Toward a History of Glass in the Ancient Near East", in *Journal of the American Oriental Society*, Vol. 93

Oppenheim, A.L., Brill, R.H., Barag, D., Saldern, A.v. (1970), *Glass and Glassmaking in Ancient Mesopotamia*, Corning, NY

Oppert, J. (1875), "Etudes Sumeriennes", in *Journal Asiatique*, Vol. V

Orthmann, W. (1975), *Der alte Orient*, Berlin

Otto, E. (1952), *Topographie des thebanischen Gaues*, Berlin

- (1979), *Ägypten - der Weg des Pharaonenreiches*, Stuttgart

Otto, F. et al. (1985), *Natürliche Konstruktionen. Formen und Strukturen in Natur und Technik und Prozesse ihrer Entstehung*, Stuttgart

Pallottino, M. (1988), *Etruskologie. Geschichte und Kultur der Etrusker*, Basel

Palmer, L.R. (1984), "The Linear B Palace at Knossos", in P. Åström, L.R. Palmer, L. Pomerance, *Studies in Aegean Chronology*, Gothenburg

Papke, W. (1989), *Die Sterne von Babylon*, Bergisch Gladbach

Parker, R.A. (1950), *The Calendars of Ancient Egypt*, Chicago

Paturi, FP. (1986), *Die Geschichte vom Glas*, Aarau · Stuttgart

Peiser, B. (1989), *Zur Kontroverse um den Beginn der antiken olympischen Spiele*, Staatsexamensarbeit an der Johann-Wolfgang-Goethe-Universität, Frankfurt

- (1990), "Der Streit um Olympia", in *VFG*, II (1) 4
- (1990a), "Der Thales-Mythos" oder "How to believe six impossible Things before Breakfast", in *VFG*, II (2) 20
- (1991), "Die Ilias des 5./4. Jhs. Oder wann entstanden eigentlich die homerischen Epen?, in *VFG*, III (3-4) 25
- (1993), *Das Dunkle Zeitalter Olympias*. Kritische Untersuchung der historischen, archäologischen und naturgeschichtlichen Probleme der griechischen Achsenzeit am Beispiel der antiken Olympischen Spiele, Frankfurt/Main
- (1996), "The Homeric Question", in *SIS Review* (1) 14

Pendlebury, J.D.S. (1930), *Aegyptiaca. A Catalogue of Egyptian Objects in the Aegean*

Area, Cambridge

Perrot, G. (1882), *Histoire de l'art dans l'antiquité*. Tome 11. Chaldée et Assyrie, Reprint Graz 1970

Petrie, W.M.F. (1894), *Tell el Amarna*, London
- (1897), *Six Temples at Thebes*, London
- (1901), *The Royal Tombs of the Earliest Dynasties*, Part II, London
- (1903), *Abydos, II*, London
- (1906), *Hyksos and Israelite Cities*, London
- (1909), *The Art of Crafts of Ancient Egypt*, London
- (1910), *Meydum and Memphis (III)*, London (Collobarators: E. Mackay, G. Wainwright)
- (1917), *Tools and Weapons*, London
- (^{11}1924), *A History of Egypt from the earliest Kings to the XIth Dynasty*, London
- (1930), "Daggers with Inlaid Handles", in *Ancient Egypt*, 1930, Part IV (December)

Petrie, W.M.F, Murray, A.S., Griffith, F.L. (1888), *Tanis, Part II, Nebesheh (Am) and Defenneh (Tahpanhes)*, London

Piaskowski, J. (1982), "A study of the origin of the ancient high-nickel iron generally regarded as meteoric", in Wertime, T.A., Wertime, S.F. (1982)

Piggott, S. (1961), *Die Welt aus der wir kommen. Die Vorgeschichte der Menschheit*, Berlin

Platon (1985), *Sämtliche Werke, Band 5. Politikos, Philebos, Timaios, Kritias*, Hamburg

Pleiner, R. (1986), "Eisenverhüttung", in *Reallexikon der germanischen Altertumskunde*, Bd. 7, Lieferung 1/2, Berlin · New York

Plinius (1882), *Die Naturgeschichte des Cajus Plinius Secundus*. 6. Band: Von den Metallen, Steinen und den bildenden Künsten in Verbindung mit der Geschichte der vorzüglichsten Künstler und Kunstwerke, Leipzig

Polišenśky, M.B. (1991), *The Language and Origin of the Etruscans*, Prag

Pomerance, L. (1984), "The Mythogenesis of Minoan Chronology" u. "A Note on Carved Stone Ewers from the Khyan Lid Deposit", in *Studies in Aegean Chronology*, hg. von P. Åström, L.R. Palmer und L. Pomerance, Gothenburg

Popham, M. (1968) *Excavations at Lefkandi, Euboea, 1964-66*, London

Porada, E. (1962), *Alt-Iran. Die Kunst in vorislamischer Zeit*, Baden-Baden
- (1965), "The relative chronology of Mesopotamia. Part I: Seals and Trade (6000-1600 B.C.)", in Ehrich, E. (1965), Hg., *Chronologies in Old World Archaeology*

Porter, B., Moss, R.L.B. (ab 1927), *Topographical Bibliography of Ancient Egyptian Hieroglyphic Texts, Reliefs, And Paintings*, 7 Bände, Oxford

Posener, G. (1960), *Lexikon der ägyptischen Kultur*, München

Poursat, J.-C. (1977), *Les Ivoires mycéniens. Essai sur la Formation d'un art mycénien*, Athen
- (1977a), *Catalogue des ivoires mycéniens du musée national d'Athenes*, Athen

Prag, K. (1970), "The 1959 deep sounding at Harran in Turkey", in *Levant*, Vol. 2

Quibell, J.E. (1898), "Slate palette from Hieraconpolis", in *Zeitschrift für ägyptische Sprache und Altertumskunde*, Bd. 36

Rachet, G. (1983), *Dictionnaire de l'archéologie*, Paris
Radke, Ralf (1993), "Die frühen persischen Großkönige. Ein weiterer Identifizierungsversuch", in *VFG*, V (1) 4
- (1997), "Achämeniden, Sargoniden und Ramessiden", in *Zeitensprünge*, IX (3)

Radwan, A. (1983), *Prähistorische Bronzefunde II 2, Die Kupfer- und Bronzegefäße Ägytens*, München
Rammant-Peeters, A. (1983), *Les pyramidions égyptiens du Nouvel Empire*, Leuven
Ransom-Williams, C. (1924), *Gold and Silver Jewelry and related Objects*, New York
Rathgen, F. (1913), *Über Ton und Glas in alter und uralter Zeit*, Berlin
Rawlinson, G. (1880), *A Manual of Ancient History from the Earliest Times to the Fall of the Sassanian Empire*, Oxford
- (1881), *History of Ancient Egypt* in two Volumes, London
- (1900), *Ancient History. From the Earliest Times to the Fall of Western Empires*, New York

Ray, J.D. (1974), "Pharaoh Nechepso", in *The Journal of Egyptian Archaeology*, Vol. 60
Reden, S.v., Best, J.G. (1981), *Auf der Spur der ersten Griechen. Woher kamen die Mykener?*, Köln
Redford, D.B. (1977), "Some observations on Egyptian chronology of the eighth and seventh centuries B.C.", in *American Journal of Archaeology*, Vol. 81
- (1986), *Pharaonic King-Lists, Annals and Day-Books. A Contribution to the Study of the Egyptian Sense of History*, Mississauga

Reisner, G.A. (1936), *The Development of the Egyptian Tomb down to the Accession of Cheops*, Cambridge
Renfrew, C. (1983), *Before Civilization: The Radiocarbon Revolution and Prehistoric Europe*, Harmondsworth
Reuther, O. (1926), *Die Innenstadt von Babylon (Merkes)*, Leipzig
Rice, M. (1990), *Egypt's Making. The Origins of Ancient Egypt 5000-2000 BC*, London
Rich, C.J. (1815), *Memoir on the Ruins of Babylon*, London
Riederer, J. (1987), *Archäologie und Chemie - Einblicke in die Vergangenheit*, Ausstellung des Rathgen-Forschungslabors SMPK September 1987 -Januar 1988, Berlin
Riemer, T. (1989), "Djoser - nur ein Titel für Herrscher", in *VFG*, I (4), Gräfelfing
Robbel, H., Robbel, L. (1986), *Ägyptisches Museum Berlin*, Mainz
Roeder, G. (1956), *Ägyptische Bronzefiguren*, Berlin
Rohl, David (1996), *Pharaonen und Propheten. Das alte Testament auf dem Prüfstand*, München (engl. 1995)
Rosier, J.-P. (1987), *Tanis. L'or des pharaons*, Paris (Ausstellungskatalog)
Rothenberg, B. et al. (1988), *The Egyptian Mining Temple at Timna*, London
Roux, G. (1980), *Ancient Iraq*, Harmondsworth

Rupp, E. (1964), *Bautechnik im Altertum*, München

Säve-Söderberg, T. (1946), *The Navy of the Eighteenth Egyptian Dynasty*, Uppsala · Leipzig

Sakellarakis, J.A. (1979), *Museum Heraklion*, Athen

Saldern, A.v. (1966), "Mosaic glass from Hasanlu, Marlik, and Tell Al-Rimah", in *Journal of Glass Studies*, Vol. VIII

- (1970), "Other Mesopotamian Glass Vessels (1500-600 B.C.)", in Oppenheim, Brill, Barag, v. Saldern (1970)
- (1980), *Glas von der Antike bis zum Jugendstil*. Sammlung Hans Cohn - Los Angeles/Cal., Mainz
- (1980a), *Ancient and Byzantine Glass from Sardis*, Cambridge/Mass. · London

Saldern, A.v., Nolte, B., La Baume, P., Haevernick, T.E. (1975), *Gläser der Antike*. Sammlung Erwin Oppenländer, Mainz

Saleh, M., Sourouzian, H. (1986), *Offizieller Katalog. Die Hauptwerke im Ägyptischen Museum Kairo*, Mainz

Salonen, A. (1939), *Die Wasserfahrzeuge in Babylonien*, Helsinki

Sancisi-Weerdenburg, H. (1994), "The Orality of Herodotus' *Medikos Logos* or: The Median Empire Revisited", in H. Sancisi-Weerdenburg, A. Kuhrt, M. Coll Root, Hg., *Achaemenid History VIII. Continuity and Change: Proceedings of the Last Achaemenid History Workshop, April 6-8, Ann Arbor, Michigan*, Leiden

Santillana, G.d., Dechend, H.v. (1969), *Hamlet's Mill. An Essay on Myth and the Frame of Time*, Boston

Sattler, S. (1990), "Der goldene Schatz von Nimrud", in *Pan*, Heft 1/1990

Sauneron, S., Stierlin, H. (1986), *Die letzten Tempel Ägyptens. Edfu und Philae*, Fribourg ([1]1975)

Scaliger, J.J. (1629), *De emendatione temporum*, Genf

Schachermeyr, F. (1964), *Die minoische Kultur des alten Kreta*, Stuttgart

- (1967), *Ägäis und Orient*, Wien
- (1969), "Hörnerhelme und Federkronen als Bedeckungen bei den 'Seevölkern' der ägyptischen Reliefs", in *Ugaritica* VI

Schäfer, H. (1908), *Priestergräber und andere Grabfunde vom Ende des Alten Reiches bis zur Griechischen Zeit vom Totentempel des Ne-User-Re*, Leipzig

Schäfer, H., Möller, G., Schubart, W. (1910), *Ägyptische Goldschmiedearbeiten*, Berlin

Schaeffer, C.F. (1948), *Stratigraphie comparée et chronologie de l'Asie occidentale (IIIe et IIe millénaires)*, Oxford

- (1965), "Götter der Nord- und Inselvölker in Zypern", in *Archiv für Orientforschung* Bd. XXI, 59f

Scharff, A., Moortgat, A. (1959), *Ägypten und Vorderasien im Altertum*, München

Schenkel, W. (1980), "Landwirtschaft", in *Lexikon der Ägyptologie*, Band 3, Wiesbaden

Schliemann, H. (1878), *Mykenae*. Bericht über meine Forschungen und Entdeckungen in

Mykenae und Tiryns; Darmstadt, Reprint 1964

Schlögl, H.A. (1986), *Amenophis IV. Echnaton*, Reinbek

Schlott-Schwab, A. (1981), *Die Ausmaße Ägyptens nach altägyptischen Texten*, Wiesbaden

Schmidt, Hanjo (1993), "Bronzeguß im allgemeinen und der sogenannte Sargonkopf im besonderen", in *VFG*, V (3) 11

Schneider, Th. (1994), *Lexikon der Pharaonen. Die altägyptischen Könige von der Frühzeit bis zur Römerherrschaft*; Zürich

Scholz, P. (1986), "Kusch - Meroe - Nubien", Sondernummern der *Zeitschrift für Archäologie und Kulturgeschichte*, Feldmeilen

Schoske, S. (1988), "Staatliche Sammlung Ägyptischer Kunst", in *Münchner Jahrbuch der bildenden Kunst*, Dritte Folge, Band XXXIX, München

- (Hg, 1995), *Staatliche Sammlung Ägyptischer Kunst München*, Mainz

Schuchhardt, C. (1941), *Alteuropa, die Entwicklung seiner Kulturen und Völker*, Berlin

Schüssler, K. (1987), *Die ägyptischen Pyramiden. Erforschung, Baugeschichte und Bedeutung*, Köln

Schuler, F. (1962), "Ancient Glassmaking Techniques. The Egyptian Core Vessel Process", in *Archaeology*, Vol. 15

Schuler, F., Schuler, L. (1970), *Glassforming for the Craftsman*, Philadelphia

Schulz, Matthias (1995/96), "Aufstand gegen den Tod. Ausgräber klären das Rätsel der Pyramiden (I,II, III)", in *Der Spiegel* 52/95 vom 25.12., 1/96, 2/96

Seefried, M. (1979), "Glass Core Pendants in the Mediterranean Area", in *Journal of Glass Studies*, Vol. XXI

- (1982), *Les pendentifs en verre sur noyau des pays de la méditerranée antique*, Rom
- (1986), "Glas in Cyprus from the Late Bronze Age to Roman Times", in *Report of the Department of Antiquities Cyprus*, 1986, Nicosia

Seton-Williams, M.V. (1981), *Babylonien. Kunstschätze zwischen Euphrat und Tigris*, Hamburg

Settgast, J. (1986), *Ägyptisches Museum Berlin*, Mainz

Singer, C., Holmyard, E.J., Hall, A.R. (1957f), *A History of Technology*, Vol. I., II, Oxford

Smith, S. (1940), *Alalakh and Chronology*, London

Smith, W.S. (1958), *The Art and Architecture of Ancient Egypt*, Harmondsworth

Speiser, E.A. (1935), *Excavations at Tepe Gawra*, Vol. 1, Philadelphia

Sperling, G. (1989), "Göttin mit Kuhgehörn. Die neugefundenen Statuen in Luxor sind vermutlich in römischer Zeit vergraben worden", in *Frankfurter Allgemeine Zeitung*, 20.9. 1989

Stadelmann, R. (1982), "Pyramiden, AR", in *Lexikon der Ägyptologie*, Band 4, Wiesbaden

- (1984), "Snofru", in *Lexikon der Ägyptologie*, Band 5, Wiesbaden
- (1985), *Die ägyptischen Pyramiden. Vom Ziegelbau zum Weltwunder*, Mainz

Stadelmann, R. (1986), "Vierhundertjahrstele", in *Lexikon der Ägyptologie*, Band 6, Wiesbaden
- (1987), "Beiträge zur Geschichte des Alten Reiches. Die Länge der Regierung des Snofru", in *Mitteilungen des Deutschen Archäologischen Instituts, Abteilung Kairo*, Band 43, 229

Starr, R.F.S. (1939), *Nuzi Report on the Excavations at Yorgan Tepa near Kirkuk 1927-1931*, Cambridge/Mass.

Steffy, J.R. (1983), "The Athlit Ram, a preliminary investigation of its structure", with additional notes by P. Pomey, L. Basch and H. Frost, in *The Mariner's Mirror*, Vol. 69

Stein, D.L. (1984), "Khabur Ware and Nuzi Ware: Their origin, relationship, and significance, in *Assur*, Vol. IV, Issue I

Steinert, H. (1990), "Ex Occidente Lux? Die umstrittene Herkunft der ersten Zinnbronzen", in *Frankfurter Allgemeine Zeitung*, 15.6. 1990, S. 36

Steingräber, S. (1989), "Grabmalereien in Unteritalien - Campanien, Lukanien, Apulien", in *Antike Welt*, XX (4)

Stern, E. (1976), "Phoenician Masks and Pendants", in *Palestine Exploration Quarterly*
- (1982), *Material Culture of the Land of the Bible in the Persian Period 538-332 B.C.*, Warminster/England · Jerusalem
- (1984), "The Archaeology of Persian Palestine", in W. Davies et al., Hg., *The Cambridge History of Judaism*, Vol. I, Cambridge

Störk, L. (1975), "Ackerbau", in *Lexikon der Ägyptologie*, Bd. 1, Wiesbaden
- (1977), *Die Nashörner*, Hamburg

Stubbings, F.H. (1973), "The Rise of Mycenaean Civilization", in *The Cambridge Ancient History*, Volume II, Part I (Third Edition), Cambridge et al.

Sweeney, E. (1989), *The Legacy of Akhnaton*, Derry, N.I. (Computer printout)

Teissier, B. (1987), "Glyptic Evidence for a connection between Iran, Syro-Palestine and Egypt in the fourth and third millennia", in *Iran*, Vol. XXV

Thimme, J. (1980), *Kunst und Kultur Sardiniens vom Neolithikum bis zum Ende der Nuraghenzeit*, Karlsruhe

Thompson, H.L. (1967), *Near Eastern, Mediterranean and European Chronology*, Lund

Thompson, T.-L. (1974), *The Historicity of the Patriarchal Narratives*, Berlin · New York

Throckmorton, P. (1962), "Oldest known Shipwreck yields Bronze Age cargo", in *National Geographic*, Vol. 121

Tigay, J.H. (1982), *The Evolution of the Gilgamesh Epic*, Philadelphia

Torr, C. (1988), *Memphis and Mycenae (1890-97)*, London

Trench, J.A. (1988), "The Concept of seked Applied to the Great Pyramid", in *Göttinger Miszellen* 1

Trigger, B.G., Kemp, B.J., Lloyd, A.B. (1983), *Ancient Egypt. A Social History*,

Cambridge et al.
Trümpelmann, L. (1988), *Persepolis. Ein Weltwunder der Antike*, Mainz
Tulhoff, A. (1984), *Thutmosis III. Das ägyptische Weltreich auf dem Höhepunkt der Macht 1490-1436 v. Chr.*, München
Tylecote, R.F (1987), *The Early History of Metallurgy in Europe*, London · New York

Uberti, M.L. (1988), "Glass", in S. Moscati, Hg., *The Phoenicians* (Venedig, Ausstellungskatalog), Mailand
Ungnad, A. (1938), "Eponymen", in *Reallexikon der Assyriologie*, Band 2, Berlin

Van Beek, G.W. (1987), "Arches and Vaults in the Ancient Near East", in *Scientific American*, Vol. 257/1
Van Buren, E.D. (1930), *Clay Figurines of Babylonia and Assyria*, London
Vandersleyen, C. (1975), *Das alte Ägypten*, Berlin
- (1975a), "Amenemhet III.", in *Lexikon der Ägyptologie* Band 1, Wiesbaden
Vandier, J. (1955), *Manuel d'Archéologie égyptienne. Tome II. Les Grandes Epoches*, Paris
- (1964), *Manuel d'Archéologie égyptienne. Tome IV. Bas-Reliefs et Peintures. Scènes de la vie quotidienne*, Paris
- (1969), *Manuel d'Archéologie égyptienne. Tome V. Bas-Reliefs et Peintures. Scènes de la vie quotidienne*, Paris
- (1978), *Manuel d'Archéologie égyptienne. Tome VI. Bas-Reliefs et Peintures. Scènes de la vie agricole de l'Ancien et au Moyen Empire*, Paris
Vandiver, P. (1983), "Glass Technology at the Mid-Second-Millenium B.C. Hurrian Site of Nuzi", in *Journal of Glass Studies*, Vol. XXV
Van Seters, J. (1966), *The Hyksos*, New Haven · London
- (1975), *Abraham in History and Tradition*, New Haven
Velikovsky, I. (1945), *Thesen zur Rekonstruktion der alten Geschichte vom Ende des Mittleren Reiches in Ägypten bis zur Zeit Alexanders des Großen*, New York · Jerusalem (deutsch Basel 1978)
- (1952), *Ages in Chaos*, New York; deutsch: *Vom Exodus zu König Echnaton*, 1983 Frankfurt/Main
- (1973), "Astronomy and Chronology", in *Pensée*, III (2)
- (1974), "The Scandal of Enkomi", in *Pensée*, IV (5), Winter 1974/75, Portland
- (1978), *Die Seevölker*, Frankfurt/Main
- (1979), *Ramses II. und seine Zeit*, Frankfurt/Main
Venclova, N. (1983), "Prehistoric Eye Beads in Central Europe", in *Journal of Glass Studies*, Vol. 25
Vermeule, E. (1972), *Greece in the Bronze Age*, Chicago · London
Völker, Thomas (1997), "Zur 18. Dynastie" [Arbeitstitel], in *Zeitensprünge*, IX (3)
VFG = *Vorzeit-Frühzeit-Gegenwart. Interdisziplinäres Bulletin*, Gräfelfing 1989-1994

(seitdem *Zeitensprünge*)
Vogel, K. (1958), *Vorgriechische Mathematik*. Teil 1: Vorgeschichte und Ägypten, Hannover · Paderborn
Voscinina, A.I. (1967), "Frühantike Glasgefäße in der Eremitage", in *Wissenschaftliche Zeitschrift der Universität Rostock*, 16. Jg., Gesellschafts- und Sprachwissenschaftliche Reihe, Heft 9/10
Voss, M.H.v. (1982), "Pflug-Pflügen", in *Lexikon der Ägyptologie*, Band 4, Wiesbaden
Vyse, H. (1840), *Operations Carried out on the Pyramids of Gizeh*, Vol. I, London

Wace, A.J.B. (1949), *Mycenae. An Archaeological History and Guide*, Princeton
Waddell, L.A. (1930), *Egyptian Civilization. Its Sumerian Origin and Real Chronology*, London
Waddell, W.G. (1940), *Manetho*, Cambridge/Mass. · London
Wäfler, M. (1986), "Tell al Hamadiya", Vortrag auf dem *Symposion Recent Excavations in the Upper Habur Region*, 9 -11. Dezember 1986 in Bern
Wagner, P. (1980), *Der ägyptische Einfluß auf die phönizische Architektur*, Bonn
Waldbaum, J.C. (1980), "The first archaeological appearance of iron and the transition to the Iron Age", in Wertime, T.A., Muhly, J.D. (1980)
Wallert, I. (1967), "A Pectoral of the Eighteenth Dynasty", in *Journal of Glass Studies*, Vol. IX
Walter, H. (1990), *Das griechische Heiligtum, dargestellt am Heraion von Samos*, Stuttgart
Ward, M. (1988), "Contacts Between Egypt and Syro-Palestine During the Old Kingdom", in *Biblical Archaeologist*, Sept. 1988, S. 143
Ward, W.A. (1963), "Egypt and the East Mediterranean from predynastic Times to the end of the Old Kingdom", in *Journal of the Economic and Social History of the Orient*, Vol. VI/1
Wartke, R.-B. (1982), *Glas im Altertum*. Zur Frühgeschichte und Technologie antiken Glases, Berlin
Wasmuths Lexikon der Baukunst (1930), Berlin
Way, T.v.d. (1984), "Untersuchungen des Deutschen Archäologischen Instituts Kairo im nördlichen Delta zwischen Disuq und Tida"; in: *Mitteilungen des Deutschen Archäologischen Instituts, Abteilung Kairo*, Bd. 40
- (1986), "Tell el-Fara'in-Buto. 1. Bericht", in *Mitteilungen des Deutschen Archäologischen Instituts, Abteilung Kairo*, Band 42, 191
Way, T.v.d. et al. (1987), "Tell el-Fara'in-Buto. 2. Bericht", in *Mitteilungen des Deutschen Archäologischen Instituts, Abteilung Kairo*, Bd. 43
- , - (1988), "Tell el-Fara'in-Buto. 3. Bericht", in *Mitteilungen des Deutschen Archäologischen Instituts, Abteilung Kairo*, Bd. 44
- , - (1989), "Tell el-Fara'in-Buto. 4. Bericht", in *Mitteilungen des Deutschen Archäologischen Instituts, Abteilung Kairo*, Bd. 45

Wegner, M. (1950), *Die Musikinstrumente des alten Orients*, Münster
Wehrle, L. (1989), *Ägypten für Kenner*, Frankfurt/M.
Weigall, A. (1924), *Ancient Egyptian Works of Art*, London
Weinberg, G.D. (1966), "Evidence for Glassmaking in Ancient Rhodes", in *Mélanges offerts à K. Michalowski*, Warschau
Weinstein, J.M. (1989), "The gold scarab of Nefertiti from Ulu Burun: Its implications for Egyptian history and Egyptian-Aegean Relations", in *American Journal of Archaeology*, Vol. 93
Weippert, H. (1977), "Glas", in K. Galling, Hg., *Biblisches Reallexikon*, Tübingen
- (1977a), "Belagerung", in K. Galling, Hg., *Biblisches Reallexikon*, Tübingen
- (1977b), "Metall und Metallbearbeitung", in K. Galling, Hg., *Biblisches Reallexikon*, Tübingen
- (1977c), "Schreibmaterial, Buch und Schrift", in K. Galling, Hg., *Biblisches Reallexikon*, Tübingen
- (1977d), "Schiff", in K. Galling, Hg., *Biblisches Reallexikon*, Tübingen
- (1988), *Palästina in vorhellenistischer Zeit*, München
Weissbach, F. (1938), "Eisen", in *Reallexikon der Assyriologie*, 2. Band, Berlin · Leipzig
Weissgerber, Klaus (1996), "Aegyptiaca I. Erste Bemerkungen zur altägyptischen Geschichte", in *Zeitensprünge* VIII (3) 248
- (1997), "Zur Königstafel von Karnak. Aegyptiaca II", in *Zeitensprünge*, IX (1) 50
Wertime, T.A., Muhly, J.D. (1980), *The Coming of the Age of Iron*, New Haven London
West, J.A. (1987), *Serpent in the Sky. The High Wisdom of Ancient Egypt*, New York
Whelton, C. (1989), "Velikovsky und der Fundamentalismus", in *VFG*, I (3) 12
Wildung, D. (1969), *Die Rolle ägyptischer Könige im Bewußtsein ihrer Nachwelt*, München
- (1977), "Imhotep", in *Lexikon der Ägyptologie*, Band 3, Wiesbaden
- (1977a), *Imhotep und Amenhotep - Gottwerdung im alten Ägypten*, München
- (1982), "Niello", in *Lexikon der Ägyptologie*, Band 4, Wiesbaden
- (1984), *Sesostris und Amenemhet. Ägypten im Mittleren Reich*, München
- (1990), "Bilanz eines Defizits. Problemstellungen und Methoden in der ägyptologischen Kunstwissenschaft", in M. Eaton-Krauss, E. Graefe (Hg.), *Studien zur ägyptischen Kunstgeschichte*, Hildesheim
Wildung, D., Schoske, S. (1989), *Kleopatra. Ägypten um die Zeitenwende*, Mainz (Ausstellungskatalog)
Wilhelm, G. (1984), "Zur Paläographie der in Ägypten geschriebenen Keilschrifttexte", in *Studien zur altägyptischen Kultur*, Bd. 11
Wilkinson, A. (1971), *Ancient Egyptian Jewellery*, London
Williams, A.R., Maxwell-Hyslop, K.R. (1976), "Ancient Steel from Egypt", in *Journal of Archaeological Science*, Vol. 3

Winzeler, Peter (1990), "Der Fundamentalismus und das Samarien der Amarnazeit. Erwägungen zur Geschichte des alten Israels", in *VFG*, II (2) 23
- (1995), "War David Salem-Ezar = Nebukadnezar? Ein Experiment der multikulturellen Bibellektüre", in *Zeitensprünge*, VII (2) 122
- (1996), "David direkt nach Amarna. Velikovsky auf die Füße gestellt", in *Zeitensprünge*, VIII (1) 17

Wiseman, D.J. (1956), *Chronicles of Chaldaean Kings (626-556 B.C.) in the British Museum*, London

Wolf, W. (1977), *Kulturgeschichte des Alten Ägypten*, Stuttgart

Wolters, J. (1983), *Die Granulation. Geschichte und Technik einer alten Goldschmiedekunst*, München

Wood, M. (1985), *Der Krieg um Troja*, Frankfurt/Main

Wood, W. (1977), *Early Wooden Tomb Sculptures in Ancient Egypt*, Dissertation an der Case Western Reserve University, Cleveland/Ohio

Woolley, L. (1955), *Alalakh*, Oxford
- (1982), *Ur 'of the Chaldees' The Final Account, Excavations at Ur*; revised and updated by PR.S. Moorey, London

Wright, M. (1988), "Contacts between Egypt and Syro-Palestine during the Old Kingdom", in *Biblical Archaeologist*, September 1988

Wunderlich, H.G. (1972), *Wohin der Stier Europa trug*, Reinbek

Yadin, Y. (1963), *The Art of Warfare in Biblical Lands in the Light of Archaeological Discovery*, London

Yadin, Y. et al. (1960), *Hazor II*, Jerusalem

Yalouris, N. (1968), "An Unreported Use for Some Mycenaean Glass Paste Beads", in *Journal of Glass Studies*, Vol. X
- (1973), *Olympia. Altis und Museum*, München

Zadok, R. (1984), "Assyrians in Chaldaean and Achaemenian Babylonia", in *Assur*, IV (3)

Zeissl, H.v. (1944), *Äthiopen und Assyrer in Ägypten. Beiträge zur Geschichte der ägyptischen Spätzeit*, Glückstadt

Zeitensprünge. Interdisziplinäres Bulletin, Gräfelfing (seit 1995 als Nachfolgerin von *VFG*)

Zeller, M. (1989), "Zur frühen Perserzeit in Mesopotamien und Hatti", in *VFG*, I (5) 32
- (1993), "Assyrica I", in *VFG*, V (5) 16
- (1997), "Assyrica IV", in *Zeitensprünge*, IX (1) 92

Zuber, A. (1956), "Techniques du travail des pierres dures dans l'Ancienne Egypte", in *Techniques et Civilisations*, Bd. V

Stichwortverzeichnis

Abraham und Chronologie 37, 357, 359, 362f, 366, 380
Abu Roasch 118, 128
Abusir 87, 128
Abydos 48ff, 52, 55f, 57, 76, 90, 130f, 141, 154, 191, 213, 264f, 390f, 446
Açemhöyük 233, 242ff
Achamenidenzeit s. Perserzeit
Achetaton
Achill 200
Achmim 240
Achzib 297
achtförmige Schilde 344f
Adad-Nirari I. 325
Adam 15f
Ägäis 346, 406, 410ff
Ägyptisch Blau s. Kyanos
Ära 14, 24, 27
Äthiopien 375
Africanus, Julius 15f, 165f
Agamemnon 161, 163, 247
Agrigent 171, 176-180
Aha 50
Ahab 237
Ahhotep 154ff, 216, 218, 222
Ahmose 130, 155f, 166, 216, 352, 454f
Ahuramazda 371
Akko 297
Akrotiri 414f
Alaca Hüyük 98
Alalach 314ff, 399
Aldred, Cyril 155
Alexander d. Gr. 305, 324, 358, 395
Alexandria 208, 274, 403
Alisar 93
Altakkader 39, 105, 311, 316, 320, 343, 376, 381, 403
Altakkadisch 377ff, 455
Altassyrer 36, 103, 225, 320, 359, 399

Altbabylonier 36, 38, 103f, 150, 329, 371, 377f, 400-403
Altenmüller, Hartwig 123
Alteuropa 39
Altsteinzeit 39, 48f
Amanishahate 155
Amarna 39, 41, 160, 164, 238, 247, 272, 276f, 281, 291f, 302, 332, 341, 391, 396f
-Korrespondenz 199, 311, 355f
Amar-Sin 302
Amasis 288, 390
Amélineau, E. 48, 57
Amenemhet I. 124, 126, 128, 140
Amenemhet II. 228
Amenemhet III. 84, 122, 174, 214f, 218, 223f, 265, 454
Amenemhet IV.
Amenemope 162
Amenophis I. 124, 182
Amenophis II. 229, 340, 364
Amenophis III. 28, 237, 240, 242, 272, 288f, 298, 311, 332, 341, 364, 376, 391, 398
Amenophis IV. s. Echnaton
Amenophis, Sohn des Hapu 88, 90, 168, 240
Amethyst 49f
Amoriter s. Martu
Amraphel 357, 359
Amuq 301, 329
Anarak 277
Andrae, Walter 171
Aniba 128, 130
Annalenstein 17, 57, 203, 228f
Antimon 261
Antiquitätenhandel 225, 241
Apokatastasis 21f
Apophis 122, 458
Apries 175

Aqar Quf 321
Archäologen gegen Historiker 238f, 268f, 275, 288, 296, 300, 302f, 311, 344, 371f, 389, 402, 414
Aristagoras 139
Arslan Tasch 233f
Artatama 364f
Artaxerxes I. 379
Artaxerxes III. 324
Artemision 209, 211, 242f
Asasif 134
Asine 410
Aspeltas 154
Assur 100, 102ff, 269, 307f, 318, 325, 365
Assurbanipal 305, 324
Assuruballit I.(II.) 28, 285
Assyrer 363, 399
Assyrisch 370
Astronomie 29-33
Astyages 364
Athlit 297
Atlanten 168, 170-173, 176
Aton-Hymne
Atreus, Schatzhaus d., s. Tholos
Aturia 399
Auaris 27
Augeneinlagen 209f
Augustus 31, 42, 208
Aziru der Martu 39

Baal 188, 192
Baalbek 59
Babylon 96, 99, 142, 237, 325, 357, 381
Badari-Kultur 43, 230
Badawy, A. 180
Bahrein 375
Baines, John 42, 224
Balawat 100
Bannister, C.O. 196
Barachi
Barag, D. 290
Baraschi 365
Baris 425
Barta, Winfried 22f, 29, 166

Baumgartel, E. 54
Beamtenprotokolle 174f, 363
Beckerath, Jürgen v. 43, 165, 224, 459
Beersheva 297
Beirut 291
Belagerungsrhyton 249, 254
Beloch, Julius 236
Belos (Fluß) 259, 263
Beni Hassan 167, 174, 176, 263
Bergkristall 50, 156, 247
Berossos 37, 308, 310
Besenval, Roland 98ff, 111f
Beth Shean 297-300, 341, 398f
Bibelfundamentalismus u. Chronologie 40, 372
Bickerman, E.J. 31
Bienenkorbbauten s. Tholos
Bietak, Manfred 434, 436, 438
Biremen 406f, 415
Biridija 367, 376
Bissing, F.W.v. 229
Blakeway, A. 347
Blasebalg 455
Blegen, Carl 70
Blei(oxid) 265
Blöss, Christian 20
Blome, P. 207
Blondhaar 200, 453
Böckh, August 26
Bogazköy 93f, 142, 193, 257f
Bokchoris 208
Bol, Peter 204-207, 212f
Borchardt, Ludwig 22, 25
Breasted, James 26
Bremssteine 420, 424f
Bronze 304, 451, 455
Bronzezeit, Mittlere 39, 50
Brugsch, Heinrich 156
Buchholz, G. 248
Buchstaben, griechische
Bunsen, Christian 26
Burn, A.R. 332
Burnaburiasch 28, 237
Bur-Sin 103

490

Byblos 52, 160, 218, 220, 228, 233

Caere 149, 407, 410
Caesar, Julius 31, 42, 180
Capua 192
Carmona (Spanien) 245
Censorinus 20-23, 25, 31
Cerveteri s. Caere
Cha'ba 172
Chabur(keramik) 286, 308f, 320, 328
Chagar Bazar 307, 329
Chaldäer (Kaldu) 37, 356, 369f, 397
Chasechemui 57, 203, 214
Chendjer s. Userkaf Ch.
Chenemet 154f
Chentkaus 123
Cheops 26, 78, 130, 139, 185, 194, 198-202, 366, 384ff, 389, 396, 425ff, 432, 453
s.a. Pyramide, Cheops
Chephren 79, 81, 120f, 139, 194f, 198f
Chian 352, 454
China 394
Chiusi 63, 65, 189
Chronologien:
Ägypten (konvent.) 14-42, 54, 342
Ägypten (evidenzor.) 457
Alte Welt 360f
Eisen (Ägypten, konvent.) 56ff, 387, 393
Eisen (Ägypten, evidenzor.) 37
Gewölbe (konvent.) 92f, 112
Gewölbe (evidenzor.) 113
Glas (Antike) 380
Glas (Mesopotamien) 329
Griechenland (konvent.) 66, 342
Leiern 258
Mesopotamien (bis 1868) 358
Mesopotamien (heute) 359
Mykene (konvent.) 250
Pyramiden 138
Rammsporne 412
Chuwaruwasch 364
Clarke, S. 142
Cloisonné 265

Cobalt/Ontario 277
Collon, Dominique 256ff
Cooney-Cleveland, J.D. 266, 288
Corinthium aes 221
Cornwall 304
Cortona 62, 65
C^{14}-Methode 19f, 39, 71f, 355
Cyaxares 364f, 398

Dachla 278
Dachziegel 34f
Dahschur 76, 77f, 86, 118, 121, 127, 154f, 194, 430f
Daidalos 347
Darius I. 256, 287f, 315, 416
Dark ages s. Dunkle Jahrhunderte
Davaras, C. 70
Dayton, John 36, 49ff, 105, 111, 115, 139, 216, 218, 230, 249, 277, 304f, 446
Deffufa 132
Deioces 364
Deir el-Bahari 76, 90, 123, 125, 167f, 174, 176, 178ff, 182f, 187, 219, 227
Deir el-Medina 129f
Deir Tasa 437
Delos 69, 71, 242
Delphi 211
Demargne, Pierre 244
Demokrit 66
Dendera 72
Dendra 205
Dendrochronologie 39
Deville, A. 261
Didyma 66
Dikaios, P. 192
Dilbat 150, 152
Dilmun (Indien) 374f, 377
Diodor 141, 213
Diomedes 347
Diptychon 420ff
Diqdiqqeh 402
Djedefre s. Radjedef
Djedkare 218
Djedpfeiler 169, 179, 183

491

Djer 57, 451
Djoser 10f, 26, 73, 90ff, 116, 119, 126, 134, 143, 165, 167-184, 199, 226, 452
Dohuk 210f
Dokos-Wrack 421
Doppelaxt, minoische 186f
Doppelgänger 11, 42, 201f, 459
Dorak 409, 411, 416
Dreieck s. Pythagoras
Dreifußkessel 204
Dreros 205, 207
Dungi s. Schulgi
Dunkle Jahrhunderte 34f, 153, 204, 243f, 248, 329, 346f, 359, 371
Dur Kuri Galzu 107, 110
Dur Untash s. Tschogha Sambil
Dussaud, R. 71
Dynastien(übersicht) 16, 43-47
Dynastie (0) 451
Dynastie (1) 26, 36, 48-58, 72, 230, 232, 446, 451
Dynastie (3) 73, 114, 143, 165-184, 452
Dynastie (4) 17, 78, 114f, 118, 138, 143, 173, 185, 198f, 201, 384, 388, 397, 430, 447, 452
Dynastie (5) 78, 118, 139, 143, 264, 411, 424, 447, 453
Dynastie (6) 78, 130, 264f, 390, 447, 453
Dynastie (7) 18
Dynastie (11) 86, 123, 265, 453
Dynastie (12) 86, 115, 124, 128, 140, 143, 216, 223f, 265, 391, 397, 448, 454
Dynastie (13) 18, 86f, 126, 265f
Dynastie (14) 18
Dynastie (15) s. Hyksos
Dynastie (17) 128, 270, 391
Dynastie (18) 90, 130, 143, 182, 253, 270, 273, 288, 343, 364, 455
Dynastie (19) 90, 272, 288, 456
Dynastie (20) 90, 272, 300, 341, 368, 456
Dynastie (21) 34, 154, 162, 216, 220, 272, 274, 284, 341
Dynastie (22) 154, 162, 225
Dynastie (23) 224
Dynastie (24) 18
Dynastie (25) 91f, 115, 131, 143, 154, 214, 418
Dynastie (26) 134, 174f, 177, 201f, 229, 276, 366, 387, 419, 423
Dynastie (28) 18
Dynastie (29) 419
Dynastie (30) 272

Eberzahnhelm 35, 191, 193, 207
Echnaton 16, 28, 39, 164, 237, 242, 247, 272, 277, 288, 311, 341, 364, 366f, 376, 398
Eco, Umberto 18, 459
Edfu 82f, 168, 395
Edwards, I.E.S. 116, 175
Ein Gedi 297
Eisen 384-403, 450, 453
  fehlendes 144, 386f, 390ff, 458
  meteorisches Nickel- 389f
  -bergwerke 400, 402f
  -werkzeuge 139, 194-200
  -perle 399
  -texte 392, 400
  -verhüttung 388
  -zeit 56ff
  -zeit, sporadische 56f
Eje 24
Ekbatana (Hamadan) 365f
Elektrum 161, 214ff, 228
Elephantine 24
Eleusis 244
Elfenbein 227-247, 450f, 455
el-Kurru 131, 155
Engelbach, R. 142
Enkomi 149, 189, 192, 194, 231, 233-239
Epagomenen 27f
Eponymen 363
Eratosthenes 27
Ergamenes 134
Eridu (Abu Schahrein) 302, 305, 372
Erz s. Bronze
Esarhaddon 145
Escher, M. 246

Eschnunna (Tell Asmar) 87, 188, 305, 372
Etrurien 149, 189, 192, 208, 331-340
Euböa 347
Euklid 122
Eupalinos 71
Eusebius 15, 165
Evagoras 419
Evans, Arthur 68, 239, 248f, 352

Faijum 145, 215, 217
Fara 233, 401
Fayence 50, 105, 169, 173f, 260, 265, 277, 381, 451f
 violette 51, 451
Ferlini, G. 132
Festungen 53, 230, 373f, 451, 455
Filigrantechnik 154
Fliegender Galopp 231, 234, 240f, 246, 455
Flutschicht 443-447
Fomenko, Anatolij 42
Fossing, Poul 261f, 268, 274ff, 331
"Frau am Fenster"-Motiv 234, 238
Freud, Sigmund 367
Freyer-Schauenburg, B. 241f
Friedell, Egon 11f, 201, 256, 459
Friese 169, 177ff, 183
Furtwängler, Andreas 241

Gardner, P. 248
Garland, H. 196, 198
Gebel Barkal 133f, 145
Gefolgschaftsbegräbnis 105, 132f, 343, 371, 454
Gelidonya-Wrack 421
Geometrische Zeit Griechenlands 35, 70, 197, 204, 207, 235, 243f, 406f, 416
Gerar 297
Gerzean-Zeit 42, 373, 387, 412, 429f
Gewölbe,
 Ägypten 72-93, 454
 Assyrien 97, 100-104
 Babylon 96
 Elam 110

Gewölbe
 Etrurien 62f, 65, 70, 73, 114
 Griechenland 65f, 68, 70f, 114
 Hethiter 93f, 98
 Irak 108ff
 Italiker 65
 Karien 70
 Karthago 71, 291
 Makedonien 66
 Malta 69, 71f
 Maya 61, 64f, 144
 Medien 97, 99f
 Mesopotamien 114
 Minoisch 67f
 Mykene 63, 67f, 98 111
 Parthien 95, 98
 Persien 94f, 98
 römische 59f, 86
 Rußland 70
 Syrien 98, 106
 Thrakien 70
Gewölbe(technik)
 auf Architrav 89, 115
 echte 64, 66, 74f, 97, 454
 falsche 64, 114
 freistehende 99, 110
 gestemmte 61, 65, 69ff, 73, 92, 453
 Haustein- 91ff, 452
 auf Kuf 72
 Krag- 61, 64, 77f, 82, 92f, 114, 143, 452f
 Misch- 62, 65, 82
 Paralleltonnen- 72ff, 88f
 Radial- 72
 ribbed vaults 97, 100
 Ringschichten- 73f, 104
 Schein- 74, 78
 Ziegel- 82, 92, 97, 100, 454
Georgios Synkellos 15f
Geser 448
Gezer 397
Gilgamesch-Epos 366
Giraffe 219, 229
Giseh 115-123, 139, 201, 389

Gjerstadt, Eike 41
Glacis-Mauern 374
Glas 259-383
  ägyptisches 263-289, 341, 455
  akkkadisches 382
  -alabastra 291f
  -amulette (Anhänger, Ornamente, Plaketten) 344f, 349, 455
  -augenperlen 340
  -bläserei 263, 295
  -chemie 260f
  -doppelköpfchen 291, 295
  -erfindung 259, 351f
  -fäden 264f, 270, 280f, 282f
  -färbung 261
  -fundorte 303, 326f
  -gefäße 260, 262, 268, 270-276, 278-284, 289, 291-301, 307-314, 318, 322, 330f, 341, 379, 392, 455
  -gefäßherstellung 278-284
  -geschichtsschreibung 261f
  -gesichtsperlen 291, 294
  griechisches 341-348
  -hütten 260, 271f
  israelisches 295-301
  italienisches 331, 339
  -kuchen 278f
  -locken 350
  mediterranes 333-338
  -mosaik 281, 284, 287f, 318-321
  -perlen (einschl. Zylinderperlen) 264-268, 277, 291, 294f, 297, 299, 301, 311f, 451, 453, 455
  phönizisches 290-295
  -porträts 272, 275, 455
  "primäres" 306, 313
  rhodisches 331
  -rippenperlen
  rotes 261, 287f, 300, 322f, 371, 455f
  "sekundäres" 306, 313
  -stachelgefäße 331, 338
  -tassen 341f, 345, 371
  -texte und -rezepte 291f, 323f, 329, 381f
  "unwillkürlich hergestellt" 302, 381

Glas, "willkürlich hergestellt" 264, 270, 381
Glasuren 260
Glasvogelperlen 339f
Glyptik 244
Götterschiffe 425
Goetze, Albrecht 378
Goldfolie auf Glas 350
Goldmasken 161-164, 247, 455
Goldprospektion 154
Goyon, Georges 196
Graffiti 174, 452
Granit(bearbeitung) 79, 139, 169, 194-200, 385, 452
Granulation, 146-160
  Ägypten 150, 154ff, 455f
  Assyrien 152
  Etrurien 153f, 159
  Griechenland 150, 153, 159
  Iran 150
  Kassiten 152,
  Minoer 150, 152f
  Syrien 150, 152
  Troia 148, 150, 152, 156-160
  Ur 137, 146, 150, 357
  Zypern 150
Granulations-
  muster 158, 454
  technik 146, 151, 157f
Griechenland 343-352
Griechisch 108, 456
"Grüner Kopf" 458
Gudea von Lagasch 350
Güterbock, Hans 378
Gußformen 146, 198, 348

Haberey, Walter 383
Haevernick, Elisabeth 383
Hakoris 419
Hall, H.R. 239
Haller, A. 104
Hallstatt 277, 341f, 345, 371
Hamadan s. Ekbatana
Hammurabi 188, 202, 253, 256, 357, 359,

Harden, Donald B. 290, 319, 330
Harding, P. 261
Haremhab 182, 391
Harfen 253-256
Harnisch 205f
Harris, J.R. 155
Harsaphes 186f
Hart, F. 65, 91
Hartgestein s. Granit
Hasanlu 281, 284-287, 296, 318, 321f, 421
Hatschepsut 10f, 16, 18, 90, 123ff, 130, 141, 167f, 174, 176, 178ff, 181ff, 187, 219, 227f, 270, 379, 426f, 454
Hawara 84
Hazor 297, 316, 377
Hebräisch 367, 376, 398, 455
Heeren, A.H.L. 16, 417
Heidrich, Specht K. 40
Heiliges Dreieck s. Pythagoras
Helck, Wolfgang 16, 23f, 213, 229, 276, 354f, 357, 364
Helena 200
Heliopolis 172
Hellenismus 221, 441, 458
Heluan 72, 108
Herakleopolis 187
Herodot 14, 17, 36, 41, 105, 120f, 139, 145, 185, 198, 200, 207, 239, 295, 308, 310, 357, 363ff, 380, 384, 390, 396, 399f, 419, 424, 431f
Hesire 169
Hetepheres 195
Hetepheres II. 200
Hethiter 193, 242, 378
Hethitisch 378f
Heyerdahl, Thor 144
Hierakonpolis 52f, 230, 451
Hieronymus 15
Hill, J.R. 388f
Hipparch 21, 33
Hipponax 406
Hörnerhelme 186-194, 199, 453
Hochreligion s. Religion

Hölscher, Uvo 91
Hohlguß 210, 215, 280
Homer 35, 191, 207, 221, 394, 406, 422
Hornung, Erik 18, 43, 201, 224
Huelva 393
Huls, Yvette 233
Hund, heiliger 370f
Huni 121, 165f
Hyksos 36, 39, 56, 87, 125, 128, 232, 266ff, 275, 314, 320, 352-355, 362, 371, 376, 379, 381, 403, 421, 433, 435, 448, 454

Ialysos 238
Ibex-Motiv 287
Identität, chronologische 243
Illahun 23
Illyrien 161
Ilushila 188
Imeni Amu 128
Imhotep 166f, 172, 174
Indien 375
Industalkultur
Inkrustationen, Intarsien s. Niello
Intef 52, 123
Intern. Association for the History of Glass 262
Iolkos s. Volos
Iput I. 130
Iran, Ost-
Isesi s. Djedkare
Isin-Larsa-Zeit s. Altbabylonien
Israel 295-300, 317
Italien 284

Jahreszeiten 32f
Jahudijah-Keramik 437, 445
James, Peter 40
Jehu 285
Jeremia 367f
Jerusalem 136f
Joseph 15
Josephus Flavius 15, 37
Journal of Glass Studies 262

Journées Internationales du Verre 262
Judentum 366

Kadaschman-Enlil II. 285
Kahotep 164
Kakovatos 343, 350
Kalendereinführung 26ff, 452
Kalenderreformen 172
Kambyses 325
Kamid el-Loz 199, 233, 252
Kamiros 149, 385
Kammergräber 69f
Kamose 155, 458
Kampanien 340
Kanopus-Dekret 27, 31
Kaplan, Jacob 316
Karageorghis, V. 248
Kara-Indasch 177
Karnak 123, 182f
Karomama 219f
Karthago 176, 295, 383
Kartusche, erste 172
Karum Kanis 399
Kasdim 370
Kassiten 177, 359, 369f
Katane 346
Katastrophen 7, 394, 442ff, 447, 449
Keilschrift 343, 377f, 386, 400, 403, 455
Kekerfries 183
Keos 244
Keramik 52, 276, 317, 345, 434, 451
Kerma 131ff, 141
Kestel 304
Khamuaset 162
Khorenatsi s. Moses v. Choren
Khorsabad 97, 100f, 170, 177, 233
Kisa, Anton 263
Klearchos 206, 209
Klemm, Dieter 154
Kleopatra 459
Knossos 70, 142, 248f, 252, 255, 352
Kobalt(blau) 276f, 304, 325, 341, 352f, 372, 421, 455
Königslisten 17f, 165, 355, 397

Kohlpalmsäulchen 281, 288f, 325
Koldeway, Robert 99
Kolonisation, griech./myk. 346ff, 406
  phönizische 291f, 295, 414
Kompositbogen 192, 455
Kouroi 240
Kraggewölbe s. Gewölbe
Krauss, Rolf 25
Krokodil, Münchner 164, 215, 217f, 222
Krya 70
Kultlauf 10f, 169, 182, 452
Kupfer
  -gefäße 57f, 451
  -'magie' 195, 386
  -metallurgie 56ff
  -steinzeit 39, 450f, 457
Kurigalzu 285
Kusch 131, 133, 159, 229
Kyanos (Ägyptisch Blau) 105, 221, 343
Kykladen 341, 405, 409, 411
Kyrenia-Wrack 422f
Kyros d. Gr. 94, 98, 325
Kythera 139

Lachisch 377
Lagasch 350
Laja Alta 413f
Landsberger, Benno 378
Landvermesserdreieck s. Pythagoras
Landström, B. 418
Landwirtschaft 394ff, 458
Lange, Kurt 212
Lastours 343
Lauer, Jean-Philippe 73, 165, 169, 180
Laute 253
Leclant, J. 449, 457
Lefkandi 347
Leier 252, 256ff, 454f
Leitz, Christian 28, 31
Lelarge, Günter 8
Leontinoi
Lepsius, Richard 357
Libby, Willard F. 19f
Lischt 137, 142, 288, 437

Livius, Titus 41
Lloyd, Seton 91
Löber, Hans 383
Lokris 35
Löwendarstellungen 240-247
Lotoskelchbecher 269f
Loud, G. 233, 237
Lucas, A. 51, 390

MacAlister, R.A.S. 397
Magan (Ägypten) 374f, 377
Magdalénien 48f, 51
Maghara 185, 187
Mahaffy 332
Maier, Hans Heiner
Maiherperi (Maherpa) 269f
Makmish 297
Málek, Jaromir 42, 224
Malkata 272, 288, 341
Mallia 148, 153, 159
Mallowan, Max 308
Malta 39, 71f, 200
Manetho 15, 18, 51, 141, 224
 armenische Version 15f
Mangan 261
Mardu s. Martu
Mariette, Auguste 72
Marlik 286, 322, 380
Marokko 277
Maroni (Zweiperiodengrab) 344f, 348
Martu (Amoriter) 306, 370, 378, 400, 403
Maschkan-Schapir 402
Masghuna 128
Mastaba el-Faraun 122
Mauerklammern 137, 142f
Meder 99f, 105, 328f, 366, 398, 457
Medinet Habu 25, 88ff, 92, 115, 181f, 190, 193
Megalithkultur 39, 71, 118, 139, 195, 200, 452
Megara 346
Megiddo 233f, 237, 242, 299, 314, 366, 398
Meidum 78, 118, 121, 166

Meier, Hans Heiner 41
Mekes-Zeichen 11
Meluhha (Äthiopien) 374f
Memphis 175, 284, 403, 439, 448
Menelaos 200
Menes (Mani, Maniu) 23, 26, 28, 51, 166, 374, 376
Menesthes 347
Menkare 439
Menophres 24
Mensa Isiaca 218
Menschiyeh 272
Mentuhotep I. 124
Mentuhotep II. 86, 123ff, 141, 166, 179, 183, 223, 228, 453
Mentuhotep III. 123, 226, 228
Mentuhotep V. 228
Merenptah
Merenre 203, 212, 214
Mereret 154
Meresanch 200
Meritamun 240
Meroë 131, 134f
Mesara 67f
Mesopotamien 38, 318, 323
Meyer, Eduard 22f, 28, 165, 177
Milet 65
Minoisch 186, 206, 249f, 343
Minos 51, 347
Mitanni 105, 244, 263, 306, 311, 328f, 355, 362f, 366, 398
Mittelassyrer 38, 102, 112f, 152, 244, 246, 324, 309, 321, 324, 328f, 340, 358f, 370f, 381, 399, 443
Mittelbabylonier 370, 381
Mittelbronzezeit 267, 299, 316, 343, 377, 436, 446, 457
Mondfinsternis 30
 -phasen 30
Monotheismus 366
Morgan, Jacques de 12, 191, 195f
Moses 367
Moses von Choren 305, 324
Moss, R.L.B. 457

Mostagedda 437
Muck, Otto 200
Muhly, James 304
Müller, H.W. 91, 218
Müller-Karpe, Hermann 404f
Münzen 344
Mure, W. 332
Murray, A.S. 149, 234, 237ff, 241
Muscarella, O. 233
Musikinstrumente 252-258, 458
Musri (Ägypten) 325, 370, 375
Mykene 35, 39, 41, 69, 142, 161, 191, 193, 197ff, 238, 343, 345-349
 Schachtgräber 36, 162, 216f, 234, 244-249, 350-353
Mykerinos 79ff, 118, 121, 126, 132, 140, 143, 194f, 198f, 389f, 396

Nabopolassar 365
Nachbestattung 239, 346
Napata 91, 131
Napoleon 449
Naqada-Zeit 230, 264, 429f, 432
Naram-Sin 139, 188, 192, 194, 210f, 310, 320, 374ff, 378, 399
Narmer(palette) 52ff, 230, 372f, 377, 427, 429, 434, 437
Nashorn 219, 229
Nastasen 155
Naturalismus 224
Naukratis 214, 388, 390, 396, 403
Nauplia 343
Naxos 346
Nebka 165, 173
Nebukadnezar II. 96, 99f, 140, 152
Nechepso 366
Necho I. 54
Necho II. 366f, 416, 419
Negahban, E.O. 322
Nektanebos II. 287
Nesbitt, A. 261
Nes-Chons 272, 284, 290, 341
Nestor 347
Neterichet 165f

Neugebauer, Otto 25
Newton, Isaac 332
Niello 216-221, 248, 454f
Niemitz, Hans-Ulrich 20
Nilschwelle 19, 21f, 32, 369
Nimrod 380
Nimrud 97, 100, 152, 155, 157, 233f, 237f, 295, 330f, 379, 422
Ninive 100, 301, 324, 365f, 382
Ninos-Assyrer s. Altakkader
Nippur 330f
Nitokris 198
Nofretete 421
Nolte, B. 275
Nora (Sardinien) 177f
Nubien 130ff, 368f, 391, 395, 456
Numa 41
Nuraghen 70, 200
Nuri 131, 134f
Nuzi 263, 298, 312f, 316, 319, 351f, 372, 399

Oates, David 110, 301, 308, 318
Oates, Joan 210, 308
Olympia 40, 66, 204, 224, 244, 332, 388
 -denrechnung 27, 40, 208, 224, 332
"Opferbrote" 425
Opferkritik 366
Oppenheim, A.Leo 302, 305f, 313, 381
Oppert, Jules 356
Orvieto 62, 65
Osorkon I. 220

Pacheco, F.G. 414
Paestum 192
Palästrina s. Praeneste
Palermostein, s. Annalenstein
Palmer, L.R. 249
Pape, Wilfried 311
Papyrus 144, 175, 348, 426, 432
 Berlin 122
 Chester Beatty IV 392, 396, 399
 Ebers 24, 28
 Harris 392, 396, 399

Papyrus
  Illahun 17, 23
  Moskau 122
  Rhind 122
  Turin 17f, 23, 36, 165
Parsaschatar 364
Parther 95, 98, 402
Pasargadai 94, 98
Patroklos 207
Pausanias 206, 209, 213
Pazarlı 191, 193
Pedubaste I. 220, 224
Peiser, Benny 9, 40f, 207f, 224, 244
Peisistratos 35, 406
Pepi I. 52, 57, 132, 197, 203, 212f, 222f, 252
Pepi II. 129f, 186, 228
Perugia 63
Persepolis 95, 98f, 408
Perserzeit (Achämenidenzeit) 30, 94f, 325f, 402, 416, 456f
Petrie, Sir Flinders 23, 26, 48-56, 72, 108, 175, 185, 195, 199, 230, 232, 251, 263, 280, 282f, 370f, 387f, 390, 446, 450
Pferd(eschwanz) 53, 230, 232, 451, 455
Pflugwirtschaft 394f
Phaistos 248
Pharaonen 14
Philoktet 347
Phönizien 241f, 245, 259, 262, 290-295, 382f, 423
Phraortes 364
Phrygien 191, 193
Pianchi (Pije) 91, 134, 140, 143ff, 223, 418
Piggott, Stuart 193
Pinodjem II. 272, 274
Pithekussai 346
Platon 31
Platonisches Jahr 22, 33
Plinius d. Ä. 139, 208, 221, 259, 263, 292, 318, 382f
Polis 332, 346f, 397
Pomerance, L. 249f
Populonia 393

Porter, B. 457
Poternen 36sf.
Poursat, Jean Claude 233, 242f, 246
Prädynastik 17, 30, 48, 54, 56f, 72, 201, 213, 227, 264f, 297, 372, 376, 433f, 437, 451
Praeneste (Palästrina) 149, 153
Präzession 21f, 33
Priamos, Schatz des 152, 156, 159f
Prosymna 248
Proteus 200
Psalm (Nr. 104) 367
Psammetich I. 149, 174, 222, 379, 381
Pseudoastronomie u. Chronologie 29f, 268, 275, 352, 363f, 389, 399, 434, , 438, 448
Pseudo-Eratosthenes 165
Psusennes I. 154, 162, 225
Ptolemäer 92, 174, 182, 221, 418, 441, 457f
Ptolemaios II. Philadelphus 419
Ptolemaios III. Euergetes 168
Ptolemaios, Claudius 21
Punt 18, 219, 219, 227, 453
Pylos(-Tragana) 248, 410
Pyramiden
  Altes Reich 37, 77, 116-122, 454
  Böschungswinkel 118, 126, 130
  Cestius- 136
  Cheops- 31, 78ff, 116, 118, 121, 126, 177, 198, 200f, 385f, 452
  Eisengebrauch 194-200, 384-390
  Gewölbe in 138-141
  als Gräber 141
  Granitverwendung 194ff
  Klein(st)- 130ff
  Knick- 126ff
  Lage der 117
  Mesoamerikanische 144
  Mittleres Reich 123-128, 139f, 454
  Neues Reich 128-131, 455
  Nubische 131-135, 140, 143
  Phönizische 136f
  Privat- 128ff
  Römische 136f

Pyramiden
　Satelliten- 118, 129
　Spätzeit 91f, 128, 131-135, 174f, 201, 213, 371, 396, 418, 448, 456
　"vierte" von Giseh 123
　-volumen 78, 118, 122, 126, 132, 185
Pyramidion 130, 194
Pythagoras (Satz des) 62, 65, 118ff, 122, 385f, 403, 453
　Dreieck des 55, 119, 126, 453

Qal'Eh Zohak 95
Queensland 277
Quibell, J. 52, 54
Quthen 105, 343

Rad 144
Radiokarbonmethode s. C^{14}-M.
Radjedef 118, 194, 198
Radke, Ralf 42
Ramesseum 90
Rammant-Peeters, A. 130, 134
Rammsporn 405-416, 456
Ramses I. 24, 298
Ramses II. d. Gr. 10, 12, 22, 90, 108, 154, 158, 160, 214, 229, 240, 288, 298, 441, 459
Ramses III. 82, 88ff, 92, 115, 154, 173, 181f, 186, 190, 193, 229, 237, 255, 298, 300, 418f, 429, 433, 456
Rassam, Hormuzd 304
Ras Schamra s. Ugarit
Raster 211, 213
Rawlinson, George 16
Rawlinson, Henry 356
Rechmire 189, 219
Reichseinung 166
Reisner, G.A. 389
Relief 169, 175
Religion, Entstehen der 7, 366
Rhodopis 390
Rhodos 275, 278, 284, 330f, 409
Rhoikos 209, 213
Riace 209

Rich, Claudius James 262
Rice Michael 54
Rohl, David 40
Rom, Gründung 41, 208
Romulus 136
Rouff, Ariane 8
Rüstung s. Harnisch
Rumpfkonstruktionen 422f, 425f, 431
Rußland, südliches 70, 200, 275, 284,

Säulen 173
　dorische 176
　Hathor- 178, 180
　Holz- 183
　protodorische 167, 169, 174, 176ff, 183f, 452
Säve-Söderbergh, Torgny 418
Sahure 228, 409, 411, 425, 427, 453
Salitis (Scharek) 376
Salmaneser III. 100, 285, 325, 370
Sambia 277
Samaria 237, 296
Samos 71, 79, 143, 222, 235, 240ff, 245, 252, 254f
Sanchez, R.C. 414
Sancisi-Weerdenburg, H. 328
Sanherib s. Sennacherib
Saqqara 55, 73, 75f, 84, 89, 118f, 122, 129f, 168-175, 213, 288
Sardinien 189, 192f, 200
Sarepta 291
Sargon I.(II.) 104, 140, 156, 170, 177, 180, 210f, 225, 238, 307, 320, 374f, 378f, 399
Sargoniden 416
Satrapie Assyrien
Satrapie Babylonien
Scaliger, Joseph Justus 332
Schachtgräber 173, 452
Schäfer, H. 87
Schaeffer, Claude 192
Schalmaneser s. Salma...
Schaltregel (Kalender) 21
Schamschi-Adad 321

Scharek s. Salitis
Scharukenu 376
Schauschatra 364f, 397f
Schepseskaf 122
Scheschonk II. 162, 225
Schiffe 404-433, 450, 453, 455f, 458
Schliemann, Heinrich 152, 193, 198, 247, 249
Schneeberg/Erzgebirge 277, 341, 353, 372, 382, 421
Schoske, Sylvia 218, 224
Schuchhardt, Carl 161
Schüssler, K. 116, 165f, 169
Schuler, F. 279-283, 381
Schulgi 103, 105, 305
Schwaller de Lubicz, R.A. 386
Sechemchet 116, 172, 175
Sed-Fest 11, 73, 128, 169
"Seevölker" 190, 193
Segni 65
Semiramis 96, 99
Sendschirli 233
Senenmut 270
Sennacherib (Sanherib) 100, 415f, 420f
Serdab 168
Sesostris I. 10, 12, 36, 84, 124, 126, 130, 175, 182f, 228
Sesostris II. 126, 265
Sesostris III. 23, 43, 126, 430ff, 454
Sethe, Kurt 228
Sethos I. 24, 90, 173
Sethos II. 173
Seyffahrt, Gustav 26
Shalmaneser s. Salma...
Sichelschwerter 267, 302, 436, 455
Sidon 291
Signatur (Künstler-) 172, 452
Silber 56, 105, 277, 343, 353, 451
Simpson, K. 23
Sirius, s. Sothis
'Skorpion' 54, 434, 437
Sklavenhaltung 224
Skythen 105, 153, 343, 371
Slade, Felix 261

S. Lucia di Tolmina 341
Smyrna 406
Snofru 26, 43, 77f, 86, 91, 114f, 118, 121, 126ff, 139, 143, 165f, 185, 187, 194, 198ff, 252, 424, 453
Soleb 118
Sonnenfinsternis 30f
Sothis
 -aufgang, heliakischer 21
 -datierung 24, 29, 355, 380, 438, 452
 -periode 21f, 26f, 32, 49, 357
Spanien 200, 245, 377, 414
Sparta 209
Sperrholz 169
Spiele, kultische 40f, 207f
Sphyrelata 205ff
Sprungdarstellung 252ff
Stadelmann, Rainer 27, 116, 120, 195
Stahl 149, 156, 198f, 385, 390, 392, 397, 452, 455
Statuen
 Bronze- 100, 203-223
 Holz- 206, 209, 213, 450
 Kolossal- 240, 455f
 Kupfer- 52, 57, 197, 203-226, 453f
 lebensgroße 57, 168, 203ff, 209, 212, 214, 222f, 454, 458
Steilsteven 427ff
Steinbearbeitung s. Pyramiden, Eisengebrauch
Steingefäße 168f, 199, 249f, 252, 451
Stierschwanz 11
 -sprungmotiv 454
Strabo 309, 399
Strahlen-Schneidwerkzeuge 386
Stratigraphie 37, 310, 356, 362, 444
Stratigraphien
 Ägypten 457
 Alalach 315
 Beth Shean 298
 antikes Glas 380
 Hasanlu 286
 Mesopotamien 358
 Nuzi 313
 Tell al-Rimah 321

Stratigraphien
　Tell Brak 309
　Tell Der 401
　Tell el-Daba 267, 435
　Tell el-Fara'in-Buto 442, 445
Streckgalopp s. Fliegender G.
Streitwagen 455
Sudan 229
Sumer 37, 356, 397
Sumerisch 370
Susa 188, 192
Sweeney, Emmet 40
Syrakus 346
Syrien 52, 150, 152, 229, 259, 301, 311, 329, 381, 416, 423
Syros 409

Taharqa 134f, 145, 155, 159, 223, 369
Takuchit 221, 223
Tal der Könige 124
Tanis 142, 154, 241
Tarquinia 208, 331, 344
Tarquinius Priscus 208
Tarxien 69, 71f
Tasa-Kultur 437
Tauschierung 215
Tell al-Fachar 307
Tell al-Jahudija 268
Tell al-Rimah 104, 108ff, 263, 318-322
Tell Arpachijah 67f
Tell Asmar s. Eschnunna
Tell Basta (Bubastis) 154, 160
Tell Brak 110, 301-305, 308-313, 316, 322, 343, 372
Tell Der 402
Tell el-Daba 85, 87, 266ff, 299, 379, 434-439, 443, 445
Tell el-Fara'in-Buto 439-448
Tell el-Ful 297
Tell es-Safi 297
Tell Hamadiye 443
Tell Merovach 297
Tell Mumbaqat 106, 110
Tell Munbaqa 311, 314

Telio 401
Tell Razuk 108
Tell Taya 108
Tempel
　Brunnen- 200
　-form 182, 453ff
　griechischer 182f
　holzgebauter 182f, 452
Tepe Gawra 107f
Tepe Nush-I Jan 99f
Terrakotten 193, 253, 400-403
Teti 130, 164
Thales v. Milet 31
Tharros (Sardinien) 69, 71
Theben (Böotien) 407
Theben (Ägypten) 84, 88, 124f, 128, 134, 387, 391
Theodoros v. Samos 206, 209, 213
Theon 24
Thera 50, 414
Tholos 67-72, 78, 114, 138f, 144, 194, 200, 247f
Thosorthros 166
Thukydides 208, 346, 348
Ti (Gemalin Amenophis' III.) 238
Timna 448
Tiryns 41, 68, 340
Titulatur 177f
Töpferwaren s. Keramik
Toilettenbalken 407, 411
Totenmasken
　aus Gips 164, 453
　aus Gold s. Goldmasken
Totenopfersaal 79, 90, 141
Totenresidenz 168
Trebeniŝte 161
Triremen 419
Troia 93, 156, 208
Troianischer Krieg 35, 41, 207, 249
Trulli 61, 64
Tschoga Misch 428
Tschogha Sambil (Dur-Untash) 110
Tukh el-Qaramus 155
Tukulti-Ninurta I.(II.) 189, 324

Tumuli 131, 132f, 141, 143, 454
Tuschratta 364f, 392, 398
Tutanchamun 11, 16, 58, 149, 154, 158, 162, 199, 222, 225, 232, 288, 391f, 418, 421, 425f, 455
  Dolch 149, 156
  Goldmaske 163, 224
  Goldsärge 154, 163
Tuthmosis I. 183, 232, 270
Tuthmosis III. 24, 54, 124f, 154, 174, 182f, 186f, 192, 219, 229, 231f, 237, 250, 252, 264, 269f, 272, 275, 297, 299, 364, 379, 392f
Tuthmosis (Bildhauer) 164
Tyros 291

Ugarit 69f, 98, 188, 192, 249, 293, 398
Ulu-Burun-Wrack 278f, 420-423
Unas 79, 173, 420, 424
Undebaunde 162
Ur 103-106, 150, 160, 186, 331, 402
  Königsgräber 253
Ur III-Zeit 103, 107f, 111, 253f, 323, 325, 369, 397
Uräus-Fries 177f
Uruk 170f, 176-180, 428
Userkaf 118, 126, 139, 143, 453
Userkaf Chendjer 86, 128

Valloggia, Michel 118, 194
Van Beek, G. 72, 100, 108
Vandersleyen, Claude 91, 224
Van Seters, J. 403
Veji 62, 65, 414f
Velikovsky, Immanuel 33, 36, 40f, 98, 108, 159, 208, 229, 236f, 367f
Verdreifachungen 36ff, 111
Verlorene Form s. Wachsaussch.
Vierhundertjahrstele 27
Vierkammertore 374
Viksø 190, 193
Völker, Thomas 42
Vollguß s. Wachsaussch.
Volos (Iolkos) 347, 408, 410

Vulci 205, 331, 344
Vyse, H. 195, 388f

Wachsausschmelzverfahren 197, 204, 210, 278
Wadi-Maghara 187, 192
Wagner, P. 136
Waraschi 365
Warren, P. 249, 251
Waschukanni 365
Webgewichte 455
Wegner, M. 253, 256
Weissgerber, Klaus 42
Wellhausen Julius 37
Wespentaille 252
Whelton, Clark 9
Wildung-Schoske, Dietrich 164, 218, 368, 458
Winzeler, Peter 42
Wittgenstein, Ludwig 18
Wolters, Jochem 147, 150
Woolley, Leonard 104f, 308, 314, 402
Worsaae, Jacob 304

Xanthos 258
Xerxes I. 99

Yabahya 156

Zachariasgrab 136f
Zaire 277
Zammit, Th. 71
Zeissl, H. v. 91
Zeller, Manfred 42
Zentralasien 360
Ziegel, gebrannte 108
Ziegler, Christiane 216, 221
Zikkurat 132, 144, 167, 176f
Zinn 105, 261, 455
Zweierntenwirtschaft 395
Zyklopenbauten s. Megalithkultur
Zypern 70, 192, 275, 343f

Mantis Verlag

Christian Blöss · Hans-Ulrich Niemitz (1997): C14-Crash
Das Ende der Illusion, mit Radiokarbonmethode und
Dendrochronologie datieren zu können
>400 S. zahlreiche Abb. Paperback erscheint im Oktober 1997

Gunnar Heinsohn (²1996): Assyrerkönige gleich Perserherrscher!
Die Assyrienfunde bestätigen das Achämenidenreich
Im Umfang verdoppelte Zweitauflage in verbesserter Aufmachung
276 S. 85 Abb. Paperback 36,- DM *(für Abonnenten 32,-)*

Gunnar Heinsohn (²1996): Wie alt ist das Menschengeschlecht?
Stratigraphische Chronologie von der Steinzeit zur Eisenzeit
2. Auflage verbessert und um ein aktualisierendes Vorwort erweitert
146 S. 42 Abb. Paperback 22,- DM

Gunnar Heinsohn (²1997): Wer herrschte im Industal?
Die wiedergefundenen Imperien der Meder und Perser
102 S. 43 Abb. Paperback 20,- DM

Heribert Illig (1994): Hat Karl der Große je gelebt?
Bauten, Funde und Schriften im Widerstreit
3. Auflage 405 S. 71 Bildseiten Paperback
(nur für Abonnenten, nur noch 19,- DM)

Heribert Illig · Franz Löhner (²1994): Der Bau der Cheopspyramide
Seilrollen an der Pyramidenflanke: Wie die Pharaonen wirklich bauten
2. korr. Auflage 220 S. 125 Abb. Paperback 32,-

**Reinhard Sonnenschmidt (1994): Mythos, Trauma und
Gewalt in archaischen Gesellschaften**
131 S. 25 Abb. Paperback 22,- DM

Heribert Illig (1987): Karriere ist Armut an Ideen
In Sachen Innerhofer [Plagiat der Dissertation]
81 Seiten geheftet 14,- DM